ЛИТ БР. МЕНЕРТЪ, БЫВШ. КИРСТЕНЪ. МОСКВА

Ein Deutscher in der Welt

Klaus Mehnert

Ein Deutscher in der Welt

Erinnerungen
1906–1981

Deutsche Verlags-Anstalt

Dem Andenken an

MEINE MUTTER
Luise, geb. Heuss (1882–1946)
und
MEINE FRAU
Enid, geb. Keyes (1911–1955)

CIP-Kurztitelaufnahme der Deutschen Bibliothek

Mehnert, Klaus
Ein Deutscher in der Welt:
Erinnerungen 1906–1981 / Klaus Mehnert.
– 51.–100. Tsd. –
Stuttgart: Deutsche Verlags-Anstalt, 1981.
ISBN 3-421-06055-X

1.–50. Tausend Mai 1981
51.–100. Tausend September 1981

Gesetzt aus der Aldus-Antiqua.
Gesamtherstellung: Mohndruck Graphische Betriebe GmbH, Gütersloh.
Printed in Germany. ISBN 3 421 06055 X

Inhalt

Sämtliche Fotos stammen aus dem Privatarchiv des Autors.

Vorwort

Alt genug werden und Muße finden, das Erlebte aufzuzeichnen, heißt zum zweitenmal leben. Mit einem Unterschied. In der Erinnerung erscheinen alle Farben heller. „Was vergangen, wird uns lieb", sagt ein altes russisches Sprichwort.

Dieses Buch erzählt, wie der Autor schon früh auf den Weg eines Beobachters der Politik geriet, wie er, einen roten Koffer und eine Schreibmaschine in der Hand, rund hundert Staaten besuchte, sechzehnmal um die Erde reiste und was er dabei erfuhr. Der rote Faden ist durchweg die Weltpolitik, also nicht das Reisen an sich, erst recht nicht das Reiseabenteuer, dieses allenfalls als Nebenerscheinung.

Jedes Leben hat seine Leitmelodie. Die seine fand der Autor in einer späten Novelle Hermann Hesses in der Gestalt des Regenmachers einer vorzeitlichen Welt. Dessen Aufgabe war es, das Wetter zu beobachten, es aus tausend Zeichen der Natur zu verstehen, seinem Stamm zu erklären, wenn möglich vorauszusehen und vielleicht sogar zu beeinflussen. Was für den Regenmacher das Wetter, das sollte für den Autor die Weltpolitik sein. Aber wenn jener von der mystischen Tradition seines Stammes bewegt wurde, so war der Motor, der den Autor zum Beobachten trieb, eine unbezähmbare Neugier, die ihn seit früher Jugend versuchen hieß, die politischen Entwicklungen – erst in Europa, dann darüber hinaus – möglichst an Ort und Stelle zu erkennen und in ihren Zusammenhängen zu verstehen. Fast ebenso stark war sein Bedürfnis, das Beobachtete zu verarbeiten und weiterzugeben – in Aufsätzen, Kommentaren und Vorträgen, in Büchern und Universitätsvorlesungen, stets in möglichst verständlichen Worten.

Das Voraussehen der Weltpolitik glückte dem Autor nur selten, das Beeinflussen nie. (Auch Hesses Regenmacher hatte da seine Schwierigkeiten.) Wichtig war ihm, daß er – wie der Regenmacher – eine Aufgabe sah, eine Aufgabe für sein ganzes Leben, die ihn ausfüllte und beglückte. Denn wer seine Aufgabe kennt (was immer sie sein mag), der hat – jedenfalls für sich – den „Sinn des Lebens" entdeckt, nach dem so viele heute vergeblich rufen. Das Trauern ist dem Autor nicht fremd, wohl aber das Lamentieren. Nie war er der Meinung, daß ihm die Welt etwas schulde; aber was sie ihm schenkte, nahm er dankbar an.

In seinem Buch will der Autor weder ein intimes Portrait seiner selbst zeichnen (dafür bestünde außerhalb eines kleinen Kreises gewiß geringes Interesse), noch zu den vielen Weltgeschichten der letzten 75 Jahre eine weitere hinzufügen. Vielmehr möchte er zeigen, wie ein Deutscher die Weltpolitik unserer Zeit erlebte, der nicht als Kaufmann durch die Länder fuhr, auch nicht als Tourist, Ingenieur oder Missionar, sondern als einer, dem das politische Beobachten zum Beruf wurde.

Die vom Autor seit einem Jahrzehnt betriebene Materialsuche war überraschend ergiebig. Trotz Verlusten in zwei Weltkriegen haben sich Tausende von Briefen aus der Zeit vor 1945 erhalten (Zehntausende danach). Briefe und Dokumente, auch 1600 Fotos aus der alten Moskauer Zeit, sind von der Schwägerin gerettet worden. Ganze Schachteln von Briefen seiner Frau fanden sich bei deren Geschwistern in Kalifornien. Reiseberichte, Aufsätze, Kommentare und Notizen des Autors haben sich in großer Zahl erhalten und sei es nur in Konzepten, Kopien und Tonbändern.

In der leidigen Frage der Schreibweise fremder Namen folgte der Autor der von ihm seit Jahrzehnten angewandten Methode; sie soll jedem die einigermaßen zutreffende Aussprache erlauben. Wo russische Namen erstmalig auftreten, deutet ein Akzent die Betonung an.

Personen werden sparsam erwähnt, nicht nur aus Rücksicht auf sie, sondern auch weil Namen, sofern sie nicht allgemein bekannt sind, zur Information des Lesers nur wenig beitragen, eher zu seiner Verwirrung. Auch im Vorwort dankt der Autor nicht Einzelnen (sonst müßte er Hunderte nennen) sondern ganzen Gruppen von Menschen – den Verwandten, Freunden und Lehrern, die ihn bildeten, den Kollegen in seinen verschiedenen Betätigungen, den Instituten und Bibliotheken mehrerer Länder, den Medien, die seine Arbeiten verbreiteten, den Deutschen im Ausland, besonders den Diplomaten, die ihm ein Dach und – noch wichtiger – ihren Rat gewährten, der Deutschen Verlags-Anstalt, die seit 1929 die meisten seiner Bücher veröffentlichte, seinen Nachbarn, unter denen er, der Unruhige lebt, zuletzt in Schömberg, und seinen Mitarbeitern, von denen er viele in Vorworten zu früheren Büchern nannte, hier namentlich denen, die bei diesem Buch mitwirkten: Anneliese Bonfert und Elisabeth Pfeiffer, Helmut Maier und dem Ehepaar Adrion. Insbesondere aber dankt er seinen Lesern; manche von ihnen haben seine Arbeit seit Jahrzehnten mit ihrem Interesse begleitet.

Schömberg im Schwarzwald, im April 1981 Klaus Mehnert

Die ersten zehn Minuten

Als ich an einem Herbstabend des Jahres 1906 in Moskau das Licht der Welt erblickte, war mein Leben dank Vorfahren und äußerer Umstände weithin vorgeprägt:

Meine Eltern schenkten mir eine bis in meine siebziger Jahre anhaltende robuste Gesundheit,

sie waren in Moskau, im Zentrum der russischen Traditionen, geboren und aufgewachsen

und als Gäste des Zarenreichs höchst interessierte, aber nicht direkt beteiligte Beobachter der jüngsten russischen Geschichte,

zugleich treue Staatsangehörige des deutschen Kaiserreichs.

Sie waren geistig und künstlerisch orientiert,

gehörten, ohne Kirchgänger zu sein, zur Moskauer evangelischen Gemeinde,

hatten keine materiellen Sorgen.

Geboren war ich am Vorabend eines kriegerischen Zeitalters, in dem ich den Vater bald verlieren und in enger Bindung an eine ungewöhnlich kluge und willensstarke Mutter aufwachsen sollte,

als Sohn zweier großer Kulturen,

inmitten einer mehrsprachigen, kosmopolitischen Gesellschaft,

zudem im Sternzeichen der Waage und daher, wie mich astrologisch versierte Freunde später belehrten, dem abwägenden Ausgleich mehr zugeneigt als dem schroffen Entweder-Oder.

Zehn Minuten nach dem ersten Schrei trat ein folgenschweres Ereignis hinzu: Die große Wanduhr im Elternschlafzimmer schlug Zehn, und die Mutter hat mir später oft erzählt, wie ich bei diesem Geräusch die Augen auf die Uhr richtete. „Seit damals“, pflegte sie hinzuzufügen, „hast du immer nach der Uhr gelebt.“ Viele können das bestätigen.

Kindheit in Moskau
1906–1914

Nach dem westlichen Kalender wurde ich 1906 am 10. 10., 10 Minuten vor 10 Uhr abends, in Moskau geboren. (In Rußland schrieb man nach dem Julianischen Kalender den 27. September.) Die deutschen Vorfahren waren im vorigen Jahrhundert nach Rußland eingewandert und hatten sich in der alten Zarenstadt niedergelassen.
Die Eltern, Hermann Mehnert und Luise, geb. Heuss, verheiratet seit dem 21. September 1905, lebten in dem „Jenseits des Moskwá-Flusses" genannten Stadtviertel, das dem Kreml gegenüberlag, erst auf der Ordýnka Nr. 40, dann, ebenfalls zur Miete, im nahegelegenen Haus Zenewítin in der Owtschínnikow-Straße, schließlich in der Déneshnyj-Straße (heute Staromonetnaja) Nr. 12, in dem Häuserblock zwischen dieser und der Poljánka-Straße, in dem sich auch die Kunstdruckerei Mehnert befand. 1909 und 1911 kamen meine Brüder Frank und Lars auf die Welt.
Die Großfamilie, in der ich aufwuchs, bestand aus Dutzenden von Menschen, allein die Mutter hatte elf Geschwister. Russische Altersgenossen traf ich bei Gymnastikstunden und Kinderfesten. Im Frühjahr 1914 wurde in unserer Wohnung ein Schulzimmer für mich und einen gleichaltrigen Russen eingerichtet; der Krieg beendete unseren Unterricht.
Nach der Ermordung des österreichisch-ungarischen Thronfolgers und seiner Gemahlin durch serbische National-Terroristen am 28. Juni 1914 in Sarajéwo reiste der Vater, Reservist des deutschen Heeres, nach Deutschland. Im Herbst folgte ihm die Mutter mit den drei Söhnen.

1. Die Sippe

Im nördlichen Schwarzwald, oberhalb des Tales der Nagold, keine halbe Autostunde von meinem heutigen Haus entfernt, liegt ein kleiner Ort, der genau seinem Namen entspricht: Walddorf. Im Pfarrhaus neben der Kirche – beide stehen heute noch – wurde am 2. März 1832 mein Großvater Julius Heuss als erstes Kind des Pfarrers Jakob Gottfried Heuss geboren. Im Jahre 1846, nach dem Besuch der Lateinschule in Calw, setzte der Vierzehnjährige die erste für ihn lebensbestimmende Entscheidung durch: Er wurde nicht Pfarrer.

Seit dem 16. Jahrhundert waren viele Heuss-Söhne, vor allem die erstgeborenen, Pfarrer und die Töchter Pfarrfrauen geworden. Auch die Mutter des Knaben entstammte einer schwäbischen Theologenfamilie; Jakob Andreä (1528–1590), Kanzler der Universität Tübingen und früher süddeutscher Reformator, war einer ihrer Vorfahren. Den jungen Julius aber trieb es ins weltliche Leben. Zunächst freilich kam er nur bis Esslingen, wo er als Lehrling, wie er in einem seiner Briefe schrieb, „Schnupftabak, Häringe und andere gute Sachen" verkaufte.
Nicht für lange. Dann packte ihn der revolutionäre Geist von 1848, und weil dieser sich in dem auf Ruhe und Ordnung bedachten Schwabenland nicht entfalten konnte, zog der ungestüme Pfarrersohn eilig ins benachbarte Badische; dort wollte er sich der Revolution anschließen, die bereits den Großherzog außer Landes getrieben hatte. Seiner Wirtin hinterließ er einen Abschiedsbrief, der so endete:
„Auch der Kampf in Baden ist durch die schmachvolle Haltung Schwabens ein zweifelhafter geworden. Ich bin ein Schwabe, und, so weit ist es gekommen, muß ich mich an meinem Vaterlande schämen. Genug! Ich will nicht zu denselben gehören, die der Menschheit beste Gabe in den Staub getreten haben. Ich ziehe die aktive Tätigkeit der passiven vor. Nehmen Sie Ehre, Rachgefühl, Leidenschaft, Schwärmerei und Freiheitsliebe zusammen, so können, so dürfen Sie keinen Stein auf mich werfen. Falle ich in diesem Kampfe, nun so bin ich auch eines von den vielen Opfern, und Sie weihen mir eine Thräne. Kehre ich zurück, so bin ich an Erfahrungen reicher und habe eine gewiß gute und heilsame Schule durchgemacht. Wer als ehrlicher Kerl fortgeht, als ehrlicher Kerl zurückkehrt, der wird auch wieder eine gute Aufnahme finden. Leben Sie wohl, vielleicht auf immer. Julius Heuss."
Nach der Überquerung des heimatlichen Schwarzwaldes erfuhr der junge Mann eines Abends, daß auch in Baden der Aufstand mit Hilfe preußischer Truppen niedergeschlagen worden war. Während er in einem Wirtshaus betrübt über seine weiteren Schritte nachdachte, gaben ihm ein paar Männer, die dort beim Viertele saßen, den Ratschlag, der in der Familie zum geflügelten Wort wurde: „Büble, gang hoim."
Das tat Julius auch. Aber die Rückkehr zu den Kolonialwaren fiel ihm schwer. So erprobte er seine Talente an politischen und philosophisch-religiösen Essays, die vom Geist seiner protestantischen Vorfahren geprägt waren. Er habe, schrieb er dort, „manche Stunde, die sonst dem Schlaf gewidmet war, der eisigen Kälte zum Trotz am Schreibtisch zugebracht. Wenn eben meine Phantasie sich in den azurblauen Äther der Poesie verlieren wollte, zog sie ein ganz prosaischer Zuckerhut, der da-

zwischen kam, wieder herab ... Man muß die Religion nicht schmähen der Pfaffen willen, die Freiheit nicht der Anarchie willen, sowenig als alle Gesetze der Thyrannei willen. Geschrieben zu Esslingen am 6. Februar 1849. Nicht schlecht für einen siebzehnjährigen Verkäufer von „Häringen“ und Zuckerhüten und auch heute noch zutreffend.
Ein paar Jahre später hörte Julius Heuss, daß die schwäbische Firma Hölder in Odessa („Uhren, Goldwaren und andere Importe“) einen jungen Angestellten suchte. Der mittlerweile Zwanzigjährige fällte seine zweite folgenreiche Entscheidung: Er bewarb sich, wurde eingestellt und traf zu Weihnachten 1852 in der Handelsstadt am Schwarzen Meer ein. Noch vor Beendigung des Krim-Krieges (1854–1856) heiratete er eine sechzehnjährige Deutsche, Babette Händle. Mit ihr zog er 1857 nach Moskau, wo Hölder eine Filiale eröffnete.
Der rege Geist des jungen Schwaben interessierte sich für alles Neue, so auch für die gerade aufkommende Fotografie. Bald führte er alle Artikel, die für dieses Fach nötig waren, und wurde selbst ein begeisterter Amateurfotograf, dessen Bilder heute noch erstaunlich klar sind. Der Verkauf von Beleuchtungsartikeln brachte ihm das Amt des Lampenchefs von Moskau ein. Vier Jahre lang hatte er dafür zu sorgen, daß eine Truppe von 500 Männern die 9000 Petroleumlaternen in den Straßen entzündeten. „Jede andere Nacht“ schrieb er in einem Brief, „fuhr ich mit meinen raschen Pferden bei allem Unwetter die Straßen Moskaus ab, um nach dem Rechten zu sehen.“
Babette starb 1861. Das Dasein eines Witwers (mit einem Sohn) sagte Heuss nicht zu. Bei Besuchen im Schwabenland verkehrte er auch im Hause eines entfernten Verwandten, des Oberregierungsrates Sixtus Friedrich von Kapff. Dessen zweite Tochter, Cornelia, gewann sein Herz. Sie war am 18. Oktober 1841 auf dem Hohenasperg geboren, wo der Vater damals als Festungs-Kommandant amtierte. Eines Tages bat er sie telegrafisch um ihre Hand. (Telegrafische Werbungen scheinen in der Familie zu liegen; rund siebzig Jahre später folgte ich seinem Beispiel – mit einem Telegramm von Berlin nach Kalifornien.) 1864 heiratete er die Zweiundzwanzigjährige in der Stiftskirche zu Stuttgart.
Auch die Kapffs waren eine alte schwäbische Familie. Ihr Name leitet sich von ihrem Stammhof in Kapf, Kreis Schwäbisch Gmünd, her (ein Kapf ist hierzulande ein Bergvorsprung), ebenfalls mit Pfarrern, auch Beamten unter den Vorfahren, und sogar einem Poeten, dem Prälaten Karl Gerok, berühmt durch seinen Gedichtband „Palmblätter“, bis in meine Jugend ein beliebtes Geschenk bei Konfirmationen. (Daher der Familienscherz: Was ist der Unterschied zwischen einem Konfirmanden

und einem Neger? Antwort: Der Konfirmand hat die „Palmblätter" von Gerok, der Neger hat einen Gehrock aus Palmblättern.) Zur Heuss-Kapff-Hochzeit steuerte der Unermüdliche ein Gedicht bei, das zeigt, wie sich damals ein schwäbischer Prälat Rußland vorstellte.

Von Moskau, von der Stadt der Zaren,
Zog oft ein kühner Kaufmann aus,
Und reich bepackt mit edlen Waren,
Kam im Triumph er stets nach Haus;
Was Frankreichs Meister fabrizieren,
Was feil am lauten Themsestrand,
Bringt er den struppigen Baschkiren,
Verkauft bis ins Tscherkessenland.

Doch wißt, ein Kleinod sonders Gleichen
Hat sich der Kluge längst ersehn,
Wie keins in allen Königreichen
Ums Gold des Urals zu erstehn.
Paßt auf, Kosaken und Kalmücken,
Bald ist der Wanderer wieder da,
Dann sollt Ihr seinen Schatz erblicken,
Sein Kleinod heißt Cornelia!

Und gings bis zu den Asiaten,
Nach Kasan und nach Astrachan,
Am festen Arm des treuen Gatten,
Zieht froh die Gattin ihre Bahn;
Die Liebe wallt mit leichtem Schritte
durch Frost und Hitze, Meer und Land,
Blühn Rosen auch im Wüstensand.

Drum heil dem Freund, der hoch im Norden
Sich warm und weich sein Herz verwahrt
Und unter den Kirgisenhorden
Ein Schwabe blieb von echter Art,
Auch unter Moskaus goldnen Dächern.
In seinen friedlichen Gemächern,
Die Schwabenheimat stets bewahrt.

Im Kreise der Moskau-Deutschen hatte sich Julius Heuss mit dem Eigentümer einer Konditorei, Theodor Einem, angefreundet. 1870 trat er als Kompagnon in die „mit Dampf betriebene Schokoladen- und Konfektfabrik Einem" ein. Theodor Einem verkaufte ihm 1876 seinen Anteil und starb ein Jahr später. (Der Name der Firma blieb „Einem", bis 1918. Seither heißt sie „Roter Oktober" und gilt immer noch als die beste im Lande.)

Nach der Geburt der ersten drei Söhne wünschte sich Cornelia eine Hilfe. Ihre Schwester Anna wurde aus Stuttgart geholt. Aber schon im folgenden Jahr fiel sie wieder aus; der einige Jahre zuvor in Moskau eingetroffene Kaufmann Gustav Brüggemann, ein Mecklenburger, warb sie ab – er heiratete sie. Die nun angeforderte Schwester Sophie, erst 19 Jahre alt, wurde während der Reise nach Moskau von dem als Vertreter der Badischen Anilin- und Soda-Fabrik (BASF) nach Moskau reisenden schwäbischen Kaufmann Max Georg Speidel betreut und bald darauf geheiratet; die beiden hatten zehn Kinder. Die danach angeheuerte Schwester Clara war auch schnell unter der Haube – als Frau des in Moskau tätigen deutschen Kaufmanns Richard Jonas. Damit war das Reservoir an schönen Kapff-Mädchen erschöpft. Cornelia Heuss, die inzwischen noch zahlreichen weiteren Kindern das Leben geschenkt hatte, mußte sich fortan mit angestellten Haushälterinnen abfinden; die Kapff-Schwestern aber wurden samt ihren vier Männern und 26 Kindern zu einem Mittelpunkt der moskau-deutschen Kolonie.

Der Familienexpansion entsprach die wirtschaftliche. Unter der Leitung des Großvaters Heuss, dem später fünf seiner Söhne zur Seite standen, erlebte die Firma einen glücklichen Aufstieg. Zur alten Fabrik auf der langgestreckten Insel zwischen Moskwá und Kanal kamen neue Bauten hinzu, einen halben Kilometer flußaufwärts am Bersénjew-Ufer gelegen. Um den großen Bedarf an Früchten für Konfitüren und Konfekt zu decken, kaufte Heuss eine Plantage auf der Krim, die ich als Kind und dann wieder 1935 sah, ein großes Gelände mit Obstbäumen und Beerensträuchern, auch weiten Rosenfeldern, deren Blütenblätter zu einer bei den Tataren beliebten, stark duftenden Marmelade verarbeitet wurden.

Julius Heuss war aber nicht nur ein schaffiger Schwabe. Sein Haus am Sophien-Ufer, gegenüber dem jenseits der Moskwa gelegenen Kreml, für den heutigen Geschmack überladen eingerichtet, nach damaligen Begriffen ein höchst gemütliches Heim, war ein Mittelpunkt der Moskau-Deutschen, ein Hauptquartier für ihre geselligen Unternehmungen. Am Abend des Tages, an dem der letzte Zar Nikolaus II. gekrönt wurde, versammelten sich – zur Betrachtung der Illumination des Kreml – zahlreiche Gäste auf der Terrasse des Heuss-Hauses, darunter der Botschafter des Deutschen Reiches, der Gesandte des Königreichs

Bayern und – eigens aus Stuttgart angereist – der württembergische Thronfolger. (Bei meinem letzten Aufenthalt in Moskau, 1981, stand das Haus immer noch; es dient jetzt als technische Schule.)

Das soziale Engagement des jungen Heuss charakterisierte auch seine späteren Jahre. In einer 1926, also schon unter bolschewistischer Herrschaft, verfaßten Schrift über den „Kampf der Arbeiter in der Fabrik Einem" erklärte ein ungenannter Firmenhistoriker deren Mangel an revolutionärem Eifer mit Julius Heuss' ungewöhnlich humanem Verhalten. „Er schuf in seinen Fabriken Arbeitsbedingungen, wie es sie in den übrigen Süßwarenfabriken noch nicht gab. Wer mehr als 25 Jahre im Betrieb gearbeitet hatte, wurde bis an sein Lebensende mit vollem Gehalt pensioniert. Heuss führte den deutschen Brauch ein, den Arbeitern zu kirchlichen Feiertagen, zu Hochzeiten und Beerdigungen oder im Falle der Not Geld als Prämien zu zahlen. Seine Löhne übertrafen die in anderen Fabriken. Die sanitären Arbeitsbedingungen waren fast ideal [potschti idealnyje]. Heuss vernachlässigte auch nicht die kulturellen Bedürfnisse der Arbeiter, zu deren Befriedigung auf der Fabrik ein Blasorchester organisiert wurde, später auch ein Theaterkreis und sogar eine Bibliothek. [...] Noch heute gibt es Arbeiter, die der ‚goldnen Zeit' nachtrauern, als es Pensionen, Prämien und sonstige Geschenke gab."

Des Großvaters Beliebtheit zeigte sich, als er starb. Hinter dem Sarg, den sieben Söhne und zwei Schwiegersöhne aus der Petri-Pauli-Kirche getragen hatten, bewegte sich auf dem Wege zum deutschen Friedhof ein kilometerlanger Zug von Trauernden. Berittene Polizei mußte den Verkehr regeln. Die „Moskauer Deutsche Zeitung" schrieb, eine „so großartige Kundgebung wie die zu Ehren des Verschiedenen [habe] Moskau wohl seit Menschengedenken nicht gesehen". Mit Julius Heuss war ein Patriarch gegangen, ein Patriarch in seiner Familie und in der deutschen Gemeinde, zugleich ein Stück schwäbischen Deutschtums in Rußland.

Dank dem starken Einfluß der Mutter und unserer Übersiedlung 1914 in die schwäbische Heimat bin ich mehr nach den Heuss geraten. Daher habe ich erst von ihnen berichtet, obgleich die Mehnerts eine Generation vor ihnen in Moskau eingetroffen waren. Aus Frohburg im Altenburgischen (an der Thüringer Grenze) stammend und Musiker wie sein Vater, war Wilhelm Karl Friedrich Mehnert als Zwanzigjähriger 1828 an die Große Oper (Bolschój Teátr) nach Moskau verpflichtet worden. Dort heiratete er die in Rußland geborene Deutsche Caroline Barbé, die hugenottischer Herkunft gewesen sein soll. Als der Musiker, wie damals am Bolschoj üblich, nach 15 Jahren pensioniert wurde, zog er nach Dresden und ließ dort die beiden Söhne zu Ingenieuren ausbilden. Mit ihnen kehrte er, zum zweiten Mal ans Bolschoj engagiert, nach Moskau zurück, wo er als Siebzigjähriger starb.

Die beiden Söhne wirkten als Ingenieure im Zarenreich, unter anderem bauten sie eine Brücke in Riga. Bei deren Einweihung holte sich der ältere 1872 eine Lungenentzündung und starb. Der jüngere, Karl Friedrich (Jahrgang 1845), richtete in Moskau eine Werkstatt ein, in der Maschinen nach deutschem Muster hergestellt wurden, und baute die Eisenbahn von Kursk über Samára nach Slatoúst.

Daß sich Mehnert von Meginhard oder Maginhart herleitet, gilt als sicher. Als der Name in grauer Vorzeit auftauchte, waren seine beiden Bestandteile durchaus bekannte Wörter; magan lebt in möglich und Macht weiter, und der Sinn von hart hat sich wenig geändert – zäh und ausdauernd. In der alten Zeit ist der Name mehr in der latinisierten Form erhalten geblieben – ein Meginhardus lebte im 12. Jahrhundert als Archivarius im Kloster Reichenbach im Schwarzwaldkreis Freudenstadt, in dem ich heute wohne; auch außerhalb des schwäbischen Raumes taucht der Name samt seinen Abwandlungen auf, so als Mehnert in Frohburg. Ich könnte meiner Familiengeschichte also den optimistischen Titel geben: „Von Frohburg nach Freudenstadt."

Als Karl Friedrich, der Brücken- und Eisenbahnbauer, in Moskau 1872 Cäcilie Kirsten heiratete, wurden wieder zwei moskau-deutsche Familien durch eine Ehe verbunden. Cäcilies Vater Hermann Kirsten, der das Druckerblut in die Familie brachte, war 1836 als Achtzehnjähriger nach Moskau gekommen, wo er eine Druckerei und Lithographische Anstalt gründete und, keine 40 Jahre alt, 1854 an der Cholera starb. Sein Sohn übertrug die Firma, als er sich nach Deutschland zurückzog, den Söhnen seiner Schwester Cäcilie, meinem Onkel Wilhelm und meinem Vater Hermann. So entstand die „Typo-Lithographie Gebrüder Mehnert", für die nun an der Ausfallstraße nach Süden, der Poljanka (von Pole = Feld), ein Neubau errichtet wurde.

Fährt man vom Flughafen Wnúkowo zum Zentrum, so kommt man, fast schon in Sicht des Kreml, an der Fabrik vorbei. Werde ich, wie es manchmal geschieht, in einem Sonderbus voll deutscher Journalisten vom Flughafen ins Hotel gebracht, bitte ich die Intourist-Führerin mir für einen Augenblick das Busmikrophon zu geben. „Achtung-Achtung", sage ich dann, „auf der rechten Seite sehen Sie ein fünfstöckiges Gebäude im Jugendstil. Einst war dort die Kunstdruckerei Mehnert. Hinter dem Geländer, das Sie ganz oben bemerken, war ein Dachgarten, in dem ich als Kind vor 1914 spielte. Daß es eine ausgezeichnete Druckerei war, ersehen Sie aus der Tatsache, daß in ihr nach der Revolution Rubel gedruckt wurden."

Wenn die Intourist-Dame etwas betreten dreinblickt, erinnere ich sie daran, daß Karl Marx den Kapitalismus als die zu seiner Zeit fortschrittlichste Wirtschaftsform und als notwendige Vorstufe zum Sozialismus bezeichnet hat. (Hätte es in Rußland mehr solche tüchtige deutsche – und russische – Unternehmer gegeben, böte der russische „Sozialismus" heute vielleicht einen erfreulicheren Anblick. Marx hatte die Errichtung des Sozialismus im vorkapitalistischen Zarenreich für aussichtslos gehalten. Lenin meinte es besser zu wissen.)

Von den beiden Schwestern des Vaters heiratete Fanny einen deutschen Lehrer an der Moskauer Petri-Pauli-Schule, Otto Süßenguth. Im Herbst 1914 wurde er wegen „feindlicher Umtriebe" verhaftet; man hatte bei ihm die Quittung über eine Fünf-Mark-Spende für den Deutschen Flotten-Verein gefunden. Kurz darauf starb er. Martha, die andere Schwester, heiratete den Hamburger Überseekaufmann Ferdinand Danckwerts, mit dem sie jahrelang in Japan lebte. (Dort stieß ich 1929 auf ihre Spuren.) Von ihren vier Söhnen sind drei gefallen, zwei im Ersten und einer im Zweiten Weltkrieg.

Meine beiden Eltern und zwei der Großeltern wurden in Moskau geboren, zudem sind drei Urgroßeltern sowie ein Großvater dort gestorben, der andere im Ural. So bin ich ein waschechter Vertreter des Moskau-Deutschtums. Es hat mich entscheidend geprägt.

2. Die Moskau-Deutschen

Das Moskau-Deutschtum, in dessen Mitte ich meine frühe Kindheit verbrachte, ist in den Wirren des Ersten Weltkrieges und der Russischen Revolution verschwunden. Es war eine mittel- und großbürgerliche Gesellschaft und unterschied sich insofern von den adeligen Baltendeutschen, deren Ahnen 1721 nach der Eroberung der Ostseegebiete durch Peter den Großen Untertanen der Zaren geworden waren, und von den bäuerlichen Volksdeutschen, die, überwiegend auf Grund eines Manifests der Großen Katharina von 1763 ins Land gekommen, weite Landstriche in Südrußland und im Kaukasus besiedelt hatten und dort ein ruhiges, in sich abgeschlossenes Leben führten.

Moskaus „Deutsche Gemeinde" – im nicht-kirchlichen Sinne – bestand

aus rund 30000 Deutschstämmigen, darunter 4000 deutschen Staatsangehörigen, zu denen meine Eltern zählten. Die Frage, welchen Paß der einzelne Moskau-Deutsche besaß, war in den langen Friedensjahren vor 1914 kaum von Belang. Von den elf Geschwistern der Mutter war nur einer russischer Bürger geworden, der mit einer Deutsch-Russin verheiratete Woldemar; wenn es je zum Kriege zwischen Rußland und dem Deutschen Reich käme, sollte wenigstens einer unbehelligt die Fabrik weiterführen können. (So einfach stellte man sich das vor. Und so einfach war es zunächst auch. Als russischer Bürger leitete Woldemar die Fabrik während des ganzen Krieges. Schwierigkeiten und schließliche Enteignung kamen erst mit der bolschewistischen Revolution.)
Diese Eigenschaften kennzeichneten damals das Moskau-Deutschtum: seine lange Geschichte (die Anfänge lagen im 16. Jahrhundert, eine etwa aus jener Zeit stammende „Deutsche Straße" gab es noch bis 1914); seine enge kulturelle Verbundenheit mit dem Gastvolk; seine stattliche Zahl; sein kräftiges Selbstbewußtsein, das durch die Hochachtung der Russen gegenüber allem Deutschen immer neu bestätigt wurde; seine soziale Lage als Mittelstand in einem Lande, in dem ein Bürgertum – zwischen Adel und Bauernmassen – erst allmählich entstand.
Die Moskau-Deutschen erfreuten sich des Besten in zwei Welten, ohne gezwungen zu sein, sich für eine von beiden zu entscheiden. Sie lebten inmitten eines Volkes, das für seine Gastfreiheit und „breite Natur" bekannt war, verdienten gut bis sehr gut, waren angesehen (bekanntlich sagten die Russen respektvoll: „Die Deutschen haben den Affen erfunden") und blieben doch Deutsche. Sie hatten ihre eigenen Kirchen (St. Michaelis seit 1576, St. Petri-Pauli seit 1626) samt dazugehörigen Schulen, die auch von Russen gern besucht wurden, eine „Moskauer Deutsche Zeitung" und zahlreiche eigene Vereine, in denen sie nach Herzenslust schalteten und walteten. (Großvater Heuss gehörte u. a. dem Verein Deutscher Reichsangehöriger an, dem ‚Evangelischen Hülfsverein', der Liedertafel, dem Turn- und dem Männergesangverein.)
Die Moskau-Deutschen zahlten pünktlich ihre Steuern, investierten ihre Einkommen in Rußland und nahmen intensiv an seinem geistigen Leben teil; in politischer Hinsicht aber waren sie Zuschauer. (Das mag dazu beigetragen haben, daß ich in meinem späteren Leben in fremden Ländern bei allem Interesse an deren innerer Entwicklung ein Beobachter blieb, mich also nicht für die eine oder andere Richtung engagierte, weil das ja nicht Sache eines Ausländers sein konnte.)
Zur wirtschaftlichen Entwicklung des Gastlandes trugen die Moskau-Deutschen viel bei, indem sie ganze Industrien aufbauten – ein Hilger

schuf in wenigen Jahrzehnten ein Textilreich; ein Knoop, 1839 eingewandert, galt später als „Rußlands reichster Unternehmer"; ein Speidel vertrat die BASF; ein Krüger leitete die Moskauer Versicherungsgesellschaft (in dem Hause auf dem Lubjanka-Platz, das später als Hauptquartier der Tscheka und ihrer Nachfolgeorganisationen zum Inbegriff des Schreckens werden sollte); ein Ferrein Moskaus renommierteste Apotheke, die heute noch als „Apotheke Nr. 1" besteht; ein Stupperich die Vacuum-Ölgesellschaft. In diese Galerie gehören auch meine Großväter, Heuss und Mehnert; von ihnen war schon die Rede.

Von anderen ostwärts – etwa nach Indien oder China – ausgewanderten Europäern unterschieden sich die Moskau-Deutschen durch ihre innige Verbundenheit mit der einheimischen Kultur, die im 19. Jahrhundert ihre höchste und zwischen Jahrhundertwende und Kriegsbeginn ihre späte Blüte erlebte. In ihrer Gesinnung waren sie deutscher als die Deutschen daheim und in vielen Beziehungen fühlten sie sich den Russen überlegen; kulturell aber, vor allem was Literatur und Musik betraf, waren sie so russisch wie ihre Umgebung. Das galt besonders für meine Mutter. Wir lebten in einer Kultur von Weltniveau und mit vielen Berührungspunkten zur deutschen.

Nur wenige Europäer wurden „Inder" oder „Chinesen"; das verhinderte schon die sprachliche Barriere und die kulturelle Kluft. Aber die Moskau-Deutschen sprachen so selbstverständlich (und so gut) Russisch wie die übrigen Moskauer. So wuchs ich zweisprachig auf und lernte, die beiden Sprachen zu trennen, wenngleich zahlreiche russische Wörter – manche leicht abgewandelt – in unsere deutsche Umgangssprache eingingen; natürlich Bábuschka (Großmutter) und Dátsche (Sommerhaus in der Umgebung der Stadt), aber auch Njánja (Kinderfrau), Dwórnik (Hausknecht), Káscha (Brei), Sakúska (Vorspeise), Warénje (Eingemachtes), Papirósse (Zigarette), dazu manche Wörter, die ursprünglich aus dem Deutschen ins Russische eingegangen waren wie Fórtotschka (von Pforte) oder Kamórka (von Kammer). Und manchmal erschallte das aus dem Deutschen – ein wenig falsch – übernommene „Kíndry, Kíndry!" der Dienstboten, wenn wir Kinder Unfug trieben.

In meinem späteren Leben sah ich den Unterschied zwischen uns und anderen „Bindestrich-Deutschen", den Deutsch-Amerikanern etwa, deren Vorfahren ungefähr zur gleichen Zeit – nur in umgekehrter Richtung – ausgewandert waren. Diese wollten alle möglichst rasch in der von ihnen als überlegen empfundenen Zivilisation des „Schmelztiegels Amerika" aufgehen und daher, wie das dort auch von ihnen erwartet wurde, einen US-Paß erwerben. Im Russischen Reich hingegen wurden deutsche Privatleute nicht bedrängt, Untertanen der Zaren zu werden. (Die Erinnerung an diese großzügige Einstellung war es wohl auch, die mich so bockig machte, wenn man mich in den dreißiger und vierziger Jahren in Amerika vorwurfsvoll fragte, warum ich dort zwar mein Brot verdiene, aber keinen Antrag auf US-Staatsbürgerschaft stelle.)

Das Leben der moskau-deutschen Kolonie am Vorabend des Ersten Weltkrieges spielte sich am intensivsten im Kreise der fast durchweg großen Familien ab. Sie bildeten ganze Sippen und standen auch untereinander in engen freundschaftlichen Verbindungen, die oft genug, wie im Falle meiner Eltern, durch Heiraten zu verwandtschaftlichen wurden. Die Sommerferien auf den Datschen, die gegenseitigen Besuche und Ausflüge (mit Pferden oder mit der Eisenbahn) und die in der Familie, in den Kirchengemeinden oder gar von der ganzen Kolonie gefeierten Feste bestimmten den Jahreslauf.

Gereist wurde viel – im näheren Umkreis Moskaus, von den Stadtwohnungen in die Datschengebiete und auch ins Ausland. Wie heute mit dem Flugzeug legte man damals Tausende von Kilometern mit der Bahn zurück, um eine Hochzeit in Berlin oder den 70. Geburtstag der Großmutter in Stuttgart zu feiern, und oft nahm man auch gleich die Kinder mit. Rußland selbst galt damals nicht als Reiseland, außer zu Geschäften.

Einen bedeutenden Platz im gesellschaftlichen Leben der Moskau-Deutschen nahmen die Wohltätigkeitsfeste ein, meist in Form von Basaren. Der für solche Veranstaltungen wichtigste Rahmen war der ‚Evangelische Hülfsverein'. Zu seinen Mitgliedern gehörte ein großer Teil der – überwiegend protestantischen – deutschen Kolonie. Für das jüngere Volk, auch für meine Eltern, boten solche Feste zahllose Möglichkeiten, der Phantasie Raum zu geben und das Erdachte in Theaterstücken, Kostümen, Ständen in die Tat umzusetzen.

Der Geist der deutschen Kolonie jenes letzten Vorkriegsjahrzehnts war geprägt von harter Arbeit, deren reiche Früchte nicht verpraßt, sondern immer wieder neu angelegt, aber auch für wohltätige Zwecke ausgegeben wurden. Man war wohlhabend und führte ein behagliches, aber kein protziges Leben. Jeder Deutsche galt als „solídnyj". Auf dem Lande wohnten wir auf wenigen Quadratmetern in einfachen Bauernhäusern, die Betten übereinander, aber an Dienstboten fehlte es nie. Einmal nahmen wir drei Dienstmädchen mit uns ins Dorf, und im Hause des Großvaters gab es einen Diener, der nur die eine Aufgabe hatte: dafür zu sorgen, daß in den Samowaren, die überall im Hause dampften, stets heißes Wasser für den Tee zur Verfügung stand.

Zum 25. Jubiläum des Eintritts meines Großvaters in die Firma „Einem" hielt ein Vertreter des Hülfsvereins eine Ansprache, die als Zeitungsausschnitt erhalten blieb. Der Redner hat vermutlich selbst dafür gesorgt, daß sie in die „Moskauer Deutsche Zeitung" kam, wohl wissend, daß sie der Zustimmung des Großteils der Moskau-Deutschen sicher sein konnte. Er pries das Wachstum des Hülfsvereins unter des Großvaters Präsidentschaft samt der Vergrößerung des Krankenhauses und meinte: „Um unsere Dividende brauchen wir uns keine Sorge zu machen, die zahlt der liebe Herrgott, der noch niemand etwas schuldig geblieben ist, und selbst den Trunk kalten Wassers, den wir einem Armen reichen, nicht unvergolten lassen will. Ja, ‚Wohltun bringt Segen!' Die Wahrheit haben Sie, hochverehrter Herr Heuss, in reichem Maße an sich selbst erfahren." Nach einer Aufzählung der Leistungen des Großvaters und seines „aus kleinen Anfängen mächtig emporgeblühten Geschäfts" schloß der Redner mit den Worten: „Das ist Gottes Segen, Gottes Lohn!" Deutsch-protestantische Arbeitsethik also auch in der slawisch-orthodoxen Metropole.
Wie in den meisten Auslandsgemeinden war der Zusammenhalt der Deutschen sehr stark, alles Deutsche wurde freudig und mit Stolz begrüßt – deutsche Musiker, deutsche Theaterensembles, deutsche Maschinen; die Mutter und ich wurden einmal im Gedränge fast zu Tode getrampelt, als wir zu einer Vorführung von Magirus-Feuerwehrleitern auf den Roten Platz gingen. Tausende von Schaulustigen wollten sehen, wie man mit Hilfe dieser deutschen Wunderleitern ein simuliertes Feuer in den oberen Stockwerken des – heute GUM genannten – Gebäudes bekämpfte.
Daß mir viel aus frühester Kindheit in Erinnerung blieb, ist leicht zu erklären. Als Ältester wurde ich von den Eltern schon früh einbezogen; ich nahm in mich auf, worüber sie unter sich, mit Verwandten und Freunden sprachen, auch was meine älteren Vettern und Basen bewegte, welche Bücher sie lasen, wovon sie schwärmten. In späteren Jahren haben Gespräche mit den nach der Revolution nach Deutschland (größtenteils nach Berlin und Stuttgart) zurückgewanderten Moskau-Deutschen diese Eindrücke erhärtet.
Ebenso nachdrücklich wirkte wohl unser „Familienschatz" auf meine Vorstellungen vom Moskau-Deutschtum ein. Das Wichtigste, so hatte mir die Mutter eingeschärft, was ich bei der überstürzten Abreise aus Rußland im Herbst 1914 unterwegs wie einen Schatz hüten sollte, worauf wir bei den späteren Umzügen innerhalb Stuttgarts und nach Berlin mehr als auf alles andere zu achten hatten, was 1945 in Ost-Berlin, ehe

die Russen kamen, versteckt und später über die Zonengrenze geschafft wurde – dieses Wichtigste war das Paket mit rund 1600 Fotografien aus unseren Moskauer Jahren. Nach des Vaters Tod hat die Mutter sie an Winterabenden auf Bogen von Folioformat geklebt, mit der klaren, im Verlauf ihres Lebens kaum veränderten Schrift den Inhalt der Bilder vermerkt und mit einem Kurztagebuch versehen. Hinweise auf Geburten, Taufen, Verlobungen, Hochzeiten, Jubiläen, auch auf Krankheiten und Todesfälle füllen Seite um Seite.

Neben den eigenen Erinnerungen und den Worten der Mutter, die so farbig und spannend über ihre und meine Kindheit zu erzählen wußte, daß ich nie genug bekam, sind diese Alben ein unverfälschbarer Bestandteil meines Bildes jener Jahre, ehe 1914 „die Lichter in Europa erloschen" und 1917 das dreieinhalb Jahrhunderte alte Moskau-Deutschtum für immer versank.

3. Die Russen meiner Kindheit

Da wir einen großen Teil des Jahres auf dem Lande lebten (der Vater besuchte uns zum Sonntag, das „Wochenende" war noch nicht erfunden), kam ich als Kind, was die Russen betraf, am meisten mit den *Bauern* in Berührung. Bis 1913 mieteten die Eltern ein halbes Bauernhaus im Dorf Rastorgújewo, etwa 26 Kilometer südlich von Moskau; dorthin fuhren wir, mit Kutsche oder Bahn, mehrmals im Jahr. Die Wohnung bestand aus drei kleinen Räumen – einem Eßzimmer und je einem Schlafzimmer für die Eltern und uns Kinder, dazu einer Kammer für Matrjóscha, das Dienstmädchen, und einer dunklen Küche. Im Garten wuchsen Beeren und Gemüse, stand ein Keller, der halb aus der Erde ragte und der Aufbewahrung von Milch und Fleisch diente. Rastorgújewo war arm, keine Herrenhäuser weit und breit. Sein Name bedeutete etwa: Ausverkaufdorf.

Erst später wurde mir klar, daß das Leben in der Hälfte eines aus Balken gefügten einfachen Hauses, das dem Kleinbauern Nikíta gehörte, eine Demonstration der Eltern war. Ihnen behagte das bescheidene Dörfchen mehr als eine gepflegte Datschensiedlung in Kúnzewo oder Sokólniki, wo sich die wohlhabenden Moskauer Familien für die Dauer des Sommers, meist drei Monate, einquartierten, mit gesellschaftlichem Betrieb und allem Komfort. In ihrer sehr innigen Ehe waren die Eltern am liebsten mit ihren Kindern allein. Natürlich besuchten wir die Verwandten in ihren Datschen, wo meist auch Platz für Übernachtungsgäste war, oder sie kamen zu uns, vor allem im Winter zum Skilaufen. Aber mein eigentlicher Umgang waren die Kinder des Dorfes. Um diese an uns zu gewöhnen, veranstalteten die Eltern kleine Kinderfeste, mit Wettlaufen, bei denen es Preise gab, und mit Geschenken zu Ostern.

Gerade Ostern, das größte Fest der Russen, wollten sie möglichst im Dorf verbringen; es ist für die Russen, was Weihnachten den Deutschen bedeutet. Die nach langem Winter erwachende Natur, das erste Grün an den so geliebten Birken, das Ende der Fastenzeit und, zu allem, die Auferstehung des Herrn machten den Ostersonntag zum Tag aller Tage. Zum Mitternachtsgottesdienst in der Dorfkirche wurde ich nur einmal mitgenommen. Unvergeßlich der dreimalige Zug der Bauern um die Kirche, brennende Kerzen in den Händen, der auch in dem kleinen Kirchlein inbrünstig-brausende Gesang (ohne Beistand von Instrumenten), der Glanz der Ikonen im Kerzenschein, das jubelnde „Christós woskrése" (Christus ist auferstanden). Dann wurde ich ins Bett gepackt.

Anderntags, am Ostermorgen, übte ich fleißig den alten Brauch: Auf alle, die mir gefielen, ging ich zu, sagte „Christos woskrese" und tauschte drei Wangenküsse. Tagsüber aß man die beiden Osterspeisen, Kulítsch, den hohen runden Kuchen aus Weizenmehl und Rosinen, mit einem Osterlämmchen aus Zucker auf der Spitze, und Pás'cha, die Pyramide aus Quark, mit kandierten Früchten verziert, rollte bunte Eier, ging spazieren – und aß wieder. Und jeder nahm sich vor, das ganze Jahr ein guter Mensch zu sein.

Mir gelang das nie. Einmal lüpfte ich einem gleichaltrigen Dorfmädchen beim Spielen den Rock, um festzustellen, wie es dort aussah. Die Mutter, die das vom Fenster aus beobachtet hatte, rief mich zu sich. Sie war vernünftig genug, zu verstehen, daß ein Junge mit zwei Brüdern auch die entsprechende Vorrichtung bei Mädchen sehen wollte. Es gab also keine Schelte, nur den Hinweis, daß sich das nicht gehöre. Mir kam die Sache beim Jungen praktischer vor, und damit war es erledigt. Aber in Erinnerung ist mir der Vorfall geblieben.

Der Weg von dem kleinen Bahnhof, den man zu Fuß in etwa einer Viertelstunde zurücklegte, führte durch ein liebliches Tal. An Samstagabenden durfte ich mit, den Vater am Zug abzuholen – Väterchen, wie wir ihn auf deutsch nannten, dem russischen Pápotschka nachgebildet. Die Russen lieben die Diminutivform -tschka sosehr wie die Schwaben ihr -le. Vätterle sagen hierzulande die Kinder. Als ich unlängst mit Moskau telefonierte und der Anschluß nicht gleich zustande kam, sagte die dortige Telefonistin auf russisch: „Legen Sie das Hörerchen auf, ich rufe gleich zurück."

Der Heimweg durch den Abend – der Vater in der Mitte, bei der Mutter eingehakt und mich an der Hand führend – erfüllte mich immer mit einem Gefühl friedlicher Harmonie. So verlebte ich eine Kindheit voll innerer Sicherheit. Abgesehen von dem gelegentlichen Auftauchen des Wortes Krieg, kann ich mich an keinerlei Angst oder Alpdruck erinnern. Schreckliche Dinge gab es nur in Märchen, die vor dem Schlafengehen vorgelesen wurden. Eines habe ich nie vergessen. Die Mutter hatte mir – die Brüder schliefen schon – Hauffs „Gespensterschiff" vorgelesen, aber, da es schon spät war, nicht ganz zu Ende. Die Sache mit dem Kapitän, der mit einem Nagel durch den Kopf an den Mast geschlagen war und nachts samt seinen Gesellen zu lärmendem Leben erwachte, beschäftigte meine Phantasie, auch nachdem die Eltern mir den Gutenachtkuß gegeben und die Petroleumlampe gelöscht hatten. Warum hatte der Kapitän einen Nagel im Kopf? Es war gruselig. Aber nicht eigentlich schrecklich; da die Wände zwischen den Zimmern nicht bis zur Decke reichten, drang der Lampenschein aus dem Wohnzimmer in mein Schlafzimmer und machte die Gegenstände sichtbar, die leisen Stimmen der Eltern waren zu hören, ohne daß ich einzelne Wörter verstehen konnte; sie klangen ruhig und wie immer. Und die Sache mit dem vernagelten Kopf würde sich morgen klären. Alles war gut und in Ordnung.

Zum letzten Mal waren wir im Sommer 1914 in Rastorgujewo. Gleich nach des Vaters plötzlicher Abreise ins deutsche Heer waren wir noch einmal hingefahren, um die spannungsgeladenen Tage auf dem ruhigeren Dorf zu verbringen. Währenddessen brach – am 1. August – der Krieg aus, und wir eilten nach Moskau zurück – die Mutter, wir drei Brüder und das Dienstmädchen. Der Zug war überfüllt, die Atmosphäre patriotisch geladen. „Es ist eine gefährliche Zeit", sagte die Mutter zu uns, „redet möglichst wenig im Zug, und sagt nichts über unser Väterchen."

Als wir uns Moskau näherten, hielt es Frank nicht länger aus. Mit lauter Stimme verkündete er in den vollen Wagen hinein: „Mein Väterchen ist ein deutscher Offizier!" Er sagte es in perfektem Russisch. Einen Augenblick trat Stille ein. Die Mutter tat das einzig Richtige. Sie lachte und rief: „So ein schlechter Junge! Seit Kriegsausbruch macht er alle Leute verrückt mit diesem Unsinn!" Ich tat es ihr nach, so laut ich konnte, und die um uns Stehenden und Sitzenden lachten auch. Bald war der kleine Zwischenfall vergessen, während Frank beleidigt schwieg, weil wir ihn nicht ernst genommen und sogar gelacht hatten.

Eine Tochter russischer Dörflichkeit, die mir und den Eltern besonders

ans Herz wuchs, kam nicht aus unserem Dorf, sie „kam" wohl nirgendwoher, denn sie gehörte eben einfach dazu. Ich weiß nicht einmal, ob die „alte Njánja Dúnja" alt war; mir erschien sie uralt, denn sie kam ins Haus, kurz nachdem ich geboren wurde. Für Kinder in Rußland waren – und sind es auch heute noch – vier Personen am wichtigsten: Máma, Pápa, Bábuschka, Njánja. Die Njanja, die es heute noch gibt und die auch viele andere Arbeiten verrichtet, gehört zur Familie und schläft irgendwo, vielleicht auf einem Koffer im Vorplatz. (Bei uns teilte sie das Zimmer mit einem der Dienstmädchen.)
Über die Njanjas ist in Rußland viel geschrieben worden. Niemand hat ihnen einen schöneren Kranz gebunden als Rußlands größter Dichter, Alexander Púschkin, in der Gestalt der Njanja in seinem Versroman „Jewjénij Onégin". Das – bezeichnend genug – durch all die mörderischen Jahrzehnte intakt gebliebene Foto meiner Njanja Dunja aus dem Jahr 1909 habe ich unter die Illustrationen aufgenommen, um ihr auch ein bescheidenes Denkmal zu setzen. Es zeigt ihre behäbige Figur, ihr urrussisches Gesicht. (Könnte sie nicht eines jeden Russen, auch eines Chruschtschów, Njanja gewesen sein?) Für mich war sie der Inbegriff von Wärme, Güte und Geduld. Eine Mutter muß auch erziehen, eine Njanja braucht nur zu lieben. Genährt hat uns die Mutter selbst.
(Jahrzehnte vergingen, ehe ich wieder nach Rastorgujewo kam. Der Teich war da, auch das Haus, in dem immer noch Nikita mit seiner Familie wohnte. Aber ein Teil des Dorfs hatte einer neuen Bahnverbindung zum Donéz-Industriegebiet weichen müssen. Die verbliebenen Bauernhäuser standen traurig heruntergekommen in ihren verwahrlosten Gärtchen. Auch früher waren sie ärmlich, doch mit ländlichem Charme; jetzt waren sie nur noch ärmlich. Manche Bäuerinnen – ich sah nur wenige Männer – erinnerten sich noch an die deutsche Familie, die früher mehrfach im Jahr zu ihnen kam. Damals ruhte das Dorfleben bei aller Armut im festen Rhythmus der Jahreszeiten und Feldarbeiten, der Kirchenfeste und Jahrmärkte. Jetzt hatte es seine natürliche Ordnung verloren. Die Männer arbeiteten in den Fabriken, viele kamen nur selten ins Dorf; auch jüngere Frauen zogen die Fabrik vor. Aber ein Teil jeder Familie war im Dorf geblieben, um die Ansprüche auf Haus, Privatkuh und Gärtchen nicht zu verlieren. Inzwischen ist das Dorf verschwunden, verdrängt durch Fabrikanlagen und Wohnblöcke.)

Viele Jahre später, als wir schon längst in Deutschland lebten, fragte ich einmal die Mutter, ob wir Moskau-Deutschen auch zu der in der neueren Geschichte Rußlands so oft erwähnten *Intelligenzia* gehört hätten.

Sie zögerte, Intelligenzia, sagte sie, habe zwei Bedeutungen. „In erster Linie umfaßte sie natürlich die Schicht der Gebildeten, die intellektuellen Berufen angehörten, Lehrer und Ärzte, Schriftsteller und Gelehrte. Im Laufe der Zeit aber hat das Wort einen politischen Beigeschmack gewonnen; als sich zwischen den Gebildeten und dem Staat eine immer breitere Kluft auftat, vor allem in den letzten Jahrzehnten des vorigen Jahrhunderts, wurde Intelligenzia identisch mit Opposition gegen das Zarenregime. Bald gehörte ein großer Teil der Intellektuellen, angefangen mit Gymnasiasten und Studenten, zu dieser Art von Intelligenzia; aus ihren Reihen kamen die Revolutionäre, Anarchisten und Terroristen, etwa die, welche den Zaren Alexander II. und andere hohe Würdenträger ermordeten, dorther auch die jungen Fanatiker, die Dostojewskij in seinen ‚Dämonen' beschrieb."

Für eine Weile wanderten die Gedanken der Mutter zu unserer Familiengeschichte zurück. „Du weißt, daß wir das Haus in dem großen Garten auf der Ordynka-Straße verlassen mußten. Wir hatten dort zur Miete gewohnt. Aber eines Tages kam die Großfürstin Elisabeth, eine hessische Prinzessin und Schwester der Zarin, und kaufte es. Terroristen hatten ihren Mann, den Generalgouverneur von Moskau, ermordet, und nach einigen Jahren wollte sie bescheidener leben.

Natürlich gab es in der Intelligenzia viele, die das Regime ablehnten, ohne deswegen Bomben zu werfen", erklärte die Mutter weiter. „Aber zwischen ihnen und den aktiven Revolutionären, den Bolschewiken oder Terroristen, bestand kein prinzipieller Unterschied. Dein Vater und ich – zur Zeit der Ermordung des Großfürsten waren wir verlobt – entsetzten uns, als wir sahen, wie viele unserer russischen Bekannten, sofern sie zu den Gebildeten gehörten, mit den Mördern sympathisierten und über den toten Großfürsten hämische Bemerkungen machten. So tief war der Riß zwischen Intellektuellen und Zarenregime schon 1905. Nach dem Ausbruch des Weltkrieges wurde er noch einmal durch den patriotischen Taumel überdeckt, aber nicht für lange, und die erste, die liberale Revolution des Jahres 1917, die den Zaren, ein Dreivierteljahr ehe Lenins Revolution ausbrach, zur Abdankung zwang, wurde von der Intelligenzia mit Begeisterung begrüßt.

Jetzt verstehst du, Klaus, warum ich vorhin zögerte, als du fragtest, ob wir zur Intelligenzia gehörten. In gewisser Hinsicht, ja. Wir hatten alle Voraussetzungen, vor allem höhere Schulbildung; dein Vater war Maler und verkehrte in russischen Künstlerkreisen, ich selbst habe nach Schulabschluß, manchen russischen Freundinnen gleich, als Freiwillige in einem Waisenhaus unterrichtet – man nannte das ‚Ins Volk gehen' – und arme Familien aufgesucht; wir gingen in dieselben zeitkritischen Theaterstücke im Künstlertheater, etwa Maxim Gorkijs erschütternd-realistisches ‚Nachtasyl', einige seiner Schauspieler waren bei uns im Haus, und wir waren begeistert, wenn der große Schaljápin das Dubińuschka-Lied der Wolgaschlepper sang. Aber während dieses Lied oder das ‚Nachtasyl' für unsere russischen Freunde politische Aufschreie gegen das Zarenregiment waren, empfanden wir sie als künstlerische Darbietungen. Auch der alte russische Dauerstreit zwischen „Westlern" und „Slawophilen" war nicht unser Problem. Daß wir westliche Menschen waren *und* Rußland liebten, empfanden wir nicht als unvereinbaren Widerspruch. In unserer ganzen großen Verwandtschaft und auch sonst unter den Moskau-Deutschen findest du manche Sozial-Wohltäter wie den deutschen Arzt Haas, aber keine Sozial-Revolutionäre – nicht weil unsere Väter Fabrikanten waren (es gab unter den russischen Revolutionären sehr viele Kinder aus wohlhabenden oder adligen Familien), sondern weil wir uns im Zarenreich als Gäste empfanden und weil wir – bei allem Verständnis für die Gefühle unserer russischen Freunde – die bestehende Regierung samt ihren Gesetzen respektierten. Du siehst, wir gehörten zur Intelligenzia, sofern das Wort die Zugehörigkeit zur gebildeten Schicht bedeutete, aber nicht, wenn man darunter Kampf gegen das Zarenregime verstand."

So ungefähr erklärte es mir die Mutter.

Auch danach beschäftigte mich die Intelligenzia, zum Beispiel bei meinen Studien über die Neue Linke, jene westliche Spielart der Intelligenzia in den späten sechziger, frühen siebziger Jahren unseres Jahrhunderts. In der Haltung der oppositionellen Intelligenzia in Ost und West fand ich ein gemeinsames Merkmal: Die geistige Entwicklung Rußlands hatte schon frühzeitig den „Überflüssigen Menschen" entdeckt (líschnyj tschelowék), der dank dem Wohlstand seiner – oftmals adligen – Eltern den Sinn des Lebens nicht ganz natürlich im Kampf ums Dasein fand, sondern im Kampf gegen die bestehende Ordnung suchte. Seit Lérmontows Petschórin, dem „Helden unserer Zeit", bevölkern die überflüssigen Menschen die Seiten der russischen Literatur. Fünfzig Jahre später hätte Petschorin wahrscheinlich Bomben geworfen.

Moskau-Deutsche hingegen, die sich überflüssig dünkten, gab es nicht; auch wenn sie es, wie die meisten unter ihnen, zu Wohlstand gebracht hatten, blieben sie Menschen des tätigen Lebens. Sie kannten auch nicht das schlechte Gewissen junger russischer Adliger, die in Schlössern und Herrenhäusern inmitten bäuerlicher Armut aufwuchsen. Für die Moskau-Deutschen war das Zarenreich das Land der unbegrenzten Möglichkeiten, ähnlich wie Amerika für die Amerika-Deutschen, etwa für jene, die aus Roggenfeld im Westerwald nach Amerika auswanderten und als Roggenfelder, später Rockefeller, ein gigantisches Wirtschaftsimperium aufbauten. Nach weiteren ein oder zwei Generationen hätten vielleicht auch die Moskau-Deutschen „überflüssige Menschen" hervorgebracht, aber nicht in jenen Jahrzehnten zielbewußten und stürmischen Aufbaus.

Den Vertretern des traditionellen russischen *Kaufmannstandes* begegnete ich nur in ihren Läden, wenn die Mutter mich zum Einkaufen mitnahm. Dann sah ich diese Männer mit den immer noch bäuerlichen Gesichtern, oft im altrussischen Kaftan, hinter ihren Waagen, den Samowár neben sich, uns mit tiefen Verbeugungen begrüßend. Ein Warenhaus hatte Moskau auch schon, gleich hinter der Großen Oper; es gehörte Ausländern; heute heißt es ZUM.
Am zufriedensten war ich, wenn die Mutter bei Jelisséjew etwas zu kaufen hatte, dem in ganz Rußland berühmten Delikatessengeschäft auf der Twerskája-Straße. Wer ein Stück des Rußland meiner Kindheit sehen will, der gehe auf die Górkij-Straße (so heißt die Twerskaja heute) in den „Gastronom Nr. 1". Dort denke er sich das unmenschliche Gedränge und die langen Schlangen weg, die vor den Regalen mit den – oft leeren – Konservendosen und vor den Kassen anstehen, und betrachte die Prachträume, eine Mischung aus überladenen altrussischen und neobarocken Stilelementen.

Russische *Beamte* traten überhaupt nicht in mein kindliches Gesichtsfeld, und Offiziere verkehrten nicht bei uns, sie gehörten einer anderen Welt an. Einmal schloß ich eine Bekanntschaft mit einem Offizier, doch dann stellte sich heraus, daß er gar kein richtiger war. Im Frühjahr 1913 fuhren wir ausnahmsweise nicht ins Dorf, sondern für ein paar Wochen in die Sonne der Krim. Im Nachbarabteil des Schlafwagens reiste ein stattlicher Herr in schöner Uniform. Während der langen Fahrt unterhielt er sich mit mir. Da ich schon als Kind die – manchen Leuten auf die Nerven fallende – Gewohnheit hatte, sie nach Woher und Wohin zu befragen, mußte die Mutter ihn mehrfach für meine Neugier um Entschuldigung bitten. Aber er ließ sie sich gefallen, und so erfuhr ich, daß er Dirigent des Orchesters der Zarenjacht war. Er erzählte von der Zarenfamilie, von der Kaiserin, von den vier Töchtern und dem Kronprinzen, der – von seiner Mutter her – ein „Bluter" war und von einem baumstarken Matrosen getragen werden mußte (er durfte sich nicht verletzen, da sein Blut nicht gerann). Das bewegte mich sehr, denn der Kronprinz war nur zwei Jahre älter als ich. Zwei Wochen später durfte ich den Zarendirigenten im Kriegshafen Sewastópol besuchen. Die Kriegsschiffe, die er mir zeigte, sahen riesig und drohend aus, und ich wollte wissen, ob sie auch auf deutsche Schiffe schießen würden. Ja, sagte er, wenn es Krieg gibt; das wäre schrecklich.

Die russische *Kirche* war für mich ein bewegendes Schauspiel, nicht mehr. Als Njanja Dunja das zweite Mal zu uns kam, gehörte es zu ihren Aufgaben, mit mir täglich einen Spaziergang zu machen. Diese irdische Pflicht verband sie mit einer himmlischen: Auf jedem Weg besuchte sie eine Kirche. Bei schlechtem Wetter reichte es nur bis zu der nahe gelegenen auf der Poljanka (heute ein Lagerschuppen); bei gutem gingen wir in den Kreml, der damals – wie auch heute wieder, aber nicht zur Stalin-Zeit – allgemein zugänglich war. Wir mußten über die Moskwa. Betraten wir den Kreml durch eines der schweren Tore, so versank Moskau mit all seinem Straßenlärm, seinen Kutschen, fliegenden Händlern und Flanierern, und wir befanden uns in einem der großen Bauwunder des Abendlandes. Die „Zarenkanone", das Riesengeschütz, das nie einen Schuß gefeuert, die geborstene „Zarenglocke", die nie geläutet hatte, die Türme und Zinnen mit dem weiten Blick über den Moskwa-Fluß, hinüber zum Großvaterhaus und weiter zu der Stelle, wo – undeutlich erkennbar – unser Haus stand, und als Hauptmagnet für Njanja Dunja die Kirchen, vor allem ihre Lieblingskirche, die Blagowétschtschenskaja, wo ich warten mußte, bis sie mit ihrem Gebet fertig war. An der Ikone, auf der Jona vom Wal verschlungen wird, drückte ich mich immer schnell vorbei, denn sie schreckte mich. Dann aber spazierte ich durchs Kirchenschiff und betrachtete die anderen Ikonen. Die Gestalten der Bibel und der frommen Legenden schauten aus goldenem Hintergrund durch das Halbdunkel des Gewölbes mit ernsten, fast starren Gesichtern auf den neugierigen Jungen.

Als der Vater von diesen Exkursionen hörte, ging er mit mir in die Kreml-Kirchen, um mir zu erklären, was ich bis jetzt nur einfach und naiv betrachtet hatte. Meinen Walfisch fand er nicht bemerkenswert; das sei kein großes Kunstwerk. Wohl aber schärfte er mein Auge für die Herrlichkeit der Rubljów-Ikonen mit ihren strengen, großen Figuren oberhalb der „Zarenpforte", die zum Altar führt.

Die Eltern hatten zur russischen Kirche eine ähnliche Einstellung wie zum Zarismus. Beides waren bedeutende Bestandteile des Gastlandes, imponierend und schön. Aber es war nicht ihr Zar und nicht ihre Kirche. Das hat sich auf mich übertragen. Die russischen Kirchenchöre rissen mich mit. Aber die helle protestantische Atmosphäre unserer Petri-Pauli-Kirche sagte mir mehr zu als das unheimliche, weihrauchschwere Dunkel der orthodoxen Kathedralen.

Unter den Russen Moskaus liebte ich besonders die *Kutscher*, die eigenen, wenn sie uns ausfuhren, oder die in ihren Mietkutschen an den Straßenecken warteten. Wie Könige saßen sie auf ihren Böcken, in ihren schweren wattierten Mänteln und den nach oben breiter werdenden Zylindern. Wie die Taxifahrer von heute waren sie gewandt und gesprächsbereit, und jeden Satz begannen sie mit „Bárin" (Herr – so nannten sie auch mich schon) oder „Bárynja" (Herrin, Dame). Am kessesten waren die Lichatschí (von lichój = keck, verwegen, flott); sie hatten die schnellsten Pferde, die schönsten Kutschen (als einzige mit Gummireifen) und die höchsten Preise. Meist waren es sehr gut aussehende junge Männer, die mit den weiblichen Passagieren zu schäkern wußten und immer zu Scherzen aufgelegt waren. Eilfertig rissen sie, wenn der Kunde nahte, die wärmende Decke vom Pferd, verstauten den Hafersack, den sie ihm vorgebunden hatten, und schon jagten sie los, mit Peitschenknall und anfeuernden Rufen, die den Pferden galten wie auch den Straßenpassanten. Im Winter hüllten sie ihre Fahrgäste mit kundiger Hand in warme Decken, und wenn sie dann mit uns auf blitzenden Kufen über die verschneiten Straßen galoppierten, kam ich mir vor wie ein Märchenprinz.
Und ein Märchenleben war es wohl auch für den deutschen Jungen im heiligen Moskau – bis die Weltpolitik es zerstörte.

4. Die Welt im Kinderzimmer

Zu meinem sechsten Geburtstag bekam ich ein Geographiespiel, bei dem – von einer elektrischen Batterie bedient – ein Klingelzeichen ertönte, wenn man mit einem Kupferstift die geforderte Hauptstadt eines europäischen Landes richtig anzeigte. So vermochte ich bald den Gesprächen der Eltern zu folgen, in denen die Namen Belgrad und Sofia, Konstantinopel, Athen und Cetinje (damals Hauptstadt des Zwergkönigreichs Montenegro) häufig vorkamen, denn es war die Zeit der Balkankriege, 1912 und 1913. Diese, selbst den Erwachsenen schwer verständlich, reduzierten sich für den Knaben auf die Frage: Werden Deutschland und Rußland in den Krieg hineingezogen?

Auf einen großen Bogen Papier malte ich damals die Karte der Balkan-Halbinsel und stellte dort meine Zinnsoldaten auf, die in ovalen Spanholzschachteln, wohl aus Nürnberg, kamen. Die Soldaten in deutschen und russischen Uniformen traten zu meiner Beruhigung nicht in Aktion. Aber wann immer die Eltern vom Balkan sprachen, war mir unbehaglich zumute; Wilhelm II. war „unser Kaiser" und Nikolaus II. „unser Zar". Warum mußten sie sich untereinander streiten, wo sie doch verwandt waren, deutsche Frauen hatten und sich beim Vornamen nannten? Ihre Bilder hingen zwar nicht in unserer Wohnung, aber ich sah sie oft in den Zeitschriften der Eltern, immer in schönen Uniformen, oft mit ihren zahlreichen Kindern – der Kaiser hatte sechs Söhne und eine Tochter, der Zar vier Töchter und einen Sohn. Meine simple Lösung: Die Söhne des Kaisers heiraten die Töchter des Zaren. (Dieser Wunsch sollte sich zum Teil erfüllen, als der Kaiserenkel Louis Ferdinand die Zarennichte Kira heiratete; doch das geschah erst 1938, genau ein Vierteljahrhundert zu spät. Auf ihrer Hochzeitsreise besuchten sie uns 1938 auf Hawaii.)

Daß es in Rußland außer Deutschen und Russen noch viele andere Völker gab, lernte ich schon als Kind. Rußland war – und ist auch heute – ein Vielvölkerstaat: Die Söhne der kaukasischen Berge, die stolzen Grusinier („Georgier"), kamen als Teppichhändler ins Haus; aus ihrem Munde hörte ich zum ersten Mal das Russische mit jenem – für Moskauer Ohren leicht komischen – Akzent, den Stalin, der mächtigste Grusinier aller Zeiten, berühmt machen sollte. Von einer Reise nach Buchara hatte der Vater einen bunten Schlafrock aus usbekischer Seide mitgebracht. Die Tataren verkauften am Lieferanteneingang der Wohnhäuser allerlei Lebensmittel von einem Tablett, das sie auf einer runden Tuchwurst auf dem Kopf balancierten, und in der Krim erlebte ich sie als die bodenständige Bevölkerung der knapp anderthalb Jahrhunderte zuvor von den Russen eroberten Halbinsel; unser Hausdiener dort hieß Suleiman, der Berg mit der schönsten Aussicht, den ich mit den Eltern erklomm, war der Tschatyr-Dag, im alten Tatarenschloß von Bachtschi-Sarai tropfte der Tränenbrunnen, den Puschkin verewigt hat, und im Höhlenkloster Tschufut-Kale tanzten wirbelnd – mit Schaum vor dem Mund – mohammedanische Derwische (so berichteten damals die Eltern, die mich zu meinem Kummer nicht mitnahmen; dafür sei ich noch zu jung). In der „Chinesenstadt" Moskaus hielten Hökerinnen mit Schlitzaugen ihre Waren feil, in malerischen Trachten, an denen sie als Tschuwaschen oder Mordwinen zu erkennen waren. Über die Chinesen selbst kannte ich nur einen russischen Kindervers, der mit den Zeilen begann:

Lebten einmal drei Chinesen,
Jak, Jak Tsindrak, Jak Tsindrak Tsindraktsindrjulja . . .

Am vertrautesten wurde mir Finnland, denn die Eltern fühlten sich im Norden sehr wohl. Besonders liebten sie die Åland-Inseln, inmitten der Ostsee gelegen. Deren Bevölkerung besteht fast ausschließlich aus Menschen schwedischer Zunge. Die sprachbegabten Eltern, die Französisch (was in Moskau zur Bildung gehörte) und Englisch beherrschten, nahmen jetzt auch Schwedisch-Stunden; die Mutter, die sich mit den Kindern länger als der berufstätige Vater auf Åland aufhielt, konnte sich auf schwedisch ohne große Mühe verständigen und gab ihre Kenntnisse an mich weiter. Über einen Satz im schwedischen Lehrbuch, der „Ynglingens önskan är flickans förtvivlan" hieß, mußten die Eltern sehr lachen. Ich merkte ihn mir daher und hatte immer einen großen Erfolg, wenn ich ihn vorbrachte – ohne zu wissen, worin die Komik lag. Zu deutsch: Des Jünglings Wunsch ist des Mädchens Verzweiflung. Zweifellos ein nützlicher Lehrbuchsatz.

Die Kenntnis fremder Sprachen erleichterte den Eltern den geselligen Verkehr mit Angehörigen anderer Auslandskolonien. Der Mutter beste Freundin war eine junge Schwedin, die wir Tante Anna nannten und die uns – das heißt mir und einigen Gleichaltrigen aus Verwandtschaft und Bekanntschaft – Gymnastikunterricht erteilte; zu diesem Zweck war in unserer Wohnung ein Turnzimmer mit Leitern, Ringen, Schwebebalken und anderen Geräten eingerichtet worden. Zu Mutters Freundinnen gehörte auch Tante Connie, ihre englische Schwägerin. Diesen beiden Tanten stand ich mit einiger Reserve gegenüber, gewiß nicht weil sie Ausländerinnen waren, sondern aus Eifersucht wegen ihrer Freundschaft mit der Mutter. Bis auf den heutigen Tag mag ich keinen Toast und keine Orangenmarmelade, weil beides bei Tante Connie (nur bei ihr) zum Fünf-Uhr-Tee serviert wurde, zu dem ich die Mutter ungern begleitete. Auch mißfiel mir, daß die Tante auf Englisch umschaltete, wann immer sie meinte, das Thema eigne sich nicht für meine Ohren. Eines Tages würde ich auch Englisch können, dachte ich trotzig und aß mit Widerwillen meinen Toast.

Von einer Nationalität habe ich als Kind nie gehört – von den Juden. Es gab ihrer auch nur wenige in Moskau, da sie in ihrer Masse bestimmte Gebiete im Westen des Reiches nicht verlassen durften. Als der Antisemitismus später in Deutschland virulent wurde, und ich erfuhr, daß die berüchtigten „Protokolle der Weisen von Zion", die auf die Nationalsozialisten einen solchen Eindruck machten, aus einer russischen Giftküche stammten, fragte ich die Mutter, ob wir in Moskau Juden gekannt hätten. Ja, sagte sie, und nannte einige Namen, darunter die Familie Berliner, an die ich mich noch erinnerte. Für mich waren sie immer Russen gewesen.

Auslandsreisen trugen zur Erweiterung meines Horizontes bei. Die erste führte durch Deutschland in die Schweiz, die zweite nach Stuttgart zum 70. Geburtstag der Großmutter Heuss, die dritte nach Bonn, wohin die Großmutter inzwischen gezogen war. Von Bonn ist mir zweierlei erinnerlich: der Ritt auf einem Esel zum Drachenfels, wobei mich das Tier weit mehr interessierte als die Burg, und die Bekanntschaft mit Herrn Engel.

Die Mutter pflegte mich, solange sie lebte, ihren neügomónnyj (= Unruhigen) zu nennen; schon als Kind war ich immer in Bewegung. Nach ihrer Theorie kam das davon, daß sie mich in der spannungsgeladenen Zeit unter dem Herzen getragen hatte, die der Revolution von 1905 folgte. Später trennte sie sich von dieser Diagnose, denn die Zeiten wurden noch viel spannungsreicher, ohne daß deswegen alle Kinder zappelig waren. Da die Eltern damals noch die Hoffnung hegten, es ließe sich bei mir etwas ändern, kam ich zu Herrn Engel in Godesberg, dem außerordentliche Kräfte nachgesagt wurden. Wenn ich mit der Mutter zu ihm kam, legte er mich flach auf ein Sofa, stellte sich über mich und murmelte langsam und eindringlich: „Jetzt wirst du müde, ganz müde, ganz müde . . ."

Aber ich wurde gar nicht müde. Da ich wußte, daß Herr Engel für seine Mühe ein Honorar bekam, und nicht wollte, daß dieses umsonst gezahlt wurde, war ich durchaus bereit, müde zu werden, einzuschlafen und hinterher nicht mehr zu zappeln. Nur – es gelang mir nicht. Das war mir schrecklich unangenehm, auch Herrn Engel gegenüber, denn ich wollte ihn ja nicht als Nichtskönner bloßstellen. Statt also nach einem Weilchen aufzustehen und zu sagen: „Es tut mir leid, aber ich kann nicht schlafen", verstellte ich mich, schloß die Augen, atmete langsam und wagte nicht, mich zu rühren. Wohl war mir nicht bei diesem Betrug, und das „Wiederaufwachen" war schauspielerisch nicht leicht zu meistern. Endlich war die Kur zu Ende. Viele Jahre später habe ich der Mutter meine Verstellung gebeichtet. Sie lächelte und sagte, sie hätte wohl gemerkt, daß irgend etwas nicht stimmte, aber gehofft, daß es mir trotzdem gut täte.

(Heute weiß ich längst, daß mir nichts so schwerfällt wie Entspannung. Nicht einmal der harmlose Schlag eines Arztes mit dem Handrücken

auf die bewußte Stelle unterhalb der Kniescheibe wirkt bei mir. Seit Jahrzehnten sage ich Ärzten bei Routineuntersuchungen, sie mögen es gar nicht erst versuchen. Sie versuchen es dann doch, mit dem von mir vorausgesagten Ergebnis, und sagen vorwurfsvoll: „Sie können sich nicht entspannen." Sie haben recht. Auch Enid, meine fast immer ausgeglichene spätere Ehefrau, gewöhnte sich an meine Dauerspannung; sie wußte, daß es kein Mittel gegen sie gab. Nur manchmal, wenn es ihr zu bunt wurde, rief sie mit gespielt grimmigem Gesicht, in dem freilich der Schalk saß: „Zum Donnerwetter, entspann dich!" oder auch „Damned, relax!" Dann lachten wir beide, und das tat auch gut.)
Im Sommer 1914 wurden die Mienen der Eltern wieder bekümmerter, auch ihre Gespräche am Frühstückstisch, neben dem die Zeitungen lagen. Wieder war vom Krieg die Rede, in den diesmal auch Deutschland und Rußland – als Gegner – verwickelt werden könnten. Soviel verstand ich: Der Kronprinz des Habsburger Reiches war von jungen serbischen Terroristen ermordet worden, Österreich-Ungarn und Serbien rückten an den Rand des Krieges, Deutschland war für Österreich, Rußland für Serbien. Andere Staaten wurden in den Gesprächen auch erwähnt – die Teilnehmer der Balkankriege, die sich von diesen noch kaum erholt hatten, auch Frankreich und England (an Amerika dachte damals noch niemand).
Wir fuhren (ohne den Vater) ins Dorf, blieben aber nur kurz und kehrten – wie es hieß, vorübergehend – wieder in die Moskauer Wohnung zurück. Abends kamen deutsche Verwandte und Freunde oder die Eltern fuhren zu ihnen. Die Unruhe der Erwachsenen übertrug sich auf mich.
Am 30. Juli abends traten die Eltern mit ernstem Gesicht zum Gutenachtkuß an mein Bett. Die Mutter blieb im Halbdunkel stehen, der Vater setzte sich zu mir und sagte (ich glaube, mich noch recht genau zu erinnern): „Noch heute nacht werde ich abreisen, nach Deutschland. Du bist ein großer Junge, und ich werde dir die Gründe sagen. Vielleicht gibt es Krieg zwischen Rußland und Deutschland, dann läßt man mich hier nicht mehr hinaus, weil ich deutscher Reservist bin. Auf alle Fälle werde ich die Grenze nach Schweden heimlich überschreiten. Gibt es keinen Krieg, kehre ich schnell wieder zu euch zurück. Gibt es Krieg, so muß ich als Soldat ins Feld, für Kaiser und Vaterland." Er küßte mich, drückte mir die Hand und ging hinaus, den Arm um die Schulter der wortlosen Mutter.
Natürlich weinte ich nicht. Die Eltern hatten mich wie einen Erwachsenen ins Vertrauen gezogen, und ich verstand, daß dies ein sehr ernster

Augenblick war, der mannhaft ertragen werden mußte. Aber die Mutter wußte besser, wie es um mich stand. In einem erhalten gebliebenen Brief schrieb sie dem Vater kurz nach seinem Eintreffen in Deutschland: „Die Buben sind vergnügt nach Kinderart, nur Klaus ist stiller und ernster geworden. Oft kommt er zu mir und legt seinen Kopf an meine Schulter, und ich fühle, daß sein Kinderherz großen Kummer hat – um Dich. Er ist auch stolz auf Dich, aber noch lieber wäre es ihm gewesen, Du wärest in Schweden geblieben." Und einige Wochen nach Kriegsbeginn: „Klaus ist unruhig, selbst bei Nacht. Ich vermeide Kriegsgespräche vor ihm; ich zwinge mich, mit ihm zu lernen."

(Vier Worte hatten sich mir beim Abschied des Vaters für das ganze Leben eingebrannt: „Für Kaiser und Vaterland." Den Kaiser sollte es bald nicht mehr geben. Das Vaterland aber, das zweimal geschlagene, das verstümmelte, verfemte und schließlich gespaltene – das Vaterland ist geblieben.)

Wie es dem Vater ergangen war, erfuhren wir erst später. Mit dem Nachtzug hatte er St. Petersburg erreicht und war dann mit der Bahn durch Finnland (das ja noch zu Rußland gehörte) weit nach Norden gefahren, auf einem Holzfällerfloß an die Ostsee gelangt, zwei Tage marschiert und schließlich, der Krieg war bereits im Gange, bei Haparanda, wo die Skandinavische Halbinsel mit dem Festland zusammengewachsen ist, nachts heimlich über die Grenze nach Schweden gegangen. (Ein Jahrzehnt später habe ich zum Andenken an den Vater denselben Weg zurückgelegt, mit dem Unterschied freilich, daß Finnland jetzt ein freier Staat und der Grenzübertritt nach Schweden problemlos war.) Von dort fuhr er mit der Bahn nach Deutschland. Am 5. August meldete er sich bei seiner Dienststelle. Seiner Bitte: „Wenn irgend möglich, nicht gegen Rußland" wurde entsprochen. Nach vier Wochen kam er mit dem Großherzoglich-Mecklenburgischen Feldartillerie-Regiment Nr. 60 an die Westfront. Einige andere Moskau-Deutsche hatten es ähnlich gemacht. Die meisten aber waren bei ihren Familien geblieben.

Am 31. Juli gab der Zar den Mobilmachungsbefehl. Das war soviel wie eine Kriegserklärung. Auch als Siebenjähriger kannte ich die Binsenwahrheit: Sobald Rußland mobilisiert, muß Deutschland den Krieg erklären, um rasch die französische Armee im Westen niederzuwerfen und sich dann gegen Rußland zu wenden, ehe die ungeheure, aber langsame „Dampfwalze" (wie man damals sagte) mit ihren unerschöpflichen Reserven nach Westen rollen kann.

Nach der Kriegserklärung sah ich mit Staunen und bangem Herzen von unserem Dachgarten aus die endlosen grüngrauen Kolonnen der russischen Divisionen durch die Poljanka zum „Weißrussischen Bahnhof" ziehen, von wo die Schienenstränge nach Westen führten. Sie sangen, wie ich nie wieder in den Krieg ziehende Soldaten habe singen hören, mit den vorweg marschierenden Vorsingern, die die ersten Töne der einzelnen Strophen anstimmten, worauf dröhnend der mehrstimmige Chor der Kolonne einfiel. Noch heute klingt mir das Lied auf ihren Gossudár (= Kaiser) in den Ohren, zu deutsch:

Soldatchen – Kameradchen,
Wer ist Euer Vater?
Unser Vater ist der Zar,
Unser großer Gossudar.

Schon wurden aus Ostpreußen die ersten russischen Siege gemeldet. Die Stimmung gegenüber Deutschen und Österreichern wurde feindselig. Bei den Pogromen wurden später viele deutsche Geschäfte verwüstet, darunter die fünf Einem-Läden in verschiedenen Teilen der Stadt. Die Männer wurden verhaftet und nach dem Osten verschickt. „Nach Sibirien", sagte man damals aus alter Gewohnheit, aber meines Wissens ist keiner wirklich dorthin gekommen, allen wurden Orte in den Gouvernements entlang dem Ural zugewiesen, die sie nicht verlassen durften, in denen sie sich aber frei bewegten. Die Familien folgten ihnen. Da die meisten Rußland-Deutschen wohlhabend waren und ihre Konten nicht gesperrt wurden, hatten sie an ihren Verbannungsorten nicht zu leiden. Sie organisierten Schulen für ihre Kinder, Sprachkurse für die Erwachsenen und lebten in Frieden, jedenfalls bis zum Ausbruch der Revolution im Jahre 1917. Manche starben in der Verbannung, darunter Großvater Mehnert, der Brückenbauer.

Mit Ausnahme einer Kusine, die mit einem Russen verheiratet war, kehrten nach der Revolution alle ins Land der Väter zurück. Die Heuss-Onkel gründeten eine Schokoladenfabrik in Stuttgart, dann das Café Ruscho (= Russische Schokolade) in Berlin. Der Mehnert-Onkel baute eine Druckerei in München auf. Aber im Vergleich zu den Moskauer Glanzzeiten war das alles nichts. Die Deutsche Revolution von 1848 hatte Julius Heuss nach Rußland geführt, die Russische Revolution von 1917 brachte seine Enkel wieder nach Deutschland. (Ich war der einzige, den es immer wieder nach Rußland ziehen sollte.)

Einige Wochen nach Kriegsbeginn erhielten alleinstehende deutsche und österreichische Frauen mit kleinen Kindern die Genehmigung zur Ausreise; wie es hieß, geschah dies auf Bitten jener Großfürstin Elisabeth, die einst unser Haus auf der Ordynka übernommen hatte. Wir packten so viel wir tragen konnten und fuhren – die Mutter samt ihren drei Söhnen im Alter von sieben, fünf und drei Jahren – mit der Bahn nach St. Petersburg. Die Deutschfeindlichkeit hatte bereits einen solchen Grad erreicht, daß uns das Hotel, wo die Eltern oft abgestiegen waren, die Aufnahme verweigerte. Wir übernachteten bei Freunden und nahmen am nächsten Tag den Zug nach Raumå, einem finnischen Ostseehafen, und von dort ein Schiff nach Schweden. Dort blieben wir erst einmal auf dem Gut der Eltern von „Tante Anna".

Alle Welt sprach damals von einem rasch bevorstehenden Ende des Krieges, weil, so hieß es, infolge des Einsatzes von Millionen-Armeen in spätestens ein paar Wochen die Munition ausgehen würde. Das tat sie nicht. Wir setzten unsere Reise nach Deutschland fort.

Als wir die Ostsee von Trelleborg nach Saßnitz überquerten, waren wir noch guten Mutes. Wir wußten nicht, daß die großartige abendländische Gemeinschaft, die in den Jahrzehnten vor dem Kriegsausbruch von Moskau bis Madrid gereicht hatte und in der man sich ganz natürlich und ohne die komplizierten Konstruktionen von Straßburg und Brüssel als „Europäer" fühlte, nur eine kurze Sternstunde gedauert hatte und sich in dieser Unbeschwertheit nie mehr wiederholen sollte.

Von der Westfront waren Siege gemeldet worden; Hindenburg, der neue Heros, hatte bei Tannenberg eine große Schlacht gewonnen; die Mutter war glücklich, ihrem Manne näher zu sein, und ich – allzeit begierig auf das Neue – freute mich ganz einfach auf Deutschland.

Schulzeit in Stuttgart
1914–1925

Im Oktober 1914 trafen wir in Stuttgart ein, gastfreundlich aufgenommen von einer dort verheirateten Schwester der Mutter. Wir erhielten Gästezimmer in ihrem Haus in der Gerokstraße 13 B. Bald verstand die Mutter, daß zwar die „Dampfwalze" im Osten angehalten, der rasche Sieg im Westen hingegen mißglückt war. Von einem kurzen Krieg konnte nun keine Rede mehr sein. Wir zogen in Mietwohnungen – an der Lorenzstaffel, am Eugensplatz, schließlich in der Rotenwaldstraße. Zunächst besuchte ich die 2. und 3. Klasse der nahegelegenen Heidehofschule, dann – vom Herbst 1916 bis zum Abitur im Frühjahr 1925 – das (klassische) Eberhard-Ludwigs-Gymnasium.
In die rund zehn Stuttgarter Jahre fielen der Soldatentod des Vaters in Flandern 1917, die Revolution 1918, die Arbeit der Mutter als Leihbibliothekarin in Esslingen, Freundschaften und erste Liebe, zwei – durch das Rote Kreuz 1920 und 1923 vermittelte – Aufenthalte in einer nordschwedischen Familie, die Jugendbewegung und die erste selbständige Auslandsreise (nach Finnland 1925), aus der ein erster Zeitungsaufsatz und eine erste Rundfunksendung hervorgingen.

5. Das Gymnasium

Mein Schlafzimmer lag nach der Straße. Schon am ersten Abend sah ich im Halbdunkel viele Soldaten, von einer Übung oben im Wald zurückkehrend, durch die Gerokstraße am Haus vorbeimarschieren. Sie sangen ein Lied, das ich damals zum erstenmal hörte und danach noch oft nach Kräften mitsang:

O Deutschland hoch in Ehren
Du heil'ges Land der Treu,
Hoch leuchte deines Ruhmes Glanz
In Ost und West aufs neu . . .

und immer wieder der Refrain:

Haltet aus, Haltet aus,
Haltet aus im Sturmgebraus.
Daß sich unsere alte Kraft erprobt,

Wenn der Schlachtruf uns entgegentobt.
Haltet aus im Sturmgebraus.

Lange konnte ich nicht einschlafen. Ich blickte auf die nun leere Straße und hinab ins Tal, wo die Laternen angingen und Stuttgart in einen Lichtergarten verwandelten. Die russische Kindheit war zu Ende. Wir waren im deutschen Vaterland.

Die Quintessenz meiner Schulzeit kann ich in drei Sätzen zusammenfassen: Das Gymnasium gab mir mehr als die Universität. Im Abitur wurde mehr gefordert als in der Doktorprüfung. Die Schulzeit machte mehr Spaß als das Studium (so interessant dieses dann war).

Die Heidehofschule nannte sich Reformschule und bemühte sich um moderne Methoden – Mädchen und Jungen waren zusammen, die Klassen klein, die Lehrerinnen jung und enthusiastisch (ihre männlichen Kollegen zumeist an der Front); manche Schulstunde wurde im Garten gehalten. Die Schule lag in einem der besseren Wohnviertel, einen Steinwurf von der Villa Bosch, und hatte Kinder mit klangvollen Namen, in meiner Klasse zum Beispiel einen Götz von Berlichingen und eine Lise Eckener (Tochter des Malers, Nichte des Zeppelin-Pioniers); mit ihr und einigen anderen der damaligen Mitschüler stehe ich noch in Verbindung, einer ist mein Nachbar im Schwarzwald.

Unsere Klassenlehrerin war Fräulein Pfeiffer, und Jungen und Mädchen schwärmten für sie. Abgesehen von den üblichen Weisheiten des ABC-Schützen hat sie mir eine Kunst beigebracht, die mir später tausendfach zugute kam: das Kartenlesen. Erst mußten wir das Klassenzimmer maßstabgerecht zeichnen (1 Meter = 2 Zentimeter), dann die Schule und den Garten, dann den Plan Stuttgarts verstehen, weiter die Karte Württembergs, des Deutschen Reiches und schließlich der Welt.

Mir machte der heitere Schulbetrieb Freude. Aber vielleicht wäre es richtiger gewesen, mich gleich ins Gymnasium zu tun, denn als ich dort im Herbst 1916 in die erste Lateinklasse kam (in die Sexta, wie man damals sagte), da tat ich mich anfangs recht schwer und war gerade noch im Mittelfeld. Neben Herrn Eberbach, dem etwas pedantischen aber wackeren Klassenlehrer, den wir alle mochten, hatten wir einen anderen, der stets patriotische Bemerkungen einflocht, was in meinen Augen völlig in Ordnung war, der mich aber irritierte, da er sie mit dem pathetisch vorgebrachten Satz beendete: „Wir werden siegen, denn wir müssen siegen." Schon als Zehnjähriger fand ich, daß diesem Satz die Logik fehlte. Einmal, als er wieder so schloß, meldete ich mich, ging zur Wandkarte, zeigte auf das riesige, grün gekennzeichnete Zarenreich und sagte (mit Angst vor der eigenen Courage): „Ich möchte auch, daß wir siegen, aber Rußland, wo ich herkomme, ist ziemlich groß und am Ural [weiter reichte die Karte nicht] fängt es erst richtig an." (An diese Szene wurde ich erinnert, als ich ein knappes Vierteljahrhundert später, bei einem Aufenthalt in Japan, von dem Einmarsch der Wehrmacht in Rußland erfuhr, und Hitler ähnlich unlogisch daherredete wie einst jener Lehrer.)

Eines Tages bekamen wir einen neuen Klassenlehrer. Ich war auf den ersten Blick für ihn eingenommen, denn er kam von der Front (zur Vorstellung beim Rektor erschien er sogar noch in Uniform). Da die jüngeren Lehrer allmählich alle „draußen" waren, wurden die älteren in die Schulen zurückversetzt. Wir nannten ihn „Seehund", denn sein Haar war grau wie die Seehundsfelle auf unseren Ranzen, und er hatte einen Schnauzbart und einen runden Kopf. Auch er war natürlich ein Pauker, aber ein guter, und da er den Krieg erlebt hatte, bramarbasierte er nicht über ihn. Nach dem Soldatentod meines Vaters schloß mich der Seehund ins Herz. Er gab mir umsonst einige Nachhilfestunden und verhalf mir so zum Sprung in die Spitzengruppe der Klasse, wo ich dann auch blieb. (Damals wurde in den Zeugnissen noch vermerkt, der „Wievielte" man in der Klasse war.)

Einmal traf ich den Seehund nach der Schule auf der Straße. Ohne mir etwas Böses dabei zu denken, lüpfte ich meine Mütze leger und nur ein klein wenig. Er hielt mich an und sagte: „Mehnert, entweder du grüßt mich, indem du die Mütze richtig abnimmst, oder du grüßt mich gar nicht. So eine halbe Sache ehrt weder mich noch dich." In späteren Jahren habe ich mehr als einem jüngeren Menschen, den ich mochte und der sich ungeschickt benahm, diese Geschichte vom Seehund und meiner Mütze erzählt und dann hinzugefügt: „Ich bin dem Seehund bis heute dankbar, daß er mir eine schlechte Manier abgewöhnte, ich hoffe, du wirst es mir gegenüber auch sein, wenn ich dir sage, . . ." (Und dann kam, was immer ich anzumerken hatte.)

Heute gibt es wohl mehr Kläuse als Hänse, aber bis zu meiner Studentenzeit bin ich nie auf einen anderen Klaus gestoßen. (Die Mutter erklärte mir später, sie und der Vater hätten zu Beginn ihrer Ehe beschlossen, ihren Kindern einsilbige Vornamen verschiedener Völker zu geben, und bei mir mit einem deutschen begonnen; die Brüder erhielten den angelsächsischen Namen Frank und den skandinavischen Lars.) Auch in anderer Hinsicht unterschied ich mich von meinen Schulkameraden – ich sprach anfangs nur unbeholfen Schwäbisch, hatte keinen Königlich-Württembergischen Beamten oder Kommerzienrat zum Vater und kannte exotische Plätze wie Rußland, Finnland und das Schwarze Meer. So war ich zu Beginn – und blieb es in gewisser Weise – ein Außenseiter, abgehoben von der schwäbischen Nestwärme der anderen. Das hat wohl dazu beigetragen, daß mir Kameraderie ungewohnt blieb und ich oft eigene Wege ging.

Hinzu kam meine Wißbegierde, deren Befriedigung Zeit kostete. So entwickelte sich bei mir einer meiner unliebenswürdigsten Wesenszüge – die mit den Jahren noch wachsende Abneigung gegen nutzlos vertane Zeit; „gemütliches Plaudern" fiel mir schwer und das ziellose Zusammenhocken – in einer Kneipe, später in einer Bar – war mir eine Qual. Schon früh empfand ich, ohne das so zu formulieren, jeden Tag, ja jede Stunde als ein Geschenk, und mit Geschenken geht man sorgsam um, man wirft sie nicht fort, man benützt sie zum Lernen und Lesen, zum Sammeln von Erfahrungen, zum Austausch von Gedanken. Wer mir freundlich gesinnt ist, mag diese Haltung geistigen Egoismus nennen (mit materiellem hatte sie in der Tat nichts zu tun). Aber auch geistiger Egoismus bleibt Egoismus, und jeglicher Egoismus wirkt auf andere verletzend und irritiert sie.

Um die Jahrhundertwende nahe dem Stadtzentrum erbaut, war das Gymnasium ein einfacher dreistöckiger Bau, spartanisch eingerichtet, mit Gasbeleuchtung, die Toiletten im Hof. Von den Schülern wurde viel verlangt. In der Sexta fing man mit Latein an, in der Quarta (also im dritten Gymnasialjahr) kam Französisch dazu, im folgenden Jahr, der Untertertia, auch noch Griechisch. Danach konnte man freiwillig Englisch, das ich wählte, oder Hebräisch lernen (letzteres war wichtig für die künftigen Pfarrer).

An Disziplinmaßnahmen gab es Strafarbeiten, Nachsitzen, Tatzen (Hiebe mit dem Rohrstock auf die offene Handfläche), „Hosenspannes" (was wohl nicht erläutert werden muß, ebenfalls mit dem Rohrstock) und – nur selten angewandt – Einsperrung im Karzer. Das alles galt als selbstverständlich, und ich kann mich nicht erinnern, daß sich Schüler oder Eltern darüber empört oder gar beschwert hätten.

Von der fünften Gymnasialklasse an machte die Schule immer mehr Spaß. Wie man die Flügel bewegt, hatte man gelernt, jetzt ging es ans Fliegen. Jedes Schuljahr, jedes Fach öffnete neue Welten – die römische liebte ich wegen der strengen Klarheit ihrer Sprache und Geschichte, die französische lag mir weniger, die angelsächsische fesselte mich früh. Am hellsten aber strahlte und am meisten begeisterte mich das klassische Griechenland. Damals fühlte ich mich in drei Ländern heimisch – in Deutschland, Rußland und Hellas. Obgleich ich in späteren Jahrzehnten die anderen großen Kulturen erlebte, empfinde ich auch heute

Griechenland als unseren frühen und strahlenden Morgen, da der Mensch zum ersten Mal in das klare Licht der Vernunft trat und innerhalb weniger Jahrhunderte, die Schönheit des Maßes erkennend, auf allen Gebieten Unübertreffliches schuf.

Das Gymnasium hat meine angeborene Neigung zu rationalem und kausalem Denken verstärkt, es hat zugleich dazu beigetragen, mir eine Welt zu erschließen, die mir ein herrliches Wunder geblieben ist. Ich unterstellte, daß Welt und Leben eine göttliche Ordnung hatten. Woher aber stammte diese? Die vertraute Schöpfungsgeschichte der sieben Tage in der Bibel war nur ein grandioser Mythos, und die Schöpfungsgeschichte der Milliarden Jahre in den Naturwissenschaften hatte den Gottesbegriff so zerdehnt, daß er sich in totale Abstraktheit aufgelöst hatte. Jede Religion ist ein Versuch, die Welt zu erklären. Da ich Deutscher bin, nicht Inder oder Japaner, war mir der Protestantismus deutscher Prägung, in den ich hineingeboren war, naturgemäß am vertrautesten, und eines der wenigen Bücher meiner Schulzeit, das ich noch heute besitze, ist das Exemplar des Neuen Testaments, das mir der weltoffene Stadtdekan Traub zur Konfirmation in der Stuttgarter Hospitalkirche am 3. April 1921 schenkte. Meinem Lebensgefühl entsprach mehr die Allgöttlichkeit der Griechen; Homer, die Vorsokratiker und Plato haben einen größeren Einfluß auf mich ausgeübt als die Propheten des Alten Testaments.

Zur Freude an der Schule trugen hervorragende Lehrer bei, Männer mit umfassender Bildung. Hermann Binder, unseren Rektor, nannten wir „Zeus", und wie ein weiser, manchmal blitzeschleudernder Göttervater regierte er seine Männerwelt. Mit jeder die Schule betreffenden Frage konnten wir zu ihm kommen, so auch mit der Anregung, den Karzer den „Jugendbewegten" unter den Schülern zur Verfügung zu stellen, die dort hinfort auf ihren Heimabenden Klampfenklang und dröhnende Landsknechtslieder durch das nächtliche Gebäude schallen ließen.

Hermann Kalchreuter („Kalchas"), von schwerer Verwundung (1915 in den Vogesen) völlig genesen, klassischer Philologe und Germanist, ohne die herbe Hoheit Binders und insofern uns näher, war ein besonderer Verehrer Conrad Ferdinand Meyers, den er mir erschloß.

Paul Ludwig war der Lieblingslehrer vieler Schüler und ist es geblieben, auch weil er alle anderen überlebte. (1980 feierte er seinen Neunzigsten mit fast hundert seiner „Getreuen", wie er uns mit Recht nannte, noch immer ein Mann mit klaren Zügen und straffer Gestalt.)

Der wesentlich jüngere Fritz Rahn beeinflußte uns durch seine originelle und oft provozierende Art; er war es, der uns den damals für verrückt gehaltenen Expressionismus (auf einer Ausstellung im Stuttgarter Kunstgebäude) erklärte: „Von Männern, die den Weltkrieg in den Knochen spürten, darf man nicht erwarten, daß sie idyllische Landschaften mit Schäfchenwolken oder Porträts schöner Frauen malen, während sie von ganz anderen Visionen bedrängt werden." Wie man anderen erklären kann, was ihnen bislang unverständlich war, habe ich bei Rahn zuerst gelernt.

Mit Ludwig und Kalchreuter erlebten wir 1924 den Höhepunkt unserer Schulzeit – die Fahrt zu den Schiller-Festspielen für die Jugend, die jährlich in Weimar veranstaltet wurden. Während des Sommers kamen jeden Montag rund tausend junge Menschen aus ganz Deutschland für eine Woche nach Weimar. Sie waren hochgestimmt und glücklich, ich ganz besonders, denn ich war ein Verehrer Schillers und seines klassisch gebändigten Nationalgefühls.

Fast alle meine jugendlichen Ideale hatte ich mir – außer von den Griechen – von ihm geholt: Treue („. . . sie ist doch kein leerer Wahn"), Männerstolz („. . . vor Königsthronen"), Gedankenfreiheit („Sire, geben Sie . . ."), Verehrung der Frau („Ehret die Frauen, sie flechten und weben/Himmlische Rosen ins irdische Leben"), Mut („Und setzet ihr nicht das Leben ein,/Nie wird euch das Leben gewonnen sein"), Pflicht – ein damals von Hitler noch nicht durch grauenvollen Mißbrauch zerstörtes Ideal („Doch sicher ist der schmale Weg der Pflicht"), und, für mich eine Maxime fürs ganze Leben: „Was man von der Minute ausgeschlagen, gibt keine Ewigkeit zurück."

Schiller und Goethe verschmolzen zum „Geist von Weimar", der damals über uns wehte – vom frühen Morgen (wir wohnten in Privatquartieren freundlicher Weimarer Bürger) bis wir abends erschöpft ins Bett sanken. Es waren schattenlose Tage eines berauschenden Eintauchens in den deutschen Idealismus, die deutsche Klassik, auf der Hin- und Rückfahrt auch noch ins deutsche Hochmittelalter, zum Dom von Naumburg, und nach Würzburg, ins deutsche Barock.

Eine Schülermitverwaltung gab es in unserem Gymnasium formell nicht, wohl aber in der Wirklichkeit. Spätestens in der Unter- und Oberprima, zum Teil schon in der Obersekunda hatten wir Schüler aufgehört, Objekte der Lehrerautorität zu sein. Bis hin zur Gestaltung des Lehrplans (etwa hinsichtlich der Frage, welches Drama von Sophokles wir durchnehmen sollten), fand eine gegenseitige Abstimmung statt, und diese funktionierte mühelos, denn es bestand keine Freund-Feind-Situation, in der jede Seite ihren Willen durchsetzen muß, um sich als Sieger zu fühlen.

Einen politischen Unterricht, wie er heute unter der Bezeichnung Staatsbürger- oder Gemeinschaftskunde zum Stundenplan gehört, kannten wir nicht. Meine Haltung zur Weimarer Republik war klar: Volle Loyalität, aber keine Begeisterung. Für die Republik ging ich nicht auf die Straße, wohl aber gegen ihre Feinde.

Im Spätherbst 1923 geriet sie in eine schwere Krise: In Aachen wurde unter französischem Druck die separatistische „Rheinische Republik" ausgerufen, in Speyer ein „Autonomer Pfalzstaat", in München entstand eine Berlin-feindliche Nebenregierung, in Sachsen, das von Unruhen geschüttelt wurde, marschierte die Reichswehr, in Hamburg lieferten sich Kommunisten und Polizei Straßenkämpfe, und am 8./9. November putschte Hitler in Bayern. In diesem rasch wachsenden Chaos rief die württembergische Regierung nach Freiwilligen für eine Bürgerwehr. Ich meldete mich, gerade siebzehn Jahre alt, schon am ersten Tag. In der Stuttgarter Moltke-Kaserne erhielt ich dann meine erste militärische Ausbildung. Zum Glück war bald alles wieder friedlich, ohne daß es unseres Einsatzes bedurft hätte. Unter meinen Altersgenossen ist nur einer ein wilder Nazi geworden. Manche – Eugen Gerstenmaier und die Brüder Stauffenberg – traten Hitler mannhaft entgegen. Die Stauffenbergs zahlten mit ihrem Leben.

Das Abitur war kein Alptraum. Vor Beginn des letzten Schuljahres sagte uns einer der Lehrer: „Sie müssen die Dinge richtig sehen. Die Oberprima ist kein Gerichtsprozeß, sondern ein Geschenk, wie Sie es in dieser Form nie wieder bekommen werden."

Nach einer so glücklich verbrachten Schulzeit habe ich wenig Verständnis für das wilde Herumreformieren an unseren Schulen während der letzten Jahrzehnte. Auch aus meiner heutigen Sicht war unser Eberhard-Ludwigs-Gymnasium nicht zu übertreffen. Daß es eine Männerschule war, halte ich für richtig; ich habe ohne Mädchen auf den Nachbarbänken ruhiger gelernt, und ihre Abwesenheit hat meinen romantischen Neigungen außerhalb der Schulzeit zusätzliches Feuer verliehen. Der feste Klassenverband, der sich während der neun Jahre in seinem Bestand kaum veränderte, war der natürliche Rahmen, in dem man lebte, seine Freunde fand, mit seinen Rivalen rang. Die Lehrer waren Pädagogen im altgriechischen Sinne des Wortes, das Führer der Knaben bedeutet, im Grunde also Freunde, die zwar, weil sie älter waren, mehr wußten als wir, aber ebenfalls die ideale Verbindung des Schönen und des Guten anstrebten, die Kalokagathia, wie sie die Griechen, beide Wörter verschmelzend, genannt hatten.

6. Den Vater suchend

Den Sommer 1917 verbrachten wir, wie den Sommer zuvor, im Schwarzwalddorf Garrweiler (bei Altensteig). Im Gasthof zum „Hirsch" der Familie Schleeh hatten wir eine kleine Ferienwohnung. Jeden Morgen ging ich mit auf den Acker, denn es war patriotische Pflicht, den Bauernfamilien zu helfen – und es machte großen Spaß.

So war es auch an einem Sommertag 1917. Mit Hüh und Hott und Peitschenknall fuhr ich mit Eugen, einem der Schleeh-Söhne, etwas älter als ich, aufs Feld. Wir waren noch nicht zum Dorf hinaus, da sagte Eugen, während er wegblickte, mit stockender Stimme: „Man sagt, dein Vater ist gefallen", und als ich ihn ungläubig und entsetzt anstarrte, wiederholte er dieselben Worte, leise aber unüberhörbar. Ich hatte nur einen Gedanken: „Wie soll das Mutter ertragen?", sprang vom Wagen und rannte zurück. Ich fand sie von Weinkrämpfen geschüttelt, am halbabgeräumten Frühstückstisch sitzend, den Kopf in den Armen vergraben. Sie weinte hemmungslos und bemerkte mich nicht. In der Türe blieb ich stehen, überwältigt wie von einem Naturereignis, das freilich viel fürchterlicher war als alles, was ich je zuvor erlebt hatte, ungleich gewaltiger noch als das Gewitter vor einigen Tagen, bei dem man hätte glauben können, die Welt sei am Untergehen. Instinktiv wußte ich, daß ich hier nicht helfen konnte, daß ein Händedruck oder ein scheuer Kuß in einem grotesken Mißverhältnis gestanden hätte zu diesem Ausbruch des Schmerzes.

Während ich den zuckenden Körper der Mutter sah und die Schreie hörte, die sie ohne Erfolg zu unterdrücken suchte, verwandelte ich mich, wie nie wieder, in einer Zeitspanne von wenigen Minuten. Plötzlich war ich kein zehnjähriges Kind mehr, wie gerade noch auf dem Leiterwagen, sondern ein zehnjähriger Mann, der von Stund an für Mutter und Brüder zu sorgen hatte.

Nach einer Weile trat ich dann doch zu ihr. Sie riß mich an sich wie eine Verzweifelte, und wir weinten zusammen, bis sie nach einer guten Stunde etwas ruhiger wurde. Ich führte sie ins Schlafzimmer, sie legte sich, von mir gedrängt, aufs Bett und blieb erschöpft liegen. Ein Weilchen saß ich noch bei ihr, dann sagte ich: „Du brauchst dich um nichts zu kümmern, ich werde alles machen, was nötig ist", und ging hinaus.

Die Menschen reagieren verschieden auf große Ereignisse und Katastrophen in ihrem Leben. Die einen nehmen sie hin. Die anderen müssen etwas tun, um sich zu fangen. Zu diesen gehöre ich. Wenn immer etwas passiert, ist mein erster und alles andere ausschließender Gedanke: Was kann man tun? Etwas tun, das hieß an jenem Julimorgen 1917 der Mutter helfen. Nur darum und um nichts anderes ging es jetzt. Ich trauerte, wie ich mir später eingestand, für die lebende Mutter viel mehr als um den toten Vater.

Genau drei Jahre zuvor, im Juli 1914, hatte er sich von uns in Moskau verabschiedet. Danach war er für vier kurze Urlaube zu uns gekommen, zuletzt im März 1917. Ich war sehr stolz auf ihn, weil er das Vaterland verteidigte, erst recht als er „Leutnant und Batterieführer“ wurde und das Eiserne Kreuz erhielt. Aber ich kannte ihn kaum und wußte jedesmal, daß er uns nach wenigen Tagen wieder verlassen mußte. So war das eben damals. Und nun war er tot. Auch das nichts Ungewöhnliches in einer Zeit, in der so viele gefallen sind. Zwar schnürte es mir die Kehle zu und trieb mir die Tränen in die Augen, als ein paar Wochen später bei Schulbeginn der Klassenlehrer in der ersten Stunde die Personalien seiner Schüler aufnahm und nach Fragen „Name?“ und „Geburtsdatum?“ die nach dem „Beruf des Vaters“ stellte und mich damit vor der Klasse zu sagen zwang: „Gefallen.“ Aber ich kam gar nicht dazu, mir Gedanken zu machen, ob ich den Vater vermißte, so völlig war ich mit dem Schicksal der Mutter beschäftigt.

Heute weiß ich, daß er mir fehlte. Von Geburt an war ich mehr Sohn der energischen, schwäbisch-zupackenden, klar-vernünftigen Mutter, und ich wurde es erst recht durch den Verlust des musischen Vaters. Aber so empfand ich das damals nicht. Ich kann auch nicht genau sagen, wann der Wunsch in mir auftauchte, mehr über den Vater zu erfahren. Vermutlich sechs oder sieben Jahre später, als ich die Verbindung zu seinen Kriegskameraden herstellte. Für sie, die sich im Traditionsverein des Regiments zusammengeschlossen hatten und jährlich einmal im ehemaligen Standort Schwerin versammelten, war der Leutnant Hermann Mehnert nicht, wie für mich, ein kaum noch erinnerter seltener Urlauber, sondern der Mann, der mit ihnen drei Jahre lang alles geteilt und schließlich in ihrer Mitte den Tod erlitten hatte.

Die Traditionsverbände waren nach dem Ersten Weltkrieg sehr lebendige Zusammenschlüsse, und Regimentstage gehörten für viele Veteranen (ob Berufssoldaten oder Reservisten) wie Hochzeiten oder Taufen zu den wichtigsten Ereignissen des Jahres. Einer von Vaters engsten Freunden, sein Regimentskamerad Christian von Hammerstein, der mit der Mutter korrespondierte, regte unseren Besuch bei einem der Regimentsfeste an. Mit ihren drei Söhnen wurde die Mutter dort so herzlich aufgenommen, daß ich danach noch jahrelang, dann schon allein, zu den Zusammenkünften fuhr.

Für die Mutter war der Tod ihres Mannes eine Wunde, die nie vernarbte. Sie konnte es daher nicht über sich bringen, über ihn zu sprechen. Sie erzählte sehr gerne und ungemein lebendig, vor allem auf gemeinsamen Wanderungen, wenn uns Kindern der Weg zu lang zu werden begann, und sprach dann über tausend Begebenheiten ihres Lebens, nur nicht über den Toten, wohl weil sie dann eine nicht mehr kontrollierbare Erregung voraussah, die sie den Söhnen nicht zeigen wollte. Die Kriegskameraden aber kannten solche Hemmungen nicht, und da damals immer noch das Kriegserlebnis zu den häufigsten Männerthemen gehörte, kamen sie, wenn ich dabei war, immer auf den Leutnant Mehnert zu sprechen. Erst jetzt nahm sein Bild in mir klarere Umrisse an; er erschien – sicher verklärt in der Erinnerung seiner Kameraden, die zudem dem Sohn des Gefallenen eine Freude bereiten wollten – als ein vorbildlicher, liebenswerter, stets ausgeglichener, furchtloser und um die Mannschaft besorgter Offizier.

Ein düsteres Gespräch gab es auch. Eines Nachts, nach Schluß eines Regimentsfests, saß ich noch bei einem Glase Wein mit einigen Herren zusammen; natürlich standen sie fast alle längst in irgendwelchen bürgerlichen Berufen. Einer hatte geschwiegen und mich immer wieder angeschaut. Schließlich sagte er, er müsse mir etwas mitteilen, und zog mich an einen anderen Tisch. Dies war seine Geschichte, stockend erzählt: In jener Julinacht 1917 bei Zonnebeke in Flandern sollte mein Vater dienstfrei sein und sich hinter der Front einige Tage von den Strapazen der Flandern-Schlacht ausruhen. Aber er, der Erzähler, hatte eine Verabredung und bat den Kameraden, an seiner Stelle vorne zu bleiben. Der sagte zu. Gerade in dieser Nacht schlug ein Volltreffer in die Batterie. Seit damals sei er seines Lebens nicht mehr froh geworden. Ich tat alles, um ihn zu beruhigen, und vielleicht ist es gelungen. Die bloße Beichte hat ihm sicher gut getan.

Eine Quintessenz der Erzählungen von Vaters Kameraden bietet die „Geschichte des Regiments" in ihrem Bericht über jene Nacht:

„Wohl am härtesten aber leidet die 9. Batterie. Tagelang schon lag sie ohne einen Betonklotz in ihrer Stellung den heulenden Granaten preisgegeben. Mindestens zwei englische Batterien schossen gleichzeitig. Schlag auf Schlag saß ein Treffer nach dem anderen in der Batterie. Es wäre Wahnsinn gewesen, die schutzlosen Kanoniere den wütenden Granaten zwecklos preiszugeben. Leutnant Mehnert ließ die Stellung räumen. Einzeln suchten die Leute Deckung. Die Nacht bricht herein, aber das Feuer hält an. Da, um halb zwölf nachts, setzt schlagartig ein rasendes Trommelfeuer vorn auf die Infanteriestellung ein. Der ganze

Himmel leuchtet von den Blitzen der Abschüsse und von tausend krachenden, einschlagenden Geschossen. Im selben Augenblick ist Leutnant Mehnert wieder in der Stellung. Da flammt das Feuerwerk der roten Leuchtkugeln am Himmel auf. Sie rufen: Sperrfeuer! Wo sind die Kanoniere? Einzeln kommen sie heran. Der Batterieführer springt selbst an ein Geschütz, lädt, richtet, zieht ab, lädt wieder, richtet, zieht ab. Schuß für Schuß. Und Schuß für Schuß sendet der Feind seine Antwort. Nach wenigen Sekunden haben sich so viele Kanoniere herangefunden, daß noch zwei Geschütze ihr Feuer eröffnen. Nach kurzen Augenblikken sind alle zurück.

Trotz der wütend einschlagenden feindlichen Geschosse fehlt kein Mann. Dann ein wahnsinniger Krach. Wie betäubt ist alles. Die entsetzliche Dunkelheit verhüllt, was geschah. Ein Schuß lag genau in der Batterie, zerstörte ein Geschütz, tötete gleichzeitig den Batterieführer und drei Mann und verwundete noch acht Kanoniere. Doch was half es. Die roten Leuchtkugeln steigen wieder, sie flehen um Artilleriefeuer für die Kämpfer da vorn. Es gilt weiter feuern, schießen, schießen, schießen, bis der Feind auch die übrigen Geschütze zum Schweigen bringt. Dann erst läßt der Feind von der führerlosen Batterie ab, läßt ihr Zeit, die Opfer der Nacht, darunter den Führer, zu bergen."

Der Stil des Berichtes ist nicht mehr der unserer Zeit, auch das Wort, mit dem er überschrieben werden könnte, ist unüblich, fast verpönt, und doch trifft es hier zu – Heldentod.

Im Sommer 1926, auf meiner ersten Fahrt durch Westeuropa, fuhr ich nach Flandern und besuchte Zonnebeke. In den acht Jahren seit Kriegsende war das schwer mitgenommene Dorf wieder schmuck aufgebaut worden. Die Stelle, wo in jener Nacht die Batterie gestanden hatte, konnte ich nicht finden. Die einst von Granaten zerpflügten Felder waren bebaut, die zerfetzten Bäume trugen wieder Laub. Einige Bunker standen, wie nicht dazugehörend, noch da. Lange saß ich auf einem von ihnen und schaute auf das flache Land; ich dachte an jenen hellen Sommertag in Garrweiler vor fast genau neun Jahren, versuchte mir den Volltreffer vorzustellen, irgendwo hier, ganz nahe mußte es gewesen sein, dachte mit Trauer an das jäh abgebrochene Leben, dessen Hingabe die Niederlage von 1918 und den Versailler Vertrag von 1919 nicht hatte verhindern können. Dann fuhr ich weiter in jenes Land, dessen Granate den Volltreffer verursacht hatte, nach England.

Für die Zeit vor dem Kriege waren die geretteten Fotos „das Wichtigste", für die Jahre 1914 bis 1917 waren es die zwischen den Eltern ge-

wechselten Briefe. Die Mutter hat sie genauso sorgfältig aufbewahrt; später ins reine geschrieben, füllen sie 339 enggetippte Seiten, ein Dokument der Gattenliebe in Kriegszeiten. Solche und ähnliche Briefwechsel hat es damals in der Welt millionenfach gegeben, und doch gleichen sie sich nicht und sind Ausdruck sehr verschiedener Schicksale. Wie alle wahren Briefschreiber dachte jeder von beiden, wenn sie die Feder in die Hand nahmen, nicht an sich, sondern an den, dem der Brief zugedacht war. Für den Vater scheint das oberste Gebot gewesen zu sein, die Mutter nicht zu ängstigen, und also den Krieg zu entdramatisieren, fast in behutsam gezeichnete Vignetten aufzulösen.
Der Vater war eine Künstlernatur, ein schlanker Mann, mittelgroß mit schwarzem Haar und feingeschnittenem Gesicht. Am vergnügtesten war er, wenn er – im Dorf oder auf Åland – mit Staffelei und Farbenkasten zu malerischen Taten loszog. Nach der Schule in Moskau und Dresden hatte der Vater zu Beginn des Jahrhunderts (nach dem „Einjährigen" bei der Artillerie in Verden) die Dresdner Kunstgewerbeschule besucht. Aber seine entscheidenden künstlerischen Impulse verdankte er der damals bedeutendsten deutschen Malerkolonie, jener Stätte des Jugendstils und des Impressionismus in Worpswede bei Bremen.
Als ich 1931 zum ersten Mal nach Worpswede pilgerte, hatte es sich seinen alten Charakter noch weitgehend bewahrt; es war noch immer ein kleines Dorf, mit strohgedeckten Katen hinter bunten Blumenbeeten, mit schmalen Wegen zwischen Weiden und Herden. (Jetzt ist es eine Touristenattraktion mit Hotels, Museen und Führungen.) Des Vaters Gemälde sind in den Wirren unserer Zeit alle verlorengegangen, mit drei Ausnahmen; sie sind schönster deutscher Impressionismus. Das mir liebste, 1911 auf den Åland-Inseln gemalt, zeigt Granitklippen, Meer, Inseln und sehr viel Licht.
Auch des Vaters Vorliebe für den Dichter Rainer Maria Rilke stammte aus Worpswede. Rilke hatte die Malerkolonie besucht und sich für einige der dort lebenden jungen Frauen interessiert. In seiner mehr als hundert Seiten langen Schrift „Worpswede" (1902) und einigen Gedichten beschrieb der Dichter außer den Malern und ihren Frauen auch die Landschaft und den „Himmel von unbeschreiblicher Veränderlichkeit und Größe". Es war bezeichnend für den Vater, daß er nicht wie so viele mit dem „Faust" im Tornister ins Feld zog, sondern mit Rilkes durch das Erlebnis Rußlands inspiriertem „Stundenbuch" (1899–1903).
(Zu Vaters Zeit war Worpswede noch unpolitisch; gegen Ende des Ersten Weltkrieges sollte sich sein dortiger Lehrer Heinrich Vogeler, durch den Rilke nach Worpswede gekommen war, einem schwärmeri-

schen Kommunismus ergeben und schließlich in die Sowjetunion, seine neue geistige Heimat, auswandern. Sie hat es ihm schlecht gelohnt; 1942 ist er in Kasachstan elend umgekommen.)
Mehrmals führte mich der Vater des Sonntags in die Moskauer Tretjaków-Galerie, kaum mehr als fünf Fußminuten von unserer Wohnung entfernt. Bis zum heutigen Tage fühle ich mich in keiner Gemäldesammlung so sehr zu Hause wie in dieser. (An den neuen Riesenbau – weiter aufwärts an der Moskwa – werde ich mich wohl nicht mehr gewöhnen.) Es gibt keine bessere Einführung in die Geschichte des Zarenreiches als die Werke der großen russischen Maler mit der Darstellung entscheidender Stationen ihres Volkes.
Wie jede Jugend suchte auch die der Jahrhundertwende nach neuen Wegen. Sieben Briefe meines Vaters aus den Jahren 1907 bis 1916 zeigen, daß er viel stärker, als ich geahnt hatte, unter der Bindung an einen Betrieb litt, der sich zwar ausgezeichnet entwickelte, ihn aber von Plänen, die ihm mehr am Herzen lagen, abhielt. Im März 1910 schrieb er an das befreundete Künstlerehepaar Hennig in Deutschland:
„Ihr müßt wissen, daß es unser Traum und Streben ist, uns, sobald es nur irgend geht, von Moskau loszureißen, nicht etwa um in eine andere Stadt zu ziehen, sondern aufs Land, in die Einsamkeit. Was uns forttreibt, ist so vieles. Namentlich allerdings ist es meinerseits, mich künstlerisch zu bethätigen und nicht als Kaufmann, zu dem ich mich gar nicht eigene und der ich jetzt eigentlich bin. Dann ist es der Ekel vor dem Gesellschaftsleben, in dem so unendlich viel Falsches ist, der Wunsch sich auszubilden, sich den Kindern mehr widmen zu können, der Natur nahe zu sein. Die Freude an der Bewegung im Freien, an der körperlichen Arbeit. Man will sich und den Seinigen gehören. Wir fühlen dabei, wie von Jahr zu Jahr die Fesseln, die uns in Moskau halten, immer stärker werden, wie es immer schwieriger wird, sich freizumachen. Mit einem Wort, unser ganzes Streben geht darauf hinaus, los von Moskau."
Solche Gedanken lagen wohl in der Luft – im gleichen Jahr verließ Tolstoj seinen Herrensitz und alles, was er besaß. Sogar Kommune-Gedanken tauchen 1913 in des Vaters Briefen auf. Mögliche Teilnehmer gäbe es – die eigene Familie, die von Bruder Wilhelm und Schwester Fanny samt den alten Eltern. „Gemeinsame Wirtschaft, eine gemeinsame Bibliothek. Ersparnis durch Engros-Einkäufe, durch Verminderung der Dienstbotenzahl müßte die Folge sein."
In diesen Briefen spricht der Vater immer von „wir", also von sich und der Mutter. Ich zweifle nicht, daß sie in vielem seiner Meinung war,

daß sie das Dorf, Åland und das Alleinsein mit ihm und den Kindern liebte. Aber als Tochter einer großen Sippe war sie ein viel geselligerer Mensch als der Vater, der zudem einige Jahre im Ausland verbracht und so die Moskauer Bindungen gelockert hatte.

Von mir werden in des Vaters frühen Briefen einige Eigenschaften erwähnt, die sich erhalten haben. Über seinen damals Zweieinhalbjährigen schreibt er, wie glücklich ich war, als ich beim Ende des Vorfrühlings nicht mehr die für den Matsch erforderlichen Galoschen anziehen mußte. „Klaus ist schon ganz außer sich vor Wonne, wenn er ohne Gummischuhe spazieren kann. Er läuft und läuft und weiß nicht, wohin mit den befreiten Kräften." Er läuft und läuft – so sollte es bleiben.

Ein zweites: Scherzhaft meinten die Ehepaare Mehnert und Hennig, ihre Kinder Klaus und die ein wenig jüngere Erdmute in Deutschland sollten eines Tages heiraten. Als mir abends beim Gutenachtkuß ein neues Bild von Erdmute gezeigt wurde, „wollte Klaus sofort wissen, wer das ‚hübsche Mädchen' ist, und als er erfuhr, daß es Erdmute ist, da war er nicht im Bett zu halten, er wollte gleich hinfahren, um Erdmute zu heiraten". Und: „Groß ist seine Vorliebe für alles Deutsche."

Dann und wann nahm mich der Vater zu seinem Arbeitsplatz mit. Vom Wohnhaus führte ein direkter Weg zur Fabrik. Onkel Wilhelm sorgte für die geschäftliche Seite des Betriebes, der Vater für die künstlerische. Bis heute liebe ich den Geruch von Papier und Druckerschwärze, der mir in den hämmernden Maschinensälen entgegenschlägt. Im obersten Stock war ein Atelier mit Seitenlicht. Der Kunst widmete sich der Vater nur in den Ferien. Im Atelier war er mit Auftragsarbeiten beschäftigt. Von den Etiketts, die er entwarf, erinnere ich mich vor allem an eines: „Einem" führte eine neue Schokoladentafel ein; sie sollte die beste der stolzen Firma sein und bedurfte daher einer besonderen Verpackung. Man nannte sie „Jarlýk", nach einem ins Russische übernommenen mongolischen Wort für Hohheitszeichen oder Siegel, und stellte sie in zwei Qualitäten her, als „Goldener" und als „Silberner Jarlyk". Für beide Etiketts wurde ein violetter Hintergrund gewählt, von dem sich des Vaters in reinem Jugendstil entworfenen Ornamente und Schriften in Gold bzw. Silber abhoben. Wegen ihrer vorzüglichen Qualität wurde diese Schokolade alsbald sehr populär; vielleicht trug dazu auch das Etikett bei, das dem damals aufkommenden Geschmack entsprach. Es beweist den konservativen Grundzug des Sowjetreiches, daß es die Jarlyk-Marke auch heute gibt – immer noch in haargenau derselben Verpackung. Nur ist „Einem" durch den neuen Namen der Fabrik ersetzt worden – „Roter Oktober".

Die Werbung war damals noch jung, das Feld weit offen, und jeder Vorschlag originell. Einmal einigten sich Vater und „Einem" auf ein Plakat, auf dem ein Kind den Moskwa-Fluß überschreitet, mit einem Fuß noch im Kreml, mit dem anderen auf dem Dach der Schokoladenfabrik, dazu die Unterschrift: „Mein erster Schritt."
Ich fühlte mich sehr wichtig, als dieses Plakat überall aushing, denn für diesen Jungen, der seinen „ersten Schritt" zu „Einem" lenkte, hatte ich dem Vater Modell gestanden. Jahrzehnte später, als ich mit Adenauer in Moskau war, sah ich im Moskauer Künstlertheater die Aufführung eines Dramas, bei der jenes Plakat auf der Bühne hing. An ihm erkannten die Zuschauer, jedenfalls die älteren, den Zeitpunkt, zu dem der erste Akt spielte, den Vorabend des Großen Krieges.

7. Die Mutter

Während der Studienjahre kam ich von Zeit zu Zeit nach Hause zur Mutter. Einmal sah ich ihr Tagebuch für das Jahr 1917 offen auf ihrem Schreibtisch liegen, die Seite des 20. Juli aufgeschlagen, das Datum des Tages, an dem die Nachricht vom Soldatentod des Vaters zu uns gelangt war. War das für mich bestimmt? Erschüttert las ich die einzigen drei Worte auf dem Blatt: „Ende meines Lebens."
Aber die Mutter hatte sich geirrt. Was sie an jenem schrecklichen Tag für das Ende ihres Lebens hielt, war nur das Ende ihres ersten Lebens gewesen, eines unbeschwerten Lebens als Kind einer großen, eng verbundenen Familie, als begabte Schülerin, als Braut, als glückliche junge Frau und Mutter und auch nach 1914 als immer noch hoffende Kriegerfrau. Dieses Leben ging am 20. Juli 1917 zu Ende.
Am selben Tag aber begann ihr zweites Leben, das fast ebensolang, rund 30 Jahre dauern sollte – als Kriegerwitwe mit drei Söhnen und einer kleinen Leutnantspension. Während dieser zweiten Hälfte lebte sie nur für ihre Kinder. Als zwei von ihnen 1943 gefallen waren, als der Älteste – so hieß es damals – in Schanghai von den Russen verschleppt wurde und das zertrümmerte Vaterland in Schande versank, da reichte ihre Kraft nicht mehr, um einer Krankheit zu widerstehen, die sie mit ihren noch nicht 64 Jahren unter anderen Umständen gewiß überlebt hätte.
Die Kunde von ihrem Tod erreichte mich Anfang 1946 im Internierungslager bei Schanghai; sie kam nicht aus Deutschland, das damals auch nur ein riesiges Internierungslager war, sondern über Freunde in

der Schweiz. Für mich war dies einer meiner dunkelsten Tage. Der geliebteste, für mein Leben wichtigste Mensch war fortgegangen. Mit diesen Worten tue ich meiner Frau Enid, die erst 22 Jahre nach meiner Geburt in mein Leben getreten war, kein Unrecht.

Die Mutter besaß einen souveränen Verstand, eine rasche Auffassungsgabe, ein hervorragendes Gedächtnis. Deutsch und Russisch sprach sie gleichermaßen perfekt und akzentfrei, Französisch fließend, auf englisch und schwedisch konnte sie sich leicht verständigen. Während des Schlußtrainings vor meiner mündlichen Doktorprüfung kam sie aus Stuttgart für ein paar Tage nach Berlin, wir mieteten ein billiges Zimmer in einem Spandauer Hotel (meine Studentenbude in Pichelsdorf war zu klein, ich teilte sie damals mit einem Vetter), und sie war es, die mir bei dieser abschließenden Vorbereitung, wie ein gewitzter Repetitor, alle erdenklichen Fragen in den drei Prüfungsfächern Geschichte, Philosophie, Volkswirtschaft stellte.

Bis zum Ende der Schulzeit hat sie mein Leben unaufhörlich beeinflußt. Im letzten Kriegssommer (1918) machte sie mit mir von Ludwigsburg aus, wo wir Verwandte hatten, eine Wanderung nach Marbach. Die damals fast leere Landstraße führte zwischen Rebenhängen und Neckar zum altertümlichen Städtchen und zu dem weithin leuchtenden Schiller-Nationalmuseum auf dem hohen Ufer. Das Museum hat keinen besonderen Eindruck bei mir hinterlassen. Aber am Ausgang erstand die Mutter ein kleines Buch für mich, kaum größer als eine halbe Schokoladentafel und wohl auch nicht teurer; als erstes „erwachsenes" Buch war es für mich ungeheuer wichtig; neben dem Neuen Testament ist es das einzige Buch meiner Kindheit, das nicht den Fährnissen der Zeit zum Opfer fiel und heißt: „Schiller-Spruchbüchlein". Auf die erste Innenseite schrieb die Mutter eine Widmung für mich und das Datum, 29. Juni 1918.

Bekommen hatte ich das Buch von der höchsten Autorität meiner Jugend und überdies just zu dem Zeitpunkt, da ich mich für Literatur zu öffnen begann. Schiller blieb – ich erwähnte es schon – mein Lieblingsklassiker. (Vielleicht wäre es Goethe geworden, hätte mir die Mutter damals in Weimar ein Goethe- statt in Marbach ein Schiller-Spruchbüchlein geschenkt.)

Die Mutter hatte ein hohes pädagogisches Talent; sie wirkte ganz ohne erhobenen Zeigefinger und oft mit Humor. Besonders achtete sie auf unsere Sprache. Einmal – ich war wohl zehn, Frank acht – aß sie mit uns in einem Gasthof. Einem Herrn am Nebentisch rutschte die Gabel aus der Hand und fiel auf den Boden. „Ober", rief er, „bitte eine neue

Gabel!“ Die Mutter murmelte, so daß nur wir es hören konnten: „Der Herr hätte sagen sollen: ‚Bitte eine saubere Gabel, denn eine *neue* verlangt er ja wohl nicht.‘“ Was Frank veranlaßte mit lauter Stimme den Satz wie einen Kinderreim zu intonieren: „Bitte eine saub're Gabel, bitte eine saub're Gabel!“

Einen Einblick in die Sorgfalt, mit der sie die geistige Entwicklung ihrer Söhne verfolgte, und in die Feinfühligkeit gegenüber anderen, deren Verhalten sie für falsch hielt, gibt ein Auszug aus ihrem Brief vom 3. Mai 1923 an einen meiner älteren Freunde:

„Sie wissen vielleicht von Klaus, daß ich die Bücher, welche er gerade liest, auch gerne vornehme; denn es interessiert mich zu wissen, was ihn gerade beschäftigt. Nun kam mir gestern Ihr Buch von Stefan Zweig mit den vier Novellen [„Verwirrung der Gefühle“ u. a.] in die Hand. Die Novellen sind gut geschrieben und sehr fein beobachtet, aber trotzdem wäre es mir lieber gewesen, Sie hätten sie Klaus nicht zu lesen gegeben. Ich glaube, daß wir in diesem Punkte mit Ihnen verschiedener Meinung sind. Sie halten Klaus für reif genug, solche Sachen zu lesen und glauben nicht, daß ihm die Lektüre schaden könnte. Ich denke anders darüber. Ich bin der Ansicht, daß es für Klaus mit seinen sechzehn Jahren besser ist, wenn er noch nicht in alle Tiefen des Lebens einen Einblick gewinnt. Das heutige Leben ist leider so reich an Häßlichem und Unerfreulichem, und es ist ganz unmöglich, unwissend durchzukommen. Immerhin ist es nicht nötig, die Gedanken und die Phantasie eines jungen Menschen mehr als nötig mit all diesen Dingen zu beschäftigen. Es gibt ja so viele andere Bücher, die Klaus noch nicht kennt und die für ihn wertvoller zu lesen sind. – Es mag sein, daß ich zu empfindlich in diesen Fragen bin. Aber es täte mir leid, wenn mein Bub seine Unbefangenheit und Harmlosigkeit einbüßen würde, die ihm seinen Charme verleihen. Er selbst hat ja zum Glück ein instinktives Gefühl für gewisse Sachen und es freute mich, daß er seinerzeit „Dorian Grey“ [von Oscar Wilde] selbst aus der Hand legte, weil es ihm mißfiel. Dürfte ich Sie nun bitten, in der Wahl der Bücher für Klaus ein klein wenig vorsichtiger zu sein. Ich möchte ihn allmählich wachsen und reifen lassen und nichts in seiner Entwicklung beschleunigen.“

Von diesem Brief der Mutter erfuhr ich erst in den sechziger Jahren, als der Adressat ihn mir vor seinem Tode überließ. Aber über das ernste Gespräch, das die Mutter am Tage, ehe der Brief geschrieben wurde, mit mir führte, erinnere ich mich gut. Ihre These: „Alles zu seiner Zeit, du kannst solche Bücher auch noch in ein paar Jahren lesen“, akzeptierte ich bereitwillig.

Als wir Rußland im Herbst 1914 verließen, sprach ich ein einwandfreies Russisch – natürlich mit dem Wortschatz eines knapp Achtjährigen. In Deutschland vergaßen die jüngeren Brüder das Russische rasch; als deutsche Kinder wuchsen sie ohne russische Erinnerungen auf.

Mir das Russische und die Anhänglichkeit an das Geburtsland zu erhalten, war das Ziel, das die Mutter mit eiserner Energie verfolgte. Wann immer wir beide allein oder in Gesellschaft von moskau-deutschen Verwandten waren, sprach sie mit mir überwiegend russisch. Ich ging nicht enthusiastisch darauf ein, denn die Russen waren damals unsere Feinde und die gesamte Umgebung war antirussisch eingestellt (wie auch antibritisch und antifranzösisch oder später, als aus Makkaronis „Treubruchsnudeln" wurden, antiitalienisch). Recht unglücklich war ich, wenn ich sonntags, statt mit Altersgenossen im nahen Wald zu toben, russische Diktate schreiben oder aus russischen Büchern vorlesen mußte, Märchen und Sagen oder Kindergeschichten wie „Schirókij Bor" (Der große Forst). Aber ich fügte mich ohne große Proteste, weil ich der Mutter einen Gefallen tun wollte. Als ich älter wurde, wählte sie Bücher, die mehr boten als nur kindlich-spannende Lektüre; mindestens ein Jahr plagte sie mich (so empfand ich es damals) mit dem historischen Roman von Alexéj Tolstój (einem jüngeren Verwandten von Leo Tolstoj), „Fürst Serébrjannyj", aus der Epoche Iwans des Schrecklichen, und sie wußte genug über russische Geschichte, um manches zurechtzurücken, was Tolstoj schief, weil allzu romanhaft, dargestellt hatte. Sogar die Namen der Stuttgarter Straßen und Plätze, durch die wir häufig kamen, benützte sie zur Erläuterung russischer Geschichte, indem sie mir auf russisch von der Zarin Maria und dem Zaren Alexander II. erzählte, von den württembergischen Königinnen Katharina und Olga, der Großfürstin Wera.

Mit alledem erreichte die Mutter, daß ich weiterhin akzentfrei Russisch sprach und auf dieser Grundlage allmählich meinen Wortschatz zu dem eines Erwachsenen erweiterte. Allein schon damit hat sie mein späteres Leben entscheidend beeinflußt. Vor allem hat sie mir den Zugang zu einem Schatzhaus geöffnet, aus dem ich mein Leben lang Freude und Inspiration geschöpft habe, den Zugang zur großen russischen Literatur. Und sie sagte nicht nur: „Dieses Buch solltest du auch noch lesen", sie besprach das Gelesene mit mir und stellte es in größere Zusammenhänge.

In einer Hinsicht deckte sich unser Geschmack nicht: Die Mutter liebte Lyrik und kannte zahllose russische Gedichte auswendig; mir bedeuteten sie weniger. Unter den großen Prosaikern hatte sie eine Abneigung gegen Dostojewskij (1821–1881); er stochere zuviel in der menschlichen Seele herum, meinte sie, und dabei fördere er dann wenig Erfreuliches zutage. Nur die „Brüder Karamásow" erwähnte sie oft, vielleicht weil das Problem der drei Söhne auch sie beschäftigte.

Alexander Púschkin (1799–1837) und Michail Lérmontow (1814–1841), die am Anfang der großen russischen Literatur stehen, und Anton Tschéchow (1860–1904) an deren Ende liebte sie besonders. Schon in Moskau las sie mir Puschkins „Hauptmannstochter" vor, erzählte sie auf Spaziergängen von Lermontows Petschórin, dem „Helden unserer Zeit", hörte ich, wie sie sich mit dem Vater über Tschéchows meisterliche Kurzgeschichten (und Dramen) unterhielt. Damals fesselte mich natürlich der spannende Stoff. Aber zurückblickend meine ich, daß mich schon früh der Stil der drei Dichter ansprach. Ich schätze an ihnen, daß sie Menschen, Dinge, Umstände schilderten, statt – wie so viele ihrer Kollegen bis zum heutigen Tag – in Abstraktionen zu schwelgen oder politisch-soziale Predigten zu halten. An Puschkin sagte mir besonders zu, daß er immer distanziert blieb und Selbstenthüllungen mied.

Bei allen Unterschieden zwischen dem klassischen Puschkin, dem romantischen Lermontow, dem melancholischen Tschechow, sie haben eines gemeinsam: die große Kunst der knappen, jedem verständlichen Aussage. Nie habe ich ihren Stil wie ein Philologe studiert, noch viel weniger sie bewußt nachgeahmt, aber die bloße Lektüre ihrer Prosa mußte prägend wirken und verstärkte eine bei mir wohl ohnehin vorhandene Abneigung gegen alles Bombastische und Unverständliche.

Im ganzen las ich die russische Literatur so, wie man Literatur lesen sollte: nicht um Stilkunde zu betreiben, sondern weil sie schön und erregend ist und auch weil sie mir half, Rußland und seine Geschichte zu verstehen – die napoleonischen Jahre in Tolstojs „Krieg und Frieden", die höfische Epoche St. Petersburgs in Puschkins Versroman „Jewgenij Onegin", die russische Provinz bei Gógol (1808–1852), dessen Satirik und Surrealismus mich fesselten, aber als Stilmittel nicht ansprachen, die Reformjahrzehnte bei Turgénjew (seine fünf Hauptromane umspannen die Zeit von 1855 bis 1875), den noch sehr altrussischen Kaufmannsstand bei Ostrówskij, die Abendstimmung einer zu Ende gehenden Zeit bei Tschechow – durchweg in Werken von höchster künstlerischer Qualität.

Einen Einfluß der russischen Literatur auf mich glaube ich in meiner lebenslangen Hochachtung für die Frau zu erkennen. Sehr oft sind die weiblichen Gestalten der russischen Literatur menschlich wertvoller, charakterlich stärker und in sich geschlossener als ihre Partner: Tatjana

steht über dem verspielten, nur langsam reifenden Onegin, Anna Karénina über dem oberflächlichen Wronskij, Lisa (in Turgenjews „Adelsnest") über Lawrézkij, *Katarina* über Tichon und Borís im „Sturm" Ostrowskijs, dem wohl großartigsten russischen Drama.
Den unbeugsamen Willen, den die Mutter bewiesen hatte, als sie mir ganz allein gegen eine ablehnende Umwelt die russische Sprache erhielt, zeigte sie auch in anderer Hinsicht. Sie tat alles, um aus ihren drei Söhnen ordentliche Menschen zu machen – genauer, ordentliche Deutsche. Die 5000 Rubel, die wir aus Rußland mitnehmen durften, waren längst aufgebraucht, und die kleine Leutnantspension reichte bei weitem nicht, um uns den Besuch der höheren Schule zu ermöglichen. Also verdiente sie Geld, erst als Sekretärin, dann als Leihbibliothekarin, schließlich als Pensionsmutter für auswärtige junge Leute, die in Stuttgart zur Schule gingen.
Die Leihbibliothek war es, die uns während der schlimmsten Zeit, der Großen Inflation von 1922/23, über Wasser hielt. Ein moskau-deutscher Buchhändler, Christian Berner, besaß in Esslingen bei Stuttgart eine kleine, ein wenig verwahrloste Leihbibliothek in einem windschiefen gelben Haus am Hafenmarkt (in Schwaben sagt man Hafen, wenn man Topf meint). Wir liehen uns Geld und kauften billig den recht armseligen Bestand an Büchern und neue dazu. Dann malte ich Plakate, die ich in den Bahnhöfen zwischen Stuttgart und Esslingen in den Wartesälen anbrachte, ließ ein paar tausend kleine Handzettel drucken („Verkürzt Euch die tägliche Bahnfahrt zu und von der Arbeit mit einem spannenden Buch", usw.) und verteilte sie, indem ich während der Fahrt durch den Zug ging. Die Mutter fuhr frühmorgens von zu Hause mit der Straßenbahn zum Bahnhof, von dort in der 4. Klasse, die es damals noch gab, nach Esslingen und mußte dann noch eine Viertelstunde zu Fuß gehen. Schon nach wenigen Wochen kamen die ersten Einnahmen. Und während die Leutnantspension infolge der Inflation wertlos war, ehe sie eintraf, brachte die Bibliothek tägliche Einnahmen, die zwar gering waren, aber mit der Teuerung Schritt hielten. Denn jeden Morgen hängten wir den Kurs des Goldpfennigs ins Schaufenster, als Grundlage für die Berechnung der Leihgebühr. Als 1 US-Dollar 4,2 Billionen (4 200 000 000 000) Mark wert war, machte ein Gesetz vom 15. Oktober 1923 dem Spuk ein Ende. Das Geld hatte wieder einen Wert.
Mit der Disziplin hatte die Mutter bei mir keine Last. Seit ich ihren Sturz in den Abgrund der Verzweiflung miterlebt hatte, war mein ganzes Sinnen darauf gerichtet, ihr eine Stütze und ein Trost zu sein. Damals hatte ich, als Zehnjähriger, alles selbst in die Hand genommen,

hatte in einer Druckerei im Städtchen Altensteig (einen einstündigen Fußmarsch von dem Dorf entfernt, wo wir uns aufhielten) die von mir entworfene Todesanzeige herstellen lassen und Stunden damit zugebracht, die schwarzumrandeten Umschläge mit den Adressen von Verwandten und Freunden zu beschriften, hatte die Trauerfeier im Stuttgarter Krematorium vorbereitet und der immer noch völlig gebrochenen und apathischen, von häufigen Herzkrämpfen geplagten Mutter mit der Autorität dessen, der von nun an ihr Helfer war, die Teilnahme an der Einäscherung verboten, um ihr diese feierliche Tortur zu ersparen. Allein vertrat ich dort die verbliebenen vier Mehnerts. Ich bestellte den Grabstein – natürlich in der Form eines griechischen Tempels (er steht auch heute über des Vaters Urne und den Särgen von Mutter und meiner Frau Enid auf dem Stuttgarter Waldfriedhof).

Fast alles, was ich in jenen Jahren tat, geschah im Blick auf die Mutter. Gute Zeugnisse waren wichtig – weil sie sie freuten; meine Gesundheit war wichtig – weil sie sich sonst Sorgen machte; daß ich mit ordentlichen Kameraden Umgang hatte, war wichtig – weil sie sich sonst grämen müßte, und so fort. Ihr zuliebe tat ich auch Dinge, die mir ganz gegen den Strich gingen, Klavierspielen zum Beispiel. Als ich nach zwei Jahren in der Kinderabteilung des Stuttgarter Konservatoriums in der Theorie bereits in der vierten Klasse war, in der Praxis aber immer noch in der ersten, sah sie selbst ein, daß eine Fortsetzung nur Zeit- und Geldverschwendung gewesen wäre.

Eine Eigenschaft der Mutter war ihr unerbittlicher Realismus; sie liebte es nicht, sich etwas vorzumachen. Schon im zweiten Kriegsjahr, als wir die Sommerferien in Freudenstadt verbrachten, sprach sie mit mir auf einem der schönen Spazierwege im „Palmenwald" zum ersten Mal über die Zukunft. Was sie sagte, traf mich so unvorbereitet, daß ich es nie wieder vergaß. Es sei durchaus möglich, meinte sie, daß wir nach dem Kriege nicht mehr nach Rußland zurückkehrten; der Krieg sei eben doch viel mehr als nur ein Krieg, er werde gewaltige Veränderungen herbeiführen. Was ich denn über unsere weitere Zukunft dächte? Ich war viel zu erstarrt, um irgend etwas Vernünftiges zu sagen. Sie merkte das, meinte nur noch, erst müsse der Krieg zu Ende und der Vater wieder bei uns sein, dann würde sich das Weitere schon finden, und wechselte das Thema. Jahre später sah ich, daß sie schon in einem ihrer frühen Kriegsbriefe, am 16. Dezember 1914, dem Vater in tapferer Nüchternheit geschrieben hatte: „Nun möchte ich noch etwas, was unsere Zukunft betrifft, besprechen. Ich habe das bestimmte Gefühl, daß wir nicht mehr nach Moskau zurückkehren werden. Die Zeiten für uns sind dort vorüber. Ich glaube, daß wir genötigt sein werden, uns eine neue Heimat zu suchen."

Aus den Gedanken an ein neues gemeinsames Leben mit ihrem Mann ist nichts geworden. Was ihr blieb, war ein starker Patriotismus, in den Moskauer Jahren wohl noch kaum bewußt, während der Kriegsjahre immer deutlicher ausgeprägt und nach des Vaters Tod, dem Zusammenbruch, dem demütigenden Versailler Vertrag zur unumstößlichen Überzeugung verfestigt: Der Vater ist für Deutschland gestorben, ihr, meine Söhne, müßt für Deutschland leben.

Mir, dem damals ganz in die Geschichte der Antike Vertieften, erschien sie wie Cornelia, die Mutter der Gracchen.

Später blieb nur ein einziges Thema zwischen uns unberührt: Hitler. Über meine Einstellung zu ihm, die sie bedrückte, werde ich gesondert berichten. Für sie war Hitler der vom Schicksal auserkorene Retter des Vaterlandes; er würde Deutschland aus der Not von Versailles und aus der Wirtschaftskrise befreien, es stark und geachtet machen und damit endlich die Opfer des Weltkrieges rechtfertigen. Als ich sie im Frühjahr 1938 zum letzten Mal sah, war sie glücklich und erfüllt von der Überzeugung, daß Hitler alle deutschen Hoffnungen verwirklicht hatte. Das hatte er bis dahin in der Tat getan. Aber dabei ist er nicht stehen geblieben. Wie alles Weitere auf sie wirkte, der Krieg, der Soldatentod zweier Söhne, die allmählich auftauchenden Gerüchte über Schlimmes, das sich im Osten hinter der Front vollzog – ich weiß es nicht. Über solche Dinge schrieb man damals keine Briefe.

8. Die ungleichen Brüder

Lars und Frank haben viel zu früh ihr Leben gelassen, beide zu Beginn des Jahres 1943 an der Ostfront, Lars vermutlich im Januar (damals als vermißt gemeldet) mit 32 Jahren, Frank am 26. Februar mit 34. Wenn ich, heute ein Dreivierteljahrhundert alt, über diese beiden jungen Männer schreibe, die ich nach meinem Abitur (1925) nur selten sah, so stütze ich mich auf meine Erinnerungen an die gemeinsame Jugend und auf ein dickes Paket von Briefen unserer Mutter, die diese in den Jahren 1923 bis 1929 an Franz Gries schrieb, einen treuen Freund aller drei Brüder. Ihm schilderte sie in 107 erhalten gebliebenen Briefen, von denen manche bis zu zwölf Seiten lang waren, was sie an ihren Söhnen freute oder besorgte. Er, der nie ausgebombt wurde, hat sie treulich aufbewahrt und mir vor seinem Tode wohlgeordnet übergeben.

Wenig Kummer hatte die Mutter mit ihrem Ältesten und ihrem Jüngsten. An mir, dem ihr Wesensverwandten, bekümmerte sie eigentlich nur, daß ich mir, wie sie fürchtete, zuviel zumutete, daß ich zu intensiv lebte, allzu weite Reisen in ferne Länder allein unternahm. Mein ständiger Spruch: „Das Leben ist so kurz, und ich habe so viel vor", schreckte sie; und doch schrieb sie damals in einem Brief: „Ich möchte auch noch einmal so lebenshungrig sein wie Klaus."
Lars, der 1911 Geborene, bereitete ihr fast nur Freude. Er war ein sonniges, anschmiegsames Kind, das ihr, wenn sie abends müde von der Arbeit in der Esslinger Leihbibliothek heimkam, ein paar selbstgepflückte Blumen oder ein Bonbon oder einen Zettel mit daraufgemalten Küssen aufs Kissen legte und uns mit seinem trockenen Humor erfreute. Körperliche Arbeit war ihm schon früh am liebsten. Mit achtzehn Jahren wurde er Praktikant auf einem Gut in Mecklenburg; er arbeitete auf mehreren Höfen, besuchte eine Landwirtschaftsschule, interessierte sich für dynamisch-biologische Methoden, spezialisierte sich zunehmend auf sie, heiratete seine jugendfrische, ungemein tüchtige und fachlich ebenfalls voll ausgebildete Wilhelmine, über die ich noch erzählen werde, und wurde mit sechsundzwanzig Bauer in der Uckermark, mit der Absicht, eine Ausbildungsstätte für jene ihn so fesselnden Agrarmethoden einzurichten.
Aus einer Sippe stammend, die seit Generationen überwiegend Pastoren, Kaufleute und Künstler hervorbrachte, fiel ihm die Landarbeit nicht leicht. Zudem wurde er durch eine schwere Krankheit niedergeworfen; gegen den durch sie hervorgerufenen Muskelschwund am rechten Arm wußten die Ärzte keinen Rat. Die Briefe, die er mir nach Hawaii schrieb, verheimlichten nicht die Last, die ihm Beruf und Krankheit aufbürdeten, und sind doch voll von Zeugnissen seines Humors. Selbst seinen tiefen Kummer über den arbeitsunfähigen Arm überspielte er in seinem (letzten) Brief mit den Abschiedsworten: „Laß Dir Deine treue Pfote schütteln von dem Mann mit dem verdorrten Händchen."
Was weiter geschah, habe ich erst einige Jahre später erfahren: Im Sommer 1941 wurde er als Wirtschaftsberater nach Polen geschickt. Nachdem er sich dort im Aufbau einer Landwirtschaftsschule bewährt hatte, wies man ihm eine Aufgabe zu, die ihm zuwider war: die Beschlagnahme polnischer Bauernhöfe. Als er sich weigerte, kam er erst vor ein Standgericht und wurde dann zur Strafe in eine Sondereinheit nach Wünsdorf gesteckt, Weihnachten 1942 mit ihr nach kurzer Ausbildung, obgleich nur eines Armes mächtig, an die Front kommandiert und bei

der Entlastungsoffensive für Stalingrad am 3. Januar 1943 bei Starobélsk als vermißt gemeldet. Wir haben nie wieder von ihm gehört. Aber er lebt weiter – seine und Wilhelmines drei Kinder sind prächtig geraten und haben selbst wieder Kinder, bis jetzt fünf an der Zahl, auch sie gesund und begabt.

Die meisten Sorgen der Mutter galten Frank (1909), dem mittleren ihrer drei Söhne. Bis zu seinem dreizehnten Jahr war er ein molliger, ein wenig phlegmatischer, sehr liebenswerter Bub gewesen. Dann aber erfolgte eine tiefgreifende Wandlung, die sie ein Jahrzehnt lang tief unglücklich machte, eine Folge von Franks schwärmerischer Freundschaft für Berthold von Stauffenberg.

Die drei Brüder Stauffenberg gingen, wie wir, ins Eberhard Ludwigs-Gymnasium. Im Lebensalter lagen wir nahe beieinander; die Zwillinge, Berthold und Alexander, waren Jahrgang 1905, ich 1906, Claus 1907, Frank 1909. Unter allen Mitschülern fielen die drei Stauffenbergs nach Kleidung und Gebaren am meisten auf; auch galten Grafen damals noch etwas, und die Ahnen der Stauffenbergs, so sagte die Überlieferung, waren einst die Schenken der Staufer gewesen.

Für den dreizehnjährigen Frank bedeutete es ungeheuer viel, als sich der um vier Jahre ältere Berthold für ihn zu interessieren begann. Sehr rasch entwickelte sich zwischen den beiden eine Art von Ritter-Knappe-Beziehung; Frank lebte nur noch für Berthold. Während der folgenden fünf Jahre, bis zu seinem Abitur 1927, gehörte Frank nicht mehr zur Familie; er kam fast nur noch zum Schlafen nach Hause und verbrachte meist auch die Ferien im Stauffenberg-Schloß auf der Schwäbischen Alb. Er wurde – Zitate aus den Briefen der verzweifelten Mutter – „gefühllos", „hartherzig", „roh", „selbstüberheblich", auch gegenüber der ganz zur Familie gehörenden treuen Haushilfe, die mit Mühe vom Fortgehen abgehalten wurde. Wenn wir – die Mutter und Brüder – verschwänden, so schrieb sie, würde ihn das nicht berühren. Unser Hausarzt, der auch der Arzt der Familie Stauffenberg war, warnte die Mutter, „Frank zu sehr dem Einfluß des Stauffenberg-Hauses zu überlassen."

Mit wachsendem Ingrimm im Herzen spürte ich den Schmerz der Mutter, den Berthold ihr bereitete. In meinen Augen war alles schlecht, was der Mutter weh tat, und seit des Vaters Tod 1917 litt sie unter nichts so sehr wie unter Franks Entfremdung und Herzenskälte. Berthold habe ihr den Sohn und uns den Bruder gestohlen, war mein bitteres Urteil, als Frank eines Tages das Bild des Vaters von seinem Schreibtisch entfernte und durch das des Freundes ersetzte.

Eine Mutter weiß, daß ihr Sohn eines Tages eigene Wege geht, und sie wird ihn ziehen lassen, traurig und zugleich zufrieden, wenn sie ihn glücklich sieht. Aber in den Jahren seiner fast sklavischen Abhängigkeit von Berthold war Frank nicht glücklich. Ständig lebte er in gereizter Erwartung einer Nachricht, die ihn dahin oder dorthin rufen könnte. Knapp vierzehnjährig, teilte er der Mutter mit, „Wenn's mir zu dumm wird, darf ich Schluß machen" und, auf seine verschlossene Schublade mit Bertholds Briefen weisend, forderte er ihr Versprechen, alles zu verbrennen, wenn er sterben sollte.

Seit 1924 begann hinter Berthold eine andere Gestalt aufzutauchen, die von Frank noch stärker Besitz ergriff – Stefan George. Berthold, der 1923 in den George-Kreis aufgenommen worden war, stellte Frank im Sommer 1925 dem Meister vor, wie dieser von seinen Jüngern genannt wurde. Danach erhielt Frank Einladungen in den Tessin, wo George in Minusio lebte.

Ich atmete auf. Denn in meiner Beschäftigung mit zeitgenössischer Literatur war ich einige Jahre zuvor natürlich auch auf Stefan George gestoßen. Sein Bild war klar (anders als das des für uns praktisch unsichtbaren Berthold), es war das Bild eines bedeutenden, höchst eigenwilligen und selbstbewußten Dichters, der für seine Werke sogar eine besondere Schrift einführte und in die aufgeregten, sensationshungrigen Weimarer Jahre wie ein erratischer Block aus einer anderen geologischen Epoche hereinragte. Ich hatte seine Verse ebenso in mich aufgenommen wie die eines Hölderlin, Rilke oder Hofmannsthal. Ihre machtvolle, gleichsam in Stein gemeißelte Sprache machte mir Eindruck, und da ich jung war, störte mich ihre gelegentlich allzu weihrauchige Schwülstigkeit nicht, eher das abweisende Fehlen von Wärme und Humor, mehr noch die Ablehnung der Frau. Die offenkundig homoerotischen Töne haben in meinem Leben nie eine Saite erklingen lassen; ich nahm sie als Ausdruck schwärmerischer Verehrung, die George für Schönheit und Freundschaft empfand, was sie vielleicht auch waren. Erst die Macht, die George über Frank gewann, sein priesterlich-sektiererisches Auftreten, riefen meine Abneigung gegen den Dichter und seinen Kreis hervor.

Aber ganz allmählich setzte beim Bruder eine Wandlung ein. Berthold kam nach seinem Abitur seltener nach Stuttgart. Wenngleich Frank weiterhin sehr an ihm hing (später setzte er ihn zum Universalerben ein), wurde er langsam „menschlicher", wie wir es nannten. In dem Maße, wie Frank selbst zum Jünger Georges aufstieg, verringerte sich seine Abhängigkeit von Berthold. Er sah jetzt wohl mehr von Bertholds Bruder Claus, der nur zwei Jahre älter war als Frank. Zuerst studierte Frank Jura (mit der Unterstützung eines Verwandten, der ungenannt bleiben wollte und dessen Namen auch ich nicht erfuhr); dann, nachdem er in Berlin im Kreise Georges den Bildhauer Ludwig Thormaehlen getroffen hatte, gab er sich ganz der Kunst hin.

Daß er in den dreißiger Jahren, wie in seiner Kindheit, wieder ein liebevoller Sohn wurde, führte die Mutter darauf zurück, daß er in der Kunst sein eigenes, ihm gemäßes Lebensgebiet gefunden hatte. Aber ich meine, daß auch seine Verehrung für eine bedeutende Gestalt wie Stefan George das Beste aus ihm hervorbrachte. Er war, soweit ich sehe, seit etwa 1930 unter Georges Jüngern der diesem am nächsten stehende, und seine Bildwerke und Homer-Übersetzungen zeugen von Klarheit und Harmonie. Manche seiner Arbeiten existieren nicht mehr. Sein lebensgroßer „Pionier", zu dem ihm Claus von Stauffenberg Modell stand, ist zerstört worden, ebenso die monumentale Hindenburg-Statue, die er für die Stadt Magdeburg schuf. Geblieben sind mehrere Stefan George-Köpfe (einige sind unter seinem Künstlernamen, Viktor Frank, in Marbach zu besichtigen), ist vor allem die Büste Claus von Stauffenbergs, die gut versteckt war. Sie steht in meinem Arbeitszimmer. Je einen Abguß gab ich unserem alten Gymnasium und dem Deutschen Bundestag.

Zum letzten Mal sah ich Frank auf Lars' Bauernhof im Frühjahr 1937, wenige Stunden vor meiner eiligen Abreise aus Deutschland. Er war heiter, gelöst, selbstsicher, und ich hatte das beruhigende Gefühl, er werde sich während meiner vermutlich langen Abwesenheit treu der Mutter annehmen. Von dem Ekel, als das er mir in den zwanziger Jahren erschien, war nichts mehr zu spüren. Jahrzehnte später kamen mir über hundert Briefe in die Hand, die er der Mutter nach 1936 geschrieben hatte. An Liebe und Fürsorge eines Sohnes lassen sie sich nicht übertreffen, für die Mutter waren sie in den schweren Jahren eine Quelle tiefen Glücks. (Ich habe sie dem Stefan George-Archiv in Stuttgart anvertraut.)

In einem Augenblick der Verzweiflung über den ihr entfremdeten Sohn hatte die Mutter 1924 geschrieben, sie werde sich trotzdem nicht abschrecken lassen und Geduld üben und sie gebe die Hoffnung nicht auf, „daß wir uns wiederfinden werden". Nun wurde ihre Geduld belohnt. Um so schrecklicher traf sie im Februar des Jahres 1943 die Nachricht von Franks Soldatentod.

9. Siege und kein Sieg

EXTRABLATT! EXTRABLATT! – Dieser Schrei, von rennenden Halbwüchsigen ausgestoßen, ist mir für immer ein Bestandteil des Ersten Weltkrieges geblieben. Zunächst hatte er angenehme Gefühle ausgelöst, denn gewöhnlich kündete er einen Sieg an. Meist war irgend etwas „gefallen", denn dieses Wort hatte neben seiner schrecklichen auch eine frohe Bedeutung. PRZEMYŚL GEFALLEN – dieses Extrablatt, schwarz-weiß-rot umrandet, sehe ich auch heute, ein Zweidritteljahrhundert später, deutlich vor mir. Kein Mensch in Deutschland hatte vor dem Krieg je von dieser galizischen Stadt gehört, keiner wußte, wie man den Namen aussprach, erst recht nicht, was der Akzent auf dem S sollte. Die Hauptsache: es war gefallen, ein großer Sieg errungen.

Anfang 1915 hatte ich mit dem Sammeln von Extrablättern begonnen. Fast scheint es mir, als hätte ich damals von einem Extrablatt zum anderen gelebt. Einige besonders geschätzte Exemplare trugen die Schlagzeilen: SIEG IN WINTERSCHLACHT IN MASUREN. ÜBER 100 000 RUSSEN GEFANGEN – LEMBERG GEFALLEN – WARSCHAU EROBERT – BELGRAD GESTÜRMT – BUKAREST EROBERT. Überall also wurde gesiegt. Die erstarrten Fronten im Westen vergaß man fast, richtiger – man wollte sie vergessen.

Kaum ein militärischer Fachmann und sicher kein Mensch im Volk ahnte, daß im Grunde der Krieg verloren war, als in den ersten Kriegswochen die Einnahme von Paris mißlang und der Generalstabchef Helmuth von Moltke, der kleine Träger eines großen Namens, den Rückzug bis hinter die Aisne befahl, was zum Stellungskrieg mit seinen Materialschlachten und Knochenmühlen führte.

Objekt meines Hasses war in erster Linie England, das „perfide Albion", wie man es damals nannte, weil bis zuletzt die (völlig unberechtigte) Hoffnung auf die Neutralität Londons bestanden hatte, und vor allem, weil England durch die über Deutschland verhängte Blockade die Not der von allen Lebensmitteleinfuhren abgeschnittenen deutschen Bevölkerung verursacht hatte. „Gott strafe England" wurde eine Weile ernsthaft aber ohne großen Erfolg an Stelle von „Guten Tag" empfohlen.

An zweiter Stelle stand Italien, das trotz seinem Bündnis mit Deutschland und Österreich-Ungarn erst seine Neutralität verkündet, dann Österreich-Ungarn (und damit praktisch auch dem Deutschen Reich) den Krieg erklärt hatte; der Haß gegen die Italiener war mit Verachtung gemischt, der gegen die Engländer immerhin mit Respekt vor ihrer zähen Kampfkraft und den Leistungen ihrer Flotte.

Frankreich galt als tapferer und ritterlicher Gegner, mit dem wir in einen furchtbaren Krieg verstrickt waren. Als französische kriegsgefangene Offiziere in unser Gymnasium gesteckt wurden (in der Hoffnung, dies würde die benachbarte Bosch-Fabrik vor Bombardierung aus der Luft schützen, tatsächlich fielen keine Bomben auf das Werk), behandelten wir sie mit Hochachtung. Zum Gegenstand des Hasses wurde Frankreich erst nach dem Ende der Feindseligkeiten, auf Grund des Versailler Vertrages.

Gegen die Russen hegte ich keine Abneigung, ich trat für sie ein, wenn sie als Wodkasäufer und Barbaren bezeichnet wurden.

Der Kriegseintritt Amerikas wurde von den wenigsten als einschneidend empfunden; eine Kriegserklärung mehr – was machte das schon? Zudem wurde er von einem fast gleichzeitigen Ereignis übertönt, das gerade in den Kreisen der Moskau-Deutschen Aufregung und Diskussionen auslöste: von der Russischen Revolution, die im März 1917 zur Abdankung und Verhaftung des Zaren führte. (Erst später wurde mir klar, daß in Rußland 1917 zwei Revolutionen stattgefunden hatten: Die März-Revolution brachte eine liberale Regierung ans Ruder, die Oktober-Revolution führte Lenin zur Macht.)

In den folgenden Monaten kamen viele Verwandte aus Rußland zurück, vor allem nach dem deutsch-russischen Friedensvertrag von Brest-Litowsk vom 3. März 1918. Ihre höchst negativen Eindrücke bestimmten zunächst mein Bild der Russischen Revolution.

Daß wir alles verloren, was wir in Rußland besessen hatten, trug die Mutter mit Gleichmut. Nach dem Tod des Vaters bedeuteten ihr materielle Güter nichts. „Besitz ist Last", sagte sie. Auch ich habe unserem Eigentum in Moskau nie nachgetrauert; als Fabrikant hätte ich nicht einen Bruchteil der Freiheit genossen, die mir mein späteres Leben bot. Auch hat bei mir noch niemand ein kaufmännisches Talent entdeckt.

Die durch die Russische Revolution erreichte Entlastung an der Ostfront, so dachte man damals, würde den Sieg im Westen zur Folge haben. So ging ich guten Mutes ins Jahr 1918. Aber im Sommer jenes Jahres füllte sich meine Sammlung rasch mit Extrablättern ominösen Inhalts. Für viele klangen ihre Schlagzeilen durchaus normal, aber vielleicht kündigte sich in der Art, wie ich auf sie reagierte, der künftige Publizist an, der frühzeitig einen Sinn für die Tönungen der politischen Sprache entwickelte. Sie waren so abgefaßt, daß sie im Volk keine Befürchtungen auslösen sollten, bei mir aber riefen sie ein Gefühl hervor, als ginge mir allmählich die Luft aus, als drücke mir einer die Kehle zu. Da stand:

FEINDLICHE ANGRIFFE ABGEWIESEN (also war es der Feind, der angriff?) – VERGEBLICHE ITALIENISCHE ANGRIFFE (wurden sogar Italiener wieder mutig?) – FLIEGERANGRIFFE AUF KARLSRUHE (wo waren *unsere* Flieger?) – PLANMÄSSIGE FRONTVERKÜRZUNG (mit anderen Worten – Rückzug?) – ENGLISCHE ANGRIFFE IM GROSSEN GESCHEITERT (also im kleinen erfolgreich?) – ANGRIFFE DURCH RESERVEN AUFGEFANGEN (wo waren die Nichtreserveverbände?) – FEINDLICHE ANSTÜRME AUF DIE SIEGFRIED-LINIE (also schon nahe der deutschen Grenze!).
Die Zeitungen sprachen weiter vom Sieg: Noch im September 1918 wurde die Neunte Kriegsanleihe aufgelegt. Plakate mit einem kraftvollen Männerprofil unter dem Stahlhelm riefen: „Heimat, hilf uns siegen!" (oder so ähnlich).
Aber schon bröckelte es an den Rändern der politischen Front: Bulgarien schloß einen Waffenstillstand ab, dann die Türkei, dann Österreich. Ludendorff trat zurück, der Prinz von Baden wurde Reichskanzler. Alles in der kurzen Frist seit dem Panzerdurchbruch der Engländer bei Amiens im August 1918, dem „schwarzen Tag des deutschen Heeres" wie Ludendorff später sagte. Der ganze Horizont wurde finster.
In jenem Spätsommer war ich eines Sonntags mit Lise Eckener bei Freunden ihrer Eltern im Remstal gewesen. Auf der Rückfahrt standen wir, der Zug war total überfüllt, auf der offenen Plattform des Wagens 4. Klasse, als sich ein schwarzes Wetter um uns zusammenzog und auf halber Strecke mit Urkraft losbrach. (Die Gewitter meiner Jugend sind in meiner Erinnerung immer viel gewaltiger gewesen als die seither erlebten.) Nach wenigen Minuten waren wir durchnäßt, aber das störte uns weniger als das Toben und Krachen des Gewitters und die Sorge, der Blitz könne in den Zug einschlagen. (Er tat es nicht.) Das Gefühl, einem überwältigenden Geschehen wehrlos ausgeliefert zu sein, kam mir in den folgenden Wochen des Jahres 1918 stets in den Sinn, wenn wieder ein Extrablatt schrecklichen Inhalts in meine Hand kam.
Aber zwischendurch überkam mich eine Art von fast schauderndem Stolz: Die Westfront hielt noch, von der Nordsee bis an die Alpen. Nirgends stand ein feindlicher Soldat auf deutschem Boden. Ich stellte mir vor: Die immer mächtiger werdenden Geschütze und Panzer der Gegner, jetzt auch der frischen amerikanischen Divisionen, stürzten sich mit rasendem Granathagel auf die deutschen Linien, bis diese nur noch aus Dreck und Eisenteilen zu bestehen schienen. Aber dann, wenn die feindliche Infanterie zur Besetzung des um und um gepflügten Geländes vorging, waren unsere Soldaten doch wieder da; verschmutzt, verwundet, halbtot vor Erschöpfung, kamen sie – vorbei an den eben gefal-

lenen Kameraden – aus ihren Löchern und stiegen über die Grabenwand, um den Feind mit Gewehren, Handgranaten, Bajonetten und letzter Kraft aufzuhalten, sogar zurückzuwerfen. Aber – wie lange noch? Wie lange noch?
So wurde es November. November 1918.

10. Die schwäbische Revolution

Das Geschehen an der Front war es, was die Mutter, und also auch mich, fast ausschließlich bewegte. An die Etappe dachten wir kaum. In späteren Jahren habe ich mich gefragt, warum mir die Revolution, die dann kam, keinen tiefen Eindruck gemacht hat. Vermutlich weil in den Stuttgarter Zeitungen, vor allem in dem von uns bezogenen „Schwäbischen Merkur", nichts auf eine unmittelbar bevorstehende Revolution hingedeutet hatte. Von einer Kundgebung der Arbeiter kriegswichtiger Fabriken am 4. November auf dem Schloßplatz (von der mir nur in Erinnerung blieb, daß Daimler-Männer dabei waren) hieß es, sie sei „ohne Störungen" verlaufen. Am 5. November wurden „bedauerliche Vorgänge" erwähnt, die sich zwei Tage zuvor in Kiel ereignet hatten (in Wirklichkeit war dies die Meuterei der Hochseeflotte). Am 6. wurde hinzugefügt, diese Vorgänge seien „nicht ganz ohne Einfluß" auf Hamburger Werftarbeiter geblieben.
Erst am 7. November – also 48 Stunden vor dem Ende eines Reiches und einer Ära – fand ich die Mutter völlig verstört über einen Bericht, den sie in der Zeitung gefunden hatte: Die auslaufenden deutschen Kriegsschiffe führten die Kriegsflagge (welche denn sonst? warum war das eine Nachricht wert?), die Abgabe der Waffen verlaufe planmäßig (wer gab Waffen ab, und wem?). Des weiteren fanden sich im Blatt „private Informationen", wohl von Reisenden, die aus Norddeutschland kamen: Kriegsschiffe hätten sich geweigert, auszulaufen, meuternde Matrosen seien verhaftet, dann von ihren gleichfalls meuternden Kameraden befreit worden, auf den Kriegsschiffen wehten rote Fahnen. Was war das – ein schlechter Traum?
In Schwaben war noch alles ruhig. Was man am Samstag, dem 9. November, in der Landeshauptstadt zu sehen bekam, war recht unsensationell. Gewiß, Zehntausende von Menschen versammelten sich ab 10 Uhr auf den Plätzen im Stadtzentrum, hörten Reden gegen die Fortsetzung des Krieges und für eine neue Regierung.
Aber das entscheidende Ereignis jenes Tages vollzog sich unsichtbar.

Die Abdankung König Wilhelms II. von Württemberg und seine Übersiedlung ins Schloß Bebenhausen (einem früheren Kloster bei Tübingen). Der vornehm-zurückhaltende, allzeit freundliche Monarch hatte im Volk wenig Feinde. Auf dem Schulweg hatte ich den König mit seinem Hund manchmal beim Spaziergang gesehen. Damals hatten Schuljungen noch keine eigenen Uhren, und so faßte ich mir einmal ein Herz, verbeugte mich und sagte: „Herr König, könnten Sie mir bitte sagen, wieviel Uhr es ist?“ Er nickte freundlich, holte seine „Zwiebel“ hervor und nannte mir die Zeit.

Er hätte sein Land ebenso weiterregiert wie etwa seine Kollegen in Dänemark oder Belgien, wäre es nicht Bestandteil des zusammenbrechenden Deutschen Reiches gewesen. Sogar die neue Revolutionsregierung veröffentlichte, ehe der November zu Ende war, eine Erklärung, die mit den Worten schloß: „Das württembergische Volk vergißt nicht, daß der König mit seiner Gemahlin in Werken der Nächstenliebe stets edel und hilfreich gehandelt hat.“

An die materielle Not, die wir damals durchmachten (wenig Lebensmittel, kalte Wohnung), erinnere ich mich kaum; das alles fiel nicht ins Gewicht im Vergleich zu der über Deutschland hereingebrochenen Katastrophe. Die Qualen der Mutter erlebte ich als die meinen. Die im Waffenstillstand erzwungene Entwaffnung des Heeres machte das Reich wehrlos gegenüber jeglicher Willkür der Sieger, und das bedeutete: Der Vater hatte sein Leben umsonst geopfert, sein Tod hatte keinen Sinn mehr. Er war für den deutschen Sieg gestorben, oder doch wenigstens für den Schutz des Vaterlandes, und nun lag dieses am Boden und hatte eine Regierung von, so dachte ich damals, halben und ganzen Bolschewiken.

In diese grauenvolle Düsternis fiel ein Lichtstrahl, der einen tiefen Eindruck bei mir hinterließ, weil er ebenso unerwartet kam wie die Revolution. Schon am 10. November gab mir die Mutter den Aufruf des neuen Reichskanzlers Friedrich Ebert zu lesen. Ich erinnere mich an ihn so deutlich, weil er Worte enthielt, die ich aus dem Munde eines „roten Landesverräters“ nie vermutet hätte. Ebert erklärte sinngemäß, es werde vielen Deutschen schwerfallen, mit ihm und seinen Genossen in der Regierung zusammenzuarbeiten, doch appelliere er an ihre „Liebe zu unserem Volk“, an ihre Bereitschaft, „dem Vaterland zu helfen, ein jeder auf seinem Platz“.

Volk und Vaterland – diese für mich seit dem Sommer 1914 heiligen Worte waren also nicht in der allgemeinen Katastrophe untergegangen. Ebert, der Sozialdemokrat, war demnach kein „vaterlandsloser Geselle“, wie es bislang geheißen hatte. Was er und seine Partei sonst noch wollten, scherte mich wenig. Er trat ein „Für Volk und Vaterland", das genügte; es war fast so gut, wie „Für Kaiser und Vaterland". Dieser rettende Gedanke setzte sich in mir so fest, daß ich der bald beginnenden Propaganda, die SPD sei eine Bande von „Novemberverbrechern", nicht verfiel.

Daß Ebert und seine Mitarbeiter in Berlin und Leute wie Wilhelm Keil in Stuttgart keineswegs allein zu bestimmen hatten, daß es außer der gemäßigten SPD auch eine radikale Unabhängige SPD (=USPD) gab und noch weiter links die Gruppen, die ihr Ideal in Lenins und Trotzkijs Rußland sahen, verstand ich erst allmählich, allerdings vor manchen meiner Altersgenossen, weil die Mutter, die den Verlauf in Rußland mit wacher Spannung verfolgte, schon früh zwischen Sozialisten und Kommunisten zu unterscheiden lernte. Sie erklärte mir, daß bei uns – wie in Rußland – nach dem Sieg der Linken die nächste Entscheidung nicht zwischen dieser und der abgedankten Rechten, sondern zwischen ihrem gemäßigten und ihrem radikalen Flügel fallen würde; der gemäßigte Flügel, das sei die SPD mit Friedrich Ebert.

Eines hat sie ihrem ältesten Sohn in jenem ersten Friedenswinter, der im Grunde der fünfte und schwerste Kriegswinter war, als Lehre auf den Lebensweg mitgegeben: Klammere dich nicht an verlorene Positionen, schau nach vorne – für Deutschland.

Ein zweiter Lichtblick kam kurz darauf, und wieder war es die Mutter, die ihn mir zeigte: Am Tage nach dem Waffenstillstand erließ der Mann, der nach der Flucht des Kaisers die am meisten verehrte nationale Figur war, Generalfeldmarschall von Hindenburg, einen Aufruf an das Heer; in ihm standen Worte wie diese: „Waffen in Ehre geführt ... In siegreichen Angriffsschlachten und zäher Abwehr Gewaltiges vollbracht ... Den Feind von unseren Grenzen ferngehalten ... aufrecht und stolz aus dem Kampf, den wir über vier Jahre gegen eine Welt von Feinden bestanden."

Spätere Historiker mochten sagen, dieser Aufruf habe dazu beigetragen, daß die Deutschen sich über ihre Niederlage hinwegmogelten und daher nicht die richtigen Folgerungen aus ihr zogen, damals aber ermöglichten sie ein Wunder, das mir viel lebendiger in Erinnerung blieb als der Sturz in den Abgrund: das war der jubelnde Empfang der geschlagenen Armee.

Als die ersten Soldaten in kleinen Gruppen zurückkamen, wußte man noch nicht recht, wie man sich verhalten sollte; sie hatten die letzten Monate in der Etappe verbracht, gebärdeten sich herausfordernd, tru-

gen rote Abzeichen und keine Kokarden. Dann aber hieß es: Bald kommen die Fronttruppen. Und sie kamen: Als erste größere württembergische Einheit kehrte das Dragonerregiment „König" (natürlich längst nicht mehr beritten) in seine Garnisonsstadt Stuttgart heim.
Der 30. November war ein Samstag, ein Schultag also, aber ich kam gerade noch zurecht, um aus der ansteigenden Schulstraße das Schauspiel unten auf dem Marktplatz mitzuerleben. Unter dem Läuten der Glokken im Turm der Stiftskirche marschierte das Regiment auf den mit Blumen, Fahnen, Girlanden festlich geschmückten Platz, voran der Kommandeur auf einem Rappen, dessen Hals ein Lorbeerkranz mit den Stuttgarter Farben zierte. Nichts Vergleichbares hatte ich je erlebt. Der Jubel war ungeheuer, er brauste immer wieder auf, bis hinein in die Nebenstraßen. Oberbürgermeister Lautenschlager dankte den „gelben Dragonern", wie sie im Volksmund hießen, für ihre „württembergische Zähigkeit, Treue und Zuverlässigkeit" und schloß mit einem Hoch auf das deutsche Vaterland und auf Württemberg, das aus den Kehlen von Zehntausenden über den Marktplatz brandete.
Während die Soldaten, über und über mit Blumen geschmückt, in ihre Cannstatter Garnison abzogen, wurde um mich herum das Lied vom guten Kameraden angestimmt; laut schallte es: In der Heimat, in der Heimat, da gibts ein Wiedersehn. Ich sang kräftig mit, meine Tränen unterdrückend. Auch für mich war es ein Wiedersehen, nicht mit dem Vater, aber mit dem feldgrauen Heer, das ich an jenen Herbstabenden vor vier Jahren mit dem Lied „O Deutschland hoch in Ehren" hatte ins Feld ziehen sehen.
Die anderen großen Ereignisse des Winters haben bei mir keinen bleibenden Eindruck hinterlassen. Wohl aber beschäftigte uns die Vorbereitung auf die ersten Wahlen – zum württembergischen Landtag und zur deutschen Nationalversammlung, welche der neuen Republik eine Verfassung geben sollte. Einige Parteien standen fest, die SPD und das (katholische) Zentrum, auch die USPD zog frühzeitig in den Wahlkampf.
Im Bürgertum hingegen formierten sich die durch die jüngsten Ereignisse desorientierten Kräfte nur langsam. In den großen Festsälen fanden die ersten, noch konfusen Versammlungen statt. Sogar die Intellektuellen riefen einen – kurzlebigen – „Rat der geistigen Arbeiter" ins Leben. Da einer der Lehrer unseres Gymnasiums, der Philosoph Sakmann, zu den Initiatoren gehörte, lief ich hin. Nie zuvor hatte ich so viele aufgeregte Intellektuelle auf einem Haufen gesehen; sie füllten außer dem in der Nähe des Gymnasiums gelegenen Versammlungsraum auch den benachbarten Stadtgarten.

Die Mutter entschloß sich nach längeren Überlegungen für die bürgerliche Partei, die den neuen Staat bejahte, die neugegründete Deutsche Demokratische Partei.

In Württemberg wurde im Januar 1919 an zwei Sonntagen hintereinander gewählt, erst für den Landtag, dann für die Deutsche Nationalversammlung.

Wir wohnten damals am Eugensplatz und gehörten zum Wahlbezirk 31 mit dem Wahllokal in der „Wirtschaft im Sünder". Das Restaurant hieß so, weil in der Gegend einst ein Mord begangen worden war. Aber nicht diese Untat in grauer Vorzeit bekümmerte mich, sondern etwas anderes: Damals war so viel von Unruhen die Rede, daß ich befürchtete, auch im Wahllokal könne es zu Kämpfen zwischen den Anhängern rivalisierender Parteien kommen. Ich beschloß daher, für den Schutz der Mutter zu sorgen, und holte aus dem Keller das Beil, mit dem ich Holz für den Wohnzimmerofen zu spalten pflegte. Damit die Mutter nichts sah, verbarg ich es unter meinem Wintermantel; daß ich etwas schief gehen mußte, bemerkte die Mutter in der allgemeinen Erregung jenes Tages nicht.

So mutig ich losgezogen war, ich war doch froh, daß alles ganz harmlos verlief. Die Mutter mußte sich ausweisen und bekam ihren Wahlzettel, ich auf alle Fälle immer dicht hinter ihr. Nur an der Wahlkabine mußte ich sie ihrem Schicksal überlassen, aber auch dort passierte nichts. Die Zeitungen der nächsten Tage wußten von keinerlei Zwischenfällen in Stuttgart zu berichten.

Im Wahlbezirk 31 mit seinen überwiegend bürgerlich-protestantischen Einwohnern hatte die Deutsche Demokratische Partei mehr als die Hälfte der Stimmen erhalten, gefolgt von der Bürger- und Bauernpartei, der SPD, dem Zentrum und der USPD, die nur eine Handvoll Stimmen bekam. Am folgenden Sonntag nahm ich schon kein Beil mehr mit. Diesmal gingen im Reich drei Viertel der Stimmen an die drei Parteien der Mitte: SPD, Zentrum und Demokraten. Zusammen wurden sie und ihre von bestem Willen beseelten, wenn auch gewiß nicht genialen Führer die Hauptträger der Republik.

Wenige Tage später trat die Nationalversammlung zusammen, zunächst in Weimar, weil Berlin als allzu unruhig galt. So begann die erste deutsche Republik, die „Republik von Weimar", ihr knapp dreizehnjähriges, sorgenerfülltes Dasein.

11. Freunde und Freundinnen

Eines Tages war ein Neuer da, in der Klasse über mir. Er hieß Willy Speidel und kam aus Saigon. Dies war es, was mich interessierte. Acht Jahre war ich nun schon in Deutschland; Stuttgart und Schwaben waren mir Heimat geworden. Aber etwas Fremdes haftete mir an, auch wenn ich noch so überzeugend zu schwäbeln versuchte. Die meisten Schulkameraden stammten aus Stuttgarter Honoratiorenfamilien, wo vielleicht schon die Väter ins Eberhard-Ludwigs-Gymnasium gegangen waren. Die drei Mehnerts hingegen waren – das Wort kannte man damals noch nicht – „Reingeschmeckte".

Willy Speidel war klein von Wuchs, zierlich gebaut, mit braunem, welligem Haar und ein wenig südländischem Aussehen. Der Vater, aus Württemberg stammend, hatte lange als Kaufmann in Indochina gelebt; die Mutter war früh gestorben. Willy sollte ein deutsches Gymnasium besuchen und fand Aufnahme bei einem Onkel in Stuttgart, einem Inhaber des Engelhorn Verlages. Nun also hatte unsere Schule außer mir noch einen zweiten Exoten. Willy war zwei Jahre älter, reifer, weltgewandter, dafür war ich länger in Stuttgart und konnte ihm manches erklären. Bald waren wir viel zusammen, wobei ich häufiger in das geräumige Haus seines Onkels, nicht weit von der Schule, kam, als er in unsere enge Behausung.

Willy konnte von der umfangreichen Bibliothek seines Verleger-Onkels Gebrauch machen, und Bücher, die ihm besonders gefielen, lieh er mir, so die frühen Werke von Frank Thiess, die zum Teil bei Engelhorn erschienen. Bald bildete Thiess unser Hauptgesprächsthema.

Literaturgeschichte war seit Jahren eines meiner Lieblingsfächer. Ein Jahr hatte ich die Schulbibliothek verwaltet, um in ihren Beständen wühlen zu können. Aber die Schullektüre umfaßte kaum mehr als das Jahrhundert von Lessing bis Conrad Ferdinand Meyer. Mit Thiess trat mir zum ersten Mal die zeitgenössische Literatur entgegen, und ich war fasziniert. Dazu mag beigetragen haben, daß der nur sechzehn Jahre ältere Thiess auch aus dem Osten stammte; er war Balten-Deutscher. Wie ich in jungen Jahren „ins Reich" gekommen, hatte er in Berlin das Gymnasium besucht und dann (in Tübingen) studiert. Dennoch blieb er – auch wieder wie ich – durch den Raum geprägt, aus dem er stammte.

Im Baltikum hatte sich in Jahrhunderten eine besondere und höchst eigenwillige Kultur entwickelt – eine deutsche Oberschicht, unter ihr die ursprüngliche Bevölkerung, über ihr der Zar, dem sie seit Peter dem Großen in hohen Verwaltungs- und Militärstellungen treu diente. Als

Lettland und Estland 1918 selbständige Republiken wurden, verloren die Balten-Deutschen ihre führende Rolle, aber viele blieben. 1940 gab Hitler die zum Westen gehörenden Staaten an Stalin preis, um diesen für seine Politik zu gewinnen. Für das Balten-Deutschtum, das eilig ins Reich „umgesiedelt" wurde, war das der Todesstoß.

In seinen „Verdammten" hat Thiess – damals eine Sensation – die Geschwisterliebe zum Kern eines Romans gemacht. Diese bedeutete mir nichts, aber ich nahm ihre verzweifelte Ausweglosigkeit als Symbol für das schon damals tragische und mich als Moskau-Deutschen bewegende Schicksal der Balten-Deutschen. Wir lasen alles, was wir von Thiess in die Finger bekamen. Später fesselte mich besonders sein Roman „Tsushima", da er die Tragödie der russischen Flotte im Japan-Krieg, dem Thema meiner späteren Dissertation, meisterhaft schilderte. (Den Autor selbst lernte ich erst zu Beginn der sechziger Jahre kennen, als ich auf Grund seines Antrags Mitglied der „Akademie der Wissenschaften und der Literatur" wurde. Danach sah ich ihn manchmal, nicht häufig genug, am Sitz der Akademie in Mainz oder in seinem buchgefüllten Haus auf der Darmstädter Rosenhöhe. Seine letzten Jahre waren überschattet durch persönliches Ungemach, noch mehr durch das Unverständnis der nachrückenden Generation für seine Arbeit und für seinen Stil; die Kunst des Erzählens war außer Mode gekommen.)

In unserer Thiess-Begeisterung glaubten Willy und ich natürlich unsere eigenen dichterischen Begabungen zu entdecken. Wenn ich groß bin, dachte ich, müßte ich einen Roman schreiben, der in der Nachfolge der „Verdammten" das – sehr viel robustere – Leben der Moskau-Deutschen darstellen sollte. Daraus ist nie etwas geworden. Willy aber machte sich alsbald ans Werk und verfaßte eine (nicht veröffentlichte) Novelle. Ich fand sie wunderbar, nicht zuletzt weil sie im Stil unserem gemeinsamen Vorbild ähnelte.

Wie zum Dichten, fühlten wir uns auch zum Theater berufen; Thiess war Anfang der zwanziger Jahre als Regisseur in Stuttgart gewesen. Bereits ehe Willy auftauchte, war ich ein Theaternarr. (Unter Theater verstand ich immer das Sprech-, nicht das Gesangstheater.) Das ehemalige Hoftheater, jetzt Württembergisches Landestheater genannt, verfügte über zwei hervorragende Bühnen, das Große Haus (überwiegend für Opern) und das Kleine Haus. Für wenig Geld gab es Schülerkarten im hintersten Winkel des obersten Ranges. In mancher Theatersaison besuchte ich fast alle Neuinszenierungen, oft allein, manchmal auch mit Willy oder anderen Schulkameraden. Die Schauspieler waren mir fast so vertraut wie meine Lehrer.

Als ein – von mir natürlich angeschwärmtes, um ein paar Jahre älteres – Bäsle aus der Schweiz an die Schauspielschule des Landestheaters kam, ging ich noch öfter hin. Nach dem Theater durfte ich die junge Dame nach Hause begleiten; wir trafen uns am runden See vor dem Theater an der Statue jener Venus, die einen scheuen Blick auf eines ihrer Hinterbäckchen wirft. (Der See ist nicht mehr rund, sondern unregelmäßig eckig, wie sich das in unserer Zeit gehört; und meine Venus, die die Bombennächte überlebte, steht nicht mehr frank und frei, sondern keusch in einem Gebüsch – was sich aus dem gegenwärtigen Zeitgeist weniger leicht erklären läßt.)

Neben der Literatur gab es ein zweites Feld, auf dem mich vieles mit Willy Speidel verband: die Jugendbewegung, die damals im schwäbischen Raum einen starken Aufschwung erlebte. Wir unterschieden in jenen Jahren zwischen Jugend*führung* (sie bestand aus Jugendorganisationen, die von Erwachsenen geführt wurden, darunter „Jungdeutschland", dem ich einige Jahre angehörte) und Jugend*bewegung* (wo die Jugendlichen selbst für sich sorgten), zu der ich in den Oberklassen mit Willy stieß. Die jungen Männer mit denen wir nun in Berührung traten, nannten sich stolz „Weiße Ritter"; sie waren gesellschaftskritisch und trugen dazu bei, daß sich der Charakter der bislang mehr auf ein neues Gemeinschafts- und Naturerlebnis beim Wandern in der Gruppe orientierten Bewegung änderte. Im übrigen waren wir, schon der Name zeigt es, ein Stück später Romantik. Wir begingen feierliche Aufnahme-Riten (bei Kerzenschein und Geigenklang), träumten von einem neuen Menschen (unter dem Wahlspruch von Walther Flex: „Rein bleiben und reif werden") und einer neuen, sich zwanglos ordnenden Menschheit, hatten einen anerkannten Führer des Bundes (von „dem" Führer wußten wir noch nichts) und erlebten jene für alle wahrhaft lebendigen „Bewegungen" typische rasche Zellteilung (ich selbst, auf eigene Wege erpicht, war einer der ersten, der – in der Unterprima – wieder ausschied). Speidel und ich studierten noch ein Semester zusammen in Tübingen. Als ich mein ungestümes Reiseleben begann, trennten sich unsere Wege, doch die Freundschaft überdauerte.

Mit Franz Gries war die Freundschaft ganz anderer Art, da er anderthalb Jahrzehnte älter war als ich und als Angestellter einer Bank in Tübingen schon längst im Beruf stand. Ihn lernte ich Ende 1922 in einem Sonderzug kennen, mit dem ich – wie er – zu verbilligtem Sonntagstarif zur Besichtigung der Museen für einen Tag nach München fuhr. Noch im selben Winter machten wir einige Skiwanderungen im

Schwarzwald. Er kam auch zu uns ins Haus, wo der eingefleischte Junggeselle eine Art zweiter Heimat fand und alsbald der Freund aller drei Mehnert-Brüder wurde (was zu dem schon erwähnten Briefwechsel zwischen ihm und unserer Mutter führte).

Politisch waren wir weit auseinander. Mich beseelte ein naiver Nationalismus, er aber, der vier Jahre lang den Krieg erlebt hatte, konnte das Wort Vaterland nicht mehr hören, geschweige denn in den Mund nehmen. Er bezeichnete sich als Sozialisten und veranlaßte mich, mein erstes Buch über den Sozialismus (von Robert Wilbrandt) zu lesen. Wir haben uns kaum je gestritten, denn ich war ein Schwamm, der alles aufsaugte, der alles interessant fand; ich wollte zunächst nur lernen, lernen, lernen.

Das Wort homosexuell war mir damals unbekannt, auch das, was darunter verstanden wurde. War Franz einer? Mit keiner Geste hat er eine solche Neigung angedeutet. Daß er mir Stefan Zweigs „Verwirrung der Gefühle" zu lesen gab, berichtete ich schon. Die mir wenig plausible Novelle von dem homosexuellen Gelehrten und dem unter seinem Dach wohnenden ahnungslosen Studenten machte auf mich einen unangenehmen Eindruck. Schweigend gab ich ihm das Buch zurück, schweigend nahm er es in Empfang.

In den folgenden Jahren lernte ich mehrfach Männer mit gleichgeschlechtlichen Neigungen kennen. Soweit sie handgreiflich werden wollten, schlug ich zornig zurück. Respekt aber empfand ich denen gegenüber, die an die Stelle der körperlichen Annäherung die geistige, die „sublimierte", setzten, die den Jüngeren nicht anfaßten, sondern bildeten und entwickelten. Auch später habe ich mich zum gleichen Geschlecht körperlich niemals hingezogen gefühlt. Damals schon gar nicht, weil ich nun meine erste Liebe zu einem Mädchen erlebte. Sie ist vor einigen Jahren gestorben (Willy und Franz sind auch tot); so kann ich sie bei ihrem Namen nennen: sie hieß Mechtild.

Mit Lise Eckener, meiner fröhlichen, bubenhaften Schulfreundin aus der Heidehofschule, verband mich jahrelang eine kumpelhafte Kameradschaft. Mit Lise könne man Pferde stehlen, berichtete ich immer voll Stolz über unsere harmlosen Abenteuer. Sie besuchte nun das Mädchengymnasium, das „Zopfpenal", wie wir es nannten, und eines Tages (wir waren beide sechzehn) berichtete sie mir, in ihrer Klasse würden einige Mädchen gerne mit mir Leseabende halten. Ich fühlte mich enorm geschmeichelt, schlug aber vor, ihre Freundinnen und ich sollten uns erst einmal kennenlernen. So wurde für den folgenden Montag in der großen Pause ein Treffen beim Bäcker beschlossen, dessen Laden in der

Hegelstraße halbwegs zwischen unserem und dem Mädchengymnasium schräg gegenüber von der Russischen Kirche lag und die berühmt guten Laugenbrezeln fürs „Schulverschper" herstellte. Dort machte uns Lise bekannt: „Das ist der Klaus, und das ist die Doris, die Regine und die Mechtild." Sie waren leicht auseinanderzuhalten. Doris hatte schwarze Haare, Regine rote, Mechtild blonde. Regines Eltern hatten das größte Haus, zudem nahe gelegen. Dort trafen wir uns fortan jeden Donnerstag abend. Ich war glücklich – mit vier hübschen und eifrigen jungen Mädchen las ich Dramen mit verteilten Rollen, und Ostern 1923 unternahmen wir eine mehrtägige Wanderung durchs Schwabenland. Einmal begegneten wir auf dem Pfad am Berghang oberhalb des Donautals einer Schar von Wanderern männlichen Geschlechts. Sie stutzten, als sie unser gewahr wurden, einige lachten verächtlich, andere machten spöttische Bemerkungen über mich und meine „Mädchenschule". „Blanker Neid", rief ich ihnen zu, und das war es wohl auch.

Bei unseren Leseabenden hatten wir mit den alten Griechen begonnen (Sophokles, Antigone), übersprangen dann aber mehr als zwei Jahrtausende, lasen „Nathan der Weise" und kamen schließlich bis zu Gerhart Hauptmanns „Und Pippa tanzt". Als unser Eifer zu erlahmen drohte, meinte jemand, wir sollten uns doch Themen zuwenden, die uns näherlägen als die alten und neuen Klassiker. Regine schlug die Erzählung „Drude" vor, wir anderen, die wir sie noch nicht kannten, stimmten zu. Wie sich herausstellte, war dies die Geschichte des Mädchens Drude und ihres Freundes, die sich, dank ihr, die Keuschheit erhalten. (Einmal badeten die beiden, wenn ich mich recht erinnere, in aller Unschuld, nackt in einem Teich.)

Wir waren in dem schwärmerischen Alter, in dem dies alles auf uns einen tiefen Eindruck machte. Ein Verhalten wie Drude es forderte, schien uns ideal. Wir steigerten uns wohl auch ein wenig hinein. Zum Schluß stand – unausgesprochen – fest: So wollen wir es auch halten. Kameradschaftliche Freundschaft, sonst nichts.

Während der folgenden Weihnachtsferien ergab es sich, daß nur Mechtild und ich in Stuttgart waren. Zu Jahresanfang 1924 verabredeten wir eine Wanderung in die verschneiten Wälder um Schloß Solitude. Auf der Straße marschierte es sich gut (der Autoverkehr war damals spärlich). Als wir aber eine Abkürzung zum Gasthof „Schatten" einschlugen, wurde der Schnee recht tief. In einem schmalen Waldtal, das wir bergauf stapften, nahm Mechtild auf einmal meine Hand. Noch völlig unter dem Eindruck unserer Gelübde sagte ich recht blöde: „Das hätte Drude nicht gemacht!" Worauf Mechtild erklärte, was Drude mache oder nicht mache, sei ihr wurscht. So gingen wir Hand in Hand weiter durch den Schnee.

Beim „Schatten" kamen wir aus dem Wald auf eine von kahlen Obstbäumen bestandene Landstraße. Die untergehende Sonne rötete das winterliche Bild. An einem Baum blieben wir stehen, immer noch Hand in Hand. Und plötzlich überwältigte es mich: „Jetzt kommt der erste Kuß." Er kam und ging daneben, auf Mechtilds Backenknochen. Den zweiten drückte ich auf ihre rosige Wange. Der dritte traf ihre schmalen, unbeweglichen, eiskalten Lippen. (Jahrzehnte später suchte ich den Baum. Aber er war weg. Weg war auch die alte Landstraße. Die ganze Gegend war zugebaut; sie ist jetzt ein Teil Stuttgarts unter dem Namen Büsnauer Hof.)

Nach den Feiertagen traten wir, ohne Einzelheiten erwähnen zu müssen, aus dem Lesekreis aus, der sich nun auflöste.

Für mich begann ein neues Leben. Die Entfaltung einer Liebe, und gar einer ersten, war vor einem halben Jahrhundert (genauer: vor fast 60 Jahren) ein langsamer Vorgang. Die Steigerung in den folgenden Jahren vollzog sich kaum merklich. Auch nach dem Abitur, das wir 1925 gleichzeitig machten, trafen wir uns häufig, und später fast täglich, als ich nach Berlin übersiedelte, wo Mechtild Sozialpädagogik studierte und schließlich ihren Doktorgrad in Philosophie erwarb.

Ihre Eltern waren nicht glücklich über mich. Die Mutter, aus adligem Hause, der Vater, ein pensionierter Offizier des Ersten Weltkrieges, hatten sich für ihre einzige Tochter einen wohlsituierten und wohl etwas älteren Kavalier gewünscht. Aber Mechtild hatte ihren eigenen Kopf; nie ließ sie mich eine Konfliktsituation empfinden. Um so glücklicher war meine Mutter mit ihr, die sie wie eine ersehnte Tochter aufnahm.

Als ich, sechs Jahre nach der ersten gemeinsamen Laugenbrezel, im Sommer 1928 nach Amerika aufbrach, schlug ich Mechtild nach langem inneren Kampf vor, wir sollten uns trennen. Hatte ich geahnt, daß ich wenige Wochen später, im fernen Kalifornien, meine Enid treffen sollte? Natürlich nicht. Aber ich sagte mir: Ich werde ein Jahr in der weiten Welt sein. Wenn ich zurückkomme, habe ich nichts und muß mir erst einen Beruf suchen; von Heiraten also keine Rede. Überdies, wer heiratet denn mit 22 Jahren? Doch kam ich mir dabei ziemlich schuftig vor.

Mechtild trug es mit der ihr eigenen Ruhe und Würde. Es fiel kein bitteres Wort. Nach einigen Jahren heiratete sie einen Arzt, der Jahre in russischer Kriegsgefangenschaft war, zog – wie unzählige Frauen in jenen Jahren – allein die Kinder groß, während sie täglich aus ihrem Dorf im Schwarzwald mit dem Vier-Uhr-Frühzug in die nächstgelegene

Stadt fuhr, dort an der Schule unterrichtete und abends zu den Kindern zurückkam. Ihre Mutter war gestorben. Der Vater hatte sich, als die französischen Truppen kamen, erschossen. Ihr Mann kam später als einer der letzten Heimkehrer aus Rußland zurück.
Enid und ich haben Mechtild damals mit der Bahn mehrfach besucht, was nicht einfach war, da wir in der Amerikanischen Zone lebten, Mechtild in der Französischen. Ich war glücklich, daß sich die beiden Frauen rasch anfreundeten und nannte sie Alpha und Omega. Im Winter 1947, als wir sehr froren, kam eines Tages ein Karton von Mechtild mit acht Briketts. „Wir haben Wald ringsum und können auch mit Holz heizen", schrieb sie. Ihr Mann, der sich von den Jahren der Gefangenschaft nie mehr ganz erholte, starb 1969. Ihren Siebzigsten feierte ich mit ihr im Kreise ihrer Kinder und acht Enkel. Damals schrieb sie mir: „Die erste Liebe gibt es halt nur einmal. Wir wollen dem Schicksal dankbar sein." Ich bin es.

12. Die heile Welt der Schweden

An einem Morgen im Frühsommer 1920 fuhren sechshundert Kinder vom Stettiner Bahnhof in Berlin gen Norden. Auf der Brust eines jeden von uns hing eine Karte. Auf meiner stand: DISPONENT GUNNAR KJELLGREN BOLLSTABRUK NORRLAND. Das also war die Familie, zu der ich kommen sollte. Ich war dreizehn Jahre alt.
Die Rotkreuzschwestern hatten es nicht leicht mit uns. Wir waren eine aufgeregte Gesellschaft und wollten tausend Dinge wissen. Die wenigen, die schon im Vorjahr bei einer schwedischen Familie gewesen waren, mußten ständig Auskunft geben. Angst bräuchten wir keine zu haben, erklärten sie einstimmig; geschlagen werde nicht und zu essen gebe es unbegrenzte Mengen. Dann brachten sie uns die wichtigsten Wörter bei: die Zahlen – en, twå, tre, fyra, fem; Danke – tack, noch besser: Dankesehr – tacksåmycket. Der kleine Kreis auf dem Å mache dieses zu einem O, während man ein O wie ein U ausspreche.
Nach der Seereise fanden wir im südschwedischen Hafen Trelleborg lange Tische mit dem Mittagessen aufgestellt; es gab Köttbullar (Fleischklöße) mit frischen Kartoffeln, dazu Milch. „Eßt das erste Mal nicht zu viel, ihr könnt es noch nicht vertragen", hatten die Schwestern gesagt. Aber keiner kümmerte sich darum, und viele hatten, als wir nach Norden weiterfuhren, böses Bauchweh. Alle paar Stunden wurden Kinder ausgeladen, von winkenden Pflegeeltern begrüßt. Ab Stockholm füllten

wir nur noch drei Waggons, schließlich nur noch einen. Bald mußte Bollstabruk kommen.

Begonnen hatte das Ganze mit einem Brief von Mutters Schwester Margarethe, die mit Mann und Kindern in Berlin-Wilmersdorf lebte und für ihren energischen Familiensinn bekannt war. Es gebe die Möglichkeit, schrieb sie, von Berlin aus mit dem Roten Kreuz zu einer Familie in ein im Krieg neutral gebliebenes Land vermittelt zu werden. Man solle ihr also den mickrigen Klaus schicken; sie werde ihr Bestes tun.

Das freilich war, wie sich bald zeigte, gar nicht so einfach, denn im Vergleich zu den Berliner Kindern sah der Stuttgarter Junge noch ganz ordentlich aus. Jedesmal, wenn ein Transport zusammengestellt wurde, fuhr Tante Margarethe mit mir ins Gesundheitsamt, wo die Kinder untersucht und gewogen wurden – wie auf einem Sklavenmarkt, nur daß hier nicht die Gesündesten, sondern die Blassesten ausgesucht wurden. Jedesmal kehrten wir enttäuscht zurück – wieder war ich zurückgestellt worden. Nach Holland – nichts, nach Dänemark – nichts, erster Transport nach Schweden – auch nichts. Allerletzte Chance: Der zweite Transport nach Schweden. Am Morgen sagte die Tante: „Heute bekommst du nichts zum Frühstück außer einem halben Glas Essig. Wenn das nichts hilft, gebe ich auf." Es half. Ich sah so miserabel aus, daß der Arzt mich auf die Liste setzte. Am folgenden Morgen wurden wir auf Läuse untersucht, desinfiziert und zum Bahnhof geschafft.

Und nun also näherte ich mich Bollstabruk. Schon zählte ich die Minuten bis zur Ankunft, da kam die schwedische Rotkreuzschwester und erklärte, es sei ein Mißverständnis unterlaufen. Sie nahm mir mein Pappschild vom Hals; ich käme, sagte sie, einige Stationen weiter zu einer anderen Familie. Obgleich ich von den Kjellgrens nichts als den Namen wußte (ich habe sie auch später nie zu Gesicht bekommen und nur erfahren, daß ein Disponent etwa dasselbe ist wie bei uns ein Direktor), hatte ich mich so an den Gedanken gewöhnt, ihr Gast zu sein, daß ich mir ganz verloren vorkam und einige bittere Tränen verdrückte.

In Kramfors, einem bescheidenen Städtchen am Ufer des machtvollen, den ganzen Sommer über von Baumstämmen und Flößen bedeckten Ångerman-Stromes, stand die Familie Östlund am Bahnhof – ein Ehepaar, zwei Söhne etwa in meinem Alter und eine etwas ältere Tochter mit dem weißblondesten Haar, das ich je gesehen hatte.

Die kargen Sommer Nordschwedens mit ihren „weißen Nächten", in denen die Sonne nur für eine kurze Dauer unter den Horizont taucht, werden im Ausgleich zu den langen, dunklen Wintern sehr intensiv gelebt; wenige Stunden Schlaf genügen. Jeden Abend nach dem Essen spielten wir noch lange Schlagball auf einer Wiese am Berghang hinter dem Östlund-Haus – mit Bertil, dem jüngsten Östlund-Sohn, mit Ivar und Helge, den beiden Nachbarsbuben, mit der niedlichen Greta und ihrer Schwester Karin (Töchtern eines verwitweten Lehrers) und einem Dutzend anderer Kinder. Ivar, Helge und ich nannten uns das „Abenteuer-Trio". „Wir bestehen die ungeheuerlichsten Abenteuer", schrieb ich der Mutter, „und decken schreckliche Verbrechen auf. Mit Dolchen bewaffnet schleichen wir abends hinter verliebten Pärchen drein."

Mit besonderer Anhänglichkeit denke ich heute noch an den Deutschlehrer des Ortes, Farbror (= Onkel) Nordlinder, wie ihn alle Welt nannte. Mit ungewöhnlicher Hingabe studierte er sein ganzes Leben lang die deutsche Sprache, die er bis in alle Feinheiten beherrschte und seinen Schülern durch ansteckenden Enthusiasmus beibrachte. Nie war er mit sich selbst zufrieden, und jedesmal, wenn ich bei ihm eingeladen war, hatte er auf einem Zettel zahlreiche Fragen vermerkt. „Was klingt besser auf deutsch", hieß es dann, „wenn man so sagt oder so sagt?" (Man kann sich heute schwer vorstellen, daß es eine Zeit gab, in der zwischen Skandinavien und Japan unzählige „Onkel Nordlinders" aus Verehrung für Goethe, Schiller, Kant, auch Gerhart Hauptmann und Thomas Mann, die deutsche Kultur und Sprache ohne Kosten für uns mit nachhaltiger Wirkung verbreiteten. Noch heute schreibt mir Greta ihre Briefe auf deutsch.)

Stärker als der deutsche Einfluß war in Schweden damals schon der amerikanische. Zum erstenmal beobachtete ich die Amerikanisierung eines ganzen Volkes. Die Inserate in der Lokalzeitung, die Plakate an den Kinos, die Titel der Romane in den Buchhandlungen, die Mode der wohlhabenden jungen Leute, die noch spärlichen Autos auf den Landstraßen – alles war amerikanisiert (nur auf der Tanzfläche erklangen noch die skandinavischen Weisen).

Als mir ein Altersgenosse eines Tages sein Album mit Briefmarken zeigte, stammten auch diese fast alle aus den Vereinigten Staaten. Erklärend zählte er mir seine Onkel und Tanten in Amerika auf. In Farbror Nordlinders schwedischer Enzyklopädie fand ich, daß zwischen 1880 und 1914 etwa eine halbe Million Schweden in die Staaten ausgewandert waren, bei einer Gesamtbevölkerung von damals 5 Millionen! Für die Leute von Kramfors schienen Wisconsin und Minnesota gleich hinter dem Ångerman zu liegen.

Als das Rote Kreuz uns Anfang September wieder einsammelte und in Stockholm beim Umladen auf die Waage stellte, sah ich, warum mir schon seit Wochen die Hosen zu eng waren – ich wog 27 Pfund mehr.

Rund sechzig Jahre später kam ich wieder nach Kramfors, um noch einmal jenes Stück Kindheit zu erleben. Die alten Östlunds waren gestorben, auch die weißblonde Signe. Bertil hatte das väterliche Geschäft übernommen, seine beiden Töchter sprachen ein gutes Deutsch. Vom „Abenteuer-Trio“ gab es nur noch mich. Aber Valle Öberg und Henning Anderson, zwei unserer tüchtigsten Schlagballer, lebten noch, auch Frieda Näström, die mir die ersten Tanzschritte beigebracht hatte. Die beiden Lehrerstöchter sind unverheiratet geblieben. Greta hat ein Blumengeschäft in einer anderen Stadt; Karin, pensionierte Telefonistin, feierte gerade ihren Fünfundsiebzigsten, und es ging hoch her. Die meisten Anwesenden waren in den Siebzigern und erinnerten sich an das deutsche „Kriegskind“ von Anno dazumal. Und an was sonst noch alles! An meine Lederhose (eine Sensation), meinen Haarschnitt („wie bei Hindenburg“), meine Landsknechtslieder. Erst bestand die übermütige Absicht, auf der halb zugebauten Wiese eine Partie Schlagball zu spielen, aber dann besannen wir uns doch auf unser Alter.

Nach der Rückkehr holte ich mir meine alten Kinderbriefe hervor. Aus ihnen klingt ein Ton ungeduldiger Überheblichkeit und keinerlei Verständnis für den spannungslosen und friedlichen Wohlstand der Schweden. Hinter mir lagen damals bewegte und dramatische Jahre; ich kam, so sah ich es, aus einem heroischen Volk und einer heroischen Epoche. In Deutschland herrschte Not, auch bei uns daheim, die Währung verfiel. „Die Mark hat wieder an Wert verloren. Was ist los? War ein Putsch?“ fragte ich in einem meiner Briefe.

In Schweden aber, und erst recht hier im Hohen Norden, war nichts von alledem spürbar geworden. Nur von ferne hatten die Menschen das Grollen des Krieges vernommen, das sie nicht unmittelbar berührte. Ich spottete in meinen Briefen über die örtlichen Zeitungen, die ausführlich von Familienereignissen, Feuerwehrfesten, Fußballspielen und Heilsarmee-Veranstaltungen berichteten, während die Weltpolitik in wenigen Zeilen abgemacht wurde. So wohl ich mich in jenem schwedischen Sommer fühlte – um keinen Preis hätte ich auf die Dauer die Not bei uns gegen den Wohlstand dort eingetauscht.

Beim Lesen jener alten Briefe wird mir jetzt erst klar, wie mein unduldsamer Nationalismus den schwedischen Bekannten auf die Nerven gehen mußte. „Gestern hatte ich eine große Auseinandersetzung mit zwei Schreinern, die hier [im Hause Östlund] eine Veranda anbauen“, heißt es in einem Brief vom 30. Juni 1920. „Ich weiß nicht mehr, wie wir auf den Krieg kamen, jedenfalls sagte ich, der Soldatentod sei der schönste Tod. Sie schüttelten den Kopf und gingen wieder an die Arbeit.“

Damals muß ich von Nationalismus geradezu vibriert haben. Noch vor Antritt der Reise hatte ich mir in Berlin eine kleine schwarz-weiß-rote Fahne genäht und sie an einem Stock befestigt. Der Krieg hatte furchtbares Elend gebracht und in einer schweren Niederlage geendet; ein Teil Deutschlands war verlorengegangen, der Kaiser geflohen. Aber das alles focht mich nicht an. Während der Fahrt hatte ich meine Fahne immer bei mir, und als wir in Stockholm vom Bahnhof in eine Schule zogen, um gefüttert zu werden, trug ich sie in erhobener Hand – noch höher, als mir eine Passantin zurief: „Gut so, Junge, laßt euch nicht unterkriegen!" – „Nie", antwortete ich, so laut ich konnte.

Im Abstand der Jahrzehnte, seit ich jene Briefe in der Mitternachtsdämmerung von Norrland schrieb, fällt es mir schwer zu glauben, daß wir einmal so empfanden. Ich sage „wir", da es ja eine ganze Generation war, die in den Versailler Jahren in dieser Art von Nationalgefühl aufwuchs. Aber heute weiß ich, was ich damals noch nicht wahrnahm: Die Monate in Schweden zeigten mir, ohne daß dies schon in mein Bewußtsein gelangt wäre, daß es auch anders geht. In mein Schwarz-Weiß-Bild der Welt vom strahlenden Deutschland und abgrundbösen Frankreich (samt Genossen) war eine dritte Farbe getreten. Nicht gleich, aber auf längere Sicht hat mich der Aufenthalt am Ångerman aufgeschlossener gemacht, weltläufiger, toleranter.

13. Versailles und Rapallo

Der militärische Zusammenbruch im November 1918, der Waffenstillstand mit seinen harten Bedingungen, die Flucht der gekrönten Häupter – das alles war wie ein gewaltiges Gewitter über uns niedergegangen. Dann wich die Betäubung, die Republik machte ihre ersten Schritte, das Leben ging weiter.

Am 7. Mai 1919 aber wurden wir mit einem Ruck wieder in die Vergangenheit gerissen: An diesem Tag wurde in Versailles der vom Haß Frankreichs geprägte Friedensvertrag der deutschen Delegation übergeben. Gewiß, die Folgen des Zweiten Weltkrieges waren für die Deutschen viel grauenvoller als die des Ersten. Aber damals schienen die Bestimmungen des Versailler Vertrages entsetzlich.

Kernstück war der Artikel 231, in dem Deutschland seine Alleinschuld am Weltkrieg anerkennen sollte. Auf Grund dieser angeblichen Kriegsschuld, die wir nur als „Kriegsschuldlüge" kannten, sollte Deutschland die Kriegsschäden ersetzen, mußte es, wie die Mantelnote zum Vertrag sagte, „ein Werk der Wiedergutmachung bis zur äußersten Grenze seiner Fähigkeit unternehmen".

Diese Wiedergutmachung wurde in dem aus 440 Artikeln bestehenden Versailler Vertrag im einzelnen festgelegt. Unter anderem mußte Deutschland dreißig Jahre lang – in unbestimmter Höhe – Reparationen zahlen, die zugleich seine wirtschaftliche Erholung verhindern sollten, und zusehen, wie die Siegermächte inzwischen die Rheinlande als Pfand besetzten; es verlor dreizehn Prozent seines Territoriums und durfte sich nicht mit dem deutschen Teil Österreichs vereinigen, der verblieben war, als das Habsburger Reich in seine nationalen Bestandteile aufgelöst wurde.

Unterschreiben oder ablehnen – diese Frage wurde an unzähligen Tischen hitzig diskutiert. Ablehnung hätte eine Besatzungsdiktatur über ganz Deutschland, vielleicht seine Aufsplitterung in ein oder zwei Dutzend Zwergrepubliken zur Folge haben können. (De Gaulle hat noch Jahrzehnte später gern von den „Deutschlands" in der Mehrzahl gesprochen.) Von Natur Optimist, dachte ich an die Zukunft – also den Vertrag unterschreiben und danach in zäher Kleinarbeit Artikel für Artikel revidieren. Und sollte es ein Leben lang dauern.

Am 22. Juni 1919, einem Sonntag, entschied sich die Deutsche Nationalversammlung mit fast Zweidrittelmehrheit für die Unterzeichnung (mit den Stimmen von SPD, Zentrum, USPD und einigen Demokraten). Die Zeitungen berichteten darüber am folgenden Morgen. Und dann, am Nachmittag, mitten in die tiefe Depression eines mit schwerem Herzen gefällten, vielleicht richtigen, vielleicht falschen Entschlusses plötzlich der schon fast vergessene Schrei: EXTRABLATT! EXTRABLATT! DEUTSCHE SCHLACHTFLOTTE VERSENKT SICH SELBST IN DER BUCHT VON SCAPA FLOW!

Der Stolz aller Deutschen, aufgespart für einen titanischen letzten Schlag kurz vor Kriegsende, doch im entscheidenden Moment durch Meuterei am Auslaufen verhindert, auf Grund des Waffenstillstandes dann von den Briten nach Schottland überführt, um nach der Unterzeichnung des Vertrages in britisches Eigentum überzugehen – die deutsche Flotte war, um die „Schmach der Meuterei" (so sah man es damals) vom 3. November 1918 auszulöschen, von ihren Mannschaften mit wehender schwarz-weiß-roter Flagge versenkt worden.

Die Zustimmung der Nationalversammlung zum Versailler Vertrag und die Versenkung von 500000 Tonnen unnütz gewordenen Schiffsraums – zwei völlig unvergleichbare Vorgänge. Aber so hungrig waren wir auf eine Nachricht, die unser Selbstvertrauen stärkte, daß wir diese letztere,

die ein Grund zum Weinen gewesen wäre, wie eine Siegesbotschaft feierten.
Nach der Unterzeichnung, die wenige Tage später, am 28. Juni 1919, im Spiegelsaal zu Versailles erfolgte (genau hier war 1871 das deutsche Kaiserreich ausgerufen worden), erschien der Vertrag in Deutschland als Broschüre. Ich kaufte mir eines der ersten Exemplare und las es – mit einem Rotstift – von vorn bis hinten. Dann klebte ich den aus der Zeitung ausgeschnittenen Text einer Note des Auswärtigen Amtes an die Siegermächte auf seine Innenseite; dort wurde das Verhalten der Sieger als „Fortsetzung des Krieges mit anderen Mitteln" bezeichnet, das „der Welt den langersehnten Frieden nicht bringen" werde und Deutschland „dem Chaos und der Anarchie preisgeben" solle. Der Schlußsatz: „Aus der Gesinnung, die aus einem solchen Verfahren spricht, kann ein Frieden von Dauer nicht hervorgehen." Dies schienen mir prophetische Worte. Dann holte ich meinen Fahrtendolch aus der Schublade, wo meine Wanderausrüstung lag, und spießte den Vertrag ans Kopfende meines Bettes.
Unter diesem durchbohrten Vertrag überlegte ich, was zu tun sei. Eines war klar: Das grausame „Diktat von Versailles" (anders nannten wir den Vertrag nicht) bezog seine Rechtfertigung aus dem Kriegsschuld-Artikel 231. Gelang es, ihn überzeugend zu entkräften, so konnte man den ganzen Vertrag aus den Angeln heben. Die Parole mußte also heißen: Kampf der Kriegsschuldlüge! Zum ersten Mal in meinem Leben wurde die Geschichtswissenschaft, bislang ein Thema des gebildeten Zeitvertreibs, zu einer Existenzfrage der Nation. In der Tat setzte bald die Kriegsschuldforschung in Deutschland ein. Schon in der Schule beschäftigte ich mich mit der rasch wachsenden Literatur über dieses Thema und las die Zeitschrift „Die Kriegsschuldfrage", welche die Mutter bezog. Als Student schrieb ich meine Doktorarbeit über einen Aspekt der Vorgeschichte des Weltkriegs.
Versailles hatte mein Feindbild verändert. Aus den tapferen Gegnern waren rachgierige und gemeine Räuber geworden, die die physische Niederhaltung, die seelische Zerstörung der Deutschen wollten, allen voran die Franzosen. Die Engländer, die sich um ihr Weltreich zu kümmern hatten, waren nicht ganz so schlimm. Über Italien, das sich das schöne Südtirol als Prämie für seinen Treubruch einverleibt hatte, lohnte sich gar nicht erst zu reden. Amerikas Präsident Woodrow Wilson, ein idealistischer Professor amerikanischer Geschichte, der von Weltgeschichte wenig verstand, hatte den Franzosen und Briten bei der Ausarbeitung des Versailler Vertrages weitgehend freie Hand gelassen, weil

er ihre Zustimmung zu seinem Lieblingsprojekt, dem „Völkerbund", brauchte, nur um hinterher zu erleben, daß sein eigenes Land den Beitritt zu dieser Institution – damit auch den Versailler Vertrag – ablehnte.

Alle, die vom deutschen Zusammenbruch profitiert hatten, wünschten eine dauernde Niederhaltung des Reiches, auch die osteuropäischen Staaten, die auf Kosten Deutschlands und Österreich-Ungarns entstanden oder vergrößert worden waren. Sie alle waren in meinen Augen eine Räubergemeinschaft unter Anführung Frankreichs.

Gab es wirklich niemand, der – aus welchen Gründen auch immer – die Politik von Versailles ablehnte? Gewiß, da war China, das – aus Erwägungen, die mit uns nichts zu tun hatten – den Versailler Vertrag nicht unterzeichnete. Aber China konnte uns nicht helfen. Vielleicht Rußland?

Unter den Moskau-Deutschen in Stuttgart wurde besonders viel über die Sowjetunion gesprochen. In unserem Hause bestand ein Zwiespalt. Die Mutter erhielt Briefe russischer Bekannter, die ihr Grausames berichteten; sie verabscheute also – wie die Mehrheit der Deutschen – die Bolschewiken. Ich hingegen – in meiner Fixierung auf Deutschland und im Blick auf die „Feinde ringsum" – argumentierte so: Sowjetrußland sei ein Feind unserer Feinde und dürfte daher nicht einfach in Bausch und Bogen abgelehnt werden. Daß die Bolschewiken daheim Greuel begingen, sei abscheulich, daß sie uns ihr System aufzwingen wollten, müsse mit allen Kräften verhindert werden; aber die Russen seien nun einmal weit und breit die einzigen, die nicht auf der Seite Frankreichs und seiner osteuropäischen Vasallen stünden. Im russisch-polnischen Krieg 1920 war ich mit meinen Sympathien natürlich auf der russischen Seite, nicht bei den von Frankreich unterstützten Polen.

Im Frühjahr 1922 wurde ein neues Schlagwort geboren: Rapallo. Am Ostersonntag jenes Jahres hatten das Deutsche Reich und die Sowjetunion die zu der damaligen Weltwirtschaftskonferenz in Genua nur als Parias der Weltgesellschaft zugelassen waren, in dem nicht weit entfernten Kurort Rapallo einen Vertrag über wirtschaftliche Annäherung und sofortige Aufnahme diplomatischer Beziehungen abgeschlossen – zur wütenden Entrüstung der Westmächte. Ich hatte einen neuen Helden, den deutschen Diplomaten Ago von Maltzan; er hatte den Vertragsabschluß durchgesetzt.

Lehr- und Wanderjahre 1925 – 1931

Nach dem schriftlichen Abitur (Anfang 1925) war ich einige Monate (heimlich) bei der Reichswehr. Danach studierte ich als Stipendiat der Studienstiftung des Deutschen Volkes an den Universitäten von Tübingen, München und Berlin, wo ich am Ende des Sommersemesters 1928 zum Doktor der Philosophie promovierte. (Über das anschließende Studienjahr an der University of California spreche ich in einem späteren Kapitel.) Mein Wunsch, nach den langen Jahren intellektueller Ausbildung körperliche Arbeit zu leisten, führte mich in ein Bergwerk an der Ruhr. In die Jahre 1923 bis 1927 fielen die ersten „Großen Fahrten", die Auslandsreisen auf eigene Faust, bis hinter den Polarkreis und nach Kleinasien.

14. Soldat

Guten Mutes war ich ins Examen gezogen. In der Tat hatte ich nie wieder so viele Fakten griffbereit in meinem Kopf wie in jenen Tagen – von Geschichte bis Physik. Aus lauter Übermut erschien ich zu den schriftlichen Prüfungen jeden Morgen mit einer Blume im Knopfloch. Das Glück stand mir zur Seite: Als Primus Omnium bestand ich das Abitur.

Aber sosehr mich dies freute, ein wenig Trauer empfand ich doch, weil eine von mir als so glücklich empfundene Phase meines Lebens zu Ende war. Neun Gymnasialjahre lang hatte ich an einem mit den erlesensten geistigen Speisen der Welt gedeckten Tisch getafelt. Ich verließ das Gymnasium und das mir zur Heimat gewordene Stuttgart geprägt von antiker und deutscher Klassik und angeregt durch griechische und deutsche Philosophie (vor allem durch die Dialektik meines „Schulkameraden" Hegel, der rund anderthalb Jahrhunderte vor mir das Eberhard-Ludwigs-Gymnasium besucht hatte), dem Irrationalen in jeder Form abgeneigt, aber bereit, es als historisches Faktum in das Gewebe von Ursache und Wirkung aufzunehmen; voll schwärmerischer Verehrung für die Frau; ohne besonderes Interesse an Geld und Gut, und vor allem ungemein neugierig auf DAS LEBEN, das ich mit großen Buchstaben schrieb, ohne mir noch etwas Genaues darunter vorstellen zu können.

Gerade diese Neugier war es, der Drang, aus dem Hafen ins offene Meer zu segeln, der mir den Abschied von der zweiten Lebensetappe erleichterte. Die dritte sollte, das hatte ich mir längst vorgenommen, mit einem abrupten Wechsel beginnen – vom gefütterten Geist zum so lange vernachlässigten Körper. Gewiß, wir hatten in der Schule unter der fachkundigen Anleitung von „Lohmax", wie wir ihn nannten, Sport getrieben, und ich war nicht schlecht als Kurzstreckenläufer, aber Sport war nur ein Fach unter anderen, und auch das geliebte Wandern und Skilaufen nicht mehr als eine Freizeitbeschäftigung.

Ich wollte zur Reichswehr. Dort erwartete ich dreierlei: harte Knochenarbeit, die Bekanntschaft mit einem anderen Menschentyp als dem des Gymnasiasten und Intellektuellen, das Erlernen des Soldatenhandwerks. Letzteres nicht aus Romantik. Längst war die Erinnerung an die singend in die Schlacht ziehenden Studentenregimenter von Langemarck in meiner Vorstellung durch das Furchtbare der Materialschlachten überlagert worden. Wohl aber war ich der Meinung, daß Deutschland kein entwaffnetes Vakuum im Herzen eines waffenstolzen Europa bleiben konnte, wollte es seinen Rang unter den Mächten wieder erringen.

Der Zugang zur Reichswehr war höchst beschwerlich. Laut Versailler Vertrag durfte Deutschland nur ein Heer von 100000 Mann haben, mußte jeder Soldat 12 Jahre in der Reichswehr dienen (so sollte verhindert werden, daß bei kurzer Dienstzeit und also raschem Wechsel in wenigen Jahren eine Reservearmee ausgebildet würde). Ich aber wollte nur 3 Monate Soldat sein. Also verfiel ich auf einen Schlupfweg.

Über den Vater meiner Mechtild, einen Major a.D., nahm ich schon 1924 mit verschiedenen Offizieren Verbindung auf. Die ersten Versuche schlugen fehl, weil ich Verbotenes wollte; man befürchtete Scherereien, vor allem mit den Franzosen, die immer wieder Prüfungskommissionen in die deutschen Kasernen schickten. Aber dann fand ich einen Offizier, der das Risiko auf sich nahm. Am Tage nach dem schriftlichen Abitur (das mündliche wurde mir erlassen) fuhr ich zum Infanterieregiment Nr. 13 nach Schwäbisch Gmünd.

Die Barbarossa-Stadt mit ihrem schönen Marktplatz, am Fuß der drei „Kaiserberge", darunter des Hohenstaufen, gelegen, ist eine Perle unter den alten deutschen Städten. Die Kaserne oberhalb der Stadt war neu, die Reichswehr modern eingestellt, das Korps der Offiziere und Unteroffiziere eine Elite der Überlebenden des Weltkrieges, erfüllt vom Willen, aus dem 100000-Mann-Heer eine erstklassige Truppe zu machen, die ihren Mangel an den (uns in Versailles verbotenen) modernen Waffen durch hervorragende Ausbildung und festen Zusammenhalt wettmachen sollte.

Eine soziale Spannung war hier kaum zu spüren, die frühere Klassenarmee auf den Schlachtfeldern verbrannt. Offiziere und Mannschaften empfanden den Dienst als eine Aufgabe, die sie um des Volkes willen treu zu erfüllen entschlossen waren. Wörter wie Überstunden und Streß waren unbekannt. Einmal, als die Vorwarnung eintraf, am nächsten Tag kämen französische Schnüffler, arbeiteten wir bis in die Morgenstunden wie die Besessenen, um die uns nicht zustehenden Waffen und Munitionskisten im Wald zu verstecken, und in der folgenden Nacht als die Kommission abgefahren war, schleppten wir sie wieder auf unserem Buckel in die Kaserne zurück.

Der Dienst war hart. Wir wurden auf dem Kasernenhof „geschliffen" und lernten auf der Mutlanger Heide robben und tarnen. Das Essen war kräftig. Des Abends in einer Kneipe zu plaudern und „kleine Helle" zu trinken, habe ich immer als lästig empfunden, aber ich zwang mich dazu; absichtlich hatte ich keine Bücher mitgebracht.

Heute wird von hundert Abiturienten kaum einer verstehen, daß es mir (und vielen anderen) damals Spaß machte, „die Knochen zusammenzureißen" und, bis an den Rand der Erschöpfung, mit schwerem Tornister und Gewehr, die Gasmaske vor dem Gesicht, durch nasse Wiesen zu robben oder Schützengräben auszuheben. Die Ausführung von Befehlen, selbst wenn sie von einem gleichaltrigen Gefreiten kamen, empfand ich nicht als Verstoß gegen meine Menschenwürde. Daß der Tag nicht fern lag, da unter Disziplin auch Henkersarbeit in Vernichtungslagern verstanden würde, konnte niemand ahnen, und es ist unhistorisch, dies zu unterstellen. Ich diente keinem Tyrannen, ich diente der deutschen Republik.

Freunde und Verwandte durften nichts über meine private Verletzung des Versailler Vertrages wissen, für sie hieß es: „Er ist auf einer Wanderung, um sich vom Abitur zu erholen." Nur zweimal kam ich nach Stuttgart, einmal heimlich, um die Mutter zu sehen, ein zweites Mal um die Rede auf der Schlußfeier für die Abiturienten meines Jahrgangs zu halten. Das Thema stand mir frei. In Gmünd gingen meine Gedanken oft zu den Toten des Weltkrieges. So wählte ich die Rede des Perikles auf die 430 v. Chr. im Krieg gegen Sparta gefallenen Athener.

Im Grunde waren meine, des Abiturienten, Worte ein Programm – ein Bekenntnis zu Deutschland, zum ewigen wie zu dem von 1925. Immer das Vaterland vor Augen, zitierte ich Perikles: „Großes haben unsere Vorfahren geleistet, Größeres noch unsere Väter, die die persischen

Heere zurückwarfen, das Größte und Schwerste aber hat unsere Generation vollbracht." Ich erinnerte an das Hohelied des Perikles von der Herrlichkeit Athens. „Hier war nichts mehr von der Trauer einer Leichenrede", sagte ich, „jedes Wort ist Ausdruck eines jubelnden Stolzes auf das Vaterland, für das die nun in Särgen aus Zypressenholz aufgebahrten Toten gefallen waren." An Perikles, fuhr ich fort, dem führenden Staatsmann der athenischen Republik, könnten sich heute viele ein Beispiel nehmen, „sie, die immer nur das Häßliche an unserer Gegenwart sehen und von der guten alten Zeit träumen. Wer darf zu behaupten wagen, unsere Zeit sei klein, verächtlich und nichtswürdig im Vergleich zu den ‚goldenen Zeiten' der Vergangenheit?" Zum Schluß wandte ich mich – wieder in des Perikles Worten – an die im Saale anwesenden Witwen und Waisen der Gefallenen, die Mutter und die beiden Brüder unter ihnen: „Ihr Frauen der Toten, tragt in stiller Würde euer schweres Geschick, und ihr, Söhne und Brüder der Helden, spannt alle eure Kraft und Energie an, um euch auch nur von ferne mit denen zu messen, die hier tot vor uns liegen."
Am Abend fuhr ich zurück nach Gmünd. Bald darauf wurde ich, wie insgeheim vereinbart, „krankheitshalber" aus der Reichswehr entlassen und ging als Student nach Tübingen.

15. Student

Im Sommersemester 1925 bezogen die ersten 200 (zur Hälfte vaterlosen) Stipendiaten der „Studienstiftung des Deutschen Volkes" die Hochschule. Da alle früher bestehenden Stipendien der Nachkriegsinflation zum Opfer gefallen waren, hatte der Reichstag eine staatliche Studienförderung beschlossen. Auf Vorschlag meines Rektors Binder wurde ich aufgenommen. Mein Prüfer, Wilhelm Hoffmann, damals in der studentischen Selbstverwaltung tätig, später Direktor der Landesbibliothek Stuttgart, hatte sein Ausleseprinzip so formuliert: „Keine intellektuellen Akrobaten und bloßen Sammler gelehrten Wissens, sondern fähige und verantwortungsbewußte Menschen." – Während der folgenden dreieinhalb Jahre erhielt ich pünktlich jeden Monat meine 80 Mark.
Da die Wahl des Studienortes frei war, ging ich zunächst nach Tübingen. Dorthin lockte mich die Nähe zu Stuttgart, zur Mutter. Im „Martinsstift" nahe der Stiftskirche erhielt ich eine spartanisch eingerichtete Bleibe hoch über dem Neckar, mit einem altmodischen Stehpult an Stelle des Schreibtisches.

Mein Schulfreund Willy Speidel, der seit einem Jahr in Tübingen studierte, überredete mich zu zwei Entscheidungen, die sich für mich als falsch erwiesen (was dazu beitrug, daß ich hinfort möglichst immer nur meiner eigenen Stimme folgte): Ich bezog die juristische Fakultät und ich trat seiner Verbindung bei, der „Stuttgardia". Dem Juristen stünde der Weg in alle Berufe offen, hatte Willy gesagt (und das stimmte auch für ihn). Ich aber kam mir schon nach wenigen Wochen bei den Juristen fehl am Platze vor. Was geht mich dieses Zeug an? fragte ich mich nach jeder Vorlesung und antwortete: Nichts.

Zur „Stuttgardia" war ich mit Vorbehalten gekommen, weil ich an völlige Selbständigkeit gewöhnt war. Aber mir gefiel, daß ich dort eine Reihe guter Kameraden kennenlernte und daß sie keine Pflichtmensuren schlug. (Ich ging immer davon aus, daß ich einen Teil meines Lebens in fremden Ländern verbringen würde; dort wollte ich ins Volk eintauchen und nicht schon von weitem an Schmissen als deutscher Akademiker identifiziert werden.) Aber selbst die sehr lange Leine, an der mich die „Stuttgardia" hielt, wurde mir zu eng. Zum Ende des ersten Semesters wurde ich auf meine Bitte entpflichtet und siedelte nach München über.

Die akademische Freiheit, die in der Zeit vor Hitler die deutsche Universität vor allen anderen auszeichnete, genoß ich sehr. Die „Studienstiftung" erwies sich als überaus großzügig; der Stipendiat mußte Semesterberichte einsenden und dann und wann einen Vertrauensdozenten aufsuchen, war aber im übrigen völlig frei. So folgte ich in den ersten Semestern noch ohne festes Berufsziel meinen Interessen und Neigungen und ließ mir den akademischen und überhaupt den geistigen Wind um die Nase wehen.

Einer von Mutters neun Brüdern, der Theodor Heuss hieß, lebte in München mit Frau, Tochter und Sohn in einer schönen Villa in der Mandlstraße, keine fünfzehn Fußminuten von der Universität. Er bot mir ein Zimmer mit Bad an, es lag unter dem Dach mit dem Blick in die Baumkronen des Englischen Gartens. Als nobler Gastgeber ließ er mich kommen und gehen, wie ich wollte. Nur über Politik redete er nicht mit mir, denn er war erzkonservativ, unterstützte rechtsradikale Verbände, hoffte auf Hitler und konnte es nicht fassen, daß sein Neffe (und Hausgast) einen „Schwachmann" wie Stresemann für den damals bedeutendsten deutschen Politiker hielt. Anfang der dreißiger Jahre nahm er seiner Frau und sich das Leben, weil er nicht mehr an den Sieg der Rechten glaubte. „Mit Ihrem Onkel habe ich viel Ärger gehabt", sagte mir sein Namensvetter, der Bundespräsident, später einmal. „Im-

mer haben uns die Leut' verwechselt. Jedesmal, wenn Ihr Onkel etwas Saudummes herausgeschwätzt hat, wurde dies mir zur Last gelegt – und umgekehrt ist es wohl auch so gewesen", fügte „Papa Heuss" hinzu.
München war damals nach Berlin Deutschlands geistig lebendigste Stadt. Ich nahm alles mit, besuchte Vorlesungen aller Art (auch eine über Rhetorik), las sehr viel (Geschichte, Belletristik), kannte alle Museen, ging oft ins Theater, gründete zusammen mit dem Kommilitonen Friedrich-Ernst Meinecke eine Theater-Spielschar, die Hebbels „Nibelungen" (mit mir als Siegfried) im Lichthof der Universität aufführte und unter Meinecke auch noch lange weiterlebte, half in der Akademischen Auslandstelle des Studentenwerks unter dem als „Münchner Studentenvater" verehrten Fritz Beck, tanzte auf dem Fasching und fuhr mit den Skiern in die nahen Berge.
Mein Studieninteresse erhielt Monat für Monat deutlichere Umrisse: Geschichte, vor allem die russisch-osteuropäische und die Vorgeschichte des Weltkrieges. Da München auf diesen beiden Gebieten damals schwach besetzt war, zog es mich nach Berlin. Dort lockten große Namen – Otto Hoetzsch und Karl Stählin für den Osten, Friedrich Meinekke, Fritz Hartung und Albert Brackmann für europäische Geschichte. Berlin galt als Arbeitsuniversität, und nun, da ich meine Richtung kannte, wollte ich arbeiten.

Gleich hinter der Berliner Universität, die den Haupteingang „Unter den Linden" hat, lag in der Dorotheenstraße das „Seminar für osteuropäische Geschichte und Landeskunde". In den bescheidenen, zum Teil recht dunklen Räumen, befand sich die Bibliothek mit ihren vielen alten und neuen russischen Zeitungen, der Seminarraum, das Zimmer des Assistenten Leo Loewenson und das Allerheiligste der beiden Professoren.
Meine Bude in Charlottenburg (erst in der Pestalozzistraße 56 A, dann in der Schillerstraße 18) sah mich oft nur nachts. Den größten Teil meiner Zeit verbrachte ich im Umkreis der Universität – in ihren Hörsälen, in der benachbarten Staatsbibliothek und vor allem eben in der Dorotheenstraße. Zu den beiden Osteuropa-Gelehrten empfand ich gleich eine starke Zuneigung. Der Haken: Sie mochten sich gegenseitig nicht besonders.
Karl Stählin verkörperte eher den Typ des traditionellen deutschen Gelehrten; sein Nachruhm gründet sich auf seine monumentale „Geschichte Rußlands von den Anfängen bis zur Gegenwart" in drei Bänden. Damals lag nur der am wenigsten interessante Band I vor; er be-

handelt recht summarisch die ersten tausend Jahre, gleichsam als Einleitung für die folgenden 2400 Seiten, die von der Geburt Peters des Großen bis zur Revolution von 1917 führen. In seinen Seminaren arbeiteten wir die bedeutende russische Memoirenliteratur durch, und manche Gespräche setzten sich in seiner Wohnung fort. Stählin war ein süddeutscher Liberaler, der den Despotismus der Zaren wie den ihrer Nachfolger verabscheute. Zum letzten Mal besuchte ich den damals schon Schwerkranken im Winter 1936/37. Er starb im Alter von 75 Jahren, zwei Wochen nach Erscheinen seines letzten Bandes, zwei Tage vor Ausbruch des Zweiten Weltkrieges.

In vieler Hinsicht war Otto Hoetzsch sein Gegenteil. Ich bin durch ihn wie durch wenige beeinflußt worden, zunächst als sein Schüler (1926–1928). Er imponierte nicht durch sein äußeres Erscheinungsbild, denn er sah wie ein durchschnittlicher glatzköpfiger Intellektueller aus. Auffallend waren seine ungewöhnlich roten Bäckchen, was Enid – anfangs im Deutschen mehr sprachschöpferisch als sprachkundig – zu dem bei uns später geflügelten Wort veranlaßte: „Dein Professor hat ein sehr rotes Gebäck." Ich fand bei ihm, damals vermutlich unbewußt, eine Bestätigung vieler eigener Bestrebungen: Hoetzsch war Rußland-Spezialist (obgleich er aus Leipzig und nicht etwa aus dem Osten stammte); er war kein Stubengelehrter, sondern hatte Rußland zwischen 1902 und dem Ausbruch des Weltkrieges bis nach Zentralasien (und auch schon wieder nach dem Kriege) bereist; er stand im politischen Geschehen, seit 1920 als Mitglied des Reichstages (die Erinnerung an seinen politischen Einsatz hat später wohl dazu beigetragen, daß ich ein schlechtes Gewissen hatte, weil ich mich nie um einen Sitz im Bundestag bewarb); er veröffentlichte sehr viel, auch in Zeitungen, über Tagespolitik (u. a. von 1914 bis 1924 als wöchentlicher Kolumnist der „Kreuzzeitung"); er griff weit über sein Fachgebiet hinaus (seine öffentlich und gratis gehaltenen Vorlesungen über Weltpolitik, die ersten dieser Art in Deutschland, waren ein wöchentliches Ereignis und füllten das Auditorium maximum); er war einer der Ausbilder des diplomatischen Nachwuchses.

Mit der Deutschnationalen Volkspartei, der er seit ihrer Gründung Ende 1918 angehörte, verband ihn sein Patriotismus, nicht aber ihr im Laufe der Jahre sich immer stärker ausprägender reaktionärer Geist, weswegen er sie 1929 verließ. Ihren Hugenberg-Kurs, der zur Koalition mit Hitler führte, hat er nicht mitgemacht. Zudem war Otto Hoetzsch – für mich sehr wichtig – ein Feind des Vertrages von Versailles und daher ein Anhänger des Vertrages von Rapallo mit Rußland, zu dessen Durchsetzung im Reichstag er wesentlich beigetragen hatte.

Bis in mein Alter habe ich Hoetzsch nachgeeifert. Mir imponierte nicht nur, was er sagte, sondern auch wie er es tat. Also bemühte ich mich bei Publikationen und Vorträgen die jeweiligen Themen in weltpolitische Zusammenhänge zu stellen und „Vorlesungen" nicht abzulesen, sondern frei zu halten. Gemäß dem Vorwort seines Buches „Rußland – Eine Einführung auf Grund seiner Geschichte von 1904 bis 1912" wollte ich eines Tages auch dazu beitragen, die Deutschen über die uns „innerlich fremden, vielfach ganz unbekannten Russen" besser zu informieren. Auch ich war an der Attaché-Ausbildung des Auswärtigen Amtes nach dem Zweiten Weltkrieg beteiligt. Auch ich reiste viel; seinen Satz – nach ein paar hintereinander in Berlin verbrachten Wochen – „Ich weiß schon gar nicht mehr, wie eine Lokomotive aussieht", kann ich heute noch auf mich anwenden, wenn ich Flugzeug statt Lokomotive sage, und das Tasso-Wort, das er einem Patensohn als Widmung in eine Goethe-Ausgabe schrieb, hätte ich als Motto für mich nehmen können: Der Mensch, heißt es da, „kann einem engen Kreise nicht seine Bildung danken. Vaterland und Welt muß auf ihn wirken".

Hoetzsch wurde mein Doktorvater und stimmte meinem Vorschlag zu, meine Dissertation über ein Thema zu schreiben, das zur Vorgeschichte des Weltkriegs gehörte und das überdies zwei weitere Räume betraf, die in meinem Leben bedeutsam werden sollten: Ostasien und Amerika. Die Arbeit hieß: „Der Einfluß des russisch-japanischen Krieges auf die große Politik" (eines Krieges, dessen Friedensschluß von 1906 der damalige US-Präsident vermittelte). Das Thema war ganz nach Hoetzschs Sinn: ein historisches Detail, aber im Weltzusammenhang.

Viele Schüler Hoetzschs und Stählins, wohl die Mehrheit, waren in den zwanziger Jahren Emigranten, deren Familien Rußland während oder kurz nach der Revolution verlassen hatten. Daher förderte Hoetzsch sein Leben lang die Entwicklung einer *deutschen* Ostforschung; noch kurz vor seinem Tod (1946) arbeitete er an einer Denkschrift über deren Wiederaufbau. Und da erfahrungsgemäß für viele Emigranten Deutschland nur als Durchgangsstation nach weiter westlich gelegenen Ländern, vor allem Frankreich, diente, war er erfreut über jeden jungen Deutschen, der sich in die Schar seiner Schüler einreihte. Ähnlich empfand auch Stählin. Sicher trug das zu dem Willkommen bei, das ich in der Dorotheenstraße fand; ich stammte aus Rußland und war doch kein Emigrant.

Über die goldenen zwanziger Jahre Berlins ist genug geschrieben worden. Ich genoß ihre letzte Blüte, besonders das Theater, das nie wieder einen solchen Glanz erleben sollte, die neuen Filme, die expressionistische Dichtung und Malerei, las die großen Romane und, angefeuert durch einen Abend mit Spengler im Hause des Onkels Heuss in München, natürlich auch den „Untergang des Abendlandes". Aber das alles war nicht der Inhalt meiner Berliner Semester, denn ich hatte mich ganz und gar in meine Geschichtsstudien verbissen und wollte noch vor den Sommerferien 1928 promovieren, wozu ich – außer der Dissertation – vier mündliche Prüfungen vorzubereiten hatte. So viel Zeit verbrachte ich im Seminar, daß Mechtild, die ja auch in Berlin studierte, den penetranten Geruch des russischen Zeitungspapiers an meinen Kleidern zu erkennen meinte.

Je näher die mündlichen Examina rückten (10. bis 12. Juli 1928), desto mehr verspürte ich den Drang, nach nunmehr vierzehn Jahren auf den Bänken deutscher Schulen und Universitäten wieder (wie in der Soldatenzeit) eine Weile rein körperliche Arbeit zu leisten. Eine solche zu finden war nicht leicht; ich begann also frühzeitig, meine Fäden zu spinnen. Einer von ihnen sollte mich – nach dem kalifornischen Zwischenspiel – schließlich ins Bergwerk führen.

16. Kumpel

Um 6.03 Uhr fährt Revier V am Schacht IV an.

Die Zeche „Minister Stein" liegt am Rande von Dortmund, wo sich die Stadt schon in Schrebergärten, Kolonien und Schutthalden auflöst. Als ich kurz nach fünf Uhr zur ersten Schicht aufbreche, ist es noch dunkel. Ein Flammenschein weist mir den Weg. Es ist neblig und regnet leise. Manchmal huschen lautlose Radfahrer an mir vorbei. Kumpels? denke ich. Der rote Schein wird stärker. Schlote und Fördertürme wachsen riesig empor in den schwarzen Himmel. Metallener Lärm schlägt an mein Ohr. Ich marschiere zwischen Arbeitern. Wie in einem Strom münden aus den Seitenwegen kleinere Gruppen von Männern in unsere Straße. Jeder Schritt vorwärts erhöht meine Erregung. Werde ich für die Kumpels Freund sein oder Feind? Ein Gleichgültiger, ein Aussätziger, ein Kamerad? Werden sie mich als Menschen nehmen oder als abgestempeltes Mitglied einer anderen Klasse? Werden sie mich für einen Spitzel der Direktion halten? Durch den Betriebsrat meine Entlassung fordern? Noch einmal rufe ich mir das Bergarbeiter-Vokabular ins Gedächtnis, das ich mir in den letzten Tagen eingeprägt hatte.

Jetzt bin ich am Tor. Wie alle anderen hole ich meine Kontrollmarke. Dann ziehe ich mich um und melde mich beim Steiger meines Reviers.

Er zeigt mir den Weg zum Schacht. Uns entgegen strömen, durch ein Gitter getrennt, schwarz wie Neger, die Kumpels der Nachtschicht. An der Lampenstube erhält jeder von uns sein Grubenlicht. Dort seien die Leute vom Revier V, sagt der Steiger und zeigt auf eine Gruppe. „Meine Kumpels", denke ich und betrachte sie genauer. Besonders zuversichtlich wird mir nicht zumute.
Fahle, graue Gesichter, mit Augen, die in dunklen Höhlen liegen, die Kleidung verflickt und schmutzig. Teilnahmslos stehen sie da, unausgeschlafen und mürrisch. Neue kommen, ohne ein Wort der Begrüßung. Mit fast unheimlicher Gesetzmäßigkeit frißt der Schacht Kolonne um Kolonne. Wir zwängen uns in den Korb, vier Etagen zu je zwanzig Mann. Ein Gitter rasselt, ein Klingelzeichen, ein Lichtsignal. Mit zehn Sekundenmetern stürzen wir in die Nacht. Eng aneinandergedrängt stehen wir da, zwanzig Mann, im trüben Schein unserer Lampen.
Von der unterirdischen Halle auf der dritten Sohle fährt uns ein Leerzug unter lautem Gepolter durch immer spärlicher beleuchtete Gänge. An der Station unseres Reviers läßt mich der Steiger warten, in der Dunkelheit eines langen Stollens verglimmen die Lichter der Kumpels. Nach einer Weile folgen wir. Es ist warm im Gang. Nur träge streicht der Wetterzug hindurch. Zwischen den Stempeln, die die Decke stützen, glänzt Kohle. Es riecht nach Staub und Teer. Manchmal senkt sich das Hangende, und wir kriechen gebückt. Dann Lichtschein und Lärm; Lärm, der immer näher kommt, immer stärker, ja ohrenbetäubend wird – wir sind am Ziel. Gleich Schiffssirenen heulen die Ventilatoren, die Preßlufthämmer knattern wie Maschinengewehre. Wir stapfen über Schienen und zwischen Zügen.
Der Steiger kriecht vor mir in einen schmalen Korridor, der links abführt. In seiner Mitte läuft die Rutsche, eine Eisenrinne, die durch ununterbrochene, ruckartige Bewegung die in sie geschaufelte Kohle den zweihundert Meter langen Gang hinunter auf die Füllstrecke schafft. An der rhythmisch dröhnenden Rutsche entlang klettern wir über Steine und Kohlen, alle paar Meter an arbeitenden Gestalten vorbei. Jemand kommt uns entgegen, später erfahre ich, daß es der Rutschenmeister ist. Der Steiger schreit ihm ins Ohr, ich sei der Neue, nickt mir zu und kriecht weiter. Der Rutschenmeister hat ein frisches Gesicht mit blanken Augen und trägt ein freches Hütchen überm linken Ohr.
„Du sollst beim August arbeiten, sein Kumpel ist krank. Komm!" Je tiefer wir gelangen, desto staubiger wird es. Ich kann kaum atmen, kaum noch sehen. Aus dem Dunst tauchen die Umrisse eines Mannes auf. Er treibt unter wildem Geknatter den Hammer in die silbrig glänzende

Wand. Zweimal muß der Rutschenmeister seinen Namen brüllen, ehe er hört. Ich sei der Ersatzmann, sagt er, und der August solle aufpassen, dies sei meine erste Schicht.
August dreht sich zu mir um: „Mein Kumpel ist krank seit gestern. Grippe. Viele haben sie jetzt." Dann streckt er mir eine große Schaufel hin und zeigt auf den Kohlenhaufen, den er gehauen hat. Schippen! Ich ziehe den Rock aus und beginne zu arbeiten. Ich bin froh, daß mein Erscheinen nicht die geringste Sensation hervorgerufen hat. Voll Feuereifer schaufle ich die Kohle in die Rutsche.
Da verstummt das Knattern. „Kumpel!" schreit August. Überrascht blikke ich auf. Er hat mich Kumpel genannt! denke ich und bin nicht weniger glücklich als an dem Tag, da ich zum ersten Mal mit dem Doktortitel angeredet wurde. Die erste Schranke ist niedergebrochen! Ich bin ein Kumpel!
August steigt über die Kohlenbrocken, um nicht so schreien zu müssen. Alles ist schwarz an ihm, auch die alte Mütze auf dem Kopf. Nur seine Augäpfel glänzen weiß. In seiner Stimme liegt ein väterlicher Ton, als er sagt: „Da wird dir die Schicht aber lang werden, Kumpel, wenn das deine erste ist." Dann kriecht er zurück und arbeitet weiter.
Als eine Störung die Rutsche zum Stillstand bringt, freue ich mich über die Pause. Meine Arme schmerzen, ebenso Rücken und Schenkel. Der dicke Staub, den man bei jedem Atemzug einsaugt, dörrt mir den Gaumen. August stellt sich zu mir, und ich erzähle ihm auf seine Frage, daß ich nur ein paar Monate im Pütt bleiben werde. „Ich bin Student." Jetzt kommt's denke ich. August sieht mich prüfend von der Seite an. „Da ist dein Vater wohl ein Reicher?" Seine Stimme klingt neugierig, nicht eigentlich mißtrauisch. „Nein, er ist tot. In Flandern gefallen."
August schweigt eine Weile. Dann hat er einen neuen Gedanken: Schon zweimal hätte er Bergbaustudenten ausgebildet, aber so ein Pech, keiner von beiden sei sein Vorgesetzter geworden. Es tue mir leid, sage ich, ihm eine Enttäuschung zu bereiten, aber ich sei gar kein Bergbaustudent. Das wundert ihn auch. „Schade", sagt er.
Um zehn Uhr ist „Butterpause". In der Eile hatte ich vergessen, die Feldflasche mit dem „Negerschweiß" genannten Kaffee mitzunehmen. Das Brot bleibt mir im ausgetrockneten Halse stecken. Danach geht es noch schwerer. Die Minuten schleichen. Alle Muskeln schmerzen. (Wir arbeiten die ganze Zeit in gebückter Haltung.) Die Blasen an meinen Händen sind geplatzt und füllen sich mit Staub und Blut. Zum Schluß fällt mir ein Kohlenbrocken auf den linken Hacken. Endlich zeigt ein Lichtsignal das Ende der Schicht. Zufrieden humple ich zum Zug zurück.

Dort herrscht reges Leben. Im Vergleich zum Morgen sind die Leute nicht wiederzuerkennen. Lachend und schreiend suchen alle, möglichst weit vorne einen Platz zu erobern. Ich fahre als einer der letzten aus. Befremdend weiß fällt Licht in den Korb, ein Windstoß faßt uns. Ich sehe ein kurzes Aufleuchten in den Augen der Leute. Wir sind am Tag.
Zum Waschen brauche ich fast eine Stunde, trotzdem werde ich nicht sauber. Meine Wimpern sind schwarz untermalt. Mit der Straßenbahn fahre ich nach Hause, trinke viel, esse ein wenig und schlafe bis zum Abend. Als ich Kohlen in den Ofen schütte, ertappe ich mich dabei, daß ich das wie eine kultische Handlung mache, mit liebevoller Pietät.

Ich war nach Dortmund gegangen, weil ich es als schmählich empfand, mehr als zwei Jahrzehnte gelebt zu haben, ohne über die Welt des Arbeiters auch nur das geringste zu wissen, ohne jene andere Hälfte des deutschen Volkes zu kennen. Die dreißiger Jahre hatten – im Gefolge der Weltwirtschaftskrise von 1929/30 – mit schweren Spannungen begonnen, die auf einen Bürgerkrieg hinzusteuern schienen. Von meinen Bekannten, die vom „Proletariat" sprachen, kannte es keiner aus eigener Anschauung. Höchste Zeit, selbst eine Weile Proletarier zu werden, inmitten der Großindustrie, also an der Ruhr, und wenn schon, dann in einem Bergwerk.
Doch der Weg in den Pütt, wie ich bald zu sagen lernte, war noch schwieriger als der in die Reichswehr. Die Arbeitslosenziffern stiegen, Fabriken und Bergwerke wurden stillgelegt – wer wollte da schon einen „Studierten" als Arbeiter einstellen? Eines Tages schrieb mir eine Stadträtin von Bottrop, an die ich mich auch gewandt hatte: Die Zeche „Minister Stein" in Dortmund stelle mich für ein halbes Jahr ein. Ich würde dem Revier V zugeteilt.
Als ich ins Bergwerk ging, erwartete ich nichts Erfreuliches. Ich wußte, daß ich die Zähne aufeinanderbeißen und Blut schwitzen müßte. Ich betrachtete die Arbeit in der Grube als ein zwar unumgängliches, aber keineswegs angenehmes Mittel, den Arbeiter kennenzulernen. Nach einer Woche mußte ich zu meiner Überraschung feststellen, daß mein Zweck in eine nebelhafte Ferne gerückt war, daß mich das Mittel völlig erfüllte: Die Arbeit machte mir Freude! Auch die Härte und einfache Männlichkeit des neuen Handwerks trugen zu meiner Freude bei. Nach der nervösen Geschäftigkeit, dem immerwährenden Betrieb Berlins genoß ich es, Mitglied einer Gesellschaft zu sein, die aus dreitausend Männern mit schwerer, gefahrvoller, aber auch klar begrenzter Arbeit bestand.

Für die ersten drei Wochen hatte ich mir vorgenommen, volle Zurückhaltung zu üben, um die Arbeiter nicht durch mein Werben um ihre Freundschaft argwöhnisch zu machen und zurückzustoßen. Allein ging ich zur Zeche, allein, meist lesend, verbrachte ich meine Freizeit; im Gespräch beschränkte ich mich auf oberflächliche Redensarten. Ich suchte mich rasch einzuarbeiten, um durch Leistung das Vertrauen der Kumpels zu erwerben. Das ging nur, sagte ich mir, wenn ich nicht schlechter arbeite als sie; denn unsere aus sechzehn Mann bestehende „Kameradschaft" (so nannte man die gemeinsam arbeitenden Gruppen) wurde im Gruppenakkord entlohnt. Arbeitete einer schlecht, verdienten alle weniger.
Das Vertrauen meiner Kumpels – es schien zunächst noch in sehr weiter Ferne zu liegen. Als ich am Morgen der zweiten Schicht an den Schacht kam und die mir vom Vortag Bekannten grüßte, reagierten sie gar nicht darauf. Selbst August klappte bloß die Augendeckel einmal zu und wieder auf. Das war seine ganze Begrüßung. Ich war ratlos.
Aber kaum waren wir eine Weile unten, da waren sie wie verwandelt. Ich erkannte, daß alle übernächtige Griesgrämigkeit von ihnen wich, daß sie erst völlig erwachten, wenn sie an ihrer Arbeitsstätte standen und Abbauhammer oder Schippe in der Faust hielten. Dann war auch ich für sie einer ihresgleichen. Sie gewöhnten sich, mich Klaus zu nennen (anfangs hatten sie mich mit „dem August sein Kumpel" umschrieben).
Wenn ich nur einen einzigen Bundesgenossen unter ihnen hätte, zum Beispiel den Ditz (von Dietrich), dachte ich. Sicher würde sich dann alles ändern. Ditz hatte schon am ersten Tag meine Aufmerksamkeit erregt. Er hatte einen auffallend schmalen Schädel, klare, energische Züge, eine aufrechte Gestalt und ein sicheres, überlegenes Wesen. Seine Stimme klang hell und scharf, ich hörte sie immer schon von weitem. Aber ich hatte noch kein Wort mit ihm gewechselt. Einmal hatte ich gehört, wie ihn einer verspottete, weil er aus finanziellen Gründen weder rauchte noch trank. Ob er denn gar keine Leidenschaften habe?
„Nein", sagte Ditz, „ich habe keine Leidenschaften." Aber dann fügte er hinzu: „Nur Schach würde ich gerne lernen, habe aber noch keinen gefunden, der es ordentlich kann."
Das war mein Stichwort. Da ich knapp bei Kasse war (ich lebte ausschließlich von meinem Lohn), besorgte ich zwei Pappdeckel; auf den einen malte ich ein Schachbrett, aus dem anderen schnitt ich die Figuren. Als ich Ditz wiedersah, sagte ich ihm, ich hätte alles Nötige; wenn er wolle, könne ich ihm Schach beibringen.

„Ich wohne in einer scheußlichen Gegend, hinter der Kokerei", erwiderte er. „Wenn's dir nichts macht, komm heut abend zu mir."
Die kleine Wohnung war blitzblank. Die Frau samt den beiden Kindern ließ uns allein in der Wohnstube. „Der Vater will Schach lernen", sagte sie, und sie sagte es ein wenig abweisend; denn ich war ein Eindringling.
So fing es an. Ditz lernte schnell. Und wie die Schachfiguren einander entgegenrückten, verringerte sich auch der Abstand zwischen uns. Er erzählte von sich. (Er war ins Bergwerk gegangen, als seines Vaters Möbeltischlerei infolge der Wirtschaftskrise darniederlag.) Bald machten wir des Sonntags zu zweit Ausflüge in Dortmunds unerwartet schöne Umgebung.
Die Kameradschaft mit Ditz, den jeder schätzte, brachte mich auch den anderen näher. Nach den drei Wochen, die ich mir fürs Lernen vorgenommen hatte, gehörte ich dazu. Ohne daß ich mich verleugnet hätte. Nie habe ich ein Hehl daraus gemacht, daß mir Deutschland nähersteht als das Weltproletariat.
Als meine Zeit vorüber war und ich wieder mein Bündel schnürte, machte ich Bilanz. Ich war ausgezogen, den deutschen Proletarier zu suchen. Was hatte ich gefunden? Überraschenderweise nichts Überraschendes. Deutsche hatte ich gefunden, Menschen wie mich, auch wenn sie weniger Schulweisheit in sich aufgenommen, weniger Länder gesehen hatten, Menschen, die – das war für mich erstaunlich – sehr bürgerlich waren. Gewiß, sie spürten, daß irgend etwas nicht stimmen konnte, wenn sie die krassen Unterschiede zwischen den Millioneneinkommen der Unternehmer und ihren eigenen bescheidenen Löhnen sahen (ich empfand es nicht anders). Sie wollten Arbeit haben und ein besseres Auskommen für sich und ihre Familie. Aus Kleinbürgern wollten sie Bürger werden. Die Sowjetunion erschien nur einer Minderheit als Modell. Sie wollten nicht Sowjetrussen sein – und auch nicht Franzosen; im Ruhrkampf (1923) hatten sie für die deutsche Seite gelitten. Aus den „Proletariern" waren für mich Deutsche geworden.
Das Kumpel-Kapitel war für mich noch nicht zu Ende. Es dauert heute noch an. Als mein Freund Otto Strasser (über den noch zu sprechen sein wird) nach Hitlers Machtantritt in den Untergrund ging, half Bruder Lars ihm in meinem Opel, die Verstecke zu wechseln. Einmal wollte er ihn zu Ditz bringen. Er fand Ditz nicht zu Hause, aber dessen Eltern gewährten den beiden vorübergehend Quartier. Dabei lernte Lars auch Ditz' jüngere Schwester Wilhelmine kennen. Drei Jahre später war sie seine Frau.

1953, als die Hoffnung geschwunden war, daß der als vermißt gemeldete Lars noch einmal aus Rußland zurückkehren würde, zog Wilhelmine mit ihren drei Kindern zu Enids und meiner Freude in das Haus, das ich für sie und uns (auf einem Berg Schulden) am Rande Stuttgarts, in Sillenbuch, baute. (Ditz starb einige Jahre später.) Sie wohnt heute noch dort, mit einer ihrer verheirateten Töchter; die Familien ihrer beiden anderen Kinder haben ihre Wohnungen auch nur wenige Fußminuten entfernt. Zusammen sind sie eine lebendige Verbindung zu meiner Kumpel-Zeit vor fünfzig Jahren.

17. Wanderer

Große Fahrt – so nannte man in der Jugendbewegung die Wanderungen, die mehr als nur ein paar Tage dauerten. Meine Großen Fahrten führten mich – jeweils im Sommer – 1923, 1924 und 1925 nach Nordeuropa (Finnland und Skandinavien), 1926 nach West- und Nordwesteuropa (bis Schottland), 1927 nach Südosteuropa und Kleinasien. (1928, mit dem Aufbruch zur ersten Reise um die Erde, sollte sich eine neue Dimension öffnen.)
Alle Großen Fahrten unternahm ich wie in einem Rausch, der mich sogar die mir sonst selbstverständliche Rücksicht auf die in Sorge zurückbleibende Mutter vergessen ließ. Da, was ich über meine Erlebnisse schrieb, sorgfältig aufgehoben wurde, sind Hunderte von Seiten erhalten geblieben; lese ich sie, so steht mir alles, obgleich mehr als ein halbes Jahrhundert verging, so lebendig vor Augen, als hätte ich es gerade erst erlebt. Manches liest sich in seinem Überschwang nicht ohne Peinlichkeit. Aber so empfand ich damals, das sei nicht unterschlagen.
Eine unersättliche Neugier bewegte mich, ein keckes Selbstvertrauen, das keine Grenzen kannte. In den fünf Sommern zwischen 1923 und 1927 legte ich annähernd 20 000 Kilometer mit Bahn, Schiff und zu Fuß zurück, immer allein und – in der Zirkussprache – ohne Netz. Einmal zog ich ohne Weg und Steg, nur mit einer Karte 1:1 000 000 und einem Kompaß ausgerüstet, vom Mussala, dem höchsten Berg der Balkan-Halbinsel (3000 Meter hoch) durch Gebirge und Schluchten, nur einigen Hirten begegnend, drei Tage lang zum Rila-Kloster, dem ehrwürdigsten Bulgariens. Damals notierte ich: „Ich wäre bis in die Hölle oder bis auf den Mond geklettert, so voll war ich von Übermut und Abenteuerlust. Einige Wochen vorher waren nicht weit entfernt sechs Reisende ausgeraubt worden, und einem deutschen Journalisten, den ich in Sofia traf,

hatte die bulgarische Regierung zu einer Exkursion in eben dieses Gebiet zwei Offiziere und zehn Mann zum Schutz mitgegeben. Ich aber hatte nichts als meinen Schwedendolch." Meine Notizbücher füllten sich mit Beschreibungen der Menschen, die ich traf, der besuchten Museen, Schlösser und Kirchen. Und alles fand ich wunderbar.
Als Antwort auf die bekümmerten Fragen von Verwandten und Freunden, warum ich das alles mache, verfaßte ich die Verse:

Brauchts einen Grund zum Reisen, wenn man jung ist?
Das Hirn voll Pläne hat, die Faust voll Kraft?
Wenn 80 Dollar süß im Beutel knistern,
Erspart, erschrieben, sonstwie beigeschafft?
Kein größres Glück als fremde Länder schauen,
Sich auszuruhn in ferner Berge Schoß.
Denn Neuland, Schönheit, Abenteuer winken,
Wohl Grund genug, beim Zeus, und – also los!

Die zwei Monate dauernde Große Fahrt durch den Balkan und durch Kleinasien faßte ich so zusammen:
„Wer nicht selbst einmal mutterseelenallein in die schöne wilde Welt gezogen ist, weiß nicht, wie herrlich das ist, wie groß das Glück: Losgelöst sein von allem, tun und lassen können, was man nur will, und wie schwungverleihend das Gefühl: auf sich allein gestellt zu sein, für niemanden Verantwortung zu tragen als für sich selbst, aber auch von niemandem Hilfe erwarten zu können als von sich selbst. Und über allem der selige Jubel: Die ganze weite herrliche Welt gehört dir, ist für zwei Monate dazu da, damit du dich an ihr freust. Alle Berge, Länder, Städte und Meere sind für dich offen. Da gibt es kein ‚Das tut man nicht!' – ‚Das kann man nicht!' Es gibt überhaupt kein ‚man' mehr, nur noch dich und die Welt. Was schadet es da, daß du lebst wie ein Hund? Daß du wochenlang ohne Bett durch die Berge ziehst? Daß du nichts zu essen hast als Melonen, Melonen, Melonen und Brot? Nichts schadet es, denn du empfindest die jubelnde Lust, zu schauen und zu erleben."
In der „Statistik" jenes Berichts von 1927 stehen diese Angaben:

Zurückgelegte Entfernung:	7500 Kilometer
Im Bett geschlafen:	11 mal
An Obst verzehrt etwa:	2 Zentner
Gesamtausgaben (einschl. Fahrt, Unterkunft, Lebensmittel, Museen):	365 Mark

Zum Dichter war ich nicht geboren. Aber einmal, als ich in Kleinasien staub- und schweißverkrustet eines meiner Sehnsuchtsziele erreichte, die Burg von Pergamon und ihre Tempel, von wo der Blick westwärts bis zum Meer, nach Osten tief hinein ins anatolische Land dringt, während zu Füßen schroffe Schluchten klaffen, und drüben die friedlichen Lichter des Dorfes Bergama blinzeln, da entstand im verzaubernden Mondlicht ein überschwengliches Dank-Gedicht. Es begann:

Götter Griechenlands: Ich dank Euch für das Übermaß von Gnade,
Mit dem Ihr mir unaufhörlich segnet alle meine Pfade.
Durch der Donau Riesenstädte, durch der Pußta weite Gaue,
Durch Bulgariens wilde Berge, bis ans Schwarze Meer, das blaue;
Weiter noch der Sonn' entgegen an des Bosporus Gestade
Führtet Ihr mich, ew'ge Götter. Nie verließ mich Eure Gnade.
Öffnetet des Islams Pforten; fügtet, daß Byzanz ich schaue
Und Kleinasien; brachtet mich auf Pergamons jahrtausendgraue
Stadt und Burg. Und also steh ich an des Großen Zeus Altar
Und mit hocherhobnen Händen preis ich Euch, der Götter Schar!

Und so ging es weiter. Heute lächle ich über dieses Pathos. Aber ganz verloren habe ich es auch jetzt nicht.

Entscheidend für mein weiteres Leben wurde die auf diesen Fahrten erworbene Kenntnis Europas. Für jedes Land bereitete ich mich vor, trug ich Bücher über Geschichte, Land und Leute im Rucksack.

Mein deutscher Patriotismus blieb so unbedingt wie zuvor, aber das provinzielle Denken fiel von mir ab, und staunend bemerkte ich, daß ich mich überall zu Hause fühlte. In Flandern, zwischen Zonnebeke, wo der Vater neun Jahre zuvor gefallen war, nahe bei Langemarck, dem Todesacker der studentischen Sturmregimenter, und Ypern, der in tausend Kriegsberichten genannten und schließlich zerstörten Perle gotischen Städtebaus, schrieb der Neunzehnjährige erschüttert:

„Und warum dieser Krieg? Auf beiden Seiten focht man ihn mit der Überzeugung, zu einer gerechten Sache zu stehen. Hier wie dort wurden Denkmäler für jene errichtet, die ihr Leben ließen für das Vaterland – pour la patrie. Der Krieg sieht anders aus, wenn man seine Folgen vor sich hat, als wenn man in kindischen Büchern über ihn liest. Ganz Europa ist müde des Elends und des Hasses, überall sehnen sich die Verständigen nach Frieden, nach einer Überbrückung unnötiger und überlebter Grenzen. Im Rubens-Saal der Antwerpener Galerie oder auf Brüssels Großem Platz frage ich, der Deutsche, vergebens, wo da der große Unterschied sei im Wesen der Völker."

Neben der Bestätigung meines übermütigen Selbstvertrauens brachten mir meine Großen Fahrten in – bis 1927 – fünfzehn Staaten die Überzeugung von der kulturellen Einheit Europas. Später wurde sie ergänzt durch den Wunsch nach seiner politischen Einheit.

Das Verhältnis zu Hitler

Als Hitlers Aufstieg sichtbar einsetzte, mit dem „Marsch zur Feldherrenhalle" am 9. November 1923 und dem Prozeß gegen ihn vor dem Münchner Volksgericht im Februar/März 1924, prädestinierte mich vieles zu seinem Anhänger: Ich war glühender Nationalist, Feind von Versailles, Sohn eines gefallenen Offiziers, verarmt, arisch. Wenn ich trotzdem in einer Zeit, da Millionen Herzen Hitler entgegenschlugen, da bis weit hinein in die Kirchen und in die Arbeiterschaft sein Aufstieg mit Hoffnungen begrüßt wurde, wenn ich trotzdem kein Nationalsozialist wurde, mußte das seine Gründe haben.

Der eine Grund: Ich gehörte zwar dem Mittelstand an, aber ich unterschied mich genau in den Punkten von meiner sozialen Schicht, die diese – nach Inflation und Wirtschaftsmisere – für die Propaganda Hitlers anfällig machten. Ein zweiter Grund: meine intensive Beschäftigung mit dem Sowjetstaat, die Hitler und seinen Ost-Beratern gegen den Strich ging; ein dritter, der sich aus den beiden ersten ergab: mein Umgang mit Leuten, die Hitlers Feinde waren und die ihn haßten. Auf diese drei Gründe gehen die anschließenden Kapitel ein.

18. Durch Armut reich

In den Jahren des Aufstiegs von Hitler beschäftigte auch mich die Frage, warum der Nationalsozialismus gerade in meiner eigenen sozialen Schicht, dem Mittelstand, so zahlreiche Anhänger fand. Also besuchte ich den besten Fachmann, den in Berlin lebenden Siegfried Krakauer. Dieser hatte 1929 eine Aufsatzreihe über die Angestellten veröffentlicht, die später als Buch erschien und Hans Falladas „Kleiner Mann, was nun?" beeinflußte, ein frühes Beispiel empirischer, auf Interviews aufgebauter Soziologie.

Krakauer, der später nach Amerika emigrierte, wo er 1966 starb, entwickelte mir damals eine einleuchtende Theorie. Auf ein Blatt Papier zeichnete er eine Pyramide und zog durch sie zwei waagrechte Striche. Die Spitze nannte er Oberschicht, das zweite Feld Mittelstand, das dritte Arbeiterschaft. „Diese hat den niedrigsten Lebensstandard", sagte er und schraffierte das unterste Fach, „sie hat sich an ihre Lage gewöhnt. Der Mittelstand aber, der bislang seinen höheren Lebensstandard als selbstverständlich angesehen hatte, ist infolge von Krieg und Inflation auf das materielle Niveau der Arbeiterschaft abgerutscht [Krakauer schraffierte jetzt auch den mittleren Teil] und ist böse über seine Deklassierung. Die Deklassierten", schloß Krakauer, „das sind die Leute, die für Hitlers Demagogie anfällig sind. Denn während die Marxisten die Aufhebung des Eigentums predigen (was vielen Arbeitern zusagt), verspricht Hitler (das gefällt dem verarmten Mittelstand) Wiederherstellung und Sicherung des Eigentums."

Zum Schluß stellte Krakauer einige persönliche Fragen. Dann sagte er: „Sie, Herr Mehnert, *sind* deklassiert, weil sie alles verloren haben und auf einem Niveau leben müssen, das unter Ihrem Stand liegt. Objektiv gesehen, sind Sie also der ideale Nazi-Anhänger. Daß Sie keiner sind, hat eine subjektive Erklärung: Sie *fühlen* sich nicht deklassiert."

Krakauer hatte recht. Obgleich meine Familie in Moskau wohlhabend gewesen war und dann mit einem Schlag alles verloren hatte, obgleich wir jetzt kümmerlich lebten und jeden Pfennig umdrehen mußten, empfand ich unsere Armut im Vergleich mit reichen Schulkameraden nicht als peinlich, erst recht nicht als bedrückend. Im Gegenteil: Wir waren arm, weil der Vater Hab und Gut aufgegeben hatte, um sein Leben für Kaiser und Vaterland aufs Spiel zu setzen. Ich war stolz auf den Vater (und verachtete Väter, die nicht an der Front gewesen waren) und also auch stolz auf unsere Armut.

Als ich in die erste Klasse des Gymnasiums kam, kaufte mir die Mutter – erfreut über meinen Eintritt in die höhere Schule – eine Mütze, deren Farben den Gymnasiasten kenntlich machten. Ich trug sie ein Jahr, ihr zuliebe. Aber dann bat ich sie, mir für die nächste Klasse keine Mütze zu besorgen. Ich wollte nicht, daß man mich schon von weitem als Gymnasiasten erkannte, also für einen Bürgersohn hielt. Aus demselben Grunde blieb ich der fast obligatorischen, gut bürgerlichen Tanzstunde meiner Schulkameraden fern. Ich betrachtete mich als Deutschen, nicht als Bourgeois.

Nie bedrückte es mich, daß ich grundsätzlich überall das Billigste nahm, nie anders als vierter Klasse in der Eisenbahn fuhr und die schlechtesten Karten fürs Theater kaufte. Meine dem alten Bürgertum entstammenden Kameraden hingegen versuchten, um nicht als deklassiert angesehen zu werden, den Schein zu wahren.

So ergab sich die paradoxe Situation, daß ich mit dem wenigen Geld, das ich durch gelegentliche Arbeiten verdiente, viel weiter kam, als Kameraden, die von ihren Vätern ein beträchtliches Taschengeld erhielten. Was ich für eine achttägige Wanderung durch den Schwarzwald – einschließlich Zu- und Abfahrt mit der Bahn – brauchte, war nicht mehr als mancher von ihnen für einen „standesgemäßen" Abend ausgab. Abgesehen von der Rote-Kreuz-Reise nach Schweden 1920 machte ich alle Fahrten auf eigene Kosten. Daß ich als einer der ärmsten Schüler des Gymnasiums viel mehr von der Welt sah, mehr vom Leben hatte, als meine wohlhabenden Kameraden, lehrte mich, daß es mehr auf Unternehmungsgeist ankommt als auf Geld. Einmal, als sich die Kameraden darüber unterhielten, wie ich eigentlich diese ganzen Reisen bewerkstelligte, erklärte mein Freund Willy Speidel: „Den Mehnert hat seine Armut reich gemacht."

Noch in einem anderen Sinn traf dieses Wort zu: Mir wurden mancherlei Vergünstigungen zuteil, im Gymnasium das Schulgeld erlassen, an der Universität die Studiengebühr; wohlhabende Bekannte, die sich für mich interessierten, luden mich entweder regelmäßig zum Essen ein (so der Direktor der ehemaligen Hofbibliothek Karl Stockmayer) oder machten mir Geschenke, z. B. Bücher, von denen sie wußten, daß ich sie gerne besessen hätte; das Rote Kreuz schickte mich nach Schweden; schließlich wurde ich sogar in die „Studienstiftung des Deutschen Volkes" aufgenommen und vom „Deutschen Akademischen Austauschdienst" nach Amerika vermittelt.

Beim Empfang dieser und ähnlicher Hilfen hatte ich nie das peinliche Gefühl, Almosen entgegenzunehmen. Ich betrachtete all diese Unterstützungen gleichsam als Vorauszahlung für künftige Leistungen. Mit der gleichen Selbstverständlichkeit, mit der ich mein Leben als einen Dienst am Volk betrachtete, nahm ich des Volkes Hilfe an, die der Ausbildung für diesen Dienst galt.

Als dann Hitler immer mehr von sich reden machte, fühlte ich mich von seinem Appell an das Ressentiment der Deklassierten nicht betroffen und betrachtete ihn mit nüchternen Augen. Wenn man bei Menschen die Grenze nicht zwischen rational und emotional zieht (ich bin beides), sondern zwischen rational und irrational, so bin ich eindeutig rational veranlagt und reagiere daher mit Unbehagen auf alles Irrationale, wie es mir bei Hitler entgegenschlug.

Emotional sprach Hitler mich an: Er wollte das Unrecht von Versailles aufheben, die Arbeitslosigkeit beseitigen, die Volksgemeinschaft herstellen, ein Reich unter Anschluß von Österreich errichten.

Aber jedesmal, wenn ich ihn erlebte, stieß mich seine Irrationalität ab. Einmal sprach er in einem großen Saal auf der Berliner Hasenheide, speziell für Studenten. Hier, dachte ich, muß er mehr als nur Phrasen bieten. Ich setzte mich auf einen Platz in der ersten Reihe der Galerie, ohne Vorurteile und durchaus aufnahmebereit. Aber während um mich herum die Begeisterung wilde Wogen schlug, und unter dem Einfluß der Rede die Atmosphäre immer erhitzter wurde, blieb ich unberührt. Ich erinnere mich genau, daß ich das mit einer gewissen Enttäuschung feststellte. Ich hätte gar nichts dagegen gehabt, wenn ich den Saal als ein plötzlich Verwandelter, als ein Glaubender verlassen hätte. Daraus wurde nichts. Fahnen, Singen, Beifallsorkane, stramme SA-Männer, Plakate – das alles fand ich zwar höchst eindrucksvoll, aber da ich mich in erster Linie nicht für eine Hitler-Schau interessierte, sondern für den Inhalt einer Hitler-Rede, und dieser recht verschwommen und dürftig war, blieb ich unbefriedigt. Daß Hitler sich bemühte, dem besonderen Charakter einer Studentenversammlung gerecht zu werden, indem er sich „akademischer" als üblich ausdrückte, machte auf mich eher einen peinlichen Eindruck. Nicht umsonst haben Hitlers Anhänger über die Schwierigkeiten der Gewinnung von Intellektuellen geklagt; sein Appell an meinen Glauben statt an meinen Verstand, an meine Einseitigkeit statt an meine Objektivität, sein Versuch, mein Gehirn massenpsychologisch außer Gefecht zu setzen – das alles gefiel mir nicht.

Ein anderes Mal – im Frühjahr 1934 – erlebte ich ihn zusammen mit Enid, wenige Tage vor unserer Abfahrt nach Moskau. Auf dem Weg zu unserer Pension sahen wir an einer Schwabinger Straßenkreuzung einen Menschenauflauf, der von SS-Männern in Schranken gehalten wurde. Alle Augen waren auf die „Osteria Bavaria" gerichtet, ein Lokal, das mir aus Studententagen bekannt war. Als wir hörten, „Der Führer ißt dort zu Mittag", gingen wir forsch über die Straße und traten ohne rechts und links zu blicken und ohne von den überraschten SS-Männern aufgehalten zu werden, in das Restaurant und wählten einen Tisch.

In der Tat, es war Hitler, der dort – wenige Meter entfernt – in sich versunken mit seinen respektvoll schweigenden Begleitern saß, dann im Hinausgehen, während ein Adjutant den Wagen heranholte, unmittelbar neben unserem Tisch zwei Minuten verharrte, und dabei einer entsetzlich aufgeregten Frau, die immerzu „Mein Sohn ist bei der SA!" murmelte, ein Autogramm gab. Dieser Hitler machte auf mich den Eindruck eines Schlafwandlers, eines Menschen in Trance, oder eines, der gerade aus der Narkose erwachte – jedenfalls eines Menschen, der gar nicht recht wahrnahm, was eigentlich um ihn herum geschah, eines Irrationalen also, zu dem ich kein Zutrauen empfand. Ich wußte nicht, daß ich eben den Mann gesehen hatte, der mein Vaterland in Schmach und Verderben stürzen sollte. Aber ich hatte ein ungutes Gefühl.

19. Ein Spez

In den ersten Jahren nach der Revolution besaßen die Bolschewiken in ihren eigenen Reihen nur wenige ausgebildete Techniker, Ärzte usw.; sie selbst waren ja von Beruf ausschließlich Revolutionäre. Also mußten sie zahlreiche politisch unabhängige Fachleute anstellen, die sie „Spezialisty" nannten, oder, in ihrer Kürzelmanie, „Spezy" (Einzahl „Spez"). Diesen Ausdruck nahm ich gerne in Anspruch, wenn ich in den Jahren vor Hitlers Machtantritt nach meiner Tätigkeit gefragt wurde. „Ich bin ein Spez für russische Fragen", sagte ich dann, „und zwar ein unabhängiger."

Trotz meiner Jugend wurde das akzeptiert. Ich sprach Russisch, als eine meiner beiden Muttersprachen, hatte die Kindheit in Moskau verbracht, russische Geschichte studiert, seit 1929 jährlich die Sowjetunion bereist, seit 1931 „Osteuropa" redigiert, die führende Zeitschrift auf diesem Gebiet. Gewiß, es gab viele andere Menschen in Deutschland, die über Rußland Bescheid wußten. Aber entweder waren dies russische Emigranten, von denen man keine Objektivität erwartete, oder Balten-Deutsche, die oft eine Aversion gegen alles Russische empfanden, oder Kommunisten, die über das Land ihrer Sehnsucht nur in den Parolen der jeweils gültigen „Generallinie" der Partei sprechen durften.

Die Rußland-Deutschen aber, die vor und nach der Revolution ins Reich heimgekehrt waren, bildeten ein vorwiegend kaufmännisches Element, das sich rasch in das deutsche Wirtschaftsleben eingliedern, jedoch keine Sowjetkunde betreiben wollte. Einige Ausnahmen von dieser Regel gab es, die wichtigsten: Gustav Hilger, von dem noch die Rede sein wird (er dolmetschte u. a. die Verhandlungen Ribbentrops mit Stalin und Molotow), und Ernst Köstring, während vieler Jahre deutscher Militärattaché in Moskau und Verbindungsmann zwischen den beiden Armeen. Beide waren wegen ihrer amtlichen Stellung dem Blick der Öffentlichkeit entzogen. Einer der wenigen Moskau-Deutschen meiner Generation, der in die Rußland-Forschung einstieg, war Robert Stupperich, doch bearbeitete er ein recht spezielles Fach: Kirchengeschichte. Arthur Luther (der schon in Moskau zu Mutters Lehrern gehört hatte), bekannt durch seine Veröffentlichungen über russische Literatur, hielt sich von der Politik fern. Als Redakteur von „Osteuropa" fand ich kaum rußland-deutsche Autoren; die meisten Mitarbeiter waren Emigranten oder Juden (manchmal beides) oder auch Deutsche, die Russisch als Fremdsprache gelernt und in Rußland als Fremde gelebt hatten. Der Beste unter diesen war Otto Schiller, ein erstklassiger deutscher Agrarfachmann, vor und nach dem Zweiten Weltkrieg viele Jahre Landwirtschaftsattaché bei der Deutschen Botschaft in Moskau.

Die eben genannten Männer waren durchweg keine Nazis, auch sie waren Spezy, deren Art Hitler nicht paßte, die ihn aber wenig störten, da sie nach außen entweder gar nicht oder nur unpolitisch in Erscheinung traten. Seine Rußland-Berater waren großenteils Emigranten baltendeutscher Herkunft, bei denen sich antirussische Ressentiments (eine Folge der Russifizierungspolitik der Zaren in den letzten Jahrzehnten) mit erbittertem Antibolschewismus verbanden, Männer wie Alfred Rosenberg (Stellvertreter Hitlers während dessen Haftzeit, langjähriger Chefredakteur des „Völkischen Beobachters", also des Zentralorgans der Partei, und mit der Überwachung der weltanschaulichen Schulung beauftragt, der erst 1923 die deutsche Staatsangehörigkeit erworben hatte und Russen „durch Verlegung ihres Schwerpunkts nach Asien" aus Europa verdrängen wollte) oder sein engster Mitarbeiter in der Redaktion des Parteiblattes, Arno Schickedanz, und schließlich Max Erwin von Scheubner-Richter, der beim Hitler-Putsch 1923 den Tod fand und daher zu den Märtyrern der Bewegung gehörte.

Die simplen, aus den angeblichen „Protokollen der Weisen von Zion" genährten Vorstellungen über den Bolschewismus als Instrument einer Weltverschwörung des Judentums, die diese Männer aus Rußland mitbrachten, enthoben sie der Notwendigkeit, die Ursachen der bolschewistischen Revolution zu studieren; für sie stand der Hauptschuldige fest: der Jude.

Es ist nicht übertrieben, wenn ich sage, daß es in den Jahren, in denen Hitler an die Macht drängte, keinen zweiten jungen Deutschen gab, der so viel wie ich in der Sowjetunion herumkam. Nicht als Monteur einer deutschen Firma, der seine Aufgabe erfüllte und wieder heimfuhr, nicht als Kommunist, der alles herrlich finden mußte, sondern als höchst interessierter, patriotischer deutscher Beobachter. 1929 hatte ich, von Asien kommend, Sibirien durchquert und gleichaltrige Freunde gewonnen. Danach war ich jeden Sommer dort, immer auf eigene Faust und auf eigene Kosten (die sehr niedrig waren, weil ich mich dem landesüblichen Lebensstil anpaßte). Ich sah mir 1930 das völlig veränderte Hochschulwesen an, arbeitete 1931 in einem Kolchos im Schwarzerdegebiet, studierte 1932 die sowjetische vormilitärische Massenorganisa-

tion „Ossoaviachim". Die Ergebnisse vermittelte ich ständig der deutschen Öffentlichkeit, mit Aufsätzen, Vorträgen und einem Buch („Jugend in Sowjetrußland", 1932).
Gestützt auf eigene Beobachtungen und Studien, vertrat ich die Auffassung, daß die Sowjetunion erstens das Ergebnis nicht einer Judenverschwörung war, sondern einer von zahlreichen objektiv nachweisbaren Faktoren hervorgerufenen sozialen Revolution, wobei der anfangs sehr starke jüdische Einfluß in der Kommunistischen Partei unter Stalin ständig zurückging; daß die UdSSR zweitens in dem tiefgreifenden Wandlungsprozeß der dreißiger Jahre zahlreiche pragmatische Züge annahm, die sich grundlegend von den illusionären Vorstellungen der zwanziger Jahre unterschieden (Wiederentdeckung der russischen Geschichte, des Vaterlandes, der Familie, usw.), und daß drittens ihre Armee in einem Kriege tapfer kämpfen würde – lauter Ansichten, die in krassem Gegensatz zu denen der Ost-Berater Hitlers standen und zudem einen höchst neuralgischen Punkt der NS-Ideologie trafen.
In den dreißiger Jahren gehörten Bolschewismus und Sowjetunion zu den meistdiskutierten Themen. So erhielt ich viele Einladungen zu Vorträgen – vor den Studentenschaften deutscher Universitäten, in Arbeitslagern, vor Gruppen des Stahlhelm, der Freischar, der Hitler-Jugend, der Gewerkschaften (ich erinnere mich besonders an zwei Vorträge vor Lokomotivführern, einer Arbeiter-Elite, zu denen mich ihre Zeitschrift „Voran" einlud), in der „Gesellschaft zum Studium des Faschismus", in Studienkreisen der „Hochschule für Politik", wo Theodor Heuss damals Dozent war. Ich hatte einen zweisitzigen Opel, in dem ich zu diesen Vorträgen – meist allein – kreuz und quer durch Deutschland fuhr. Manchmal mußte ich nachts unterwegs sein, denn die Arbeit in Berlin ging weiter, oder ich schlug irgendwo im Walde mein Zelt auf, nahe der Stadt, wo ich zu sprechen hatte, um das Hotel zu sparen.
Die einzigen, die mich nie einluden, waren die Kommunisten. Einmal ging ich in eine kommunistische Versammlung, in der Karl A. Wittvogel über die Sowjetunion sprach; damals war er ein glühender Kommunist, später, als Emigrant in den USA, ein Kritiker des Sowjetsystems und ein bedeutender Sinologe. Natürlich redete er beschönigend, wie es die Parteilinie befahl, und überging Tatsachen, die nicht in dieses Bild paßten. Ich bat ums Wort und rückte die Dinge zurecht, sachlich und unpolemisch. Den Versammlungsleitern gefiel das gar nicht, sie schlossen die Debatte, ohne auf meine Argumente einzugehen, und baten mich in ein Nebenzimmer des Lokals, wo einige kommunistische Häuptlinge saßen, darunter Heinz Neumann, damals Mitglied des

Reichstags für die KPD. Sie fragten, ob ich ein Nazi sei, was ich verneinte. Darauf wollten sie wissen, warum ich antisowjetische Reden halte.
Mir ginge es um die richtige Darstellung der Wirklichkeit, sagte ich; im übrigen erwiesen sie selbst der Sowjetunion einen besseren Dienst, wenn sie den Hörern sagten, daß die Bevölkerung dort wenig zu essen habe, kümmerlich in überfüllten Häusern lebe, abgerissene Kleider trage, ständigem politischen Druck ausgesetzt sei – und trotzdem Aufbauleistungen vollbringe, statt hier Zuckerwassergeschichten aufzutischen, die jeder als falsch erkennen müsse, der auch nur einen Tag drüben gewesen sei. Sie vermieden eine Diskussion und ließen mich abziehen.

Als ich Heinz Neumann noch einmal traf (er war einer der Weltgewandtesten in der KP-Führungsspitze und interessierte mich, weil er in Stalins Auftrag in China gewesen war), erklärte er mir offen, es sei aus psychologischen Gründen nötig, den deutschen Arbeitern ein günstiges Bild der Sowjetunion zu zeichnen, selbst wenn man wisse, daß es noch nicht der Wirklichkeit entspreche, sonst könnten sie den Glauben an die Sache verlieren; die Dinge lägen tatsächlich etwa so, wie ich sie geschildert hatte. Er gab auch zu, daß er die Anti-SPD-Politik seiner Partei für falsch hielt. (Später wurde er nach Moskau beordert und dort – vermutlich 1937 – von Stalin zu Tode „gesäubert".)

Als „Jugend in Sowjetrußland" in einem Dutzend fremder Sprachen erschien, wurde ich auch zu Vorträgen ins Ausland eingeladen. Ich sprach u. a. vor Studenten in Oxford und Oslo, vor dem Londoner „Royal Institute of International Affairs", vor Frauen in Wien, einer Jugendorganisation in Warschau, einer anderen in Zürich.

Je weiter der Kreis wurde, an den ich mich wandte, desto genauer mußte ich die von mir geschilderten Tatsachen und die aus ihnen gezogenen Schlüsse prüfen, desto sorgfältiger jede ungesicherte Polemik vermeiden. So wurde ich immer mehr zum Spez.

Natürlich gab es Menschen, die sich nicht vorstellen konnten, daß ich wirklich nur ein – zudem selbständiger – Spez war, der ohne Hintergedanken die Wirklichkeit im riesigen Sowjetreich erkennen und anderen, so gut er konnte, erklären wollte. Und natürlich wurde der Verdacht geäußert, daß ich in einem geheimnisvollen, undurchsichtigen Auftrag irgendeine Art von Propaganda verbreitete, wobei man sich nicht recht schlüssig wurde, ob sie von rechts oder links kam, daß es also nötig sei, mich zu „entlarven".

In Wirklichkeit habe ich in niemandes Auftrag gehandelt. Mein Leben lang habe ich mir selbst Ziele gesetzt und versucht, sie unter Einsatz dessen, was publizistische und akademische Arbeit eintrugen, zu errei-

chen. Am wenigsten glaubten mir dies Hitlers Ost-Berater. In ihrer Anklageschrift gegen die deutsche Ostforschung, auf die ich noch eingehen werde, stellten sie mich als besonders gefährlichen Burschen hin. Für sie war ich ein Schädling, ein Gezeichneter. Für mich also kam die NSDAP sowenig in Frage wie für einen Juden. Gewiß, im Unterschied zu diesem hätte ich meine Farbe wechseln und den NS-Jargon gegenüber dem Osten übernehmen können. Aber das wäre nicht lange gutgegangen. In Anlehnung an den bekannten Reim: Geschlechter kommen, Geschlechter vergehen / Hirschlederne Reithosen bleiben bestehen, hatte ich mir den Spruch zurechtgelegt: Stalins und Hitlers kommen und gehen, Russen und Deutsche bleiben bestehen.
Aber wie sollte es weitergehen? Selbst die Mutter äußerte zuweilen Bedenken über meinen Weg. Nur meine Frau folgte mir vorbehaltlos. Ein wenig einsam war mir manchmal doch zumute.

20. Otto Strasser

Als ich 1931 aus dem Bergwerk nach Berlin zurückkehrte, deutete alles darauf hin, daß der „große Kladderadatsch" immer näherrückte; diesen Ausdruck gebrauchte man damals viel, weil er alles bedeuten konnte.
Das innenpolitische Bild war verwirrend, die Wirtschaftslage miserabel. Anfang 1932 überschritt die Zahl der Arbeitslosen die Sechs-Millionen-Grenze; Reichskanzler Brüning, der nur mit Hilfe von Notverordnungen regierte, wurde der Schwierigkeiten nicht mehr Herr; die Wählermassen bewegten sich zu den extremen Parteien (bei den Reichstagswahlen vom 31. Juli 1932 gewannen Nationalsozialisten und Kommunisten zusammen die absolute Mehrheit im Reichstag); Franz von Papen war bei allem Schneid nicht der Mann, das nahende Chaos zu meistern; den neuen Star Hitler, den „böhmischen Gefreiten", wollte Hindenburg nicht zum Reichskanzler machen. Was sollte werden?
Alles um mich herum organisierte sich; in Hitlers Bataillonen – in der SA (Sturmabteilung), der auch mein Bruder Lars beitrat, der SS (Schutzstaffel), der Hitler-Jugend –, ferner im Stahlhelm, im (SPD-nahen) Reichsbanner Schwarz-Rot-Gold, in der (kommunistischen) Rot Front, bei den Artamanen (einer auf bäuerliche Siedlung gerichteten Bewegung) oder, wenn man vornehmer war, im Herrenclub des Herrn von Gleichen. Ich holte den von Vater hinterlassenen Revolver wieder hervor und ging einmal die Woche auf einen Schießplatz.
Bei meinen Überlegungen, wie es nun weitergehen sollte, war mir mei-

ne Enid eine große Hilfe. Für die junge Kalifornierin war das Deutschland, in dem sie 1931 studiert, 1933 – mich – geheiratet hatte, voller Wunder. Und da sie ihre Fragen an mich in der naiven Überzeugung stellte, ihr Klaus habe natürlich auf alles eine Antwort, mußte ich mich anstrengen. Um ihre Erwartungen nicht zu sehr zu enttäuschen, gestand ich ihr gleich zu Beginn, daß ich von Wirtschaft – trotz Nationalökonomie als Nebenfach – wenig verstünde. Hier vermochte ich ihr lediglich die größeren Linien zu zeigen: Daß der Kapitalismus nach der Weltwirtschaftskrise in den Jahren nach 1929 (in Deutschland zudem nach der Katastrophe der Nachkriegsinflation) an Glanz stark eingebüßt und so den Wunsch nach einem anderen Wirtschaftssystem geweckt habe, was sich in dem großen Interesse am Sozialismus zeige. Dieser habe in dem einzigen Land, das ihn anzuwenden versuchte, der Sowjetunion, zwar eine gewaltige Mobilisierung der Massen erreicht, sei aber anderthalb Jahrzehnte nach dem Siege Lenins immer noch im Stadium des Experiments, allenfalls eine Hoffnung für die Zukunft. Zunächst sei die Lage des russischen Volkes traurig; die Bevölkerung sei vermutlich um 1900 insgesamt zufriedener gewesen als um 1930.

Mehr wußte ich über die Politik zu sagen. Ich war für die deutsche Republik, da sich unsere Fürstenhäuser 1918 als völlig unfähig erwiesen und das Hasenpanier ergriffen hatten. Ich war für die Demokratie, da ich die Diktatur, soweit ich sie von der Sowjetunion kannte, für völlig unattraktiv hielt. Ich war auch für Schwarz-rot-gold, obgleich mir der Abschied von Schwarz-weiß-rot schwergefallen war. Ich war sogar für die parlamentarische Demokratie, wenn auch ohne große Begeisterung, da der Reichstag mit seiner grauenvollen Parteienzersplitterung und seinen Radau-Szenen kein erhebendes Bild bot; doch wußte ich kein besseres System der Volksvertretung. (Vom Stände-Staat hielt ich nicht viel in unserer Industriegesellschaft; unter dem Führer-Staat konnte ich mir nichts vorstellen und in einem Hitler-Staat nichts Gutes erwarten.) Bei den Engländern und den Amerikanern funktionierte die Demokratie ordentlich; wir mußten eben Geduld haben und würden sie vielleicht auch noch meistern. (In der Bonner Republik haben wir das tatsächlich gelernt, mit Hilfe einiger weiser Artikel in unserer Verfassung und auf Grund schmerzlicher Erfahrungen.)

Am eindeutigsten waren meine außenpolitischen Ziele: beharrliche Beseitigung der letzten noch verbliebenen Fesseln des Versailler Vertrages, Wiedererlangung mindestens eines Teiles der 1919 verlorenen Gebiete, Anschluß Deutsch-Österreichs als logische Folge der Auflösung des Habsburger Reiches (dies alles durch Druck auf Frankreich und mit Rükkendeckung durch die Sowjetunion), danach die Vereinigung Europas; ich erzählte Enid von meinen Sympathien für Coudenhove-Kalergis Paneuropa-Bewegung und für eine ähnliche Initiative des Dänen C. F. Heerfordt, für den ich eine Weile gearbeitet hatte, da sich diese Vorstellungen mit meinem deutschen Patriotismus durchaus vertrugen.

Einmal berichtete mir Enid mit bekümmerter Miene, jemand habe gesagt, Klaus Mehnert sei ein Nationalbolschewik. Diese Sorge konnte ich ihr rasch nehmen. Ich sei zwar für gute Beziehungen zum Sowjetstaat, aber eindeutig gegen den Bolschewismus in Deutschland.

Wenn immer ich meiner Enid solche Gedanken entwickelte, fragte ich mich (und manchmal tat sie es), ob es denn nicht noch Ähnlichgesinnte gebe, mit denen ich mich zusammenschließen könne. Gewiß, die gab es. Es kam sogar häufig vor, daß andere deutsche Patrioten, die von Hitler nicht viel hielten, die Verbesserung unserer Beziehungen zur Sowjetunion forderten. Manche von ihnen lernte ich als Spez für Rußlandfragen kennen, so Ernst Niekisch, Herausgeber der Zeitschrift „Widerstand", der 1932 eine Schrift „Hitler, ein deutsches Verhängnis" veröffentlichte, oder Hans Schwarz, dessen Zeitschrift „Der Nahe Osten" junge Konservative mit Ostinteressen anzog, oder Friedrich Hielscher, Autor von „Das Reich" (1931). Auch mancher, der nicht auf der Rapallo-Linie lag, war an der Sowjetunion interessiert, allein schon aus Opposition zu Hitler, und unterhielt sich gelegentlich mit mir über meine Beobachtungen, darunter der Dichter Ernst Jünger.

Gesinnungsgenossen fand ich auch bei der Zeitschrift „Die Tat". In einer Studie über die Osteuropa-Politik dieser am Vorabend des Hitler-Sieges einflußreichsten deutschen Monatsschrift nennt mich Hans Hecker (Köln 1974) den „konsequentesten Verfechter" der deutsch-russischen Zusammenarbeit. Aber so anregend es war, mit den genannten und vielen ähnlich denkenden Intellektuellen zu sprechen – es waren lauter Einzelgänger. Und was „Die Tat" betrifft, so besaß sie zwar viele Leser, konnte aber keine Massen mobilisieren. So war ich auf der Suche nach Männern, die eine Organisation hinter sich hatten.

Wir lebten damals – die Mutter und ich, zuweilen auch Bruder Frank – am Müggelsee, in Berlin-Friedrichshagen (jetzt Ost-Berlin). Die tägliche Stadtbahnfahrt ins Zentrum und zurück reichte mir gerade, um einen Packen Zeitungen zu lesen – von Goebbels' „Angriff" bis zur „Roten Fahne"; unter anderem bezog ich auch Otto Strassers „Schwarze Front". In diesem Blatt wurden ständig Versammlungen angekündigt, auf denen Strasser sprach. Zu einer ging ich hin. Da Strasser auch die Sowjetunion erwähnt hatte, beteiligte ich mich an der anschließenden öffent-

lichen Diskussion. Hinterher begrüßte mich Strasser und wir setzten uns mit einigen seiner Leute in ein Lokal. Er gefiel mir.
Die Brüder Otto und Gregor Strasser hatten sich frühzeitig der NSDAP angeschlossen. Aber im Sommer 1930 kam es zum Bruch Ottos mit Hitler. Mit einer Anzahl Gesinnungsgenossen und dem Ruf „Die Sozialisten verlassen die Partei" trennte er sich von der NSDAP. Bruder Gregor, wohl der bedeutendere der beiden, blieb. Wären die Brüder zusammen von Hitler weggegangen, hätte die Entwicklung vielleicht einen anderen Verlauf genommen.
Kurz danach erschien Otto Strassers Schrift „Ministersessel oder Revolution". Aus ihr erfuhr ich, daß es beim Hitler-Strasser-Streit auch um die Ostpolitik gegangen war. Hitler hatte jedes Zusammengehen mit der Sowjetunion abgelehnt; sie sei „ein slawisch-tatarischer Leib mit einem jüdischen Kopf". Otto hatte zwar auch kuriose Vorstellungen von der Sowjetunion, aber wenigstens war er bereit, sich informieren zu lassen. Er bat mich um einen Vortrag über die Sowjetunion im Rahmen einer Veranstaltung der „Schwarzen Front". Ich sagte zu und erlebte „meine" einzige Saalschlacht. Die SA störte mit einem Mordsspektakel und zerschlug mit geübtem Griff die Saalstühle, um sich der Beine als Waffen zu bedienen. Aber die Mannen der Schwarzen Front kannten diese Methode ebenfalls und prügelten die SA hinaus. Danach konnte ich ungehindert zu Ende sprechen. Auch an einigen Tagungen Strassers nahm ich teil, zusammen mit Bruder Lars; auf die Leuchtenburg, auf der er die Führer der bündischen Jugend gewinnen wollte, nahm ich Strasser in meinem Opel mit. Auf meine Bitte verschaffte Strasser mir auch die Gelegenheit, seinen Bruder Gregor bei einem von dessen Besuchen in Berlin kennenzulernen. Der Mann mit dem massigen Körper unterschied sich durch seine ruhige Zurückhaltung von dem stets redefreudigen Otto. Viel kam dabei nicht heraus.
Otto Strasser war ein vitaler, in seinen Ausdrücken nicht immer wählerischer Franke und hatte einige gute Leute um sich, darunter einen kleingewachsenen Mann mit einem mächtigen Schädel, den geistvollen Schriftsteller Herbert Blank. Nach Hitlers Machtübernahme versteckte sich Otto Strasser in einem Thüringer Sanatorium. Am 8. März 1933 erfuhr er: Die Gestapo hatte seine Adresse. Aus einem Dorf bat er mich telefonisch, ihm bei der Flucht zu helfen, mit meinem Opel und Lars in SA-Uniform als Fahrer. Lars, der sich gerade in Friedrichshagen aufhielt, fuhr sofort los. Jahrzehnte später hat Strasser in seiner Autobiographie die wilden Abenteuer beschrieben, die er auf dieser Fahrt mit Lars, verfolgt von einem Polizeiauto, erlebte. Aber alles ging gut aus,

und Lars kehrte etwas übernächtigt, aber vergnügt nach Hause zurück. Strasser ging außer Landes, nach Prag, und flüchtete von dort weiter. (Er ist 1974 gestorben.)

21. Kurt von Schleicher

Schon einige Zeit vor der Flucht Strassers in die Tschechoslowakei verdichteten sich meine Zweifel an seiner Fähigkeit, Hitler wirksam entgegenzutreten. Ich richtete daher, wie viele Patrioten, die in Hitler eine Gefahr sahen, meine Augen auf die Reichswehr.

Kurz nachdem ich 1931 meine Tätigkeit bei „Osteuropa" aufgenommen hatte, erfuhr ich Näheres über ein streng gehütetes Geheimnis: die Zusammenarbeit zwischen Reichswehr und Roter Armee. Hans von Seeckt, einer der angesehensten Soldaten der Weimarer Zeit, hatte als Chef der Heeresleitung (1920–1926) zusammen mit seinem engen Mitarbeiter Kurt von Schleicher Kontakte zu Vertretern Moskaus (darunter Radek) aufgenommen. In der Folge erhielt die junge Reichswehr – geheim und an der Reichsregierung vorbei – in der Sowjetunion Ausbildungsmöglichkeiten an Panzern und Flugzeugen, die ihr laut Versailler Vertrag verboten waren. Anfang der dreißiger Jahre entsann sich die Sowjetunion aus Sorge über Hitlers Aufstieg ihrer alten Verbindungen zur Reichswehr. Zur gleichen Zeit begann ich mit den Ost-Spezialisten der Reichswehr zusammenzukommen, und die Versetzung des Majors Ott nach Berlin brachte mich in die obersten Etagen der „Bendlerstraße", wie man das dort gelegene Reichswehrministerium nannte.

Eugen Ott, ein württembergischer Artillerist, war 1914 aus der Garnisonsstadt Ludwigsburg mit seinem Regimentskameraden Hermann Heuss, einem Bruder meiner Mutter, ins Feld gezogen. Da Heuss schon in den ersten Kriegswochen fiel, kümmerte sich Ott um dessen Witwe und Kinder. Schon früh lernte ich ihn kennen, wenn ich jene in Ludwigsburg besuchte. Als Ott nach Berlin kommandiert wurde, trafen wir uns wieder; er führte mich ein in den privaten Kreis des neuen Chefs der Heeresleitung, Kurt Freiherr von Hammerstein-Equord, zu dem auch General von Schleicher gehörte. Hier wurde ich auch mit der jüngeren Generation der Hammersteins bekannt. Mit einer Hammerstein-Tochter, die später meinen Freund Jochen Paasche heiratete, war ich einmal beim Ehepaar Schleicher in Neu-Babelsberg zu Gast.

Die höheren Offiziere in der Bendlerstraße und in den Garnisonen vertraten eine im ganzen ähnliche Einstellung wie ich: patriotisch, aber nicht für Hitler, den man für einen Abenteurer hielt, und – jedenfalls zum Teil – für Rapallo, überdies, infolge der engen Beziehungen zu den Mannschaften, mit sozialen Interessen.

Oft ging es in diesen Kreisen um die Frage: Wie wird sich das Ausland verhalten, wenn es in Deutschland hart auf hart geht? Und Ausland – das war, außer Frankreich, vor allem die Sowjetunion. Natürlich gab es in der Bendlerstraße eine Fülle eigener Informationen über dieses Land, aber man interessierte sich auch für die Ansichten des jungen Mehnert, der jeden Sommer in der Sowjetunion herumreiste und viele russische Altersgenossen kannte.

In jenem Herbst und Winter 1932, als alles auf eine Entscheidung innerhalb Deutschlands hindrängte, lautete meine – in Gesprächen mit Russen überprüfte – Überlegung: Der Kreml weiß, will aber nicht zugeben, daß die Zeit für eine kommunistische Revolution in Deutschland vorbei ist; er wird nicht in den Krieg ziehen, um die KPD vor dem Verderben zu retten. Wohl aber könnte er sich mit Frankreich, England und Amerika gegen Deutschland verbünden, denn er sieht in Hitler den eigentlichen Feind (mit Recht, wie ich meinte). Andererseits würde er es begrüßen, wenn bei uns Kräfte an die Macht kämen, die Hitler bändigten und keine Angriffsabsichten gegen die UdSSR hegten, also Männer wie Schleicher und Seeckt. Diese freilich müßten, so meinte ich, eine breite Basis im Volk erhalten, am besten durch Abstützung auf die Gewerkschaften. Eine starke deutsche Regierung mit guten Beziehungen zu Moskau könnte die Restbestände von Versailles beseitigen.

Auf den Prüfstand ist meine These nie gekommen. Immerhin sah es gegen Jahresende 1932 einige Wochen so aus, als liefe die Entwicklung in dieser Richtung. Am 6. November war nämlich etwas Erstaunliches geschehen: Bei der Reichstagswahl verlor die NSDAP zwei Millionen Stimmen. Am 3. Dezember wurde Schleicher Reichskanzler.

Im Unterschied zum „Herrenreiter" Papen verstand Schleicher, daß man das deutsche Volk in seiner wirtschaftlichen Not nicht mit einer konservativen Clique regieren konnte. Seine Idee, die mein Herz höher schlagen ließ: Mit den anständigsten nationalen und sozialen Kräften ein Kabinett zu bilden. Vor allem wollte er Gregor Strasser gewinnen; dieser war vielen Deutschen der sympathischste Nationalsozialist mit einem Drittel der NSDAP-Fraktion des Reichstages hinter sich.

Im Rückblick sieht dies alles sehr illusionär aus. Schleicher hatte zwar die richtige Nase für das Notwendige, nicht aber die sichere Hand, um dieses durchzusetzen, auch nicht das rechte Glück. Aber damals erschien mir Schleichers Plan wie die ersehnte Quadratur des Kreises.

Der Traum währte nur wenige Tage. Eugen Ott (Schleichers Verbindungsmann zur NSDAP) und Otto Strasser haben mir später den Verlauf erzählt: Schleicher bot Gregor am 4. Dezember den Posten des Vizekanzlers an und zwar in einem Kabinett, dem noch einige gemäßigte Nationalsozialisten wie Wilhelm Frick und Gewerkschaftsführer wie Theodor Leipart angehören sollten. Gregor Strasser war bereit; Hitler aber, der sich ausgeschlossen sah, war es nicht. Von Hitler vor den Parteiführern als Abtrünniger bezeichnet, zuckte Gregor zurück; er legte Parteiämter und Reichstagsmandat nieder und schrieb einen Brief an Hitler. In ihm bezeichnete es Gregor Strasser als sein Ziel, an dessen Verwirklichung er nun nicht mehr glauben konnte, „eine breite Front der schaffenden Menschen zu bilden und sie an den neu geschaffenen Staat heranzubringen", während Hitlers Weg zu einem „deutschen Trümmerhaufen" führe. Dieser 7. Dezember 1932 war ein schwarzer Tag. Als solchen empfand ich ihn damals. Die Hoffnung auf ein Kabinett Schleicher-Gregor Strasser war geplatzt. Am 30. Januar 1933 gab es dafür ein Kabinett Hitler-Papen.

22. Die Röhm-Affäre

Otto Strasser im Versteck – sein Bruder abgedankt – Schleicher ausgeschaltet. Hitler war seit dem 30. Januar 1933 an der Macht, und zu seinen Zukunftsvisionen gehörte der Krieg gegen die Sowjetunion.

Was weiter? Nur mit Enid konnte ich über meine Sorgen sprechen, und ich tat es auf Wanderungen durch die Wälder am Müggelsee. Sie war eine geduldige und verständnisvolle Zuhörerin. Das Ergebnis der Überlegungen: Anknüpfungspunkte in Hitlers Lager zu suchen.

Erst probierte ich es mit Goebbels. Er war seit 1926 Gauleiter der NSDAP in Berlin und hätte sich 1930 um ein Haar zusammen mit Otto Strasser von Hitler losgesagt. Ich besuchte ihn in seiner Berliner Wohnung. Als ich ihn daran erinnerte, daß er einige Jahre zuvor die Sowjetunion als „den uns von der Natur gegebenen Bundesgenossen" bezeichnet hatte, winkte er ab. „Ich folge treu der Linie des Führers, und der will von solchen Dingen nichts wissen."

Ich dachte dann an Rudolf Hess, der wie ich Auslandsdeutscher war und daher vielleicht einen weiteren Horizont hatte als die anderen Führer; aber was ich über die Verschwommenheit seiner Ansichten hörte, brachte mich davon ab. Der eitle Göring kam nicht in Betracht, der Russen-Hasser Rosenberg erst recht nicht. Am meisten Verständnis fand

ich bei einem der unabhängigeren Köpfe der Partei, Johannes von Leers, der aber im innersten Kern der Partei nicht viel Einfluß hatte. So verfiel ich schließlich auf Röhm, den Stabschef der SA.
Ernst Röhm, erst Berufsoffizier, dann Militärberater in Bolivien, hatte seit 1930 die zuvor durch Krisen geschwächte SA zu einer machtvollen Organisation mit Hauptquartier in München aufgebaut. Ich sagte mir: Wenn die Reichswehr aus nüchternen Überlegungen ein gutes Verhältnis zur UdSSR für notwendig hält, müßte es möglich sein, in München den obersten Führer der Partei-Armee, einen unideologischen Haudegen, für ähnliche Gedanken zu gewinnen. Die Spatzen pfiffen es zwar von den Dächern, daß eine erbitterte Rivalität zwischen Röhm und der Reichswehr-Generalität bestand, aber das nahm ich in Kauf.
Aus meiner Münchner Studentenzeit war ich mit Richard (genannt Ritsch) Maier befreundet, der nun ein Adjutant Röhms war. Ich sprach mit ihm über meinen Plan und erhielt im Frühjahr 1933 in Berlin ein Telegramm, Röhm erwarte mich zu einer Besprechung in München. Ich nahm den Nachtzug. Ritsch fuhr mich vom Bahnhof zu Röhm.
Auf meine Frage, wieviel Zeit er mir geben könne, sagte Röhm: „Schießen Sie los." Eine halbe Stunde lang bemühte ich mich, ihm zu erklären, daß die Ansichten Hitlers und seiner Berater über die Sowjetunion grundfalsch seien, daß sie immer noch in den Vorstellungen von 1917–1919 lebten, während sich in den anderthalb Jahrzehnten seither gewaltige Veränderungen vollzogen hätten. Der Bevölkerung gehe es miserabel, aber Stalin packe sie beim Patriotismus für Mütterchen Rußland, und sie produziere, auf der Grundlage einer enorm gewachsenen Schwerindustrie, Flugzeuge und Panzer in Hülle und Fülle. Die Jugend werde für das Vaterland kämpfen. Die frühere Führungsgarnitur, die in der Tat weitgehend aus Juden bestanden hatte, sei vom Georgier Stalin längst entmachtet und großenteils durch Nichtjuden ersetzt worden.
Das Gespräch fand im Garten statt. Röhm, der kurz vorher irgendeine Operation gehabt hatte, lag halb in einem Liegestuhl. Als ich geendet hatte, stellte er mir Fragen; sie waren sachlich und intelligent. Bisher habe er sich wenig mit der Sowjetunion beschäftigt, sagte er zum Schluß, und daher die in der Parteiführung üblichen Ansichten unbesehen hingenommen. Nun stelle er fest, daß man die Dinge auch anders sehen könne; vieles, was ich gesagt habe, scheine ihm plausibel. Er danke mir und werde sich meine Worte durch den Kopf gehen lassen. Wahrscheinlich würde ich wieder von ihm hören.
Ich besuchte Röhm danach noch mehrere Male. Besonders interessierte ihn der „Ossoaviachim", in gewisser Weise ein sowjetisches Gegenstück

zu seiner SA. Vermutlich war ich der damals einzige nichtkommunistische Beobachter, der einen Monat lang die Möglichkeit hatte, den Ossoaviachim an Ort und Stelle kennenzulernen, der 1932 12 Millionen Mitglieder zählte. Das kam so:

Auf einer meiner Rußlandreisen hatte ich bei einem Empfang in der Deutschen Botschaft mit einigen Sowjetgeneralen bei dem – von ihnen sehr geschätzten – deutschen Bier zusammengesessen, mit dem schnauzbärtigen Budjónnyj, dem besonders populären Woroschílow, dem immer noch jugendlich wirkenden Tuchatschéwskij, dem aus dem Baltikum stammenden Eideman. Die beiden letzteren konnten ein wenig Deutsch, aber alle waren froh, wenn sie bei Empfängen in fremden Botschaften Ausländer mit russischen Sprachkenntnissen trafen.

General Robert Petrowitsch Eideman, groß, blond und breitschultrig (wie es hieß, ein Deutsch-Lette), zuvor Chef der Kriegsakademie, war gerade erst Leiter des Ossoaviachim und insofern Röhms Moskauer Kollege geworden. Als ich ihm sagte, ich würde gerne diese Organisation näher kennenlernen, meinte er, das lasse sich einrichten, wenn ich das nächstemal komme.

Ich nahm diese Mitteilung nicht sehr ernst, da sie doch wohl der Würstchen-und-Bier-Stimmung entsprungen war. Aber auf alle Fälle suchte ich im folgenden Jahr Eideman gleich nach meinem Eintreffen auf. Er werde sein Versprechen einlösen, erklärte er; was ich denn sehen wolle? „Beispiele der Tätigkeit Ihrer Organisation", sagte ich, „erstens in einer Großstadt, also wohl Moskau, und zweitens auf dem Lande, am besten in einer entfernten Provinz." Dabei hätte ich eine besondere Bitte, fuhr ich fort. „Ich möchte mir selbst auswählen, was ich zu sehen bekomme, denn nur dann kann ich hinterher mit gutem Gewissen sagen, daß ich die Wirklichkeit gesehen habe und kein Potjómkin-Dorf." Er lachte und gab sein Einverständnis. Dann nannte ich ihm einige Detailwünsche für Moskau (vor allem Segelflug und Schießübungen) und als Wunschprovinz: das Kosakengebiet am unteren Don.

Zwei Tage später liefen in Moskau die Besichtigungen an und nach einer weiteren Woche fuhr ich mit einem von Eideman ausgewählten Leutnant der Roten Armee mit der Bahn an den Don. Was ich zu sehen bekam, war sehr eindrucksvoll; es war, wie sich ein paar Jahre später herausstellen sollte, die Grundlage des Partisanen-Krieges gegen die Deutschen. Daß ich das alles sehen durfte, war nicht sosehr eine Gefälligkeit mir gegenüber, es war vor allem ein Signal nach Berlin: Indem wir einen von euch einen Monat lang den Ossoaviachim studieren ließen, haben wir euch zweierlei gezeigt: daß wir Vertrauen zu euch haben und daß wir kriegsbereit sind. Meine Eindrücke veröffentlichte ich auf zwanzig Seiten in der Zeitschrift „Osteuropa".

Einmal erbat Röhm eine Denkschrift, in der ich meine Hauptpunkte über die Sowjetunion zusammenfassen sollte; er wolle sie Hitler zeigen. Ich verfaßte sie. Aber ich glaube nicht, daß er sie weitergab; sie hätte Hitler wohl auch nur geärgert, da er sachlichen Argumenten in Fragen, in denen er sich emotional festgelegt hatte, nicht mehr zugänglich war.

Als sich das Jahr 1933 dem Ende zuneigte, war mir klar, daß ich mich umsonst um Röhm bemüht hatte. Er hatte andere Sorgen (sehr berechtigte, wie sich bald zeigen sollte) und sah wohl keinen Sinn darin, seinen schwierigen Führer in einer Sache zu verprellen, die ihn selbst nur am Rande anging. Ritsch gab zu, daß es in der Tat so war.

Inzwischen wuchs Hitlers Macht von Tag zu Tag. Reichstagsbrand – letzte freie Reichstagswahl (ich wählte SPD) – Ermächtigungsgesetz, das praktisch die Verfassung außer Kraft setzte – Aufhebung der Gewerkschaften – Auflösung der Parteien (außer NSDAP) – Errichtung von Konzentrationslagern . . . Wenn das so weiterging (und danach sah es aus, da weit und breit keine Gegenkraft zu erkennen war, auch im Ausland nicht), würde ich eines Tages auch drankommen.

Wieder sprach ich die Lage mit Enid durch. Es gab für mich zwei Möglichkeiten; entweder einen neuen Beruf zu wählen, der nichts mit der Sowjetunion zu tun hatte, oder beim Thema Sowjetunion zu bleiben und Deutschland zu verlassen. Ich entschloß mich zum zweiten. Aber wohin sollten wir gehen?

An der University of California hatte man mir, für den Fall, daß ich daheim in Schwierigkeiten geriete, jederzeit eine Gastdozentur zugesagt, und Enid hätte das am liebsten gesehen. Mich aber lockten einige Jahre Rußland. Unser Entschluß: Sollte es mir gelingen, für einen längeren Aufenthalt in Rußland eine finanzielle Basis zu finden, würden wir nach Moskau gehen, andernfalls nach Berkeley, in Enids Heimatstadt.

Ich fragte in Berlin verschiedene Zeitungsredaktionen, ob sie einen Korrespondenten in Moskau brauchten. Aber sie fühlten sich zu unsicher, um an meinem Vorschlag Gefallen zu finden. Schließlich gewann ich die Zustimmung von drei großen Regionalblättern; sie waren bereit, das Risiko einzugehen und mir ein bescheidenes, monatlich kündbares Fixum für Aufsätze und Pressetelegramme aus Moskau zu zahlen. Vor der Abreise verbrachte ich mit Enid noch einige Wochen in München, um bei den „Münchner Neuesten Nachrichten" einen Zeitungsbetrieb und auch meine künftigen Kollegen kennenzulernen, wobei eine Freundschaft mit ihrem Chefredakteur, Giselher Wirsing, entstand.

In München besuchte ich Röhm zum letzten Mal. Er bat mich, ihn aus Moskau durch gelegentliche Briefe auf dem laufenden zu halten. Diese sollte ich ihm über seinen Berliner Vertreter, den SA-Führer von Falkenhausen schicken, und zwar über einen SA-Mann, der bei der Deutschen Botschaft in Moskau angestellt war. Ich sagte zu und besuchte Falkenhausen. Alles schien in bester Ordnung. Aber wenige Tage nach unserem Eintreffen in Moskau richtete Hitler das Blutbad vom 30. Juni 1934 an, bei dem Gregor Strasser, Schleicher und Röhm, die drei Männer also, auf die ich solche Hoffnungen gesetzt hatte, ermordet wurden; unter den mehr als achtzig Toten war auch Falkenhausen. (Fast auf den Tag drei Jahre später ließ Stalin Röhms Moskauer Kollegen Eideman durch Genickschuß erledigen, zusammen mit Tuchatschewskij und tausend anderen hohen Sowjetoffizieren – wegen angeblicher und nie bewiesener Zusammenarbeit mit den Deutschen.)

Mein Freund Ritsch Maier war in der Mordnacht nicht zu Hause; nach seiner Verhaftung wurde er im Münchner Gefängnis in der Ett-Straße wochenlang ausgefragt, unter anderem über mich, offenbar in der Absicht, Röhm nachträglich einer verräterischen Verbindung über Mehnert mit Moskau zu beschuldigen. Als aber die Deutschen dank einer geschickten (und lügnerischen) Regie von Hitler und Goebbels die Morde vom 30. Juni ohne besondere Erschütterung, großenteils sogar mit gläubiger Zustimmung hinnahmen, hielt man solche Feinheiten für überflüssig.

Ritsch wurde freigelassen. Als ehemaliger Adjutant Röhms war er beruflich erledigt. Er ging nach Südamerika. Von Sehnsucht nach seiner bayerischen Heimat getrieben, kehrte er nach einiger Zeit wieder nach Deutschland zurück. Aber er konnte nicht mehr Fuß fassen, ging langsam zugrunde und starb. Als mir seine Braut Hilde seinen Tod mitteilte, schrieb sie: „Richard hat mich für ein Weilchen allein zurückgelassen." Wenige Tage darauf schied sie freiwillig aus dem Leben.

Das wilde und wahllose Morden vom 30. Juni, dem völlig unsinnigerweise auch der „Münchner Studentenvater" Fritz Beck zum Opfer gefallen war, hatte mich tief bestürzt. (Es sollte für mich ein Nachspiel haben.) Ich war in der Tradition aufgewachsen, daß sich für den Staat, der über allen steht, Moral von selbst versteht. Auch vom Staat Hitlers hatte ich dies zunächst angenommen. Ein unmoralischer deutscher Staat in der Hand von Mördern – das war etwas völlig Neues. Gerade noch rechtzeitig hatte ich Deutschland verlassen.

USA
1928/1929

Das Studienjahr an der University of California in Berkeley (1928/29) führte mich in eine von der europäischen völlig verschiedene Welt. (Die Kontraste waren damals viel auffallender als heute, da sich Europa seither stark amerikanisiert hat.) Jenes Jahr weitete meinen Horizont und schenkte mir meine Enid.
Danach habe ich Amerika zwanzigmal oder öfter besucht (längst habe ich zu zählen aufgehört). Ich fühle mich dort, wo ich insgesamt sechs Jahre verbrachte, wie zu Hause, besonders in Kalifornien und da wieder im Raum um die Bucht von San Franzisko. Enid lebt nicht mehr. Aber ihre Geschwister, ihre Nichten und Neffen, sind, da ich nicht wieder heiratete, noch heute meine Familie.

23. Kalifornien

Daß Amerika zu einer der entscheidenden Stationen meines Lebens wurde, war ein Zufall. Eines Tages, im Wintersemester 1927/28, sah ich in Berlin am Schwarzen Brett der Universität den Anschlag einer mir bislang unbekannten Institution, des Deutschen Akademischen Austauschdienstes; er vermittle, stand da, Stipendien ins Ausland und habe seine Geschäftsstelle im Berliner Schloß.
Ich ging hin. Zwei freundliche Damen, Dybwad und Hirsch mit Namen, drückten mir Broschüren und Fragebögen in die Hand. Auf jeden Fall sollte ich erst mein Doktor-Examen hinter mich bringen, rieten sie. Das hatte ich ohnehin vor. Von den vier in Betracht kommenden Ländern wählte ich Amerika; in Italien, Frankreich, England war ich schon gewesen.
Da ich ganz in der Promotionsarbeit steckte, hatte ich die Angelegenheit schon fast vergessen, als eines Tages ein Brief des Austauschdienstes mich dringend ins Schloß bestellte. Sehr zufrieden teilten mir die beiden Damen mit, ich könne fest mit einem Stipendium rechnen, es gäbe sogar zwei Universitäten, die mich wollten: Harvard (sie zeigten mir auf einer Weltkarte die Stadt Boston an der Ostküste der Vereinigten Staaten) und Berkeley in Kalifornien (dabei wiesen sie auf San Fran-

zisko an der Westküste). Ob ich mir die Entscheidung noch einen oder zwei Tage überlegen wollte? Das war nicht nötig. Kalifornien war fast doppelt so weit von Europa entfernt. Außerdem stellte ich mir Boston, diese Hauptstadt Neu-Englands, ähnlich wie England vor, wie Europa also. Ich wählte Berkeley, genauer: die University of California in Berkeley, an der Bucht von San Franzisko. Etwa gleichzeitig mit dem Abschluß meiner mündlichen Doktor-Prüfung kam der endgültige Bescheid aus Berkeley: Man erwarte mich zum Semesterbeginn am 15. August 1928. Das kalifornische Stipendium entsprach in seiner Großzügigkeit dem Ruhm des goldenen Staates am Stillen Ozean. Es war das höchstdotierte von allen: 1500 Dollar für ein Studienjahr von zehn Monaten, damals ein Vermögen.

„Ach ja", rief mir Fräulein Dybwad nach, „ein englisches Sprachzeugnis von Ihnen brauchen wir noch." Ich meldete mich bei Professor Dibelius, dem großen Anglisten Berlins. Er schaute den ihm unbekannten Studiosus skeptisch an und sagte: „Ich will Ihnen einen Rat geben. Lassen Sie sich nicht bei mir prüfen, das gäbe einen Reinfall. Gehen Sie zu einem meiner Lektoren, zum Beispiel zu Mr. Pender. Der ist Engländer und merkt es nicht so, wenn Sie Fehler machen. Erzählen Sie ihm auf englisch, was Sie brauchen, und er wird Ihnen vermutlich gleich ihr Zeugnis schriftlich geben. Glückliche Reise." Genauso ging es auch. Thank you, Mr. Pender and Professor Dibelius.

Heute machen junge Leute zu Tausenden Reisen nach Amerika, wie früher nach England oder Italien. Vor einem halben Jahrhundert aber war eine Reise über den Ozean noch eine große Sache. Ich freute mich entsprechend; zugleich bedrückte mich der Gedanke an meine Mutter. Nun, da der Älteste sein Studium abgeschlossen hatte, wollte er ans andere Ende der Welt, die damals eben sehr viel größer erschien als heute; die jüngeren Söhne konnten ihr den Ältesten nicht ersetzen. Aber sie trug es tapfer, und so stach ich schließlich mit leichtem Gepäck in See.

Die Überfahrt auf dem neuesten Hapag-Dampfer „New York", die Weltstadt New York, die Bahnreise quer durch Amerika mit mehreren Stopps – wie im Traum erlebt und in einem langen Reisebericht beschrieben. Riesenstädte, mächtige Ströme, Prärien, Wüsten, Gebirge. Staunend schaute ich aus dem Fenster und erkannte, je weiter ich nach Westen fuhr, wie wenig ich über dieses Land wußte. Deutschland und Rußland, ja das ganze Europa, lagen mir im Blut, waren sozusagen Familiengeschichte. Aber Amerika? Die heute Lebenden können sich nicht vorstellen, wie fern und unbekannt Amerika damals den Deutschen war.

Die Völker, mit denen Deutschland im Krieg gewesen war, hatten als Alliierte engen Kontakt zu Amerika gefunden. Anders die Deutschen. Erst mit dem Eintreffen amerikanischer Truppen an der Westfront war Amerika ernsthaft in unseren Gesichtskreis getreten, und dann gleich sehr negativ: Des US-Präsidenten Wilson „Vierzehn Punkte" mit ihrem Versprechen der Selbständigkeit der Völker hatten den Zerfall des habsburgischen wie des türkischen Vielvölkerstaates gefördert und die über den Atlantik strömenden frischen amerikanischen Divisionen jede Aussicht auf einen deutschen Endsieg zerstört. Der vom US-Präsidenten Wilson inspirierte Genfer Völkerbund, dem Amerika dann doch fernblieb, war lange Zeit nichts anderes als ein Instrument zur Niederhaltung und Ausbeutung Deutschlands durch die rachsüchtigen Gegner von gestern, vor allem Frankreich. Die Großzügigkeit der Amerikaner, die uns erst kaputtgemacht, dann in unseren Scherben sitzen gelassen und schließlich mit Schiffsladungen von Lebensmitteln gefüttert hatten, war imposant, aber kein Anlaß zur Liebe.

Was wußte ich sonst über Amerika? Nicht viel. Natürlich hatte ich mich von der Eroberung des Wilden Westens faszinieren lassen und war dank Karl May und James Fenimore Cooper für Winnetou und die letzten Mohikaner begeistert. (Für die Überweisungen der Raten meines Stipendiums kam für mich in Berkeley nur die Wells Fargo Bank in Betracht, die, in der Pionierzeit entstanden, heute noch auf ihren Schecks Bilder von Reisekutschen zeigt, wie sie, von galoppierenden Pferden gezogen, den amerikanischen Kontinent durchqueren.) An Romanen hatte ich „Babbit" von Sinclair Lewis gelesen, das den amerikanischen Spießer zeichnet, und Upton Sinclairs „Oil", die Saga des jungen kalifornischen Kapitalismus, ferner das Amerika-Buch André Siegfrieds.

An einem Nachmittag im August 1928 stieg ich auf der Station Berkeley aus. Der Bahnhof war so winzig, daß ich ihn aus dem Zugfenster erst gar nicht wahrgenommen hatte. (Schon längst halten dort keine Züge mehr; aber er steht immer noch, als historisches Denkmal und mittlerweile in ein Restaurant verwandelt.) Von dort führte die an der Bucht beginnende University Avenue ostwärts zu den Hügeln, und auf ihr schleppte ich nun meine zwei Koffer; ein Taxi wollte ich mir nicht leisten. Mein Ziel sah ich schon von ferne: den hohen weißen Campanile, das Wahrzeichen der Universität, zwischen den Bäumen des Universitätsparkes – des Campus, wie ich bald lernte. Ich fragte mich zum Verwaltungsgebäude durch. Dort empfing mich der für mein Stipendium zuständige Dekan mit der in Amerika so häufig Fremden gegenüber anzutreffenden Herzlichkeit. Auch seine Sekretärinnen waren so zuvor-

kommend, als hätten sie seit Monaten nur auf mich gewartet. Eine wußte sogar, wo ich wohnen könnte: Ein Zimmer sei frei an der La Loma-Straße, im Hause einer Witwe mit zwei studierenden Töchtern.
Die La Loma-Straße war nur wenige Minuten entfernt. Ich klingelte und im Türrahmen stand ein Mädchen von ungewöhnlicher Schönheit. Mein erster Impuls: Hier bleibst du, mein zweiter: Nichts wie weg, sonst fällt das Studium flach. Linda, so hatte sie sich inzwischen vorgestellt, zeigte mir das Zimmer, das genau richtig gewesen wäre. Aber ich erklärte, das sei mir zu teuer und empfahl mich. Noch ganz benommen von der schönen Linda ging ich nun allein auf Budensuche. Nicht weit vom Campus sah ich einen Briefboten beim Austragen der Post. Der muß die Gegend kennen, dachte ich und sprach ihn an. Er schaute die Straße auf und ab, murmelte ein paar Namen und sagte schließlich: „Ich hab's; gehen Sie in die Bancroft Avenue 2221, in die Pension der alten Witwe Wigstead." Ich befolgte seinen Rat. Mrs. Wigstead vermietete Zimmer (Frühstück und Abendessen eingeschlossen) zum Preis von 40 Dollar monatlich an – meist junge – Leute beiderlei Geschlechts, durchweg Studenten oder Angestellte. Wir bildeten eine große Familie, in der es meist sehr lustig zuging. Die hübscheste Mitbewohnerin war Patricia, genannt Pat. Am zweiten Morgen stieß ich zufällig mit ihr zusammen, als ich aus dem Badezimmer trat und sie hineinwollte. Ich erkannte sie kaum – sie kam frisch aus dem Bett. „Trostlos wenn ungeschminkt", steht in meinem Adreßbüchlein von damals, das bis heute überlebte, weil ich es überall mit mir herumtrug. Danach wurde ich vorsichtiger bei der Beurteilung amerikanischer Schönheiten.
Tagsüber war ich, von früh bis spät, auf dem Campus. Er öffnete mir eine unbekannte Welt, die mich vom ersten Augenblick an faszinierte – bis heute, da ich fünfzig Jahre später, dieses Kapitel in Berkeley schreibe, im Hause von Freunden aus jener Zeit, nahe dem Campus. Dieser, ein länglicher Park von rund 200 Hektar, steigt von der Küstenebene an der Bucht von San Franzisko ostwärts zu einer Hügelkette empor. Im Park verstreut liegen die einzelnen Gebäude, die meisten aus hellem, marmorartigen Stein.
Als ich zum ersten Mal die Universitätsbibliothek betrat, gingen mir die Augen über. Gleich rechts war ein großer Lesesaal, eingerichtet, wie ich mir einen Salon der Rockefellers vorstellte, mit Teppichen, Sesselgruppen, stillen Nischen und Tausenden von Büchern zum freien Gebrauch. Mit meinem Doktorgrad hatte ich auch Zugang zu den Magazin-Räumen der Bibliothek. Im Vergleich zu dem strengen Reglement deutscher Bibliotheken, wo man damals seinen Wunschzettel ausfüllte

und brav wartete, ob das Buch kam oder nicht, war ich begeistert von der Möglichkeit, im Magazin selbst die Bücher durchzustöbern und an kleinen Tischen dort auch gleich zu lesen.
Mir kam der Campus vor wie der Kurpark von Baden-Baden, den ich einmal mit der Mutter besucht hatte, nur daß in Berkeley fast nur junge Menschen zu sehen waren, auffallend schöne junge Menschen. Die Studenten, Geschöpfe einer gesunden Ernährung und eines gesegneten Klimas, waren leger gekleidet: in den ersten akademischen Jahren trugen sie Blue Jeans, in späteren Semestern goldgelbe Cordhosen, die so angenehm im Gebrauch waren, daß ich mir selbst auch gleich eine kaufen wollte. Ein Pensionskamerad führte mich in einen Laden nahe der Universität (er existiert heute noch), weil er dort unter den Verkäufern einen Bekannten hatte. „Mein Freund Klaus aus Deutschland braucht eine Cordhose", erklärte er. Darauf der Verkäufer: „Freut mich, Klaus. Ich werde gleich 'mal deine Taille messen." An die Schnelligkeit, mit der man als Wildfremder mit dem Vornamen angeredet wurde, mußte ich mich auch erst gewöhnen.
Im Gegensatz zur jungenhaften Nachlässigkeit ihrer Kommilitonen kleideten sich die Studentinnen adrett und gepflegt. So viele hübsche und gutangezogene Mädchen wie auf dem Berkeley-Campus hatte ich noch nie beieinander gesehen. Insgesamt war das junge Volk so hell und frei gekleidet, wie bei uns nur an einem Sommerabend am Strand. Die Stimmung war fröhlich, jeder konnte jeden ansprechen, und das Lächeln der Mädchen war fast so selbstverständlich wie bei uns im Dorf das Grüß Gott. Studiert wurde aber auch. Vorlesungen und Leseräume waren voll, und fast jeder trug einen Packen Bücher und Kolleghefte unter dem Arm, manchmal von einem Riemen gehalten; Mappen waren unbekannt. (Jetzt sind bunte Rucksäcke üblich geworden.)
Völlig neu war mir das lebendige Publikationswesen auf dem Campus. Da gab es „The Daily Californian" (bis zu 16 Seiten täglich), eine regelrechte Tageszeitung über Vorgänge an der Universität, aber auch in der Welt, ferner ein gelegentlich erscheinendes und stets gefürchtetes Skandalblatt, „Raspberry" (= Himbeere) geheißen, und eine satirische Monatsschrift „Pelican" mit harmlosen Ulks, etwa Versen wie diesen (in meiner Übersetzung):

Es gibt Mädchen, die knutschen,
Und andere die nicht,
Diese brauchst du nicht zu suchen,
Denn du findest sie nicht.

Das Knutschen („Necking") vollzog sich vorwiegend im Auto, das schon fast jeder Student besaß, am besten in einem größeren Wagen, Sedan genannt. (Historisch gebildete Studentinnen, die erst gegen Morgen heimkehrten, brüsteten sich mit der eben geschlagenen Schlacht von Sedan.) „Besser Schwielen an den Lippen als an den Sohlen", verkündete der „Pelican". Schnelligkeit war in allem wichtig. Studentin A: „Der Weg zum Mann geht durch den Magen." Studentin B: „Warum der lange Umweg?" Mit Selbstkritik, vor allem über die legendäre Dummheit der Studenten, war der „Pelican" auch gleich zur Hand. Professor: „Wie vertieft man einen Hafen?" Ingenieurstudent: „Indem man mehr Wasser hineinschüttet."

Die University of California war 1868 als staatliche Einrichtung gegründet worden, nahe dem kleinen Ort Berkeley, genannt nach jenem britischen Bischof und Philosophen, der 1729 Amerika besucht und den prophetischen Vers geschrieben hatte:

Westward the Course of Empire Takes Its Way
(Nach Westen führet des Imperiums Weg).

Die Universität wuchs rasch; das weibliche Geschlecht wurde ab 1870 zugelassen, 1887 den Studenten Selbstverwaltung gewährt. Ein Stück Wildwest freilich sollte Berkeley noch lange bewahren. Wheeler, der bedeutendste Rektor in der Frühzeit der Universität, pflegte noch zu Beginn des Jahrhunderts zu Pferd nach dem Rechten zu sehen. Bigger and better (größer und besser) war lange Zeit der Leitspruch Amerikas, erst recht Kaliforniens, und also auch seiner Universität. „Bigger" als alle anderen in der Welt wurde sie 1923 mit über 14 000 Studenten. „Better" war sie damals sicher noch nicht. (Heute gilt sie als eine der vier führenden der Vereinigten Staaten, mit 120 000 Studenten und mehr als einem Dutzend Nobelpreisträgern unter ihren Gelehrten.)

Mir gefiel die Universität, gerade weil sie sich von den bisher von mir besuchten so stark unterschied. Die riesigen Sportveranstaltungen voller Dramatik, Jux, Lokalpatriotismus, mit brausenden Yells (organisierten Schreien zur Unterstützung der eigenen Mannschaft) und den bis zur totalen Heiserkeit gebrüllten Universitätsliedern, die Massenfeste im Amphitheater unter freiem Himmel (beim „Pyjamarino" sangen dort Tausende von Studenten in Pyjamas vor einem auf der Bühne lodernden Flammenstoß Campus-Lieder), die frische und unkomplizierte Kameradschaft der Kommilitonen und nicht zuletzt der Charme der Studentinnen – ich hatte, dessen war ich sicher, unter allen deutschen Austauschstudenten das große Los gezogen und überdies, was ich damals noch nicht wußte, die Frau fürs Leben gefunden.

In der Gestaltung meines Lehrplans war ich völlig frei. Ein Schwergewicht wurde amerikanische Geschichte. Ihr Star auf dem Campus war damals Herbert E. Bolton mit seiner berühmten Hauptvorlesung „History of the Americas“ (Plural, weil er Nord- und Südamerika behandelte). In Osteuropäischer Geschichte führte mich der Weg zu Robert J. Kerner. Sein Seminar behandelte eines seiner Lieblingsthemen, die Meerengenfrage, also eines der Zentralprobleme der Vorgeschichte des Weltkrieges, die mir wegen der Kriegsschuldfrage auf den Nägeln brannte. Da Kerner die Geschichte mit westlichen, mit Siegeraugen, sah, ich hingegen mit denen eines Deutschen, erschien ich zu jeder Sitzung in Kampfstimmung, wenn auch bemüht, dies nicht zu zeigen. In Ostasien-Kunde hatte Berkeley, heute führend, damals wenig zu bieten, ich lernte also aus Büchern, deren Lektüre für mich an Bedeutung zunahm, je mehr sich in meinem Kopf der Plan einer Heimreise über den Fernen Osten festigte.

Auch ein für mich ganz neues Fach trat in meinen Gesichtskreis, Political Science, Politische Wissenschaft, die man bei uns damals nicht einmal dem Namen nach kannte. (Manche ihrer Themen wurden hierzulande in der juristischen Fakultät behandelt, andere unter Geschichtswissenschaft, manche gar nicht.) Meine Kommilitonen kürzten Political Science zu Poli Sci ab, was sie wie Polissei aussprachen; einige Tage lang wunderte ich mich, warum so viele von ihnen die Polizei als Studienfach gewählt hatten; dann wurde ich aufgeklärt. In Berkeley erlebte ich also Politik zum erstenmal als Studienfach – eine Neuigkeit für den von oben bis unten mit Politik vollgestopften jungen Deutschen. Neu war mir auch die intensive Beschäftigung mit internationalen Beziehungen in weltweiten Zusammenhängen. Insofern erschien mir Deutschland mit seiner (auch meiner eigenen) Fixierung auf Versailles und die Kriegsschuldfrage allmählich provinziell.

Unter den Politikwissenschaftlern hat David P. Barrows auf mich den stärksten Eindruck gemacht, und als er 1954 mit 81 Jahren starb, trauerte ich um ihn wie um einen Freund. Seit seiner ersten Berührung mit Deutschen während des Krieges (1915/16) im deutsch besetzten Belgien, wo er die Bevölkerung mit amerikanischen Lebensmitteln versorgte, hatte er eine sehr hohe Meinung von ihnen. Und da es in jenen Jahren nach dem Ersten Weltkrieg nicht ganz einfach war, ein Deutscher im westlichen Ausland zu sein (freilich viel einfacher als nach dem Zweiten), war ich glücklich, in Barrows einen Mann von hohem Ansehen und allgemein anerkannter Integrität zu finden, der auf Grund eigener Beobachtung ein positives Urteil über die damals so viel verleumdete deutsche Besatzung Belgiens abgab. (Wie oft hatte ich mich gegen die

Greuelmär über die angeblich von deutschen Soldaten abgehackten Hände belgischer Kinder wehren müssen!) In seinen (unveröffentlichten) Memoiren schrieb Barrows, in Deutschland habe er sich „mehr zu Hause gefühlt als irgendwo sonst". Lange Zeit war er entschieden gegen den Eintritt Amerikas in den Zweiten Weltkrieg. England und Frankreich hatten, meinte er, Amerika im Ersten über den Löffel barbiert; nun sollten sie allein fertig werden. Erst der rasche Sieg der Wehrmacht im Feldzug gegen Frankreich 1940 veranlaßte ihn, umzudenken; ohne Amerika, schrieb er, würde ganz Europa Hitler zufallen.

In einer Beziehung allerdings war es 1928/29 höchst einfach, ein Deutscher zu sein: Unsere Universitäten besaßen ein außerordentliches Ansehen. Wer in die wissenschaftliche Laufbahn wollte, legte Wert auf einen deutschen Doktorgrad oder wenigstens auf einige Semester bei uns. Göttingen zog vor allem die Physiker und Mathematiker an, Heidelberg die Geisteswissenschaftler; Berlin war damals, so konnte man von Barrows hören, die bedeutendste Universität der Welt. Der „Dr. phil." auf meinen Visitenkarten öffnete mir Tür und Tor, rief freilich auch Mißverständnisse hervor, da die Amerikaner ihren Dr. phil. als Ph.D. *hinter* den Namen setzten. Mehr als einmal wurde ich für einen Mediziner namens Philip gehalten.

Der Austauschdienst hatte jedem hinausgehenden Stipendiaten ans Herz gelegt, sich bei den Stiftern seines Stipendiums zu bedanken, in der Hoffnung, diese würden es im folgenden Jahr erneuern. Bei mir waren es ihrer zehn. Alle habe ich besucht. Die Mehrzahl waren Juden, vor allem Ärzte und Rechtsanwälte, die aus Deutschland stammten oder in Deutschland studiert hatten. Sie empfingen mich mit der größten Herzlichkeit, luden mich ein, sprachen voll Sympathie über Deutschland, dessen Sendboten sie in mir sahen.

Die heutige Generation der Deutschen und Juden kann sich nicht vorstellen, wie sehr sich in der Zeit vor Hitler die Juden Amerikas als Deutsche empfanden, mehr als viele nichtjüdische deutsche Einwanderer. Denn während diese größtenteils dem Bauern- oder Handwerkerstand entstammten und möglichst rasch als Vollamerikaner gelten wollten (auch wenn sie ihre Tradition der Sportvereine und Liederkränze gern beibehielten), waren die Juden als Juden und als Intellektuelle schwerer einzuschmelzen. Da ihre führende Schicht vorwiegend aus Deutschland stammte, bewahrten sie sich mit ihrem Judentum auch ihr Deutschtum. Daß Hitler infolge seiner wahnwitzigen Judengreuel die demokratische Bundesrepublik mit der Feindschaft des mächtigen amerikanischen Judentums belastete, ist eine seiner schlimmsten Hinterlassenschaften.

„Der Amerikaner" – sein Bild wird bei mir immer noch von den Eindrücken jenes kalifornischen Universitätsjahres bestimmt: ein Mensch der sich rasch entschließt, Beruf und Wohnort zu wechseln und mit leichtem Gepäck weiterzuziehen (weswegen es in amerikanischen Mietwohnungen so viele eingebaute Möbel, Eisschränke, Waschmaschinen gibt); der das Autofahren um des Fahrens willen liebt („Shall we go for a ride?" sagt er, wie unsereiner: „Wollen wir einen Spaziergang machen?"); der schon lange vor der Erfindung des Wortes „Wegwerfgesellschaft" ein großer Wegwerfer war, weil das jeweils neueste Gut das bereits vorhandene entwertete; ein unruhiger Bursche, der bei allem Streben nach Unabhängigkeit anpassungsfähig sein mußte, um sich durchsetzen zu können, daher mit Lächeln, dem berühmten „smiling", rasch zur Hand war und auf Argumente gerne mit einem freundlichen „I see your point" (etwa: Ich verstehe, was Sie meinen) antwortete, womit er sich der Formulierung einer abweichenden Meinung enthob; „to adjust", sich anpassen, war vor fünfzig Jahren drüben (ist es heute weniger) eine wichtige Lebensregel. Wie oft hörte ich über einen Studenten, eine Studentin: „Er (sie) kann sich leider nicht anpassen" oder umgekehrt „ . . . ist sehr nett, versteht sich anzupassen."

Was ich sonst noch aus Amerika mitbrachte, habe ich in meinem allerersten Buch beschrieben („Ein deutscher Austauschstudent in Kalifornien", 1930). Es war der Eindruck einer überwältigend vitalen Jugend, die voll Optimismus an ihre unbegrenzten Möglichkeiten glaubte und fasziniert auf die gewaltigen Horizonte blickte, die sich vor ihr zu öffnen schienen, einer Jugend die vom Guten im Menschen und in den Völkern überzeugt war, daher auch von der Fähigkeit, künftig Kriege zu verhindern.

Damals wußte ich nicht, daß ich 1928/29 Amerika in seiner vielleicht glücklichsten Stunde erlebte. Nur wenige Monate nach meiner Abreise platzte die Seifenblase. Daß Amerika „Gottes eigenes Land" sei, ist nie wieder mit solcher Überzeugung ausgesprochen worden wie vor der Wirtschaftskatastrophe des Herbstes 1929.

24. Bekanntschaft mit Enid

In der Pension der Witwe Wigstead ergab sich ganz von selbst ein besonderer Zusammenhalt zwischen den drei Studenten aus Europa – dem Finnländer Erik af Enehjelm, einem Ungarn und mir. Der Ungar, der immer alles wußte, berichtete Erik und mir an einem meiner ersten

Tage, im YWCA gäbe es einen Abendempfang für ausländische Studenten, dabei würden Punch und Cookies (Saft und Gebäck) gereicht– kostenlos. Da müßten wir unbedingt hin. Klarer Fall.

Das YWCA befand sich in einem alten Holzhaus auf dem Gelände der Universität, nur wenige Minuten von der Pension. Heute weiß man in Deutschland, daß YMCA unserem CVJM entspricht, dem Christlichen Verein junger Männer, daß das YWCA das weibliche Gegenstück dazu bildet und daß man sich in den Häusern des Y, wie man abgekürzt sagt (Wai ausgesprochen), auch durchaus um weltliche Belange kümmert. Die Y's der Universität bieten zahlreiche Arten von Geselligkeit und Sport, natürlich mit der – keineswegs aufdringlich gezeigten – Absicht, die jungen Leute näher ans Christentum zu binden. Eine solche Veranstaltung war auch der Punch und Cookies-Empfang an jenem Spätsommerabend 1928.

Im Foyer versammelten sich mit uns etwa dreißig oder vierzig neu eingetroffene ausländische Studenten beiderlei Geschlechts, eine Vertreterin des YWCA begrüßte uns kurz, und dann erschien ein halbes Dutzend junger Mädchen, die auf ihren Tabletts Gebäck und Papierbecher mit Saft balancierten. Unter ihnen war eine, die mir ausnehmend gut gefiel: schön gewachsen, in einem weißen Kleid, mit regelmäßigen klaren Zügen, einer hohen Stirn, braunen Locken bis auf die Schultern, und einem sehr liebenswerten, zugleich ein wenig scheuen Lächeln.

Saft und Gebäck holte ich mir während der nächsten Stunde nur bei ihr. Wir wechselten auch ein paar Worte, aus denen ich erfuhr, daß sie Enid (sprich Inid) Keyes hieß, aus Berkeley stammte und seit kurzem Studentin mit dem Hauptfach Englische Literatur war. Dann war der Empfang zu Ende.

(Noch dreißig Jahre blieb das alte Holzhaus stehen, und immer, wenn ich nach Berkeley kam, ging ich dort vorbei. Dann mußte es im Zuge der Erweiterung der Universität einer mehrstöckigen Mensa weichen. Manchmal trinke ich dort eine Tasse Kaffee und denke an jenen Punch und Cookies-Abend, der mein Leben veränderte. Auch Mrs. Wigsteads Pension wurde vor Jahren abgerissen, als entlang der Bancroft-Straße ein riesiges Sportfeld entstand.)

Ein paar Tage später sah ich Enid in einem Lesesaal der Bibliothek. Ich fand einen Platz zwei Tische entfernt. Sie erkannte mich und lächelte herüber. Nach einer Weile wurde ein Platz an ihrem Tisch frei und ich zog um. In der Nachmittagssonne begleitete ich sie dann bis zu ihrem Haus, etwa zwei Kilometer südlich vom Campus, und wir verabredeten uns auf den übernächsten Tag, wieder in der Bibliothek. So fing es an.

Wir sahen uns oft in den kommenden Monaten. Einmal waren wir auf einem Ball der Universität; sie hatte ein langes elfenbeinfarbenes Kleid an und sah aus wie eine Prinzessin. Jede Tänzerin erhielt ein Heftchen mit Ziffern, hinter die sie ihre Kavaliere für die einzelnen Tänze eintrug. In dem ihren hatte sie mit sauberen Schriftzeichen eingetragen: 1. Klaus, 2. Klaus, 3. Klaus, und so bis zum Schluß. Ich habe es lange aufgehoben.

Zusammen gingen wir zum Big Game, der großen Football-Schlacht zwischen den Mannschaften der Universitäten von Berkeley und Stanford. Einige Male war ich bei Enids Familie zum Essen – eine heile Welt. Der Vater Rechtsanwalt (er hatte auch schon an der University of California studiert), die Mutter von vorbildlicher und klagloser Selbstzucht, obgleich durch Arthritis früh verkrüppelt, ein älterer Bruder (wie Enid Student), zwei jüngere Schwestern. Die vier Geschwister waren eng miteinander verbunden, durch gemeinsame Schule und (methodistische) Kirche, die – wie so häufig drüben – auch das gesellige Leben der Familie bestimmte. (Die jungen Leute, die ich durch Enid kennenlernte, auch ihre besten Freundinnen und ihre Verehrer, waren fast durchweg Methodisten, und wäre ich nicht über Meer und Land gekommen, hätte sie wohl auch einen Methodisten geheiratet. Kindergarten, Sonntagsschule, Sommerlager, Freizeiten, Wohltätigkeitsveranstaltungen – für die Keyes war alles methodistisch, hätte aber wohl ebensogut baptistisch oder presbyterisch sein können.)

Mit der Familie machte ich einige Ausflüge – richtiger: Ausfahrten. Denn alles geschah mit dem Auto. Als Enid das für sie erstaunliche Ausmaß meiner Wanderlust erkannte, lud sie mich von sich aus zu einer Wanderung ein. Wir trafen uns an der Bibliothek. Enid hatte einen gefüllten Picknick-Korb bei sich und erwartungsvoll zog ich mit ihr los. Aber nach knapp zehn Minuten machte sie – noch immer auf dem Campus – in einem Eukalyptus-Wäldchen halt und packte ihren Korb aus. Ganz gelang es mir nicht, meine Enttäuschung über diese „Wanderung" zu verbergen. Noch heute muß ich lächeln, wenn ich an dem Wäldchen vorüberkomme. Aber sonst war alles wunderschön und sehr gesittet.

Für das akademische Jahr 1931/32 kam Enid zum Studium nach Berlin. Sie lernte fließend, wenn auch mit lustigen Schnitzern, Deutsch sprechen, und war häufig bei uns in Friedrichshagen, wo die Mutter sie rasch ins Herz schloß. Ich erklärte Enid, die Zeichen in Deutschland stünden auf Sturm; von Heiraten könne die Rede erst sein, wenn wir die doch wohl bald fällige Revolution hinter uns hätten. Dann würde sie auch nicht heiraten, sagte sie, sondern Lehrerin werden, Geld sparen und in den Ferien immer nach Deutschland kommen. Nach ihrer Abreise fehlte sie mir sehr.

Kaum war Hitler an der Macht und so das Revolutionsproblem bis auf weiteres erledigt, bat ich Enid telegrafisch, mich zu heiraten. Am 16. Februar 1933 kam ihre Antwort. Das Telegramm bestand aus einem einzigen Wort: „Ja." Ich war sehr glücklich.

Enids Eltern gaben ihr eine Verlobungsfeier, in Abwesenheit des Bräutigams. Eine ihrer engsten Freundinnen schrieb mir nach ihrem Tode, Enid habe ihr damals anvertraut, sie wolle möglichst bald viele Kinder haben; für die ersten vier wußte sie schon die Namen. Außerdem wolle sie mit mir reisen und reisen. Der zweite Wunsch ist in Erfüllung gegangen.

Ich marschierte inzwischen aufs Friedrichshagener Standesamt. Was mußte ich tun, fragte ich, um im Dritten Reich eine Ausländerin zu ehelichen? Der Beamte, Schumann mit Namen, nannte mir eine ganze Liste von Voraussetzungen, darunter Aufgebote am Wohnort von Braut und Bräutigam sowie beider Ariernachweise.

Die Bestellung des Aufgebotes in Friedrichshagen war problemlos. Aber ein Briefwechsel mit Enid ergab, daß Berkeley die Einrichtung eines Aufgebots nicht kannte. Herr Schumann wußte einen Ausweg: Das Aufgebot könne ja in Berkeleys meistgelesener Zeitung abgedruckt werden. Mit mir zusammen setzte er einen Text auf, den ich Enid auf englisch für die „Berkeley Gazette" schickte. Um zu verhindern, daß die Redaktion den Text ändern und so möglicherweise neue Schwierigkeiten heraufbeschwören könnte, gab sie ihn als bezahlte Anzeige auf. Aber die Redaktion wollte auch ihren Spaß haben; also druckte sie auf der ersten Seite derselben Ausgabe diesen Hinweis: „Nach einer sonderbaren, von Hitler übernommenen deutschen Sitte muß am Wohnort der Braut ein Aufgebot veröffentlicht werden. Ein solches finden unsere Leser auf der Anzeigenseite. Es betrifft die bevorstehende Eheschließung von Enid Cardinell Keyes, Tochter des in Berkeley lebenden Rechtsanwalts Edwin E. Keyes, mit dem ehemaligen deutschen Austauschstudenten an der University of California, Klaus Mehnert, Ph. D., Berlin."

Die Verwendung des selten gebrauchten Wortes „banns" (= Aufgebot) führte zu einem Mißverständnis. Eine eilige Nachrichtenagentur, die die Story übernahm, verwechselte „banns" mit „bans" (= verbietet.) So kam es, daß Enid während ihrer gleich darauf angetretenen Reise durch die USA (zur Dampferfahrt nach Deutschland) zu ihrem Staunen unter-

wegs in mehreren lokalen Zeitungen die Meldung fand: „Hitler verbietet Heirat eines Berkeley-Mädchens mit einem deutschen Studenten." Aber die Hauptsache war: Sie hatte die Anzeigenseite mit dem „Aufgebot" im Gepäck.
Auch der Ariernachweis war bei mir einfacher als bei ihr. Die vielen evangelischen Pastoren und Beamten mit einwandfreien Vor- und Nachnamen unter meinen Ahnen stellten Herrn Schumann völlig zufrieden. Enid hingegen mußte erst anfangen, Angaben über ihre Vorfahren zu sammeln; keine einfache Sache in einem ganz in der Gegenwart lebenden Volk, das sich damals kaum um seine Vorfahren kümmerte. Als ich Enids ersten Entwurf erhielt, sah ich auf den ersten Blick, daß Herrn Schumann ein schwerer Schock bevorstand. Unter Enids Ahnen fanden sich zahlreiche alttestamentarische Vornamen. Ich wußte wieso; wie aber sollte ich es dem Beamten erklären? Also bat ich einen Bekannten in Berkeley, der sich auf seinen Magister-Grad im Fach Geschichte vorbereitete, auf dem Briefpapier der Abteilung für Geschichte und mit einem Universitätsstempel versehen, ein Gutachten auszustellen, aus dem hervorging, daß die amerikanischen Pioniere auf ihrem beschwerlichen Zug nach Westen die Bibel als einziges Buch bei sich trugen und aus ihr die Namen für die Kinder wählten. Er erfüllte meine Bitte und fügte von sich aus hinzu, unter den Pionieren habe es so gut wie keine Juden gegeben. Jetzt war alles in Ordnung.
Aber Enid hatte Geschmack an der Ahnensuche gefunden. Sie bemühte sich, noch bestehende Lücken auszufüllen, schrieb Briefe an Verwandte mit der Bitte um Auskünfte und brachte ein einigermaßen vollständiges Bild zusammen. Dabei befaßte sie sich auch mit einer alten Familienüberlieferung. Denn trotz aller Gleichgültigkeit gegenüber ihren Ahnen wünschen alle Amerikaner, deren Vorfahren vor den großen Immigrantenschüben des 19. und 20. Jahrhunderts ins Land kamen, von einem jener 56 sagenumwobenen ersten Siedler abzustammen, die am 21. November 1620 nach mehr als zweimonatiger Reise auf dem Segelschiff „Mayflower" (Maiblume) in der Neuen Welt landeten. Unter ihnen hatte sich ein Böttcher namens John Alden befunden. Und von ihm, so wußte die Familiensage zu berichten, stammte die Keyes-Sippe ab.
Was immer der Wahrheitsgehalt dieser Sage sein mag, sie hat zweierlei bewirkt: Bis zum heutigen Tage tragen unter den männlichen Nachkommen viele den Vornamen Alden, zweitens hat sie geholfen, die Sittenstrenge der „Puritaner", wie sich die frühen Siedler nannten, als Tradition zu erhalten, zum mindesten bis in Enids Generation. Fluchen

z. B. war Sünde, weil es gegen das dritte Gebot verstieß. Enid erzählte mir, ihre Mutter habe ihr jedesmal den Mund mit Seife ausgewaschen, wenn sie als kleines Kind das beliebte Damned (Verflucht; eigentlich God damn it) verwendet hatte. Mit Erfolg – ich habe weder dieses noch ein anderes auch nur entfernt einem Fluch ähnelndes Wort – außer gelegentlich im Spaß – je aus ihrem Munde gehört. Amerika war in meiner Studentenzeit trotz lockerer Campus-Scherze immer noch puritanisch bestimmt.

Wir heirateten am 11. Juni 1933 in Friedrichshagen. Drei Jahre später kamen wir wieder nach Kalifornien. Danach habe ich Amerika, erst mit Enid, später allein, oft und ausgiebig besucht, auch in Zeiten, in denen das Land schwere Krisen durchmachte. Mehr als einmal habe ich mich gefragt: „Ob das wohl gut geht?" Und dann die Daumen gedrückt. Bisher ist es immer gut gegangen. Hoffentlich bleibt das so. Denn Enids Amerika war nun auch das meine.

Enid war das größte Geschenk, das mir das Leben gewährte. Seit unserer Bekanntschaft 1928 und unserer Heirat 1933 bis zu ihrem frühen Tod 1955 hat sie meinen Weg erhellt. Sie schenkte mir ihre Liebe in jenem ersten Augenblick, da wir uns beim Empfang für ausländische Studenten in Berkeley kennenlernten, und in Liebe ruhten ihre Augen auf mir, ehe sie sie mit den Worten „Auf morgen" für immer schloß. Sie liebte mich – jedes weitere Wort wäre eine Abschwächung.

Trennte uns das Schicksal, so wurde sie krank, wie im Sommer und Herbst 1941, als ich aus Hawaii nach Schanghai vorausgefahren war, weil sie noch einmal ihre Mutter in Kalifornien sehen wollte und dann von den US-Behörden keine Genehmigung zur Ausreise nach Asien erhielt. Sie gesundete erst wieder, als sie, alle Scheu und Hindernisse durchbrechend, auf abenteuerliche Weise über Mexiko auf dem letzten japanischen Dampfer vor dem Ausbruch des amerikanisch-japanischen Krieges den Pazifik überquerte und kurz vor Pearl Harbor zu mir nach Schanghai kam.

Und wieder war sie wie außer sich, als ich 1946, nach der gemeinsamen Rückkehr nach Deutschland, auf dem Hohenasperg festgehalten wurde (niemand wußte, für wie lange), und lebte erst auf, als ich zu ihr entlassen wurde. Es war, als ahnte sie, daß uns nur noch wenige Jahre zusammen vergönnt waren. Aber das alles lag in jener frühen Zeit unserer Ehe noch in unbekannter Ferne.

25. Das Lottchen von Oakland

Im Frühjahr 1929 erzählte mir ein deutscher Mitstudent in Berkeley, er wisse, wo man zu einem freien Mittagessen komme. Einige weitere deutschsprechende Studenten, darunter zwei Schwestern aus Santa Barbara, deren Vater kurz nach Kriegsende in Amerika eingewandert war, begeisterten sich auch für seinen Plan. Ein paar Tage später trafen wir uns – sechs an der Zahl – vormittags an einer vereinbarten Straßenecke nahe dem Campus. Ein Wagen sammelte uns auf und brachte uns in das benachbarte Oakland (nach San Franzisko die größte Stadt an der Bucht) und dann in die dahinterliegenden Hügel. Auf einem Platz im Walde sahen wir einen Holzschuppen und ein paar Autos. Der Fahrer wies uns in einen ziemlich dunklen Raum, der halb wie ein Kino aussah und halb wie ein Hörsaal: Stuhlreihen, eine Leinwand, ein Rednerpult. Von dem freien Lunch keine Spur. Aber auf dem Tisch standen für uns Gläser mit Saft. Dieser, so schien es mir, hatte einen leichten Beigeschmack von Rum. Ich mußte mich täuschen, denn es war die Zeit des Alkoholverbots in den USA. Jedenfalls schmeckte er gut.

Etwa drei Dutzend Personen saßen auf ihren Stühlen, als ein Mann in den Dreißigern ans Rednerpult trat und sich als Charlie von der Pacific Development Company vorstellte. Er hieß uns herzlich willkommen, stellte den freien Lunch für etwas später in Aussicht und begann mit den Worten: „Wer von Ihnen ist in Kalifornien geboren?" Etwa ein Viertel hob die Hand. „Ich gratuliere Ihnen zu diesem großen Glück", rief Charlie strahlend. Dann wandte er sich an die Übrigen: „Und Ihnen gratuliere ich zu dem Entschluß, nach Kalifornien zu kommen. Sie werden ihn nie bereuen, vor allem dann nicht, wenn Sie jetzt gut aufpassen."

Mit Hilfe einiger Lichtbilder zeigte er uns die Entwicklung Kaliforniens von einem fast leeren Land um die Jahrhundertwende zu einem der volkreichsten Staaten der USA. Da unwirtliche Gebirge und wasserlose Gegenden schwarz und die landwirtschaftlich genützten Flächen grün gezeichnet waren, entstand der Eindruck, daß trotz der Größe des Landes der Raum für Wohnzwecke beschränkt war. Es folgte eine Graphik mit dem Zuwachs der Bevölkerung Kaliforniens. „Und ständig kommen Hunderttausende hinzu", rief Charlie begeistert, „werden Zehntausende neuer Häuser gebraucht!"

Er sprach bei weitem überzeugender als irgendein Goebbels, weil er mit Zahlen und Karten arbeitete statt mit bloßen Behauptungen. „Wohin sollen diese hereinströmenden Massen? Irgendwo müssen sie ja hin!" Charlies Stimme schmolz vor Mitgefühl mit den armen Neuankömm-

lingen. „Wo sollen sie ihre Häuser bauen?" Und dann, mit dem Donnerton eines Propheten: „Das will ich Ihnen sagen. Nächstes Bild bitte!"
Wir sahen eine Karte der Bucht und ihrer Umgebung. Zu dem Schwarz der Berge, dem Grün der landwirtschaftlichen Flächen, dem Blau der Bucht und des Meeres trat die Schraffur der bereits vorhandenen Städte und Siedlungen. Nur winzige Flächen waren noch weiß. „Sie sehen, Ladies and Gentlemen, daß es weit und breit kaum noch Platz für neue Wohngebiete gibt, außer diesen wenigen." Er griff nach einem Zeigestock und wies auf einen weißen Fleck nach dem anderen. Der eine war, sagte er, von häufigem Nebel geplagt, der andere lag im Bereich industrieller Abgase, der dritte nahe an den lärmenden Hafenanlagen, der vierte war als Industriegebiet verplant. Übrig blieb nur noch ein einziges weißes Fleckchen in den Hügeln östlich von Oakland. „Hier! Hier!" Charlie überschlug sich vor Begeisterung. „Genau hier sind die einzigen rund um die Bucht noch verbliebenen guten Bauplätze! Hier wo wir uns jetzt befinden, wo ich in diesem Augenblick die Ehre habe, Ihnen ein ganz außergewöhnliches, ein wahrhaftig einmaliges, ja geradezu das Schicksalsangebot Ihres Lebens zu machen!"
Gebannt hingen wir an Charlies Lippen. Die nächste Zeichnung zeigte nur noch den weißen Fleck (*unseren* weißen Fleck), in Grundstücke unterteilt. Jedes Grundstück trug eine Zahl, von 1 bis 34, und daneben den Preis (Anzahlung, soviel, monatlich für die Dauer von drei Jahren, soviel, Gesamtpreis, soviel). Der Endpreis war saftig, für damalige Zeiten; aber wir sahen nur die überraschend niedrige Anzahlung – 200 Dollar. „Wo wird Ihnen je wieder ein solches Geschäft geboten werden? Bedenken Sie: In zehn Jahren wird es 5 Millionen Menschen mehr in Kalifornien geben! Die Grundstückspreise werden wie verrückt steigen! Aber", Charlies Stimme nahm jetzt einen bekümmerten Klang an, „leider muß ich Ihnen mitteilen, daß nur noch sieben Grundstücke zu haben sind, natürlich nicht mehr lange. Heute ist vielleicht die letzte Gelegenheit. Schauen Sie sich also um. Aber zuerst nehmen Sie bitte zur Stärkung einen kleinen Imbiß ein."
Wir traten hinaus in den strahlenden kalifornischen Mittag, die Luft war erfüllt vom Duft der Eukalyptusbäume und vom Singen der Vögel. Auf einem Tisch waren allerlei Sandwichs aufgebaut, standen Gläser mit dem uns schon bekannten wohlschmeckenden Saft. Aber wir nahmen uns dafür kaum Zeit und eilten zur Besichtigung der Grundstücke – die anderen Gäste auch. Erst taten wir sechs, als sei das Ganze immer noch eine Sache des freien Lunchs, aber bald war von unserer zur Schau gestellten Gleichmut nicht mehr viel zu spüren. Alle waren wir glei-

chermaßen von Charlies Rede berührt. Wir unterhielten uns über das Gehörte, fanden es höchst plausibel, stimmten überein, daß der Anzahlungspreis relativ niedrig war, besonders für die beiden billigsten, Nr. 14 und 27. Diese schauten wir zuerst an. Es bekümmerte uns, dort zwei andere Gruppen anzutreffen. Schon empfanden wir sie als Rivalen, ja als Feinde.

Plötzlich tauchte die Frage auf (durch wen, weiß ich nicht mehr), wieviel Geld wir überhaupt bei uns hatten. Wir leerten unsere Taschen – nicht einmal hundert Dollar. „Sicher können wir für den Rest einen Schuldschein unterschreiben", meinte einer. Damit war alles entschieden.

So rasch es der Anstand erlaubte, eilten wir zurück zur Baracke, schnurstracks auf Charlie zu, der schon mit einer Familie über eines der beiden billigen Grundstücke verhandelte. Als der Ehemann unterschrieben hatte, erfuhren wir, daß es nun nur noch ein einziges 200-Dollar-Grundstück gab, Nr. 27. Schleunigst legten wir unser gesamtes Geld auf den Tisch, unterschrieben, was immer Charlie uns vorlegte, und wandten uns dann erleichtert dem freien Lunch zu. Dabei sahen wir, wie innerhalb einer weiteren halben Stunde sämtliche noch übrigen Grundstücke weggingen. Auf dem Plan waren jetzt alle 34 schraffiert.

Während der Heimfahrt waren wir in glänzender Stimmung. Wir sprachen nur vom „Lot 27" (Lot = Grundstück) und nannten es bald „unser Lottchen". Die beiden Mädchen aus Santa Barbara übernahmen die Wahrnehmung der weiteren Prozedur. Jeder von uns würde ihnen monatlich je ein Sechstel der fälligen Summe schicken, damit sie es an die Pacific Development Company überweisen, und eines Tages würden wir steinreich sein. Die Details wollten wir, da wir in unsere verschiedenen Vorlesungen mußten, anderntags beim Frühstück in der Universitäts-Cafeteria festlegen.

Der nächste Morgen war trübe. Es kommt in Berkeley vor, daß nachts Wolken vom Stillen Ozean durch das Goldene Tor in die Bucht strömen (dann aber meist schon bald von der Sonne, wie man dort sagt, „weggebrannt" werden). Ich hatte, muß man wissen, inzwischen ziemlich kalte Füße bekommen. Wie sollte ich meinen monatlichen Anteil aufbringen? hatte ich mich in einer unruhig verbrachten Nacht gefragt.

In der Cafeteria wagte ich kaum, den anderen in die Augen zu sehen. Aber nach wenigen Minuten war klar, daß auch sie nicht gut geschlafen hatten. Wir beschlossen, unser Lottchen noch einmal in Ruhe zu besichtigen. Also quetschten wir uns in einen unserer kleinen Wagen und fuhren nach Oakland. Wir fanden den Platz und die Baracke, die leer war. Aber wie hatte sich unser Lottchen verändert! Wir sahen jetzt, was wir im Überschwang unserer Begeisterung nicht bemerkt hatten: Es lag an einem so steilen Hang, daß man sich fast anseilen mußte, um es zu besichtigen. Betreten schauten wir uns an. Den Duft der Eukalyptusbäume, den Gesang der Vögel, wir bemerkten das alles nicht mehr und fragten uns nur noch: Wie kommen wir aus der ganzen Geschichte wieder heraus? Wir hatten ja einen Packen Dokumente unterschrieben!

Einer verfiel auf den Gedanken, Herrn Gerhard, einen ihm bekannten deutschen Kaufmann in San Franzisko, einzuschalten; der kenne sich aus in Amerika und wisse vielleicht Rat. Wir fuhren also zu Gerhard ins Büro. Er lachte, nannte uns richtige „Greenhorns", die einem schlauen Yankee auf den Leim gegangen seien, telefonierte der Pacific Development Company und erklärte Charlie, während wir betreten zuhörten, leider müsse er ihm sagen, daß man die jungen Leute, denen er am Tage zuvor Lot 27 verkauft habe, nicht ernst nehmen dürfe; sie seien seiner Redekunst (die er gebührend lobte) erlegen und in ihrer Dummheit Verpflichtungen eingegangen, die sie nie erfüllen könnten. Gewiß, Charlie könne das Geld einklagen, aber bekommen würde er es nie, denn – das müsse er ihm offen mitteilen – von den sechs seien drei im Oberstübchen nicht ganz in Ordnung; das Gericht würde mildernde Umstände zuerkennen.

Charlie, ähnlichen Kummer sicher schon gewöhnt, stimmte zu und vernichtete die Dokumente. Wir dankten Gerhard, der immer noch lachte, und fuhren zurück zu unseren Vorlesungen.

Ich erzähle diese Geschichte (die nach meiner Rückkehr nach Stuttgart den Inhalt für eine meiner ersten Rundfunksendungen abgab und mir auf diese Weise doch noch Geld einbrachte), weil sie die Stimmung in jenen letzten Monaten einer ganzen Epoche der amerikanischen Geschichte wiedergibt, einer Epoche des ungehemmten Optimismus. „The Sky is the Limit", sagte man damals; in unserer Sprache hätte es geheißen: Die Bäume wachsen in den Himmel. Die Möglichkeiten schienen wahrlich unbegrenzt.

Der Prophet Amerikas während meines kalifornischen Jahres war Herbert Hoover, der im Januar 1929 sein Amt als US-Präsident angetreten hatte, Absolvent der nicht weit von Berkeley gelegenen Stanford-Universität, erfolgreicher Eisenbahningenieur, verantwortlich für die gewaltige Lebensmittelhilfe Amerikas an das erschöpfte Europa bei Ende des Großen Krieges, langjähriger Handelsminister, Symbol des erfolgreichen amerikanischen Kapitalismus. So gewaltig war damals dieser Sog der Zeit, daß selbst sein Rivale, Al Smith, der links von ihm stehende Kandidat der Demokratischen Partei, sich hatte entschließen müssen, ein Vorstandsmitglied der Riesenfirma General Motors als Wahlmanager anzuheuern. An Hoovers Sieg hat das nichts geändert; er gewann 444 Wahlmänner gegen 87 für Al Smith, und damit einen größeren Vorsprung als je ein US-Präsident vor ihm. Daß auch der Sozialist Norman Thomas bei der Partie gewesen war, hatte kaum jemand wahrgenommen; keine der mir zugänglichen Zeitungen nannte die – ohnehin bedeutungslose – Zahl der für ihn abgegebenen Stimmen, von den Kommunisten gar nicht zu reden.

Amerika war für „Prosperity" und also für Herbert Hoover. Seit dem Frühjahr waren die Aktienkurse ständig gestiegen, in schwindelnde Höhen. Manchmal sackten sie ab, aber rasch erholten sie sich wieder. Es schien kein Halten zu geben auf dem Weg nach oben.

Als ich nach Amerika kam, hatte ich keinerlei praktische Ahnung von Aktien und Börsen. In Berkeley aber kam die Rede – auch in der Pension von Mrs. Wigstead und unter meinen Kommilitonen – immer wieder auf dieses Thema. Firmennamen wie ATT (American Telephone and Telegraph), General Electric, US Steel, Westinghouse, samt den dazugehörigen Notierungen des Tages, waren das allgemeine Gespräch. Ein Kommilitone, der als Taxifahrer sein Studium verdiente, wußte immer Neues über die Kurse zu berichten, weil er während der Fahrten auf die Börsengespräche seiner Passagiere nicht weniger achtete als auf die Straße, und man erzählte sich die Geschichte einer Krankenschwester, die auf Grund der Tips dankbarer Patienten durch Börsenspekulationen in kurzer Zeit 20000 Dollar gewann. Alle kauften Aktien auf Pump; sie zahlten einen kleinen Teil an, um den Rest später mit den Gewinnen der eben gekauften Aktien zu begleichen. Eine Glücksspirale ohne Ende?

Daß auch ich zeitweilig dieser Faszination erlag, habe ich zu Beginn dieses Kapitels erzählt. Aber als einem, der noch nie im Leben Schulden gemacht hatte, kam mir das Amerika des Großen Booms unwirklich, ja unheimlich vor. Immer wieder wurde ich an unsere Inflationskatastrophe erinnert und an Fausts Papiergeld.

Beim damaligen deutschen Generalkonsul in San Franzisko, dem ungewöhnlich fähigen Werner O. von Hentig, der die beiden deutschen Austauschstudenten (außer mir war noch einer in Stanford) als ehrenamtliche Attachés in Pflicht nahm und zu Empfängen hinzuzog, damit wir uns um die Gäste kümmern sollten, bei Hentig also lernte ich einen deutschen Geschäftsmann kennen, der mich zum Lunch einlud. Als ich ihn bat, mir diesen schwindelerregenden Wirtschaftsrausch zu erklären, machte er ein bedenkliches Gesicht. Das könne nicht mehr lange gut ge-

hen, meinte er. Die amerikanische Wirtschaft gleiche einem bis zum Äußersten aufgeblasenen Luftballon, und es sei nur eine Frage der Zeit, bis dieser platze. Die Papiere seien ja nur in der Phantasie wertvoller geworden, zudem seien alle Großkonzerne so ineinander verfilzt, daß der Krach des einen den Krach der anderen nach sich ziehen müsse. Er jedenfalls – das dürfe ich freilich niemandem sagen – stoße alle seine Aktien ab und kaufe Grund und Boden.
Solange ich in Kalifornien war, flog der Luftballon der Prosperity noch fröhlich gen Himmel. „The Roaring Twenties", die brausenden zwanziger Jahre, wie die Amerikaner jenes Jahrzehnt nannten, waren noch in vollem Schwung. Erst als ich wieder in Deutschland war, kam der „Schwarze Freitag" (24. Oktober 1929) und der große Krach. In wenigen Tagen gingen in Amerika kleine und große Vermögen im Werte vieler Milliarden Dollar verloren. Millionen Amerikaner verarmten. Wie vorher die Aktienkurse stiegen, kletterten jetzt die Zahlen der Arbeitslosen, bis es 13 Millionen waren. Tausende verübten Selbstmord. Dann kam die Katastrophe auch nach Deutschland.
Herbert Hoover war erledigt. Von seiner Wiederwahl konnte keine Rede sein. Sein Nachfolger wurde der Kandidat der Demokratischen Partei, Franklin D. Roosevelt. Dieser trat sein Amt fast gleichzeitig mit Hitler an. Eine neue Epoche begann, die bis Pearl Harbor dauern sollte.
Freilich, hätten wir damals unser Lottchen gekauft, so wären die Überlebenden aus unserer Gruppe heute gemachte Leute. Der Wert von Lot 27 ist auf das Fünfzigfache gestiegen.
Charlie, du hast also doch recht gehabt.

Japan
1929 und später

Als ich 1929, auf der Heimreise von Kalifornien nach Deutschland, zum ersten Mal nach Japan kam, hatte dieses fast genau die Hälfte des Weges vom Mittelalter, das dort erst sechzig Jahre zuvor geendet hatte, zum Industriegiganten von heute zurückgelegt. Sogar in der Hauptstadt Tokio war das traditionelle Japan überall noch gegenwärtig, jenes Japan, das sich jahrhundertelang mit Gewalt von der übrigen Welt abgeriegelt hatte und erst 1854 durch die Kanonen amerikanischer Kriegsschiffe für den internationalen Handel aufgesprengt worden war. Aber schon waren Industrien in stürmischem Aufbau und sensationelle Siege erfochten (1895 gegen das riesige „Reich der Mitte", 1906 gegen das Zarenreich, das bis dahin als größte Militärmacht der Erde gegolten hatte), schon zeigten sich die ersten Symptome der Verwestlichung – einigen begegnete ich bereits in den ersten Stunden, anderen zum Abschluß im Welthafen Kobe.
Lese ich heute meinen 1929 verfaßten Reisebericht, so sehe ich, wie fasziniert ich damals war – von der fremden Schönheit der Landschaft, von der Eigenart der Menschen und ihrer Kultur, von der Vitalität der Bevölkerung mitten im Umbruch. Dieses Erlebnis war für mich um so erregender, als ich ja selbst aus einem Land im Umbruch kam. Doch ich gestehe, daß ich damals nicht im mindesten voraussah, was schon in wenigen Jahren die Welt erschüttern sollte. Erst 1936, bei meinem zweiten, im 27. Kapitel beschriebenen Aufenthalt in Ostasien begann ich zu ahnen, daß Japan sich nach den Siegen über China und Rußland anschickte, auch die dritte Macht im Pazifik auf die Hörner zu nehmen – Amerika.
Japan befand sich 1936, auch wenn es noch niemand so ausgedrückt hätte, bereits auf dem Wege nach Pearl Harbor.
Danach habe ich Japan noch mehr als ein dutzendmal besucht, im Krieg, nach der Katastrophe, im Schock der Besatzungszeit, im Wirtschaftswunder, das unseres bald überflügelte, zuletzt 1979.

26. Land im Umbruch

„Alabama Maru" war ein ziemlich grotesker Name für ein Schiff, an dessen Heck das Banner mit der aufgehenden Sonne wehte, denn er verband das japanische Wort für Schiff mit einem der Südstaaten Amerikas. Der Dampfer gehörte der japanischen Reederei „Osaka Schosen Kaischa" und beförderte mich in der billigsten Klasse, also tief in seinem Bauch, für bloße 48 Dollar, Verpflegung eingeschlossen, von der Westküste Amerikas nach Japan.

Am zweiten Tag der Reise besuchte uns der Schiffsarzt, ein junger Japaner, in unserer Höhle, um sich nach ansteckenden und sonstigen Krankheiten zu erkundigen. (Er fand keine.) So lernten wir uns kennen und beschlossen, uns während der Reise in unseren beiden Sprachen zu unterrichten. (Das war noch die Zeit, da von Medizinern in aller Welt eine gewisse Kenntnis des Deutschen verlangt wurde.) Jeden Abend besuchte ich ihn für zwei Stunden in seiner Kabine. Er lernte rasch und brachte mir zugleich die wichtigsten japanischen Wörter bei, wovon ich noch heute bei Japanreisen zehre.

Den Pazifik überquerten wir ohne Abenteuer. In Yokohama kamen außer Hafenbeamten auch einige Journalisten an Bord. Einer von diesen stürzte sich auf den einzigen Weißen, den er an Bord erspäht hatte, nämlich auf mich. Ich sei Deutscher, sagte ich auf seine Frage, und nach einem Jahr als Austauschstudent in Kalifornien nun auf der Heimreise, mit Stationen in Japan und China. Ob ich Bekannte in Japan hätte? Ich bejahte, und als er Genaueres wissen wollte, zog ich einen Empfehlungsbrief aus der Tasche, den mir ein japanischer Schriftsteller in San Franzisko mitgegeben hatte; er war an Dr. Inazo Nitobe gerichtet. Dieser Name erfüllte den Reporter mit sichtlichem Respekt. Er nahm meine Visitenkarte, sog die Luft ein, verneigte sich tief und lief weiter. Die Folgen des Interviews sollten mir erst am nächsten Tag klarwerden. Davor lag noch eine Nacht. Meine erste in Japan.

Der Arzt und zwei Schiffsoffiziere hatten mich eingeladen, mit ihnen zusammen als ihr Gast in einem japanischen Hotel abzusteigen. Dort erlebte ich meine erste fernöstliche Tausendundeine Nacht – kniende Dienerinnen, die mir die Schuhe auszogen, ein japanisches Festmahl mit heißem Reiswein, zu dem drei Geischas musizierten, die ausgelassene Stimmung meiner Begleiter, die nach wochenlanger Abwesenheit besonders genossen, was die Heimat zu bieten hatte. Höchst zufrieden begab ich mich schließlich nach einem heißen Bad in mein ganz japanisch eingerichtetes Zimmer. Die letzte Bemerkung meines Gastgebers, ich solle nicht erschrecken, wenn ich nachts Besuch bekäme, nahm ich als einen Scherz.

Aber ich lag kaum in meinem auf dem Boden gerichteten Bett, als ich im Gang einen leichten Plumps hörte, dazu einige japanische Wörter, worauf die Schiebetür lautlos zur Seite ging, und die Silhouette einer knienden Frauengestalt sichtbar wurde, die sich erhob, mein Zimmer betrat, sich wieder auf die Knie niederließ und, die Türe zuschiebend, tief vor mir verneigte. Ich roch Reispuder, knipste das Licht an und sah eine Japanerin im Kimono, den breiten enggegürteten Obi oberhalb der Hüfte, ein gemaltes Gesicht, darüber eine große, kunstvoll aufgeschichtete Frisur. Sie saß auf ihren Fersen, die Finger berührten den Boden, schweigend blickte sie vor sich hin und wartete – auf meine Entscheidung.

Ich befand mich in einem Dilemma. Auf der einen Seite war sie als Gefährtin einer Nacht ein gutgemeintes Geschenk meines Schiffsarztes, und es ist unhöflich, ein Geschenk auszuschlagen. Auf der anderen Seite aber: Ich fühlte mich nicht im geringsten angeregt. Gewiß, ich war 22 Jahre alt, aber für Geld hatte ich nie eine Frau gehabt, und nun diese Frau, mir nach Gesichtszügen, Aufmachung, Kleidung völlig fremd, eine schöne, lebensgroße Puppe allenfalls, aber keine Frau aus Fleisch und Blut, schon gar nicht eine, die mein Blut in Wallung versetzte. Ich empfand keinerlei Begehren, am ehesten Rührung und ein leichtes Schuldgefühl, als ich ihr mit meinen in den letzten Tagen gelernten Brocken so taktvoll wie möglich zu sagen versuchte, daß ich sie nicht wollte. Nun vollzog sich alles in umgekehrter Reihenfolge: Verneigung, Türe auf, aufstehen, in den Gang treten, knien, Türe zu, ab. (Ich will mich hier nicht als keuschen Fridolin aufspielen; in meinem Leben habe ich auch asiatische Freundinnen gehabt. Aber nicht auf jener ersten Reise 1929 und nicht für Geld.)

Am nächsten Morgen hatten meine japanischen Freunde für mich eine Überraschung. Sie breiteten die „Nitschi Nitschi Schimbum" vor mir aus, eine der größten Zeitungen Japans mit einer Auflage von mehreren Millionen; der Arzt übersetzte:

„Kalausu Menerutu (dies war, wie ich inzwischen wußte, die japanische Aussprache meines Namens), Doktor der Philosophie der Universität Berlin, ist mit der ‚Alabama Maru' in Japan eingetroffen. Obwohl erst 22 Jahre alt, war er Professor für Philosophie an der University of California, einer der bedeutendsten Amerikas. Jetzt ist er nach Japan gekommen, um unsere Geschichte und Kultur zu studieren. Zunächst wird Professor Mehnert bei unserem hochverehrten Dr. Nitobe als Gast wohnen."

Diese Notiz, die in ihrem vollen Wortlaut noch blumiger klang, war meine erste Erfahrung mit dem sich rasch amerikanisierenden japanischen Journalismus. So wenig Richtiges sie enthielt, sie wurde von anderen Blättern, auch in Japans englischsprachiger Zeitung, übernommen. Wie eine Meldung über die Kuh mit den zwei Köpfen, prägte sich die Geschichte vom 22jährigen deutschen Philosophieprofessor den Lesern ein. Als ich einige Tage später bei einem Ausflug in die Tempelstadt Nikko wegen des damals gerade stattfindenden großen Jahresfestes kein Zimmer bekommen konnte, holte ich im letzten Gasthof schließlich meine alte „Nitschi Nitschi Schimbum" hervor, und alsbald überschlug sich der Wirt vor Respekt und gab mir unter vielen Entschuldigungen ein Zimmer.

In hohem Maße peinlich war mir jedoch die Behauptung der Zeitungen, ich sei als Gast Nitobes nach Tokio gekommen, denn dieser wußte ja noch nichts von seinem Glück. Allerdings wußte auch ich nicht viel über ihn, außer daß er Autor eines der damals bekanntesten Bücher über Japan war, „Buschido, die Seele Japans". (Ich hatte das ein wenig zu pathetische Buch noch in Kalifornien zur Vorbereitung auf meine Japanreise gelesen.)

Nun bat ich meine Frühstücksgenossen um weitere Information und erfuhr: Nitobe war ein bedeutender Vertreter des alten Japan, der bemüht war, dem neuen zum Durchbruch zu verhelfen, der im Westen, auch in Deutschland, studiert hatte (zweieinhalb Jahre, wie ich später erfuhr), gut Deutsch, fließend Englisch sprach, mit einer Amerikanerin verheiratet war und Japan im Völkerbund vertreten hatte. Eilig machte ich mich auf die Socken.

Nitobes im westlichen Stil gebautes Haus lag in einem Garten. Der Empfangsraum war wie ein europäisches Zimmer aus der Jahrhundertwende eingerichtet, mit viel Plüsch und steifen Sesseln. Der klein gewachsene, sehr lebhafte Mann brach in schallendes Gelächter aus, als ich ihm meine Geschichte mit dem Reporter in Yokohama erzählte. „Genau so hatte ich mir das vorgestellt", erklärte er fröhlich. „Ich kenne doch meine Presse!" Dann las er den Empfehlungsbrief, stellte mich seiner Frau vor, die uns Tee und Sandwiches britischer Art servieren ließ, fragte mich ein wenig aus, lachte erneut und sagte: „Natürlich hat der Reporter die Geschichte von Ihnen als meinem Gast von A bis Z erfunden. Aber da es nun einmal in der Zeitung stand, muß es auch Wirklichkeit werden. Seien Sie also bitte mein Gast, aber nicht in Tokio; vom echten Japan ist hier nicht viel übrig, und bald wird das Wenige ganz verschwunden sein. Ich lade Sie also eine Woche lang nach Kioto in ein altjapanisches Hotel ein, in dem ich selbst immer absteige, wenn ich in diese von mir so geliebte Stadt komme. Das Hotel heißt Tawaraya, und Tawaraya bedeutet Reissack, und schon aus diesem einfältigen Namen sehen Sie, daß es ein altes Hotel ist." Wieder lachte er kräftig. „Lassen Sie mich rechtzeitig wissen, wann Sie in Kioto eintreffen. Mein Neffe, Professor Watanabe, wird Sie am Bahnhof abholen und alles Weitere erledigen. Ich werde ihm sagen, daß Sie so aussehen, wie man sich einen Deutschen vorstellt."

In Tokio quartierte ich mich im relativ billigen Hauptbahnhof-Hotel ein. Unter den Leuten, die mich auf Grund der Zeitungsnotiz bei Nitobe suchten und schließlich in diesem Hotel fanden, waren auch Professoren der Kaiserlichen Universität, die in Deutschland studiert hatten und mich zum Essen einluden. Heiter verbargen sie ihre Verwunderung darüber, daß der erwartete große Philosoph aus Germanien ein gerade erst promovierter Grünschnabel war. Immerhin konnte ich ihnen einiges über ihre Lehrer und Kollegen an deutschen Universitäten berichten. Hätte es das Lied damals schon gegeben, hätten sie es sicher zum Abschied angestimmt – sie alle hatten ihr Herz in Heidelberg verloren (oder in München, Tübingen oder Berlin). Die Worte Kultur, Kant, Goethe, Ranke waren für sie Synonyme, einer entpuppte sich sogar als Verehrer Stefan Georges. Viel wollten sie über den Deutschen Akademischen Austauschdienst wissen, von dem sie zum ersten Mal hörten; sie fanden die Sache ausgezeichnet. (Diese Gespräche erwiesen sich als Anfang einer Entwicklung, die einige Jahre später zur Errichtung eines deutsch-japanischen Studentenaustausches führten.)

Dann kam der große Tag, die Fahrt nach Kioto, die alte Kaiserstadt. (Die neue, Tokio, ist es erst seit 1869.) Für die Strecke, die heute der schnellste Zug der Welt in zwei Stunden bewältigt, brauchte man damals zehn. Aber da ich von jeher und bis heute gern Eisenbahn fahre, saß ich zufrieden in meiner billigen Klasse, wieder allein unter Japanern. Sie richteten sich alsbald häuslich ein, zogen das Schuhwerk aus, hockten sich auf die Bänke und öffneten ihren Reiseproviant; in Schachteln aus pappdeckeldünnem Holz waren die Speisen auf das appetitlichste zusammengestellt – Fisch, Seetang, Scheiben gekochter Eier, gewürzte Rettiche, ein winziges Fläschchen mit Soya-Sauce, und natürlich Reis und Eßstäbchen. Immer noch ziehe ich bei Bahnfahrten in Japan diese Picknick-Schachteln, Bento genannt, dem Speisewagen vor, und nur das erste Mal erregte ich unbeabsichtigte Heiterkeit, weil ich bento und benjo (= Toilette) verwechselte.

Japan ist ein schönes Land. Der Küstenstreifen zwischen den bewaldeten Bergen und dem Meer, den wir durchfuhren, bestand aus Reisland, mit Dörfern und Städtchen von zierlichen Holzhäusern. (Heute ist aus ihm ein fast nicht aufhörendes Industriegebiet geworden.)

In Kioto hatte Nitobe für alles gesorgt; sein Neffe, Dekan an der Kaiserlichen Universität, erwartete mich am Bahnhof und brachte mich durch viele Gassen zu einem von der Straße her anspruchslos aussehenden Haus, in dem ich nie ein berühmtes Hotel vermutet hätte. Bald merkte ich, daß sein Ruf nicht in seiner Größe begründet war, sondern in Qualität und Tradition. Es enthielt auf seinen beiden Stockwerken nur wenige Zimmer, deren Balkönchen auf einen kleinen Hof führten. Hinter dem Haus lag ein Garten, kaum größer als fünfzehn auf fünfzehn Meter, aber mit seinen Krüppelbäumchen, seinen winzigen Bächen, Teichen und Brücken so angelegt, daß man meinen konnte, in einen Park zu blicken.

Ich lebte wie ein König, von schmetterlingshaften und lächelnd bemühten Dienerinnen umsorgt und von erlesenen japanischen Gerichten verwöhnt. (Erst 1936, da ich wieder im „Tawaraya" abstieg, diesmal mit Enid, und selbst bezahlen mußte, merkte ich, wie teuer der Aufenthalt dort war – teurer als im besten Hotel westlichen Stils. Als ich zuletzt – 1978 – dort wohnte, war es immer noch im Familienbesitz, von der Enkelin meines ersten Wirts geleitet.) Jeden Morgen kam ein Student Watanabes, um mich zu Besichtigungen auszuführen. Ich war hingerissen von der stilvollen Schönheit Kiotos, seinen Tempeln, Schlössern und dem nahen Biwa-See.

(Seit dem „Tawaraya" bin ich ein Liebhaber japanischer Speisen. Bei Aufenthalten in Japan tut es mir fast ein wenig leid, wenn ich in westliche Häuser zum Essen eingeladen werde, weil ich dann unweigerlich westliche Speisen vorgesetzt bekomme, die von japanischen Köchen recht und schlecht zubereitet werden, während ein paar Straßenecken entfernt kleine Restaurants die schmackhaftesten rohen Fische und Meeresfrüchte bieten.)

Weniger in den Städten, aber häufig auf Wanderungen in die Umgebung sah ich japanisches Militär. Eine Notiz aus meinem Bericht von 1929: „Keine Paradesoldaten, im Gegenteil, in häßlichen braunen Uniformen, die immer schmutzig aussehen. Machen einen zähen, harten, disziplinierten Eindruck. Ich versuche mir die strahlenden Riesen Kaliforniens im Kampf mit den katzenartigen Japanern vorzustellen, und bin im Zweifel, wem ich die Überlegenheit zusprechen soll." Bis zum Test sollten noch 12 Jahre vergehen.

In Kobe, zwei Bahnstunden von Kioto entfernt und am Meere gelegen, betrat ich eine andere Welt. Mehr noch als Yokohama, das im Schatten Tokios lebte, war dies Japans Tor zur Welt, ein Welthafen mit Schiffen

aller Flaggen und mit prächtigen Villen der Chefs westlicher, darunter auch deutscher Firmen. Eine davon hieß Winkler und Co; an sie hatte ich eine Empfehlung.
Eine Schwester meines Vaters, ich erzählte es schon, war mit einem Hamburger Überseekaufmann verheiratet, der für eben diese Firma vor dem Ersten Weltkrieg Jahre in Japan verbracht hatte, ehe er sich mit der Familie in Blankenese niederließ. Von ihm hatte ich eine Empfehlung an das Handelshaus in Kobe. Ich wurde freundlich empfangen. Einer der jungen deutschen Firmenangehörigen, kaum ein paar Jahre älter als ich, nahm mich als Hausgast auf und führte mich in den Luxus ein, in dem schon junge Auslandskaufleute in Asien lebten. Daß er mich im eigenen Segelboot aufs Meer nahm, daß er drei Dienstboten hatte und alle paar Nächte von einer schönen Japanerin besucht wurde, das alles imponierte mir, aber ich wußte, zum Kaufmann hatte ich weder Talent noch Neigung.
Kobe war ein Stück Westen auf asiatischem Boden. 1863 hatte die japanische Regierung den hereindrängenden Westmächten widerwillig 50 Hektar Land beim Dorf Kobe zur Verfügung gestellt. Dort entstand im Handumdrehen eine westliche Siedlung (ähnlich wie etwa zur gleichen Zeit Schanghai, das ich einige Wochen später kennenlernen sollte). Die deutschen Firmen entwickelten sich rasch; die meisten hatten sich, als ich 1929 hinkam, nach den schweren Verlusten des Ersten Weltkrieges (in dem sich Japan der Feindseite angeschlossen hatte), bereits erstaunlich erholt.
Der deutsche Club hieß (wie in mancher auslandsdeutschen Kolonie) „Concordia"; er verkörperte das bürgerliche Deutschland jener Zeit am anderen Ende der Welt: die Empfangshalle mit der Büste Bismarcks im Kürassierhelm, die Marmortreppe, die hohen Glasfenster mit stilisierten deutschen Landschaften, Speisesaal und Festräume, Bar und Damenzimmer, Billardtische und im Keller die Kegelbahn. Die Fotos an den Wänden erinnerten mich an das Leben der deutschen Kolonie im alten Moskau; sie zeigten Sportveranstaltungen, Liederabende, Theateraufführungen (in den frühen Jahren mit Männern auch in den Frauenrollen), Bälle, Picknicks vor der Stadt. Dies war nicht der Stil meiner Eltern gewesen, und es wurde auch nicht der meine. Aber an vielen Orten der Welt, wo es größere deutsche Kolonien gab, habe ich ihn gefunden. Stets war er behäbiger und hausbackener als der britische und französische, aber er entsprach der deutschen Solidität und Tüchtigkeit, jenen Eigenschaften also, die alle Völker an uns bewundern, aber nicht lieben.

(Die Herrlichkeit der fremden Kaufleute von einst ist heute verschwunden. Ihre Villen am Berghang oberhalb Kobes sind Museen der Kolonialzeit. Die Firmen in Deutschland, die sich früher der Handelshäuser von Kobe als Mittler bedienten, haben jetzt ihre eigenen Niederlassungen in Japan und die japanischen Firmen schicken auch schon längst ihre Vertreter nach Deutschland. Der Charakter der Angestellten hat sich geändert: Einst blieben sie Jahrzehnte draußen, manche bis ans Lebensende. 1978 traf ich vorwiegend junge Deutsche auf Stippvisite; sie erledigen, wofür sie hinausgeschickt wurden, und eilen wieder nach Deutschland zurück. Den Typ des Kobe-Kaufmanns von 1929 verkörperten nur noch wenige, Hans Selig etwa, ein Großneffe des Onkels aus Blankenese und diesmal mein Gastgeber, und vor allem Otto Refardt, der, 1905 als junger Mann nach Japan gekommen, noch mit 95 Jahren täglich ins Büro ging, hocherhobenen Hauptes, wie man sich einst den „königlichen Kaufmann" vorstellte.)
Als sich 1929 mein Aufenthalt in Kobe und Japan dem Ende zuneigte, fand ich, daß Japan mir auf seine Weise keinen geringeren Eindruck gemacht hatte als Amerika. Ich war zwar nur ein staunender Fremdling gewesen, ein Sindbad der Seefahrer, aber eines hatte sich mir eingeprägt: die imponierende Einheit der damals sechzig Millionen Japaner. Gewiß, ich hatte schon damals gesehen, daß der einbrechende Westen Spannungen hervorrief, die Folgen haben mußten: Der Kaiser residierte in einer mittelalterlichen Festung – aber flankiert auf allen Seiten von modernen Geschäftshäusern und Regierungsgebäuden. Nitobe, der Künder altjapanischen Wesens, lebte in Tokio mit einer amerikanischen Gattin in einem Haus europäischen Zuschnitts – und in Kioto im altjapanischen „Tawaraya". Mein studentischer Führer in Kioto schwärmte von den alten Samurais – und von Marx. Und doch kam mir das japanische Volk wie eine Großfamilie vor, zusammengewachsen in der Jahrhunderte währenden Abgeschiedenheit seiner Inselwelt.
Ich aber kam aus einem Volk ohne Einheit, das den Dreißigjährigen Krieg zwischen Katholiken und Protestanten noch nicht verwunden, im Zusammenbruch eines Weltkrieges den Glauben an sich selbst verloren und diesen auch durch die rettende Parole „Im Felde unbesiegt" nicht wiedergewonnen hatte, mit immer stärker werdenden Flügelparteien, die darauf aus waren, die deutsche Republik zu zerstören. Mein Kaiser hackte Holz in Holland, das ausgepowerte Volk zahlte Reparationen in Milliardenhöhe an seine Besieger, regiert von wackeren Männern ohne Glanz und Glück.

27. Abende in Mandschukuo

Auf meiner zweiten Ostasienreise – 1936 mit Enid, auf dem Wege von Moskau nach Kalifornien – begann Japan für mich schon bei der Ausreise aus der Sowjetunion. Denn inzwischen hatte Japan die Mandschurei erobert und dort sein Festlandprotektorat Mandschukuo errichtet. Der Botschafter Japans in Moskau, Tamekitschi Ohta, hatte mir zwei Empfehlungsbriefe für die Mandschurei mitgegeben. Der erste, an einen der führenden Herren der japanischen Eisenbahnverwaltung, erleichterte mir das Reisen; die Züge waren hervorragend und schnell, die sauberen Speisewagen boten ein ausgezeichnetes Menü mit japanischen Speisen.

Als weit wichtiger erwies sich der zweite Brief, an einen russischsprechenden Oberstleutnant der in Mandschukuo stehenden Kwantung-Armee. (Ihr chinesischer Name hatte historische Ursachen, die nichts daran änderten, daß sie rein japanisch war.)

Der Oberstleutnant bewirtete mich zweimal, und diese beiden Abende waren der eigentliche Gewinn meiner Reise.

Schon der Ort der Bewirtung war bemerkenswert: In der winterlichen Garnison stand ein großes, turnhallenähnliches Gebäude. Als wir es betraten, sah ich ein richtiges japanisches Haus, das in diese geheizte Halle hineingebaut war, mit zwei (künstlichen) blühenden Kirschbäumen davor, mit Papierwänden und Schiebetüren, mit Sitzkissen auf den Mattenböden und Geischas in bunten Kimonos, und das alles bei einer knochenharten Wintertemperatur von – draußen – 20 Grad unter Null, einer „sibirischen Kälte", wie sie in diesem Nachbarland Sibiriens im Winter häufig anzutreffen ist. Die Offiziere hatten sich hier also fern dem milden Klima ihrer Inseln ein Stück Japan geschaffen, wo sie sich abends von der anstrengenden Tagesarbeit am Aufbau des japanischen Großreiches ausruhen konnten.

Der Oberstleutnant hatte zwei jüngere Offiziere dazugeladen, deren Russisch-Kenntnisse noch gering waren; das Gespräch verlief daher vorwiegend zwischen ihm und mir; nur von Zeit zu Zeit übermittelte er ihnen dessen Sinn. Der erste Abend, bei dem ich noch nicht wußte, daß ihm ein zweiter folgen sollte, diente dem näheren Kennenlernen. Ich war damals dreißig, der Oberstleutnant etwas älter, und rasch entstand jene Stimmung, wie ich sie mehr als einmal erlebte, wenn ich mit Vertretern von Völkern zusammentraf, die sich im Vergleich zu den gesättigten Siegermächten des Ersten Weltkrieges als arm, unbefriedigt, aufstrebend, also als „jung" empfanden.

Die Übereinstimmung, die sich am ersten Abend gefühlsmäßig und auch ein wenig überschwenglich gebildet hatte, wurde am folgenden Abend in demselben Geischa-Haus gedanklich weiterentwickelt. Nie wieder hat ein Japaner so offen mit mir gesprochen. Es waren nicht nur der heiße Reiswein und die Geischa-Atmosphäre, die dies bewirkten, es gab da auch etwas wie Kameraderie zwischen den Söhnen zweier Völker, die – wenngleich aus verschiedenen Gründen und in verschiedener Weise – den Zustand in der Welt ändern wollten. Noch lagen viele Möglichkeiten vor unseren Völkern. Der Deutsche wußte nichts von den entsetzlichen Greueln, mit denen der Name seines Volkes für Generationen besudelt werden sollte, der Japaner nichts von Atombomben, und keiner ahnte die gemeinsame totale Niederlage ein knappes Jahrzehnt später.

Ohne Zögern beantwortete ich die an mich gerichteten Fragen. Danach war es der Oberstleutnant, der sprach. Der Brief des Botschafters in Moskau hatte mir den Zugang zu einer Welt erschlossen, die ich sonst kaum bemerkt hätte. Mandschukuo, die vormalige chinesische Provinz Mandschurei, die die Japaner 1931 besetzt und 1932 in das – nur formell unabhängige – „Reich (= kuo) der Mandschus" umgetauft hatten, war mir bislang nur als ein durchsichtiger Kimono über einer japanischen Kolonie erschienen. Jetzt wurde es mir in einem anderen Licht gezeigt, als Teil eines weit größeren Ganzen.

In der unwirklichen Stimmung eines künstlichen japanischen Frühlings im mandschurischen Frost, vom heißen Reiswein und den schwermütigen Liedern der Mädchen nostalgisch berührt, entwarf mir der Oberstleutnant den Großen Plan, der noch über das hinausging, was Hitler damals an Träumen in sich trug.

„Japan ist wie Deutschland ein Volk ohne Raum." Die drei letzten Wörter sagte er auf deutsch, im übrigen sprach er Russisch, mit starkem Akzent. „Wir werden ersticken, wenn es so bleibt. Die anderen wollen, daß wir ersticken, vor allem die Angelsachsen. Euch Deutsche haben sie schon fast fertiggemacht, aber ihr habt euch wieder erhoben. Bei uns darf es gar nicht erst soweit kommen. Wir sind ein armes Volk auf kargen Inseln. Wir brauchen Südostasien, um uns zu entfalten, sein Öl, seine Mineralien, seine tropischen Produkte. Noch liegt dies alles dort brach oder dient den Angelsachsen und ihren Vasallen, den Holländern vor allem, zur weiteren Vermehrung ihrer ohnehin ungeheuren Reichtümer. Noch können sie uns in die Knie zwingen, indem sie uns von diesen Rohstoffen abschneiden. Das erste Ziel heißt daher, so stark zu werden, daß sie das nicht wagen, das zweite, Asien zu vereinen und die

fremden Kolonialherren hinauszuwerfen. Dazu brauchen wir Mandschukuo als Waffenschmiede, seine Erze und seine Kohle; es muß unser Ruhrgebiet werden."
Bisher hatte mir der Oberstleutnant nichts Neues gesagt. Als er eine Pause machte, schenkten die Mädchen ein und stellten frische Schüsselchen auf den niedrigen Tisch. Er bemerkte das kaum und sprach weiter wie ein Visionär. Was er nun sagte, manchmal fließend, manchmal nach Worten suchend, ließ mich trotz dem wärmenden Holzkohleofen zwischen uns frösteln; ich fasse es in wenigen Worten zusammen:
„Mandschukuo soll nicht nur Waffenschmiede sein, es soll ein Modell und ein Magnet werden für das übrige Asien. In Mandschukuo leben viele Rassen, Chinesen und Mandschuren, Mongolen, Koreaner und Japaner. Sie sollen eine Völkergemeinschaft bilden – unter der Führung der Japaner, der einzigen Asiaten, die nie einer fremden Herrschaft unterstanden. Weitere Mandschukuos sollen entstehen – ein Mengu-kuo unter einem mongolischen Fürsten, ein nordchinesischer Staat unter einem chinesischen Patrioten, der sich nicht – wie Tschiang Kai-schek – an die westlichen Kapitalisten verkauft, ein südchinesischer Staat (dort sind die Menschen anders als in Nordchina). Und so soll es weitergehen, bis Indien, wo sich das Volk schon gegen die Briten zu erheben beginnt."
Seine Stimme wurde leiser, seine Augen träumerisch. „Jetzt sage ich Ihnen etwas, was Sie überraschen wird: Mandschukuo soll auch ein Modell sein – für Japan. Denn das Japan von heute ist nicht mehr das Land, das vor vierzig Jahren China zu Boden warf und vor dreißig Jahren Rußland niederrang. Auch bei uns macht sich der westliche, der materialistische Einfluß breit, als Kapitalismus oder als Kommunismus. Gestützt auf die Armee muß der Kaiser Japan erneuern, indem er das Volk zu seinen alten Tugenden zurückführt. Nur dann ist das Ziel zu erreichen – eine asiatische Föderation unter Japans Führung."
Erst wollte ich ihn nicht unterbrechen; an dieser Stelle tat ich es doch. „Aber genau das, nämlich das Bündnis von Kaiser und Armee, ist ja erst vor wenigen Wochen fehlgeschlagen. Die Offiziersrevolte vom 26. Februar endete im Selbstmord der beteiligten Offiziere."
Offensichtlich hatte ich eine frische Wunde berührt. „Der Aufstand war ein Fehler, er kam zu früh. Vor allem: Man darf nicht erst eine Revolution ausrufen und vom Kaiser erwarten, daß er mitmacht, wenn man ihn vor vollendete Tatsachen stellt. In dem Augenblick, da er sich den Aufständischen versagte, waren diese erledigt. Gewiß, auch wir Offiziere der Kwantung-Armee haben unser Kriegsministerium vor vollendete

Tatsachen gestellt, als wir vor fünf Jahren den von uns inszenierten ‚Mukden-Zwischenfall' dazu benützten, um mit unseren damals kaum 10 000 Mann blitzschnell die ganze Mandschurei zu besetzen, ohne uns um das Gezeter in Tokio zu kümmern. Aber das ging an, denn nach unserer Tradition haben die Kommandeure im Felde weitgehende Vollmachten. Im Mutterland Japan darf man so nicht vorgehen. Es hat mir fast das Herz gebrochen, als die Offiziere in Tokio losschlugen. Ihr Aufstand hat uns Märtyrer gebracht, hat uns aber auch stark zurückgeworfen."

Er überlegte eine Weile, dann sagte er: „Wir bewegen uns auf einem ganz schmalen Grat. Sind wir ein Spähtrupp ins Asien von morgen oder eine Bande von Hochverrätern gegen die vom Kaiser eingesetzte Regierung? Täglich denken wir darüber nach."

„Sie haben mir hier", sagte ich, „ein grandioses Gemälde entworfen, das, wenn Sie es vollenden, die Welt verändern wird. In wessen Kopf ist es entstanden?" Der Oberstleutnant zögerte einen Augenblick, blickte kurz auf die beiden Offiziere und nannte dann mit Ehrfurcht in der Stimme einen Namen: „Ischiwara. Kandschi Ischiwara." Dieser habe, als er vor einigen Jahren beim Stab der Kwantung-Armee war, seine Pläne den Kwantung-Offizieren, dieser japanischen Elite, vorgetragen; inzwischen sei er in den Generalstab versetzt worden. Bücher von ihm gebe es nicht, nur einige Vorträge und Denkschriften, die im Offizierskorps kursierten.

Auf sein und seiner Kameraden Einstellung zur Sowjetunion angesprochen, zeigte der Oberstleutnant Zeichen der Unsicherheit. „Ich will Ihnen ganz ehrlich sagen, daß wir Offiziere der Kwantung-Armee keine klare Rußland-Politik haben, ich denke, auch Ischiwara nicht, obgleich er in der Sowjetunion war. Es gibt Leute unter uns, die einen Block Berlin-Moskau-Tokio wollen, der in der Tat unüberwindlich wäre, und die auch meinen, die Planwirtschaft der Sowjetunion sei nicht so verschieden von der nichtkapitalistischen Wirtschaft, die wir anstreben. Andere wiederum halten den gottlosen Kommunismus für unseren Todfeind und fordern die Eroberung von Sowjetfernost, ehe wir uns nach Süden und gegen Amerika wenden."

Die Mädchen hatten längst erkannt, daß sie nicht mehr gebraucht wurden und waren gegangen. Jetzt brach auch ich auf. Den Ideen des Oberstleutnants bin ich während der Kriegsjahre Japans, die ich in Ostasien verbrachte, oft begegnet. Die Ereignisse vollzogen sich im wesentlichen so, wie er sie mir in jenem nächtlichen Gespräch entworfen hatte: Kaiser Pu Yi in Mandschukuo, Prinz Te Wang in der Mongolei,

Wang Tsching-wei (der Feind Tschiang Kai-scheks) in China, allerlei weitere Statthalter und von Japan geförderte anti-weiße Regierungen und Befreiungsbewegungen in Asien, schließlich der Krieg gegen Amerika, England und Holland.

Daß es dann trotz gewaltigen Anfangserfolgen, die Japans Regimenter bis vor die Tore Indiens brachten, zur Katastrophe kam, hatte mehrere Ursachen: Das durch Japans Überfall auf Pearl Harbor aufs äußerste herausgeforderte Amerika war zu stark, Japans Atem zu kurz, und (in meinen Augen das Entscheidende): Es gelang Japan nicht, die bereitwillige Mitwirkung der Völker Asiens zu gewinnen, obgleich es sie von der weißen Herrschaft befreite. Vielmehr erntete es ihren Haß. In den Jahren ihres Triumphs habe ich die Japaner als Herren in der Mandschurei, in Korea und in China erlebt; viele, zu viele von ihnen benahmen sich gegenüber der einheimischen Bevölkerung nicht wie Befreier, sondern wie neue Kolonisatoren, die ihre aus zahlenmäßiger Unterlegenheit stammende Unsicherheit durch Arroganz und manchmal Brutalität zu überspielen suchten und zum Teil sogar der Korruption des Mächtigen durch den Machtlosen erlagen.

Einige Wochen später erzählte ich Eugen Ott, inzwischen war er deutscher Militärattaché in Tokio, von meinen nächtlichen Gesprächen in Mandschukuo. Er bestätigte die Richtigkeit der mir dort gegebenen Schilderung über die Gedanken der Armee. Die mir entgegengebrachte Offenheit erklärte er mit der Erregung, die die eben erst fehlgeschlagene Offiziersrevolte bei der Truppe hervorgerufen hatte. Ott kannte Ischiwaras Bedeutung. Anfang der zwanziger Jahre sei dieser als junger Offizier für zwei Jahre nach Deutschland abkommandiert worden, wo er sich viel mit Kriegsgeschichte befaßt habe, vor allem mit der Durchhaltestrategie Friedrichs des Großen und der Vernichtungsstrategie Moltkes und Schlieffens.

Ich selbst habe Ischiwara nicht kennengelernt. Sein Stern sank 1937, wie ich später erfuhr, weil er, obgleich Verfechter des Großen Plans, den japanischen Einmarsch nach Nordchina leidenschaftlich bekämpfte. Er wollte China zum Verbündeten gewinnen, nicht mit Waffengewalt erobern, da er den Traum von einem freiwillig vereinigten Groß-Asien ernst nahm und überdies befürchtete, die japanische Armee werde in den Menschenmassen Chinas wie in einem Morast versinken. Ischiwara hatte recht. In den Trümmern der von amerikanischen Brand- und schließlich Atombomben verwüsteten Städte versank sein Traum von einem japanisch geführten Asien. Ischiwara erlebte noch die Katastrophe von 1945 und starb 1949. Meinen nächtlichen Gastgeber in Mandschukuo, das jetzt wieder ein Teil Chinas ist, hat vermutlich der Krieg verschlungen. Ich habe ihn nicht wieder gesehen.

28. Dr. Sorge war immer dabei

An einem der ersten Tage mit Enid in Tokio (1936), waren wir zum Frühstück beim Ehepaar Ott eingeladen. Noch jemand war gekommen. „Mein Freund Richard Sorge", sagte Ott. Als wir uns dann in Otts Arbeitszimmer begaben und ich mich mit ihm über die Lage in Japan, über die erst einige Wochen zurückliegende Offiziersrevolte, über meine nächtlichen Gespräche in Mandschukuo und auch über Deutschland unterhalten wollte, war Sorge wieder dabei.

Ott kannte ich, das erzählte ich schon, seit meiner Kindheit. 1933 hatte ihm Schleicher den Posten als militärischer Beobachter in Japan besorgt, 1934 war er Militärattaché an der Deutschen Botschaft in Tokio geworden. Wie mancher Reichswehroffizier hatte er zunächst gewisse Hoffnungen auf Hitler gesetzt. Aber die Ermordung des Ehepaars Schleicher, mit dem er seit Jahren befreundet gewesen war, und die Billigung dieser abscheulichen Tat durch Hitler hatte ihn tief getroffen. Mit ihm konnte ich offen sprechen.

Aber Sorge? Gewiß, dem Namen nach kannte ich ihn; seine Aufsätze in der „Zeitschrift für Geopolitik", einer über Mandschukuo, ein zweiter über die japanischen Streitkräfte, beide im Vorjahr erschienen, hatten mir bei der Vorbereitung auf die Reise nach Ostasien gute Dienste geleistet. Aber ich fühlte mich durch seine Anwesenheit gehemmt. Er mußte das bemerkt haben, denn er brach bald auf. „Sorge ist ein hervorragender Kenner Japans", sagte Ott, als wir allein waren, „ein enger Freund von mir und absolut vertrauenswürdig."

Als ich mich mit Ott zu einer Sonntagswanderung in die Umgebung Tokios traf, war ein dritter Wandersmann dabei – Richard Sorge. Aber ich hatte inzwischen mein Mißtrauen aufgegeben. Sorge war hervorragend informiert und konnte glänzend erzählen. An einem der nächsten Tage zogen Enid und ich mit ihm zu einer neuen Wanderung los. Dabei kamen wir durch einige Dörfer, in denen Enid fotografierte; Sorge, der an einem Aufsatz über die japanische Landwirtschaft arbeitete, brillierte durch seine Kenntnisse. Er erzählte auch über sich selbst: Jahrgang 1895, Kriegsfreiwilliger, dreimal verwundet, daher das eine Bein etwas verkürzt, Studium der Nationalökonomie an den Universitäten Kiel und Hamburg, Promotion, Assistent an der Technischen Hochschule

Aachen, Journalist, 1929 für eine deutsche Agrarzeitschrift auf drei Jahre nach China, 1933 als freier Korrespondent deutscher Zeitungen (vor allem „Frankfurter Zeitung") und Zeitschriften nach Japan, wo er inzwischen als einer der besten Japan-Kenner unter den westlichen Journalisten galt. Daß er über die Jahre zwischen Aachen und China vage blieb, fiel mir nicht auf. Sehr interessant wußte er über die japanische Offiziersrevolte zu berichten; später zeigte er mir auch das Manuskript eines Aufsatzes über dieses Thema, der in der „Geopolitik" erscheinen sollte. Wir trafen ihn dann noch mehrmals u. a. in Gesellschaft der Wehrmachtsattachés Kretschmer, Wennecker und Gronau – überall hatte er offenen Zutritt, die meisten informierten ihn im Austausch gegen die ausgezeichneten Informationen, die er ihnen gab.
Als ich im Juni 1941 wieder nach Tokio kam (auf dem Wege von Hawaii nach Schanghai), war Ott Botschafter. Besuchte ich ihn in seinem Dienstzimmer oder in der Botschafter-Residenz – Sorge war fast immer dabei, auch auf einer Wanderung, die wir wieder unternahmen (diesmal am Hakone-See mit dem grandiosen Blick auf den Fudschi). Ott war ernst, ohne mir den Grund dafür zu nennen. Der Angriff der Wehrmacht gegen die Sowjetunion stand unmittelbar bevor. Ich wußte das nicht, aber Ott wußte es und durch ihn – Richard Sorge.
Einige Monate später (ich lebte schon in Schanghai) rief mich ein deutscher Journalist an, der gerade aus Tokio zurückgekehrt war: Die Japaner hätten Sorge als Spion der Russen verhaftet. Dabei lachte er schallend. Beide waren wir uns einig: Die Japaner waren total übergeschnappt. Sorge, der notorische Trinker, Sorge, der beim deutschen Botschafter aus und ein ging? So eine Verrücktheit.
Es war keine Verrücktheit. Mit Richard Sorge war den Japanern der erfolgreichste Spion des Zweiten Weltkrieges ins Garn gegangen. Unter den vielen zutreffenden Nachrichten, die er über einen Geheimsender in die Sowjetunion gefunkt hatte, waren diese:
Im März 1941 hatte Sorge den Überfall Hitlers auf die UdSSR für „die zweite Hälfte Juni" angekündigt, im Mai für den 20. Juni präzisiert, und am 15. Juni den genauen Termin, den 22. Juni, durchgegeben. Stalin hatte ihm nicht geglaubt und damit die riesenhaften Anfangserfolge der Wehrmacht ermöglicht. Als ich am Abend des Tages, an dem der Einmarsch bekannt wurde, von einem Ausflug mit einem Angehörigen der Botschaft nach Tokio zurückkam und in ein von Deutschen besonders geschätztes Lokal ging, fand ich Sorge stark alkoholisiert. Die Nervenanspannung der letzten Tage mußte aufreibend gewesen sein, erst recht die Erkenntnis: Der Kreml hatte nicht auf ihn gehört.

Aber er riß sich zusammen und funkte weiter. Und jetzt nahm man ihn in Moskau ernst. Am 14. September 1941, als die Sowjetarmeen auf breiter Front zurückfluteten, lag dem Kreml der Funkspruch aus Tokio auf dem Tisch: „Der sowjetische Ferne Osten kann als sicher vor einem Angriff Japans erachtet werden." Jetzt wagte Stalin, was er längst gerne getan hätte: Er zog die für den Fall eines japanischen Angriffs in Sowjetfernost aufmarschierten Verbände ab und warf sie an seine Westfront. (Später sah ich in einem sowjetischen Film, wie im Dezember 1941 die wintererprobten sibirischen Divisionen aus Moskaus westlichster U-Bahn-Station herausquollen – so nahe war damals die Front der sowjetischen Hauptstadt – und in den Kampf gegen die deutschen Truppen in ihren Sommeruniformen eingriffen, gerade noch im rechten Augenblick, um die Eroberung der Hauptstadt zu verhindern.)

Genau einen Monat nach jenem geradezu kriegsentscheidenden Telegramm, am 14. Oktober 1941, wurde Sorge mit den meisten seiner Mitarbeiter von der japanischen Geheimpolizei verhaftet. Die Deutsch-Schweizerin Lily Abegg, langjährige Kennerin Japans, füllte nach seiner Verhaftung die bei der „Frankfurter" entstandene Lücke.

Hätte man bei der Gestapo Karl Marx gelesen, wäre es vielleicht nicht zu dieser katastrophalen Panne gekommen, dann hätte man nämlich gemerkt, daß ein Mann namens Friedrich Albert Sorge mit Marx und Engels befreundet, an der badischen Revolution von 1848 beteiligt gewesen, dann nach Amerika ausgewandert war und von dort mit Marx freundschaftlich korrespondiert hatte.

Friedrich Albert war ein Onkel jenes Kurt Sorge gewesen, der als Erdölingenieur einige Jahre in Südrußland gearbeitet und eine Russin geheiratet hatte, wo auch sein Sohn Richard 1895 geboren wurde. Richard Sorge absolvierte die Schule in Deutschland. Während des Krieges rückte er immer weiter nach links. 1919 trat er der KPD bei, 1924 ging er in die Sowjetunion, arbeitete zunächst im Apparat der Kommunistischen Internationale (Komintern) und gelangte schließlich in die Schule des lettischen Tschekisten Jan Bersin, der damals Spionagechef der Roten Armee war und Sorge erst nach China, später nach Japan abkommandierte.

In der kommunistischen Publizistik wird der posthum zum Helden der Sowjetunion avancierte Sorge immer nur als „Kundschafter des Friedens" bezeichnet. Ich habe nie persönliche Sympathie für Spione empfunden, aber das Wort Spionage ist für mich wertfrei, die Bezeichnung einer bestimmten Tätigkeit, und diese Tätigkeit hat Sorge unerschrokken und kaltblütig, unter Einsatz seiner hohen Intelligenz und seines

Lebens mit Erfolg ausgeübt. Ob es ihn belastete, daß er dabei den Mann, der an seine Freundschaft felsenfest glaubte, acht Jahre lang Tag für Tag hinterging, weiß ich nicht. Ott durfte ihn, zusammen mit seinem Gesandten Erich Kordt, wenige Tage nach der Verhaftung im Sugamo-Gefängnis drei Minuten sprechen. Natürlich hoffte er, von ihm zu hören, er werde zu Unrecht beschuldigt. Aber Sorge sagte nichts dergleichen, wie mir beide später erzählten, und machte, in Kordts Worten, einen selbstbewußten Eindruck. Menschlich anständig wäre es gewesen, hätte Sorge gesagt: Ich mußte so handeln, um einer höheren Loyalität willen, und bitte um Vergebung. Am 7. November 1944, als der Sieg der Sowjetunion schon in Sicht war, wurde er hingerichtet. Ott lebte noch drei Jahrzehnte. Von dem doppelten Schlag hat er sich nicht mehr erholt: Er hatte als Botschafter in einer nie wieder gutzumachenden Weise versagt, und er hatte sich in einem Menschen, den er für seinen engsten Freund gehalten hatte, entsetzlich getäuscht. Vor aller Welt stand er blamiert da. Still lebte er bis Kriegsende in Peking, dann in München. Äußerlich ließ er sich nichts anmerken, obwohl er in immer sensationelleren Enthüllungen über den Fall Sorge stets aufs neue bloßgestellt und verwundet wurde. Eine tragische Gestalt.

29. Japaner und Deutsche

Weder das Mißgeschick Otts noch die Affäre Sorge haben in Japan eine längere Verstimmung verursacht. Der ursprünglich durch seine gewinnende Persönlichkeit bei den Japanern sehr beliebte Ott wurde nach der Entlarvung Sorges auch von ihnen eher als tragische Figur gesehen, und Sorge, dessen Tollkühnheit sie anerkannten, hat ihnen ja weit weniger geschadet als den Deutschen. Von den deutschen Botschaftern, die ich seit 1929 alle auf ihrem Posten in Tokio erlebte, haben die meisten einen guten bis sehr guten Namen.
Einen ausgesprochen schlechten Geschmack hat nur ein Botschaftsmitglied in Japan hinterlassen, Josef Meisinger, Gestapo-Chef für Ostasien mit Sitz in Tokio. Der fleischige Mann mit dem abstoßenden Catch-as-catch-can-Gesicht spezialisierte sich auf die Jagd nach Gegnern des NS-Regimes, wirklichen oder vermeintlichen. Auf deutschen Schiffen, die trotz der über Japan und Deutschland verhängten Blockade noch eine Weile fuhren, den sogenannten „Blockadebrechern", schickte er sie nach Deutschland, was kaum einer überlebte. (Erst später erfuhr ich, daß auch ich von Meisinger auf eine Blockadebrecher-Liste gesetzt, dann

aber durch Ott von dieser Liste wieder heruntergenommen worden war.) Unvergeßlich ist mir ein Abend, an dem Meisinger die Anwesenden mit seinen Heldentaten gegen die Juden von Warschau unterhielt; noch höre ich ihn: „Ich jagte die Juden hinüber über die Weichsel, dann wieder herüber über die Weichsel, und aufs neue hinüber . . ."

Den Botschafter, der in Japan wohl am meisten verehrt wurde, Wilhelm Solf (1920–1928), habe ich nur in seinem Nachglanz erlebt. Überall wurde ich 1929 auf ihn angesprochen. Sogar der Kastellan des Nidscho-Schlosses in Kioto verweilte, als er mich führte, an einem Fenster mit Blick in den Garten und sagte: „An diesem Fenster hat Ihr großer Botschafter, Exzellenz Solf, einige Minuten gestanden und dann den Blick als einen der schönsten gepriesen."

Daß Botschafter Franz Krapf (1966–1971) bis heute besonders geschätzt wird, hängt nicht zuletzt damit zusammen, daß er – als einer der ersten deutschen Austauschstudenten in Japan – die Landessprache gelernt hat und seine in Japan geborene Frau gleichfalls des Japanischen mächtig ist.

Mehrfach hat es unter den deutschen Diplomaten Männer gegeben, für die Japan mehr wurde als einer von vielen Auslandsposten, nämlich eine zweite Heimat. Wolfgang Galinsky, zuletzt Generalkonsul in Kobe, in dessen Gästebuch ich mich im Laufe meiner Japan-Aufenthalte mehr als ein halbes dutzendmal eintrug, hat sich nach insgesamt 33 Japan-Jahren in einem Haus am Berghang oberhalb Kobes zur Ruhe gesetzt und in der Nähe auch schon einen Platz für sein Grab reserviert. Alle Japaner, die etwas mit Deutschland zu tun haben, lieben ihn als einen Freund, und das ist auch für Deutschland wichtig.

Umgekehrt habe ich unter japanischen Diplomaten Beispiele ungewöhnlicher Freundschaft für Deutschland und Deutsche erlebt, so auch bei einem meiner jüngsten Besuche in Japan: Als ich, von Amerika kommend, in meinem Hotel in Tokio eintraf, fand ich dort eine Einladung zum Abendessen. Meine sieben Gastgeber, deren alleiniger Gast ich war, hatten im Laufe der Jahre sämtlich als Diplomaten in Deutschland gewirkt, drei in West-Berlin (Uschiba, Hogen, Niizeki), vier als Botschafter in Bonn (Utschida, Kai, Sono, Ueda).

Seit ihrer Pensionierung sind sie in ganz verschiedenen Berufen tätig. Bei dieser Gelegenheit aber traten sie gemeinsam in Erscheinung. Wenn sie mir ihre Zeit schenkten, so galt dies nicht sosehr dem Rußland- und China-Beobachter (deren hat Japan selbst genug), als vielmehr einem alten Freund, der ihr Land seit einem halben Jahrhundert oft bereist, mit ihnen im Krieg Freud und Leid geteilt hat, sie nach dem Kriege, kaum daß ein Deutscher wieder ins Ausland durfte, erst noch zwischen Trümmern und dann während ihres mächtigen Aufstiegs besucht hatte. Loyalität ist in Japan nicht nur eine jahrhundertealte Tradition aus der Feudalzeit, sondern eine auch heute gepflegte Tugend.

Die „Preußen Asiens" und die „Japaner Europas" hatten schon frühzeitig und instinktiv Sympathie füreinander empfunden, lange ehe sie ein gemeinsamer Weltkrieg gegen die „Angelsachsen" (wenn auch nicht gegen die Russen) und die kurz nacheinander erlebten Katastrophen von 1945 noch näher zusammenführten. Auch danach verlief die Entwicklung beider Völker in ähnlicher Richtung, wenngleich in zeitlicher Diskrepanz. Als ich 1955 zum ersten Mal nach dem Kriege wieder nach Japan kam, war Deutschland schon deutlich in der Phase des Wirtschaftswunders, während Japan noch schwer unter seiner Niederlage litt, vielleicht weil es seine erste war. In beiden Staaten, die sich anfangs mit der westlichen Demokratie schwergetan hatten, funktionierte diese schließlich besser als in manchem traditionell demokratischen Land.

In einer Beziehung freilich verliefen die Entwicklungslinien unterschiedlich: Das japanische National- und Geschichtsbewußtsein ist immer noch sehr ausgeprägt. Jedes Gespräch mit Japanern zeigt, wie sehr sie mit ihrer Geschichte leben. Gebildete Deutsche können zwar den romanischen Stil vom gotischen unterscheiden, aber selten oder nie gebrauchen sie Begriffe wie „staufisch" oder „in der Epoche des Großen Kurfürsten", während Japaner ständig mit Ausdrücken wie „in der Kamakura-Periode" oder „unter Hideyoshi" usw. umgehen. Als ich mich in meinem bevorzugten Aal-Lokal in Tokio-Schimbaschi erkundigte, seit wann es bestehe, hieß es prompt: „Seit der Tokugawa-Zeit."

Gewiß, auch in Japan sind viele Zeugen der Geschichte durch die moderne Zeit in Mitleidenschaft gezogen worden. Das spürte ich am stärksten auf dem Koyasan. Als ich 1936 zum ersten Mal diesen von hohen Bergen und tiefen Schluchten wie eine Festung bewachten heiligen Berg besuchte, lagen die rund hundert Tempel, Schreine und Klöster dieses Zentrums der Schingon-Sekte in eindrucksvoller Einsamkeit. Es gab auch einige Lädchen, in denen die Pilger Devotionalien kauften, und ein paar kleine Gaststätten mit einfachen Gerichten, aber keine Autos, weil keine Straße auf den Koyasan führte, nur eine klapprige Drahtseilbahn. Wer es ernst meinte, stieg ohnehin zu Fuß über den Pilgerweg zu den heiligen Stätten empor.

Heute donnern Autobusse voller Touristen, Lastwagen und Autos durch die schmale Dorfstraße. Ein Spaziergang ist lebensgefährlich, dauernd muß man den hupenden Ungetümen aus dem Wege springen. Der großartige Friedhof, ein Stück japanischer Geschichte, der sich zwei Kilometer weit am Rand eines Tales durch einen unbeschreiblich schönen Wald hoheitsvoller Kryptomerien hinzieht (und den deutschen Japan-Forscher Trautz veranlaßte, dort seine Asche beisetzen zu lassen), wird durch den Lärm einer am selben Hang gebauten Autostraße entweiht; auf ihr schaffen emsige Autobusse die japanischen Touristen, die zum Gehen zu faul sind, zu der Stelle des Friedhofs, wo im frommen Schauder hoher Bäume Kobo-Daischi, der Gründer der Klosteranlage, seit dem neunten Jahrhundert in einer Höhle meditierend auf seine Wiederkehr wartet. Der Tempel, in dem ich 1978 für einige Tage ein Zimmer mietete, war nun in Wirklichkeit mehr eine Herberge; gleichzeitig mit mir hatte sich dort die Kapelle der städtischen Feuerwehr aus Osaka einquartiert, um konzentriert üben zu können; bis in den Abend hinein ertönte das Schmettern japanischer und amerikanischer Märsche. Der alte Pilgerweg ins Tal mit seinen herrlichen Ausblicken dient streckenweise als Schuttabladeplatz.

Und doch ist dem Japaner, der erst vor 125 Jahren ins moderne Zeitalter sprang, die Verbindung von Steinalt und Funkelnagelneu in erstaunlicher Weise gelungen, vielleicht wegen der besonderen Art seines kosmisch-pantheistischen Glaubens, einer Verbindung des urjapanischen Schinto mit dem indisch-chinesischen Buddhismus. (Die bekannte Antwort eines Japaners auf die Frage nach dem Bekenntnis seiner Landsleute dürfte immer noch einigermaßen stimmen: „80 Prozent sind Schintoisten und 70 Prozent Buddhisten.")

Als Galinsky mich das letzte Mal in dem eigens für die Blitzzüge gebauten Bahnhof von Kobe abholte, einem der modernsten der Welt, führte er mich – noch in der Halle – zu einer kleinen Umfriedung und wies auf einen dort aufgestellten Ziegelstein von der Art, wie sie beim Neubau des Bahnhofs verwendet wurden; man hatte diesem – wie heiligen Figuren – ein rotes Schürzchen vorgebunden. Der Japaner verehrt nicht den Ziegelstein, er verehrt das Weltall; dieses sieht er von unbegreiflichen, aber deswegen doch vorhandenen Kräften durchwoben, an denen Ziegelsteine und Computer ebenso teilhaben wie der bizarre Felsen im Meer und auch der Mensch.

Es mag zur Erklärung des gewaltigen wirtschaftlichen Elans Japans beitragen, wenn man bedenkt, daß der Japaner die moderne Technik, die erst jüngst über ihn, den scheinbar völlig Unvorbereiteten, hereinbrach, auch nur als einen, wenngleich neuen Bestandteil des Weltganzen sieht, während sich in Europa die dort geschaffene Technik verselbständigt hat, und viele sie heute als Bedrohung des Menschen empfinden.

Tschiangs China
1929

Meine erste China-Reise 1929 begann mit einem Telegramm. Es kam aus (sehr) heiterem Himmel und wurde mir von der Deutschen Botschaft nach Kobe gesandt: DRAHTET OB BEREIT ZU DREI MONATEN CHINA ZWECKS STUDIUM WIRTSCHAFTSLAGE CHINESISCHER UNIVERSITÄTEN UND MÖGLICHER STUDENTISCHER SELBSTHILFE. AUSLAGEN WERDEN ERSETZT. SCHAIRER WELTSTUDENTENWERK DRESDEN. *(Schairer war einer der führenden Männer im deutschen und im Welt-Studentenwerk.) Meine Antwort:* ANNEHME VORSCHLAG. SENDET ALLES GESANDTSCHAFT PEKING. MEHNERT.
Ich fuhr durch Korea und die Mandschurei nach China und nach Erledigung der von Schairer gestellten Aufgabe zurück nach Deutschland. Als ich im Herbst 1929 meine erste Reise um die Erde beendete, war ich mehr als ein Jahr unterwegs gewesen.

30. Peking und der Heilige Taischan

Natürlich war ich von Peking hingerissen. Ich wohnte sehr zentral im (deutschen) Nord-Hotel am Hatamen, einem der großen Tore Pekings, und rannte wie besessen von einer Herrlichkeit zur anderen: zur Verbotenen Stadt, zum Himmelstempel, zum Trommel- und zum Glockenturm, zum Konfuzius- und zum Lama-Tempel, zum neuen Sommerpalast, zur alten russisch-orthodoxen Mission im fernsten Nordosten der Stadt, manchmal in der Rikscha, meist zu Fuß und immer in praller Sommerglut, an tausend Läden und Lädchen vorbei, durch schmale Gassen, auf denen sich ein Großteil des Lebens abspielte. Zur Großen Mauer und zu den Ming-Gräbern bin ich auch marschiert; in der Hitze mochte ich kaum essen, aber heißen grünen Tee trank ich literweise in den Gasthöfen am Wege.
Dies ist kein Reisebuch, auch wenn in ihm viel von Reisen die Rede ist. Daher erspare ich mir die Schilderungen der Sehenswürdigkeiten, die in jedem China-Buch zu finden sind. Durchweg fühlte ich mich umweht vom Atem der Vergangenheit. Man merkte, daß Peking nicht mehr die Hauptstadt war; im Vorjahr war diese nach Nanking verlegt

worden. „Eine entthronte Königin, eine sterbende, eine unsterbliche Stadt", so faßte ich 1929 mein Urteil über Peking zusammen.
Die Denkmäler chinesischer Geschichte stehen noch heute, mit viel Geld restauriert und daher schöner als damals. Aber das Leben der Menschen hat sich weithin verändert, tausend einst charakteristische Merkmale sind verschwunden, auch die Geräusche der Dunkelheit, die ich damals so beschrieb:
„Erst abends, wenn das Auge seine dominierende Rolle abtritt ans Ohr, wird man gewahr, daß die Luft erfüllt ist von Tönen und Melodien. Da ist der Ruf des Wasserträgers, der schon von ferne sein Kommen kündet, der Ruf des Melonenverkäufers oder des Mannes, der schmierige Fladen für einen halben Kupfer verkauft. Jetzt schwingt der süße Ton einer chinesischen Geige und ein Dutzend Schatten hocken um einen Mann, der aus seinem einfachen Instrument die in ihrer Gleichförmigkeit so rührenden Melodien hervorzaubert. Wer den Holzklöppel Klackklack gegen eine Holzplatte schlägt, ist ein Wahrsager, und wer die Trommel rührt, sammelt Papier. Nähert sich das Klingen von zwei kleinen Metallbecken, so kommt der Mann mit Erfrischungen; der Kesselflicker ist es, wenn metallene Kugeln an ein Becken schlagen, und der Barbier läßt, um auf sich aufmerksam zu machen, die Schwingungen einer Eisenschere ertönen. Aus erleuchteten Fenstern dringt der hohe Gesang eines Teehaus-Mädchens. Bauchige Lampions mit bunten Farben und schönen Schriftzeichen schaukeln in der Abendbrise. Wo nur wenige Licht geben, muß man vorsichtig gehen, will man nicht auf einen Schläfer oder in Unrat treten. Rikscha-Kulis springen aus ihrem Halbschlaf, wenn sie meiner ansichtig werden. ‚Scha, scha!' rufen sie eindringlich; und wenn ich abwinke, dösen sie auf ihren Wägelchen weiter, mit halbem Bewußtsein nach späten Kunden spähend."
Eine große Hilfe war mir die Bekanntschaft mit einem deutschen Dozenten an der Tsinghua-Universität. Eines Morgens tauchte er im Nord-Hotel auf; er hatte gehört, ein deutscher Student sei dort abgestiegen. Er war einer von jenen Landsleuten, die infolge des Ersten Weltkrieges von der westlichen Zivilisation „die Nase voll hatten", auf Europa pfiffen, auch von Deutschland nichts mehr wissen wollten und in der völlig fremden Welt Chinas ein neues Leben suchten. Noch viele solche Zivilisationsflüchtlinge lernte ich später in fernen Ländern kennen. Für ihre Wurzellosigkeit empfand ich damals mehr Mitleid als Sympathie. Aber sie waren meist Fundgruben von Informationen über die Länder ihrer Wahl und insofern habe ich ihnen viel zu verdanken.
So auch damals. Der noch junge Landsmann zeigte mir manches, was

ich sonst nicht gesehen hätte. Unter anderem führte er mich zu einem Original, dem Dichter Vinzenz Hundhausen. Dieser hauste vor den Toren der Stadt, im ehemaligen Lustschlößchen eines Mandschu-Prinzen, das, nur von Eingeweihten zu finden, auf einer Insel inmitten eines Lotos-Teiches lag. Einst hatte er als Rechtsanwalt in Deutschland einen Namen, nun war er wohl der bedeutendste Umdichter chinesischer Poesie ins Deutsche.

Mein freundlicher Führer nahm mich auch in den „Garten der vollkommenen Helligkeit", zu den Trümmern des Alten Sommerpalastes. Hier hatten die Kaiser der letzten Dynastie einen Schloß-Komplex errichtet, der Versailles in den Schatten stellte, gefüllt mit herrlichen Schätzen Chinas, ja Asiens. Diese ganze Pracht wurde im Oktober 1860 von wildgewordenen Barbaren zerstört – von Europäern, genauer: von Engländern und Franzosen. Aber die Methoden der europäischen Kolonialmächte unterschieden sich in jenen Jahrzehnten des Hochimperialismus nicht allzusehr voneinander. Unter den üblichen fadenscheinigen Vorwänden, mit denen man voll selbstgerechten Zorns über fremde Länder herfiel, hatten 16 000 britische und französische Soldaten die Paläste ausgeplündert und vernichtet. Was ich sah, waren nur überwachsene Trümmer.

Das Gesandtschaftsviertel im Herzen Pekings, wenige Minuten vom Kaiserpalast entfernt, entstand ebenfalls 1860, als die Chinesen den Schändern des Alten Sommerpalastes die Errichtung von Gesandtschaften in Peking zugestehen mußten; bald schlossen sich die Vertretungen anderer Staaten, auch Preußens, an. Während des Ausbruchs einer fanatisch-verzweifelten Fremdenfeindlichkeit im Jahre 1900, der als Boxer-Krieg in die Geschichte einging, wurde das Gesandtschaftsviertel von den Ausländern erfolgreich verteidigt und danach modernisiert.

Wann immer ich seine stille Hauptstraße betrat, verschwand mit dem lärmenden Trubel auch China hinter mir: europäische Häuser, europäische Kleider und Gesichter, ein Stück Westen inmitten der asiatischen Kaiserstadt, mit eigener Verwaltung, eigener Polizei, eigenen Soldaten. Bei diesem Anblick notierte ich 1929: „Beim Zeus, wenn ich ein junger Chinese wäre, ich wäre auch fremdenfeindlich." Als junger Deutscher, der unter der Demütigung von Versailles litt, glaubte ich mich, erst recht nach dem Besuch der Ruinen des Alten Sommerpalastes, besser in die Gefühle der Chinesen hineinversetzen zu können als die vornehmen Damen und Herren aus den westlichen Gesandtschaften, die von den Chinesen oft nicht mehr sahen als ihre wohltrainierte Dienerschaft und ihre westlich erzogenen Standesgenossen. (Die kommunistische Re-

gierung hat die ausländischen Botschaften in ein Ausländergetto außerhalb der Stadt umquartiert und benützt das Viertel für andere Zwecke, u. a. die Deutsche Botschaft als Gästehaus.)
Als ich 1929 in China eintraf, war mir bewußt, daß ich in einen zu Ende gehenden Bürgerkrieg fuhr. Erst im Vorjahr hatte Tschiang Kai-schek, der neue Einiger Chinas, bei einem Vorstoß von Süden her Peking gewonnen, und immer noch war alles voll von seinen Soldaten. Ich kümmerte mich nicht darum und machte mich guten Mutes auf der noch unlängst hart umkämpften Bahnstrecke Peking-Nanking auf den Weiterweg, erst nach Tientsin mit seinen Universitäten, dann in die Provinz Schantung, die einst deutsches Einflußgebiet gewesen war. Mein Herz schlug für die Völker, die sich vom halben oder ganzen Kolonialjoch befreit hatten oder zu befreien suchten – für die Türkei, die arabische Welt, Ägypten, Indien und China. Und jetzt war ich in China, wo 1919 ein Studentenaufstand dem nationalen Unabhängigkeitsdrang des erwachenden China Ausdruck verliehen hatte. Mein Held in der Türkei war Kemal Pascha, der Befreier und Einiger seines Volkes, und in China versuchte nun Tschiang Kai-schek, dasselbe zu vollbringen.
In Tsinan, der Hauptstadt von Schantung, gab mir Herr Stein, der Besitzer des deutschen Hotels, einen seiner deutsch radebrechenden Diener mit. Wir fuhren zunächst nach Taian, von dort wollte ich den heiligen Taischan besteigen. Daß dies mit Schwierigkeiten verbunden war, habe ich damals in meinem Bericht beschrieben; ich zitiere aus ihm, weil er, noch mitten im Erleben verfaßt, meine kecke Stimmung treffend wiedergibt:
„Eine öde, sonnendurchglühte Fahrt. Alles ist gelb, die Felder, die Berge, die Hütten, die trägen, mageren Flüsse, die Menschen. Eintönig, schwer, erdrückend. Dörfer, Stationen und sehr viele Soldaten.
Dann Taianfu. Es dauert lange, ehe wir Einfahrt erhalten. Züge stehen auf den Gleisen, und die Bahnsteige sind überschwemmt von Soldaten.
Mein Diener schleicht herbei und rät mir dringend, hier nicht auszusteigen; er ahne Böses. Eine Gewitterwolke hänge über der Stadt in Gestalt von zehntausend Soldaten. Die Bevölkerung sei in größter Erregung. ‚Laß uns im Zuge bleiben, Master, und gleich weiterfahren.'
Ich lache ihn aus. ‚Dummes Zeug, selbstverständlich steigen wir aus. Ich will den heiligen Berg Chinas besteigen.'
Jetzt neigt er sich an mein Ohr und flüstert: ‚Master, du kannst nicht auf den heiligen Taischan – Tschiang Kai-schek ist hinauf.'
‚Tschiang Kai-schek auf dem Taischan? Mann, das ist ja fabelhaft. So ein Dusel. Los, raus aus dem Zug, hinauf auf den Taischan.'

Mit beleidigter Miene turnte er aus dem Wagen.

In zwei Rikschas fahren wir in die katholische Mission. Alles ist grau von Soldaten. Einwohner der Stadt sehe ich nur wenige. Befremdet schaut man mir nach.

Die Kulis traben durch viele enge Gassen und halten vor dem Tor in einer hohen Mauer. Lange nachdem ich mit der Faust an die Bohlen geschlagen hatte, öffnet sich ein Spalt. Mein Boy hält eine lange Rede, worauf sich das Tor wieder schließt. Nach einer Weile wankt der Flügel zurück, wir dürfen hinein.

Der allein anwesende Pater, ein Westfale, empfängt mich mit ernster Freundlichkeit und weist mir ein Zimmer an. Von meiner Taischan-Idee hält er nicht viel. Böse Zeiten, sagt er, das Land leide furchtbar unter den Unruhen, die Behörden seien machtlos, und Banden und Regierungstruppen könne man kaum unterscheiden. ‚Sie werden es selbst noch erleben, wenn Sie wirklich zum Taischan wollen.' Ich wollte.

Der Westfale besorgte mir einen ortskundigen Träger und lieh mir einen derben Eichenstock. Dann zogen wir los, der Steinsche Diener über meinen Unverstand laut lamentierend; er ahne Schreckliches, aber man würde uns ja doch durch keines der Stadttore lassen.

Ich hatte nichts an als meine helle Studentenhose aus Berkeley, ein offenes blaues Hemd und den Tropenhelm. So erkannte man in mir schon von weitem den Fremden. In fünf Schritten Abstand folgte der Boy, in zehn der Kuli.

Nach einigen Minuten erreichten wir das erste Tor. Es führte noch nicht ins Freie, trennte nur einen Stadtteil vom anderen. Ein Schwarm Soldaten mit aufgepflanzten Bajonetten lungerte dort herum. Leise aber triumphierend rief mein Boy: ‚Da können wir nicht weiter, Master, du wirst es sehen.'

Rasch näherte ich mich dem Tor und ohne nach links und rechts zu schauen, während die eiserne Spitze meines Wanderstocks laut das steinerne Pflaster schlug, schritt ich hindurch. In einiger Entfernung und nur mit sichtlichem Widerstreben, folgten meine Begleiter. Dasselbe Schauspiel am nächsten Tor. Dann kam das dritte, das eigentliche Stadttor. Hier hockte eine ganze Kompanie. Bei ihrem Anblick faßte mich der Boy am Hemd und erklärte, daß es völlig aussichtslos sei, auch nur zu versuchen, hier weiterzukommen. Ich hörte nicht hin; mich interessierte jetzt ehrlich die Frage: Wie komme ich durch?

Mit den bisherigen Methoden würde es kaum gehen, denn hier waren auch Offiziere dabei. Man hatte uns inzwischen gesehen, auch die Bemühungen des Dieners, mich zurückzuhalten; die Leute freuten sich,

daß die Eintönigkeit des heißen Tages unterbrochen wurde, und schauten gespannt her. Ein wenig erhöht saß im Schatten des Tores ein Offizier mit allerhand glitzernden Dingen auf der Brust. Das muß der Oberbonze sein, dachte ich.
Mit unverminderter Geschwindigkeit ging ich auf das Tor zu. Die Soldaten traten neugierig vor, so daß kein Durchgang mehr blieb. Als ich nur noch einige Schritte von dem besternten Offizier entfernt war, riß ich meinen Spazierstock in die Höhe, machte ‚Präsentiert das Gewehr', ‚Die Augen links' und Parademarsch, daß die Fliesen dröhnten. Natürlich mit todernstem Gesicht.
Das hatte man wohl als Letztes erwartet, es herrschte Verblüffung, offensichtlich war man sich nicht im klaren, ob das eine Ehrerbietung war oder eine Veräppelung. Aber ein Chinese zieht es vor, sein ‚Gesicht' zu wahren. So nahm der Offizier meine Gebärde als Ehrung und legte, wenn auch zögernd, die Hand an die Mütze. Die Soldaten im Tor traten zur Seite, ich machte ‚Augen gerade aus' und ließ meinen Stock sinken. Dann war ich draußen. Boy und Kuli hatten sich bewunderungswürdig in die Situation gefunden und so stolze Mienen aufgesetzt, als wenn sie einem General folgten.
Aber mit dem Augenblick, da wir das Tor hinter uns hatten, sanken sie wieder kläglich in sich zusammen, denn unerbittlich, steil, sonnendurchglüht stieg vor uns der Taischan in den blauen Himmel. Nur ein einziger Weg führte hinauf und auf diesem Wege mußte Tschiang Kai-schek mit seinen Großen vom Heiligtum zur Stadt zurückkehren.
Unverdrossen ging ich weiter, der maulenden Reden meiner beiden Freunde nicht achtend. Der Erfolg meines Parademarsches hatte mich verwegen gemacht; ich dachte mir, auch Tschiang Kai-schek müßte ihn großartig finden. Aber als sich bei der Wendung des Weges am letzten Ausläufer der Stadtmauer der Blick weitete, sah ich ein Kriegslager, das sich zu beiden Seiten des Weges weithin erstreckte. Jetzt blieben meine Getreuen stehen. Ich solle ein paar Stunden warten, sagten sie, dann sei Tschiang zurück, die Truppen würden abziehen und man könnte ohne Lebensgefahr den Taischan besteigen. Dann hockten sie sich in den Schatten der Mauer und rührten kein Glied mehr. Kochend vor Wut setzte ich mich zu ihnen auf den Boden.
Nach etwa zwei Stunden geriet endlich wieder Leben in die tödliche Hitze des Nachmittags. Soldaten kamen mit Rufen gelaufen, auf Sänften wurden Offiziere im Sturmschritt vorbeigetragen. Staub wälzte sich über das Feld, eine Abteilung marschierte vorüber: dicke Chinesen, in Zivil und schweißüberglänzt, hingen schlaff in Bambussänften. Und

plötzlich strafften sich die Mienen der Soldaten. Noch sah ich nichts als zwei riesige Kulis, die eine Sänfte trugen, gefolgt von zahllosen anderen Sänften. Aber ich wußte, wer kam.

Tschiang Kai-schek.

Schon als ich in Europa von den Kriegen in China las und keine Ahnung hatte, daß ich einst deren Schauplatz erblicken würde, war mir dieser Mann die vertrauteste Gestalt im Wallenstein-Lager Chinas gewesen.

Jetzt war seine Sänfte im Schatten der Mauer, jetzt trat sie hervor in das Licht. Ich schwang den Tropenhelm und brüllte ein dröhnendes ‚Hurrah'!.

Eigenartig und laut hallte mein Ruf durch die Stille des heißen Nachmittags. Tschiang wandte den Kopf. Er sah mich, nickte leicht mit dem Kopf und winkte mir grüßend zu. Dann war er vorbei, und die Masse der nachfolgenden Generale und Beamten nahm mir den Blick."

Soweit diese übermütige Aufzeichnung von 1929.

Die Besteigung des Berges der 6000 Stufen, die Nacht im taoistischen Kloster, den hinreißenden Sonnenaufgang am nächsten Morgen und den endlos weiten Blick ins chinesische Land, den Besuch der Gedenkstätte des Konfuzius in Tschüfu am übernächsten Tag – dies alles überspringe ich, um mit einem für die Zeitläufe charakteristischen Erlebnis auf der weiteren Bahnfahrt zu enden, wieder in den Worten von 1929:

„Ich kam mir vor wie in einem Troß des Dreißigjährigen Krieges, nur daß die Kerle um mich herum Gewehre hatten und mit Vorliebe auf den Waggon-Dächern reisten. Zu Hunderten hockten sie da oben, einmal fiel auch einer während der Fahrt herunter.

In einem Wagen war ein Streit ausgebrochen. Anscheinend hatten die Soldaten anwesende Bauern so lange geplagt, bis es einer nicht mehr aushielt, und seinen Peiniger ins Gesicht schlug. Diese der Soldatenehre angetane Schmach mußte natürlich gesühnt werden. Auf offener Strekke wurde der Zug zum Halten gebracht und ein Kriegsrat abgehalten. Das Urteil lautete auf Tod durch Erschießen. Da sich möglichst viele an der Hinrichtung beteiligen wollten, wurde der Verurteilte auf das Dach des hintersten Wagens gestellt und dann ein eifriges Feuer auf ihn eröffnet. Dann durften wir weiterfahren."

In Nanking besuchte ich Universitäten, wohnte in einem chinesischen Hotel, aß in der Messe der deutschen Militärberater. Ihr Chef, Oberst Kriebel, nahm mich freundlich auf und machte mich mit seinen Offizieren bekannt (insgesamt waren es etwa zwanzig), die auf Grund ihrer Erfahrungen im Weltkrieg die Armeen Chinas reorganisierten. In

Schanghai blieb ich noch vierzehn Tage. Schanghai war – und ist noch heute – Chinas aufregendste Stadt. Dieser Eindruck von 1929 trug dazu bei, daß ich sie 1941 zu meinem Domizil wählte, wodurch sie Enid und mir für fünf Jahre zur – nach Hawaii – zweiten zeitweiligen Kriegsheimat wurde.

31. Blaupause der Studenten

Der Auftrag des Welt-Studentenwerks füllte nicht nur meine fast leere Reisekasse auf, er führte mich auch in die Welt der chinesischen Studenten, des politisch aktivsten Elements der Bevölkerung. Da meine Besuche an den Universitäten Chinas durchweg ähnlich verliefen und auch immer mit denselben Ergebnissen endeten, werde ich nur über meinen ersten erzählen, an der Yentsching-Universität in Peking (Yenching auf englisch).

Auf Grund eines Anrufs der deutschen Botschaft lud mich der Präsident der Universität, John Leighton Stuart, auf den Campus zum Mittagessen ein, zusammen mit einigen Professoren und einem Vertreter der Studentenschaft. In der Person Stuarts traf ich den einflußreichsten amerikanischen Hochschulfachmann in China. Wie so viele China-Amerikaner war er ein Missionars-Sohn und hatte selbst als Missionar begonnen. Aber wie er mir so gegenübersaß und mit großem Enthusiasmus über seine Tätigkeit sprach, hatte ich den Eindruck, daß sein Element die geistige Erziehung war, nicht die geistliche Seelsorge. Aus überwiegend amerikanischen Stiftungen hatte er in den zwanziger Jahren die Universität aufgebaut, die rasch zu einer der führenden Asiens aufgestiegen war. Da ein großer Teil der modernen Elite Chinas in Yentsching ausgebildet, oft auch auf das anschließende Studium in Amerika vorbereitet worden war, gehörte Stuart zu den einflußreichsten Männern in China. (Nach dem Zweiten Weltkrieg und bis zum Siege Maos war er dort Amerikas Botschafter.)

Schon während des Essens wurde „mein" Thema besprochen, die Frage also der studentischen Selbsthilfe, wobei die amerikanischen Professoren recht viel, die chinesischen wenig Interesse zeigten, am meisten noch diejenigen, die in Amerika studiert hatten. Der studentische Vertreter sagte kaum etwas und ging erst später aus sich heraus, als er mich mit seinen Kameraden bekannt machte.

Wir setzten uns in den Schatten eines Baumes und ich erklärte meinen chinesischen Altersgenossen, wie die Studentenselbsthilfe in Amerika (seit langem) und bei uns in Deutschland (seit einigen Jahren) gehandhabt wurde: Viele Studenten verdienten sich ihr Geld selbst, indem sie im Rahmen der Hochschule und ihrer Einrichtungen die verschiedensten Arbeiten verrichteten – als Tellerwäscher in der Mensa, als Hilfsköche und Kartoffelschäler, als Hemdenbügler, als Kellner in den Speiseräumen, als Mechaniker in der Autowerkstatt. Diese Arbeitsplätze würden vom örtlichen Studentenwerk verwaltet, das den dort tätigen Studenten auch einen Lohn zahle. Anderen würden Arbeitsplätze außerhalb der Universität vermittelt; ich zum Beispiel hatte in einer kalifornischen Tankstelle Geld verdient. Frage an meinen Gesprächspartner: Kann man in China auch so etwas machen?

Die Reaktion: scharfe Ablehnung, wenn nicht schieres Entsetzen.

„Zu solchen Arbeiten sollen wir uns erniedrigen?" rief einer. „Kommt gar nicht in Frage!"

Als sie mein erstauntes Gesicht sahen, erklärten sie: „In China hat seit zwei Jahrtausenden und noch länger der Gelehrte – von Kaisern und Fürsten abgesehen – als das am höchsten zu ehrende Wesen gegolten. Kuli-Arbeit würde ihn sein ‚Gesicht' kosten."

„Es ist nicht nur eine Frage des Prestiges", rebellierte ein anderer. „Auch aus rein materiellen Gründen ginge das bei uns nicht. Hier wird die Arbeit von Kellnern und Tellerwäschern miserabel bezahlt. Es wäre total verrückt, mit einem Kuli um seinen Hungerlohn zu konkurrieren."

So sprachen sie noch eine Weile weiter. Ihr Englisch war erstaunlich gut, obgleich keiner von ihnen in Amerika oder England gewesen war, doch vollzog sich der Unterricht vorwiegend in dieser Sprache, die damals in China auf dem Wege war, zur Sprache der Oberschicht und, als Pidschin-Englisch, auch jener Stadtbewohner zu werden, die mit den Ausländern in Berührung kamen. Die Studenten waren adrett angezogen, in westlichen Hemden und Hosen (Jeans gab es in China noch nicht), mit kurzem Haarschnitt und, nach amerikanischer College-Manier, einem Stoß Bücher unter dem Arm.

Nachdem sie ihren ersten Schrecken überwunden hatten, waren sie freundlich, aber nach einer weiteren Viertelstunde war klar, daß – zum mindesten auf dem Yentsching-Campus – in der Frage der Selbsthilfe nichts zu machen war. Ich brachte das Gespräch auf politische Themen. Auch da stieß ich auf eine einhellige Meinung, auf einen hitzigen Nationalismus. Zu meinem Staunen erfuhr ich, daß er in China von demselben Reizwort seinen Ausgang nahm wie bei uns, es hieß Versailles. Einer erklärte mir das so:

„China ist auf Drängen der Westmächte, vor allem Englands, in den

Krieg gegen euch gezogen, weil wir zur Belohnung das bis dahin zum deutschen Einflußbereich gehörende Schantung zurückerhalten sollten. Aber in Versailles gaben die Sieger diese Provinz den Japanern, auch diese hatten sie wie uns mit Versprechungen in den Krieg gegen euch hineingezogen. China weigerte sich, den Versailler Vertrag zu unterzeichnen und in Peking explodierte am 4. Mai 1919 eine Studentenrevolte, die viele Universitäten erreichte. Heute sind wir die Träger dieser Bewegung."

„Heute geht es nicht mehr um Schantung", ergänzte ein anderer. „Ohnehin haben uns die Japaner inzwischen alles, was sie euch dort im Krieg abgenommen hatten, übergeben müssen. Die Parole heißt jetzt: ‚Für ein einiges China', und das bedeutet Kampf gegen die War Lords" (= Kriegsherren, so nannte man die lokalen starken Männer, die sich in einer Provinz – oder auch in mehreren Provinzen – ihre Privatarmee und Machtstellung aufgebaut hatten).

„Die War Lords denken nur an sich", hieß es, „nicht an unser gemeinsames Vaterland China. Sie sind total korrupt, erzreaktionär und herrschen wie die übelsten Tyrannen." Mit einem Wort: „Die War Lords müssen im Interesse der nationalen Einheit beseitigt werden."

Als ich wissen wollte, wie denn das vor sich gehen sollte, stieß ich bei den jungen Leuten auf ein Dilemma: Auf der einen Seite waren sie von Tschiang Kai-schek begeistert, dessen Armeen im Begriff waren, China durch „Blut und Eisen" zu einen. Auf der anderen trauten sie ihm nicht ganz.

„Ob der nicht selbst ein War Lord im Maßstab ganz Chinas werden wird?" fragte einer.

Aber ein anderer meinte: „Erst soll Tschiang China einigen. Dann sieht man weiter."

Was man dann weiter sehen wollte, erfuhr ich nicht, denn die Vorlesungen riefen. Nur der eine, der schon beim Mittagessen dabeigewesen war, nahm sich noch Zeit und führte mich ein Weilchen über den Campus. Zwischendurch, während er mir die einzelnen Gebäude erklärte, sagte er: „Da ist noch eine Schwierigkeit, in der wir uns befinden. Auf der einen Seite wollen wir China durch rasche Nachahmung des Westens aus seiner Erstarrung herausreißen, zu einem modernen Staat machen und alles, was zur chinesischen Tradition gehört, auch das Erbe des Konfuzius vernichten. Haben Sie unseren chinesischen Lieblingsschriftsteller Lu Hsün gelesen?" unterbrach er sich und sagte, als ich verneinte: „Dann tun Sie es, dort steht alles drin, er ist einer der maßgeblichen Leute der 4. Mai-Bewegung. Wir wollen uns also verwestlichen, und doch sehen wir: Die technisch und zivilisatorisch so beneideten und als nachahmenswert empfundenen Westmächte samt ihrem Juniorpartner Japan sind es, die China ausbeuten und dem chinesischen Volk gegenüber die so laut verkündeten eigenen Ideale der Freiheit und Gleichheit mißachten."

Er dachte eine Weile nach, blickte sich um und fuhr fort: „Was ich Ihnen jetzt sage, darüber sprechen wir nicht vor Fremden. Aber morgen sind Sie schon über alle Berge. Also: Manche von uns richten ihren Blick auf Moskau, wo in einer – der unseren nicht ganz unähnlichen – Auseinandersetzung mit dem zivilisatorisch weit überlegenen Westen eine neue Parole gefunden wurde: Gegen den Westen – unter dem Banner des westlichen Marxismus. Wenn die Russen den Westen wirklich eines Tages überholen, dann beweisen sie, daß man ihn als technisch rückständiges Land mit seinen eigenen Waffen erst ideologisch, dann auch technisch schlagen, daß man zugleich modern und antiwestlich sein kann. Meinen Sie nicht auch?"

Bislang hätte ich aus Rußland mehr von Revolution als von Aufbau gehört, sagte ich. Aber ich befände mich ja auf dem Wege zu meinem ersten Besuch in der Sowjetunion.

„Sie müssen verstehen," sagte er beim Abschied, „warum ich so geheimnisvoll tue. Aber Tschiang Kai-schek hat erst vor zwei Jahren die Kommunistische Partei, mit der er alliiert war, mit Folter und Tod vernichtet. Es ist gefährlich, Interesse an Moskau zu zeigen."

Unter den Chinesen, die ich bislang gekannt hatte und die durchweg älter waren als diese Studenten, hatte ich solche Töne noch nicht gehört. Denn die Generation, die nach der Jahrhundertwende an den neuen, stark westlich ausgerichteten Hochschulen Chinas oder gar im westlichen Ausland (und Japan) studiert hatte, bewegte sich noch voll Zuversicht auf der Straße des Fortschritts, so wie ihn der Westen damals verstand. Sie wollten aus China, oder jedenfalls aus den Küstengebieten, ein Amerika oder ein Deutschland machen. Sie setzten auch auf Tschiang Kai-schek und waren – neben dem Offizierskorps – seine treuesten Helfer. Aber sie waren gering an Zahl. Das Volk schlief noch. Japan hingegen, daran mußte ich oft denken, war ungeheuer wach, ein Pfeil auf gespannter Sehne.

Die volle Bedeutung der Gespräche mit den Studenten von Yentsching – denen ähnliche an anderen Universitäten Chinas folgen sollten – verstand ich erst bei späteren China-Besuchen. Im Grund hatte ich von ihnen eine Blaupause der späteren Entwicklung Chinas, zum mindesten seiner studentischen Generation erhalten. Zwanzig Jahre später ergrif-

fen die einen mit Mao aus den Höhlen von Yenan heraus die Macht in China, saßen die anderen als Flüchtlinge mit Tschiang auf Taiwan.
Nachdem ich die führenden Universitäten des Landes in Peking, Tientsin, Tsinan, Nanking und Schanghai besucht hatte, vom Erziehungsminister (der einst in Berkeley studiert hatte) empfangen, an seinen Sachbearbeiter, King Tschu, zu ausgiebigem Gespräch verwiesen worden war und überall dasselbe gehört hatte wie bei dem ersten Gespräch mit den Studenten unter dem Baum von Yentsching, verfaßte ich drei Berichte (über das Hochschulwesen in China insgesamt; über jede der besuchten Universitäten; über das Gespräch im Erziehungsministerium) und schickte sie ans Weltstudentenwerk. Die Antwort auf die mir gestellte Frage, schrieb ich dort, sei eindeutig ausgefallen, am präzisesten mit den Worten von King Tschu: „Erstens sind die Löhne zu niedrig und zweitens vertreten die Studenten die Ansicht, es sei Aufgabe der Regierung, sie als die Führer von morgen finanziell ausreichend sicherzustellen."
Diese Einstellung, die im Widerspruch stand zu der damals in der deutschen Studentenschaft üblichen, war Mao bekannt; ein Jahrzehnt zuvor war er selbst noch Student gewesen. Sicher hat dies später zu seiner Entscheidung beigetragen, die Jugend Chinas zwischen Schule und Universität zur körperlichen Arbeit in den Dörfern zu zwingen, um ihr diese feudalen Ansichten auszutreiben. So haben mich die Campus-Gespräche von 1929 auf Maos Kulturrevolution von 1966 vorbereitet.

Da mir allgemein versichert wurde, in den übrigen Universitäten sei die Stimmung auch nicht anders, sah ich meine Schairer gegenüber eingegangene Verpflichtung als erfüllt an, verzichtete – um nicht nutzlos Geld des Studentenwerks zu verreisen – auf den Besuch Südchinas und machte mich auf den Heimweg. Dieser war komplizierter als vermutet: Die „Derfflinger" des Norddeutschen Lloyd, auf der ich einen Platz nach Europa belegt hatte, war im Chinesischen Meer untergegangen, und da nur der Lloyd ordentliche Zweite-Klasse-Plätze für relativ billiges Geld anbot, sein nächster Dampfer jedoch erst in vier Wochen ging, beschloß ich, über die Mandschurei und Sibirien heimzureisen. Da brach ein (inoffizieller) Krieg zwischen dem Herrn der Mandschurei, Tschiang Hsueh-liang, und der Sowjetunion aus (er sollte bis Weihnachten dauern); die Grenze wurde geschlossen. Ich fuhr also nach Japan zurück, von dort mit dem Schiff nach Wladiwostok und, während uns Truppenzüge der Roten Armee entgegenrollten, entlang des Ussuri und Amur rund um die Mandschurei weiter mit der „Transsib" nach Moskau.

Berufe mit Blick nach draußen
1929–1936

Nach der Rückkehr aus Amerika, Japan, China, Sowjetunion im Herbst 1929, trat ich meinen ersten Beruf an: als Sekretär des Deutschen Akademischen Austauschdienstes in Berlin. Die Mutter kam nach und wir lebten – erst allein, dann kam Enid dazu – in einem Reihenhaus am Ostrand der Stadt. Nach anderthalb Jahren schied ich beim Austauschdienst aus, um mich ganz der Arbeit zuzuwenden, die ich als die mir gemäßeste ansah, dem Studium Rußlands und der UdSSR. Nach Hitlers Machtantritt 1933 mußte ich entweder mein Arbeitsgebiet oder meinen Wohnsitz ändern. Ich entschied mich für letzteres und fand nach einigem Suchen drei Zeitungen („Münchner Neueste Nachrichten", „Leipziger Neueste Nachrichten" und „Hamburger Fremdenblatt", trotz seines kuriosen Namens damals das führende liberale Blatt Norddeutschlands). Sie zahlten mir ein monatlich kündbares Fixum von 400 Mark für Aufsätze und Telegramme aus Moskau. In die Moskauer Zeit fiel (noch 1934) mein einziger, glücklich verlaufener Zusammenstoß mit der Gestapo. Als Goebbels den drei Blättern Anfang 1936 verbot, mich zu drucken, fuhren Enid und ich über Sibirien, Ostasien und Hawaii nach Kalifornien.

32. Im Berliner Schloß

Die ersten fünf Jahre meines Berufslebens standen im Zeichen von zwei Männern, die ich verehrte und denen ich gerne diente, Morsbach und Hoetzsch. Später war ich mein eigener Herr.

Adolf Morsbach war der Leiter des Deutschen Akademischen Austauschdienstes, und dieser hatte mir, wie schon berichtet, das Stipendium in Berkeley vermittelt. Was ich nach dem Amerika-Jahr tun würde, darüber habe ich in Kalifornien wenig gegrübelt. Ohnehin, so dachte ich in meinem Übermut, stand mir alles offen. Übrigens auch in Amerika, wo mir ein Stipendium für ein weiteres Jahr angeboten wurde. Aber ich wollte nun nicht länger auf Hochschulbänken sitzen und lieber eine Tätigkeit finden, bei der ich daheim für die Verbindung Deutschlands mit dem Ausland wirken konnte, etwa – das war eine meiner noch unausgegorenen Vorstellungen – bei der Lufthansa.

In mein kalifornisches Jahr fiel eine Reise Morsbachs nach Amerika, bei der er in New York Verhandlungen mit Stephan P. Duggen führte, dem Leiter der amerikanischen Schwester-Organisation (Institute of International Education), und austauschwillige Universitäten samt seinen dort studierenden „Söhnen und Töchtern" besuchte, wie er uns Austauschstudenten nannte. So kam er auch nach Berkeley.

Bis dahin hatte ich Morsbach nur als eine über den Wolken schwebende Schicksalsmacht gekannt, die mir ein Jahr Kalifornien beschert hatte. Erst jetzt lernte ich ihn menschlich kennen und fand ihn großartig. Der Eindruck, den er auf die Menschen machte, war so stark, daß selbst ein junger deutscher Historiker, Volkhardt Laitenberger, der anderthalb Jahrzehnte nach Morsbachs Tod geboren wurde, aus dem Studium staubiger Akten noch dieses Bild von Morsbach gewann: „Seine zupackende Tatkraft, sein ehrgeiziges Durchsetzungsvermögen, der mitreißende, mit offener Direktheit verbundene, durchaus sendungsbewußte Schwung, mit dem er von sich und der Wichtigkeit seiner Aufgabe zu überzeugen verstand, und nicht zuletzt seine ausgeprägte Fähigkeit zur Freundschaft bildeten die persönlichen Voraussetzungen seiner Erfolge."

Morsbach hatte in der Kulturverwaltung eine rasche Karriere gemacht und wurde 1927 mit 37 Jahren Leiter des Austauschdienstes. Er war großgewachsen, sah vorzüglich aus, hatte einen festen Händedruck und eine enorme Arbeitsfähigkeit. Wenn ich ihn in Berkeley zu meinen Dekanen und Professoren oder in San Franzisko zu den Männern führte, die das deutsche Stipendium für Berkeley gestiftet hatten, war ich stolz, ihnen ein solches Prachtexemplar von einem Deutschen vorstellen zu können.

Morsbach gehörte zu der von mir romantisch verklärten Frontgeneration und verkörperte in meinen Augen den besten Typ eines Deutschen der mittleren Generation jener Epoche – hochgebildet (er hatte zwei Doktortitel, und das bedeutete damals noch etwas), demokratisch, patriotisch und zugleich weltoffen (er hatte vor dem Weltkrieg in Cambridge studiert). Menschen wie ihn hoffte ich bald in der obersten deutschen Führungselite zu sehen; das Wort Elite hatte in meinen Ohren, sofern es mit dem Dienst an der Nation verbunden war, einen ausschließlich positiven Klang.

Die Sympathie beruhte auf Gegenseitigkeit, Jahrzehnte später habe ich aus der Studie des schon genannten Laitenberger erfahren, daß Morsbach in seinem Reisebericht schrieb, ich hätte – zusammen mit dem Generalkonsul in San Franzisko, Werner O. von Hentig – „eine wirkliche deutsche Atmosphäre geschaffen". Zugleich erwähnte er meinen „unausgesprochenen Wunsch zur Tat nach der Rückkehr nach Deutschland". Für diese Tat hatte Morsbach bereits einen konkreten Vorschlag. Er wollte mich als Assistenten im Austauschdienst. Ich war Feuer und Flamme und ein paar Monate später Morsbachs Sekretär.

Der Austauschdienst hatte seine Räume im alten Berliner Schloß, jenem historischen Bau im Herzen Berlins, den Ulbricht später zerstörte, um eine Art von Rotem Platz in der DDR zu schaffen. Erst wohnte ich in einer Pension, dann mit der Mutter in Friedrichshagen, mit guter Verkehrsverbindung zum Stadtzentrum.

Der Austauschdienst (1923 an der Universität Heidelberg entstanden, 1927 nach Berlin verlegt) wuchs unter Morsbachs Initiative rasch zur größten und zum Schluß einzigen nichtamtlichen Institution, die sich mit Kulturpolitik im Ausland befaßte. Zu ihm gehörten: die Akademischen Auslandsstellen an den einzelnen Hochschulen, die Alexander von Humboldt-Stiftung, die für die Vergabe von Stipendien für ausländische Wissenschaftler (also nicht Studenten) zuständig war, ferner Filialen im Ausland, vor allem in Paris (unter Leitung von Karl Epting, einer Schlüsselfigur deutsch-französischer Kulturbeziehungen) und in London, sowie die deutsche Pädagogische Auslandsstelle (unter Theodor Wilhelm), die sich um Lehrer- und Schüleraustausch kümmerte. Morsbachs Imperium vibrierte von Lebendigkeit. In seinem Büro war ein ständiges Kommen und Gehen von Wissenschaftlern, Wissenschaftspolitikern und Studenten aus aller Welt. Kaum einer, der nicht seinem Charme erlag.

Einen seiner Besucher habe ich nie vergessen. Ich kam wieder einmal mit zwei dicken Unterschriftsmappen zu ihm, als ich in seinem Vorzimmer zwei totenblasse Sekretärinnen und zwei Männer mit Pistolen in der Hand antraf, die mein fröhliches „Guten Morgen" mit dem Zeigefinger am Mund abwürgten. Flüsternd wurde mir mitgeteilt, im Zimmer Morsbachs sei ein Geistesgestörter, der ihn – mit gezogenem Revolver – zu erschießen drohte. An der Türe lauschend hörten wir jedoch nichts außer einem in normaler Tonlage geführten Gespräch, dessen Inhalt wir nicht verstehen konnten. Nach einer Weile öffnete sich die Türe, Morsbach und sein Besucher traten friedlich heraus. Die beiden Männer, die ihre Pistolen weggesteckt hatten, nahmen den Fremden in die Mitte und zogen mit ihm ab. Folgendes war geschehen: Der Mann (ich habe seinen Namen vergessen), wie sich herausstellte, ein erfolgloser Bewerber um ein Austauschstipendium, war, ohne daß die Sekretärinnen etwas Böses ahnten, zu Morsbach gegangen, hatte dort einen Revolver gezogen und erklärt, er müsse Morsbach sofort erschießen, weil dieser ihm das Stipendium verweigert hatte. Morsbach sah, daß er es mit einem Kranken zu tun hatte. Er habe vollstes Verständnis sagte er, für die Absicht des Besuchers, allerdings sei eines zu berücksichtigen: Er selbst sei ja nur einer von mehreren, die an der Verweigerung des Stipendiums schuldig seien, und die Gerechtigkeit verlange, daß die anderen gleichfalls erschossen würden. Er schlage also vor, erst einmal gemeinsam eine komplette Liste der Bösewichte aufzustellen. Das leuchtete dem Gast ein. Morsbach griff zum Telefon und sagte der bis dahin nichts ahnenden Sekretärin, er brauche sofort die Namen der Vorstandsmitglieder samt Adressen, da sein Gast ihn selbst und einige von ihnen erschießen müsse. Das sei aber höchst geheim, sie möge ihm also die Liste unter der Türe durchschieben. Die Sekretärin schob die Liste in sein Zimmer und mobilisierte die Polizei. Derweil sprach Morsbach ganz sachlich und der Reihe nach die einzelnen Herren des Vorstandes und ihren angeblichen Schuldanteil durch. Der Mann fand das alles so interessant, daß er sich eifrig beteiligte, den Revolver wegsteckte und freundlich Abschied nahm. Nach diesem Bravourstück war Morsbach erst recht mein Held. Bald darauf gingen wir zum Du über, in das auch seine Frau Annemarie einbezogen wurde.

Meine eigenen Aufgaben bestanden vor allem darin, die Bewerber in Berlin und im Reich kennenzulernen und ihre Anträge dem zentralen Auswahlgremium vorzulegen, ferner in Korrespondenz mit dem Ausland dafür zu sorgen, daß sich der Austausch entwickelte und auf weitere für uns wichtige Staaten ausdehnte.

Als ich nach Kalifornien aufgebrochen war, hatte ein Austausch nur mit den USA bestanden (wohin in jenem Jahr 34 Studenten entsandt wurden), ferner mit England (in jenem Jahr 17) und Frankreich (7). Während meiner Zeit im Berliner Schloß kamen noch sechs Staaten hinzu, mit weiteren wurde verhandelt. (Mit Japan, an dem mir besonders gelegen war, kam ein Austausch 1934 zustande.) In dem letzten noch von mir vorbereiteten Jahrgang gingen insgesamt 115 deutsche Studentinnen und Studenten in ein Dutzend Staaten hinaus. (Das sind bescheidene Zahlen im Vergleich zu heute. Mit Jahresstipendien des Austauschdienstes waren 1979/80 678 Deutsche in 49 Staaten.) Mit den Ergebnissen waren wir zufrieden: Von den deutschen Austauschstipendiaten der Zeit vor 1933, über die Unterlagen vorliegen, gingen 36 in den Auswärtigen Dienst (17 brachten es zum Botschafter), rund 40 wurden Hochschullehrer, 30 höhere Beamte, 20 gelangten in andere herausgehobene Stellungen (als Abgeordnete, Anwälte, Verleger usw.).

Mit Morsbach an der Spitze hatte der Austauschdienst eine Richtung eingeschlagen, die mir sehr zusagte. Sie war von seinem Freund Arnold Bergsträsser in einem 1929 veröffentlichten Aufsatz „Sinn und Grenzen der Verständigung zwischen Nationen" formuliert worden. Bergsträsser, ebenfalls Kriegsteilnehmer, damals am Institut für Sozial- und Staatswissenschaften der Universität Heidelberg, mühte sich um die Lösung des Widerspruchs zwischen dem Machtstreben einer Nation (das sich für ihn, wie für fast alle Deutschen seiner und meiner Generation außerhalb der linken Linken, von selbst verstand) und der internationalen Verständigung (die nach den Schrecken des Ersten Weltkrieges dringend nötig war).
Bergsträssers eindrucksvoll formulierte Argumentation lief auf den Rat hinaus: Begegnungsmöglichkeiten zwischen den geistigen Eliten verschiedener Völker (also etwa mit Hilfe des Studentenaustausches) zu schaffen, um zu den diplomatischen und wirtschaftlichen (heute würde man hinzufügen: touristischen) internationalen Beziehungen eine weitere, besonders wichtige, hinzuzufügen: die geistige.
Ich hielt diese Grundsätze für richtig und wandte sie auch bei der Vorauswahl der Kandidaten an. Eigenbrötlerische Stubenhocker hatten im Austauschdienst wenig Chancen; wenn sie Fach-Genies waren, gab es für sie andere Möglichkeiten zur Weiterbildung im Ausland. Unsere vervielfältigten Richtlinien für Personen, die wir um Referenzen baten, enthielten daher Sätze wie diesen: „Die vom Austauschdienst entsandten Stipendiaten sollen die deutschen Hochschulen im Ausland würdig vertreten; nur menschlich gut gebildete Persönlichkeiten kommen daher für die Freistellen des Austauschdienstes in Frage." Für meine Vorauswahltätigkeit hatte ich mir insgeheim die Faustregel aufgestellt: 60 Prozent Persönlichkeit, 40 Prozent Wissenschaftlichkeit, und meine Vorschläge fanden meist Morsbachs Billigung.
Das Durchhalten dieser Auslesepolitik wurde erleichtert, weil Morsbach erreichte, daß in allen den Austauschdienst betreffenden Fragen (einschließlich Finanzierung) unter sämtlichen Ministerien das Auswärtige Amt die Federführung haben sollte. Dieses stimmte seiner Linie zu, und so wurde verhindert, daß zahllose Köche in dem Brei herumrührten und jeweils ihre eigenen Prinzipien und Wünsche ins Spiel brachten. Aus jener Zeit stammen auch meine ersten Kontakte zum Auswärtigen Amt, da ich Morsbach dort manchmal bei Besprechungen zu vertreten hatte.
Mit besonderem Vergnügen denke ich an „Köpenick". Dies war unser Kurzwort für die spätsommerlichen Zusammenkünfte im Schloß und

Park des Berliner Vororts Köpenick, auf denen sich die eben heimgekehrten „Alten" und die in diesen Wochen hinausgehenden „Neuen" trafen. Mancher Alte übergab dem Nachfolger ganze Adressenlisten von Leuten, an die dieser sich wenden sollte. Ausgesprochen oder unausgesprochen hieß die Botschaft, die in Köpenick den Neuen auf den Weg mitgegeben wurde: Studiert draußen, lernt die Welt kennen, habt Spaß, aber vergeßt nie: Ihr seid Botschafter Deutschlands; an jeder Universität werden sich Dutzende, vielleicht Hunderte ihr Bild der noch weithin unbekannten und für viele unheimlichen deutschen Republik nach dem Eindruck bilden, den ihr dort macht. Und kommt wieder zurück.

Anderthalb Jahre hatte ich mit Freude bei Morsbach gearbeitet, hatte gesehen, wie man mit Behörden und Akten umgeht und ein (kleines) Büro zusammenhält. Dann bat ich Morsbach, mich ziehen zu lassen. Mit voller Kraft wollte ich in die Rußland-Arbeit. Wie dies vor sich gehen sollte, würde sich ergeben.

An meiner Freundschaft mit dem Ehepaar Morsbach, meiner Verbundenheit mit dem Austauschdienst (bei dem ich in meiner Freizeit noch manchmal mithalf) änderte sich zunächst nichts. Die große Wende kam mit Hitlers Machtantritt. Morsbach hatte Schwierigkeiten mit den Nationalsozialisten, die schon vor 1933 gerade in der Studentenschaft rasch Boden gewannen und immer deutlicher Posten und Macht forderten. Er war ihnen ein Dorn im Auge. Noch unternahmen sie nichts gegen ihn (es gab Dringenderes zu tun), aber ihre Einstellung war: Du kommst auch noch dran.

Bei gelegentlichen Gesprächen in den ersten Monaten des Jahres 1933 überlegten wir, was nun zu tun sei. Die völlige Fehlkalkulation Hugenbergs, des Führers der traditionellen Rechten, war schon wenige Monate nach dem 30. Januar 1933 offenkundig; in seiner Naivität hatte er geglaubt, in einer Koalitionsregierung mit Hitler diesen an die Leine legen zu können. Das Gegenteil war der Fall. Man mußte sich also auf eine längere Frist einrichten. Für einen einzelnen wie mich war das relativ einfach, bei Morsbach aber stand eine bedeutende, in aller Welt angesehene Institution auf dem Spiel. Beide hielten wir also damals Ausschau nach Leuten in der NSDAP, mit denen man reden konnte – Morsbach über die auswärtige Kulturarbeit, ich über die Politik gegenüber dem Osten.

Ich erzählte Morsbach von meinem Kontakt zu Röhm und riet ihm, denselben Weg zu versuchen. (Später bereute ich dies sehr, aber niemand konnte das Schicksal Röhms voraussehen.) Bald darauf hörte ich von Morsbach, es sei ihm gelungen, Röhm ins Präsidium des Austauschdienstes zu bekommen, und dieser habe meinen Freund Ritsch als Vertreter benannt. So kam es auch, daß der SA-Chef Röhm zum Staunen der ausländischen Kommilitonen Schutzpatron der Tagung deutscher und ausländischer Studenten war, die im Spätsommer 1933 in Kloster Ettal stattfand und an der auch ich als ehemaliger Austauschstudent mit Enid teilnahm.

Daß Röhm in den folgenden Monaten, unter Mithilfe Ritschs, seine Stellung unter den deutschen Studenten weiter ausbaute, indem er ein SA-Hochschulamt gründete, konnte Morsbach nur recht sein. Röhm und Maier waren jetzt seine Hauptstützen, auf die er sich berief, wenn irgendwelche NS-Studentenfunktionäre ihm in seine Arbeit hineinreden wollten. Dies machte seine Gegner noch bösartiger.

Im Juni 1934 verbrachte Morsbach ein Wochenende bei Röhm in Bad Wiessee. Eine Woche später wurden Röhm und seine nächsten SA-Führer in demselben Hotel festgenommen und dann erschossen. Morsbach und Ritsch wurden von der Gestapo zusammen eingesperrt und erst nach wochenlangem Verhören und unter Verlust ihrer Ämter wieder freigelassen.

Die Ära Morsbach war zu Ende, aus seinem Austauschdienst wurde zunehmend eine NS-Propagandaorganisation. Bergsträsser emigrierte als „jüdisch Versippter“ nach Amerika. Der Vorsitzende der Vereinigung ehemaliger Austauschstudenten, mein Freund Hans Georg Bodenstein, wurde in Berlin von einer Luftmine zerrissen. Viele Austauschstudenten kamen aus dem Kriege nicht mehr zurück. Aber Morsbach erlebte das alles nicht mehr. Er war im März 1937 gestorben.

Als ich 1946 aus China zurückkehrte, suchte ich – zusammen mit der Alt-Austauschstudentin Ingeborg Klaiber-Würtz – nach Überlebenden. Das schmelzende Häuflein traf sich noch einmal in Godesberg mit Morsbachs Witwe. Der Austauschdienst war inzwischen zu neuem Leben erweckt worden. Er entwickelte sich rasch unter der Leitung seines Generalsekretärs, des ehemaligen Austauschstudenten Hubertus Scheibe, bis dieser 1979 aus Altersgründen ausschied, und wird, da sich der Gedanke des Studentenaustausches in der ganzen Welt durchgesetzt hat, unter seinem Nachfolger Karl Roeloffs sicher weiter florieren. Für mich aber werden drei wichtige Erlebnisse wach, wenn ich an den Deutschen Akademischen Austauschdienst denke: Kalifornien, Morsbach, erster Beruf.

33. Zweiter Beruf – ideal aber kurz

Im Frühjahr 1931, knapp drei Jahre nachdem ich bei Otto Hoetzsch promoviert hatte, fragte er bei mir an, ob ich „Generalsekretär der DEUTSCHEN GESELLSCHAFT ZUM STUDIUM OSTEUROPAS und Redakteur der Zeitschrift OSTEUROPA" (so die Amtsbezeichnung) werden wolle. Wieder war ich Feuer und Flamme. Es gab in Deutschland nichts, das mich mehr reizen konnte als die Aussicht, mit dem von mir so verehrten Hoetzsch auf dem Gebiet zu arbeiten, das mir am meisten lag und das, so glaubte ich, für die deutsche Politik von hoher Bedeutung war.

Es war ein reiner Zufall, daß dieser Posten frei wurde. Die auf Initiative Hoetzschs 1913 gegründete Gesellschaft veröffentlichte seit 1925 eine Zeitschrift, mit Hoetzsch als Hauptautor. Hans Jonas, als Generalsekretär der Gesellschaft zunächst für die Redaktion verantwortlich, hatte Anfang 1931 einen neuen Posten in Königsberg angetreten. Sein Nachfolger Dr. Otto Schiller, der früher als Agrarfachmann auf einem deutschen Versuchsgut in Südrußland Erfahrungen gesammelt hatte, kündigte nach kurzer Tätigkeit ebenfalls, da die Deutsche Botschaft in Moskau ihn (zum 1. Juli 1931) als landwirtschaftlichen Attaché einstellte.

Hoetzsch, über die Kürze von Schillers Gastspiel verärgert, hielt nun Ausschau nach einem Nachfolger, der ihm persönlich ergeben war. So kam er auf mich. Er erbat die Zustimmung des Präsidenten der Gesellschaft, Staatsminister a. D. Friedrich Schmidt-Ott, und der zuständigen Herren des Auswärtigen Amtes, das die Gesellschaft finanziell unterstützte, Terdenge und Freudenberg. Zufällig waren dies dieselben drei Herren, die mich aus meiner Tätigkeit im Austauschdienst kannten. Von Freudenberg haben sich über mich zwei vertrauliche Aufzeichnungen vom 25. Mai und 6. Juni 1931 erhalten, die positiv ausfielen. So zog ich in die Geschäftsräume der Gesellschaft, Potsdamer Straße 26B, die zum Jahresende 1931 in eine nicht weit davon entfernte stille Straße, Am Karlsbad 29, verlegt wurden, beide in Berlin W 35.

Ich war glücklich. Die Gesellschaft war dank Hoetzschs Autorität und der Qualität der von ihm geschaffenen Zeitschrift eine angesehene Institution, die Zusammenarbeit mit ihm geradezu ideal – er war immer da, wenn ich ihn brauchte, und ließ mir doch von Anfang an weitgehend freie Hand. Die beiden Damen im Büro waren eingearbeitet und tüchtig (mit einer stehe ich auch noch nach einem halben Jahrhundert in Verbindung).

Ich war keine 25 Jahre alt; von mir aus hätte also dies mein Beruf für viele Jahre bleiben können. Und in der Tat wurde er es – für 44 Jahre, allerdings mit einer Unterbrechung von 17 Jahren (1934–1951). Wie beim Austauschdienst beruhte auch in meinem zweiten Beruf meine Arbeit (und meine Freude an ihr) auf der Übereinstimmung mit dem Chef. Es gab zwischen uns Meinungsverschiedenheiten in Detailfragen, natürlich, schließlich war ich dreißig Jahre jünger, aber keine Unterschiede im Grundsätzlichen. Wie Hoetzsch war ich für Rapallo, für die Betrachtung der russischen Geschichte als eines untrennbaren Bestandteils der europäischen, gegen einen Krieg mit der Sowjetunion, für die – wie Hoetzsch sagte – „von Natur und Schicksal" bestimmte Zusammenarbeit von Deutschen und Russen, gegen die Herrschaft des Kommunismus in Deutschland.

Einer der Höhepunkte meiner Jahre bei der Osteuropa-Gesellschaft war im Sommer 1933 die Reise mit Otto Hoetzsch nach Moskau wegen der Weiterführung der großen deutsch-sowjetischen Aktenpublikation, die auf russischer Seite von dem damals führenden Historiker M. M. Pokrowskij, auf deutscher – namens der Gesellschaft – von Hoetzsch herausgegeben wurde und die geheime Akten aus den zaristischen Archiven über die Außenpolitik St. Petersburgs seit 1911 offenlegte. Diese Zusammenarbeit war verständlich. Die Bolschewiken wollten dem russischen Volk an Hand dieser Akten die Schuld der Zarenregierung am Ausbruch des Krieges von 1914 beweisen, und genau das lag auch im Interesse unseres Kampfes gegen die westliche These von der deutschen Kriegsschuld. Die Arbeit wurde bei uns zügig vorangetrieben, 1931 erschien bereits der erste Band (im Lexikon-Format mit 516 Seiten) im Berliner Verlag Reimar Hobbing zum Preis von 38 Mark; ihm folgten im Laufe der Jahre weitere vierzehn.

(Hoetzschs wichtigster Mitarbeiter bei dieser Arbeit war Wolfgang Leppmann, auch einer seiner Schüler. Diesem hochbegabten Juden wäre nach 1933 eine gute Stellung im Ausland sicher gewesen, da es dort damals an tüchtigen Ostforschern mangelte. Aber Leppmann blieb in Berlin. Als es gefährlich wurde, tauchte er unter. Durch Zufall wurde er bei einer Razzia, die einem anderen galt, entdeckt und am 14. September 1943 in Auschwitz ermordet.)

Pokrowskij starb 1932 – zum ersten Mal; mit militärischen Ehren wurde die Asche des „treuen Schülers von Marx und Lenin", wie er genannt wurde, in der Kremlmauer beigesetzt. Zwei Jahre später starb Pokrowskij zum zweiten Mal, als Stalin ihn in Grund und Boden verdammen und seine Schüler als „Feinde des Volkes und verächtliche trotzkistische Agenten des Faschismus" verleumden ließ. Stalin hatte nämlich 1933 angesichts der Erfolge des Nationalsozialismus in Deutschland die

Bedeutung des Patriotismus für sich erkannt; Pokrowskij, der konsequente Kritiker der russischen Vergangenheit, paßte also nicht mehr in die Landschaft; sein marxistischer Internationalismus wurde durch Stalins Nationalismus ersetzt. Doch die Arbeit an der Aktenpublikation lief in Moskau unter neuer Führung weiter. Als ich die Gesellschaft 1934 verließ, lagen fünf Bände vor.

Als Schmidt-Ott aus Altersgründen von seinem Amt zurücktrat, setzten Hoetzsch und in bescheidenem Maß auch ich alles daran, um den im Vorjahr unter französischem Druck aus dem Amt gedrängten Außenminister Julius Curtius als Nachfolger zu gewinnen. Curtius nahm an. Da er ein aktiveres Interesse als Schmidt-Ott an der Gesellschaft nahm und deren Geschäftsstelle in Gehentfernung von seinem Rechtsanwaltsbüro lag, habe ich ihn in meinen verbliebenen zwei Jahren häufig gesehen und ihn menschlich wie auch wegen seiner ruhigen Sachlichkeit und großen Fairneß sehr geschätzt.

Durchweg angenehm war die Zusammenarbeit mit den Vertretern der amtlichen deutschen Außenpolitik in der Zentrale wie auch in der Botschaft in Moskau, für mich vor allem mit meinem väterlichen Freund Gustav Hilger, damals – nach Botschafter von Dirksen und Botschaftsrat von Twardowski – der dritte Mann in Moskau. Gute Beziehungen bestanden auch zur Ost-Wirtschaft, die damals große Geschäfte mit der Sowjetunion abwickelte. (Bankdirektor Hermann Abs wurde Schatzmeister der Gesellschaft.) Hoetzsch und ich bemühten uns auch um Kontakte zur Reichswehr, wo Major Spalcke für Ost-Beziehungen und also auch für die Gesellschaft zuständig war. (Spalcke war später lange in sowjetischer Kriegsgefangenschaft, Frau und Sohn wurden in das nordrussische Lager Workutá verschleppt, kamen aber – ebenso wie er selbst – mit dem Leben davon. Ungebrochen durch das Grauen des Lagers setzte sich Spalcke junior auf die Schulbank, studierte slawische Sprachen und ging in den Auswärtigen Dienst; während seiner Jahre als Generalkonsul in Hongkong sah ich ihn häufig.)

Auf sowjetischer Seite gab es keine ernsten Reibungspunkte. Die Russen akzeptierten die Zeitschrift „Osteuropa". Ich freundete mich insbesondere mit einem Legationssekretär der Berliner Sowjetbotschaft an. Er hieß Hirschfeld (auf russisch, wo man kein H kennt, natürlich Girschfeld, wie auch Hilger = Gilger war). Wir machten gemeinsam Ausflüge in die Berliner Umgebung und nahmen sogar zu zweit Privatstunden in Jiujitsu, wobei abwechselnd er mich und ich ihn auf die Matte klatschte.

Aber, aufs Ganze gesehen, hatte die Intensität der Beziehungen

Deutschlands (und auch der Gesellschaft) mit der Sowjetunion gegen Ende der zwanziger Jahre nachgelassen. Der „Geist von Rapallo" hatte in dem Jahrzehnt, seit der Vertrag abgeschlossen worden war (1922) an Schwungkraft verloren. Die beiden Mächte waren nun nicht mehr zwei aufeinander angewiesene schwarze Schafe; sie waren in die Weltpolitik zurückgekehrt.

Dafür hatte sich die Tätigkeit der Gesellschaft innerhalb Deutschlands verstärkt. Sie hatte aktive Zweigstellen, in Köln unter dem Vorsitz eines damals noch wenig bekannten Mannes namens Konrad Adenauer. Sie organisierte zahlreiche Veranstaltungen. Bei einem meiner Vorträge („Die junge Generation in Sowjetrußland", Winter 1931/32) war Dr. Bermann anwesend, der Schwiegersohn und spätere Nachfolger des großen deutschen Verlegers Samuel Fischer. Aus den Gesprächen, die sich anschlossen, entstand 1932 mein Buch „Jugend in Sowjetrußland", das bald in einem Dutzend Sprachen, einschließlich der polnischen, aber nicht auf russisch, erschien. In Berlin kam es später auf die „Liste des schädlichen und unerwünschten Schrifttums". Am Tag der Bücherverbrennung gingen auch Exemplare von ihm in Flammen auf. Eugen Gerstenmaier, damals Student der Theologie in Rostock, erzählte mir später, daß er es vom Schandpfahl der Universität heruntergeholt hat.

Ich selbst liebte besonders die Arbeit an der Zeitschrift „Osteuropa". Hoetzschs Hauptbeitrag lag, von einigen großen Aufsätzen abgesehen, vor allem in seinen in jedem Heft erscheinenden Übersichten zur Innen- und Außenpolitik der Sowjetunion, die für das Jahrzehnt 1925–1935, in denen er sie schrieb, auch heute noch eine unübertreffliche Quelle sind. Alles übrige vertraute er mir an; auch hinsichtlich der Autoren ließ er mir weitgehend freie Hand. Viele unter ihnen waren Juden, die, meist aus Rußland stammend, das Russische beherrschten. Als ich Anfang 1933 eine „Systematische, mit Kommentaren versehene Bibliographie der 1917–1932 in deutscher Sprache außerhalb der Sowjet-Union veröffentlichten 1900 wichtigsten Bücher und Aufsätze über den Bolschewismus und die Sowjet-Union" (dies der langatmige Titel) veröffentlichte, bestand ein Drittel der 35 Mitarbeiter aus Juden. Schwierigkeiten wegen der Mitarbeiter gab es erst, als sich die NS-Partei des näheren mit der Gesellschaft und der Zeitschrift zu befassen begann, also nach meinem Rücktritt.

Mein eigenes Gebiet in „Osteuropa" war die Entwicklung im Bereich Kultur (insbesondere neueste Literatur und Schulpolitik) und der Gesellschaft (etwa in dem Aufsatz „Die Wandlungen in der soziologischen Struktur des russischen Volkes"). Fast jedes zweite Heft der damals schon monatlich erscheinenden Zeitschrift enthielt einen „Kulturbericht" von mir („Der Jugendroman", „Der Frauenroman" usw.). Ich schrieb eher zuviel als zuwenig; in den 32 von mir redigierten Heften – Rezensionen, Notizen usw. nicht gerechnet – insgesamt 256 Druckseiten.

Eine Analyse der Zeitschrift während meiner drei Jahre erübrigt sich; sie kann in vielen Bibliotheken eingesehen und ihre Geschichte überdies in einer ausführlichen Schilderung von Jutta Unser im 50-Jahre-Jubiläumsheft der Zeitschrift „Osteuropa" (August/September 1975) nachgelesen werden. Meine von Hoetzsch gedeckte Linie war ganz klar: Aufgabe der Zeitschrift (und der Gesellschaft überhaupt) war es, die Entwicklung in der Sowjetunion und in Osteuropa als Deutscher „nicht neutral, aber objektiv" zu erforschen und darzustellen. In einem meiner ersten Aufsätze schrieb ich: „Die Frage nach dem Gut und Böse in der Sowjetunion wird [von mir] bewußt als eine [...] innerrussische Angelegenheit angesehen."

Solange es ging, handelte ich nach dieser Maxime. Die öffentlichen Vorträge über Ostfragen gingen auch nach Hitlers Machtantritt weiter, noch im Dezember 1933 fand ein Vortragsabend starken Zulauf, auf dem vier Redner in gedrängten, von graphischen Darstellungen unterstützten Vorträgen die Ergebnisse des Ersten Fünfjahrplanes der UdSSR darlegten. Zu solchen Gelegenheiten, meist im „Hause der deutschen Presse" am Tiergarten, erschienen zunehmend auch Parteiführer. Da keiner von uns der Partei angehörte, und also auch nicht in brauner Uniform glänzen konnte, verfiel ich auf die Idee, den wackeren Boten der Gesellschaft, der bei der SA war, in Uniform am Saaleingang aufzubauen, wo er die Parteigenossen zackig begrüßte. Dafür konnten wir uns in den Vorträgen und anschließenden Aussprachen etwas mehr Freiheit leisten.

Die Jahre mit Hoetzsch und „Osteuropa" waren für mich eine glückliche Zeit. Ich war genau da, wo ich sein wollte: umgeben von Bergen von Material über Rußland und die Sowjetunion, mit jährlichen Reisen dorthin (1929, 1930, 1931, 1932, 1933, immer auf eigene Kosten, außer 1933, wo es sich um eine Dienstreise mit Hoetzsch handelte), mit einem eigenen Publikationsorgan, in dem ich ohne jede Zensur alles veröffentlichen konnte, ständig zu Vorträgen eingeladen, in jungen Jahren als Autorität auf dem Gebiet der sowjetischen Jugend angesehen und Autor eines in einem Dutzend Sprachen übersetzten Buches.

Aber in dem Maße, in dem sich Hitlers Stellung festigte, wuchs meine Überzeugung, daß es Zeit wurde, die Koffer zu packen. Als ich Hoetzsch und Curtius meinen Rücktritt zum 1. April 1934 ankündigte, schienen sie es zu bedauern. Aber beide verstanden meine Gründe, ohne daß ich sie des langen und breiten darzulegen brauchte. Curtius sagte: „Den Eilenden soll man nicht halten." (Er selbst hat noch jahrelang tapfer und standfest an der Spitze der Gesellschaft ausgehalten. Ich besuchte ihn 1948 in Heidelberg kurz vor seinem Tode.) Die Herren des Vorstandes waren über meinen Fortgang wohl auch ein wenig betrübt, da die Zusammenarbeit gut gewesen war, aber vermutlich überwog bei ihnen die Erleichterung. Denn daß die „Ostexperten" der NSDAP mich noch weniger mochten als unseren Vizepräsidenten Hoetzsch, war klar.

Was diese von mir hielten, sagten sie in internen Memoranden (Hoetzsch und Mehnert, hieß es, seien das beste Beispiel für das üble Zusammenspiel „angeblicher Nationalisten mit Freimaurern und Juden") und in einer Schrift, die 1936 unter dem Titel „Sowjetforschung" erschien. Ihr Autor Hermann Greife war Mitarbeiter Eberhard Tauberts, des Ostexperten im Propagandaministerium, der mir, wie noch zu berichten sein wird, besonders feindselig gesinnt war. Greife nannte mich einen „Kulturbolschewisten", dessen „verhängnisvolle Tätigkeit" besonders gefährlich sei, da ich es verstehe, meinen Probolschewismus „raffiniert zu tarnen" und den durch meine scheinbare Objektivität „vertrauensselig gemachten Leser" zu „vergiften".

Zum Glück hatte ich einen geeigneten Nachfolger zu präsentieren: den Leipziger Soziologen Werner Markert. Wir hatten uns einige Jahre zuvor durch die Jugendbewegung getroffen. Markert, ein Jahr älter als ich, hatte Russisch gelernt; um es zu vervollkommnen, wollte er in die UdSSR. Ich vermittelte ihn als Hauslehrer beim Botschaftsrat von Twardowski in Moskau, wo er ein Jahr verbrachte. Zweierlei empfahl ihn als meinen Nachfolger. Von Natur aus war er viel bedächtiger als ich, und er war Mitglied der NSDAP. Einen programmatischen Aufsatz in „Osteuropa" schloß er mit Worten, ohne die es nun kaum noch ging: „Der Weg nach Osten heißt auch in der Wissenschaft Kampf. Kampf auf Vorposten im Neuland. Wir [Ostforscher] haben die Kleinarbeit zu leisten für den Ausbau des Weges, den der Führer uns vorgezeichnet hat. Das ist heute die wissenschaftliche und die politische Aufgabe des Osteuropastudiums."

Es entsprach auch der neuen Lage, wenn Markert zu Beginn des Jahres 1935 in „Osteuropa" darauf hinwies, unter seiner Regie sei kein Beitrag eines jüdischen Verfassers erschienen, auch werde hinfort die Behandlung der Sowjetunion, besonders ihrer Innenpolitik, stark zurücktreten. Die „sogenannte Sowjetkultur (Literatur, Hochschulreform etc.)" werde künftig überhaupt nicht mehr berücksichtigt. Mit anderen Worten: Die von Hoetzsch und mir speziell bearbeiteten Themen waren tabu geworden. Auf diese Weise gelang es Markert, die Zeitschrift noch fünf Jahre lang, nämlich bis zum Überfall Hitlers auf die Sowjetunion, am Leben zu erhalten.

Schwer wurde mir die Trennung von Hoetzsch. Er war in depressiver Stimmung, als ich mich von ihm und seiner Frau verabschiedete. Schon hatte er die ersten Attacken auf ihn als „Salonbolschewisten" hinter sich. Es hatte auch nichts geholfen, daß er (im November 1933 in einem Aufsatz über Polen) aus heiterem Himmel einen Absatz lang das neue Vokabular verwendete und vom „mächtigen Schwung, der jetzt durch Deutschland braust", schrieb, vom Einsatz der Zeitschrift zum „Kampf um den Osten", von „wissenschaftlichen Waffen", „völkischer Erziehung". Und gerade weil es nichts genützt hatte, war er erst recht unglücklich darüber, daß er diese Schlagwörter in seiner eigenen Zeitschrift verwendet hatte. Er verstand meinen Wunsch, für eine Weile das Feld zu räumen.

Danach sah ich ihn nur noch einmal, am letzten Tag des Jahres 1936. Er war sehr niedergeschlagen, denn inzwischen war ihm sein geliebter Lehrstuhl an der Berliner Universität entzogen worden. Während meiner Jahre an der Universität von Hawaii korrespondierten wir noch. Ich berichtete ihm über meine Arbeiten, lud ihn mit seiner Frau nach Hawaii ein, um „Europa um ein paar Monate Kälte und Nässe zu betrügen". Er gratulierte mir zu der mir dort gebotenen Tätigkeit und bezeichnete sie als mein „manifest destiny", mein offenkundiges Schicksal also, deren Ertrag er „mit fieberhaftem Interesse" erwarte. Sein letzter Brief (vom 27. Juni 1939, also kurz vor dem Krieg geschrieben) klang wie ein Abschied. Er berichtete von seiner Krankheit und mit Resignation von seiner letzten großen Arbeit.

Das Manuskript dieses Werkes, „Alexander II. von Rußland – Zar und Zeitalter 1855-1881", das er noch abschließen konnte, gelangte in die Bundesrepublik. Doch die von der Deutschen Forschungsgemeinschaft für seine Veröffentlichung bereitgestellten Mittel wurden verbraucht, ohne daß auch nur eine Zeile im Druck erschien. Schließlich ließ ich mir das Manuskript geben, wählte und bearbeitete eines der Kapitel und veröffentlichte es als Buch unter dem Titel „Rußland und Asien" (1966). Es war mein letzter Liebesdienst für meinen Doktorvater und Chef zu seinem zwanzigsten Todestag.

Hoetzschs letzte Lebensjahre waren bitter. 1943 wurde sein Haus bei einem Fliegerangriff zerstört. Im April 1945 starb seine Frau im Luft-

schutzkeller eines Berliner Hospitals. Dann kamen die Russen. Im Mai-Heft 1931 hatte Hoetzsch geschrieben, ein neuer Weltkrieg könnte dem Bolschewismus „die Schleusen und Wege öffnen zur Herrschaft in Europa". Nun erlebte er die furchtbare Erfüllung seiner Vision.
Die einmarschierten Russen erinnerten sich seiner und gaben ihm – durch die von ihnen eingesetzte Kulturverwaltung in Berlin – den Auftrag, eine Geschichte Rußlands zu schreiben. Noch einmal, wie elf Jahre zuvor, versuchte der nun fast Siebzigjährige, sich auf eine neue Epoche einzustellen und diesmal sich des Moskauer Vokabulars zu bedienen, so etwa, wenn er die These von Marx über die Entwicklung der Menschheit übernahm: Urgemeinschaft, Sklaverei, Feudalzeitalter, Kapitalismus „bis zum Sieg des Sozialismus". Es klingt wie das verzweifelte Bestreben, nicht wieder gänzlich überrollt zu werden.
Aber wieder war es umsonst. Das Buch erhielt in der Sowjetzone keine Druckerlaubnis und erschien unter dem Titel „Grundzüge zur Geschichte Rußlands" erst 1949 in Westdeutschland. Hoetzsch hat das nicht mehr erlebt, denn er starb gerade in den Tagen, da sein alter Schüler Mehnert aus China kommend als Gefangener der Amerikaner mit Frau, drei Koffern und einem Besen in Bremerhaven ausgeladen wurde.
Hoetzsch ruht an der Seite seiner Frau auf dem Alten Invalidenfriedhof in Berlin, genauer: in Ost-Berlin.

34. Leben in Stalins Moskau (1934–1936)

An einem Berliner Maimorgen des Jahres 1934 luden wir den Opel-Zweisitzer so voll, daß er wie ein Zigeunerwagen aussah, sogar auf die Trittbretter hatten wir Gepäckstücke geschnallt. Da es in Moskau nichts Ordentliches zu kaufen gab, mußte alles mitgenommen werden, bis hin zu Kochtöpfen und Schreibpapier. Vergnügt und unternehmungslustig saß Enid in einem in München gekauften Dirndlkleid neben mir. So ausgezeichnet sie sich mit meiner Mutter verstand, sie war wohl ganz zufrieden, daß sie ihren Mann nun ganz für sich besaß. Sogar unser eigenes Haus nahmen wir mit – ein Zweipersonenzelt.
Für Enid, die aus dem wahrhaft grenzenlosen Amerika in das enge Europa kam, war jede der vielen Grenzen, die wir auf dem Wege von Deutschland über Polen, Litauen, Lettland, Estland in die UdSSR zu passieren hatten, ein immer neu bestaunter Unsinn. Die ersten polnischen Grenzer trafen wir zwischen Beuthen und Kattowitz. Verdutzt schauten sie drein, als wir bei ihnen vorrollten.

Wir führten fast nur neues Hausgut mit uns, das Stück für Stück hätte verzollt werden müssen, hätten wir in Polen bleiben wollen. Wir aber wollten, was den Zöllnern noch nie passiert war, nach Moskau. Schließlich sahen sie, daß wir keine Schmuggler waren. Aber umsonst durften zwei Stunden Durchsuchung nicht sein, also verlangten sie für eine große Tischdecke (mit blauem Vordruck für den späteren Kreuzstich samt dazugehörigem bunten Garn) nach langem Herumrechnen einen Zoll von 17 Mark.

Das schien uns zuviel. Ich trabte zum deutschen Grenzort zurück und schickte die Decke per Post nach Berlin, wo sie die Mutter einem nach Moskau reisenden deutschen Diplomaten für uns mitgab. An den langen Abenden in Moskau, wenn ich in der Sowjetunion herumreiste, stickte Enid die Decke fertig. Jedes Kreuzlein sei ein Kuß, sagte sie, und ich glaubte es. Darum steuerte ich die Decke in den folgenden Jahren durch tausend Zollkontrollen und Filzungen bis sie mir so heilig war wie für manchen der halbe Mantel des Heiligen Martin. Noch heute, fast ein halbes Jahrhundert nach dem Kampf mit den Zöllnern von Kattowitz, schmückt sie an Gedenktagen im Schwarzwald meinen Tisch.

Wir fuhren über Krakau, durch Galizien mit seinen vielen jüdischen „Städtel" und über Warschau (wo ich Verwandte hatte) in das abgelegene Wilna. Ich wollte es unbedingt sehen, denn ich hatte bei Hoetzsch eine Seminararbeit über das Schicksal dieser Stadt geschrieben.

Litauen, vormals Teil des Zarenreichs, war nach dessen Zusammenbruch 1917 kurze Zeit deutsches Protektorat mit dem württembergischen Herzog Wilhelm von Urach als König gewesen. Dann wurde die Republik ausgerufen, mit Wilna als Hauptstadt, diese aber 1920 von den Polen erobert. Die Litauer betrachteten Wilna auch weiterhin als ihre wahre Hauptstadt. Wilna, wo sich Litauer, Deutsche, Polen, Juden und Russen – samt ihren Baustilen – mischten, war ein Inbegriff osteuropäischer Geschichte und Kultur.

Da die Litauer als Protest gegen den polnischen Raubzug ihre Grenzen gegen Polen geschlossen hatten, lag Wilna in einer Sackgasse. Um weiterzukommen, mußten wir dort der polnisch-litauischen Grenze entlang westwärts nach Ostpreußen fahren und erst dann nach Litauen und weiter nach Lettland (in der Hauptstadt Riga wohnte eine verheiratete Kusine) und Estland (in der Universitätsstadt Dorpat besuchte ich einen Studienkollegen, im schönen Reval die aus russischen Vorkriegszeiten befreundete Familie Ferrein). „Überall in Europa hat Klaus Verwandte und Freunde", schrieb Enid in liebenswürdiger Übertreibung nach Hause.

Den Grenzübergang in die Sowjetunion fanden wir nur mit Mühe – die Straße war zugewachsen. Die Wachtposten auf den sowjetischen Wachtürmen sahen uns zwar, als wir schließlich vor dem Tor standen und ihnen riefen und winkten, aber es dauerte zwei Stunden, ehe jemand auftauchte und uns durch das verschlossene Tor nach unserem Begehren fragte, und noch einmal so lange, bis sich das Tor öffnete. Man entschuldigte sich – in den letzten zwölf Monaten hätten hier nur vier Autos die Grenze passiert.

Mein alter Freund Kolja, den ich 1929 auf der dreiwöchigen Bahnreise von Ostasien nach Sibirien getroffen hatte, leitete damals eine Eisenbahnwerkstätte in Détskoje Seló. Um uns den Umweg über Leningrad zu ersparen, fuhr ich der Nase nach, bis wir, schon in der Dämmerung, vor einer Verbotstafel standen, hinter der sich der Flughafen dehnte. Ich machte die Augen zu, um das Schild nicht zu sehen, und hoppelte, da ich weit und breit kein Flugzeug sah, so rasch ich konnte über das unebene Feld auf den Posten am anderen Ende zu. Im Vertrauen darauf, daß allein schon das Auto mich als eine höchst offizielle Persönlichkeit auswies, fuhr ich hupend und mit vollen Scheinwerfern auf ihn zu, fragte nach der Straße, in der Kolja wohnte, sah ihn, als er sie nicht wußte, strafend an, und brauste weiter. So harmlos war das alles noch im Jahre 1934.

Kolja und seine Frau Sima begrüßten uns, als sei es selbstverständlich, daß Deutsche in ihrem Opel mitten in der Nacht bei ihnen hereinschneiten. Sima lief gleich weg, um den Badeofen einer anderen Familie für uns zu heizen. Als wir zurückkamen, war das Ehebett für uns gerichtet, während Sima ihr Nachtlager auf dem Sofa und Kolja seines auf dem Boden vorbereitet hatten.

Drei Tage später trafen wir (über Nowgorod) nach einer Fahrt auf furchtbaren Straßen mit einem Opel, der schier aus dem Leim ging, in Moskau ein. Bei Hilgers fanden wir ein provisorisches Quartier und auch gleich die erfreuliche Mitteilung, bis zum Herbst stünde uns in einem alten Moskauer Wohnhaus ein Zimmer zur Verfügung.

Das hatte Mária Wíktorowna organisiert. Trotzdem mochte Enid diese Frau vom ersten Augenblick an nicht. Ihrer Art widerstrebte alles, was nicht ebenfalls gerade und klar war. Maria Wiktorowna war eine Figur, die nicht in Enids Welt paßte. Alle halbwegs wichtigen Botschaften hatten ihre Maria Wiktorownas. Diese gehörten sozusagen zur Ausstattung, entstammten der alten Gesellschaft, hatten gute Manieren, waren in vieler Hinsicht unentbehrlich – und berichteten ihren Oberen, was in der Botschaft und deren Umkreis vor sich ging. Ich kannte Maria

Wiktorowna von früheren Moskau-Besuchen, für mich gehörte sie einfach dazu. Ich fand sie sogar recht nett; sie war klein und quirlig, und vermutlich dankte sie ihrem Schöpfer jeden Tag für die vielen Privilegien, die sie für eine recht simple Leistung genoß. Sie hatte von einem Zimmer erfahren, das für ein paar Monate frei sein würde, weil seine Bewohner verreisen mußten und es derweil für gutes Geld vermieten wollten.

Maria Wiktorownas Bruder war ein Tschekist, wie sich die GPU-Leute immer noch stolz nannten, und damals Erzieher in Bólschewo. In der frühen Phase der Sowjetunion glaubten viele Kommunisten, im Sozialismus könne es böse Menschen allenfalls als Relikte der kapitalistischen Vergangenheit geben und diese ließen sich durch gesellschaftliche Arbeit zu guten Menschen umerziehen. Die Kommune Bolschewo sollte das am Beispiel von jugendlichen Verbrechern beweisen.

Eines Tages holte ich Enid von ihrer Russisch-Stunde bei Maria Wiktorowna ab, als mit großem Getöse der Bruder mit einigen seiner Zöglinge ins Zimmer stürmte. In der Nacht war ihm von einem offenbar noch nicht ganz umerzogenen Heiminsassen sein liebstes Hab und Gut gestohlen worden, sein Statussymbol, ein Paar echt-lederne Rohrstiefel. Die mußten wieder her! Enid und ich beobachteten aus einer Ecke, wie das Zimmer zum Hauptquartier der Suchaktion wurde. Die jungen Männer, denen man ihre Unterweltsvergangenheit durchaus noch ansah, waren Fachleute. Einigen von ihnen wurde je ein Diebesmarkt zugeteilt, andere dienten als Kuriere. Es war ein ständiges Kommen und Gehen. Und tatsächlich, nach mehreren Stunden kehrten die „Detektive" erfolgreich zurück. Der Bruder samt seiner Garde zog ab. Dem Dieb stand nun wohl eine gehörige Umerziehung bevor.

Maria Wiktorowna ist einige Jahre später in Stalins mörderischen „Säuberungen" verschwunden, ihr Bruder ebenfalls. Denn die GPU wütete damals auch in ihren eigenen Reihen. Aber eine ihrer „Kolleginnen" kam mit dem Leben davon; ich habe sie Ende der fünfziger Jahre noch einmal in Moskau besucht. Sie sah immer noch gut aus und erhielt eine kleine Pension.

Das Zimmer, das Maria Wiktorowna für uns gefunden hatte, war einst der Salon einer Sechszimmer-Wohnung gewesen. Man erreichte es durch einen dunklen, mit Koffern und Kisten der übrigen Einwohner vollgestellten Vorraum. Zum Nebenzimmer, in dem eine andere Familie wohnte, führte eine große Schiebetüre, deren beide Griffe mit Hilfe einer durch sie hindurchgeschobenen Axt zusammengehalten wurden. Die Ritze war überklebt, trotzdem war jedes Wort zu verstehen, und was wir zu hören bekamen, war nicht schön, aber so spannend wie ein Fortsetzungsroman. Das Ehepaar befand sich im Zustand der Scheidung, mußte aber mangels Ausweichmöglichkeit immer noch zusammen wohnen.

Schlimm war die Gemeinschaftsküche, weil die sieben Familien, die in den sechs Zimmern wohnten, dort ihre Petroleumkocher, Marke „Primus", stehen hatten, auf denen sie alles kochten – von der Suppe bis zu den Windeln. Das Klo war in einem abscheulichen Zustand. Enid nahm alles mit Humor und richtete mit Hilfe einiger mitgebrachter oder geliehener Möbel sowie einiger Transportkisten in dem einen Zimmer gleich vier Zimmer ein, Eß-, Wohn-, Schlaf- und Arbeitszimmer. Obgleich sie gerade erst mit russischem Unterricht begonnen hatte, kam sie allein schon auf Grund ihres Lächelns mit den – unter sich böse verzankten – Nachbarn gut aus.

Bald hatte sie eine Hilfe; Lydia, eine kleine, dürre, aber sehr fleißige und – wichtig für Enid – deutschsprechende Wolgadeutsche. (Ob Lydia auch über uns berichten mußte, haben wir nie gefragt; in ihrem Interesse hofften wir es.)

In diese Zeit fiel der Besuch der Mutter in Moskau 1934. Sie kam um Enids und meinetwillen aber auch um die Stätten ihrer Kindheit und ihres jungen Eheglückes noch einmal zu sehen. Gemeinsam durchstreiften wir die Straßen, in denen sich einst unser Leben abgespielt hatte, besuchten wir die Petri-Pauli-Kirche, in der sie getraut und ich getauft worden war, und fast jeden Abend die ihr wohlvertrauten Theater, auch die Tretjakow-Galerie, in der sie fast jedes Bild kannte und ein Gemälde fand, das in ihrem elterlichen Haus gehangen hatte. Wir fuhren ins Dorf, in dem wir einst die Ferien verbracht hatten und wo die Mutter nun von den überlebenden Bäuerinnen erfreut begrüßt wurde, als seien keine zwei katastrophalen Jahrzehnte über Rußland und Deutschland hinweggegangen, und stießen durch puren Zufall auf eine frühere Sekretärin der Mehnertschen Kunstdruckerei, die ihren Augen nicht trauen wollte und uns um den Hals fiel. Heimlich traf sich die Mutter in einem Kino mit einer Mitschülerin, die acht Jahre Sibirien hinter sich hatte.

Kaum war die Mutter heimgereist, mußten wir wieder auf Wohnungssuche gehen, denn unseren Salon hatten wir nur bis zum Herbst. In Moskau herrschte unbeschreibliche Wohnungsnot. Die Stadt zog Hunderttausende von Menschen an, ohne die Wohnfläche entsprechend zu vergrößern. Die paar westlichen Zeitungen, die ständig Korrespondenten in Moskau beschäftigten, hatten für diese seit langem Wohnungen organisiert, und wenn ein Wechsel stattfand, zog der neue Mann nach. Ich aber hatte keinen Vorgänger. Doch das Glück stand uns bei. In einer schönen Straße des günstig gelegenen Arbat-Viertels steht (heute noch) ein Adelspalast, der einst dem Grafen Sologúb gehörte und in dem Leo Tolstoj die Familie Rostów in seinem „Krieg und Frieden" leben läßt. In den früheren Stallungen und Dienerwohnungen, die nun sämtlich dicht bevölkert waren, fanden wir zwei Zimmerchen von zusammen 26 Quadratmetern, freilich nur bis zum Frühjahr.

Da die Zimmer schlimm aussahen, ließ ich sie renovieren. Die Farbe mußte Enid aus Finnland mitbringen, die Tapeten erstanden wir im Ausländerladen, den Leim auch; es fehlte nur noch das Papier, das unter die Tapeten gekleistert werden mußte. Die „Prawda" sei dafür zu mies, erklärte der Maler, ob ich nicht alte deutsche Zeitungen hätte? Ich gab ihm einen ganzen Stoß, da ich über die Botschaft mit jedem Kurier viele Blätter aus Berlin erhielt. Als wir unser Zimmer wieder inspizierten, strahlten uns von allen Wänden die Konterfeis von Hitler, Göring und Konsorten entgegen. „Schauen Sie sich Ihre Wand noch einmal an", sagte der Maler lachend, „ehe wir die Tapeten drüberkleben. So eine Wand gibt es in der ganzen Sowjetunion nur hier und auch das nur noch wenige Minuten."

Sogar auf diesem knappen Raum brachte es Enid fertig, Gäste einzuladen. Die ersten waren die Ehepaare Hilger und Kennan. Als Lydia das Geschirr in eine mit anderen Bewohnern geteilte undefinierbare Kochecke getragen hatte, sagte Enid: „Bitte alle die Augen schließen. Wenn ich sage: Augen auf, befinden wir uns nicht mehr im Eß-, sondern im Wohnzimmer. Jetzt bitte Augen auf." Alle lachten, und die Geschichte machte in Moskau die Runde.

Als Enid und ich die Miniwohnung im alten Adelsstall ebenfalls aufgeben mußten und in Moskau keine Bleibe fanden, zogen wir in ein Bauernhaus in dem an der Moskwa gelegenen Dorf Kryázkoje. Dort blieben wir bis zum Schluß. (Bei den Olympischen Sommerspielen 1980 wurde Kryázkoje berühmt als Austragungsort mehrerer Disziplinen. Von „unserem" Dorf ist daher kaum etwas übriggeblieben.)

Krylazkoje lag sehr hübsch zwischen Hügeln und Moskwa-Fluß. Daher hatten wir, besonders an Wochenenden, einen ständigen Strom von Besuchern, im Winter zum Skilaufen, im Sommer zum Baden und Wandern. Niemand erwartete großartige Menüs in einer Bauernhütte, aber Enid und unsere Perle Anna Wassíljewna waren Meisterinnen im Improvisieren. Vor allem gab es immer einen größeren Vorrat des – bei Zahlung in ausländischer Währung – billigen Kaviars; er lagerte in dem

Kellerloch, in das man mit Hilfe einer Leiter aus dem Hausflur durch eine Falltüre gelangte und in dem sich das bei Winters Ende eingelagerte Eis bis in den Spätsommer hielt. Enids Gästebuch, leider verlorengegangen, füllte sich mit vielen Hunderten von Namen. Und natürlich waren auch wir oft zu Freunden eingeladen, den Sommer über in die „Datschen" in Moskaus lieblicher Umgebung.
Nur ein Schatten fiel auf unser Leben in dem Dorf oberhalb der Moskwa. Beide hatten wir uns seit Beginn unserer Ehe Kinder gewünscht. Aber wir warteten vergebens. Enid ließ sich in Deutschland immer wieder untersuchen (ich natürlich auch) und unterzog sich mehrfach leichten, wenngleich unangenehmen Eingriffen, die aber nichts halfen. An einem Sommertag des Jahres 1935 machten wir vom Dorf aus einen Spaziergang auf einem unserer Lieblingswege am hohen Ufer der Moskwa und sprangen, wie viele Male zuvor, über einen kleinen Graben, den das abfließende Regenwasser gebildet hatte. Einige Stunden später, schon zu Hause, hatte Enid eine Fehlgeburt. Es war der schwärzeste Tag unserer Ehe. Sofort fuhr ich sie ins Krankenhaus, das außer der Sowjetprominenz auch Ausländern offenstand. Als ich sie nach einigen Tagen wieder nach Hause brachte, weinte sie lange in meinen Armen. Die tiefe seelische Wunde ist bei uns nie verheilt. Vielleicht ist den Kreml-Ärzten ein Fehler unterlaufen. Eine zweite Schwangerschaft trat nicht ein. Noch bis zu ihrem Tode, zwanzig Jahre später (der möglicherweise mit den gynäkologischen Eingriffen zusammenhing) lag der Schatten jenes Sommertages auf Enids und meinem Leben und verdunkelte die Erinnerung an unsere Moskauer Zeit. In einem Brief aus Moskau, den mir lange nach ihrem Tod ihre Schwester zu lesen gab, erzählte Enid in ihrer lustigen Art, daß Lydia sie gebeten hatte, Patin ihres zweiten Kindes zu sein. Daran schloß sich kommentarlos der Satz: „So kann ich wenigstens ein Kind auf dieser Welt mein eigen nennen." (Auch dieses Kind ging in den Wirren der folgenden Jahre für uns verloren.)
Die Moskau-Jahre waren für Enid viel beschwerlicher als für mich. Wenn sie – außer der Fehlgeburt – alles fröhlich trug und sich trotz ihrem bescheidenen, wenn auch stetig wachsenden Sprachschatz in meiner Abwesenheit auch allein lächelnd ins Gewühl des Kolchos-Marktes oder eines Empfangs stürzte, so tat sie es doch in allerersten Linie um meinetwillen. Für mich war alles, was schiefging, eine „Story", die sich publizistisch verwerten ließ. Für sie war es eine tapfer getragene Last.
Dann aber fand sie, daß das in Rußland Erlebte einen zusätzlichen Sinn erhielt, wenn sie es in langen Briefen nach Kalifornien schilderte. Sie

hatte einen trockenen Humor und einen sehr anschaulichen Stil. Manche Begebenheiten wußte sie viel lebendiger wiederzugeben als ich. Ein Teil dieser Briefe wird in Amerika als Privatdruck erscheinen.

35. Unsere „Familien" und Freunde

Seit unseren ersten Tagen in Moskau hatten Enid und ich dort zwei „Familien". Die eine war die Deutsche Botschaft, bei unserem Eintreffen allerdings ohne Chef. Gerade an dem Tage, an dem wir mit unserem lendenlahmen Opel glücklich Moskau erreichten, hatte der Botschafter Nadolny seinen Posten verloren.

Der damals 61jährige Rudolf Nadolny hatte seit seinem Eintritt in den Auswärtigen Dienst davon geträumt, eines Tages Botschafter in Rußland zu werden. Nach einer Reihe interessanter Posten war er schließlich am Ziel seiner Wünsche. Im November 1933 trat er seinen Dienst in Moskau an. Aber nicht für lange. Es war für mich eine bittere Enttäuschung, ja ein Schock, als ich ihn bei unserer Ankunft im Juni 1934 nicht mehr in Moskau antraf.

In der Botschaft war von nichts anderem die Rede, und allmählich erfuhr ich die Zusammenhänge. Nadolny hatte Berlin gewarnt, die Sowjetunion könne sich, nicht zuletzt wegen der antideutschen Haltung des (jüdischen) Außenministers Litwinow, von dem nun von Hitler regierten Deutschland abwenden und England und Frankreich nähern, die sich beide auffällig um Moskau bemühten. Aber Hitler wollte, wie Nadolny sagte, „mit England gehen, und mit Rußland nichts zu tun haben". Da sich Außenminister von Neurath auf Hitlers Seite stellte, ging Nadolny. (Anfang der fünfziger Jahre besuchte ich ihn in Rhöndorf am Rhein. Im Frühjahr 1953 ist er gestorben.)

Nadolnys Schicksal mußte mich nachdenklich stimmen. Seine Denkschriften nach Berlin entsprachen weithin dem, was ich mir für die weitere Entwicklung der deutsch-russischen Beziehungen wünschte. Wie lange, bis auch ich meinen Posten verlieren würde? Gewiß war ein Botschafter ungleich prominenter als ein Zeitungsmann. Aber was ich schrieb, erschien in einigen der damals angesehensten deutschen Zeitungen und wurde von Hunderttausenden gelesen; insofern waren meine Aufsätze in den Augen von Leuten wie Goebbels und Rosenberg nicht weniger unliebsam als Nadolnys Berichte, die nur auf wenige Schreibtische gelangten.

Da ich mich ganz auf Nadolny eingestellt hatte, empfand ich seinem

Nachfolger gegenüber eine Voreingenommenheit, die sich durch den Eindruck noch verstärkte, den der damals 59jährige Friedrich Werner Graf von der Schulenburg auf mich machte. Als ich vom Begrüßungsempfang in der Botschaft nach Hause kam, erklärte ich Enid (die inzwischen einiges über deutsche Geschichte wußte): „Die Deutsche Botschaft ist aus der Sturm und Drang-Zeit Nadolnys ins Biedermeier des Grafen Schulenburg eingetreten."

Nachträglich sagte ich mir, daß Schulenburg recht daran tat, sich in jenen schwierigen Jahren passiv zu verhalten. Was hätte er auch ändern können? Ein letzter Versuch, auf Hitler während einer Unterredung im April 1941 mäßigend einzuwirken, blieb ohne Erfolg. Sein Bild in der Geschichte wird verklärt durch seinen mannhaften Märtyrertod nach dem 20. Juli 1944. (Obwohl kein aktives Mitglied der Verschwörung gegen Hitler, hatte er sich bereit erklärt, im Falle eines Umsturzes das Amt des Außenministers zu übernehmen.)

Unsere engsten Freunde in der Deutschen Botschaft waren die Hilgers. Gustav Hilger, einige Jahre jünger als meine Eltern, war – wie diese – in einer deutschen Familie in Moskau geboren, wuchs zweisprachig auf, studierte an der Technischen Hochschule in Darmstadt, heiratete eine Moskau-Deutsche und wurde ein erfolgreicher Mitarbeiter in der schwiegerväterlichen Fabrik. Den Krieg verbrachte er als Zivil-Internierter im Ural. Nach der Russischen Revolution machte er sich in der Hilfe für deutsche Kriegsgefangene nützlich, erst in Rußland, dann bei der „Reichszentrale für Kriegs- und Zivilgefangene" in Berlin, die ihn im Juni 1920 als ihren Vertreter nach Moskau schickte.

Von nun an verfolgte Hilger 21 Jahre lang, bis zum Einmarsch Hitlers in die Sowjetunion, die Entwicklung des Landes so genau wie kein anderer Deutscher (vielleicht kann man sagen: wie kein anderer Ausländer), bald als Angestellter und schließlich als hochgeachtetes Mitglied der Deutschen Botschaft. Auf Grund seiner Kenntnisse von Sprache, Land und Leuten war er der unentbehrliche Mitarbeiter aller in Moskau wirkenden deutschen Botschafter. Die freundliche und bescheidene Art dieses hervorragend informierten Mannes machte ihn in diesen zwei Jahrzehnten zu dem unter Russen und Ausländern bekanntesten und beliebtesten aller westlichen Diplomaten, seine liebenswürdige, stets hilfsbereite und praktische Frau Mary trug das ihre dazu bei. „Hilgers haben gesagt . . ." Diese Worte klärten und beendeten manchen Streit.

Ich hatte Hilgers schon als Kind in Moskau gekannt, da sie und die Mehnerts befreundet waren, und als ich ihn nach dem Kriege auf meinen frühen Rußland-Reisen wiedersah, schenkte er mir seine Freundschaft und sehr oft seinen Rat. Mary Hilger kommt in Enids Aufzeichnungen unzählige Male vor; sie hatte Enid gleich ins Herz geschlossen. (Hilgers Buch „Wir und der Kreml", 1956, ist eine persönliche Geschichte der deutsch-sowjetischen Beziehungen von 1918 bis 1941; er und seine Frau starben kurz hintereinander in den sechziger Jahren.)

Dank Enid hatten wir noch eine zweite Familie, die US-Botschaft. Moskau und Washington hatten sich im Herbst 1933 gegenseitig anerkannt. Zum ersten Botschafter ernannte Roosevelt seinen Freund William C. Bullitt, der seinen Posten als enthusiastischer Freund der Sowjetunion antrat und als deren verärgerter Gegner verließ.

Enid kam mit allen amerikanischen Diplomaten samt Ehefrauen gut aus, da alle sie mochten. Ich freundete mich am meisten mit dem Legationsrat George Kennan an, der stets mit besonderer Wärme über seine Studien in Berlin, darunter bei Hoetzsch, sprach und auch in schwierigen Zeiten seine Sympathie für das deutsche Volk nicht verbarg. Er war, wie Bullitt, ein Kritiker des Sowjetregimes, aber er war es von Anfang an und auf ganz andere, fast könnte man sagen, wissenschaftliche Weise. Er war nicht, wie so viele Anti-Kommunisten, durch eine Phase der Kommunismus-Begeisterung hindurchgegangen, zudem empfand er eine sein ganzes Leben über vorhaltende Liebe zum russischen Volk; er war schon damals einer der besten Kenner des großen Schriftstellers Anton Tschechow. Ich habe keinen anderen US-Diplomaten kennengelernt, dessen politisches und historisches Denken so intensiv um Rußland kreiste. Rußland hieß das Thema auch, wann immer wir uns zu langen Gesprächen, meist auf Spaziergängen, trafen – auf Waldwegen an der Moskwa, bei den Berliner Grunewaldseen, im Schwarzwald, in Belgrad, Princeton und auf Kennans Landhaus in Pennsylvania, zuletzt 1980 in Tübingen. Stets beeindruckte mich sein bohrendes Suchen nach dem Wesen der Sowjetrepublik, nach dem rechten Verhalten des Westens ihr gegenüber.

Eine ähnliche, nicht ganz so starke Freundschaft verband mich mit Kennans Kollegen Charles E. Bohlen. Beide machten eine steile Karriere. Kennan wurde später Botschafter in Belgrad und Moskau, dann hochgeachteter Historiker an der Princeton-Universität, Bohlen Botschafter in Moskau und Paris und – bis zu seinem Tode – Ost-Berater amerikanischer Präsidenten.

In einer gewissen Weise glich die ganze Ausländerkolonie in Moskau einer großen Familie. Sie bestand aus den Angehörigen einiger Botschaften, ein paar Journalisten, einmal wöchentlich auch den Kurieren mit der sehnlich erwarteten Post, gelegentlichen Staatsbesuchern und

Firmenvertretern. Für die meisten von ihnen war diese Familie freilich auch ein Getto, in dem jeder jeden kannte und ständig traf und zu dem nur ein paar Hunderte von Russen, die gleichsam eine Lizenz besaßen, Zutritt hatten – Diplomaten, Schauspieler, Ärzte, „Maria Wiktorownas", Hausangestellte, Chauffeure und die bei den westlichen Junggesellen besonders populären Ballerinen vom Bolschoj. Sie alle mußten natürlich „einer gewissen Stelle" berichten. Unser Zahnarzt machte daraus gar keinen Hehl. Zweimal im Jahr verschwand er für ein paar Tage, um über seine ausländischen Patienten ausgefragt zu werden. „Nächste Woche bin ich wieder auf Urlaub", pflegte er diese Prozedur mit vielsagendem Grinsen anzukündigen. Wer dann einer dringenden Behandlung bedurfte, mußte eben nach Helsingfors fahren.

Der Verkehr außerhalb des Ausländer-Gettos war schwierig, für die meisten Ausländer schon aus sprachlichen Gründen. Russen und (nichtkommunistische) Ausländer lebten in derselben Stadt, gehörten aber verschiedenen Welten an, wie einst in einer Kolonie die „Eingeborenen" und die „Europäer". Die einen waren – mit wenigen Ausnahmen – bitter arm und unfrei, die anderen im Vergleich dazu steinreich, weil sie auf Grund ihrer ausländischen Währungen leichten Zugang hatten zu den für die meisten Russen unerreichbaren Gütern, sogar zu eigenen Valuta-Läden, und sich einer für Sowjetbürger unfaßlichen Freizügigkeit erfreuten, vor allem des Rechts der beliebigen Ausreise.

Zum Glück hatte ich eine Anzahl russischer Freunde (von meinen Rußland-Aufenthalten in der Sowjetunion während der früheren Jahre), so jenen Kolja, der uns mit seiner Sima während unserer ersten Nacht im Lande so gastfreundlich aufgenommen hatte, einige sogar noch aus meiner Kindheit, aus dem Bekanntenkreis der Eltern, darunter einen ehemaligen Rechtsanwalt und seine Frau, eine Schauspielerin. (Beide sind später „über die grüne Grenze" nach China ausgewandert, wo ich sie wiedersah.)

Die jüngeren, mit mir gleichaltrigen Russen hatten weit weniger Hemmungen, mit mir zusammenzukommen, als die zutiefst verschreckte mittlere oder gar ältere Generation. Sie besuchten uns sogar in unserem Dorf und machten Spaziergänge mit uns, nachdem Enid sie mit ungewohnten Genüssen gefüttert hatte, oder sie nahmen mich in ihre Kreise beim Komsomól (= Kommunistischer Jugendverband) mit. An ihrem Beispiel erlebte ich, wie sich die Interessen der jungen Generation zunehmend vom Marxismus-Leninismus zur Technik und Naturwissenschaft wandten, wie auch der russische Patriotismus den kommunistischen Internationalismus zu verdrängen begann.

Mit ihnen trainierte ich auch für das russische Sportabzeichen, obgleich dieses die für mich nicht ganz passende Bezeichnung trug: „Bereit zu Arbeit und Verteidigung" (der Sowjetunion natürlich!). Ich scheiterte an einer einzigen Disziplin: Handgranatenwerfen (schon immer hatte ich Schwierigkeiten beim Weitwerfen, auch von einfachen Bällen).
So suchte ich jede Gelegenheit, um mit Russen zu sprechen; am ungezwungensten ging das, wie ich im übernächsten Kapitel berichten werde, auf Reisen.

36. Die Arbeit des Korrespondenten

Einen Feind vieler westlicher Journalisten in Moskau brauchte ich damals nicht zu fürchten – den Sowjetzensor. Es bestand in jener Zeit eine für mich sehr vorteilhafte Regel: Dem Zensor brauchten nur *Telegramme* vorgelegt zu werden. Die meisten meiner Kollegen, besonders Amerikaner und Japaner, telegrafierten ihren vorwiegend tagesaktuell interessierten Redaktionen alles, kurze Nachrichten oder lange Artikel. Das Telegrafenamt aber nahm solche Telegramme nur mit dem Stempel des Zensors an.
Gewiß, auch ich habe Telegramme über Tagesereignisse geschickt, insgesamt etwa zweihundert; alles andere packte ich in meine Aufsätze. Daher stieß ich nur bei etwa jedem zehnten Telegramm auf Beanstandungen der Zensur. Gewöhnlich fuhr mein russischer Chauffeur, Knjásew mit Namen, mit dem Telegrammtext in die Zensurstelle, die sich damals im Außenministerium am Kusnézkij Most befand, wartete, bis der diensthabende Zensor sein Einverständnis auf das Papier gestempelt hatte, und gab es im Telegrafenamt in der Ecke Gorkij-Straße auf.
In Deutschland hingegen lagen für mich die Dinge anders. Zu den heißen Eisen, an denen man sich die Finger verbrennen konnte, gehörten damals die Sowjetunion und der Kommunismus überhaupt. Wer aber als Korrespondent nach Moskau ging, mußte gerade über sie schreiben. Als ich im Frühsommer 1934 meine Arbeit in Moskau aufnahm, waren meine drei deutschen Blätter zwar noch nicht gleichgeschaltet, sie hatten also im eigenen Haus keinen Zensor sitzen, auch die „Sprachregelungen" belasteten sie noch wenig. Aber auf die ihnen bekannten Wünsche der Partei mußten sie doch Rücksicht nehmen. Mit meiner Entsendung nach Moskau waren sie ein Risiko eingegangen, und also mußte ich mir bei jedem Manuskript überlegen, wie ich das, was ich sagen wollte, formulieren könnte, um sie nicht in Teufels Küche zu bringen.

Am mutigsten war der schon erwähnte, mit mir gleichaltrige Chefredakteur der „Münchner Neuesten Nachrichten", Giselher Wirsing. Er brachte die große Mehrzahl meiner Aufsätze, häufig in der rechten Spalte der ersten Seite (mit Fortsetzung auf der zweiten); auf Vorwürfe von Parteistellen pflegte er zu antworten: „Jedes Ding hat seine zwei Seiten, auch die Sowjetunion; irgend jemand muß doch auch über die andere Seite schreiben. Mehnert, der alle Voraussetzungen dafür mitbringt, hat den Mut es zu tun, und ich habe den Mut, es zu drucken." Häufig bediente er sich eines kleinen Tricks. Sätze, die negative Informationen über die Sowjetunion enthielten, hob er durch Sperrdruck hervor, so daß sie dem flüchtigen Leser (und den Presseinstanzen der Partei) besonders ins Auge sprangen oder machte aus ihnen eine fettgedruckte Zwischenüberschrift. Er brachte beispielsweise meine Schilderung der Arbeit in einer Fabrik und dann: „Aber DIE LEBENSVERHÄLTNISSE SIND SCHLECHT; Mangel an Wohnraum lautet die ständige Klage."

Die drei Blätter hatten mit mir vereinbart, daß ich – von den Telegrammen abgesehen – alle zwei Wochen einen größeren Aufsatz schicken sollte. Ich verfaßte zwischen 1934 und 1936 insgesamt 74 Manuskripte, von denen 14 nicht erschienen, zum Teil, weil sogar Wirsing sie für allzu riskant hielt.

Natürlich waren es die politischen und daher verfänglichen Themen, die mich besonders fesselten. Sie ließen sich in drei Gruppen einteilen. Das waren erstens Schilderungen der bestehenden Zustände – etwa auf dem Wohnungssektor und bei der Versorgung der Bevölkerung, Themen, zu denen wir am eigenen Leib genügend Erfahrungen sammelten. Diese Aufsätze gaben, der Wahrheit gemäß, ein vorwiegend ungünstiges Bild; ich konnte sicher sein, daß die gedruckt wurden. Problematischer war es bei zwei anderen Themenbereichen, an denen mir mehr lag. Enid und ich nannten den einen ZW (sollte heißen: Zum Warnen) und den anderen ZG (Zum Gegensteuern).

Meine Warnungen richteten sich gegen die leichtfertige Vorstellung, die Sowjetunion sei kein ernsthafter Gegner. Daher Aufsätze über die Rote Armee, in denen ich von den Vorbereitungen zu einer „totalen Mobilmachung" des Landes mit der Armee als Kern sprach. (Unter anderem berichtete ich über die Herbstmanöver von 1935, die zum ersten Mal entlang der gesamten West-Grenze der Sowjetunion abgehalten wurden und bei denen – auch zum ersten Mal – ein Fallschirmkorps, eine russische Erfindung, eingesetzt wurde.) Oder ich beschrieb die intensiven Bemühungen des Kreml um enge Beziehungen zu Washington, London und Paris. (Mein Kommentar: Gegen das Dritte Reich werden vermutlich alle zusammenstehen.) Quintessenz von ZW insgesamt: Die Sowjetunion ist erstens selbst stark und zweitens hat sie starke Verbündete.

„Gegensteuern" wollte ich den im damaligen Deutschland ununterbrochen verbreiteten Parolen, die Sowjetunion sei von Juden regiert, von minderwertigen Menschen bevölkert – ein zerfallender Haufen von Menschen ohne Nationalgefühl, Moral und Kultur. Die meisten meiner gedruckten und fast alle meiner nichtgedruckten Aufsätze aus der Moskau-Zeit gehörten zur ZG-Kategorie. Zum Beispiel veröffentlichte ich einen langen Aufsatz unter der Schlagzeile „Rußlands Feldzug für die Familie. Abkehr von alten [d. h. familienfeindlichen] Theorien. Propaganda für den Segen der elterlichen Erziehung"; ein Beitrag über das Sowjettheater schloß mit den Worten: „Das starke Vordringen der [*Welt*]-Klassiker, die große Rolle des [russischen] Traditionstheaters, der Rückgang des zeitgenössischen [sowjetischen] Stücks und die Schwenkung vom tendenziösen und oft tragischen Kampfstück zur Komödie, zur Posse mit kleinster Dosis Politik und mit Happy-End – das alles entspricht genau der gegenwärtigen geistigen und kulturellen Entwicklung in der Sowjetunion." Stalin beschrieb ich als einen in vieler Hinsicht nationalistischen, zudem antisemitischen Konservativen.

Das alles stand in krassem Gegensatz zu den NS-Thesen von der frevelhaften Zerstörung von Familie, Kultur und Nation in Stalins Rußland (die für die zwanziger Jahre zugetroffen hatten, aber nicht mehr für die dreißiger); ich wies auch darauf hin, daß die Wohnkommunen von Stalin aufgelöst worden waren, weil sie nicht mehr in die von ihm gewünschte Leistungsgesellschaft paßten.

(Als ich unlängst das einzige Exemplar einer kompletten Sammlung meiner damaligen Moskau-Aufsätze wieder in der Hand hatte, fesselte mich eines am meisten: Bei der Lektüre erlebte ich – fast ein halbes Jahrhundert später – noch einmal die von mir damals beobachtete Wandlung vom utopischen Experiment-Kommunismus der zwanziger Jahre zum pragmatischen Staatskapitalismus der Stalin-Epoche, eine Wandlung, die sich, grundsätzlich ähnlich und wieder vor meinen Augen, in den letzten Jahren in China vollzogen hat.)

Die drei Zeitungen, ich sagte es schon, konnten das Arbeitsverhältnis mit mir jederzeit lösen. Wenn Hitler an der Macht blieb, und daran war nun kaum mehr zu zweifeln, mußte sich der Zeitpunkt nähern, da sie mir – gern oder ungern – kündigten. Ich betrachtete daher jeden Arbeitstag als Geschenk.

Bereits nach einigen Moskau-Monaten teilte Wirsing mir mit, bei der Gestapo laufe etwas gegen mich, und ich müßte die Sache selbst in München in Ordnung bringen, andernfalls dürften die drei Blätter meine Aufsätze nicht mehr drucken. Ich fuhr sofort nach München und verbrachte die folgenden Wochen im Gestapo-Hauptquartier, in dem – nicht mehr vorhandenen – Wittelsbacher Palais. Es ging um meine Beziehungen zu Strasser und Röhm. Ich hatte großes Glück: Joseph Schreieder, der Kommissar, der mich vernahm, war ein von der Gestapo übernommener Mann der alten Schule. Er gab mir im entscheidenden Anklagepunkt (angebliche Finanzierung des von Hitler als Verräter bitter gehaßten Strasser) verstohlen einen Tip, so daß ich die – aktenkundige, aber falsche – Beschuldigung entkräften konnte. Da sich Giselher Wirsing auch noch selbst bei Reinhard Heydrich, dem jungen, aber allmächtigen Chef des „Sicherheitsdienstes" (SD), der kurz zuvor von München nach Berlin versetzt worden war, für mich verwendete, kam ich wieder frei, erhielt von Schreieders Mitarbeiter Huber meinen Paß zurück und eilte zu Enid nach Moskau. (Nach dem Kriege fand ich Schreieder wieder. Er war Polizeioffizier im besetzten Holland gewesen, dort aber nach längerer Haft in Ehren in seine bayrische Heimat entlassen worden. Es gab eben auch Schreieders.)

Im Jahr 1935 verdichteten sich die von Deutschland heraufziehenden Wolken über meinem Haupt. Unter Zitierung der (im „Osteuropa"-Kapitel bereits erwähnten) Schrift Greifes nannte man mich einen berüchtigten Kulturbolschewisten, die Zeitungen in Leipzig und Hamburg brachten nur noch selten meine Beiträge und ausgerechnet mein Aufsatz über ein für die Sowjetunion sehr unangenehmes Thema, mit dem ich Wirsing Argumente gegen meine Widersacher liefern wollte, beschleunigte das Ende meiner Moskauer Arbeit. Unter der Überschrift „Die GPU baut Kanäle" schilderte ich (am 10. 11. 1935) eine Fahrt – mit Enid in unserem Wagen – zu einem berüchtigten Gefangenenlager. Seine Insassen arbeiteten an der 128 Kilometer langen Trasse des Kanals, der Moskau mit der oberen Wolga verbinden sollte. Ich beschrieb die schreckliche Lage der rund 150 000 Sträflinge; viele von ihnen hatten wir von einer zum Kanal parallel laufenden Straße über die Stacheldrähte hinweg beobachtet (auch das war damals noch möglich). Ich nannte die Zahlen: 146 Millionen Kubikmeter Erde mußten bewegt, 3,1 Millionen Kubikmeter Beton verlegt werden – mit einem Minimum an Maschinen, in wahrer Sklavenarbeit.

Doch statt einer Entlastung für Wirsing brachte ihm gerade dieser Beitrag ein Donnerwetter aus Parteihöhen ein. Er hatte nicht bedacht (und ich schon gar nicht), daß kurz zuvor Hitler die Erdbewegungen beim Bau seiner Autobahnen als die größten aller Zeiten gepriesen hatte – und nun kam ein „salonbolschewistischer Schreiberling" in Moskau daher und behauptete, dem Führer zum Trotz, die verhaßten Bolschewiken hätten für ihren Moskau-Kanal noch mehr Erde bewegt. Kein Zweifel, Mehnert hatte das aus purer Bosheit getan, um den Führer vor den Deutschen zu blamieren.

Auch in der Sowjetunion zogen sich Wolken zusammen, die zwar nicht mich persönlich bedrohten, wohl aber meine Arbeitsmöglichkeiten beeinträchtigen konnten (und beeinträchtigt hätten, wäre ich noch länger geblieben). Am 1. Dezember 1934 wurde Sergéj Kírow ermordet, der 48jährige Chef der Parteiorganisation von Leningrad, der zweitwichtigsten Stadt des Landes. Ich schrieb meinen Blättern: „Der Schatten des ermordeten Kírow wird noch lange über dem ruhelosen Lande lasten." Aber das Gewitter, dessen Schwüle die Bevölkerung, und ich mit ihr, empfand, zögerte mit seiner Entladung.

In dieser Zeit, die den Schauprozessen und Massenmorden vorausging, lernte ich Radek kennen, einen der Männer, denen in diesem blutigen Drama eine schwere Rolle aufgezwungen wurde. Karl Radek, eigentlich Sobelsohn, war einer der schlauesten und amüsantesten Bolschewiken jener Zeit und hatte den NS-Karikaturisten unerschöpflichen Stoff für ihren Broterwerb geliefert, denn er sah genau wie der jüdische Bolschewik aus, den Hitler für seine Propaganda brauchte. In Deutschland war Radek vor allem berühmt geworden, weil er lange vor seinen Moskauer Genossen die Wucht des deutschen Nationalismus roch. Er empfahl daher den Deutschen einen auf Versailles-Deutschland zugeschnittenen Nationalkommunismus, wobei er den von den Franzosen wegen seines Einsatzes im Ruhrkampf hingerichteten Nationalisten Schlageter als einen für die deutschen Arbeiter gefallenen Märtyrer hinstellte.

Wilhelm Baum, der langjährige Presseattaché der Deutschen Botschaft, hatte mich mit Radek bekanntgemacht, den ich danach mehrfach in seiner Wohnung besuchte. Überschritt ich auf dem Wege zu ihm die Moskwa über die Steinerne Brücke, die damals noch schmal und niedrig war, so sah ich auf dem südlichen Ufer links das Haus des Großvaters, zur Rechten die graue Wohnburg der Sowjetprominenz, in der damals viele Alt-Bolschewiken lebten, später auch Stalins Tochter Swetlána Alliluyewa, ehe sie in die USA umzog (wo ich sie seither oft besuchte und als ungewöhnliche Frau schätzen lernte).

Radek war einer der physisch häßlichsten Menschen, die ich gekannt habe, und hatte ein zynisches Schandmaul. Aber er war der einzige

Kommunist in Moskau, mit dem sich zu reden lohnte, da er sich nicht scheute, seine eigene Meinung zu sagen. Offenbar glaubte er, völlige Narrenfreiheit zu besitzen, erst recht, wenn es darum ging, auf einen Deutschen Eindruck zu machen. Seine eigentliche Aufgabe war damals wohl, die Drähte nach Deutschland und wenigstens zu einigen Deutschen in Moskau offenzuhalten. „Immer versuche ich meinen dickschädligen Genossen klarzumachen", pflegte er lachend zu sagen, „Hitler hasse in erster Linie Versailles und also Frankreich und dessen Hilfsknirps Polen, nicht aber die Sowjetunion. Sie, Herr Mehnert, und Deutsche wie meine Freunde Baum und Hilger sind Feinde von Versailles und Sie lieben die Russen und besuchen sogar Untermenschen wie mich." Und wieder lachte er und zeigte seine schlechten Zähne.
Radek war der einzige, der geistig den Strapazen der Schauprozesse gewachsen und auch dort noch zu zynischen Bemerkungen fähig war. Zu Generalstaatsanwalt Wyschinskij, der seine Anklage zum Teil auf Radeks Aussagen gestützt und diesen zugleich mit vielen Schmähworten belegt hatte, sagte Radek in seinem Schlußwort dem Sinne nach: „Wenn Sie mich für einen Kriminalverbrecher und Spitzel halten, worauf gründen Sie dann Ihre Überzeugung, daß das, was ich gesagt habe, die Wahrheit ist?" Dieses Schlußwort war in der Tat Radeks letztes. Danach verschwand er in der Versenkung und mit ihm einer der wenigen Sowjetführer mit Witz.

37. Reisen im Roten Rußland

Es gab nur eine einzige Form der Berichterstattung, die meinen drei Zeitungen und mir während der ganzen Zeit in Moskau keine Schwierigkeiten einbrachte – das waren die Aufsätze, die ich über meine Reisen im Lande schrieb. Reiseberichte gelten gewöhnlich als unverdächtig; die meinen hatten überdies den Reiz, aus Gebieten zu stammen, die kaum jemand kannte. Mir waren die Reisen vor allem wichtig, weil es unterwegs ungleich einfacher war als in Moskau, Menschen kennenzulernen, vielleicht sogar in ungewöhnlichen Situationen, und vor allem mit ihnen stundenlang Gespräche zu führen. In Staaten mit scharfer Überwachung der Bevölkerung fühlt sich einer, den ich im Zug oder in einer Schlafunterkunft kennenlerne, mir gegenüber um so unbefangener, je mehr Leute gesehen haben, daß uns nur ein Zufall zusammengeführt hat.
Und noch eines war wichtig: Neunzig oder mehr Prozent aller west-

lichen Berichte stammten aus Moskau. Moskau aber war nicht die Sowjetunion, sondern in vieler Hinsicht eine Ausnahme. Es lockte mich also, möglichst viel vom übrigen Lande zu sehen, und dabei hatte ich fast eine Monopolstellung. Kaum einer meiner westlichen Kollegen unterzog sich den Mühen solcher Reisen; tat er es doch, so fuhr er auf vorausbestellter Route und mit seinem ihm von sowjetischer Seite gestellten Dolmetscher. Ich fuhr allein.

Eine Besonderheit dieser Reisen der dreißiger Jahre war die erstaunliche Freizügigkeit. Vor keiner Reise bat ich irgend jemand um Erlaubnis, etwa die Pressestelle des Außenministeriums oder gar die GPU. Wer in jenen Jahren bereit war, die Strapazen auf sich zu nehmen, vor allem die Unsicherheit hinsichtlich der Unterkünfte und Zug-Anschlüsse, und die militärischen Gebiete ausließ, der konnte im Reich Stalins unkontrolliert herumreisen wie nie wieder, weil sich das Land noch in einem unkontrollierbaren, chaotischen Zustand befand.

Auf diesen Reisen beschrieb ich die gerade erst eröffneten und der Welt nur dem Namen nach bekannten Bergwerke im Hohen Norden, eine Dampferfahrt durchs Eismeer, das im Entstehen begriffene Stahlwerk von Magnitogorsk, die neuen Industrien am Balchasch-See nahe der chinesischen Grenze, die Hungerdörfer in der Ukraine, die historische erste Bahnfahrt zu den Erdölquellen von Ischimbajewo im südlichen Ural. Diese letztere war das Ergebnis der Bekanntschaft mit einem Baschkiren auf dem Moskauer Schriftstellerkongreß von 1934, wo ich außer Männern wie Bucharin und Pasternak auch ihn traf. Der freundliche Mann, sowohl Schriftsteller als auch Ministerpräsident der Baschkirischen Republik, sagte mir, wie man das so sagt: „Besuchen Sie mich einmal, wir eröffnen bald eine neue Bahnlinie" – und schon fuhr ich hin und eröffnete sie mit ihm; über die neuen Brücken, die zum Teil nur auf zusammengeschichteten Bahnschwellen ruhten, gingen wir vorsichtig zu Fuß, so wackelig sahen sie aus.

Die traurigsten Eindrücke sammelte ich einmal in der Ukraine. Ich hatte von „Lebensmittelschwierigkeiten" gehört und fuhr hin. Zu Fuß durchquerte ich einen Teil dieser Kornkammer des Landes. Sie sah schlimm aus. Die bereits abgeschlossene Ernte war katastrophal ausgefallen, einmal infolge allzu geringer Niederschläge, zum anderen weil sich der ungeheure Umbruch der Kollektivierung auswirkte.

In den einzelnen Dörfern, durch die ich kam, ließ ich mir die tatsächlichen Ernteergebnisse nennen, ehe ich mir in der Kreishauptstadt die nach oben korrigierten Zahlen holte. Früher hatten die großartigen Schwarzerdeböden 8 bis 12 Doppelzentner Getreide vom Hektar gebracht, in diesem Jahr aber nur durchschnittlich 2 bis 3 Doppelzentner. Trotzdem mußten die Kolchose 3,3 Doppelzentner pro Hektar fast umsonst an den Staat abliefern und außerdem in ihrem Dorf Mensch und Vieh füttern und Saatgut fürs nächste Jahr zurücklegen. Obgleich der Staat kurz zuvor, am 15. August 1934, die Ablieferungsquote auf 1 Doppelzentner gesenkt hatte, war die Stimmung verzweifelt; ich sah Hungertote und Kinder mit aufgetriebenen Ödem-Bäuchen. In den deutschen Dörfern, durch die ich kam, war die Lage besser.

Als ich genug Schreckliches erlebt hatte, gab mir ein Kreis-Vorsitzender, wohl um mich rascher loszuwerden, ein Pferd und einen berittenen Begleiter. Als es Nacht wurde, verirrten wir uns auf dem Wege zu dem zwanzig Kilometer entfernten Bahnhof, denn die Steppe war eben wie ein Tisch – nur Felder und Felder, kein Baum, kein Hügel, der uns den Weg wies. Als der Mond aufging, konnten wir uns besser orientieren und so fanden wir mit den todmüden Gäulen schließlich unser Ziel. Mein Begleiter muß wohl dem Bahnhofsvorsteher geraten haben, mich schleunigst abzuschieben, denn schon der zweite Zug nahm mich gegen Morgen nach Dnjepropetrowsk mit, zum dumpfen Groll der zurückgebliebenen Passagiere, die zum Teil schon eine Woche auf dem Bahnhof hockten und einen überfüllten Zug nach dem anderen hatten an sich vorbeiziehen sehen.

Von den Erlebnissen, die in den veröffentlichten Aufsätzen nicht vorkamen, berichte ich hier nur zwei.

Einmal fuhr ich auf einem behäbigen und bequemen Dampfer die (nordost-russische) Dwina aufwärts. In der ersten Klasse reiste außer mir nur eine Frau – Dame müßte ich sagen, denn von den übrigen Passagieren stach sie stark ab: elegant gekleidet, dezent geschminkt, mit freien Manieren; sie war die Frau eines hohen Beamten im Holzministerium und langweilte sich auf der vermutlich kostenlosen Erholungsreise durch die ewigen Wälder Nordrußlands. Obgleich ich ihr nicht verheimlichte, wer ich war, hatte sie keine Hemmungen, sich vor dem ganzen Schiff mit mir einzulassen. So hoch erhaben fühlte sie sich als Prominentenfrau über den Fährnissen der Zeit. Auch das ist längst nicht mehr möglich. Nicht weil die Sowjetunion moralischer wurde (im Gegenteil), sondern weil die Kontrolle viel straffer ist. Damals war die Sowjetunion ein Willkürstaat mit mancherlei Freiräumen, heute ist sie ein fast lückenloser Obrigkeitsstaat.

Nach zwei Tagen wurde mir ein wenig schwummrig zumute; ich war ja nicht auf Minnedienst ausgezogen. Also verließ ich die Schöne und den Dampfer in einem Städtchen am Fluß. Dort wollte ich sehen, ob Moskaus Arm bis in die Wildnis reicht. In der Tat, auch hier gab es den Kolchos und die Partei; der örtliche Parteiboß, den ich als ersten besuchte, gab mir ein Zimmer im Haus einer alten Frau, deren beide Söhne für den Sommer zur Waldarbeit fort waren. Dann fuhr ich weiter.

Ein zweites bislang unberichtetes Erlebnis hatte ich auf der Halbinsel Kola. Erste Station Kírowsk. Dort waren einige Jahre zuvor ungeheure Lager wertvoller Rohstoffe gefunden worden, darunter Apatit, aus dem sich Kunstdünger herstellen läßt. 1930 hatte man hier in der Tundra die ersten Arbeiter ausgeladen – GPU-Gefangene. Zunächst wohnten sie in Zelten. Im Winter herrschte drei Monate lang dunkle Polarnacht mit Temperaturen unter 30 Grad, dazu Skorbut, und im Sommer entstiegen Milliarden Mücken den weiten Sümpfen. Als ich im Sommer 1935 hinkam, lebten die meisten Menschen schon in Baracken.

Auf der Suche nach einem Nachtquartier wurde ich auf eine mehrere Kilometer entfernte „Turbasa" (= touristische Basis) hingewiesen. Diese stellte sich als eine Art Ferienheim für Gelehrte heraus. Ich kam gerade zurecht zum Mittagessen, das gemeinsam eingenommen wurde, und wurde mit den zwölf oder fünfzehn Anwesenden bekanntgemacht: „Das ist der deutsche Korrespondent Dr. Mehnert auf seiner Reise durch die Sowjetarktis. Und das ist Professor so und so . . . Eine Genossin haben wir auch hier, die Professorin . . ." Ich brauchte mir den Namen nicht sagen zu lassen, denn vor mir stand meine Kusine, die einzige von der ganzen Riesenverwandtschaft, die, mit einem russischen Staatsbürger verheiratet, nach der Revolution in Rußland geblieben war. Wir zuckten nicht mit der Wimper, während wir uns begrüßten. Und weiter ging es: „Das ist Professor so und so . . ."

Als man vom Tisch aufstand, sah ich meine Kusine in den an das Haus angrenzenden Garten gehen. Nach einigen Minuten folgte ich. Bald fand ich sie hinter einigen Bäumen. Wir hielten uns stumm im Arm. Später machte ich mit ihr – absichtlich vor aller Augen – einen Spaziergang, auf dem sie mir über ihr schweres Schicksal in den letzten anderthalb Jahrzehnten erzählte. Als ich sie zwanzig Jahre später, nach dem Kriege, im telefonbuchlosen Moskau fand, und mich aus einer Telefonzelle mit „Sapoljárnik" (der Mann von jenseits des Polarkreises) meldete, wußte sie, wer das war. Sie starb Anfang der achtziger Jahre.

Die goldenen Zeiten des freien Reisens sind längst vorbei. Der Ausländer darf nur in bestimmte Städte fahren, muß sich dort zuvor mit genauer Terminangabe durch „Intourist" anmelden lassen, darf mit dem Auto nur bestimmte Straßen benutzen; sogar das nur wenige Kilometer von Moskau gelegene Dorf meiner Kindheit ist mir versperrt. Aus dem

Reisen, das damals noch ein erlebnisreiches Abenteuer war, ist eine genau überwachte Polit-Touristik geworden.
Mir machten jene Reisen ins Ungeplante einen Riesenspaß, bei solchen Fahrten sah ich das Leben, wie es war. Und Wirsing freute sich, daß er meine erlebnisgefüllten Reiseberichte drucken konnte. Nur Enid machte sich Sorgen, wenn ich für Wochen ohne Nachricht ins Ungewisse entschwand, und atmete erst auf, wenn ich wieder auftauchte – immer schmutzig, oft verfloht, aber glücklich und mit tausend Geschichten.

Als sich das Jahr 1935 neigte, spürte ich, daß unser Aufenthalt zu Ende ging. Enid war nicht traurig. Die Gastdozentur für ein Semester an der University of California in ihrer schönen Heimatstadt Berkeley stand für mich zur Verfügung. Ich tröstete sie und mich: „Wenn schon nicht Berlin und Moskau, dann Kalifornien." Aber ich war entschlossen, bis zum letzten Augenblick meine Arbeit fortzusetzen.
Dieser Augenblick kam am 12. Januar 1936. Wirsing schrieb: Das Propagandaministerium habe seiner Redaktion und den beiden anderen Blättern die strikte Anweisung gegeben, von mir nichts mehr zu drucken. München werde mir noch für den Februar seinen Anteil an der Pauschale überweisen. Für meine Reise nach Asien wünsche er mir alles Gute – ein diskreter Hinweis, jetzt lieber nicht nach Deutschland zu kommen. Mein letzter Beitrag, „Bolschewismus als Regierungsform", war gerade noch am 8. Januar 1936 erschienen.
Ich fuhr in die Presseabteilung des sowjetischen Außenministeriums und teilte dort mit, Enid und ich würden bis Monatsende die Sowjetunion über Sibirien verlassen. Dann packten wir unsere Siebensachen und verkauften den Opel. Von russischen Freunden und vielen Mitgliedern unserer beiden „Familien" zum Zug gebracht und mit Blumen und Lebensmitteln für die lange Reise beschenkt, bestiegen wir am 22. Januar 1936 den Transsibirien-Expreß.
Doch auch jetzt war mein deutsches Journalistenleben noch keineswegs zu Ende. Jener Aufsatz über die Kanalbauten der GPU hatte noch eine zweite, gleichfalls unerwartete Folge. Der Chefredakteur einer neuen deutschen Unterhaltungszeitung, der in meinem Text keine Beleidigung des Führers erkannt hatte, forderte mich in einem Brief auf, auch für ihn zu schreiben. Solange der Vertrag mit meinen drei Blättern lief, hatte ich kein Interesse, vor allem, weil das Blatt den nicht sehr appetitlichen Namen „Braune Post" trug. Aber als sich die Wahrscheinlichkeit meines Ausscheidens bei den drei Zeitungen und meiner Abreise aus der Sowjetunion verdichtete, sagte ich zu.

Mir lag daran, nicht aus dem Gesichtskreis der deutschen Leser zu entschwinden, und es war durchaus möglich, daß ein Chefredakteur, der, wie der Name seines Blattes andeutete, der NSDAP nahestand, mehr Spielraum besaß als meine bisherigen von der Partei mit Argwohn betrachteten Zeitungen. Also schlug ich dem Chefredakteur vor, daß ich ihm von meiner Reise nach Ostasien Berichte schicken würde, ohne Reisespesen zu verlangen, aber gegen ein ordentliches Honorar. Er schrieb hocherfreut zurück (deutsche Redaktionen hatten damals nur wenig Devisen für Auslandsreisen ihrer Mitarbeiter), ich möge ihm jede Woche einen Aufsatz schreiben. Damit begann ich bereits im Transsibirien-Expreß. Die Mutter aber bat ich schleunigst, die „Braune Post" zu abonnieren und mir Bescheid zu geben, ob sie mich druckt.
Sie druckte mich zu meinem großen Staunen, dreizehn Wochen lang, und auch die Honorare trafen pünktlich ein. Selbst in der „Braunen Post" konnte ich es nicht unterlassen, meine ZW- und ZG-Bemerkungen einzuflechten: „Die Sowjetunion ist heute [im Unterschied zur Zeit des Russisch-Japanischen Krieges 1904/05] auf einen Krieg vorbereitet und bis an die Zähne bewaffnet", und Japan ist „an einer Zerstückelung oder Schwächung des russischen Staates nicht interessiert", also nicht als sicherer Bundesgenosse gegen die UdSSR einzukalkulieren.
Schließlich merkte jemand in Berlin, daß der verbotene Mehnert ausgerechnet in der „Braunen Post" jede Woche zu Wort kam. Anstelle des vierzehnten Beitrags erschien eine redaktionelle Notiz: „Unsere Weltreise muß für kurze Zeit unterbrochen werden. Die Briefe unseres Mitarbeiters [mein Name wurde schon nicht mehr genannt] sind ausgeblieben. [Das stimmte nicht, die Redaktion hatte noch einen Vorrat von vier Manuskripten]. Vielleicht sitzt er irgendwo tief im Lande und wußte keinen Briefkasten zu erreichen. Wir bitten unsere Leser, sich etwas zu gedulden, und hoffen, daß wir bald unsere Reise rund um die Erde gemeinsam fortsetzen können."
Die Serie wurde nie fortgesetzt. Jetzt war für mich die im Juni 1934 aufgenommene regelmäßige Berichterstattung in der deutschen Presse wirklich zu Ende.

Hawaii
1937 – 1941

Über Mandschukuo, China, Japan und Hawaii kamen Enid und ich rechtzeitig zum Sommersemester 1936 nach Berkeley. Wir lebten bei Enids Familie. Meine Arbeit an der University of California als Gastdozent in Politikwissenschaft bereitete mir viel Vergnügen, und die Studenten wollten wissen, was der Mann zu sagen hatte, der aus Hitlers und Stalins Reichen kam. Laut Universitätszeitungen gehörten meine Vorlesungen zu den meistbesuchten des Semesters. Alles schien eitel Sonnenschein – bis kurz vor Semester-Ende ein Schreiben des Landesverbandes Bayern im Reichsverband der Deutschen Presse aus München eintraf. Mein Name, so wurde mir dort mitgeteilt, sei in der Schriftleiterliste gelöscht worden; die deutsche Presse durfte von mir also nichts mehr veröffentlichen. Ich erhob am gleichen Tag telegrafisch und brieflich Einspruch und fuhr mit Enid, kaum war das Semester zu Ende, mit dem Bus nach New York (das war am billigsten), auf der „Europa" nach Bremerhaven, wo wir am 19. September 1936 eintrafen, und weiter nach München.

Auf den Geschäftsführer des Landesverbandes Dr. Held, der mich im fernen Kalifornien wähnte, machte es Eindruck, daß ich nach Erhalt seines Schreibens schnurstracks über Land und Meer nach München geeilt war; ich hatte ihn von nun an auf meiner Seite. Er gab mir einen Durchschlag der gegen mich gerichteten Denkschrift. Wie schon ein kurzer Blick zeigte, war es ihr Zweck, mich als verkappten Bolschewiken zu entlarven und zwar mit Hilfe geradezu unanständig zerzauster Zitate aus meinem Buch „Jugend in Sowjetrußland" (1932) und meinen Aufsätzen über die Sowjetunion. Es war eine Fleißarbeit der Bosheit. Ich verfaßte eine 42 Seiten lange Gegenschrift. Das war einfach. Ich brauchte nur die Zitate in ihren wirklichen Zusammenhang zu rücken. Enid tippte sie ins reine, ich schickte sie an Held und beantragte, die Löschung rückgängig zu machen. Ein Termin für das Verfahren vor dem Pressegericht in München wurde auf den 15. Dezember 1936 angesetzt.

Bis dahin absolvierte ich (vom 6. Oktober bis zum 2. Dezember) einen speziell für Auslandsdeutsche eingerichteten Kurz-Wehrdienst im 3. Zug der 6. Kompanie des Infanterieregiments Nr. 18, und zwar in der Stadt, von der das Lied berichtet: Lippe-Detmold, eine wunderschöne Stadt / darinnen ein Soldat. Ich brachte es diesmal bis zum „Schützen eins", der das

Maschinengewehr schleppen durfte. Während der Vereidigung auf Hitler schwieg ich. Elf Jahre zuvor, in Schwäbisch Gmünd, war ich auf die Deutsche Republik vereidigt worden; dabei wollte ich es lassen. Mit dem „Führungszeugnis bei der Entlassung aus dem Heer", das „Sehr gut" lautete, fuhr ich nach München, trug dem „Bezirksgericht der Presse beim Landesverband Bayern" in seiner Sitzung vom 15. Dezember meine Argumente zugunsten der Wiederaufnahme in die Liste vor – und siegte. Noch gab es Richter in Deutschland. Die meinen, die ihren Namen unter das Urteil setzten, hießen: Simmerding, von Xylander, Lembeck, Cerny, Haymann. Schönen Dank, meine Herren, heute noch.

Aber mein Triumph war von kurzer Dauer. Schon nach zwei Tagen sagte mir Dr. Held: „Auf Weisung des mir übergeordneten Reichsverbandes der Deutschen Presse in Berlin muß ich jetzt ein Presse-Ehrengerichtsverfahren gegen Sie einleiten. Trotz der Ihnen gelungenen Wiederaufnahme in die Schriftleiterliste will man Ihnen das Publizieren in Deutschland unmöglich machen. Die Anklage gegen Sie lautet: Ihre publizistische Tätigkeit sei geeignet, die Kraft des Deutschen Reiches nach außen und im Inneren zu schwächen." Wie nebenbei fügte er mit gedämpfter Stimme hinzu: „Ihr Feind sitzt nicht in München, sondern in Berlin. Er heißt Dr. Taubert und arbeitet im Referat ‚Bekämpfung des Marxismus' im Promi." So nannte man das 1933 gegründete Goebbelssche „Propagandaministerium".

Der Erfolg vor dem Pressegericht hatte mir also nichts genützt; die ganze Geschichte ging wieder von vorne los. Mit dieser Einsicht kehrte ich aus München nach Friedrichshagen zurück.

38. Der Weg dorthin

Es war kalt in Friedrichshagen, an jenem Morgen des 24. Dezember 1936. Mit klammen Fingern versuchte ich Feuer zu machen. Aber der Ofen zog nicht, Rauch drang in den kleinen Vorplatz, und ich öffnete die Haustüre. Draußen war es trüb und naß, halb Regen, halb Schnee, wie alle die letzten Tage.

Schließlich brannte der Ofen. Beim Frühstück war ich einsilbig. Mich fraß die Ungeduld. Zum ersten Mal in meinem Leben war ich mir im unklaren über den nächsten Schritt. Auch wenn das Gericht zu meinen Gunsten entschied – was dann? In Deutschland hatte sich mit der Festigung des NS-Regimes die Lage für mich verschlechtert. In Kalifornien? Dort hatte ich noch eine Einladung zum Sommersemester 1937, auch die Stanford-Universität zeigte Interesse. Aber ein langfristiges Ange-

bot lag nicht vor. Die Reise mit Enid, von Moskau über Asien und Amerika bis Berlin, hatte unsere Ersparnisse aufgebraucht.
Wir gingen auf unser Zimmer, lasen, schrieben Briefe. Als der Postbote kam, wünschte er uns frohe Weihnachten. Er sagte: „Ein Luftpostbrief aus Amerika ist auch dabei." Der Absender: UNIVERSITY OF HAWAII. Er war vom 16. November datiert und über Berkeley gegangen. Ich sprang die Treppe empor und las ihn Enid vor. William H. George, Dekan der – wir würden sagen – Philosophischen Fakultät, fragte an, ob ich bereit sei, als Professor (also nicht nur als Gastprofessor) an die Abteilung für Geschichte und Politikwissenschaft der Universität zu kommen. Aus Gründen, die ich noch erkläre, bringe ich den Brief als Faksimile.
Zwischen Enid und mir bedurfte es keiner Diskussion. Selbstverständlich waren wir bereit. Die Mutter freute sich für uns, war aber auch bedrückt durch den Gedanken an die neue Trennung. Wir sagten, sie müsse uns im nächsten Winter besuchen, zogen eilig die Mäntel an und gingen zur Post, in der Nähe des Bahnhofs. Dort malte ich mit Druckbuchstaben auf das Telegrammformular: DEAN GEORGE UNIVERSITY OF HAWAII HONOLULU, HAWAII. VERY INTERESTED. LETTER FOLLOWS. MANY THANKS. KLAUS MEHNERT.
Als ich das Blatt dem Beamten durchs Schalterfenster reichte, sah ich seinem Gesicht an, daß er noch nie zuvor ein Telegramm nach Hawaii in der Hand gehalten hatte. Er nahm das Dienstbuch mit den Ländern zur Hand, in die er Telegramme annehmen konnte, und blätterte. „Honolulu und Hawaii kommen hier nicht vor", sagte er schließlich, machte eine Miene, als hätte ich ihn verulken wollen, indem ich einen Ort angab, der zwar in Liedern vorkommt, aber nicht auf der Landkarte, und wollte mir das Formular zurückgeben.
Hawaii gibt es, beteuerte ich; im vorigen Sommer seien wir selbst dort gewesen, was Enid eifrig bestätigte. Schließlich brachte ich ihn dazu, mir sein Buch durchs Fenster zu reichen. Eilig sahen wir es durch – nirgends Hawaii. Jedenfalls nicht unter Amerika, zu dem es ja gehörte. Wir fanden eine Rubrik „Stiller Ozean", wieder kein Hawaii. Und plötzlich sahen wir es beide gleichzeitig und lachten aufatmend: Sandwich Islands! Kapitän Cook, der die Inseln 1778 entdeckte, hatte sie seinem Gönner Lord Sandwich zu Ehren so genannt, und dieser Name war ihnen lange Zeit geblieben, bis die ganze Gruppe nach der größten Insel Hawaii getauft wurde.
Nun sah die Welt wieder anders aus. Die Sonne Hawaiis schien auf den trüben Berliner Winter. Das Ganze klang wie ein Märchen. Nach einem kurzen Briefwechsel kam die offizielle Einladung der Universität,

unterzeichnet am 1. Februar 1937 von ihrem Präsidenten David L. Crawford.

Zu diesen Briefen aus Honolulu nach Friedrichshagen war es so gekommen: Enid und ich hatten im Frühsommer 1936 die Dampferfahrt von Yokohama nach San Franzisko für ein paar Tage in Hawaii unterbrochen. (Dort lernten wir, daß man den Namen der Inselgruppe so ausspricht, wie man ihn schreibt, also nicht Hawai, sondern Hawai-i). Ein rühriger Reporter berichtete in der Lokalzeitung, unter den in Honolulu ausgestiegenen Passagieren habe sich ein junger Deutscher mit seiner amerikanischen Frau befunden; nach zwei Jahren in Moskau sei er auf dem Wege zur University of California.

Am nächsten Morgen kam ein Anruf. Es meldete sich Denzel Carr, Professor für vergleichende Sprachwissenschaft an der University of Hawaii. Ob ich bereit sei, vor den Studenten über die Sowjetunion zu sprechen. Ich bejahte. Darauf er: „In Hawaii weiß man wenig über die Sowjetunion. Sie können mit einer großen Zahl von Zuhörern rechnen." Tatsächlich war Farrington Hall, der größte Vorlesungsraum der Universität, bis auf den letzten Platz gefüllt, auch Professoren waren gekommen. Anschließend führte uns Carr zum Mittagessen in den Professoren-Club; einige seiner Kollegen schlossen sich an, darunter der Dekan William H. George. Einen zweiten Vortrag hielt ich vor dem „Institute of Pacific Relations", das von meinem Auftritt in der Universität gehört hatte. Dann fuhren wir nach San Franzisko.

Und nun, viele Monate später, kam dieser Brief. Gleich fingen wir an, Pläne zu schmieden; ich überlegte mir schon mein Vorlesungsprogramm. Aber noch stand das Ehrengerichtsverfahren bevor. Ich erbat Gutachten von Leuten, die mich gut kannten, und erhielt sie auch, so von dem Pressereferenten der Deutschen Botschaft in Moskau, Wilhelm Baum (er bezeichnete mich als „Notanker", der durch seine Kontakte und Reisen die Botschaft vor der „drohenden informativen Isolierung" in Moskau bewahrt hatte) und vom Ost-Referenten im Reichskriegsministerium, dem Obersten Spalcke. Bei meinem Gegner Taubert aber stieß ich – nicht auf Granit, das wäre nicht so schlimm gewesen, sondern auf Gummi. Monat um Monat verging. Vom Propagandaministerium wurde ich immer wieder vertröstet; man sei noch dabei, die notwendigen Unterlagen zu sammeln, ließ Taubert mir durch seinen ebenso schleimigen Stellvertreter mitteilen.

Geduld ist meine Tugend nicht. Ende März fuhr ich nach München. Erst besuchte ich Giselher Wirsing. „Ich warte nicht länger und fahre nach Hawaii. Aber vorher muß ich irgend jemand finden, der bereit ist,

THE UNIVERSITY OF HAWAII

COLLEGE OF ARTS AND SCIENCES
OFFICE OF THE DEAN

HONOLULU, HAWAII

CABLE ADDRESS "COLWAI"
BENTLEY'S CODE

November I6, I936.

Dr. Phil K. Mehnert,
c/o Mr. E. E. Keyes,
2829 Prinee Street,
Berkeley, California.

Dear Dr. Mehnert :

Solely on my own initiative, without any authorization from President Crawford, I write to inquire if you would be interested in teaching in the University of Hawaii. If the Legislature deals kindly with our budget, we may be able to add a man to the Department of History and Political Science. He would have the rank of instructor or possibly assistant professor. The salary would probably be in the range from $2700 to $3000.

We believe that you are qualified to offer courses on Russia and the Far East, also in the field of European history. We could use you in both fields. We have no one in European history. Dr. Bachman offers a basic course, entitled History of Western Civilization. You might be able to give him some help with this course.

We could find a field for you, or two fields. I shall be retiring from the University within two or three years, and that will cause a shift in our offering. Dr. Bachman will likely take my basic course in political science, and we shall need someone to pick up certain of his courses. Thus the outlook is bright for a young and progressive scholar who might wish to cast in his lot with Hawaii.

I should mention that we have established an Oriental Institute which is to specialize on the Far East and India. You might wish to offer courses under the auspices of this institute. It is hardly under way yet, but money and books are being collected. I believe it has a future.

Please consider this letter as personal and in no way committing the University to anything. I will add that we were delighted with the full information which you possess and the balance of judgment you showed in discussing controversial subjects. You made a fine impression upon all who met you.

Hoping that this letter reaches you, and sending the aloha of Hawaii, I am

Yours very truly,
William H. George.
William H. George.

gelegentlich etwas von mir zu drucken, auch wenn das nicht zulässig ist, während das Ehrengerichtsverfahren über meinem Haupt schwebt. Ich will mich nicht in die Emigration drängen lassen. Solange Aufsätze von mir in Deutschland erscheinen, wissen meine Freunde hier, daß ich kein Emigrant bin. Fänden sie meine Beiträge nicht mehr, müßten sie annehmen, meine Bande zu Deutschland hätten sich gelöst, ich sei Emigrant geworden."

Meine Abneigung gegen das Emigrant-Sein hatte seine tiefste Wurzel im natürlichen Patriotismus des Auslandsdeutschen. Ich kann mich zwar nicht erinnern, daß die Eltern je abschätzig über die vielen Deutschen gesprochen hatten, die im Laufe ihres Lebens in Moskau russische Untertanen geworden waren. Aber für mich galten die Eltern als Maßstab; sie und ihre Eltern waren auch nach vielen russischen Jahren deutsche Staatsbürger geblieben, und daß der Vater diese Treue zum Vaterland mit dem Leben bezahlt hatte, machte es für mich zum unumstößlichen Grundsatz: Ich wechsle meine Staatsbürgerschaft nicht. Inzwischen hatte ich viele Emigranten erlebt – russische, erst in Deutschland, dann in China, auch schon die ersten Deutschen, die nicht unter Hitler leben wollten. Und immer dachte ich: Hoffentlich bleibt mir dieses Los erspart.

Wirsing und ich überlegten. „Welches Publikationsorgan könnte bereit sein, mich dann und wann zu drucken? Zeitungen kommen nicht in Betracht, da sie zu genau überwacht werden, also eine der Zeitschriften, aber welche?" Wir sprachen einige durch. Dann sagte Wirsing: „Am besten ‚Die Zeitschrift für Geopolitik'! Besuchen Sie den alten General Haushofer. Er wohnt ja in München. Vielleicht macht er es."

Die Idee war ausgezeichnet. Haushofer, der das Wort „Geopolitik" popularisiert und die Zeitschrift gleichen Namens gegründet hatte und leitete, war als mutiger Mann mit unabhängigen Ansichten bekannt, vor allem: Hitler hatte Respekt vor ihm, empfand sich wohl auch in gewisser Weise als sein Schüler. Ich war Haushofer einige Male flüchtig auf Tagungen begegnet, er kannte mein Rußland-Buch und einige meiner Aufsätze über die Sowjetunion.

In dem Arbeitszimmer, in dem Haushofer mich empfing, hing eine große Weltkarte, standen viele Bücher. Ich erklärte ihm meine Situation. Einem Mann wie Haushofer gegenüber konnte das in wenigen Sätzen geschehen. Auch Haushofer war, wie so viele, ein deutscher Patriot, der die schrittweise Liquidierung von Versailles durch Hitler guthieß, der aber der übrigen Politik dieses Mannes mit Skepsis gegenüberstand. Ich schloß: „Wären Sie bereit, Beiträge von mir in Ihrer ‚Geopolitik' zu bringen? Bald werde ich, für wer weiß wie lange, als wohl einziger Deutscher in der Mitte des Stillen Ozeans leben." Dabei ging ich zu seiner Weltkarte und zeigte mit einer vermutlich allzu dramatisch geratenen Geste auf die in der Weite des Pazifik kaum erkennbare Inselgruppe.

Haushofer zögerte nicht. „Wenn Sie mir Manuskripte schicken, die in meine Zeitschrift passen, werde ich sie drucken. Was der Goebbels sagt, ist mir gleichgültig. Nur auf die Qualität der Beiträge kommt es an."

Als letzten besuchte ich noch einmal Dr. Held. Er hatte kein Ehrengerichtsverfahren angesetzt, da vom Propagandaministerium noch nichts vorlag, worauf sich die Anklage stützen könnte. Ich dankte ihm für seine anständige Haltung und sagte: „Ich werde noch drei Wochen warten. Wenn sich Taubert bis dahin nicht rührt, werde ich abreisen, um im Sommer in Berkeley und ab Herbst in Hawaii zu lehren, und ich werde das mit dem besten Gewissen tun. Zweimal bin ich, wenn Anklagen gegen mich erhoben wurden, von weither nach München geeilt, 1934 aus Moskau, 1936 aus Kalifornien. Jetzt langt's." Held widersprach mir nicht.

Enid hatte gerade die Nachricht vom Tode ihres Vaters erhalten und drängte nach Hause. Sie kündigte ihre Sekretärinnenstelle im Berliner Büro der „Chicago Tribune" und wir machten Abschiedsbesuche – es konnte ein Abschied für lange sein. Einmal, unter den Linden, stieß ich auf Peter Kleist. Ich hatte ihn als Kommilitonen bei Hoetzsch gekannt, dann aus den Augen verloren und erst unlängst erfahren, daß er im „Büro Ribbentrop" (dem NS-Gegenstück zum Auswärtigen Amt) über Ostfragen arbeitete. Er sah mich überrascht an. „Sie sind in Berlin? Ich gebe Ihnen einen guten Rat: Verschwinden Sie. In den allernächsten Tagen wird man Ihnen den Paß abnehmen, dann sitzen Sie in der Falle."

Ich dankte ihm für seine Information. „Morgen muß ich über die Grenze", sagte ich daheim, „aber lieber nicht über die westliche, wo man vielleicht schon eine mich betreffende Weisung hat. Am besten also über Schweden, mit der Fähre von Saßnitz nach Trelleborg."

Mutter war blaß geworden. Noch einmal wollte sie ihre drei Söhne zusammensehen. Also fuhren sie, Enid, Frank und ich am folgenden Morgen auf Lars' Hof. Die Stunden vergingen in forcierter Fröhlichkeit. Die ganze Familie war zusammen, die Mutter, ihre drei Söhne und zwei Schwiegertöchter. Alle wußten, daß schwere Jahre vor uns lagen. Es war das letzte Mal, daß ich die Brüder sah.

In Saßnitz ging alles glatt. Es war schon dunkel, als ich ankam; die wenigen Passagiere für die letzte Fähre wurden rasch abgefertigt. Am nächsten Morgen war ich in Schweden, von dort ging es mit Schiffen weiter nach Dänemark und England. In London stieß Enid zu mir. Wir fuhren mit der „Queen Mary" (Dritter Klasse, aber in phantastischem Luxus) nach New York, von dort in einem gebrauchten, jedoch flotten Chrysler (den Enid „Waldemar" taufte) einen Monat lang nach Westen, ohne Sorgen und voller Vorfreude auf Kalifornien und Hawaii. Nur selten schliefen wir in einem Hotel (oder Motel), fast überall wohnten wir bei Freunden, so in Chicago beim Senior der amerikanischen Rußland-Forscher, Professor Samuel Harper, der in Moskau unser Gast gewesen war. Enid war glücklich, die Stätten der amerikanischen Geschichte zum ersten Mal zu sehen und mir zu zeigen, daß auch Amerika eine große Vergangenheit hatte, nicht nur Europa und Asien, die ich ihr vorgeführt hatte.

Das Sommersemester in Berkeley verging rasch. Am 14. August schifften wir uns (samt Waldemar) auf der „Malolo" nach Honolulu ein. Eine Menü-Karte hat sich erhalten. Obgleich wir in der „Cabin Class", der billigsten, fuhren, ist auf ihr nachzulesen, daß es zum Dinner – im Fahrpreis inbegriffen – 42 verschiedene Speisen gab. Nur für Getränke mußte man extra bezahlen. Die aber brauchten wir nicht. Ohnehin fühlten wir uns während der ganzen Reise, als hätten wir Champagner im Leibe.

Kam man mit dem Schiff nach Hawaii (längst gibt es keinen Schiffsverkehr mehr auf dieser Strecke), so stieß man bei der Insel Molokai auf die insgesamt 600 Kilometer lange Perlenkette des Archipels und erkannte bald darauf die Insel Oahu (wo Honolulu und die Universität liegen) an ihrem Wahrzeichen, dem erloschenen Vulkan Diamond Head (Diamantenkopf), der wie eine riesige, dem Meere zu leicht ansteigende Schale am Rande der Insel liegt.

Zusammen standen wir an der Reling, hingerissen von dem Bild, das sich uns bot: zottige, weiße und graue Wolken an den Bergspitzen, darunter smaragdgrüne Täler und Schluchten unter dem steten Licht- und Schattenspiel der fliehenden Wolken, besonnte Küste mit weißem Strand, türkisfarbenes, von langen weißen Wellenkämmen durchzogenes Meer – dieser farbige Vierklang entzückte unser Auge an jenem Augusttag und unzählige Male danach. Wir umfuhren Diamond Head, folgten dem Strand von Waikiki, wo damals nur ein einziges Hotel in die Höhe ragte, das „Royal Hawaiian" mit seinen dunkelrosa Mauern, näherten uns der Stadt und steuerten auf den Aloha-Turm zu, in dessen Nähe die Passagierschiffe anlegten. Ein Schwarm Buben schwamm uns

entgegen, um die vom Schiff geworfenen Münzen zu fangen, und jetzt hörten wir die Musik der Royal Hawaiian Band. Kräftig und süß klang es zum Schiff hinüber: Aloha Oë . . .
(Erst später erfuhren wir: Die Royal Hawaiian Band war das Werk des preußischen Kapellmeisters Heinrich Berger, der sie 1872 als 27jähriger übernahm und bis 1915 leitete. Berger war der eigentliche Schöpfer der „hawaiischen Musik", wie wir sie heute kennen; er entwickelte sie aus den alten, recht gleichförmigen Gesängen, indem er sie um- oder neukomponierte.)
An Land befand sich auf der gleichen Höhe wie das Oberdeck der Passagierschiffe eine Plattform für diejenigen, die ihre Freunde abholen wollten. Sie trugen Blumenketten für diese über dem Arm, Leis genannt (Einzahl = Lei), die man am Hafen für wenig Geld kaufte. Damals konnte man zwischen Leis aus zwanzig verschiedenen Blüten wählen. (Längst sind die meisten aus Plastik.) Uns gefielen die aus den Blüten des Plumeria-Baumes am besten; deren schraubenartig gedrehte fünf Blütenblätter aus zartem Rosa oder cremeartigem Gelb sind von bezaubernder Anmut und unbeschreiblichem Duft.
Auch wir erhielten Leis; Jean, eine von Enids besten Schulfreundinnen, hatte damals eine Anstellung auf der Insel. Sie bekränzte uns nicht nur, sie hatte für uns auch ein kleines Haus gefunden, und sie fuhr uns auch gleich dort hin. Schon nach wenigen Minuten blickten Enid und ich uns enttäuscht an. Denn statt zum weltberühmten Strand von Waikiki, wohin es uns zog, fuhren wir immer tiefer in ein Tal zwischen schroffen Bergwänden, wo es zu allem hin regnete, während an der Küste die Sonne schien. Nachdem wir etwa halb in das Manoa-Tal gefahren waren, bog das Auto von der Straße in einen schmalen Weg ein, Uluwehi Way mit Namen, der links den Berghang emporstieg und nach etwa zweihundert Metern endete. Von den drei Häusern auf seiner linken Seite war unseres das mittlere.
Als wir allein waren und ausgepackt hatten, sahen wir, welche Herrlichkeit uns in den Schoß gefallen war. Der Blick in den Talkessel von der überdeckten Veranda war aufregend schön: Die Wolkenballen über den senkrecht abstürzenden, dicht überwachsenen Berghängen waren in rascher Bewegung, und wo die Sonne an immer neuen Stellen durchbrach, malte sie goldene Flecke auf das Grün des Talkessels. Jede der Inseln hat ähnlich grüne, zum Meer hin offene Täler. Das Manoa-Tal ist aber besonders schön. Wann immer ich später nach Hawaii kam, nie lockte mich Waikiki, das immer touristischer wurde, immer nur das Manoa-Tal.

Dort lag auch, nicht weit von unserem Haus, zwischen prächtig blühenden Bäumen die Universität, meine Arbeitsstätte für die folgenden vier Jahre.

39. Campus im Manoa-Tal

Mit ihren damals 2200 Studentinnen und Studenten war die University of Hawaii für heutige Verhältnisse winzig. Im wesentlichen bestand sie aus fünf Gebäuden, mit einer baumbestandenen Rasenfläche in der Mitte. Daneben einige tropische Spezialinstitute für Landwirtschaft, eine Cafeteria, ein kleiner Laden für Bücher und Schreibwaren, ein Amphitheater unter offenem Himmel, ein Sportfeld.
Eine Pflicht-Vorlesung mußte ich halten: „History 100". Sie war zweisemestrig, obligatorisch für alle Studienanfänger, außer den Technikern, und hatte den Zweck, den Studenten dieser von Europa fernsten Universität einen allgemeinen Überblick über Entstehen und Entwicklung der abendländischen Kultur und Zivilisation zu geben. (Ich nannte sie – inoffiziell – „Von den Pyramiden bis zum Jazz.") Da es keinen Hörsaal gab, der die große Zahl der „History 100"-Studenten fassen konnte, gab ich sie in zwei Schichten. Zur Vertiefung dieser Einführungsvorlesung las ich Deutsche Geschichte, Russische Geschichte sowie die Geschichte der politischen Ideen Europas.
Im übrigen ließ mir die Universität bei Vorlesungen und Seminaren freie Hand. Die Fakultät stimmte mir zu, als ich vorschlug, einen bislang an keiner amerikanischen Universität vorhandenen Schwerpunkt einzurichten, den ich „Geschichte des Pazifischen Raumes" nannte, und gab mir Mittel für die Anschaffung von Büchern. (Bislang hatte die Universität lediglich einen Lehrstuhl für Hawaiische Geschichte.) Meine These: Von einer Geschichte des Pazifischen Raumes insgesamt (im Unterschied zur Geschichte einzelner Anrainerstaaten) läßt sich erst seit dem Auftreten der Europäer an seinen asiatischen und amerikanischen Gestaden sprechen, eigentlich nur seit der ersten Überquerung des Stillen Ozeans (1521). Einige Semester befaßte ich mich ausgiebig mit dem Kommen der Russen an den Pazifik (durch Sibirien), über den Pazifik (nach Alaska und bis Kalifornien) und in den Pazifik (nach Hawaii).
Als kleine Huldigung für mein schönes Refugium veröffentlichte ich 1939 in der Forschungsreihe der Universität eine Schrift „The Russians in Hawaii, 1804–1819". Dafür benützte ich Schilderungen von Teilnehmern an russischen Expeditionen im Pazifik (zu ihnen gehörte auch

1816 der Schöpfer des Peter Schlemihl, der deutsche Dichter Adalbert von Chamisso auf der „Rurik" unter Kapitän Kotzebue) und eine neue sowjetische Aktenpublikation. (Das Interesse des Russischen Reiches an Hawaii war eine Folge seiner Besetzung Alaskas. Der Mangel an frischen Früchten, heute sagen wir: der Mangel an Vitamin C, der die Russen in Alaska für Skorbut anfällig machte, sollte durch die Einfuhr von Obst und Gemüse aus Hawaii behoben werden. Ein moskau-deutscher Arzt in russischen Diensten namens Georg Scheffer machte im Jahr 1816 sogar einen Häuptling von Kauai, der westlichsten der hawaiischen Inseln, zum Vasallen des Zaren; dieser verzichtete jedoch auf Drängen seines Außenministers, des Balten Karl Nesselrode, des späteren Kanzlers von Rußland, auf die schöne Insel.)
Mit einer Gruppe älterer Studenten untersuchte ich die Entwicklung der westlichen Vorstellungen über den Pazifik an Hand Hunderter von frühen Weltkarten, die ich sammelte, beginnend mit solchen, auf denen noch keine Anzeichen dieses Ozeans zu finden sind, bis zur Zeit des britischen Kapitäns Cook, der auf drei Reisen (1768–1779) die letzten größeren weißen Flecken im Stillen Ozean auffüllte und auch Hawaii entdeckte. (Die Hawaiier hatten ihn und seine Leute erst mit vielen Gaben als weiße Götter empfangen. Als aber bei einer Rempelei das erste Blut eines Mitglieds der Besatzung floß, entdeckten sie ihren Irrtum und erschlugen Cook.) Von den zwanzig Kapiteln eines geplanten Buches über die Geschichte des Pazifik seit dem Kommen der Weißen, habe ich später einige in Zeitschriften veröffentlicht, auch eine Kurzfassung der kartographischen Studie. Dann drängten aktuellere Fragen nach vorne.
Mit den Studentinnen und Studenten zu arbeiten, erwies sich als höchst angenehm. Sie waren heiter, zuvorkommend, eifrig (dies freilich in Grenzen) und vertraten alle nur denkbaren Rassen und Rassenmischungen. Die Weißen waren meist Kinder der auf Hawaii, der größten US-Garnison, stationierten Angehörigen der Streitkräfte. (Einen traf ich in den siebziger Jahren wieder – als US-Generalkonsul in Stuttgart.) Besonders zeichneten sich Japaner und Chinesen (beiderlei Geschlechts) durch ihre Leistungen aus.
Wenn sie alle in ihren bunten Aloha-Hemden vor mir saßen, die Mädchen mit Blumen im Haar, so war dies ein ausnehmend hübscher Anblick. Die schönsten Mädchen, fanden Enid und ich, waren hawaiisch-orientalische Mischungen. Mir ist kein Platz in der Welt bekannt, wo so viele Rassen so reibungslos nebeneinander leben; obgleich die eigentlichen Hawaiier nur noch eine kleine Minderheit der Bevölkerung bil-

den, hat sicher ihr fröhliches Wesen, dem Rassendiskriminierung fremd ist, zu dieser ungewöhnlichen Harmonie beigetragen.
Mit den Kollegen verstand ich mich gut, da ich mit meinen Vorlesungen und Seminaren keinem von ihnen ins Gehege kam. Es herrschte unter uns ein reges, aber keineswegs strapazierendes geselliges Leben, mit kleinen Festen, Picknicks an entfernten Badestränden, Tanzereien.
In den vierzig Jahren, seit wir Hawaii verließen, sind viele Kollegen gestorben (Dekan George war der erste, zur allgemeinen Trauer), manche nahmen Rufe an Universitäten auf dem Festland an. Enids beste Freundin, die Frau – jetzt Witwe – meines Psychologie-Kollegen, war mehrfach meine Gastgeberin, wenn ich die Inseln besuchte. Mit unseren damaligen Nachbarn vom Uluwehi Way, dem Ehepaar Vicars, verbindet mich heute noch gute Freundschaft.
(Seither hat die Universität ihre Studentenzahl auf 22000 verzehnfacht. Die fünf Gebäude meiner Zeit stehen im Schatten vielstöckiger Hochbauten. Allein für das Fach Geschichte enthält das Vorlesungsverzeichnis die Namen von 43 jüngeren und älteren Professoren; sogar das deutsche Mittelalter ist durch einen Fachmann vertreten. Zu meiner Freude hat sich der Schwerpunkt Pazifische Geschichte, insbesondere in der russischen Variante, erhalten. Mein erster Nachfolger, John A. White, arbeitete zum Teil sogar über dieselben Fragen, die mich beschäftigt hatten, so veröffentlichte er ein Buch über das Thema meiner Dissertation, Politik im Russisch-Japanischen Krieg. Sein Nachfolger, mein Enkel sozusagen, John Stephan, schrieb mir kürzlich, er habe im letzten Semester meine alte Vorlesung „Rußland in Asien" erneut gehalten. Kontinuität also über nunmehr vierzig Jahre.)
Einige Monate nahm die Mutter an unserem Paradies teil. Ich sah sie zum letzten Mal im Leben, als ich ihr die Blumenketten zum Abschied um den Hals legte.
Zu meiner hawaiischen Zufriedenheit trug bei, daß Enid dort ihre glücklichsten Jahre verbrachte. Sie paßte nach Hawaii, als sei sie dort geboren und aufgewachsen. Die fließenden Gewänder waren wie für sie erfunden; nach einem Jahr tanzte sie einen bezaubernden Hula; jeden Morgen steckte sie sich von unserer Gartenhecke eine scharlachrote Hibiskus-Blüte ins Haar, die bis zur Dunkelheit frisch blieb; unter den Kollegen und ihren Frauen war sie ebenso beliebt wie unter den Studenten, die sich um sie drängten, sooft sie auf den Campus kam (die letzten zwei Jahre wohnten wir keine fünf Fußminuten von der Universität, Halulu Way 2219); sie hörte Vorlesungen an der Universität und in der Kunstakademie; sie begleitete mich zu Vortragsreisen auf die an-

deren Inseln und fotografierte immer besser. Wenn ich in den Hunderten von Brief- und Erzähl-Seiten blättere, die sie während der hawaiischen Jahre nach Hause schrieb und die alle erhalten sind, denke ich, daß sie jeden Tag doppelt genoß, weil die Wolken am fernen Himmel immer dunkler wurden und niemand wissen konnte, ob das Gewitter nicht auch Hawaii erreichte.

40. Die bitteren Blumen von Molokai

Wie die überwältigende Mehrheit der Deutschen stimmte ich der von Hitler versprochenen Demontage des Versailler Vertrages zu. Den Anschluß Österreichs und des Sudetenlandes ans Reich hielt ich für völlig berechtigt; es gab weder einen logischen noch einen moralischen Grund, den Deutsch-Österreichern und den Sudetendeutschen den von ihnen mit großer Mehrheit gewünschten Anschluß ans Reich zu versagen, nachdem man den Tschechen (samt Slowaken) zwanzig Jahre zuvor die von ihnen – auf Grund des von Wilson verkündeten Selbstbestimmungsrechts der Völker – geforderte Loslösung vom Habsburger Staat gewährt hatte. Den Anschluß Österreichs (März 1938) begrüßte ich daher mit großer Freude, den Anschluß des Sudetenlandes (im September 1938) im Prinzip auch, obgleich mich das wilde und überflüssige Säbelrasseln Hitlers erschreckte und abstieß. Ungeachtet der schon bestehenden Briefkontrollen in Deutschland schrieb ich der Mutter damals (am 30. September 1938):
„Die letzten zehn Tage waren nicht schön in der ungeheuren Spannung zwischen Krieg und Frieden. Für Euch daheim sieht alles wahrscheinlich ganz anders aus, aber hier draußen empfinde ich den furchtbar hohen Preis, der für den Erfolg der letzten Tage gezahlt wurde. Millionen und Abermillionen von Menschen in aller Welt, die während dieser Tage atemlos auf den fast sicheren Ausbruch eines Weltkrieges warteten, die Millionen, die eingezogen wurden und von ihren Familien Abschied nahmen, sie werden die Gefühle, die sie dabei beherrschten, nicht vergessen. Die Abtretung des Sudetendeutschen Landes war von Prag zugestanden und von England und Frankreich garantiert worden; es waren verhältnismäßig untergeordnete Einzelheiten über Tempo und Form der Abtretung, die Hitler zu seinem Ultimatum veranlaßten, das zu einem deutsch-tschechischen und weiter zu einem Weltkrieg hätte führen können, wenn nicht im letzten Augenblick und nach unerträglicher Nervenspannung und Sorge der ganzen Welt ein Kompromiß [im

Münchner Abkommen vom 29. September 1938] gefunden worden wäre.
Ich habe verzweifelt versucht, Nachrichten direkt aus Deutschland zu erhalten. Am entscheidenden Tag, an dem Hitler im Sportpalast [26.9.38] sprach, mobilisierte ich sogar das hiesige US-Flottenkommando, um die Rede auf Kurzwelle direkt zu hören. Dieses wies seine Funkstation an, die Rede einzufangen. Aber der Empfang war miserabel, ich konnte nicht ein einziges Wort verstehen.
Diese Tage gehören zu den abscheulichsten meines Lebens. Die Vorstellung, daß ganz Europa in ein Spanien [ich meinte den grausamen Spanischen Bürgerkrieg 1935–1939] verwandelt werden könnte – wir wollen versuchen, sie zu vergessen.
An meiner Stellung zu Deutschland hat sich nichts geändert, aber ich habe hier draußen als einziger Deutscher und außerhalb der Atmosphäre, in der Ihr Euch befindet, die Sorge – für Euch und Deutschland – viel nackter und schärfer empfunden als Ihr."
Das zufriedene Wort des britischen Premierministers Chamberlain „Frieden für unsere Zeit", mit dem er von Hitler zurückkehrte, hörte ich gern, aber es konnte nur stimmen, wenn Hitler sich an sein in jener Sportpalast-Rede gegebenes Versprechen hielt, die Abtretung des Sudetenlandes sei seine letzte territoriale Forderung. Zunächst mochte es so scheinen.
Bald darauf, am 8. Dezember 1938, erhielt ich von meinem alten Freund Ritsch Maier aus Südamerika einen Brief voll innerer Zerrissenheit und mit der Frage nach meiner Einstellung. Ich antwortete ihm: „Wenn es im Lauf der nächsten Zeit zum Krieg kommt, dann ist es nicht ein Krieg, den Hitler und Göring führen, sondern das deutsche Volk. Ich weiß nicht, ob es Dir klar ist, bis zu welchem Grad das Volk unter dem Eindruck der unaufhörlichen Propaganda von Goebbels steht. [Ich zitierte aus einem Brief, den ich kurz zuvor aus Deutschland erhalten hatte, von einem Mann, in dem ich nie einen Nazi vermutet hätte: ‚Du kannst Dir gar nicht vorstellen, was hier für eine Stimmung war während der Tschechenkrise. Die Leute, die doch gar nichts von Krieg wissen wollen, auch meine Frau, sagten: Warum der Führer nur so lange wartet? Er soll doch die Tschechen-Bande zusammenhauen lassen.'] Ich glaube daher nicht, daß Du eine solche Scheidung in Führung und Volk vornehmen kannst. Vielleicht wird die Stimmung im Laufe eines Krieges auseinanderklaffen, aber so wie sie nach den Erfolgen von Österreich und Sudetenland ist, wird sie noch eine ganze Weile anhalten. Eines möchte ich unter allen Umständen vermeiden: ein staatenloser

Die Großeltern Heuss, drei Töchter (Luise rechts) und neun Söhne, Moskau 1902

Verlobungsbesuch der Eltern bei Großmutter Heuss, Moskau, Januar 1905

Der Vater, Moskau 1909

Die Mutter, Kostümfest, Moskau 1901

Großvater Julius Heuss im Kontor, Firma „Einem", Moskau 1905

Die Eltern mit Klaus im Garten,
Moskau, Ordynka-Straße, 1907

Njanja Dunja mit Klaus und Frank,
Moskau 1910 (rechts unten)

Frühes Presse-Interesse, 1909

Der Vater mit Klaus und Frank, Åland 1911

Mutter mit Söhnen, Stuttgart 191

Der Freund Franz Gries mit den Brüdern Frank (rechts) und Lars

Die drei Brüder, Åland 1933

Frank mit Berthold von Stauffenberg

Mechtild G., die Jugendliebe, als Studentin, Berlin 1927

Die Mutter, 1937

Bruder Frank, 1941

Bruder Lars mit Frau Wilhelmine, Berlin-Friedrichshagen 1936

Klaus Mehnert, 1929

Enid Mehnert, geb. Keyes, Schanghai 1941

Dnjepr-Reise, 1934

Enid in Berlin, 1933

Mit Enid, Adventsfeier im Manoa-Tal, Hawaii 1937

Die Mutter und Enid, auf den Ålandinseln, Sommer 1936

Adolf Morsbach, Berlin 1930

Otto Hoetzsch, Berlin 1934

Gustav Hilger, Bonn 1955

Mit Eugen Gerstenmaier, Schömberg 1976

Giselher Wirsing, Stuttgart 1971

Als Kumpel, Dortmund 1931

Mit Flugschein und Mikrofon, 1954

Mit Karl G. Pfleiderer, 1952

Mit „Frau Berger", Südd. Rundfunk 1951

Mit dem 1979 ermordeten
Hafizullah Amin, Kabul

Mit Prinz Sihanouk,
Schömberg 1980

Mit Sängerin Joan Baez,
Schömberg 1980

Volksdeutsche, UdSSR 1956

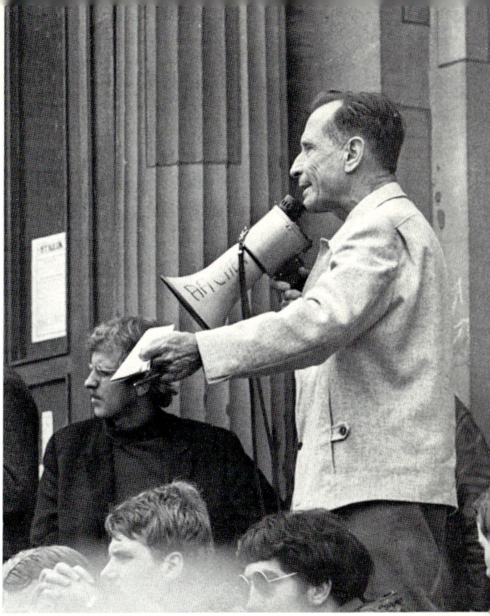

Straßendiskussion in Aachen 1967

An der chinesischen Grenze 1971

Mit Jewtuschenko bei Maria Schell

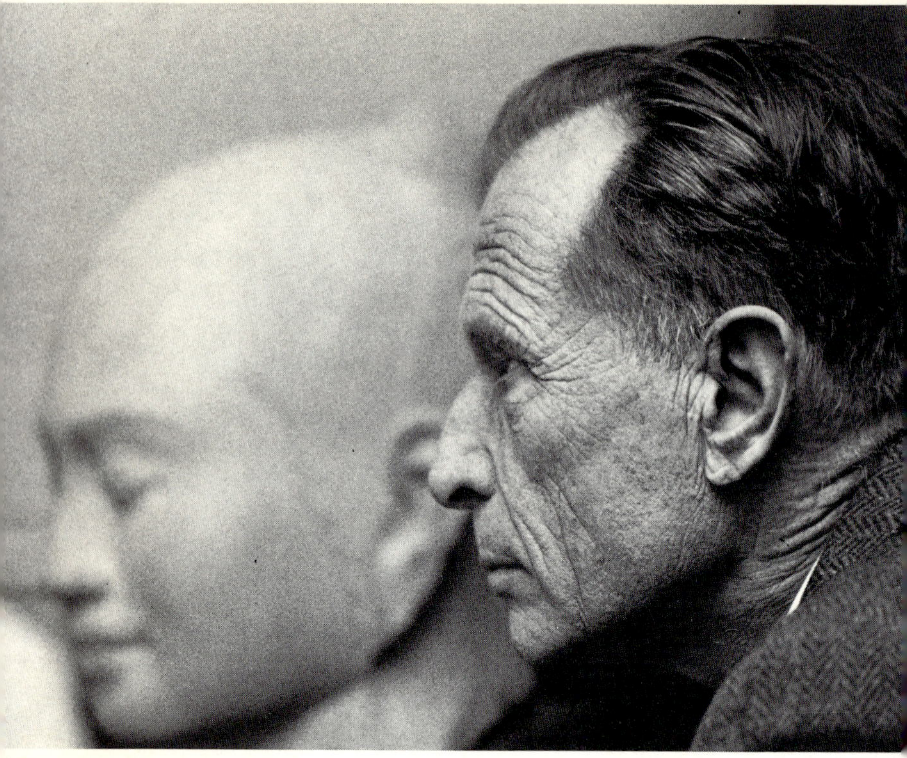

Asien und Europa, ein Kontrastbild. Der Autor neben der Büste des Erbauers der Tempelanlagen von Angkor in den Dschungeln Kambodschas. Der Khmer-König (13. Jahrhundert) ist ein Vorfahr des Prinzen Norodom Sihanouk.

Emigrant zu werden. Es ist für mich immer ein natürliches Bestreben gewesen, persönliche Entscheidungen – nach allem Abwägen – auf ein Entweder-Oder zu reduzieren, weil man sonst nur schwer zu einem Entschluß kommt. Das heißt in diesem Fall: Entweder ich muß einen klaren Strich ziehen und mich um die US-Staatsbürgerschaft bewerben, oder ich muß mich im Kriegsfall auf die deutsche Seite stellen. Und bei dieser Fragestellung ist für mich die Antwort ganz klar und völlig eindeutig: auf die deutsche Seite stellen."

Einige Monate später kam mein Kollege Orne in einer Vorlesungspause zu mir.

„Wir haben wieder eine Menge Vortragswünsche erhalten", sagte Orne, „bitte übernehmen Sie am 15. März [1939] zwei Vorträge auf der Insel Molokai."

Orne war ein jüngerer Professor für Englisch und zugleich zuständig für „Public Relations" der Universität, also für die Pflege ihrer Beziehungen zu Presse, Behörden und Publikum. „Den einen Vortrag", fügte er hinzu, „können Sie über ein historisches Thema halten, der andere – vor dem dortigen Frauen-Club – soll die heutige politische Lage in Europa betreffen."

Den ersten übernähme ich gerne, erwiderte ich und schlug „Das Zarenreich im Pazifik" als Thema vor; es mache mir Freude, auf die anderen Inseln zu fahren. Aber das zweite Thema locke mich nicht. Ob ich nicht auch da über Geschichte sprechen könnte?

„Nein", meinte Orne. „Die Club-Vorsitzende, Mrs. Cooke, hat in einem Brief ausführlich dargelegt, warum sie so großen Wert gerade auf dieses Thema legt."

Dann solle er doch einen andern Redner schicken, schlug ich ihm vor und nannte die Namen einiger Kollegen aus der Abteilung für Politische Wissenschaft.

„Auch das kann ich nicht. Sie schreibt, es müsse ein Europäer sein, denn wir Amerikaner fänden uns in den komplizierten europäischen Verhältnissen doch nicht zurecht. Tun Sie uns den Gefallen. Demnächst wird vor dem Landtag das Universitäts-Budget behandelt. Wir sind daher gegenwärtig besonders bestrebt, auf Wünsche der Öffentlichkeit einzugehen. Die Menschen hier müssen wissen, daß die Universität für alle da ist. Also einverstanden?" Ich nickte. „Für Flugkarten, Unterkunft und alles übrige werde ich sorgen, und noch eines: Mrs. Cooke bittet, speziell über die tschechische Frage unterrichtet zu werden. Sie wissen ja, wie groß das Interesse daran seit München ist."

Zuerst bereute ich die Zusage nicht. Man kann sich schwer einen größeren Augenschmaus vorstellen, als einen Flug über die Kette der hawaiischen Inseln. Der stille Wasserspiegel von Pearl Harbor mit seinen Buchten lag wie eine Hand mit gespreizten Fingern friedlich in der Morgensonne, die grauen Kreuzer erschienen wie Spielzeugschiffe in einer Badewanne. Über der Hanauma-Bucht, wo wir sonntags gerne schwammen, drang der Blick bis tief auf den Meeresgrund.

Ein Stück offenen Meeres, dann die Insel Molokai. Ihre Nordküste, der wir entlangflogen, fällt einige hundert Meter senkrecht ins Meer. Über ihren Rand sprangen unzählige Wasserfälle in silbernen Bändern und Schleiern in die Brandung.

Auf dem kleinen Flugplatz erwarteten mich Mrs. Sophie Cooke, als Frau des größten Grundbesitzers die „first lady" auf Molokai, zudem Vorsitzende des Frauen-Clubs. Ich wohnte in ihrem Hause, wurde über die Insel spazierengefahren, hielt meinen Geschichtsvortrag in der Schule, ging mit jungen Leuten schwimmen, die auch bei Cookes zu Gast waren, und machte schließlich allein einen Spaziergang, um den Vortrag für den Abend zu überdenken. Da ich die deutsche Politik weder verteidigen noch öffentlich angreifen wollte, blieb nichts übrig als eine distanzierte Analyse, und die fiel mir seit München immer schwerer. Ich war entsetzt über die deutsche Politik; sie verdankte die Erreichung ihrer Ziele nur noch der Angst der anderen Staaten vor einem Krieg, zu dem sie nicht gerüstet waren. München hatte die anderen zu forcierter Aufrüstung gezwungen, denn nie wieder wollten sie in eine Lage kommen, wie im September 1938.

Der Anschluß der Sudetendeutschen hatte noch dem Grundsatz des Selbstbestimmungsrechts der Völker entsprochen. Trotz Hitlers erpresserischen Methoden wurde daher in der Welt das Ereignis selbst nicht als ungerecht empfunden. Aber jetzt, im März 1939, trieb Europa einer neuen Krise entgegen. Die Slowakai hatte sich von der Tschechei getrennt, und Hitlers Druck auf Hacha, den Ministerpräsidenten der Rest-Tschechei, nahm täglich zu. Gerade in diesem Augenblick einen Vortrag über das Problem der Tschechoslowakei zu hören, mußte dem Frauen-Club von Molokai reizvoll erscheinen, nicht aber mir. Mit diesen Gedanken kehrte ich ins Haus zurück.

„Ich habe die Vorstandsdamen unseres Klubs mit ihren Männern zum Abendessen eingeladen", sagte meine Wirtin. „Sie werden bald kommen. Wir sind alle sehr gespannt auf Ihren Vortrag. Vorhin kam eine Blitzmeldung über San Franzisko durch. Irgendein Abkommen wurde geschlossen zwischen Hitler und dem tschechischen Präsidenten. Ganz habe ich es nicht verstanden, es war von einem Protektorat die Rede."

Die Gäste kamen, man aß auf der Terrasse unter sanft geneigten Palmen. Japanerinnen bedienten lautlos. Die Damen trugen blumige Abendkleider und Blütenketten um den Hals, die Herren den weißen Tropensmoking. Aber meine Gedanken waren in Berlin. Nach dem Fischgang wurde der Lautsprecher angestellt. Meine Wirtin hatte ganz recht gehört: Hacha war bei Hitler gewesen und war durch die Drohung eines deutschen Einmarsches gezwungen worden, den Rest der Tschechoslowakei dem Reich als Protektorat zu unterstellen. Der erste Schritt Hitlers über die volksdeutschen Grenzen hinaus war getan. Mich fröstelte an dem lauen hawaiischen Abend.

Das Gespräch war vorübergehend verstummt, aber noch ehe der Ansager sich anderen Nachrichten zuwandte, lebte es wieder auf. Niemand ermaß die Bedeutung des Ereignisses, das uns als kurze Nachricht, noch ohne Kommentar, durchgegeben wurde. Man war am anderen Ende der Welt und die japanischen Dienerinnen servierten den Braten.

Wir fuhren ins Klubhaus. Der Saal war voll. Neben dem Rednerpult hing eine Schulkarte Europas. Hinter einem Vorhang erklangen Akkorde auf hawaiischen Instrumenten; junge Mädchen, blumenbekränzt und in hellen Kleidchen, kamen und sangen das landesübliche Begrüßungslied „A Lei For You" (Eine Blumenkette für dich). Eine trat ein wenig vor, einen Kranz aus schweren Nelken in der Hand. Meine Wirtin gab mir einen Rippenstoß, und während das Publikum freundlich klatschte, bestieg ich die Bühne, ließ mir von der Schönen den Kranz um den Hals hängen, gab ihr den dazugehörigen Kuß und mußte stehen bleiben, während noch zwei weitere hawaiische Lieder erklangen.

Dann kam ich an die Reihe. Bekränzt, von frohgestimmten Menschen in freundlicher Erwartung angeblickt, hatte ich über ein Thema zu sprechen, das mir die Kehle würgte. Von Frieden und heiterer Schönheit umgeben, sah ich schon den Marsch staubiger Kolonnen aus aller Herren Ländern durch die Trümmer Europas, hörte Kanonendonner und das Heulen des Luftalarms. So konnte mein Vortrag nichts anderes sein als eine eisig-nüchterne Schilderung der Ereignisse, die nach München und Prag geführt hatten, ohne jeden Kommentar. Nur die Bereitwilligkeit der Hörer, den Vortrag interessant zu finden, rettete den Abend.

Nachher saßen wir im Garten des Klubhauses, das Kreuz des Südens stand über dem Horizont. Es wurde getanzt. Ich aber war niedergedrückt wie selten zuvor. Hitler hatte sein erstes außenpolitisches Verbrechen begangen. Der Einmarsch in Prag hatte nichts mehr mit der Beseitigung des Versailler Unrechts zu tun. Er bedeutete Krieg, wenn nicht sofort, so doch sehr bald, Krieg mit den Verbündeten der Tschechoslo-

wakei, mit Frankreich und der Sowjetunion, bald auch wohl mit England. Diese Staaten konnten sich Hitlers Vorgehen nicht länger bieten lassen. Und hinter ihnen sah ich Amerika.
Eines stand für mich fest: Bei aller Entschlossenheit des amerikanischen Volkes, sich nicht noch einmal in einen europäischen Krieg hineinziehen zu lassen – es gab einen Punkt, wo der Eintritt in den Krieg unvermeidlich wurde: wenn England in tödliche Gefahr geriet. Die Amerikaner würden, dachte ich, einen Sieg der Wehrmacht gegen die Tschechoslowakei, gegen Polen, sogar gegen Frankreich hinnehmen, wenn auch mit wachsender Wut. Nicht aber ein Überrennen Englands.
Im Frühjahr zuvor, auf dem Wege mit Enid von Berlin nach Berkeley, hatte ich die Deutsche Botschaft in Washington aufgesucht und dort zwei Männer gesprochen, den Botschafter Hans Dieckhoff und den Militärattaché General Friedrich von Bötticher. Dieckhoff, den ich von Berlin her kannte, kein Anhänger Hitlers, stimmte meiner Vermutung über Amerikas Verhalten zu. Bötticher hingegen lachte mich aus, Amerika, sagte er, sei erstens „isolationistisch bis in die Knochen" und zweitens militärisch nicht ernst zu nehmen. Sicher wird Hitler, fürchtete ich damals, den ihm zusagenden Worten des Militärattachés mehr Glauben schenken als den vorsichtigen Warnungen des Diplomaten.
Bitter rochen die Blumen um meinen Hals als ich am nächsten Morgen von Molokai nach Honolulu flog. Dort zeigten mir die Zeitungen, die ich vorfand, die veränderte Weltlage. Das Vertrauen in Hitlers Wort war zerstört. Alles Interesse wandte sich der Aufrüstung und den Bündnissen zu. Die Welt gürtete sich zum Zweiten Weltkrieg.

41. Weltkrieg auf der Großen Insel

In den Sommerferien 1939 fuhren Enid und ich mit einigen Studentinnen und Studenten auf die größte Insel des Archipels (rund 10 000 Quadratkilometer), die ihren Namen Hawaii der ganzen Kette übertragen hat und, um Verwechslungen zu vermeiden, meist The Big Island, die Große Insel, genannt wird. In Millionen Jahren hat sie sich durch unzählige Vulkanausbrüche vom Meeresboden (hier 5000 Meter tief) zu einer Höhe von 4200 Metern über Meereshöhe aufgebaut, und infolge immer neuer Ausbrüche wächst sie bis auf den heutigen Tag. Sie hat herrliche Strände, Wälder aus baumhohen Farnen, alte polynesische Tempelanlagen, eine Stadt (Hilo), die an amerikanische Siedlungen aus der Wildwestzeit erinnert und hochmoderne Hotel-Paläste – in wenigen Tagen erlebt man dort eine halbe Erd- und Menschheitsgeschichte. In gemieteten Autos durchfuhren wir die Große Insel. Die zweite Nacht verbrachten wir im gebirgskühlen Kamuela, in einem leerstehenden Sommerhaus, das uns Freunde für ein paar Nächte zur Verfügung gestellt hatten. Kaum hatten wir unsere Zimmer bezogen, lief ich, wie auch den Abend zuvor, zum Auto zurück; sein Radio war meine einzige Verbindung zur Außenwelt. Die Nachrichten der letzten Tage waren aufregend, aber unübersichtlich gewesen: Die Russen verhandelten mit den Franzosen und Engländern, aber auch mit Berlin, während Hitler seinen Druck auf Polen ständig verstärkte. An jenem Abend in Kamuela nun hörte ich etwas kaum Glaubliches: Hitler und Stalin hatten einen Nichtangriffspakt geschlossen! Noch lange kurbelte ich an den Knöpfen. Nur Rauschen. Den Rundfunkleuten hatte es die Stimme verschlagen.

Die Studenten schliefen schon, als ich heimkam. Mit Enid ging ich hinaus zu einem unvergeßlichen Spaziergang. Wie das Wetter war und ob der Mond schien, das alles ist mir völlig entfallen. Mir ging es nur um den neuen Vertrag und seine Folgen für die beiden beteiligten Staaten, für die Welt, für Enid und für mich.

Meine Gedanken, die ich Enid darlegte, überstürzten sich. Da gab es nun also einen Vertrag zwischen den beiden Ländern, die für mich persönlich die wichtigsten waren. Wie oft hatte ich in den letzten zehn Jahren, vor allem vor dem Tode Röhms, für ein außenpolitisches Zusammenspiel Berlin-Moskau plädiert und vor einem Krieg mit der Sowjetunion gewarnt. Mein altes Rapallo-Herz hätte laut und glücklich schlagen müssen.

Aber das tat es nicht. Ich hielt es für sicher, daß Hitler seine Ansichten über den „verjudeten Bolschewismus", über die „russischen Untermenschen" nicht geändert hatte, daß ihm nicht an der Freundschaft mit den Russen lag, schon gar nicht mit der Sowjetunion, daß er vielmehr ganz andere Absichten verfolgte – welche, das war leicht zu raten: Die vierte Teilung Polens stand bevor. Polen aber war der Alliierte Englands und Frankreichs. Es war klar, daß diesen beiden Staaten der Entschluß, Polen zu Hilfe zu eilen, jetzt, da Hitler sich der sowjetischen Neutralität versichert hatte, sehr schwerfallen mußte. Aber Polen im Stich lassen – das konnten sie auch nicht. Und die Polen würden kämpfen.

Danach war ich am Tage, wie die anderen, ein Tourist. Nachts aber saß ich – in doppeltem Sinne ein Mann auf einem Vulkan – am Autoradio. Ein Tag ist mir besonders in Erinnerung geblieben. Auf schlechten Straßen waren wir entlang der tropischen Küste von Kona zur „City of Refuge" gefahren, einem verfallenen Tempelbezirk, der in alten Zeiten allen Flüchtlingen Asyl vor Verfolgung gewährte, auf einer schmalen Landzunge gelegen, auf drei Seiten vom Meer umgeben und auf der vierten durch einen Steinwall gesichert. Wir hatten den heiligen Palmenhain ganz für uns. Ergriffen von der stillen Schönheit des Ortes, flochten die Mädchen Blütenketten, sich und die Männer bekränzend, und sangen die süßen hawaiischen Lieder. Der Küstenstreifen lag in hellem Licht. Berlin und Moskau waren sehr weit weg, und Warschau und Danzig erst recht. Jedenfalls für die jungen Amerikaner. Am Abend aber brachte der Rundfunk die Nachricht vom Überfall Hitlers auf Polen. Mehrere Stunden verließ ich das Auto überhaupt nicht. Sehr genau erinnere ich mich an meine Gefühle. Immer wieder dachte ich: Das dürfen die Westmächte nicht hinnehmen, sie müssen Hitler den Krieg erklären, sonst wird er vollends größenwahnsinnig. Die Nachrichten sprachen von Bestürzung und Empörung in Paris und London, meldeten aber auch Beratungen der Westmächte über die Konsequenzen. Aber das entscheidende Wort fiel erst nach zwei Tagen: Kriegserklärung Frankreichs und Englands an Deutschland. Sonderbar – ich atmete auf. Endlich setzte sich jemand gegen Hitler zur Wehr.

Der Krieg war da, noch ohne Beteiligung des Landes, in dem wir lebten. Ich dachte an das Verhalten meines Vaters in jenem Sommer vor 25 Jahren, an seine Parole „Für Kaiser und Vaterland". Der Kaiser lebte nicht mehr, und Hitler liebte ich nicht. Aber das Vaterland war noch da. Am nächsten Morgen fuhr ich nach Hilo und schickte ein Telegramm an die nächstgelegene Deutsche Botschaft, und das hieß an Botschafter Ott in Tokio. DRAHTET OB WEISUNGEN FÜR MICH VORLIEGEN. Die Antwort war prompt und klar: BLEIBEN SIE WO SIE SIND.

Damit war die Frage, jedenfalls zunächst, geklärt. Aber während die Studenten nach Honolulu zurückfuhren, wollten Enid und ich die bis zum Beginn des Semesters verbliebenen Tage ungestört zusammensein. Wir fuhren an den schwarzen Strand von Kalapana. Die Korallen dieser Küste bilden, wenn sie zerfallen, einen schwarzen Sand. Wenn die Wellen ihren Gischt auf ihn werfen, ist er wie von weißen Spitzensäumen überzogen, die, ständig in Bewegung, bis an die schlanken, grauen Stämme der Königspalmen schlagen, wieder zurückweichen und schon überholt werden.

Nach Honolulu zurückgekehrt, waren wir überrascht, wie wenig sich das Bild geändert hatte. Das Leben auf dem Campus lief weiter. Die Studenten kamen in meine Vorlesungen, Unannehmlichkeiten blieben aus, die Kollegen behandelten mich nicht anders als zuvor, auch zu Vorträgen außerhalb des Campus wurde ich weiterhin aufgefordert und, als sei nichts geschehen, mit Enid zu einem Ball nach Pearl Harbor eingeladen.

Der Pakt Hitlers mit Stalin war für die nach links neigenden amerikanischen Intellektuellen ein Schock gewesen. Sie wunderten sich nicht über Hitlers Verhalten, da sie ihm ohnehin alles Böse zugetraut hatten. Über Stalin aber waren sie verbittert. Jahrelang hatten sie ihn mit dem Argument, er sei doch gegen Hitler, vor seinen Kritikern in Schutz genommen – und nun machte er mit Hitler gemeinsame Sache und besetzte einen großen Teil Polens.

Ich machte mir Notizen über die Berichterstattung der lokalen Presse. Im „Honolulu Advertiser“ (im „Star Bulletin“ war ungefähr dasselbe zu finden) stand am Montag, 21. August 1939, die Nachricht über den deutsch-sowjetischen Handelsvertrag (den Vorläufer des Hitler-Stalin-Paktes) zwar auf der ersten Seite aber erst an 5. Stelle. Davor ganz oben: 7 : 1 Sieg der Baseball-Mannschaft aus St. Louis, „The Cardinals“, über „The Reds“ von Cincinnati. Dann: Überschwemmung in China; zweispaltiges Bild von „Miß Brasilien“; Streik in einem Restaurant in Honolulu; Sturz eines Hirsches in den Niagara-Fall und seine glückliche Rettung.

Doch der Hitler-Stalin-Pakt wurde richtig charakterisiert, er hatte die Aussichten auf ein britisch-sowjetisches Abkommen vernichtet. Die Kriegserklärung Englands und Frankreichs an Deutschland war Anlaß für eine Extraausgabe. Nachrichten, die für Hitler-Deutschland ungünstig waren, wurden gewöhnlich besser placiert: Britische Bomber nach Berlin! Große Schlacht tobt um Warschau! 600 französische Tanks beschießen die Nazis! Westalliierte Offensive dringt 7 Meilen ins Reich! Französische Kanonen beherrschen die Saar! Daneben aber auch: 250 000 polnische Soldaten vor der Katastrophe! Deutsche Armeen überrennen Polen! Sowjettruppen dringen in Polen ein! Und immer wieder, ebenso prominent, die Ereignisse der Baseball-Saison.

Als Polen, zwischen Deutschland und der Sowjetunion aufgeteilt, von der Landkarte verschwunden war und nach dem polnischen Blitz- der westeuropäische Sitz-Krieg kam, ließ die Aufregung wieder nach. Der Angriff der großen Sowjetunion auf das kleine und sympathische Finnland am 30. November 1939 machte Stalin erneut zum Schurken Nummer eins. Wir erlebten unsere letzten ruhigen, erstaunlich normalen Monate.

42. Ein Gast von weither

Gegen Ende des Jahres 1939 traf ein Brief in Hawaii ein, in dem uns ein Besuch für Anfang 1940 angesagt wurde. Absender: Dr. Adam von Trott zu Solz, Auswärtiges Amt, Berlin, z.Zt. auf Reisen.

Ich hatte Trott 1930 kennengelernt, als er sich um ein Rhodes-Stipendium bewarb. Cecil Rhodes, ein großer Imperialist (was damals noch kein Schimpfwort war), nach dem Rhodesien (das heutige Simbabwe) benannt worden ist, hatte Geld gestiftet, mit dessen Zinsen jährlich 160 Stipendien für Oxford, seine alte Universität finanziert wurden. Die Stiftung sollte dem Zusammenhalt des Britischen Reiches mit den Vereinigten Staaten und dem Deutschen Reich dienen, denn, so besagte das Testament, „die Verständigung unter diesen drei Großmächten wird den Krieg unmöglich machen".

Nach dem Ausbruch des Ersten Weltkrieges wurden die deutschen Stipendien von englischer Seite gestrichen, zehn Jahre später aber wieder eingerichtet, zunächst nur zwei pro Jahr. Der Akademische Austauschdienst, dessen Sekretär ich war, wurde an der Auswahl beteiligt. Mein Kandidat für den zweiten Jahrgang war ein Student aus Hessen, drei Jahre jünger als ich, Adam von Trott zu Solz. Im Herbst 1931 trat er sein zweijähriges Stipendium im Balliol College an.

Ein Jahr später besuchte ich ihn dort und stellte erfreut fest, daß er glänzend eingeschlagen hatte – gut aussehend, mit einer auffallend hohen Stirn, war er rasch einer der beliebtesten Studenten in Balliol geworden, ein guter Kamerad und zugleich ein eifriger Student. Weniger zufrieden war ich mit der Wahl eines Stipendiaten des Akademischen Austauschdienstes: Reicher Leute Kind, gab er mir zu Ehren eine Studenten-Party, in der sehr viel getrunken und als Knalleffekt unter lautem Gebrüll viel Geschirr zerschlagen wurde. An Trott dagegen bedrückte mich nur eines: Er war von Oxford so begeistert, daß er mir seine Überlegungen anvertraute, noch ein paar Jahre in England zu bleiben. Ich versuchte es ihm auszureden, da ich immer der Meinung war (und bis heute bin), der Austausch sollte die Stipendiaten zu besseren Deutschen, nicht aber zu Emigranten machen. (Von den 18 deutschen Rhodes-Stipendiaten zwischen 1930 und dem Zweiten Weltkrieg sind fünf britische oder US-Bürger geworden, drei weitere wohnen im Ausland, vier sind im Krieg gefallen, einer – eben Trott – wurde hingerichtet, fünf leben in Deutschland.)

Danach verlor ich Trott aus den Augen, da er erst 1933 aus England zurückkehrte und ich Deutschland 1934 verließ. Und nun war er auf dem

Wege zu mir, offensichtlich als Deutscher. Das freute mich, denn durch Besuche deutscher Landsleute war ich nicht verwöhnt. Ich schilderte ihn Enid in den günstigsten Farben, und es war eine ihrer liebenswerten Eigenschaften, daß sie bei mir immer den Eindruck zu erwecken verstand, meine Freunde seien auch die ihren; oft wurden sie es auch.

Als Trott Mitte Januar 1940 auf der „President Cleveland" eintraf, hatten wir erst die übliche Kurzbesucher-Tour, dann ein ausgiebiges Gespräch, dem Enid mit Spannung folgte, wohl weniger Trotts als meinetwegen; sie wußte, wie sehr ich danach hungerte, Nachrichten aus erster Hand von daheim zu erhalten. Was wir zu hören bekamen, war in der Tat höchst aufregend.

Trott sah frisch aus; die Reise war ihm gut bekommen, vor allem ein Aufenthalt in Kalifornien. Er hatte sich sein jungenhaftes fröhliches Lachen erhalten. Nach wenigen Sätzen schon stellte sich Vertrautheit ein. Zum ersten Mal bemerkten wir, wie vieles wir miteinander gemein hatten: Wir waren fast gleichaltrig; hatten zahlreiche weite Reisen hinter uns; beide fühlten wir uns im angelsächsischen Raum sehr wohl; meine Frau kam aus Berkeley, wo eine Trott nahestehende Frau lebte (die ich kannte); sogar eine russische Verbindung stellten wir fest: Während sein Großvater, Lothar von Schweinitz, Botschafter des Deutschen Reiches in St. Petersburg war, baute mein Großvater in Moskau sein Schokoladenreich auf. Beide waren wir in China gewesen (er acht Jahre nach mir und länger als ich) und waren fasziniert von dem Land (im Unterschied zu mir glaubte er allerdings, chinesisch-konfuzianisches Gesellschaftsdenken auf Deutschland übertragen zu können); beide hatten wir gemeinsame Freunde unter den Deutschen, die jetzt in Amerika lebten, darunter Professor Karl Brandt in Stanford.

Eigentlich gab es nur zwei Punkte, in denen wir verschiedener Meinung waren: Für mich hatte Hitler den Schritt von einer vertretbaren zu einer grundfalschen Außenpolitik erst mit der Vernichtung der Rest-Tschechoslowakei im März 1939 getan, für Trott schon mit der von mir noch begrüßten Remilitarisierung des Rheinlands drei Jahre zuvor. Trotts Haltung war verständlich, da er die englische Stimmung viel genauer kannte. Die andere Meinungsverschiedenheit war rein privater Natur: Als Enid uns für ein paar Minuten verließ, sagte er einige nette Worte über sie, fügte aber hinzu, er könne sich nicht entschließen, in diesen wirren Zeiten zu heiraten. Vor ein paar Jahren hätte ich ebenso gedacht, erwiderte ich, sei aber glücklich, es mir anders überlegt zu haben. (Auch er sollte seine Ansicht ändern: Zwei Monate später war er verlobt und nach weiteren zwei Monaten verheiratet.)

Überraschend tauchte dann noch eine Gemeinsamkeit auf: Beide waren wir Mitglieder des Institute of Pacific Relations (= IPR, „pazifisch" nicht auf Pazifismus, sondern auf den Pazifik, den Stillen Ozean bezogen). Es war nicht verwunderlich, daß ich dieser in Honolulu gegründeten Organisation angehörte. Aber Trott?
Wie sich herausstellte – dies war der entscheidende Wendepunkt unseres Gesprächs – war Trott nicht nur Mitglied des IPR, er hatte auch gerade erst in Amerika an einer IPR-Konferenz teilgenommen, und trug sich sogar mit der Absicht, in Deutschland eine aktive IPR-Zweigstelle einzurichten. Als er meine Überraschung bemerkte, wich Trott vom Thema ab und erkundigte sich nach meiner Einstellung zu Hitler. Ich sagte sie ihm in der Gewißheit, daß ich mir in Hawaii, am anderen Ende der Welt, keine Zurückhaltung auferlegen müßte. Meine Quintessenz lautete auch hier: Deutschland ja – Hitler nein.
Darauf berichtete Trott höchst merkwürdige Dinge. Vielleicht unter dem Eindruck meiner Offenheit, wohl auch der Entspannung, die Hawaiis Klima vermittelt, sprach er über den Zweck seiner Reise. Er sei unter allerlei Schwierigkeiten auf einem italienischen Schiff über den Atlantik gefahren (das Reich befand sich ja seit dem vorigen Herbst im Kriegszustand mit England und Frankreich, Italien noch nicht), um bei den führenden Männern Amerikas um Verständnis für das Deutschland nach Hitler zu werben. Es gebe, habe er ihnen gesagt, in Deutschland zahlreiche Patrioten, die Hitlers außenpolitischen Kurs mit größter Sorge verfolgten. Der Mann steure auf unabsehbare Kriegsabenteuer zu, erst gegen Westeuropa, dann gegen die Sowjetunion, schließlich gegen Amerika und, wer weiß, eines Tages auch gegen Japan, denn er erstrebe die absolute Weltherrschaft. Also müsse er gestürzt und durch eine Elite deutscher Patrioten ersetzt werden. Diese stünden bereit (er nannte keine Namen, und ich fragte auch nicht) und würden eines Tages die Macht übernehmen – Offiziere, Gewerkschaftsführer, Beamte, Geistliche, Gelehrte. Die westlichen Führer müßten das Vorhandensein dieser Männer und Gruppen zur Kenntnis nehmen, müßten verstehen, daß das Deutschland von morgen nichts von Hitler und seiner für alle Welt höchst gefährlichen Außenpolitik wissen wolle (nur in dem Wunsch, die Bestimmungen von Versailles zu beseitigen, sei man mit ihm einig) und daß der Westen mit diesem kommenden Deutschland eine gemeinsame Sprache finden müsse, um so die Grundlage für einen dauerhaften Frieden zu schaffen. Er habe, berichtete Trott weiter, seit den Rhodes-Jahren seine Beziehungen in England sorgfältig gepflegt und besitze dort viele Freunde, natürlich auch Feinde, die ihn für einen getarnten

Sendboten Hitlers hielten. In Amerika habe er sich der IPR-Konferenz bedient, um führende Amerikaner mit den Gedanken des deutschen Widerstandes (dieses Wort hörte ich aus seinem Munde das erste Mal) bekanntzumachen.

Enid und ich sahen uns an. Wie gebannt hatte ich zugehört – fast wie einer der Hirten auf dem Felde der Botschaft des Engels. Ich stellte mir schon vor: Ein Deutschland ohne Hitler (und ohne Kommunisten), ein Deutschland mit Leuten wie Trott. Aber Trott brachte mich wieder auf die Erde. Er hatte keinen Erfolg in Amerika, sagte er bedrückt. Man habe ihn verdächtigt: „Dieser Trott kann doch nicht ohne Auftrag der Leute Hitlers in der Welt herumreisen!" habe es geheißen, „Er spielt Hitlers Spiel! Er will uns für dumm verkaufen! Spricht gut Englisch, war Rhodes-Stipendiat, kennt alle Welt, ist gewandt im Auftreten, ist aber ein deutscher Nationalist. Im Grunde will er dasselbe wie Hitler – und behauptet, daß er gegen ihn ist."

Er erwähnte ein unglücklich verlaufenes Treffen mit Felix Frankfurter, dem besonders engen Vertrauten Roosevelts (einem der höchsten Richter und führenden Zionisten), mit dem er sich früher – auch Frankfurter war Rhodes-Stipendiat gewesen – persönlich gut verstanden hatte. Ein Gespräch mit Karl Brandt in Kalifornien habe ihn auch wenig ermutigt. (Einige Jahre nach Trotts Tod sagte mir Brandt, der Deutschland, obgleich kein Jude, schon früh verlassen hatte, er habe Trotts Hoffnungen auf Hitlers Sturz und ein neues Deutschland für reine Hirngespinste gehalten.)

Trotts Schwierigkeit auf dieser Werbereise für das „andere Deutschland" hatte darin bestanden, daß er mit seiner Kritik an Hitler-Deutschland sehr vorsichtig sein mußte; schließlich war er im Auftrag und auf Kosten des Auswärtigen Amtes unterwegs. Außerdem war er natürlich gegen den Versailler Vertrag und wünschte ihn in den Papierkorb der Geschichte. Er sprach mir aus der Seele, und ich ahnte nicht, daß man sehr bald ganz ähnlich über mich, wenn auch in Hawaii milder als in New York über Trott, reden würde.

Wie sollte es weitergehen, wollte ich wissen. Trott hatte einen Plan. Trotz seiner Enttäuschungen in Amerika wollte er dort seine Bemühungen nicht aufgeben. Durch die in Aussicht genommene IPR-Zweigstelle in Deutschland wollte er, solange dies eben unter den politischen Bedingungen möglich sei, mit anderen Zweigstellen, vor allem denen in Amerika, legalen Kontakt halten.

Hier fand er auch für mich einen Platz in seinen Überlegungen. Erst erwogen wir, ob ich nicht Sekretär der künftigen IPR-Organisation in

Deutschland werden sollte; man werde, sagte er, in dem immer provinzieller werdenden Deutschland Leute mit Auslandserfahrung brauchen, auch solche, die wie ich mit den Russen reden könnten. Im weiteren Verlauf neigten wir einer anderen Möglichkeit zu: Ich sollte in Hawaii bleiben; als Mitglied der Gründungsgruppe der IPR und Freund des örtlichen IPR-Leiters Charles Loomis könnte ich über dessen Büro Nachrichten von Trott erhalten und an Trott gelangen lassen. Käme er jedoch mit seinen Freunden eines Tages zu dem Schluß, ich sollte nach Deutschland zurückkehren, würde er mir sofort Bescheid geben. Abends brachten wir ihn auf die „President Cleveland". Von dort schrieb er mir noch einmal in diesem Sinne. Ein zweiter Brief Trotts von der „Cleveland" (im Privatarchiv seiner Witwe, Claritta von Trott) an seinen Freund, den Sinologen Wolfram Eberhard, enthielt die Sätze:
„Ich habe das ganze Problem gerade in Hawaii mit Klaus Mehnert durchgesprochen, der sich seit drei Jahren auf pazifische Fragen (mit besonderer Betonung auf Rußland und Amerika) spezialisiert hat. [. . .] Er würde eine ziemlich einzigartige Sparte ausfüllen – spricht, schreibt fließend Russisch, treibt seit einem Jahr Chinesisch."
Mit Trotts Besuch war etwas völlig Neues in mein Leben getreten. Es gab also in diesem Hitler-Deutschland einen Widerstand von Männern, die ganz ähnlich dachten wie ich, die in vielen verantwortlichen Stellen – vor allem in der Wehrmacht – saßen und auf ihre Stunde warteten.

Die Überlegung, ob ich nicht auf mein eigentliches Arbeitsfeld zurückkehren sollte, hatte ich mir auch vor Trotts Besuch oft gestellt. (Enid hörte das nicht gern, aber sie wußte, diese Entscheidung mußte ich allein treffen; daß sie ohne Zögern mitkäme, war für sie selbstverständlich.) In einigen erhalten gebliebenen Durchschlägen meiner in Hawaii geschriebenen Briefe finde ich diesen Gedanken immer wieder, zum ersten Mal bereits wenige Monate nach dem Eintreffen in unserem hawaiischen Paradies. Obgleich der Ärger mit der Pressekammer in München und meinem Gegner Taubert in Berlin noch nicht lange zurücklag, schrieb ich an Hilger nach Moskau und an Wilhelm Baum, den langjährigen Pressebeirat der dortigen Deutschen Botschaft, der gerade nach Krakau versetzt worden war, in fast gleichlautenden Briefen vom 15. und 20. November 1937:
„Ich bin hier in jeder Beziehung glücklich und habe es materiell so gut wie noch nie in meinem Leben – aber es geht mir eben zu gut. In Moskau würde ich mir nützlicher vorkommen. Sogar Polen könnte mich locken. Ich bin immer bereit, wenn es nach Osteuropa gehen soll."

Das galt erst recht zwei Jahre später nach dem Abschluß des deutsch-sowjetischen Paktes im Spätsommer 1939, der mich zu einer neuen Rückfrage bei Hilger veranlaßte. Er und ich, schrieb ich, hätten in Anknüpfung an Rapallo immer einen Ausgleich mit der Sowjetunion angestrebt. Nun sei es so weit.

Hilgers Antwort, vom 15. April 1940 datiert, habe ich in all dem Durcheinander der folgenden Jahre im Original aufgehoben. (Sie findet sich anschließend in Faksimile.) Aus Hilgers Brief geht hervor, daß er sich mit Trott unterhalten, auch mit Botschafter Ott in Tokio ins Benehmen gesetzt hatte und zu dem Schluß gekommen war, mir von einer Rückkehr abzuraten. In dem für mich entscheidenden Satz bemerkte Hilger, daß die von mir erhofften Aufgaben auf dem deutsch-russischen Felde „aus der Entfernung vielleicht doch in einem etwas anderen Licht erscheinen als sie in Wirklichkeit sind". Das konnte nur bedeuten: das von mir vermutete neue Rapallo würde nicht lange halten. Als ich ihn viele Jahre später fragte, ob ich seine sibyllinischen Worte richtig gedeutet hatte, bejahte er; schon damals war er überzeugt, daß Hitler sich früher oder später auf die Sowjetunion stürzen würde.

Wie Hilger richtig vermutet hatte, war ich über seinen Brief enttäuscht. So schön Hawaii war, ich wollte dort nur leben, solange ich nicht in Deutschland (oder Moskau) arbeiten konnte. Hilger war einer meiner besten Freunde, er kannte mich von Kind auf. Er wußte, wie gerne ich heimkehren wollte. Sein Brief veranlaßte mich, in Hawaii zu bleiben – bis ein Telegramm Trotts mich zurückrufen würde. Noch ein Jahr sollte bis zum Eintreffen dieses Telegramms vergehen, doch kam es unter veränderten Umständen und mit anderen Folgen, als er und ich erwogen hatten.

43. Abschied vom Paradies

Noch im Frühjahr 1940, nach der Blitzbesetzung Dänemarks und Norwegens durch die Wehrmacht, war die Stimmung auf Hawaii und auf dem Campus so gelassen und sachlich, daß ich bei Beginn des Westfeldzuges (am 10. Mai) keine Hemmungen empfand, in der Vorhalle meines Vorlesungsgebäudes eine große Wandkarte Europas anzubringen und auf ihr den jeweiligen Frontverlauf mit Fähnchen abzustecken. Auch als die deutschen Fähnchen rasch nach Westen rückten, ganz Holland und Belgien hinter sich ließen und tief in Frankreich vordrangen, fand ich beim Fähnchenstecken unter den Studenten Interesse aber keine Feind-

GUSTAV HILGER
~~LEGATIONSRAT~~
Botschaftsrat

MOSKAU
DEUTSCHE BOTSCHAFT

15.4.40

Mein lieber Klaus,

die Tatsache, daß ich auf Deine Schreiben vom 30.9.39 und 23.1.40 bisher nicht geantwortet habe, lastet schwe auf meinem Gewissen. Die Ursache meines Schweigens war in erste Linie die geradezu unvorstellbare Inanspruchnahme meiner Zeit durch die laufende Arbeit, die Wirtschafts- und sonstigen Ver=handlungen u.a.m. und in zweiter Linie, weil ich mich nicht entschliessen konnte, Dir mit einem Nein auf die Frage in Deine Brief vom 30.9. eine Enttäuschung zu bereiten und auf Grund unseres alten freundschaftlichen Verhältnisses und gegenseitige Verstehens hoffen durfte, daß Du mein Schweigen richtig auslege würdest. Deine Zeilen vom 23.1. gaben mir den Beweis dafür, daß ich mich nicht getäuscht hatte. Eine weitere Bestätigung hierfü lieferte mir inzwischen Herr Trott zu Solz, mit dem ich mich offen über die Frage ausgesprochen habe, nachdem ich mich davon überzeugt hatte, daß er Dein volles Vertrauen besitzt. Vermut=lich wird er Dir danach schon geschrieben haben, so daß Du über meine Auffassung im wesentlichen bereits unterrichtet bist. Ich selbst profitiere diesmal von einer leichten Grippe, die mich ans Haus fesselt und mir die Möglichkeit gibt, einiger=maßen ungestört mit Dir zu plaudern.

Nach reiflichen, von den freundschaftlichsten Gefühlen für Dich getragenen Überlegungen bin ich, wie Du richtig erraten hast, zu der Überzeugung gelangt, daß ich es nicht würde verantworten können, Dir den Rat zu geben, Deine dortige grossangelegte und Dich vollauf befriedigende Tätigkeit aufzugeben, um Aufgaben zu suchen, die Dir aus der Entfernung vielleicht doch in einem etwas anderen Lichte erscheinen als sie in Wirklichkeit sind. Du kannst überzeugt sein, daß ich

keinen

Klaus Mehnert Esq.
The University of Hawaii
Department of History and
Political Science
Honolulu

keinen Augenblick zögern werde, Dich zu unterrichten, sobald die Verhältnisse die von Dir gewünschte Wendung genommen haben. Dies ist bisher jedoch nicht der Fall und ich möchte Dir daher aus persönlichen und sachlichen Gründen raten, Deine dortige Tätigkeit fortzusetzen, zumal diese meine Auffassung sich auch mit der Ansicht unserer Botschaft in Tokio deckt.

Unsere hiesige Stellung und Arbeit hat sich seit August 1939 nach Umfang und Charakter natürlich stark verändert, was aber nicht bedeutet, daß unsere persönliche Bewegungsfreiheit dadurch wesentlich gewonnen hat. Die besonderen Eigentümlichkeiten dieses Landes lassen dies offenbar nicht zu, woraus sich zwangsläufig die Beschränkung der Betätigungsmöglichkeiten auch für deutsche Journalisten ergibt. Dies ist mit einer der Gründe, der mich veranlasst, Dich vorerst zur Geduld zu mahnen. Daß ich damit Enid's Wünschen entgegenkomme, bereitet mir eine umso grössere Genugtuung, als ich mit Recht befürchte, daß ich Dir mit solchen Feststellungen eine Enttäuschung bereite.

Persönlich geht es uns recht gut. Ich habe die grosse Anspannung und die zahlreichen schlaflosen Nächte gut überstanden. Auch Mary ist frisch und wohlauf. Andreas war bis vor 10 Tagen Soldat, ist aber jetzt für ein halbes Jahr beurlaubt und soll demnächst im Auftrage eines deutschen großindustriellen Unternehmens in Moskau erscheinen, worauf Mary sich sehr freut. Isika's Mann ist noch zu Hause, worüber diese noch glücklicher ist als über das prächtige Gedeihen ihres Töchterchens, das am 16.d.M. 1½ Jahre alt wird. Auch sonst lauten die Nachrichten aus der Heimat denkbar gut und beruhigend!

Mit vielen herzlichen Grüssen an Dich und Enid, auch von Mary,

bin ich in alter Freundschaft

Dein getreuer

Hilger

seligkeit. Erst als ein deutsches Fähnchen mitten in Paris steckte, rief mich Mari Keesing an, die Frau eines Kollegen, und sagte: „Wäre es nicht gescheiter, Klaus, wenn du die Sache mit den Fähnchen einstelltest? Ich weiß, du steckst sie auf Grund der hiesigen Zeitungsberichte, aber wenn es mit dem deutschen Vormarsch so weitergeht, werden das die Leute schließlich dir persönlich ankreiden."

Ich dankte ihr für den freundschaftlichen Rat. Die Karte ließ ich hängen, die Fähnchen entfernte ich. Zu irgendwelchen Unannehmlichkeiten kam es aber auch jetzt nicht. Frankreich war sehr weit weg, und der Geschwindigkeit des deutschen Vormarsches mochte man, wenn auch widerwillig, den Respekt nicht versagen, während man gegenüber Frankreich nicht viel mehr als Enttäuschung, wenn nicht Verachtung empfand. Ich selbst war, wie viele Deutsche damals, hin- und hergerissen zwischen dem Stolz auf die glänzenden Leistungen der Wehrmacht, in deren Reihen mittlerweile ein großer Teil meiner Freunde stand, und der Beklemmung über den wachsenden Übermut Hitlers, der sich durch die Siege bestätigt fühlen mußte.

Gelegentlich fragte der eine oder andere Kollege beim Professoren-Volleyball oder auf einer Party, ob ich nicht daran dächte, die US-Staatsbürgerschaft zu beantragen, um mich gegen Scherereien abzusichern. Das war verständlich: Amerika besteht aus Menschen, deren Vorfahren – oder die selbst – einst ihre alte Staatsbürgerschaft gegen die amerikanische eingetauscht hatten, und es fällt ihnen schwer zu verstehen, warum einer jahrelang in Amerika leben kann, ohne dessen Staatsbürgerschaft zu beantragen. Andere Völker erwarten in solchen Fällen den Wechsel der Staatsbürgerschaft nicht; erfolgt er, gut und schön, wenn nicht, ist's auch recht. In Amerika aber gilt der Verzicht auf diesen Schritt fast als Unfreundlichkeit, als Mißtrauenserklärung gegen das Gastland. Besonders Neubürger und Emigranten blicken auf Amerika fast wie auf eine Religionsgemeinschaft; wenn einer, den man als Freund behandelt, nicht konvertiert, ist man enttäuscht.

Auf Fragen dieser Art antwortete ich dann mit Variationen meines Sprüchleins: „Hitler nein – Deutschland ja" und fügte wohl auch hinzu: „Wenn es eines Tages Hitler nicht mehr gibt, will ich als Deutscher heimkehren, nicht als ehemaliger Emigrant, der inzwischen eine andere Staatsbürgerschaft angenommen hat. Nur dann kann ich mitreden."

Daß auch Hitlers Sieg über Frankreich ruhig hingenommen worden war, hing mit der Entschlossenheit der meisten Amerikaner zusammen, sich nicht noch einmal in einen europäischen Krieg hineinziehen zu lassen. Man sagte: „*Ein* Weltkrieg mit US-Beteiligung genügt. Als wir

1917 in den Krieg gegen die Deutschen zogen, wollten wir ganz Europa demokratisch machen. Und was war der Erfolg? In Rußland triumphiert heute der Bolschewismus, in immer größeren Teilen Europas der Faschismus, und beide sind viel schlimmer als es je die Zaren oder die Kaiser waren. Wenn jemand Amerika angreift – mit aller Kraft zurückschlagen. Aber außerhalb Amerikas – nie wieder."

Der populärste Vertreter der Richtung, die auf Neutralität, auf Isolationismus eingeschworen war, hieß Charles Lindbergh; er war Amerikas Liebling, der erste Überflieger des Atlantik. Er und seinesgleichen sagten: „Wir Amerikaner müssen neutral bleiben. Auch in unseren Gefühlen dürfen wir uns nicht auf eine Seite festlegen; sonst rutschen wir unweigerlich in den Krieg."

Daher auch die Zurückhaltung der Presse, besonders der lokalen, in der Berichterstattung über den Krieg, daher die Abwesenheit einer Kriegshysterie wie im Ersten Weltkrieg. In Hawaii kam noch eines hinzu. Wie oft hörte ich: „Was gehen uns die Händel Europas an, das auf der anderen Seite der Erdkugel liegt. Was uns Sorgen macht, ist Japan, nicht Deutschland."

Und doch war der rasche Sieg über Frankreich der Anfang vom Ende unserer glücklichen Jahre auf Hawaii. Zweierlei war es, was mich darüber nachdenken und mit Enid sprechen ließ, ob wir nicht doch bald wieder die Koffer packen müßten.

Das eine war meine sich zur Überzeugung verdichtende Vermutung, daß der Krieg zwischen Amerika und Deutschland immer näherrückte. Ganz Europa war nun in Hitlers Hand oder mit ihm verbündet – außer der Sowjetunion und Großbritannien. Für mich stand fest: Berauscht von seinen ungeheuerlichen Erfolgen wird Hitler weiter marschieren. Gegen wen?

Den Gedanken, daß es gegen Rußland gehen könnte, schob ich von mir, einmal weil ich das nicht wünschte und zum zweiten weil ich erwartete, daß Hitler die mit Stalin als Komplizen erworbene Herrschaft in Europa ausbauen, nicht aber durch einen Krieg mit dem unermeßlichen Rußland aufs Spiel setzen wollte; auch zweifelte ich nicht daran, daß die deutsche Generalität alles daran setzen würde, einen Krieg im Osten zu verhindern.

Also gegen England. Zwischen der sieggewohnten deutschen Wehrmacht und der englischen Armee, die gerade erst, ihr Kriegsmaterial und die Franzosen in Dünkirchen im Stich lassend, auf die heimatliche Insel geflohen war, lag nur noch der Kanal und der wurde in der an Schärfe zunehmenden „Luftschlacht um England" seit dem Sieg über

Frankreich fast pausenlos von deutschen Bomber-Geschwadern überflogen. Darauf also stellte ich mich ein: Spätestens im Frühsommer 1941 wird Hitler England angreifen. Eine Eroberung der Britischen Insel durch Hitler kann Amerika nicht zulassen; es wird dann also in den Krieg gegen Deutschland eintreten.

Enid schaute kummervoll drein, wenn ich ihr sagte: „An dem Tage, an dem mein Deutschland und dein Amerika, das zudem unser Gastland ist, miteinander Krieg führen, will ich nicht in Amerika sein." Sie wußte kein Argument dagegen, denn es war ja vorauszusehen, daß ich als Deutscher in irgendein Internierungslager verschwinden und sie mich dann doch bis zum Ende des Krieges verlieren würde. Also überlegten wir, wohin wir gehen sollten. Da Hilger und Trott schwiegen, blieb im Grunde zunächst nur Ostasien.

Der Gedanke an einen bevorstehenden Angriff Hitlers gegen England bewegte auch die amerikanischen Politiker und Meinungsmacher, besonders im Nachrichtenzentrum New York, an der traditionell englischfreundlichen Ostküste überhaupt. Man begann dort überall eine „Fünfte Kolonne" Hitlers, also deutsche Agenten und Spione, zu wittern; es war nur eine Frage der Zeit, bis sich der Verdacht auch gegen den Mann richten würde, der mitten in der stärksten US-Festung frei herumspazierte. Das müßte unser Leben im Manoa-Tal grundlegend verändern. Auch das ein Grund, über das Kofferpacken nachzudenken.

Im Sommer 1940 wurde auf einer künstlichen Insel in der Bucht von San Franzisko eine Weltausstellung veranstaltet, mit allerlei Attraktionen, zu denen auch eine Vortragsreihe über pazifische Fragen gehörte. Ich nahm die Einladung an, am 8. August einen Vortrag über „Europe in the Pacific" gegen Honorar und Ersatz der Reisespesen zu halten. Den Aufenthalt an der Küste benützte ich, Enids Familie zu besuchen und an der südkalifornischen Universität Pomona, die sich auf Geographie spezialisiert hatte, alte Karten des Pazifik für meine Arbeit einzusehen.

Ich war damit fast fertig, als mich ein Aufsatz in „Time Magazine", einer der damals – und heute – meistgelesenen amerikanischen Wochenschriften, aufscheuchte. Er stand in der Ausgabe vom 26. August, die ich Anfang September zu sehen bekam. Unter der Überschrift „Science of Treason" (Wissenschaft des Verrats) wurde auf ein gerade erschienenes Buch des Journalisten George Britt hingewiesen, in dem er unter dem Titel „The Fifth Column Is Here" (Die Fünfte Kolonne ist hier) über – angebliche oder wirkliche – deutsche Agenten in Amerika schrieb. Als ich mir das Buch beschaffte, fand ich, daß es über mich nur acht

Zeilen enthielt, aber gerade auf sie verwies „Time", vermutlich weil Hawaii interessanter klang als New York oder Chicago. So erfuhren Millionen von Amerikanern: „Ein deutscher Professor für Geschichte hat Aufsätze über die US-Flotte in der nazistischen ‚Zeitschrift für Geopolitik' veröffentlicht." Mein Name wurde nicht genannt, aber in Hawaii mußte jedem klar sein, wer gemeint war.
Was hatte es mit diesem Aufsatz auf sich? Ich habe schon über die Vereinbarung mit Haushofer berichtet, er würde ungeachtet des über meinem Haupt schwebenden Presse-Ehrengerichtsverfahrens meine Aufsätze in seiner „Geopolitik" veröffentlichen, sofern diese ihm interessant genug erschienen. Seit meinem Eintreffen in Hawaii hatte ich also auf ein für die „Geopolitik" geeignetes Thema gelauert und ein solches war bald aufgetaucht. Vom 15. März bis zum 28. April 1938 veranstaltete die US-Flotte ihre bislang größten Manöver im Stillen Ozean und zwar im Raum zwischen Amerika, Samoa und den Aleuten mit Hawaii wie einer Spinne im Netz.
Im Sommer 1940, als Mr. Britt und „Time" meinen Aufsatz berühmt machten, hätte ich ihn gewiß nicht geschrieben; jetzt war ich auf die „Geopolitik" nicht mehr angewiesen, denn Wirsings und Helds Bemühungen war es noch 1938 gelungen, das gegen mich gerichtete Veröffentlichungsverbot zu lockern; ich durfte wieder gedruckt werden, wenn auch zu meinem großen Kummer zunächst nicht unter meinem Namen. Aber Anfang 1938 war ich darauf versessen gewesen, in Deutschland zu veröffentlichen, und nur die „Geopolitik" war dazu damals bereit. Zudem sah die Welt *vor* München und Prag noch relativ friedlich aus. Also sammelte ich damals alles Material, das in den Honolulu-Zeitungen über die Manöver gedruckt wurde und verfaßte daraus ein Manuskript. Ich nannte es: „Problem XIX. US-Flottenmanöver im Pazifik."
Rückblickend ist klar: Es wäre gescheiter gewesen, den Aufsatz nicht zu schreiben. (Noch im gleichen Jahr war ich vorsichtiger geworden. Zum Beispiel hatte ich mich von dem wieder fälligen zweimonatigen Wehrdienst in Deutschland befreien lassen, und die wiedergewonnene Druckmöglichkeit daheim benutzte ich zu Warnungen vor der Unterschätzung der amerikanischen Kampffähigkeit, unter anderem durch Hinweise auf den zunehmenden Patriotismus in der Bevölkerung.)
Aber auch im Frühjahr 1938 hatte meine Naivität zum Glück ihre Grenzen: Als das „Problem XIX"-Manuskript fertig und von Enid schön ins reine geschrieben war, brachte ich es den zuständigen Abwehr-Offizieren von Flotte und Armee, den „Intelligence Officers" also, wie der US-

Fachausdruck lautet, und fragte, ob sie irgendwelche Bedenken gegen die Veröffentlichung hätten. Der eine war ein Commander (Fregattenkapitän) Buchanan, der andere ein Oberst Arneman. Dieser, ein Sohn deutscher Einwanderer, las das Manuskript selbst, Buchanan ließ es sich übersetzen. Nach der Lektüre erklärten mir die beiden Offiziere, das Manuskript sei OK, wollten aber wissen, woher ich die Informationen über eine von mir u.a. erwähnte Batteriestellung hätte. Aus meiner auf alle Fälle mitgebrachten Schachtel mit Zeitungs-Ausschnitten fischte ich die entsprechende Notiz heraus. Sie lachten und sagten: „Wenn es in der Zeitung stand, können Sie es natürlich verwenden." Da mir dieses Detail nicht wichtig war, strich ich es auf alle Fälle weg.

(Drei Jahrzehnte später erhielt ich einen Brief von jenem Denzel Carr, der sich in Hawaii als erster für mich interessiert hatte, dann einige Jahre dort mein Kollege gewesen und nun Professor in Berkeley geworden war. Er schrieb am 8. Februar 1972:

„Gestern holte ich mir [aus der Universitätsbibliothek] den Jahrgang 1938 der ‚Zeitschrift für Geopolitik' und las wieder Ihren Aufsatz ‚Problem XIX'." Weiter erzählte er: „Nachdem Sie damals Ihr Manuskript Commander Buchanan vorgelegt hatten, wurde ich beauftragt, es vollständig zu übersetzen, damit die Abwehr-Offiziere, die nur das Englische beherrschten, es lesen konnten. [...] Commander Buchanan und andere Marineoffiziere sagten mir, daß Ihr Aufsatz nicht gegen die Sicherheit verstieß [no breach of security] und auch nicht von Schnüffeln oder Spionieren zeugte. Sie erklärten ferner, daß Sie ohne Zugang zu vertraulichem Material die klarste Analyse von Problem XIX gemacht hatten, die sie gesehen hatten. Die Berufs-Offiziere hatten nur Bewunderung für Ihren Aufsatz. Kritisiert wurde er von Leuten im FBI und in den Medien, sowie von allerlei Dummköpfen, die schon der geringste Funke von Intelligenz und analytischer Kraft außer Fassung bringt.")

Von Haushofer kam postwendend ein zufriedener Brief; der Aufsatz stelle geradezu ein geopolitisches Modell dar. Bereits im Juli-Heft 1938 seiner Zeitschrift lag er gedruckt vor. Zu meiner großen Befriedigung erhielt ich über die „Geopolitik"-Redaktion eine Reihe von Briefen alter Bekannter nachgesandt, die mich aus den Augen verloren und durch den Aufsatz wiedergefunden hatten.

Aber was mich 1938 erfreut hatte, schlug 1940 zu meinem Kummer aus. In der allmählich hysterisch werdenden Atmosphäre an der Ostküste, besonders in New York, konnte der Aufsatz in „Time" nur so verstanden werden: Mehnert ist Hitlers Spion in Hawaii! Und diese Sensation gelangte nun in mein Insel-Paradies.

Ich muß an dieser Stelle eine Feststellung einschalten: In meinem ganzen Leben bin ich nie Spion oder Agent irgend eines Staates gewesen, weder des meinen noch eines fremden, und habe nie eine Tätigkeit ausgeübt, die auch nur entfernt mit Spionage in Verbindung gebracht werden könnte. Was immer ich an Interessantem während meiner Reisen erfuhr, habe ich veröffentlicht oder für mich behalten. Wenn ich etwa während der Jahre in Moskau von meinen Reisen zurückkam, berichtete ich dem Botschafter und seinen Mitarbeitern über meine Eindrücke, aber ich sagte ihnen nicht mehr, als in meinen unterwegs getippten und schon an die Redaktionen in Deutschland geschickten Artikel-Manuskripten stand. Und als mich der schon erwähnte japanische Botschafter in Moskau um vertrauliche Berichte über meine Reisen bat, gab ich ihm nur meine Zeitungsartikel und lehnte das mir dafür von ihm angebotene Honorar ab. (Er revanchierte sich, wie ich erzählte, mit Empfehlungsschreiben für Mandschukuo und Japan; das war in meinen Augen in Ordnung.) Ich weiß, daß es Spionage gibt und geben wird. Ich selbst aber bin von Natur aus für Spionage ebenso ungeeignet wie fürs Rauchen. Beides schmeckt mir nicht.

So hatte ich auch beim „Problem XIX" gehandelt: Alles, was ich erfuhr, packte ich in den Aufsatz für die „Geopolitik". Aber kein Mensch machte sich natürlich die Mühe, nachzusehen, was ich denn über Problem XIX geschrieben hatte. (Die Zeitschrift wurde sogar – lange ehe ich kam – in der Universitätsbibliothek von Hawaii bezogen.) Ich hatte über Problem XIX geschrieben und also war ich Spion.

Als ich den „Time"-Artikel sah, brach ich meinen Aufenthalt am Pomona-College sofort ab und fuhr mit dem nächsten Schiff, der „Lurline", nach Hawaii. Enid hatte bereits zwei tapfere Interviews gegeben, die am 31. August in den beiden Lokalzeitungen unter den Überschriften „Enid Mehnert verteidigt ihren deutschen Ehemann" und „Ehefrau verteidigt deutschen Professor an Universität" erschienen. Am gleichen Tage brachte der „Honolulu Advertiser" einen Bericht unter der Überschrift: „Die University of Hawaii verteidigt Mitglied des Lehrkörpers". Dieser Bericht lautete:

„Dr. Klaus Mehnert, dessen in einer deutschen Zeitschrift erschienener Aufsatz über die US-Flotte von TIME MAGAZINE in der Ausgabe vom 26. August erwähnt wird, ist Assistant Professor für Geschichte an der Universität von Hawaii. Die Beiträge, die dieser Historiker für deutsche Publikationen schrieb, sind in der Universität und in der Gemeinde [d.h. in der Bevölkerung von Honolulu] wohl bekannt. Nach unserem besten Wissen hat Dr. Mehnert seine Aufsätze über die Flotte [in Wirklichkeit hatte ich nur einen geschrieben] auf Grund von Aufsätzen im „Advertiser" und im „Star-Bulletin" verfaßt. Crawford [der Universitätspräsident] nannte Mehnert einen guten Lehrer europäischer Geschichte, der sein Thema wirksam und objektiv behandelt und der, soweit der Universität bekannt, seine Stellung nie für deutsche Zwecke gebraucht hat. Dr. Mehnert hat einen Vertrag mit der Universität. Eine Veränderung wird gegenwärtig nicht erwogen."

Nach meiner Rückkehr vom Festland übergab ich den beiden Zeitungen eine gleichlautende, dreieinhalb Schreibmaschinenseiten lange Erklärung, die von beiden ungekürzt veröffentlicht wurde. In ihr beschrieb ich, wie es zu dem Artikel gekommen war, gab zu, daß es klüger gewesen wäre, ihn nicht zu schreiben, wobei jedoch zu bedenken sei, daß die Welt damals noch anders und friedlicher ausgesehen habe, verwies darauf, daß weder die zuständigen Abwehr-Stellen von Flotte und Heer, noch mein Kritiker Britt am Inhalt des Aufsatzes etwas auszusetzen hatten. Einer Reporterin hatte ich, wie in der gleichen Ausgabe zu lesen war, auf die Frage, ob ich „Nazismus oder Amerikanismus" vorzöge, geantwortet: „Ich bin Deutscher. Von welchem Regime Deutschland regiert wird, ist für mich im Vergleich zu dieser Tatsache von zweitrangiger Bedeutung. Als Deutscher ziehe ich Deutschland Amerika vor."

Ich schloß meine Erklärung mit den Worten: „Am Ende des gegenwärtigen Sturms in Europa wird Deutschland Menschen brauchen, die aus dem Ausland mit erweitertem Horizont zurückkehren, mit Sympathie und Verständnis für andere Völker. [...] Ich möchte einer von ihnen sein, denn ich glaube, daß mich die Jahre in Hawaii vieles gelehrt haben, was Europa in der Zukunft brauchen wird."

Danach trat wieder Ruhe ein. In Hawaii hatte man mich seit nunmehr drei Jahren auf vielen Veranstaltungen als Redner erlebt, Söhne und Töchter aus ansässigen Familien, nicht zuletzt aus Offizierskreisen, waren meine Schüler. Mit Semesterbeginn, am 23. September 1940, nahm ich meine Vorlesungen wieder auf. Zahlreiche Sympathieerklärungen gingen bei uns ein. Die größte nicht-akademische Organisation der Universität, das YMCA, bekannte sich in einem Brief offen zu mir. Der Pfarrer der angesehensten Kirche der Stadt, der Central Union Church (ich gehörte nicht zu seiner Gemeinde), schrieb mir noch am Tage, an dem meine Erklärung erschien, einen vorbehaltlos positiven Brief. Der in Studentenkreisen beliebteste Pfarrer, Galen Weaver, warnte am Sonntag darauf in einer Predigt, die er „Sanity Now" nannte, vor Hysterie: da selbst die militärischen Abwehrdienste an Mehnert nichts auszusetzen hatten, sagte er, sollten sich auch die Bürger beruhigen.

Die führende japanische Zeitung der Inseln „Nippon Hochi" warf sich für mich ins Zeug. Das mag mir angesichts der wachsenden antijapanischen Stimmung nichts genützt haben, gefreut hat es mich doch.
Nur das von Skandalgeschichten lebende Blättchen „Hawaii Sentinel" meckerte noch einmal. Wie ich in der Lage sei, fragte das Blatt höhnisch, angesichts eines bescheidenen Professoren-Gehalts (damals 250 Dollar im Monat) „swanky [üppige] parties" zu geben? Enid, die immer Gewissenhafte, schrieb auf das Blatt, auf das sie diesen „Sentinel"-Artikel klebte, was uns die „üppige Party" gekostet hatte: 8 Dollar, wobei sie jede Ausgabe einzeln aufführte. Aber ohnehin las kaum jemand den „Sentinel".
Meine Vorlesungen verliefen weiter ohne jeden Zwischenfall, wissenschaftliche Zeitschriften druckten mich (so „Geographical Review" und „American Historical Review"). Meine monatlichen Kommentare zum Zeitgeschehen gingen weiter; ich hielt sie stets auf Grund von Einladungen von Männern aus Wirtschaft, Politik, Armee und Presse.
So vergingen mehrere Monate. Der Krieg in Europa war fast vergessen. Aber auf den allabendlichen Gängen durch das uns täglich aufs neue entzückende Manoa-Tal, bei denen ich mit Enid die Lage besprach, festigte sich meine Überzeugung, daß Hitlers Angriff auf England und damit Amerikas Eintritt in den Krieg nur noch eine Frage der Zeit sei und ich bis dahin die Vereinigten Staaten verlassen müsse.
Mir war das Herz schwer, und Enid brach es fast, als ich den Rektor am 20. Dezember 1940 aufsuchte. „So glücklich ich gewesen bin", sagte ich ihm, „als ich vor fast genau vier Jahren an einem trüben Wintertag in Berlin die Einladung nach Hawaii erhielt, so unglücklich bin ich nun, weil ich Sie bitten muß, mich von meiner Tätigkeit zu entbinden." Ich schilderte Crawford meine Ansichten über die Unvermeidlichkeit eines Krieges zwischen seinem und meinem Land und erklärte, warum es in meinem wie auch im Interesse der Universität liege, mich an dem Tag nicht mehr als Professor auf dem Campus zu haben. Crawford war großartig. Zum Schluß vereinbarten wir, ich solle ihm ein Rücktrittsgesuch vorlegen, doch werde er es aus seinem Schreibtisch nur hervorholen, wenn er glaube, daß die Zeit gekommen sei. Noch am gleichen Tag brachte ich ihm dieses Schreiben.
Nichts geschah. Aber der Sommer näherte sich, in dem ich den Angriff über den Kanal erwartete. Der Blitzkrieg im Balkan, der Anfang April begann und in der zweiten Hälfte Mai mit der Eroberung Kretas endete, brachte noch einen letzten Aufschub. Das Semester ging am 2. Juni zu Ende. Ich konnte nicht viel länger warten.

Mitten in meine Hochspannung kam ein Telegramm aus Berlin. Ob ich bereit sei, ließ Trott fragen, in Ostasien eine deutsche Zeitschrift zu gründen und zu leiten. Als ich es Enid zeigte, legte sie ihre Arme um mich und sagte mit erstickender Stimme: „Nimm an." Ich ging zu Crawford, das Telegramm und einen rasch aufgesetzten Brief in der Hand. Er trug das Datum vom 23. Mai 1941. Unter Hinweis auf das eben erhaltene Angebot einer neuen Tätigkeit in Ostasien bat ich nunmehr, mein Rücktrittsgesuch zu genehmigen. Es wurde genehmigt. Crawford informierte die Presse.

Enid wollte ihre Familie noch einmal sehen. Mir aber brannte die Zeit auf den Nägeln. Jeden Augenblick konnte etwas geschehen, was mir die Ausreise versperrte. Ich belegte einen Platz auf dem nächsten Schiff nach Japan. Es war die „Tatsuta Maru", Abreisedatum 8. Juni. Enid hingegen sollte sich in Ruhe von allen Freunden in Hawaii und Kalifornien verabschieden können. Für sie buchten wir eine Kabine nach San Franzisko für den 26. Juni.

Es gab noch tausend Dinge zu erledigen, unter anderem ließ ich mir die Mandeln herausnehmen; wer weiß, ob das am nächsten Ort so einfach sein wird, dachte ich. Am 2. Juni gab ich meine Hauptvorlesung zum letzten Mal. Der größte Hörsaal war überfüllt, viele Studenten standen in den Gängen, auch solche, die nicht bei mir studierten. Erst brachte ich die Vorlesung über europäische Geschichte auf den jüngsten Stand, dann leitete ich zu meiner persönlichen Situation über. Dafür hatte ich mir die letzten sechs Minuten aufgespart.

Alle wüßten, sagte ich, nicht nur aus der eben zu Ende gegangenen Vorlesung, wie ernst die Lage in der Welt sei. Ich fürchte, mein Gastland Amerika und mein Vaterland Deutschland könnten bald im Kriege miteinander sein. Im Kriege müsse jeder wissen, wohin er gehöre. Es gäbe Treueverhältnisse im Leben des Menschen, die er nicht in Frage stellen sollte, zur eigenen Frau, zum eigenen Vaterland. Mein Vaterland sei Deutschland.

Die Studenten applaudierten lange, einige Mädchen weinten. Eine Studentin hatte einen Nelken-Lei mitgebracht, den sie mir über die Schulter legte.

Die Rede wurde von einem Studenten mitgeschrieben und in ihren wichtigsten Passagen ziemlich zutreffend am folgenden Tag von den Zeitungen gebracht, vom „Star Bulletin" unter der Überschrift: „Mehnert sagte in Aloha-Rede [Abschieds-Rede], er sei Deutschland treu." Keine meiner Reden ist so oft zitiert worden. Fast jedesmal, wenn ich nach Hawaii komme, wird sie in den Redaktionen aus dem Archiv her-

vorgeholt und in Auszügen in Erinnerung gebracht, zuletzt 1978, als ich ein Sommersemester lang an der Universität lehrte.
Eine Ausreisegenehmigung aus den USA brauchte man damals nicht (sie wurde wenige Tage später eingeführt), aber ich mußte allerlei Bestätigungen vorlegen (z.B. daß ich meinen Steuerverpflichtungen nachgekommen war). Und immer hatte ich das Ohr nahe an den Rundfunknachrichten, ob nicht der deutsche Angriff auf England eingesetzt hatte. Enid quälte sich sehr. Am liebsten wäre sie mitgekommen, aber sie hatte ihrer Mutter einen Abschiedsbesuch in Aussicht gestellt und wollte ihr Versprechen halten.
Am Tage vor der Abreise brachte ich mein Gepäck zum Pier und informierte die FBI-Leute, daß es dort liege, falls sie es sehen wollten. (Ich weiß nicht, ob sie es inspiziert haben.)
Die „Tatsuta Maru" traf am 8. Juni morgens am Pier 7 ein und fuhr um 17 Uhr nach Yokohama weiter. Viele Freunde und wohl hundert Studenten waren am Pier. Schließlich hatte ich so viele Leis um den Hals, daß ich kaum noch etwas sah, während ich an Bord stieg.
Als wir ablegten, tönte der Gong zum Abendessen. Aber ich blieb an Deck, auch noch als die Töne von Aloha Oë verklungen waren und ich am Pier niemanden mehr außer meiner Enid erkennen konnte. Dann warf ich einen meiner Leis ins Wasser – ein sicheres Mittel, Hawaii wiederzusehen, und schaute, ehe ich nach unten ging, noch einmal auf die grünen Berge mit ihren Wolkenmützen, das geliebte Manoa-Tal, den Aloha-Turm, die Einfahrt nach Pearl Harbor.
Später, in meiner Kabine, las ich endlich die vielen Abschiedsbriefe, die in den letzten Tagen eingegangen waren und die fast alle mit Aloha, dem schönsten Wort der hawaiischen Sprache endeten, dem Wort das so vieles ausdrückt: Freundschaft, Liebe, Auf Wiedersehen. Zum Schluß öffnete ich noch ein Päckchen, das mir meine unübertreffliche Assistentin Ruth Okumura mit dem Vermerk mitgegeben hatte: „Erst auf dem Meer öffnen." Es enthielt 48 Abschiedsbriefe von Studentinnen und Studenten, die diese ihr gebracht hatten, manche auf Briefpapier, viele nur auf Zetteln. Wo immer Ruth vermutet hatte, daß mir der Name nichts sagte, hatte sie eine Erklärung hinzugeschrieben: „Der Fußballer", „Die Schielende", „Der mit den vielen Pickeln". Sie waren voll jugendlicher Zuneigung, auch voll Trauer über mein Fortgehen und voll Respekt für meine Gründe. Der kürzeste enthielt nichts als fünf schön gezeichnete Buchstaben – ALOHA, und den Namen.
Noch heute hüte ich das Päckchen.

44. Pearl Harbor erfunden?

Um sieben Uhr früh, am 7. Dezember 1941, einem Sonntag, fast auf den Tag ein halbes Jahr nach meinem letzten Blick auf Pearl Harbor, vernichteten japanische Bomben und Torpedos die dort ankernde Flotte: 19 Kriegsschiffe wurden versenkt oder außer Gefecht gesetzt, 2729 Offiziere und Matrosen getötet.

Pearl Harbor – diese zwei Wörter bedeuten den Beginn des gnadenlosen Pazifischen Krieges, an dessen Ende die Atombomben von Hiroschima und Nagasaki fielen, bedeuten den Eingriff in das Schicksal Hunderter von Millionen Menschen im pazifischen Raum, auch in das meine.

Der Schock dieses Sonntagmorgen-Massakers, die Einsicht der Amerikaner in die eigene Nachlässigkeit, die den Japanern erlaubt hatte, unerkannt U-Boote durch die enge Einfahrt mitten in den Kriegshafen und eine Bomberflotte bis über die dort liegenden Ziele zu bringen, löste in den USA einen einzigen Schrei nach Rache aus und, speziell in Hawaii, die hektische Suche nach Schuldigen. Diese vermutete man zunächst unter den rund 150000 Japanern, die unter den insgesamt 400000 Bewohnern der Insel lebten.

Das war nicht verwunderlich. Mehr als einmal hatte ich, insbesondere aus dem Munde von Offizieren und ihren Frauen, Bemerkungen wie diese gehört: „Ein Schwarm hawaiisch-japanischer Fischerboote umgibt die Inseln Tag und Nacht. Tausende von Japanerinnen und Japanern mit US-Pässen arbeiten als Dienstboten oder Gärtner in den Häusern von amerikanischen Offizieren und Beamten, am Bau der Befestigungen, als Angestellte und Arbeiter – sogar in Pearl Harbor. Japanische Sabotage könnte das ganze Wirtschaftsleben lahmlegen und die Verteidigung der Inseln auf das schwerste gefährden."

Am Abend des Tages von Pearl Harbor saßen schon Hunderte von Japanern hinter Schloß und Riegel, Tausende wurden in den folgenden Wochen überprüft, davon 1500 in Gewahrsam genommen, 1000 auf das Festland geschafft; hätte man genügend Schiffsraum gehabt, wären in der ersten Wut wohl alle 150000 zur Internierung abtransportiert worden. (In Kalifornien wurden 120000 dort lebende Japaner interniert, ein großer Teil für die Dauer des Krieges in das Wüstenlager von Manzanar gesperrt.) Was bei dieser Japaner-Hatz herauskam, hätte auch ich nicht für möglich gehalten: Nichts!

Der einzige Fall, daß ein japanischer Inselbewohner einen feindseligen Akt beging, ereignete sich auf der kleinen, in Privatbesitz der Familie

Robinson befindlichen Insel Niihau. Dort machte am frühen Nachmittag des 7. Dezember ein japanischer Einsitzer eine Notlandung. Der Pilot wurde von Inselbewohnern festgenommen, entkam aber mit Hilfe eines auf Niihau lebenden Japaners (amerikanischer Staatsbürgerschaft) namens Harada, wurde schließlich gefaßt und erschlagen, worauf sich Harada selbst entleibte.

Sonst nichts. Einigen aus Japan entsandten Beamten des Japanischen Generalkonsulats in Honolulu wurde Spionage nachgewiesen, nicht aber den auf den Inseln ansässigen Japanern. Im Gegenteil: Das aus jungen Japanern Hawaiis, darunter auch meinen Studenten, gebildete Infanterie-Bataillon Nr. 100 (später erweitert zum Regiment Nr. 442) war seit 1943 in Nordafrika, Italien, Frankreich ständig im Einsatz und gehörte zu den meistdekorierten Einheiten der US-Armee.

Wenn aber nicht die Japaner – wer dann? Präsident Roosevelt? Heute kann man ganze Bücherschränke mit Pearl Harbor-Literatur füllen; einen guten Teil habe ich im Sommer 1978 in den Bibliotheken auf Hawaii durchgesehen. Es gibt Autoren, die Roosevelt und mit ihm die Führung in Washington mit Vehemenz verteidigen; er habe, sagen sie, Hawaii rechtzeitig gewarnt. Aber es gibt andere, die ihn mit noch größerer Vehemenz beschuldigen, einen Schlag Japans gegen amerikanische Streitkräfte auf Hawaii provoziert, daher die beiden modernen Flugzeugträger kurz vor dem Überfall auf hohe See geschickt und so in Sicherheit gebracht, die relativ alten Schlachtschiffe hingegen in Pearl Harbor gelassen zu haben – gleichsam als Lockvögel, um die Japaner zum Angriff zu veranlassen und dann ein durch die japanische Missetat geeintes, zum Äußersten entschlossenes Amerika gegen die Achsenmächte zu führen.

Beide Seiten haben starke Argumente. Ich selbst neige dazu, Roosevelt eine nicht ganz zufällige Vernachlässigung der Befehlshaber auf Hawaii zuzuschreiben. Einige amerikanische Marineoffiziere, mit denen ich mich jüngst auf Hawaii unterhielt, formulierten es viel schärfer. „Wir sind loyale Offiziere, aber wir wünschen, daß die Historiker die Schuld an der mangelnden Vorbereitung am Tage von Pearl Harbor dorthin legen, wo sie hingehört, vor Roosevelts Türe." Doch auch die insgesamt acht Pearl Harbor-Untersuchungsausschüsse, die seit 1941 zusammentraten, haben kein endgültiges Urteil gefällt. Die Diskussion um Roosevelt und Pearl Harbor geht weiter, denn sie betrifft eine unbewältigte Vergangenheit.

In den Tagen und Monaten nach Pearl Harbor wußte man von der Rolle Roosevelts zu wenig, um ihn als möglichen Schuldigen anzusehen.

Wenn aber weder die Japaner schuld waren noch der Präsident – wer zum Teufel dann? Die Deutschen? Außer mir lebten auf Hawaii noch zwei Deutsche, das Ehepaar Kühn. Wir kannten sie kaum, zu unserem großen Bekanntenkreis gehörten sie nicht. Bei Kühn scheint festzustehen, daß er mit Agenten, die aus Japan eingeschleust waren, zusammenarbeitete und durch Lichtsignale und chiffrierte Zeitungsannoncen bestimmte Informationen gab.
(Ich habe seinen Fall, von dem ich erst ein Jahrzehnt später erfuhr, nicht untersucht. Er wurde zum Tode durch den Strang verurteilt, dann zu fünfzig Jahren Zuchthaus begnadigt, die er aber nicht abzusitzen brauchte.) Kühn war jedoch auf Hawaii kaum bekannt, an ihm konnte sich die erregte Phantasie nicht entzünden.
Blieb also ich. Ich war einige Monate zuvor eilends abgereist, konnte demnach nicht verhaftet werden, mich also auch nicht verteidigen. Um so üppiger schossen Gerüchte ins Kraut. Der bekannte amerikanische Rundfunkkommentator Fulton Lewis faßt in einem in Honolulu gesendeten Kommentar einige der gängigsten Verdachtsmomente zusammen: Mehnert fotografierte auf seinen Wanderungen abseits der Hauptstraßen unablässig (stimmt nicht, das war Enid, die aber nur selten auf Wanderungen mitging); Mehnert war verrückt nach Karten (er sagte nicht, daß diese „Orgie", wie er mein Interesse an Karten nannte, nur bis zur Entdeckung Hawaiis im 18. Jahrhundert reichte); Mehnert benahm sich so schlau, daß er keine Feinde hatte und viel eingeladen wurde, sogar zu hohen Offizieren (danke für das Kompliment, das freilich nicht als solches gedacht war). Kurzum: „Mehnert war der wohl scharfsinnigste unter den geschmeidigsten und klügsten Agenten [the most subtile of the smoothest and the cleverest operators], die jemals das kühne Spiel internationaler Spionage spielten." Es fehlte auch nicht an Hinweisen, mich habe der deutsche Generalstab nach Hawaii entsandt (weswegen ich das Faksimile der Einladung des Dekans George vom 16. November 1936 auf S. 215 gebracht habe; ihn hat noch keiner als Kurier der Bendlerstraße bezeichnet).
Schließlich konnte nicht ausbleiben, daß jemand in mir den Erfinder des japanischen Pearl Harbor-Plans entdeckte; der US-Abwehr-Offizier, Kapitän Ellis M. Zacharias, genannt Zack, hat diese absurde Idee in einem Buch niedergelegt (Secret Missions, New York 1946, 433 S.), und zwar in einem Kapitel, das angefangen von der Überschrift („Ein Anthropologe als Stratege") voll Unrichtigkeiten über die simpelsten Tatsachen meiner Biographie steckt. So ziemlich das einzige was stimmt, ist der Hinweis auf meinen Aufsatz „Problem XIX" in der „Geopolitik"

vom Juli 1938. Daraus zieht Zacharias – unter Bezugnahme auf einen inzwischen verstorbenen japanischen Marineattaché in Berlin namens Yokoi – den Schluß, der Aufsatz zeige „Mehnerts Hand im großen strategischen Plan der Japaner“ und habe dazu gedient, „den endgültigen Offensivplan des japanischen Flotten-Oberkommandos zu entwerfen“. Während nämlich, so schreibt „Zack“, die amerikanischen Abwehroffiziere zu blind waren, aus meinem Aufsatz etwas zu lernen, haben die Japaner sofort die in ihm enthaltenen Hinweise auf die Schwäche der hawaiischen Verteidigung erkannt und entsprechend ihre Pläne entworfen.

Von alledem wußte ich jahrelang nichts, da nach Pearl Harbor jegliche Verbindung zwischen Ostasien und Amerika abriß. Erst nach dem Kriege erfuhren wir über Enids Familie und Freunde in Hawaii, was dort alles über mich phantasiert worden war. Aber schon bei meinem ersten Nachkriegsbesuch auf den Inseln, im Jahre 1955, bekam ich davon kaum noch etwas zu spüren; ich wurde zu zwei öffentlichen Vorträgen eingeladen und auf das freundlichste behandelt. Trotzdem fragte ich meinen alten Kollegen, Colin Herrick, bei dem ich damals wohnte: „Du bist Professor der Psychologie, du müßtest am besten in der Lage sein, mir zu erklären, wie es nach Pearl Harbor zu dem Verdacht kam, ich sei ein feindlicher Agent gewesen und hätte sogar für die Japaner gearbeitet.“

Herrick sagte: „Wer dich kannte, hielt das alles natürlich für dummes Zeug. Aber damals sahen viele unter jedem Bett einen Spion, und so biß man sich auch bei dir an einzelnen Dingen fest, zum Beispiel: Du wandertest gern. Ich bin in Deutschland gewesen und habe gesehen, daß Wandern bei euch eine nationale Leidenschaft ist. Aber wer weiß das hier? Hier fährt man mit dem Auto, und wenn einer zu Fuß geht, dann fällt das auf und gilt als merkwürdig, wenn nicht als verdächtig. Aber die Hauptsache war etwas anderes. Die Katastrophe von Pearl Harbor war für die Bewohner Hawaiis ein grauenvoller Schock, nicht nur wegen des Verlusts an Menschen und Schiffen, noch mehr aus dem Gefühl der Schande darüber, daß wir unserem Sonntagmorgen-Schlaf huldigten, während die Japaner einen bis ins letzte ausgefeilten und brillant in Szene gesetzten Angriff auf unsere pazifische Flotte ausführten. Ausgerechnet die Japaner! Bei uns sträubte sich alles gegen die Vorstellung, die über die Schulter angesehenen Japse (so sagte man ja damals) hätten Pearl Harbor allein zuwege gebracht. Man hätte es als Beruhigung empfunden, wenn sich herausgestellt hätte, daß ein nichtjapanisches Gehirn entscheidend dahintersteckte. Was lag näher, als dich zu nehmen? Dich kannte man seit Jahren, und plötzlich warst du verschwunden, nicht lange vor Pearl Harbor und ausgerechnet in Richtung Japan. Also warst du es. So schlimm es war, von einem Deutschen hereingelegt worden zu sein, immer noch besser als von den Japsen. Aber reg' dich nicht auf, die ganze Geschichte ist längst vergessen."

Seither bin ich mehrfach wieder auf Hawaii gewesen, habe an der Universität im Manoa-Tal ein Semester lang gelehrt und nichts als Freundlichkeit erfahren. Trotzdem habe ich in der von „Zack" aufgerührten Frage nicht lockergelassen. Ganz gewiß war ich nicht darauf erpicht, als Erfinder des Pearl Harbor-Plans zu gelten. Aber ich wollte mir wenigstens Gewißheit verschaffen. Daher habe ich mich in Japan an alle erdenklichen Institute und Archive gewandt. Die Ergebnisse meiner Nachforschungen, einschließlich der Aussetzung eines Tausend Mark-Preises zwecks Wahrheitsfindung, lassen sich in dem ein wenig pikierten Satz eines der vielen von mir in dieser Sache belästigten Japaner zusammenfassen: „Der Plan für den Angriff auf Pearl Harbor ist ein rein japanisches Erzeugnis."

Warten auf das Ende
1941 – 1946

Als ich am Abend der Abreise von Hawaii etwas verspätet den noch vollen Speisesaal der „Tatsuta Maru" betrat, trug ich über dem Arm die mir am Pier geschenkten Leis (außer dem ins Meer geworfenen und dem von Enid geschenkten, der in meiner Kabine hing). Von Tisch zu Tisch gehend, legte ich jedem weiblichen Wesen eine dieser Blumenketten um den Hals. Die meisten sagten Danke auf deutsch oder Thank you mit unüberhörbar deutschem Akzent. Ich erfuhr, daß von den 136 Passagieren der I. und II. Klasse 98 Deutsche waren, die – wie ich – Amerika vor dem erwarteten Ausbruch eines deutsch-amerikanischen Krieges verlassen hatten.

Am ersten Tag auf See lasen wir im Nachrichtenblättchen des Schiffes, soeben seien in Amerika die deutschen Konsulate geschlossen und die deutschen Bankkonten eingefroren worden. Dann kam die Nachricht durch, von jetzt an dürften Reichsdeutsche nur noch mit besonderer Genehmigung die Vereinigten Staaten verlassen; ich wäre also nicht mehr weggekommen. (Was bedeutet das für Enid? dachte ich besorgt.) Am dritten Tag bat der Kapitän alle Deutschen in den Speisesaal. Er verbeugte sich vor uns und sagte: „Ich fühle mich verpflichtet Ihnen mitzuteilen, daß wir von einem britischen Hilfskreuzer verfolgt werden. Er hat mich aufgefordert, beizudrehen und auf Grund des zwischen Deutschland und England bestehenden Kriegszustandes eine Anzahl meiner deutschen Passagiere auszuliefern. Aber seien Sie unbesorgt. Ich habe abgelehnt, und wir werden mit Volldampf fahren und den Engländer sicher abhängen. Auf diese Weise kommen wir vielleicht sogar schon am 19. Juni, einen Tag früher als vorhergesehen, nach Japan." Wir applaudierten kräftig und riefen „Bravo", daß die Leuchter wackelten. Nach zwei Tagen gaben die Briten das Rennen auf.

In Yokohama wurden wir Deutschen von Vertretern unserer Botschaft schon am Pier begrüßt und in Hotels verfrachtet. Mir bot Herr Deppe, den ich von der Deutschen Botschaft in Moskau kannte, sein Gästezimmer an. Dann fuhr ich zu Ott in die Botschaft. Ich sollte ein paar Tage warten, meinte er, ein Brief mit Weisungen des Auswärtigen Amtes wegen der neuen Zeitschrift sei an mich unterwegs. Aber drei Tage nach meiner Ankunft in Japan marschierte die Wehrmacht in die Sowjetunion ein. Nun waren wir von Deutschland abgeschnitten. Der angekündigte Brief ist daher nie

angekommen. Das einzig Gute an dem Krieg zwischen den beiden mir am nächsten stehenden Völkern, den ich mit Entsetzen zur Kenntnis genommen hatte: Was die Zeitschrift betraf, hatte ich freie Hand.
Meine erste Entscheidung: nicht in Japan zu bleiben, das wohl auch bald im Kriege und damit für die Herausgabe einer internationalen Zeitschrift ungeeignet sein würde, sondern in die weltoffenste Stadt Ostasiens zu ziehen, nach Schanghai. Dort wohnte ich zuerst im Park-Hotel, dann nahm ich ein Apartment im Broadway Mansions (an der Garden Bridge). Nach Überwindung großer Schwierigkeiten, ich erzählte es, kam Enid nach China. Vier Monate nachdem wir uns in Hawaii getrennt hatten, hielt ich sie in Schanghai wieder im Arm.
Wir mieteten eine Wohnung im zwölften Stock des Hochhauses Gascogne im französischen Stadtteil, auf der Avenue Joffre 1202. Dort lebten wir, bis Japan im August 1945 kapitulierte. Mit vielen anderen Deutschen wurde ich für fast ein Jahr im Lager Kiangwan (bei Schanghai) interniert. Mit Mühe brachte ich Enid davon ab, mit mir interniert zu werden, was sie unbedingt wollte, weil sie eine neue lange Trennung wie 1941 befürchtete. Sie erhielt eine Stellung als Lehrerin an der gerade wiedereröffneten amerikanischen Schule. Im Juli 1946 wurde ich wie die meisten – auch nichtinternierten – China-Deutschen auf einen US-Truppentransporter verladen und nach Deutschland geschafft, wo wir im August 1946 eintrafen.

45. Ruhige Insel im Welt-Taifun

Blickte ich während eines Taifuns, wie er manchmal Schanghai überschwemmte, von unserem zwölften Stock hinab, so erschien mir unser Hochhaus wie eine sichere, von Fluten umspülte Insel. Genauso kam mir ganz Schanghai während der Kriegsjahre vor – ein kaum berührtes Eiland im Sturm des Zweiten Weltkrieges.
„So etwas gibt es nirgends sonst", notierte ich, als ich Anfang Juli 1941 in Schanghai eintraf: „Im Stadtrat der internationalen Metropole sitzen Engländer, Franzosen, Deutsche, Amerikaner und Japaner nebeneinander. Für die Ordnung sorgen chinesische, russische, britische, indische, französische, amerikanische Polizei-Einheiten. Durch die Straßen marschieren Soldaten aus Amerika, Japan, Frankreich, England, Italien. Die Kioske verkaufen lokale Zeitungen und Zeitschriften in Chinesisch, Japanisch, Deutsch, Russisch (weiß und rot), Englisch (in britischer und amerikanischer Variante)."
Der Äther über Schanghai war erfüllt von Sendungen der in Schanghai

stehenden chinesischen, japanischen, deutschen, französischen und angelsächsischen Rundfunkstationen. Auf der Bühne des „Lyzeum-Theaters" spielten Ensembles in einem halben Dutzend Sprachen. Unter den Dutzenden von Familien, die mit uns zusammen im Hochhaus einer französischen Gesellschaft wohnten, waren so ziemlich alle Nationalitäten vertreten; bei Sitzungen des Hauskomitees (über Heizungsfragen vor allem) saß ich an einem Tisch mit Sowjetrussen.

So international blieb es in Schanghai bis Pearl Harbor. Diesen Tag, den 7. Dezember 1941, erlebten Enid und ich in Peking während einer Reise nach Nordchina. Wir wohnten im „Legation Hospiz", einer ausgezeichneten Pension im Gesandtschaftsviertel, die von einer tüchtigen schwäbischen Diakonisse, Schwester Gertrud, in der ehemaligen Russischen Botschaft aufgemacht worden war. Am 6. Dezember abends hatten wir, wie immer, die Schuhe zum Putzen auf den Gang gestellt. Doch am nächsten Morgen standen sie ungeputzt vor der Türe. Etwas Schreckliches mußte geschehen sein: Nur so ließ sich diese Nachlässigkeit in Schwester Gertruds sonst hervorragend funktionierendem Reich erklären. Diese selbst war außer sich: Die Boys (so nannte man in China, wie in großen Teilen Asiens, die Diener, auch wenn sie längst graue Haare hatten) waren aus ihren außerhalb des Gesandtschaftsviertels gelegenen Wohnungen nicht zur Arbeit erschienen. Warum?

In ungeputzten Schuhen lief ich auf die Straße und sah vor jeder Botschaft japanische Wachen, mit martialischen Gesichtern und schußbereiten Waffen. Aufgeklebte Proklamationen, größtenteils handgeschrieben, verkündeten auf englisch, was die Zeitungen bestätigten: Japan hatte Amerikas Pazifische Flotte in Pearl Harbor vernichtet und zum Kampf um die Herrschaft über das östliche Asien und den westlichen Pazifik angesetzt.

Eilig fuhren wir nach Schanghai zurück. Wir fanden die ganze Stadt von japanischen Truppen besetzt. Aber auch jetzt änderten sich dort die Dinge nicht sofort. Die Flaggen Englands, Amerikas und Hollands verschwanden nur langsam aus dem Straßenbild, die Internierung ihrer Staatsangehörigen begann erst ein Jahr später und wurde nicht vor dem Frühjahr 1943 abgeschlossen. Die Franzosen blieben ungeschoren, weil die meisten so taten, als stünden sie auf der Seite der mit den Deutschen (und also auch mit Japan) kollaborierenden Vichy-Regierung des Marschalls Pétain. Die Sowjetrussen wurden auch nicht behelligt, denn Japan hoffte, daß sich Moskau aus dem Fernostkrieg heraushielt.

In der Avenue Joffre, in der auch wir lebten, befanden sich zwei Buchhandlungen unmittelbar nebeneinander; bei Eckert lagen NS-Zeitungen aus, anti-sowjetische Broschüren und Landkarten, die den deutschen Vormarsch in der Sowjetunion zeigten (solange es einen solchen gab), und nebenan, bei Fleet, sowjetische Bücher und Periodika, die Moskauer „Prawda" darunter. Die zwei Läden betrat man durch benachbarte Türen zwischen ihren beiden Schaufenstern, vor denen der Strom der feindlichen Kunden ununterbrochen zusammenstieß, ohne daß es zu einem einzigen Zwischenfall kam.

Bis zum Kriegsende gab es in Schanghai fast alles zu kaufen. Die großen chinesischen und fremden Firmen hatten, als der Krieg näherrückte, ihre Lagerhäuser bis an den Rand mit Waren gefüllt; zudem war die Zahl der Kunden geschrumpft – zahlreiche Angelsachsen hatten sich rechtzeitig abgesetzt, die Zurückgebliebenen wurden interniert; viele Chinesen verließen die Stadt vor den anrückenden Japanern. Zwar setzte bald eine immer raschere Inflation ein, aber die deutsche Mark stieg entsprechend und ich bezog ein für meine Begriffe phantastisch hohes Gehalt.

In jenem Telegramm des Auswärtigen Amtes nach Hawaii, das unsere Übersiedlung nach Ostasien einleitete, war mir ein Gehalt von 2000 Mark angeboten worden. Wir wußten nicht, was das bedeutete. „Für ein Monatsgehalt, zu üppig", sagte ich Enid. „Für ein Jahresgehalt ein bißchen wenig." Wir vereinbarten, daß ich Enid aus Japan telegrafieren würde. Wenn 2000 Mark für ein ganzes Jahr reichen sollten, hieß das Code-Wort: Poor, also arm, wenn für einen Monat: Rich, reich. Gleich nach Ankunft in Tokio kabelte ich: Rich. Wir hatten also keine finanziellen Sorgen.

Nach Pearl Harbor wurde das Benzin knapp. Japan mußte sein Erdöl aus Indonesien holen und brauchte fast alles für den Krieg, den es über riesige Entfernungen führte. Wir kauften uns Fahrräder; das topfebene Schanghai mit seinem schwindenden Autoverkehr war ein ideales Radfahrgelände. Gegen tropische Wolkenbrüche hatten wir weite Gummimäntel mit Kapuzen.

Schwerpunkt meiner beruflichen Tätigkeit war die Herausgabe der Monatsschrift, der ich den Namen „The XXth Century" gab (= Das XX. Jahrhundert) und die ab 1. Oktober 1941 monatlich mit anfangs 80 (später aus Papiermangel, etwas weniger) Seiten erschien. Ich werde hier nicht viel über sie sagen, weil das als Rechtfertigungsversuch verstanden werden könnte. Wer sich für sie interessiert, mag sie selbst durchsehen; sie steht in verschiedenen deutschen und amerikanischen Bibliotheken.

Inmitten eines großen Krieges, der nach Pearl Harbor fast die ganze

Welt erfaßte, war es nicht leicht, meine schon mehrfach zitierte Parole durchzuhalten: Deutschland ja – Hitler nein. Aber ich versuchte es. Nie wurde in der Zeitschrift Hitler oder seine Partei gepriesen, nie ein antisemitisches Wort gesagt. Sachlich berichtete sie über die deutschen Erfolge, wie auch später über die Mißerfolge, allerdings nicht über die deutschen Greuel, die gegen Kriegsende ruchbar wurden und die wir zunächst für schamlose Übertreibungen hielten. Für die Sache der Deutschen insgesamt würde ich am besten wirken, dachte ich, wenn ich eine journalistisch einwandfreie, interessante und lesbare Zeitschrift herausbrächte. Sie müßte so sein, daß die Leser ohne großes Zögern ihr Geld für sie auf den Tisch legen. (Propaganda-Material muß ja verschenkt werden und dient meist gleich als Einwickelpapier.) Da der Raum, für den die Zeitschrift gemeint war – vom Amur bis bald vor die Tore Indiens –, von Japan beherrscht wurde, mußte sie durch eine japanische Firma vertrieben werden (ich gewann dafür die Nippon Dempo Tsushin-sha in Tokio, auf der Nishi Ginza 7-chome); sie mußte ferner in der draußen am weitesten verbreitenen Sprache erscheinen, in Englisch, und Mitarbeiter aus vielen Nationen heranziehen. Nach Pearl Harbor fielen einige von ihnen aus, aber auch danach zählten zu unseren Autoren (wir hatten rund 250) außer Deutschen auch Chinesen und Japaner, Russen und Franzosen, Italiener und Portugiesen.
Rein publizistisch befand sich die Zeitschrift in einer fast idealen Situation: Ihr Geldgeber, einen Kontinent entfernt, nahm keinen Einfluß. Die Japaner konnten sich nicht um sie kümmern, weil sie einen Krieg auf Leben und Tod führten. Und eine Konkurrenz gab es weit und breit nicht.
Nichts liegt mir ferner, als mich als verkappten Widerstandskämpfer aufzuspielen. Solchen Ruhm verdiene ich nicht. Ich tat, was in meinen Augen unter den Bedingungen des Krieges meinem Volk diente. Der Überfall auf die Sowjetunion nützte ihm nicht, vielmehr schadete er den Deutschen, aber ändern konnte ich das nicht. Die Hetze gegen die „russischen Untermenschen" nützte ihm auch nicht; ich beteiligte mich nicht an ihr; die Russen würden auch weiterhin unser großes Nachbarvolk im Osten bleiben. Manches würde ich heute anders schreiben oder gar nicht schreiben, weil ich mehr weiß, auch weil ich nicht mehr in Schanghai sitze, während rundherum ein Weltkrieg tobt. Aber im Rückblick finde ich, daß es in jenen Kriegsjahren unter den aus den Propagandafonds kriegführender Mächte subventionierten Zeitschriften keine objektivere gab als „The XXth Century". Das war wohl auch der Grund, weswegen sie in den verschiedenen Ländern und Sprachen

des japanischen Herrschaftsbereiches so viel nachgedruckt wurde und weit über ihre bescheidene Auflage hinaus – nie mehr als 12 000 – ihre Wirkung ausübte. In unserer Sammlung der zufällig in unsere Hand gelangten Nachdrucke hatten wir über 500 verschiedene Exemplare; ein Aufsatz wurde in sechzehn Publikationsorganen nachgedruckt. Besonders anhängliche Leser hatten wir in vielen Internierungslagern, die von den Japanern für zivil- und kriegsgefangene Gegner eingerichtet worden waren. Unter den 9350 Internierten im Raum Schanghai gingen, wie mir das sie betreuende Internationale Rote Kreuz berichtete, die von mir gestifteten Freiexemplare als zuverlässigste Quelle über das Weltgeschehen von Hand zu Hand.

Die größte Schwierigkeit lag in der Gewinnung erstklassiger Autoren. Die Weißen in Ostasien waren fast durchweg Kaufleute, der publizistischen Arbeit ungewohnt. Die deutschen Manuskripte mußten ins Englische übersetzt, die englisch eingereichten in flüssiges Englisch gebracht werden. Zum Glück hatte ich hervorragende Mitarbeiter: ein deutsch-englisches Ehepaar für Übersetzungen und Stilistik, eine hochbegabte deutsche und eine tüchtige, treue chinesische Sekretärin. Oft gab Enid den englischen Texten noch einen letzten Schliff.

Nach Stalingrad wurde die Arbeit immer bedrückender. Die feindlichen Fronten, die ich auf den abgedruckten Karten der europäischen Kriegsschauplätze regelmäßig und mit konsequenter Genauigkeit bis zum Schluß wiedergab, waren dabei, Deutschland von Ost und West zu zerdrücken; bald mußten sie sich irgendwo im Herzen Deutschlands treffen. Natürlich hätte ich die Zeitschrift einstellen oder aus der Redaktion ausscheiden können. (Enid und ich hatten genug gespart, um eine Weile leben zu können.) Aber ich hatte mich auf die Sache eingelassen und wollte sie, so gut ich konnte, bis zum Ende führen, bis zum bitteren Ende. In der letzten Zeit druckten wir zunehmend Gedanken über die Zeit nach dem Kriege, vor allem Beiträge über Europa, auf das ich, wie viele Deutsche in dieser Agonie des Vaterlandes, die Augen richtete.

Die Lehrtätigkeit an den Universitäten von Kalifornien und Hawaii hatte mir so viel Freude bereitet, daß ich glücklich war, als sich auch in Schanghai Gelegenheiten zur Befriedigung meines pädagogischen Dranges ergaben; zuerst an der „Deutschen Medizinischen Akademie". 1906 war, zunächst recht bescheiden, eine Deutsche Hochschule für Medizin und Technik namens Tungtschi in Schanghai gegründet worden, die sich rasch entwickelte. Bei Ausbruch des Ersten Weltkrieges wurde sie von den damaligen Feindmächten aufgelöst, 1924 von uns wiedergegründet und im chinesisch-japanischen Krieg zerstört.

Im Herbst 1941 wurde ich vom Generalkonsulat zu Sitzungen eingeladen, auf denen die Wiederherstellung der Hochschule erörtert wurde. Es wurde beschlossen, zunächst nur die medizinische Abteilung zu eröffnen, verbunden mit Deutschkursen und mit einer Einführung in die Geschichte Europas. Das war mein Stichwort: Ich sollte den jungen Chinesen den historischen Hintergrund erklären, aus dem die abendländische Medizin hervorgewachsen war. Man mietete ein dreistöckiges Gebäude (in der Yates Straße 82) in neu-chinesischem Stil, mit geschwungenen Dächern und Steinlöwen vor dem Eingang. Hierher kamen fünf Institute (drei weitere in die Nähe). Im Sommersemester 1942 sollte der Betrieb beginnen. Auch ein Studentenwohnheim wurde eröffnet.

Die ersten Studenten trafen schon ein, als plötzlich etwas Unerklärliches geschah: Ein Teil der Studenten verließ das Wohnheim fluchtartig, andere schnürten ihre Bündel. Warum? Keiner hatte einen Grund genannt. Einer der Dozentinnen, Frau Dr. Mengert, gelang es, mit weiblicher Diplomatie den im Abzug begriffenen Studenten das Geheimnis zu entlocken: Im Wohnheim spukte es! Die Studenten wußten auch warum: Das Hauptgebäude stand auf einem früheren Friedhof und hatte einige Jahre als Spielhölle gedient. Mit dieser Pietätlosigkeit hatten sich die Toten nicht abgefunden und also rührten sie sich.

Aber die alten China-Deutschen im Ausschuß wußten Rat: Man mußte die Geister freundlich stimmen und zwar mit Hilfe taoistischer Priester. Also setzte man sich mit dem Abt eines nahegelegenen Tempels in Verbindung. Dieser war nicht auf den Kopf gefallen und erklärte: Eine solche Geisteraustreibung sei recht kostspielig; dafür sei er in der Lage, den Erfolg zu garantieren. Wir baten ihn, rasch ans Werk zu gehen. Also rückte er mit einigen Priestern an, sprach Zaubersprüche, verbreitete Weihrauchdüfte und kassierte einen beträchtlichen Betrag. „Wie soll ich das eigentlich verbuchen?" stöhnte der Kanzler des Generalkonsulats. „Ich kann doch unmöglich dem Auswärtigen Amt in Berlin einen Beleg über Geisteraustreibung einreichen!" Er hat den Betrag schließlich für „Ausräucherung von Ungeziefer" eingetragen. Aber die Ausgabe hatte sich gelohnt: Der Spuk hörte auf, die Studenten kehrten zurück.

Durch eine Anzeige in der deutschen Zeitung („Ostasiatischer Lloyd") wurde meine Vorlesung, die ich „Europa und seine Geschichte" nannte, in der deutschen Gemeinde bekannt, und als die Vorlesung am 25. März 1942 (mittwochs 17–19 Uhr) begann, hatte ich außer den Studenten über hundert Mitglieder der deutschen Kolonie unter meinen Hörern. Im Grund gab ich eine Neuauflage meiner hawaiischen „History 100", auf Geistesgeschichte beschränkt. In den folgenden Semestern

wechselte ich zwischen dieser Vorlesung und einer, die sich mit Europa in den Jahren 1919–1939 befaßte.
Da die Studentenzahl wuchs, wurde ein zusätzliches Haus in der Say Zoong-Straße gemietet, das zuvor einem reichen Chinesen gehört hatte. Statt der Geister hatte es eine andere Attraktion zu bieten, von Hörern und Dozenten staunend besichtigt: ein Klo mit vier Thronen. Die Chinesen haben also nicht nur das Pulver erfunden.
Mein zweiter Lehrauftrag kam von einer ganz unerwarteten Seite. In Zikawei, einem südöstlichen Stadtteil, stand eine Hochschule, in der junge europäische Jesuiten für den Dienst in China eine Sonderausbildung erhielten. (Dort befand sich auch ein weithin berühmtes meteorologisches Observatorium unter Pater Gherzi, der die Schiffahrt im ganzen Küstengebiet mit Wetterberichten versorgte.) Eines Tages, im Jahre 1943, sagte sich der Zikawei-Professor für Dogmatik bei mir an. Er komme mit der Bitte, erklärte er, als wir auf unserer Terrasse saßen, daß ich den Seminaristen Vorlesungen über Marxismus-Leninismus halte. Als ich ihn erstaunt ansah, fuhr er fort: „Unsere jungen Priester müssen, ehe wir sie auf die Missionen ins Innere schicken, etwas über Kommunismus wissen, sonst bestehen sie nicht vor den roten Agitatoren, denen sie immer häufiger begegnen." Ich sagte zu. Bei meiner ersten Vorlesung, die ich auf englisch hielt, wurde ich von dem Professor zum ersten und letzten Mal in meinem Leben auf lateinisch eingeführt; er hatte meinen Namen historisch korrekt latinisiert und begrüßte mich als Claudius Meginhardus. Mit der für das darauffolgende Semester vorgesehenen Vorlesungsreihe (über Probleme und Methoden der Geschichtsforschung) kam ich nicht weit, weil das nahende Kriegsende auch in Zikawei alle anderen Fragen in den Hintergrund drängte.
Inzwischen aber hatte mich eine chinesische Hochschule eingeladen. Sie war 1878 unter dem Namen St. John's University von der „Protestant Episcopal Church of America" als Missions-College gegründet worden und lag damals weit außerhalb der Stadt, in einem schönen Park, der durch den Ankauf anderer Gärten noch erweitert wurde. Später war die Universität in chinesische Verwaltung übergegangen; aber ein Großteil des Lehrkörpers bestand weiterhin aus Amerikanern, die nach Pearl Harbor interniert wurden. Daher suchte ihr Rektor, ein Mann namens Sung, nicht-internierte englischsprechende Professoren; so kam er auf mich. Er bot mir pro Semester 32 Pfund Reis und 500 000 Schanghai-Dollar, was gewaltig klang aber infolge der Inflation nicht viel war. Ich übernahm eine Vorlesung über die Geschichte der politischen Ideen und hatte zum Schluß rund 300 Studenten.

Das gesellige Leben in Schanghai war trotz Krieg rege und freundlich. Oft waren wir aus, oft hatten wir Gäste bei uns; unser Koch galt als sehr gut, Enid hatte ihm sogar das Zubereiten von Spätzle beigebracht, die er „German noodles" nannte. Waren wir wieder allein, sagten wir uns voll Staunen, daß es uns im Vergleich zur Mehrheit der Menschen mitten im größten Krieg der Weltgeschichte beneidenswert gut ging. Wir waren dankbar. Vor allem, daß wir zusammen waren.

46. Die Schanghai-Deutschen . . .

An jenem Morgen der ungeputzten Schuhe in Schwester Gertruds Pekinger „Legation Hospiz", am 7. Dezember 1941, hatten Enid und ich die nun schon unter japanischer Regie erschienene (englischsprachige) Zeitung von der ersten bis zur letzten Zeile gelesen. Beherrscht war sie in ihrer Aufmachung von dem welthistorischen Ereignis der letzten Stunden, der Vernichtung der amerikanischen Schlachtflotte. Dann aber fand ich eine winzige Meldung von wenigen Zeilen, die mich noch mehr erregte als die Nachricht über Pearl Harbor. In Rußland sei am 4. Dezember der Winter mit Temperaturen bis 36 Grad minus ausgebrochen, der deutsche Vormarsch dadurch zum Stillstand gekommen. (Am Tage vor Pearl Harbor, das erfuhr ich erst später, hatte Stalins Gegenoffensive vor Moskau eingesetzt.)

Das bedeutete, daß Deutschland den Krieg verloren hatte. Bei einem gemeinsamen Krieg Deutschlands und Japans gegen die Sowjetunion hätte große Aussicht bestanden, die UdSSR niederzuringen. Nun aber wandte sich Japan von der Sowjetunion weg, ostwärts in die Tiefe des Pazifik, wo es zwar anfängliche Überraschungserfolge erringen, nicht aber auf lange Sicht gegen Amerika siegen konnte, während die deutsche Wehrmacht allein gegen den Riesen Sowjetunion kämpfte und durch den frühen Einbruch des Winters um den Blitzsieg und damit wohl auch um den Endsieg gebracht worden war.

Meine Vermutung wurde zur Gewißheit, als in den nächsten Tagen bekannt wurde, daß Hitler in seinem Wahnsinn Amerika den Krieg erklärt hatte, womit er den Deutschen zu dem vom Zaun gebrochenen Feldzug gegen die Sowjetunion auch noch den Krieg gegen Amerika grundlos auf den Hals lud und überdies die beiden mächtigsten Reiche der Welt, USA und UdSSR, zur Bundesgenossenschaft bis zum Endsieg über Deutschland vereinte.

Die Völker der Welt gingen schweren Zeiten entgegen. Der Gedanke,

Enid und ich könnten uns aus diesem Schicksal wegschleichen, kam mir nicht. Wir hatten keine andere Wahl als die bevorstehenden Jahre der Prüfung und des Leids mit Anstand zusammen durchzustehen, und wenn möglich, zu überleben. Wir waren Besiegte auf Urlaub.
So erlebte ich aufs neue, was ich als Kind schon einmal mitangesehen hatte: das Ende einer traditionsreichen deutschen Auslandskolonie, in beiden Fällen auf Nimmerwiedersehen. In Moskau wie in Schanghai waren die dort ansässigen Deutschen ein angesehenes Element gewesen, das durch Handel (in Moskau auch durch Industrie) Wohlstand erworben und zugleich dem wirtschaftlich unterentwickelten Gastland vielfachen Nutzen gebracht hatte. Das Todesurteil, das in beiden Fällen erst einige Jahre später vollstreckt wurde, ist für die Moskau-Deutschen mit dem Kriegsausbruch am 1. August 1914 gefällt worden, für die Schanghai-Deutschen (für die China-Deutschen insgesamt) am 7. Dezember 1941, dem Tag von Pearl Harbor.
Solche Gedanken überschatteten mein Verhältnis zu Schanghai und auch zu den Schanghai-Deutschen. Schon sah ich ihre Firmen, ihre schönen Häuser dem Untergang geweiht. Persönlich waren unsere Beziehungen zu ihnen bald und dann bis zum Schluß ausgezeichnet. Anfangs hatten viele unter ihnen mit Mißbehagen die Nachricht zur Kenntnis genommen, ausgerechnet in ihrer kosmopolitischen Stadt würde eine deutsche Zeitschrift für Ostasien erscheinen, die doch wohl eine projapanische Propaganda betreiben müßte. Die großenteils hanseatischen Kaufleute befürchteten dadurch eine Störung ihrer meist hervorragenden Beziehungen zu den fast einhellig antijapanischen Chinesen. Aber das am 1. Oktober 1941 erschienene erste Heft zerstreute ihre Sorgen; bald sahen viele sogar einen Vorteil darin, daß die nach Pearl Harbor und nach dem Verschwinden der bisherigen angelsächsischen Publikationen angesehenste englischsprachige Zeitschrift Ostasiens von Deutschen gemacht wurde.
Die eigentlichen, die eingesessenen Deutschen waren überwiegend Vertreter bedeutender Industriefirmen (der IG Farben z.B.) oder Chefs großer Handelshäuser (wie etwa Melchers oder Karlowitz), samt ihren Hunderten von Angestellten. Sie gehörten in die Kategorie der „Taipans", wie man draußen sagte, der großen Bosse. Da Schanghai seit seiner Öffnung für den internationalen Handel 1842 in erster Linie britisch geprägt und Englisch mit Abstand die führende nichtchinesische Sprache war, konnten die deutschen Taipans nicht mehr sein als – allerdings sehr angesehene – „junior partners" der britischen Super-Taipans. Auch im Lebenszuschnitt, im Club-Wesen z.B., setzten die Briten den

Stil. Sehr bald, manche nach anfänglicher Begeisterung, neigten die meisten deutschen Taipans dazu, in den Hitler-Leuten ein hemdsärmeliges Element zu sehen, das ihrem Ansehen schadete. Auch störte es ihre Kreise, daß sich das Reich mit dem in China gehaßten Aggressor Japan verbündete.

Die NS-Bewegung in Schanghai, wo es die Landesgruppe China und die Ortsgruppe Schanghai, sogar eine (uniformierte) SA gab, wurde wie daheim vornehmlich vom Mittelstand getragen, das heißt von den Angestellten der Firmen. Aber die weltläufige Handelsstadt war kein günstiger Nährboden für den Geist Hitlers. Der Landesgruppenleiter war ein eher einsamer Mensch, ein Junggeselle, den ich manchmal allein in Operetten sah, die von einer russischen Gruppe aufgeführt wurden, und der Ortsgruppenleiter war ein lustiges Haus, der, so schien es mir, seinen braunen Laden als besseren Stammtisch ansah.

Unter den nicht ansässigen Deutschen standen an erster Stelle die Angehörigen des Auswärtigen Dienstes. In Schanghai befand sich damals wegen der größeren Sicherheit, die diese Stadt bot, die Deutsche Botschaft (mit Zweigstellen in Nanking, Peking, Tschungking) sowie das Generalkonsulat. Dann gab es die Lehrer der ausgezeichneten Kaiser-Wilhelm-Schule, ferner die Angestellten der für Propagandazwecke kurz zuvor eingerichteten Deutschen Informationsstelle mit eigenem Sender sowie die kleine Gruppe deutscher Journalisten. Mehrere Dutzend Deutscher arbeiteten in der Abwehrstelle der Wehrmacht samt ihrem erfolgreichen Abhördienst. Ihr Chef war Major Lothar Eisenträger, der als „Herr Ehrhardt" auftrat. Gleich nach Enids Eintreffen lud er uns zum Essen in ein Gartenlokal im Villenvorort Hungtschao ein, wohl um mir auf den Zahn zu fühlen, ob ich rekrutierbar war. Aber ich hatte einen Tip über seine Tätigkeit erhalten und war einsilbig. Danach ließ er mich in Ruhe.

Doch während diese amtlichen deutschen Einrichtungen längst vergessen sind, lebt in der Erinnerung der Chinesen die kleine deutsche Gruppe militärischer Berater weiter, obgleich diese nur zehn Jahre (1928–1938) in China tätig war. Als ich Tschiang Kai-schek 1955 auf Taiwan besuchte, fragte er mich sofort und mit großer Herzlichkeit in der Stimme, nach dem späteren Schicksal dieser Offiziere. Sie und ihre Chefs (darunter von Seeckt und von Falkenhausen) sind geradezu eine Legende geworden. Militärhistoriker sind sich einig, daß der für die Japaner völlig unerwartete, machtvolle Widerstand der 87. und 88. Division (beide von den Deutschen ausgebildet) in den Schanghai-Kämpfen von 1932 und 1937 sowie der chinesische Sieg über zwei japanische Divisionen in Schantung 1938 das Werk deutscher Berater war. Aber dann wurden sie (imApril 1938) von Hitler auf Drängen Japans zur Rückkehr nach Deutschland gezwungen. Einige blieben, darunter Hauptmann Stennes, den ich aus meiner Strasser-Zeit kannte (er war gleichzeitig mit jenem aus der NSDAP ausgeschieden) und der Tschiang Kai-scheks Leibgarde aufgestellt hatte.

Anerkanntes Haupt der Deutschen, die nicht zur Kaufmannschaft gehörten, war Generalkonsul Martin Fischer, damals – in Abwesenheit eines Botschafters – zugleich Geschäftsträger, vorzüglicher Kenner Chinas seit 1911, der auch unter Ausländern großes Ansehen genoß und mich 1929 und 1936 in Nanking väterlich beraten hatte. Nicht ohne Mühe setzte ich durch, daß meine Zeitschrift bei ihm und nicht bei der Informationsstelle ressortierte. (Nach dem Krieg war Fischer Berater beim Aufbau des Auswärtigen Amtes; er überredete Adenauer, Taiwan diplomatisch nicht anzuerkennen, was später die Aufnahme der Beziehungen zu Peking erleichterte.)

Beim ersten Rundgang durchs Generalkonsulat sagte Fischer: „Sie sollten auch den örtlichen Vertreter der Gestapo kennenlernen, Herrn Huber, der Herrn Meisinger in Tokio untersteht." Erstaunt schaute ich auf den Mann im Zimmer, das wir betraten: Es war derselbe Huber, der sieben Jahre zuvor für mich zuständig war, als ich bei der Münchner Gestapo vernommen wurde, und der mir schließlich, was ich ihm nie vergaß, meinen Reisepaß zurückgab und so den Weg zurück zu Enid öffnete.

Martin Fischer war es auch, der mir die Genehmigung besorgte, über den Sender der Deutschen Botschaft in Tokio mit der Mutter zu sprechen. Meine Fahrt nach Japan fiel in die Zeit des Untergangs der Sechsten Armee in Stalingrad, eine erschütternde Zeit für jeden Deutschen, wo immer er politisch stehen mochte.

Als ich endlich die geliebte Stimme hörte (die Verständigung war erstaunlich gut), war ich einige Sekunden glücklich und dann zutiefst erschüttert. Mutters Stimme brach: „Lars ist vermißt." Was konnte ich sagen? Was kann man einer Frau sagen, die im Ersten Weltkrieg ihren Mann verloren hatte und nun im Zweiten ihrem fernen Ältesten den vermutlichen Tod des Jüngsten mitteilen mußte und unter dem Alpdruck lebte, bald könnte eine zweite schreckliche Nachricht von der Ostfront kommen, der Tod Franks? Was konnte ich sagen, in diesem Gespräch um den halben Erdball, über Sibirien und über die russischen Schlachtfelder hinweg – in einem Krieg, der noch lange nicht den Höhepunkt seines Grauens erreicht hatte? So hart mich die Nachricht traf,

ich dachte wieder in erster Linie an die Mutter. Seit jenem Julitag 1917, der uns die Nachricht vom Tod des Vaters aus Flandern brachte, empfand ich immer weit mehr Mitgefühl für die Überlebenden als für die Toten. Zu diesen Überlebenden gehörte auch Lars' junge Frau samt ihren drei kleinen Kindern.
Auf der Rückfahrt nach Schanghai (auf dem Landweg über Korea, weil der Seeverkehr Japan-Schanghai aus Schiffsmangel kaum noch funktionierte) dachte ich darüber nach, wie es nun weitergehen würde, und kam zu zwei Schlüssen. Der eine: Die Agonie der Sechsten Armee würde sich – im riesigen Maßstab eines ganzen Volkes, meines Volkes – wiederholen; in einem Jahr, in zwei Jahren würde alles zu Ende sein, in Trümmern und Grauen. Daran konnten wir Schanghai-Deutschen nichts ändern, wir mußten von jetzt ab an uns selbst denken und Entschlüsse fassen, was zu tun war, wenn Deutschland (auch Japan, aber vermutlich zuerst Deutschland) am Boden lag. Gleich nach der Rückkehr führte ich in Schanghai einige Gespräche, jeweils unter vier Augen, mit Randow, dem Diplomaten; Korff, dem Taipan; Egle, dem Schweizer. Eines Tages, sagte ich ihnen, wird die Katastrophe auch uns erreichen; für diesen Zeitpunkt muß rechtzeitig eine Goldreserve angelegt und sicher deponiert werden. Eine solche Sicherheit bietet nur ein Neutraler, und unter den Neutralen war Egle als Vertreter des Internationalen Roten Kreuzes der sicherste, zudem ein Ehrenmann.
Es war nicht ganz einfach, diese Gespräche zu beginnen; Randow war ein Vertreter der Reichsregierung (doch stimmte er sofort zu); Korff, der Kaufmann, war Vorsicht gewöhnt, seine erste Frage: „Haben Sie schon mit irgendeinem anderen darüber gesprochen?" Als ich Randow nannte, machte er erst ein unglückliches Gesicht, dann sah er ein, daß jemand im Generalkonsulat ins Vertrauen gezogen werden mußte. (Fischer war damals in Nanking.)
Egle schließlich war sich in diesen Monaten nach Stalingrad der prekären Stellung eines Neutralen besonders bewußt. Aber ohne viele Worte sagte er ja. Wir vereinbarten, daß er von seinem deutschen Grundstücks-Nachbarn, auch einem der großen Taipans (der dann eingeweiht wurde), in der entscheidenden Nacht ein versiegeltes Paket zu treuen Händen erhalten würde, ohne über den Inhalt informiert zu werden. So geschah es auch. Die Goldbarren (nichts sonst hatte Wert) stammten aus den Beständen der deutschen Gemeinde und einiger führender Firmen, die vorauszudenken bereit waren. Aus dem Erlös der Barren kamen später die Gelder für die Einrichtung des Internierungslagers Kiangwan und für viele Härtefälle unter den arbeitslos gewordenen Deutschen.

Meine zweite Überlegung in jenen Tagen zielte auf eine „Deutsche Woche". Sie sollte dazu beitragen, daß die deutsche Gemeinde in ihrer Verzweiflung nicht auseinanderfiel. Wir mußten Würde, Gesicht und Form wahren – gegenüber den Japanern, von denen unsere Sicherheit abhing, sollte ihr Land länger durchhalten als Deutschland, wie auch gegenüber den Chinesen, die nach einer japanischen Kapitulation über unser Schicksal entscheiden würden. Es könnte, so hoffte ich, unser Selbstgefühl und unsere innere Kraft in den bevorstehenden Fährnissen stärken, wenn wir jetzt einige Tage lang zusammenkämen, nicht als Nazis und Antinazis, sondern einfach als Deutsche im Angesicht einer uns alle gleichermaßen bedrohenden tödlichen Gefahr.

Da die Parteistellen immer unsicherer wurden, gelang es mir, einen von der Partei unabhängigen Ausschuß für die Vorbereitung der „Deutschen Woche" zu bilden. Diese fand vom 8. bis 15. Mai 1943 statt und bestand aus 17 Veranstaltungen. Meinen Eröffnungsvortrag nannte ich „Das Erbe", in ihm beschwor ich das bleibende Deutschland. Höhepunkte der Woche waren ein Kammermusikabend, ein Sinfonie-Konzert und eine gelungene Aufführung von Schillers „Don Carlos". Aller Mienen waren ernst.

Damals begannen die Japaner die Verteidigung Schanghais Haus für Haus vorzubereiten. In unserem Gascogne-Hochhaus z.B. evakuierten sie die untersten Etagen und legten eine Kompanie Soldaten hinein, die durch die oberen Stockwerke gegen Fliegerbomben geschützt wurden. Wir alle begannen zu ahnen, daß wir in einer Mausefalle waren, aus der wir nirgendwohin entkommen konnten, allenfalls in andere Mausefallen wie Peking oder Japan. Ich fühlte mich wie vor der Hinrichtung – vielleicht auch der unseren, sicher aber der Hinrichtung von Millionen, die noch sterben würden, und vor dem Ende Deutschlands.

Enid litt, weil sie meinen Zustand sah und das Grauen der Schlußphase des Weltbrandes ahnte, auch weil der Krieg sie von ihrer Familie, an der sie sehr hing, nun schon seit Jahren abgeschnitten hatte. Enids Verwandte und Freundinnen lebten unter der Sonne Kaliforniens und Hawaiis politisch ziemlich ahnungslos und hatten die Probleme der Kriegszeit kaum erkannt. Sie steckten ihre Briefe an Enid in den Kasten in der naiven Annahme, die Post werde sie schon irgendwie nach Schanghai befördern, statt nach Wegen und Weglein zu uns zu suchen (über das Rote Kreuz in Genf, über Mannschaften amerikanischer Schiffe, die zum Gefangenen-Austausch nach China fuhren, über Freunde in neutralen Ländern, usw.). Wenn wirklich einmal ein Brief durchkam, enthielt er liebe Worte, aber keine Antworten auf Enids drängende Fragen über das Wohlergehen bestimmter ihr nahestehender Menschen, über die Behandlung des „Falles Mehnert" in der US-Presse, über die für sie schon bald akut werdenden neuen US-Staatsangehörigkeits-Bestimmungen. Das Ausbleiben solcher konkreten Informationen wirkte zermürbend auf sie.

Auch der Mißerfolg einer neuen (und letzten) gynäkologischen Operation durch einen hervorragenden deutschen Arzt in Peking, Dr. Huwer, lastete schwer auf Enid, auf uns beiden. Es zerriß mir das Herz, als sie mir, ehe sie in den Operationssaal gerollt wurde, die Worte schrieb: Sie täte es gerne, denn „es ist so wenig, was ich tun kann, Dir meine Liebe zu beweisen". Als ob nicht ihr ganzes Leben ein ununterbrochener Beweis gewesen wäre.

Aber statt mich von möglichst vielen Verpflichtungen zu befreien und mich ganz stark ihr zuzuwenden, packte ich mir nur noch mehr Pflichten auf. Sie scherzte darüber, nannte mich ihren „Hinterkopf", weil sie viele Stunden nicht viel mehr von mir sah als den über Manuskripte, Fahnen, Korrekturen, Übersetzungen, Vorlesungsarbeiten gebeugten Kopf. Erst nach ihrem Tode, als ich ihre Briefe der Schanghaier Jahre wieder las (Briefe an mich, wenn wir durch meine Reisen oder ihren Klinik-Aufenthalt getrennt waren, oder an eine ihr besonders nahestehende italienische Diplomatenfrau oder an ihre Familie, deren Durchschläge sie verwahrte), habe ich voll ermessen: Von 1943 an, als die Exotik Chinas zu verblassen begann und eine lang anhaltende Amöben-Ruhr sowie die feuchtheißen subtropischen Sommermonate ihr, wie so vielen weißen Frauen, schwer zu schaffen machten, sehnte sie den Tag herbei, da wir Schanghai verlassen konnten. Doch – was dann? Sie beunruhigte die völlige Ungewißheit unseres Schicksals. In ihren trübsten Stunden stellte sie sich vor, wir würden noch einmal auseinandergerissen, sie nach Amerika verfrachtet, ich nach Deutschland, wenn nicht nach Sibirien. Dieser Gedanke einer neuen, vielleicht jahrelangen Trennung, den wir immer zu verdrängen suchten, drückte auf uns beide.

Gewiß, Enid nahm vielfältigen Unterricht – Russisch, Chinesisch, Fotografieren (beim besten deutschen Fotografen), Modellieren (beim Bildhauer Fechner). Doch der seelische Druck wich nicht von ihr. Die zweite Hälfte der Schanghai-Jahre war die schwerste Zeit in unserem Leben.

Eine Last lag damals noch nicht auf unserer Seele: Wir wußten nichts von den Greueln, die Hitler hatte begehen lassen und täglich neu begehen ließ. Woher auch? In den Nachrichten aus Berlin stand nichts darüber, in der japanischen Presse auch nicht, lange Zeit nicht einmal in der sowjetischen, die täglich ungehindert in Schanghai gedruckt wurde. Die ersten Hinweise fand ich im August 1944 in den Sowjetzeitungen, die mir Milko, ein Emigrant aus der Sowjetunion, täglich aus dem Laden in der Avenue Joffre mitbrachte: Die vorrückenden Sowjetarmeen waren auf Vernichtungslager gestoßen. Mit Grauen las ich, was sie dort gefunden haben wollten. Nie gehörte Namen – Maidanek, Treblinka, später Auschwitz – tauchten auf. Ich hoffte, daß diese Berichte erfunden waren wie 1914 die Geschichten von den abgehackten belgischen Kinderhänden. Aber sie waren so detailliert, auch illustriert, daß sie schwerlich ganz aus den Fingern gesogen sein konnten. Auch Milko sagte, mit gesenktem Kopf: „Das klingt echt."

So gingen wir in den letzten Kriegswinter. Stromsperren, Bombenangriffe, nun auch beginnende Lebensmittelknappheit, ungeheizte Wohnungen, Papiermangel und Verzögerungen in der Druckerei, Drohanrufe russischer Emigranten, die eiligst auf den Siegeswagen Stalins aufsprangen – das alles war nicht der Rede wert. Auch an die Siegesfanfaren aus den auf höchste Lautstärke gestellten Rundfunkgeräten russischer Nachbarn hatte ich mich gewöhnt. Wenn aber auch nur ein Zehntel dessen stimmte, was die Russen über Vernichtungslager berichteten . . . Es war nicht auszudenken. Einen Krieg beginnen und dann verlieren, war grauenvoll genug. Jetzt, so schien es, wurden wir auch mit der kaltblütigen Ermordung Hunderttausender belastet. (An eine höhere Zahl zu denken wäre damals keinem in den Sinn gekommen.)

Vae victis, sagten die Römer. Wehe den Besiegten. Sollte es jetzt heißen: Wehe den besiegten Massenmördern?

47. . . . und die übrigen Schanghaier

Nach Pearl Harbor verschwanden die Staatsbürger Amerikas, Englands und Hollands allmählich aus dem Leben Schanghais – manche wurden gegen Japaner, die sich in diesen Ländern aufgehalten hatten, ausgetauscht, die meisten in der Umgebung Schanghais interniert. Aber es blieben immer noch viele Zehntausende von Weißen in der von Japanern regierten chinesischen Stadt.

Ganz besondere Weiße waren die Weißrussen, also die *Russen*, die in den Jahren nach der bolschewistischen, der roten Revolution nach China geflohen waren, vor allem in die Mandschurei (ein langjähriges russisches Einflußgebiet), und zum Teil nach Schanghai weiterzogen. Die weißrussische Kolonie Schanghais, damals rund 20 000 Menschen stark,

befand sich 1941 in größter Erregung. Der natürliche Abscheu dieser patriotischen Menschen vor dem deutschen Einfall in ihr Vaterland geriet in Konflikt mit dem Gedanken an berauschende Möglichkeiten. Die extremste Hoffnung: Die Deutschen würden Stalin stürzen, die Kommunisten davonjagen und das Zarenreich wiederherstellen – hatte nicht der Erbe Wilhelms II., der Hohenzoller Louis Ferdinand, die Prinzessin Kira Kirilowna geheiratet, die Nichte und mögliche Erbin des Zaren Nikolaus II.? Andere hofften auf die Errichtung einer liberalen russischen Republik. Aber auch wer sich nicht vorstellen konnte, wie es denn nun weitergehen sollte, wußte zum mindesten, daß etwas Gewaltiges in Gang gekommen war, gewaltiger noch als Napoleons Marsch nach Moskau. Zum ersten Mal seit dem Beginn ihres Emigrantendaseins vor zwei Jahrzehnten war das kommunistische Regime ernsthaft in Frage gestellt. Die Zeitungen waren voller Berichte über den Vormarsch der Deutschen, über Panzerkeile und Kessel, in denen Hunderttausende von Russen in deutsche Gefangenschaft fielen.
In diesem Augenblick kam ich nach Schanghai. Bei der engen Verflechtung innerhalb der russischen Kolonie mit ihren Querverbindungen zur deutschen sprach es sich in wenigen Tagen herum: Ein deutscher Experte für Sowjetfragen, der gut Russisch spricht, ist in Schanghai eingetroffen! Der Respekt vor der organisierten Tüchtigkeit und Weitsicht der Deutschen ließ bei den Weißrussen die Gewißheit entstehen: Dieser Mehnert ist von Berlin geschickt worden, um den Kontakt zur wichtigsten weißrussischen Emigrantenkolonie Asiens aufzunehmen mit dem Ziel ... Über die Ziele gingen die Meinungen auseinander, aber war es denn so ausgeschlossen, daß er zum Beispiel antikommunistische Russen für die Verwaltung der vom Kommunismus befreiten Gebiete Westrußlands ausfindig machen sollte?
Das alles war pure Einbildung, aber in bewegten Zeiten bewegt sich auch die Phantasie. Jedenfalls setzte ein Strom russischer Besucher ein, die bei mir auf den Busch klopften und mir nicht glaubten, wenn ich ihnen ihre Vermutungen ausreden wollte.

Zahlenmäßig an zweiter Stelle unter den nichtchinesischen Gruppen in Schanghai standen die seit 1937 zugewanderten *Juden*, überwiegend deutsche und österreichische. Erst lebten sie über die ganze Stadt verstreut; mit einigen, die Läden auf der Avenue Joffre eröffnet hatten, wurden wir bekannt. Am 18. Februar 1943 brach eine Katastrophe über sie herein: Eine von den Oberbefehlshabern der japanischen Marine und Armee unterzeichnete Proklamation verbannte alle Juden in einen

Bezirk des Stadtteils Honkew, also in ein Getto (wenn dieses Wort auch nicht fiel). Schon nach kurzer Zeit herrschte dort trotz qualvoller Enge und Not eine musterhafte „deutsche Ordnung", wie die Insassen ironisch sagten; sie hatten sogar eine eigene Polizei (die auch die Getto-Ausgänge bewachte). Mehrmals besuchte ich meine Bekannten. An einem schönen Herbsttag des Jahres 1943 saß ich mit einem von ihnen, einem liebenswürdigen Wiener Juden, im „Cafe Louis", und er erzählte mir, etwa in diesen Worten, wie das alles gekommen war:
„Ich war Rechtsanwalt in Wien. Schon ein Jahr vor dem Anschluß ahnte ich, was uns blühte. Ich wollte weg und erfuhr, Schanghai sei einer der wenigen Plätze in der Welt, wohin man ohne jedes Visum einreisen konnte. Ich verkaufte, was ich hatte, nahm das Geld, setzte mich auf ein Schiff und fuhr her. Beim Landen kein Problem. Natürlich wandte ich mich erst an die Schanghai-Juden aus der Zeit vor Hitler. Es gab deren mehrere Tausend – gespalten, wie ich bald bemerkte, in die Gruppe derer, die, wie die Russen, infolge der Lenin-Revolution aus Rußland nach China gekommen waren, und eine kleinere Gruppe zum Teil sehr reicher, aus Bagdad stammender Juden, die schon lange in Schanghai lebten. Die beiden Gruppen waren sich nur in einem Punkt einig: in ihrer Abneigung gegen das neue Einströmen Tausender von Juden aus Mitteleuropa, die vor Hitler flohen. Unter uns hält sich seit Jahren das Gerücht, der führende und reichste unter den Bagdad-Juden habe den Japanern, die seit 1937 Herren der Stadt waren, nahegelegt, Schanghai für weitere Flüchtlinge zu sperren. Jedenfalls verboten die Japaner im August 1939, als es unser schon über 17000 waren, weiteren staatenlosen Flüchtlingen die Einreise (die Nazis hatten uns ja zu Staatenlosen gemacht). Ich hatte inzwischen, da ich für meine Juristerei hier keine Verwendung hatte, meinen Laden aufgemacht; als Junggeselle kam ich ganz gut durch. Anderen ging es sehr schlecht. Immerhin trafen damals aus Amerika beträchtliche Hilfsgelder ein. Nach Pearl Harbor war damit Schluß. Dann kam die Abschiebung ins Getto. Die Juden, die schon vor Hitler in Schanghai gelebt hatten, waren davon nicht betroffen. Wir aber sitzen hier herum und warten auf das Kriegsende, wenn wir es überhaupt erleben. Warum haben die Japaner, die ja die Juden kaum kennen, ein Getto in Schanghai eingerichtet? Habt ihr Deutschen uns das eingebrockt, euer Generalkonsulat, die Nazi-Landesgruppe? Die Japaner sagen nein, die Deutschen, von denen wir viele kennen, natürlich auch. Vielleicht kriegen Sie es raus", schloß er mit müdem Lächeln.
Das gelang mir nicht. Die in Betracht kommenden Deutschen schworen Stein und Bein, sie hätten nichts damit zu tun gehabt, und die Japaner

stimmten dem zu. (Auch nach dem Kriege sind mir, trotz Öffnung aller einschlägigen japanischen und deutschen Archive, keine Beweise über die deutsche Schuld zu Gesicht gekommen, obgleich diese in Anbetracht des damaligen Endlösungs-Wahnsinns nicht ausgeschlossen werden kann.)
Etwa hundert nichtjüdische Frauen ließen sich (viele nur formell) von ihren jüdischen Männern scheiden, um mit den Kindern außerhalb des Gettos leben zu können. Eine von ihnen gehörte bald zu Enids engsten Freundinnen. Damals richtete Enid bei uns einen wöchentlichen freien Mittagstisch ein. Einmal hatten wir über zwanzig Gäste, die Kinder mitgerechnet. Aber dann spielte sich das Leben der Frauen ein, da das Deutsche Generalkonsulat ihnen Unterstützung zahlte.
Kurz vor der japanischen Kapitulation kam des Gettos schwärzester Tag. Am 17. Juli 1945 warfen US-Flugzeuge aus ungeklärten Gründen Bomben auf Honkew ab. 31 Juden starben, rund 250 wurden verletzt.

Obgleich in Schanghai fast vier Millionen *Chinesen* lebten, war der Menschenkreis, in dem wir chinesische Bekannte fanden, begrenzt. Ein Teil der Oberschicht, vor allem der Intellektuellen, war vor den Japanern ins Landesinnere geflohen. Das in der Handels-, später auch Industriestadt vorherrschende chinesische Kaufmanns- und Unternehmer-Milieu blieb Enid und mir fremd. Von den mit den Japanern kollaborierenden Chinesen ließen wir lieber die Finger, da sie von den meisten Chinesen gehaßt wurden, angefangen bei Wang Tsching-wei, dem Chef der von den Japanern im März 1940 in „ihrem" China eingesetzten neuen Nanking-Regierung. Einst ein Kampfgenosse Tschiang Kai-scheks, dann sein erbitterter Feind, arbeitete Wang mit den Japanern, nicht weil er sie liebte, sondern weil er Tschiang haßte. Ich habe ihn in seinem Regierungssitz in Nanking besucht, einen isolierten, melancholisch wirkenden Mann, der seiner Rolle als japanische Marionette nicht froh wurde. (Er starb 1944 in einer Klinik in Japan.) Unter seinen Ministern freundete ich mich nur mit einem an, dem Kultusminister Kiang Kang-hu, der in jüngeren Jahren in Berkeley und Hawaii studiert hatte. Eines Tages bot er mir an, mir einen chinesischen Namen zu geben. Nach längerem Überlegen kam er zu einer plausiblen Lösung. Mehnert ließ sich am besten durch die drei Zeichen Mei Na Dö wiedergeben. Er wählte das Mei, welches Pflaumenblüte heißt, ferner Na als Füllsilbe und Dö, das schon längst ein Bestandteil des chinesischen Wortes für Deutschland = Dö Kuo war. Dö Kuo heißt Tugend-Land. So wurde ich also die tugendhafte und überdies deutsche Pflaumenblüte.

Die meisten chinesischen Bekannten fanden wir unter den Leuten von Film und Bühne; wie in Stalins Rußland genossen sie auch im japanisch besetzten Schanghai eine gewisse Narrenfreiheit. Sie nahmen uns gern in ihre Studios und zeigten uns die dort produzierten Filme, weil ich sie in „The XXth Century" besprach und damit im Englisch lesenden Publikum Ostasiens bekannt machte. Die damals gefeierte Filmdiva, Nancy Tschen, lud uns zu ihrer Hochzeit ein; es war das gesellschaftliche Hauptereignis in Schanghai von 1943, in gewisser Weise eine Demonstration der im kulturellen Leben stehenden Chinesen, die damit „Es gibt uns noch!" sagen wollten. Etwa 2500 Menschen nahmen an der Feier teil. Ich notierte: „Mit Hilfe einer besonderen Einladung auf rosa Seide gelangten wir bis in das Zimmer, in dem die Braut zurechtgemacht wurde. Als die Hochzeitszeremonie begann, standen wir zu dritt auf einem Stuhl, um etwas zu sehen. Der Stuhl hielt, dafür brach die Tribüne, auf der die Pressefotografen standen. Die Desorganisation war gewaltig. Kein Mensch beachtete den für das Brautpaar vorgesehenen, von 1000 Blumenkörben flankierten Gang. Es kam zu tollen Kämpfen um das kalte Büffet. Hunderte von Blumenkörben wurden zertrampelt und die Erde in die Teppiche gestampft."

Die *Japaner* hatten es nicht leicht mit den Schanghai-Deutschen, deren Sympathien überwiegend den Chinesen und der Regierung Tschiang Kai-schek gehörten. Viele Deutsche hatten ihren ins Innere fliehenden chinesischen Bekannten wichtige Dienste erwiesen, ihre Häuser versorgt, ihr Eigentum beschützt. Dies wurde natürlich den Japanern bekannt und führte zu Mißstimmungen. Am besten verstanden sich die Japaner mit den nur vorübergehend in Schanghai lebenden Deutschen, mit Leuten also wie Enid und mir, der ich durch meine Redaktionsarbeit mit zahlreichen japanischen Dienststellen zu tun hatte.

In der kosmopolitischen Stadt hatten wir unsere Bekannten unter *vielen Nationen*. Enid kümmerte sich um internierte Amerikaner, ich versorgte (und ritt) Figaro, das Pferd eines internierten Engländers und entwikkelte eine für mich besonders wichtige Freundschaft mit dem schon genannten Vertreter des Internationalen Roten Kreuzes. Über ihn konnte ich eine in Zürich lebende Tante, Eugenie Heuss, bitten, der Mutter Lebensmittel zu schicken, vor allem den von ihr so bitterlich vermißten Bohnenkaffee. Eine ähnlich verdienstvolle Rolle spielte für mich der schwedische Generalkonsul Malte-Pripp. Der liebenswürdige Mann bestellte für mich aus Stockholm auf seinen Namen und seine Kosten die

Tageszeitung „Dagens Nyheter", ferner die schwedische Ausgabe von „Reader's Digest" und eine Menge aktueller amerikanischer Bücher, ohne zu wissen, ob ich ihm die Ausgaben je ersetzen könnte. Zum Schluß beliefen sich meine Schulden bei ihm auf 570 Schwedische Kronen. Diese und die Franken für Tante Eugenie konnte ich erst nach Jahren zurückbezahlen, als Deutsche wieder über Devisen verfügen durften.

48. Zwei Kapitulationen

Die letzten Kriegsmonate waren ein bloßes Warten auf das Ende. Als endlich die Nachricht vom „Heldentod des Führers" kam, empfand ich das Verschwinden dieses Zerstörers Deutschlands als eine Erlösung. Bald darauf wurden die von den Siegern gemeldeten immer neuen Entdeckungen bestialischer Greuel bekannt. Ich hatte jetzt nur eins im Kopf: schnelle Rückkehr nach Deutschland. Aber bis dahin war es noch ein langer Weg. Noch führte Japan den Krieg weiter.

Die Japaner verhielten sich uns gegenüber tadellos. Wie leicht hätten sie zu uns sagen können: „Im Vertrauen auf euch sind wir in diesen Krieg gezogen, und jetzt macht ihr schlapp und laßt uns allein. Schöne Verbündete!" Manche mögen so gedacht haben – gesagt haben sie es mir nie. Korrekt kondolierten sie der Deutschen Botschaft zu Hitlers Tod. Im übrigen blieb alles beim alten. Die Deutschen waren Bundesgenossen nach der Kapitulation ebenso wie zuvor. Kein Deutscher in Schanghai wurde aus seiner Wohnung vertrieben, um den viel bescheidener lebenden Japanern Platz zu machen, keine deutsche Firma beschlagnahmt.

Auch mir gegenüber blieben sie Gentlemen, obgleich ich ihnen gleich als erstes eine Bitte abschlug. Am 8. Mai, dem Tage nach der deutschen Kapitulation in Reims, erhielt ich vom deutschen Generalkonsulat den vertraulichen Tip, die Japaner wollten „The XXth Century" samt Redaktion übernehmen, gegen gute Bezahlung. Aber ich hatte die Zeitschrift – mit zunehmend schwerem Herzen – als Deutscher für Deutschland gemacht. Mit der Kapitulation war für mich der Krieg zu Ende. In japanische Dienste wollte ich nicht treten. Ich war jedoch lange genug in Ostasien gewesen, um eine Lösung zu suchen, die dem anderen nicht durch Ablehnung seines Vorschlags, zudem eines ehrenvoll gemeinten, das „Gesicht" nahm. In größter Eile radelte ich in die Druckerei, die ich schon telefonisch alarmiert hatte, verfaßte, um eine vollendete Tatsache zu schaffen, für das bereits druckfertige Heft, ein paar Abschiedszeilen „An unsere Leser", stand daneben, während die Maschinen liefen, ließ schleunigst ein paar Exemplare heften und fuhr zu Herrn Mori, dem zuständigen Herrn im japanischen Generalkonsulat, wo ich sie übergab, mich zugleich als Redakteur verabschiedete und für die gute Zusammenarbeit in der Vergangenheit bedankte.

Zwei Tage später besuchte mich Herr Mori in unserer Wohnung. Stehend las er mir die englische Übersetzung eines Telegramms vor, das er soeben von seinem Außenminister Togo erhalten hatte: IN ANBETRACHT INTERNATIONALEN ANSEHENS TWENTIETH CENTURY WÜNSCHE ÜBERNAHME ZEITSCHRIFT SAMT SCHRIFTLEITER UND MITARBEITERN. DRAHTET ERFORDERLICHEN ZUSCHUSSBETRAG. TOGO.

Mori und ich setzten uns. Mori war von jener vorbildlichen Höflichkeit, die ich an Japanern bewundere. Keine Andeutung, daß er von den Vorgängen in der Druckerei etwas wußte. Er hörte zu, als ich daran erinnerte, daß die Zeitschrift zu bestehen aufgehört hatte, und ihn bat, seinem Außenministerium für die mir zugedachte Ehre zu danken. Dann ging er.

Stärker als bisher wandten sich die Augen der Deutschen auf den Krieg, den Japan führte. Manchen Abend hatten wir japanische Freunde bei uns, um die Lage durchzusprechen. Besonders hatte ich mich mit einem jungen Offizier angefreundet, der, nach einiger Zeit an der Front, in Schanghai Dienst tat. Früher hatte er ein paar Jahre in Amerika verbracht; er sprach gut Englisch und äußerte sich freier als die meisten seiner Kameraden. Er war pessimistisch, erst recht nach der deutschen Kapitulation. Von ihm hörte ich zum ersten Mal von Gerüchten über japanische Friedensfühler und über die Existenz einer Friedensgruppe in der japanischen Führung in Tokio. Auch er rechnete mit schweren Abwehrkämpfen um Schanghai gegen die immer stärker werdenden Amerikaner. Wir erwogen die Möglichkeit, daß Stalin – trotz dem gültigen Nichtangriffspakt mit Japan – zum Fangschuß in die Mandschurei einfallen könnte. Er war sicher, daß die Japaner Mann für Mann für den Kaiser sterben würden. Unausweichlich müßte Schanghai zum Schlachtfeld werden – wenn nicht ein Wunder geschähe. Es geschah.

Am 7. August 1945, spät abends, rief mich der Leiter des deutschen Senders an, der gewöhnlich über gute Informationen verfügte. Er war sehr erregt: „In Japan muß gestern etwas Schreckliches geschehen sein. Eine ganze Stadt ist vernichtet. Hiroschima. Nein, keine gewöhnlichen Bomben. Irgend etwas Neues. Ich werde Sie auf dem laufenden halten." Das tat er. Am 8. August: Überfall der Sowjetunion auf das Kaiserreich Mandschukuo. Am 9. August: Abwurf einer zweiten Bombe des neuen Typs, diesmal auf den Hafen Nagasaki. Am 10. August: Das Ausmaß der Zerstörung in Hiroschima sei nicht zu beschreiben, in der Stadt stünden nur noch drei Gebäude. Eine einzige Bombe habe das bewirkt. Eine Atombombe.

Sehr genau erinnere ich mich noch an meine Gefühle während jener Tage. Fast scheue ich mich, sie zu nennen; denn sie waren zwiespältig. Da war das Entsetzen über den Tod ganzer Städte, da war aber auch die Überlegung, daß diese grauenvollen Ereignisse vermutlich das Ende des Krieges bedeuteten. Der Kaiser, von dem man wußte, daß er unglücklich war über den Verlauf des Krieges, hatte nun, um ihn zu beenden, ein furchtbares, aber auch ein unwiderlegbares Argument auf seiner Seite: Gegen Atombomben kann auch das japanische Heldenvolk keinen Krieg führen – das war höhere Gewalt.

Einige Tage vergingen in äußerster Spannung.

Am 15. August klingelte es morgens an unserer Wohnungstüre. Der Boy kam mit rotem Gesicht und sagte, ein japanischer Offizier sei gekommen und wolle mich sprechen. Ein Japaner mittleren Alters trat in unser Wohnzimmer, in Uniform, mit umgeschnalltem Säbel, und verneigte sich. Ich hatte ihn mehrfach gesehen: Er befehligte die Kompanie, die in den unteren Stockwerken des Hauses einquartiert war. Nach einigen höflichen Bemerkungen brachte er sein Problem in gebrochenem Englisch vor: „Unser Kaiser wird um 12 Uhr Tokio-Zeit eine sehr wichtige Rundfunk-Ansprache halten. Meine Kompanie hat kein starkes Empfangsgerät. Sie sind ein Deutscher. Kann ich mit der halben Kompanie zu Ihnen in die Wohnung kommen, damit wir die Rede an Ihrem Gerät hören? Für meine übrigen Leute habe ich eine andere Gelegenheit gefunden." Ich bat ihn zu kommen. Er bedankte sich und empfahl sich mit einer Verbeugung.

Eine halbe Stunde vor dem angesagten Besuch verzogen sich die chinesischen Diener, nachdem wir gemeinsam die Möbel an die Wand gerückt hatten. Dann klingelte es. Draußen stand der Hauptmann, hinter ihm kamen seine Männer, ohne Waffen. Wir hatten ein großes kombiniertes Wohn- und Eßzimmer. In drei Reihen nahmen die Soldaten in weitem Halbkreis Aufstellung, Front zum Empfangsgerät. Aus ihm ertönte ernste japanische Musik. Dann eine Ansage. Der Hauptmann blickte auf seine Soldaten, diese nahmen stramme Haltung an, verbeugten sich tief vor dem Gerät, richteten sich wieder auf. Dann die Stimme des Kaisers.

Der Kaiser sprach in einem zeremoniellen Japanisch mit manchen Wörtern, die nur bei solchen Gelegenheiten gebraucht werden und daher dem Durchschnittsjapaner nicht geläufig sind. Die Soldaten starrten vor sich hin. Ihren Gesichtern konnte ich nichts entnehmen, vielleicht kamen sie nur mühsam mit. Ich versuchte zu raten. Was wollte der Kaiser? Weiter kämpfen bis zum letzten Mann? Waffenstillstand? Verstohlen blickte ich auf den Hauptmann. Er sah nicht gerade wie ein streitbarer Samurai aus; wahrscheinlich war er ein Reserveoffizier, vielleicht von Beruf Lehrer oder Angestellter, ein wenig dicklich. Er schaute nicht in den Apparat, sondern auf den Boden. Tränen liefen über sein Gesicht.

Der Kaiser endete. Die Soldaten und ihr Hauptmann verneigten sich erneut vor dem Gerät. Während wieder ernste Musik ertönte, gab der Hauptmann ein Kommando. Links um, ohne Tritt marsch. Die Soldaten zogen ab. Der Hauptmann hatte sich die Tränen weggewischt, verneigte sich erst vor Enid, dann vor mir, und wandte sich zur Türe. Dort verhielt er einen Augenblick, drehte sich halb um und sagte mit gepreßter Stimme auf englisch: „Finish". Es ist aus. Dann ging auch er.

Ich nahm Enid in den Arm. Eine Weile sagten wir nichts. Dann kamen die Boys und brachten das Zimmer in Ordnung. Schanghai war gerettet, eine Epoche zu Ende.

Merkwürdigerweise änderte sich zunächst nichts. Ich radelte sogar regelmäßig zu meinen Vorlesungen in die chinesische Universität. Die Amerikaner und die Truppen Tschiang Kai-scheks waren von Schanghai noch so weit entfernt, daß sie die Japaner aufforderten, noch eine Weile für die Sicherheit in der Stadt zu sorgen. Allmählich flogen die Amerikaner mehr und mehr Chinesen ein, die Japaner wurden erst entwaffnet und dann mit Millionen ihrer Landsleute – Zivilisten und Militärs – auf ihre Heimatinseln geschafft. Tschiang Kai-scheks Verwaltung etablierte sich in Schanghai. Wir alle unterstanden jetzt ihr – in Wirklichkeit den Amerikanern. Enid brachte ihren Schmuck (er war so bescheiden wie sie selbst, aber er lag ihr am Herzen) zu befreundeten Russen ins Nachbarhaus und holte ihn erst einige Monate später, als sich die Dinge wieder beruhigt hatten.

Auf den Tag zwei Monate nach der Proklamation des japanischen Kaisers meldete uns der Boy drei amerikanische Soldaten. Ein Major trat ein, mit einem Unteroffizier und einem bewaffneten Soldaten. Enid und ich saßen gerade beim Tee und baten die drei, unsere Gäste zu sein. Aber sie machten unfreundliche Gesichter. Der Major nahm wenigstens Platz. Ich fragte, was ich für ihn tun könne.

Der Unteroffizier setzte nun seine amtlichste Miene auf und verkündete im Stehen, dies sei hinfort „the apartment of Major Shultheiss"; wir müßten es innerhalb von 24 Stunden räumen. Jedesmal, wenn ich während dieser Rede auf den Major blickte, blinzelte der. Ich dachte: „Aha, das Ganze ist ein Theater, die wollen uns nur einschüchtern; dann gehen die unteren Chargen und der Major bleibt gemütlich zum Tee." Also blinzelte ich zurück. Dann fragte ich den Major, ob er auch die Diener übernehmen wolle, wer nun die Miete bezahlen werde, und was derlei Fragen mehr sind. Als er mir antwortete, blinzelte er ununterbrochen weiter. Ich sah also, daß er von Natur ein Blinzler war und mir keineswegs ein geheimes Einverständnis signalisiert hatte. Auch für uns wurde es jetzt ernst.

49. Hinter chinesischem Stacheldraht

Ende September 1945 spaltete sich die deutsche Kolonie in Schanghai in die „Masochisten" und die „Vogel-Strauß-Typen". Als „Masochisten" (oder, noch farbiger, als „masochistische Flagellanten") wurden diejenigen bezeichnet, die sich um die Einrichtung eines für die Schanghai-Deutschen bestimmten Internierungslagers kümmerten, und diese wiederum verglichen ihre Gegner mit dem Vogel Strauß, weil diese ihren Kopf vor der Wirklichkeit in den Sand steckten und die Errichtung eines solchen Lagers für ausgeschlossen hielten.
Begonnen hatte der Streit am 15. September 1945. An diesem Tag hatte der von den Amerikanern nach Schanghai eingeflogene Kommandeur der Dritten Nationalchinesischen Armee, General Tang En-po, einen Empfang für die Presse gegeben, auf dem er sich über die weitere Entwicklung in Schanghai äußerte. Unter anderem erklärte er, die vielen in Schanghai lebenden japanischen Zivilisten würden erst in die nördlichen Stadtteile verlegt und dann schleunigst nach Japan geschafft. Als Vertreter der Sowjetpresse wissen wollten, was denn mit den Deutschen geschehen würde, erwiderte der General: „Wir werden sie ähnlich behandeln wie die Japaner."
In der deutschen Kolonie gab es ein Rätselraten über den Sinn dieser Worte. Die einen vermuteten, wir kämen in eines der Lager, in denen bisher die Gegner der Japaner gesessen hatten, die anderen tippten auf zwangsweise Abschiebung in den Stadtteil Honkew, wo sich das Getto der deutschen und österreichischen Juden befunden hatte (ganz Vorsichtige versuchten sogar, beizeiten in Honkew einige Zimmer für sich und ihre Familie zu mieten). Wieder andere überlegten, ob sie sich nicht verstecken sollten, um solchem Schicksal zu entgehen, und manche Chinesen witterten ein Geschäft. Zu mir kam einer und bot mir für

eine beliebige Dauer gegen Zahlung von 75 US-Dollar monatlich ein „absolut sicheres Versteck" in einem diskreten chinesischen Hause an, aber ich zeigte kein Interesse. (Ich gehörte zu den masochistischen Flagellanten.)

Am 25. September mußte die deutsche Schule geräumt werden, am 27. erschienen chinesische Soldaten in einer Reihe von deutschen Häusern und Wohnungen, quartierten sich dort ein, belästigten die Bewohner, und verboten ihnen, irgendwelche Gegenstände herauszuschaffen, wobei sich nie recht feststellen ließ, wer hinter einer solchen Aktion stand und warum gerade der und nicht jener von ihr betroffen war. In der Nacht vom 4. zum 5. Oktober erfolgten die ersten totalen Wohnungsräumungen. Etwa zur gleichen Zeit war gerüchtweise das Wort Kiangwan aufgetaucht. So heißt ein Neubaugebiet fünfzehn Kilometer nördlich vom Schanghaier Stadtkern, wo in den dreißiger Jahren die chinesische Stadtverwaltung eine Musterstadt geplant hatte. Dort sei, hieß es, ein Gelände als Internierungslager für die Deutschen vorgesehen.

Und nun erfolgte etwas Sonderbares: Lange ehe Kiangwan offiziell genannt wurde, begannen die Vorbereitungen der Deutschen für den Umzug dorthin. Beunruhigt durch die wachsende Unsicherheit ihrer Position und ihres Eigentums wünschten sie Klarheit, und sei sie noch so unangenehm. Diese nervöse Stimmung wurde von den mächtig ins Kraut geschossenen Schanghaier Sowjetzeitungen „Nówaja Shisn" (Neues Leben) und „Nówosti Dnja" (Neuigkeiten des Tages) geschürt. Je deutlicher sich die Niederlage Hitlers, der Sieg Stalins abzeichneten, desto größer wurde die Unruhe, die sich der unglücklichen Weißrussen bemächtigte. Die meisten unter ihnen hatten in den Jahren des Vormarsches der Wehrmacht auf die deutsche Karte gesetzt, die bald nichts mehr wert sein würde; auch war ihr Patriotismus durch die von russischen Soldaten erfochtenen Siege entflammt worden. Ein weißrussischer Patriot hatte nur noch eine Wahl: Verzweiflung (mit vager Aussicht auf spätere Auswanderung in ein westliches Land) oder Annäherung an die roten Sieger. Manche, wie Wertinskij, der berühmte Chansonnier der Emigration, trafen schon Vorbereitungen für die Reise in die UdSSR.

Unter diesen Umständen erlebten die Schanghaier Sowjetzeitungen einen energischen Auftrieb. Ihre vielfach gestern noch weißrussischen Mitarbeiter und Leser wollten sich allesamt möglichst tiefrot benehmen, und das ging am einfachsten, wenn sie kräftig auf die antideutsche Pauke hauten und in den Ruf einstimmten: „Wie lange läßt man die Schanghai-Nazis noch in ihren Luxuswohnungen?!!!" Und die täglich eintreffenden amerikanischen Sieger, unter denen es nach der Entdeckung der Nazi-Greuel an Rachedurst auch nicht fehlte, argumentierten ähnlich.

Das Ergebnis war der Drang der Deutschen, etwas zu tun und sei es auch nur die Unterbringung in einem Internierungslager vorzubereiten. So wurden die Arbeiten für Kiangwan mit erstaunlichem Schwung in Angriff genommen. Als ich Anfang Oktober zum ersten Mal in die Räume des neu gebildeten Transportausschusses kam, so hieß das Hauptquartier der Masochisten, herrschte dort schon Hochbetrieb. Die Telefone klingelten, die Sekretärinnen tippten, Jungens mit Rädern kamen und gingen mit Depeschen, Lastwagen beladen mit Helfern und Helferinnen fuhren nach Kiangwan. Alles geschah mit deutscher Gründlichkeit. Es ergingen Aufforderungen an sämtliche Mitglieder der Gemeinde, alles, was in einem Lager gebraucht werden kann, zu stiften; die Abteilung „Rabenklau" nahm sich dieser Aufgabe speziell an. Die arbeitsfähigen Männer und jüngeren Frauen wurden zur Hilfe mobilisiert. Nachts schliefen Wachen in der Turnhalle von Kiangwan, welche als Lagerraum benützt wurde und sich mit Öfen und Kartoffeln, Zwiebeln, Reis, Mehl, Bohnen, Holz, Badewannen, Schränken, Drehbänken, Medikamenten (Stiftung von Bayer), elektrischen Materialien (Stiftung von Siemens) usw. füllte.

Die Wochen vor der Eröffnung des Lagers waren gekennzeichnet durch bemerkenswert einmütiges Zupacken. Nach Monaten der Nervenbelastung, die schon lange vor dem deutschen Zusammenbruch eingesetzt hatte, wurde die Einrichtung des Lagers, so paradox das klingen mag, als konstruktive Gemeinschaftsleistung empfunden. Vor allem die Arbeit im Lager selbst machte Spaß; man fuhr wie zum Picknick hinaus (mittags wurden dort für alle Helfer kräftige Eintöpfe gekocht), so daß es schwierig war, Leute für den prosaischeren Dienst im Stadtbüro zu finden.

Und es gab eine Menge zu tun. Der weitläufige Kiangwan-Komplex, einst eine Schule mit vier großen Bauten auf einem Gelände, das man in etwa zehn Minuten umschreiten konnte, war von japanischen Militärbehörden mit zahlreichen Bunkern, Schützenlöchern, Stacheldrahtverhauen versehen worden. Die letzten japanischen Soldaten lagen noch dort, als wir schon einzuziehen begannen. Es sah schlimm aus. Die Fenster waren kaputt. Die ganze Kanalisation war verstopft. Die elektrischen Leitungen fehlten. Das Gelände glich einer Mülldeponie voller Moskito-Brutstätten; wir brauchten Wochen, um es einigermaßen in Ordnung zu bringen. Tagelang wurden nur Böden geschrubbt. Und während der ganzen Zeit rollte Lastwagen um Lastwagen aus der Stadt an. Alles Gemeinde- oder Reichseigentum, das noch nicht beschlagnahmt war, wurde nach Kiangwan in Sicherheit gebracht – darunter etwa 6000 Bücher der verschiedensten deutschen Bibliotheken, das gesamte Mobiliar der Informationsstelle, Schulmaterialien, Lebensmittel, Schreibmaschinen, sogar Kassenschränke. Eine Transportfirma arbeitete fast nur für uns. Je nervöser die Deutschen wurden, je mehr deutsche Wohnungen beschlagnahmt, deutsche Firmen gestört wurden, desto eifriger schufteten wir in Kiangwan, dem Heim von morgen.

In diese Zeit fiel eine für mich lästige Episode. Die schon genannten Sowjetzeitungen hatten es auf mich besonders abgesehen. Jahrelang konnten sie gegen meine Aufsätze über die Sowjetunion, weil ich die besseren Argumente hatte, nichts einwenden, hatten ihnen im innersten Herzen wohl auch zugestimmt. Aber jetzt war ich stumm, und sie konnten sich rächen und zugleich als Sowjetpatrioten hervortun.

Am 26. Oktober 1945 machte ich auf der Avenue Joffre einige Besorgungen, als mich russische Bekannte erstaunt ansprachen: „Sie hier? Wir haben heute früh in ‚Nowosti Dnja' gelesen, Sie seien auf einem US-Kriegsschiff auf dem Wege zum Kriegsverbrecherprozeß in Nürnberg!" Ich besorgte mir die Zeitung und fand dort einen siebenspaltigen Aufsatz mit der fetten Überschrift „Der ausgekochte Nazi-Wolf Dr. K. Mehnert verhaftet." Aus ihm erfuhr ich unter anderem, daß ich „Chef der Nazi-Spionage für ganz China und Asien" war. Was mich betrübte, war der im Schlußabsatz enthaltene Angriff gegen Enid: Es sei ihr gelungen, sich in eine amerikanische Dienststelle einzuschleichen, doch sei sie, von der amerikanischen Gegenspionage entlarvt, wieder hinausgeflogen.

Am folgenden Tag brachten die beiden nun wieder unter amerikanischer und britischer Regie erscheinenden Blätter „Schanghai Evening Post" und „North China Daily News" den aus dem Sowjetblatt entnommenen Unsinn mit Überschriften, in denen die Wörter „Verhaftung" und „Kriegsverbrecher" vorkamen. Danach ging die leckere Story als „United Press"-Meldung vom 27. Oktober um die Welt und gelangte natürlich auch nach Hawaii und Berkeley. In Honolulu wurde sie wenigstens mit der Überschrift versehen: „Wenige in Hawaii hielten den prodeutschen Dr. Mehnert für Nazi-verdächtig."

Um es eindeutig zu sagen: Ich bin nie verhaftet gewesen, schon gar nicht auf einem Kriegsschiff (eine Internierung mit Frauen und Kindern ist doch wohl etwas anderes) und nie eines Vergehens angeklagt worden, auch nicht während der Internierung, obgleich damals fast ein Jahr dafür Zeit gewesen wäre und eine Reihe von Schanghai-Deutschen ins Gefängnis, vor Gericht und sogar – später in Deutschland – tatsächlich in ein „Kriegsverbrecher-Gefängnis" gebracht wurden (ohne daß ihnen nach all diesem Aufwand etwas nachgewiesen werden konnte).

Doch zurück zum Herbst 1945. Der erste Schub der Internierten (dreizehn Familien) kam am 18. Oktober nach Kiangwan, der zweite (acht Familien) am 24. Oktober, und so ging es weiter (ich kam schließlich auch an die Reihe) bis zum 6. Dezember. Danach trafen nur noch einzelne ein. Die Aktion war zu Ende, nicht weil es keine Deutschen mehr gab, sondern weil sich nach ehrwürdiger chinesischer Sitte zahlreiche Umgehungsmethoden entwickelt hatten, mit denen sich die Wohlhabenden von der Internierung freikauften. Von den großen Taipans kam kein einziger ins Lager. Die Internierten waren wütend (warum waren sie eingesperrt und die anderen draußen?) und verlangten Aufklärung. Am 20. Januar 1946 empfing mich der für das Lager zuständige Chinese, Yang Yin, in seinem Schanghaier Büro. (Ich war inzwischen zum Sprecher der Internierten gewählt worden – wegen meiner „weißen Weste", wie man damals sagte; ich war weder Mitglied der Partei noch einer ihrer Gliederungen gewesen.) Yang Yin sagte mir, was ich mir gleich aufschrieb und am Abend meinen Schicksalsgenossen in einer Vollversammlung mitteilte:

„Die chinesische Regierung war an der Internierung der Deutschen ein halbes Jahr nach dem Ende des Krieges in Europa nicht interessiert. Nur in Schanghai hat sie diese schließlich infolge starken sowjetischen und amerikanischen Druckes beschlossen. Ursprünglich sollte der größte Teil der deutschen Gemeinde interniert werden; daher begann die Aktion in flottem Tempo und ohne klare Ausleseprinzipien. Als Ende November der ausländische Druck nachließ, wurde sie eingestellt. Die bereits Internierten sind die Unlucky Ones (= Pechvögel) und müssen sich damit abfinden."

Ich selbst habe mich gegen die Internierung nicht gewehrt, denn ich hatte nur den einen Wunsch, möglichst schnell nach Deutschland zu kommen, und ich vermutete, die Internierten würden als erste dorthin abgeschoben. Enid war auf mein Drängen nicht mit mir ins Lager gegangen (sie besaß noch immer ihren, allerdings abgelaufenen US-Paß) und hatte – allen Belästigungen zum Trotz – eine Anstellung als Lehrerin an der gerade wiedereröffneten Amerikanischen Schule erhalten, dazu eine Wohnung auf deren Grundstück und ein ordentliches Gehalt. Mit der chinesischen Lagerverwaltung kam ich gut aus. Als ich ihrem Chef, Herrn Loo, am Tage nach meiner Wahl zum Sprecher darüber

Mitteilung machte, sagte er, nachdem er mir zur Wahl gratuliert hatte, in seinem simplifizierten Schanghai-Englisch: „You no make trouble for me, I no make trouble for you.“ (Du mir keinen Ärger machen, ich dir keinen Ärger machen.) Auf dieser Basis koexistierten wir trefflich bis zum Schluß im Juli 1946.

Loo und sein Vorgesetzter Yang Yin, der sich aus unerfindlichen Gründen „Captain“ nannte, zeigten immer wieder ihre Sympathie für uns „Pechvögel“ und betonten bei jeder Gelegenheit, daß nicht die Chinesen an unserem Mißgeschick schuld wären, sondern die Amerikaner und Russen. Sie kümmerten sich sogar um unser Seelenheil. Zwar hatten wir geistlichen Beistand (zwei Patres der Steyler Mission für die Katholiken, einen Pastor für die Protestanten), aber eines Sonntags kurz vor Weihnachten, als die beiden Gottesdienste in der Turnhalle schon vorüber waren, kündigte mir Herr Loo für den Nachmittag einen weiteren Gottesdienst an; ein bislang unbekannter Reverend Tschang würde ihn halten.

Als ich darauf hinwies, daß die geistlichen Bedürfnisse der Lagerinsassen für diesen Sonntag bereits befriedigt seien, erklärte mir Loo, seine Stimme zu einem vertraulichen Ton senkend, Reverend Tschang komme auf besonderen Wunsch von Captain Yang Yin, weswegen er, Loo, uns dringend bäte, möglichst vollzählig zu erscheinen. Ich eilte also mit meiner frohen Botschaft von Schlafraum zu Schlafraum und erreichte, daß sich ziemlich das ganze Lager in der Turnhalle einfand.

Reverend Tschang bescherte uns – ungewollt – eine der heitersten Stunden unseres Kiangwan-Jahres. Er war ein baptistischer Missionar, der in Amerika Englisch und alle für das Geschäft der Bekehrung nötigen Tricks gelernt und diese dann jahrelang in den Armenvierteln Schanghais praktiziert hatte. Jetzt erprobte er sie an uns. Seine Predigt bestand im wesentlichen aus Anekdoten, von denen uns eine vor allem unvergeßlich geblieben ist.

Um uns armen Heiden die Menschwerdung Gottes in Christus verständlich zu machen, erzählte uns Reverend Tschang die Geschichte eines Hirten: Eine seiner Ziegen hatte sich verirrt. Um sie, während er sie suchte, nicht durch sein Menschengeschrei zu erschrecken und so noch weiter fortzutreiben, ging er nicht in seiner menschlichen Gestalt auf die Suche, sondern steckte sich, eine Ziegenmutter vortäuschend, in ein Ziegenfell und zog „Mäh, mäh!“ rufend durch die Berge. Wie glücklich war er, als er nach einer Weile von ferne ein leises Echo hörte: „Mäh, mäh!“ erklang es im Gebüsch.

Während der Reverend dies erzählte, spielte er uns seine Story mit Hin-

gabe vor. Einmal den Hirten, dann die verirrte Ziege darstellend, rannte um den Altar herum und schrie – als Hirte aus Leibeskräften, als Ziege gedämpft – „Mäh, mäh!" Bei aller Andacht konnten wir ein schallendes Gelächter nicht unterdrücken, was er als einen Triumph seiner schauspielerischen Kunst mit dankbarem Lächeln entgegennahm.
Später ging ich zu Loo und suchte ihm taktvoll auseinanderzusetzen, warum es besser sei, Reverend Tschang nicht noch einmal ins Lager zu bitten. Ich erinnerte ihn an die drei Geistlichen, die jeden Sonntag in unserer Muttersprache zu uns predigten und sich auch sonst unserer annähmen. Darauf erzählte mir Loo, wieder im Vertrauen, daß wir den Besuch des Reverend der Konkubine seines Chefs Yang Yin verdankten. Diese sei eine eifrige Baptistin und habe, in der Annahme, daß wir alle Nazis und daß alle Nazis Heiden seien, ihren Captain veranlaßt, Tschang zu uns zu schicken.
Tatsächlich tauchte Tschang am nächsten Sonntag wieder auf. Da niemand freiwillig bereit war, noch eine Predigt dieses Günstlings der Konkubine anzuhören, liefen Loo und seine Leute in den Zimmern und Fluren herum, um wenigstens einige Hörer zusammenzutrommeln. Dabei versprach er uns, dies werde das letzte Mal sein. Ehe Tschang seine Predigt begann, hielt ich eine kleine Rede, dankte ihm für sein selbstloses Bemühen und berichtete ihm, wir hätten bereits unsere eigenen Geistlichen. Es sei keineswegs seine Absicht, sagte Tschang, jeden Sonntag zu kommen, nur dann und wann. Wann er denn das nächste Mal kommen solle? „Maybe Easter!" riefen wir im Chor, „vielleicht Ostern!" Darauf sahen wir Tschang nicht wieder.
Aber die Konkubine ließ nicht so rasch locker. Sie schickte uns noch einen anderen Reverend auf den Hals, den einige von uns als den Mann wiedererkannten, der in vollbesetzten Straßenbahnen und Autobussen sein „Tut Buße" rief. Auch er erlitt sofort Schiffbruch in Kiangwan. Danach wurden die Bemühungen um unser Seelenheil eingestellt. Auf unsere guten Beziehungen zu Loo wirkte sich die kleine Affäre nicht aus. Dann und wann sprach er mich noch auf des Captains fromme Konkubine an, aber mit Augenzwinkern. Ich glaube, er hatte Verständnis für uns; bei der „Mäh-mäh"-Predigt war er zugegen gewesen.
Herr Loo war ein Ehrenmann und ein Patriot. Wenn in der Anfangszeit einer der Internierten, der etwas bei ihm erreichen wollte, diskret einige Geldscheine auf den Tisch legte, wurde Loo so wütend, daß es sich rasch herumsprach und weitere Bestechungsversuche unterblieben. Loo glaubte an ein neues, besseres, unkorruptes China. Die Soldaten, die uns bewachten, waren weniger pingelig, kein Wunder bei den niedrigen

Löhnen; zudem mußten sie Leute bewachen, die hundert- oder tausendmal reicher waren als sie selbst. Doch auch ihr Gesicht mußte gewahrt werden. Wir benützten daher jede halbwegs passende Gelegenheit, um den Soldaten Geschenke zu machen. Dazu eigneten sich vor allem Feiertage, und wenn es einige Zeit keinen chinesischen gegeben hatte, erfanden wir einen deutschen, dem zu Ehren wir den Soldaten ein paar Säcke Reis stifteten.
Das Ritual spielte sich bald ein: Herr Loo, der auch gute Beziehungen zu den Wachen wünschte, teilte, wenn es wieder soweit war, den Soldaten mit, ihm und seinen Mitarbeitern in der Lagerverwaltung sei es durch aufopfernde Bemühungen gelungen, die internierten Deutschen aus Anlaß des bevorstehenden Feiertages zu einer Spende zu bewegen. Darauf schleppten wir die Säcke durch das Spalier der applaudierenden Lagergenossen aus unserem Lagerraum in das Büro der Verwaltung. Die Soldaten marschierten auf und erhielten unter allgemeinen Freundschaftsbeteuerungen und Festtagswünschen ihren Reis.
Wer sich erst einmal damit abgefunden hatte, ein „Pechvogel" zu sein, konnte im Lager ganz gut leben. Die rasche Rückkehr in das zertrümmerte Deutschland lockte nur wenige, zudem fehlte jegliche Transportmöglichkeit nach Hause. Oft gab es etwas zum Lachen und manchmal natürlich auch zum Veräppeln.
Ein Internierter, der sich ungern an den allgemeinen Arbeiten beteiligte und Wert auf sein leibliches Wohl legte, seiner Herkunft nach ein Freiherr, schlug eines Tages, mit einem Aufruf am Schwarzen Brett, die Abhaltung einer Höflichkeitswoche samt anschließender Prämierung der höflichsten Internierten vor. Das war gefundenes Fressen für die Witzbolde des Lagers. Am nächsten Morgen hing eine große Zeichnung am Schwarzen Brett: Sie zeigte eine Gruppe von Internierten, die im Schweiße ihres Angesichts einen schwerbeladenen Wagen in devot gebückter Haltung, ihre Mütze in der Hand, an einem Manne vorbeischoben, der an der großen Zahl von Thermosflaschen unschwer als Erfinder der Höflichkeitswoche zu erkennen war und leutselig dreinschaute, während die anderen schufteten. Darunter stand: „Guten Morgen, Herr Baron!" Während der nächsten Tage konnte sich der Arme kaum retten. Alle hatten diesen Spottruf auf der Zunge, während sie ihn mit tiefen Verbeugungen begrüßten.
Solch gutmütigem Spott entging auch ich nicht. Eines Tages kamen Sowjetjournalisten, um sich an dem Anblick der eingesperrten Deutschen zu erfreuen. Ich befand mich gerade mit einigen Lagerkameraden auf dem Dach eines dreistöckigen Gebäudes, um einige Ziegel zu reparie-

ren, und hatte es nicht sehr eilig, die uns übelgesinnten Besucher zu begrüßen. Das ärgerte sie natürlich, und in einem Aufsatz, der in einer Schanghaier Sowjetzeitung erschien, hieß es, Mehnert habe sein graues Wolfsgesicht nicht zu verbergen vermocht. Prompt hingen an unserem Schwarzen Brett einige Verse über den Russenbesuch; zwei Zeilen waren auf mich gemünzt:

Des grauen Wolfes hagre Fresse
Beschrieb uns jüngst die Sowjetpresse.

Zu Zeiten waren wir also – in den Worten der „Fledermaus" – ein „fideles Gefängnis". Unser einziger Selbstmordversuch war vorgetäuscht: Die alleinstehende Internierte, die die Überdosis zu sich nahm, hatte es so arrangiert, daß sie in ihrer Bewußtlosigkeit rechtzeitig gefunden wurde. Sie wurde eiligst in ein Schanghaier Krankenhaus gebracht, dann wurde ihr der Magen ausgepumpt und die Rückkehr ins Lager erspart. Mit Selbstmördern und Leichen haben die Chinesen ungern zu tun.

Für uns alle verstrichen die Monate erstaunlich rasch; auch Lagerleben kann man lernen. Der Direktor der neueröffneten Amerikanischen Schule, Enids Brotgeber also, dem sie, solange er bei den Japanern im Lager saß, Lebensmittelpakete geschickt hatte, ohne zu ahnen, daß ihr dies einen Arbeitsplatz bringen würde, gab mir zweierlei mit, als nun ich ins Lager wanderte: einen Liegestuhl, den er selbst im Lager geschreinert hatte, und einen Rat: „Neben allem, was das Lagerleben mit sich bringt, müssen Sie ein Hobby haben, das mit dem Lager nichts zu tun hat. Es lenkt ab und hilft."

Alle hatten wir in Kiangwan viele Pflichten; ich selbst nahm neben dem Amt als Lagersprecher noch zwei Aufgaben wahr: In der Lagerschule gab ich englischen Unterricht, und morgens um vier heizte ich zusammen mit einem Mitinternierten, einem Chirurgen, den riesigen Heißwasserkessel des Lagers, wobei wir, bis das Wasser kochte, Verse schmiedeten und ans Schwarze Brett schlugen (sie sind als „Wasserbüffel-Verse" in die Folklore von Kiangwan eingegangen). Aber ich nahm mir den Rat des amerikanischen Lager-Veteranen zu Herzen. Zu meinem Hobby machte ich das Verfassen von Novellen, meiner ersten und letzten.

Das Schwerste während der Internierung war für mich neben der Trennung von Enid (es gab bald gelegentliche Besuchserlaubnis) die Nachricht vom Tod meiner Mutter, die mich auf dem Wege über einen Vetter in der Schweiz im März 1946 telegrafisch erreichte. Sie war 1943 von Friedrichshagen nach Steinrode auf den Hof des vermißten Bruders Lars in die Mark Brandenburg gezogen, dann beim Nahen der Russen mit Lars' Frau und deren drei kleinen Kindern unter Tieffliegerbeschuß nach Westen getreckt. Zusammen fanden sie Unterkunft bei Verwandten in einem Dorf in Holstein. Dort ist meine Mutter im Januar 1946 in den Armen ihrer Schwiegertochter gestorben.

Ich habe es nicht verwunden, daß ich zu jener Zeit nicht bei ihr war und daß nach 1941 der Postverkehr kaum noch funktioniert hatte. (1943 konnte sie mir noch mit Hilfe von Trott einen Brief auf einem U-Boot zukommen lassen, auch einige von mir an sie sind über die Schweiz und Schweden durchgekommen.) Sie, die in zwei Weltkriegen erst den Mann, dann zwei Söhne verloren hatte, während über mich, den dritten, das Gerücht umlief, die Russen hätten ihn bei Kriegsende nach Sibirien verschleppt, die das Vaterland zerstört, geteilt und besetzt sah, sie hatte – erst 64 Jahre alt – den Lebenswillen eingebüßt.

Erst später erfuhr ich, daß ich ihr in dieser, der traurigsten Zeit ihres Lebens, einen letzten Liebesdienst erweisen konnte. Meine Schwägerin hat mir die merkwürdige Begebenheit auf Tonband erzählt. Geändert habe ich den Namen der Hauptperson.

„Für deine Mutter war dies eine schwere Zeit. Unser Zimmer verließ sie zunächst kaum, sie gab sich ganz ihren Enkeln hin. Aber da passierte die Geschichte mit Dr. Polski, einem polnischen Arzt Ende Dreißig, der nach der Entlassung aus einem nahegelegenen Polenlager samt einigen anderen Polen jetzt mit uns unter einem Dach wohnte.

Eines Tages kam er im Hof auf mich zu und sagte in recht gutem Deutsch: ‚Entschuldigen Sie, gnädige Frau, ich habe diesen kleinen Jungen gefragt, wie heißt du, und er sagte, er heißt Klaus Mehnert. Und ich kann nicht verstehen. Ich kenne einen Klaus Mehnert. Ich habe in Warschau vor vielen Jahren einen Vortrag von ihm gehört und er hat geschrieben das Buch ‚Jugend in Sowjetrußland', und dieser kleine Junge, ist er verwandt, ist das der Sohn?' ‚Nein, es ist sein Neffe', sagte ich. ‚Und diese Dame, ist sie seine Mutter?' Ich bejahte. Er war tief gerührt. ‚Und diese Dame denkt, wir sind Feinde! Wir sind nicht Feinde. Wir wollten den Krieg auch nicht. Wir sind Freunde. Ich möchte diese Dame sehen. Bitte, sagen Sie ihr, ich kenne Ihren Sohn.'

Ich ging zu deiner Mutter und berichtete es ihr. Sie konnte gar nichts sagen, ihr war der Hals wie zugeschnürt. Ich bat Dr. Polski, hereinzukommen. Er fiel Mutter vor die Füße und sagte: ‚Gnädige Frau, wir sind Freunde. Ich kenne Ihren Sohn, ich schätze Ihren Sohn', und immer wieder: ‚Wir sind Freunde.' Mutter konnte lange kein Wort hervorbringen. Das war seit langem der erste Mensch, der kam und sagte: Ich kenne Klaus, ich kenne Ihren Sohn. Von dir waren wir ja immer noch ohne

Nachricht. Ich kann gar nicht beschreiben, wie das war. Rasch entwickelte sich ein freundschaftliches Verhältnis. Dr. Polski war zu uns sehr aufmerksam. Die Polen bekamen eigene Verpflegung, und Dr. Polski hat uns ganz rührend und auf besonders feinfühlige Art mitversorgt. Wenn er uns etwas brachte, Kaffee zum Beispiel, den wir so lange nicht mehr getrunken hatten, sagte er: ,Entschuldigen Sie, aber wir wissen nicht, was damit machen, bitte, können Sie das gebrauchen?' Er brachte so viel, daß wir sogar noch anderen Flüchtlingen etwas abgeben konnten. Als deine Mutter starb, war Dr. Polski verreist, aber er eilte zurück zur Beerdigung.
Drei Tage danach traf – über die Schweiz – die Nachricht ein, daß du am Leben bist und daß es dir und Enid gut geht. Zu spät für deine Mutter. Aber auch während der letzten Monate hat sie nie geklagt. Jeden Tag machte sie mit den Kindern große Spaziergänge und immer erzählte sie ihnen Geschichten, vor allem aus ihrer Jugend in Rußland. Einmal bat ich sie, mir etwas über deinen Vater zu sagen. Aber sie erwiderte: ,Ich möchte so gerne, aber ich kann nicht. Über Dinge, die so schwer sind, sollte man lieber nicht reden.' Das war fast dreißig Jahre nach seinem Tod. – Als wir wieder nach Steinrode, in die Sowjetzone, zurückkehrten, half uns Dr. Polski bis zur Zonengrenze. Danach haben wir uns aus den Augen verloren."
Sollte diese Schilderung „Dr. Polski" zur Kenntnis gelangen, so bitte ich ihn, sich mit mir in Verbindung zu setzen. Ich möchte ihm danken, daß er nach sechsjähriger Gefangenschaft in deutschen Lagern seine Lebensmittelrationen mit Deutschen teilte und mir die Möglichkeit gab, durch ihn – über Asien hinweg – der sterbenden Mutter nahe zu sein.

50. Das Schiff der Gefangenen

Gerüchte über einen Transport nach Deutschland waren unter den Schanghai-Deutschen immer wieder aufgetaucht. Aber erst im Juli 1946 wurde es amtlich: Das US-Truppenschiff „Marine Robin" werde zwecks Zwangsrepatriierung erst die Deutschen in Nordchina und dann uns für die lange Reise nach Bremerhaven an Bord nehmen – uns, das hieß nicht nur die Kiangwan-Insassen, das betraf die Schanghai-Deutschen insgesamt. Das „Processing" sollte für alle in Kiangwan stattfinden (Impfen, Gepäckuntersuchung, Aufnehmen der Personalien usw.).
Während der letzten Tage, als Hunderte von Schanghai-Deutschen mit Kind und Kegel, mit Sack und Pack ins Lager und dann weiter aufs

Schiff strömten, ging es bei uns hoch her. Überall kampierten Menschen, lagen Tausende von Gepäckstücken. Zum Trost der Neuen hatte ich einen Vierzeiler ans „Brett der Wasserbüffel" geschlagen:

Wenn auch viele Seufzer schallen,
So vergeßt das eine nicht:
Daß Ostasiens Zukunft *allen*
Zeigt ein düsteres Gesicht.

Das „allen" hatte ich unterstrichen, weil damit alle Nicht-Chinesen gemeint waren. Auch die Sieger hatten, wie sich bald herausstellen sollte, nur noch eine Schonfrist von zweieinhalb Jahren.

Wir Lager-Veteranen, die neun Monate lang Freud und Leid miteinander geteilt, uns gegenseitig beigestanden und ein anregendes Gemeinschaftsleben entwickelt hatten, waren in diesem Tohuwabohu der ruhende Pol und nahmen praktisch den ganzen Repatriierungsvorgang in unsere Hand. Die Deutschen in der Stadt („an Land", wie es in unserer Lagersprache hieß) hatten bis zuletzt gehofft, doch noch irgendwie von der Repatriierungsliste herunterzukommen. Sie stellten entsprechende Anträge, besuchten alle chinesischen Bekannten, um deren Unterstützung zu gewinnen, ließen auch da und dort einen Goldbarren springen, lebten von einem Abreise-Gerücht zum anderen und machten sich mit alledem gegenseitig verrückt. Wir draußen aber hatten dies alles längst hinter uns und waren innerlich und äußerlich zur Heimreise bereit. Manche, wie ich, drängten sogar darauf.

Während also die „an Land" zwischen Angst und Hoffnung ihre Koffer immer wieder ein- und auspackten, setzten wir in zähen Verhandlungen mit den für die Schiffsreise zuständigen Amerikanern ein Privileg nach dem anderen für alle durch, unter anderem, daß wir mehr als das uns ursprünglich zugestandene Handgepäck mitnehmen durften. Zum Schluß hatte sich unsere Zusammenarbeit mit der chinesischen Lager- und der amerikanischen Schiffsleitung so eingespielt, daß alle Repatrianden heil und mit erstaunlich viel Gepäck an Bord der „Marine Robin" eintrafen, wo wir von den Hunderten, bereits in Tientsin und Tsingtao an Bord genommenen Landsleuten aus Nordchina mit Hallo und Umarmungen in Empfang genommen wurden. Insgesamt waren wir nun rund 1250 deutsche „Passagiere".

Unter diesen war, für mich das Wichtigste, meine Enid. Sie hatte sich mit den anderen Repatrianden, ohne aufzufallen, ins Lager begeben und war in dem herrschenden Durcheinander und mit Mr. Loos heimlichem Segen aufs Schiff gegangen. (Als sie später in Deutschland bei der US-Militärverwaltung die lebensnotwendigen Ausweise beantragte,

und von den erstaunten Amerikanern gefragt wurde: „Mit welchen Papieren sind Sie als Amerikanerin denn auf dem deutschen Repatriierungsschiff nach Europa gekommen?" antwortete sie mit ihrem entwaffnenden Lächeln: „Mit dem Impfschein.")
Die „Marine Robin" war nicht das schnellste Schiff (unsere Reise dauerte fast vier Wochen), auch nicht das komfortabelste; wir schliefen, nach Geschlechtern getrennt, in großen Räumen, immer vier übereinander und oft nackt, weil in den feucht-heißen Tropen die Lüftungsanlage ausfiel (der Andrang zur vorgeschriebenen Schottenwache auf den Treppen zu den Damen-Schlafräumen war daher für die Nachtschicht besonders groß). Aber wir hatten viel Platz an Deck, und den meisten von uns tat nach den Aufregungen der letzten Monate die Seereise gut.
Für unsere Unterhaltung sorgte man auch. Gleich am ersten Tag auf See wurde uns durch die in allen Räumen angebrachten Lautsprecher mitgeteilt, am Nachmittag werde Oberst Lattimore, der Militärkommandant des Schiffs, eine wichtige Ansprache halten. Er sagte (dem Sinne nach): „Erstens. Mein Auftrag lautet, Sie nach Bremerhaven zu bringen. Ich erwarte tadelloses Verhalten. Gegen alle, die aufsässig sind oder gar Werwolf spielen wollen, werden meine Soldaten, von denen genügend an Bord sind, unnachsichtig vorgehen. [Wir lachten vor uns hin, als wir das hörten, denn – mit Hunderten von Frauen und Kindern an Bord – lag uns nichts ferner als der Gedanke, im Juli 1946 den im Mai 1945 zu Ende gegangenen Krieg weiterzuführen; „Werwolf" war der Fachausdruck für Deutsche, die in den von den Siegern besetzten Gebieten Sabotage begingen; es gab ihrer bekanntlich nur wenige.] Zweitens. Hitler hat die Anfänge der deutschen Demokratie zerstört. Nazis wie Sie müssen also schleunigst in die Grundregeln der Demokratie eingeführt werden. Dafür haben wir jetzt einen Monat Zeit. Morgen wollen wir damit beginnen. Als erstes müssen Sie lernen, wie man Wahlen durchführt. Ich verlange, daß mir bis morgen früh aus ihrer Mitte Kandidaten vorgeschlagen werden. Die von mir genehmigten Kandidaten erhalten dann je eine Viertelstunde für eine Wahlrede über die Rundfunkanlage des Schiffs. Übermorgen werden die Wahlen abgehalten, bei denen die Schanghaier, Pekinger, Tientsiner und Tsingtauer jeweils einen Vertreter in das Komitee wählen, das mit mir zusammenarbeiten wird. Schluß."
Auch das belustigte uns. In der deutschen Gemeinde, erst recht in Kiangwan, hatten wir uns durchaus demokratisch verhalten; aber natürlich spielten wir gerne mit. Die Schanghaier, denen auch die Leute aus Nanking, Kanton und Hongkong zugeschlagen wurden, nannten

auf den Wahlvorschlägen drei Namen, darunter den meinen. Meine Wahlrede begann ich nach bewährter Sitte mit den Worten: „Wenn Sie mich wählen", und fuhr fort: „werde ich alles tun, damit wir heil nach Deutschland kommen, mitsamt unseren Habseligkeiten – und ungefilzt. [Dieses Landser-Rotwelsch-Wort amüsierte die Zuhörer; es war erst neuerdings bis zu uns nach China gedrungen.] Das ist nur möglich bei guter Zusammenarbeit mit Oberst Lattimore und seinen Soldaten. Wir sind Gefangene, der gesunde Menschenverstand fordert, daß wir uns mit den Wachen gut stellen." Die Schanghaier gaben mir die Mehrzahl ihrer Stimmen. Die Vertreter der drei anderen Städte dachten ebenso.

Allerlei Deckspiele, eine Tanzerei, springende Delphine und entgegenkommende Dampfer sorgten für Unterhaltung. Fälle von Tropenkoller hatten wir auch. Damit nicht die reichen Taipans allein den Schiffsladen auskauften, rationierten wir einen Teil der Waren und verteilten Einheitspäckchen an die weniger begüterten Schicksalsgenossen, die sich ihre Sachen vor der Klappe einer Kajüte abholten. Diese war, da fensterlos, so heiß, daß die Päckchen-Verteiler, obwohl nur in Badehose, gräßlich schwitzten. Als einer der Empfänger über den Inhalt seines Päckchens laut meckerte, knallte ihm der Verteilende, von Wut gepackt, einen Kinnhaken durch das Fensterchen, daß der Meckerer durch K. o. zu Boden ging. Unser Gefangenen-Ausschuß diagnostizierte alle solche Fälle als Symptome von Tropenkoller und regelte sie gütlich. Zum Schluß lachte man wieder und vertrug sich.

In recht guter seelischer Verfassung kamen wir schließlich in Bremerhaven an. Später trafen auch die China-Deutschen ein, die zunächst der Repatriierung entgangen waren.

Das war das Ende des China-Deutschtums. Ihm folgte, kurz darauf, mit dem Sieg Maos, auch das Ende aller anderen Ausländerkolonien auf chinesischem Boden. Eine Ära trat ab.

Trümmer und Tore
ab 1946

Am 5. August 1946 traf die „Marine Robin" mit den zwangsweise heimgeschafften China-Deutschen in Bremerhaven ein. Zur Belohnung für das Sauberhalten des Schiffs durften wir alles übriggebliebene Reinigungsmaterial mitnehmen. Mit geschultertem Besen marschierte Enid an Land. Dort wurden wir in „der Welt längstem Güterzug", wie wir ihn nannten, verladen: 72 Frachtwagen, einen für die (bewaffnete) amerikanische Wachmannschaft und ihren Leutnant, einen mit Lebensmitteln, sechzehn für die fast zehntausend Gepäckstücke, vierundfünfzig für uns. Nach einer Übergangszeit in den Lagern 76 und 74 (beide bei Ludwigsburg), war ich am 21. November 1946 wieder ein freier Mann. Enid wurde – nach drei Wochen Lager 77 – in Ludwigsburg bei Freunden aufgenommen. Im Sommer 1950 zogen wir nach Stuttgart um, in die Richard-Wagner-Straße 11. In den ersten Jahren der Freiheit zwischen Trümmern fehlte es im männerarmen Deutschland (Millionen gefallen, Millionen in Gefangenschaft) an allen Ecken und Enden an Menschen für die aufgetürmten Aufgaben. Ich arbeitete im Evangelischen Hilfswerk, in einer Sprachschule für Englisch, im Deutschen Büro für Friedensfragen, als Herausgeber des „Deutschland Jahrbuchs", als Dozent an der Lehrerfortbildungs-Akademie auf der Comburg (bei Schwäbisch Hall), als Kommentator beim Süddeutschen und beim Bayrischen Rundfunk, als Chefredakteur des Wochenblattes „Christ und Welt"; dazwischen unternahm ich die ersten Auslandsreisen, zunächst nach England, Frankreich, Afrika, dann nach Asien. Enid besuchte 1950 – zum letzten Mal – ihre Angehörigen in Kalifornien.

51. Die Ritter vom Gao Piko Schan

Was wir in Bremerhaven sahen, war grauenvoll. Ausgebrannte Lagerhäuser, umgestürzte Krane, Menschen in kümmerlicher Kleidung. Als wir in Bremen einfuhren, liefen nicht nur den Bremern die Tränen über das Gesicht. Ruinen rechts und links. Dann ging es weiter – nach Süden. Die Bremer und Hamburger, mehr als die Hälfte von uns, fragten verzweifelt: „Warum lädt man uns nicht aus? Wir sind doch zu Hause? Wohin schafft man uns?" Keine Antwort.

Erst jetzt fiel mir der Brief ein, den Oberst Lattimore mir beim Abschied übergeben hatte. Ich öffnete ihn. Der Briefkopf: „Hauptquartier S.S. Marine Robin. Büro des Truppenkommandeurs. Bremerhaven. Deutschland, 5. August 1946. An: Dr. Klaus Mehnert." Da stand:
„Anfangs blickte ich mit düsteren Vorahnungen den schwierigen Tagen entgegen, die mir als Truppenkommandeur auf dieser Reise bevorstanden. Aber meine Sorgen verschwanden schnell, da sich alsbald herausstellte, daß jeder an Bord, Mann, Frau und Kind, entschlossen war, das Beste aus einer schwierigen Situation zu machen, indem er mit Mut und gegenseitiger Hilfsbereitschaft seine Pflichten an Bord wahrnahm." Dann kamen freundliche Worte für mich. Unter den mannigfachen Zeugnissen, Empfehlungen, Dankbriefen, die ich, wie jeder, im Laufe der Zeit bekam, hat mich keines mehr gefreut als das unseres obersten Bewachers auf der „Marine Robin".
Als mich Oberst Lattimore in Bremerhaven dem Leutnant vorstellte, befahl dieser mir, in seinem Waggon mitzufahren; er brauche jemand, der „diese Burschen" (these guys) kennt. Nach einer Weile dachte ich, er habe sich an mich gewöhnt, und fragte ihn nach dem Ziel unserer Reise. Er murmelte etwas, das wie Augsburg klang. Mir war das recht; Augsburg lag nicht allzuweit von Stuttgart, wohin ich wollte.
Nach etwa zwei Stunden hielt der Zug auf freier Strecke. Norddeutsche Tiefebene. Wiesen und Gebüsche. „Essenspause", sagte der Leutnant. „Und Toilettenpause", fügte ich hinzu und lief den Zug entlang, „Damen rechts, Herren links" rufend. 1250 Menschen verschwanden, so gut sie konnten, im Gebüsch. Die Soldaten öffneten den „Speisewagen". Die Kiangwaner trugen die Eßpakete in die Waggons.
Wegen der Länge des Zuges kamen wir nur langsam voran, oft wurden wir auf Nebengleise geleitet, um andere Züge vorbeizulassen. Am dritten Abend standen wir lange auf dem Güterbahnhof von Heilbronn. In der schwäbischen Heimat bedrückten mich die zertrümmerten Städte noch mehr. Heilbronn sah entsetzlich aus. Ich schlief erst ein, als sich der Zug, schon im Dunkeln, in Bewegung setzte. Nach einer Weile riß mich der Leutnant aus dem Schlaf. „Gleich sind wir da!" sagte er. Und in dem Augenblick wußte ich, ohne hinauszuschauen, wo wir waren. Es roch, wie es in ganz Deutschland nur in einer einzigen Stadt am Bahnhof riecht, nach gerösteter Zichorie, nach Kaffee Franck-Kathreiner.
„Wir sind in Ludwigsburg", sagte ich. Der Leutnant machte ein erstauntes Gesicht. Woher ich das wisse? Ich schnupperte. „Die Fabrik, die diesen Geruch verbreitet, gehört meinen Verwandten." Er lachte gutmütig. „Da haben Sie ja Glück gehabt."

Als wir hielten, stießen die amerikanischen Soldaten mit den Kolben an die Wagentüren und riefen: „Aussteigen! Frauen und Kinder als erste in die bereitstehenden Laster! Später die Männer!"
Während wir warteten, trat ich zum Mann mit der roten Mütze, der sich den nächtlichen Spuk ansah. „Kennen Sie die Familie Franck?" fragte ich. Er nickte. „Könnten Sie dort bitte wissen lassen, daß heute nacht Enid und Klaus aus China eingetroffen sind?"
Die ersten Worte, die ich auf dem Boden der Heimat hörte, waren schwäbisch und beruhigend: „Mei Mädle schafft bei Francks", sagte er. Morgen werde sie es ausrichten. (So geschah es auch. Die Francks wiederum informierten Onkel Bernhard Heuss, den jüngsten Bruder meiner Mutter, der – da ausgebombt – mit Frau und vier Töchtern in einer Baracke ihrer Fabrik wohnte.)
Nach einer Weile kamen die Lastwagen wieder, jetzt stiegen die Männer ein. Mit heulenden Motoren donnerten wir durch das schlafende Ludwigsburg, vorbei am Schloß (unversehrt, dachte ich glücklich, als ich es sah), entlang den Favorite-Gärten, auf die Straße nach Eglosheim, dann in scharfer Kurve nach links.
Jetzt wußte ich auch, was der Leutnant hatte sagen wollen: nicht Augsburg, sondern Asperg, und das hieß: die Festung Hohenasperg. Wir brausten bergauf durch das Dörfchen, dann langsamer durch einen Tunnel, der unter der Kasematte lag, vor ein schweres Tor, das sich öffnete, und in den Innenhof der Festung. Dort grelle Flutlichter, wie in einem Zuchthaus. Soldaten in merkwürdigen Uniformen (Polen, wie sich bald herausstellte, ehemalige Gefangene der Deutschen, jetzt Gehilfen der Endsieger) und dann zwei oder drei Dutzend Deutsche. „Ihr seid die Chinesen!" riefen sie. „Willkommen! Wir sind die Spanier, laßt euch helfen, damit wir weiterschlafen können."
Die „Spanier", also aus Spanien zwangsweise in die Heimat geschaffte Deutsche, machten ihre Sache so gut wie die besten Hoteliers, bald hatte jeder seine Pritsche. Wo aber waren unsere Frauen und Kinder? Im Lager 77, hieß es, einem Frauenlager ein paar Kilometer entfernt. Das war ein Schock. Aber zunächst wollten wir schlafen.
Ehe ich mich hinlegte, fragte ich den Mann, der sich als Sprecher der „Spanier" speziell meiner angenommen hatte, einen Herren aus der ehemaligen Deutschen Botschaft in Madrid: „Wie lange sind Sie denn schon hier?" Ich mußte mich verhört haben, aber ehe ich noch einmal fragen konnte, war er gegangen. Seine Antwort hatte wie „mehr als ein Jahr" geklungen.
Ich hatte mich nicht verhört. Am nächsten Morgen war klar, daß wir

uns auf allerhand gefaßt machen mußten. Das Lager, in dem wir uns befanden, trug die Nummer 76 und war ein „Repatriierungslager“. Hierher wurden Deutsche aus aller Welt eingeliefert; überprüft (screened) und dann entweder entlassen oder vor Gericht gestellt.

Der Tag begann mit einem Appell. Ein junger US-Leutnant verlas unsere Namen, hakte ab, wer sich mit „Hier“ meldete, und stellte fest, daß alle anwesend waren. Dann fragte er (alles auf englisch), wen die „Chinesen“ als Sprecher wollten. Mein Name wurde gerufen. „Mehnert vortreten!“ sagte der Leutnant. Ich tat es. „Noch einen Namen?“ fragte er weiter. „Puttfarcken“, riefen einige. Aber Puttfarcken winkte energisch ab. Weitere Namen gab es nicht.

„Dann sind Sie also der Sprecher der Chinesen“, sagte der Leutnant. Und nach einer kleinen Pause, fügte er mit gedämpfter Stimme hinzu: „Es tut mir leid um Sie. (I feel very sorry for you.) Sie werden als einer der letzten hier rauskommen. Ich muß jemanden haben, der diese Leute (wieder: these guys) kennt.“ Dann mit lauter Stimme: „Wegtreten.“

Meine erste Amtshandlung: Ich schlug den „Chinesen“ vor, daß wir, arm wie wir waren, den noch viel Ärmeren, die schon seit einem Jahr oder mehr auf dem Hohenasperg saßen, etwas von unseren Schätzen übergäben. Bald war ein ganzer Tisch im Speiseraum vollgepackt mit Zigaretten, Seife, Tee und ähnlicher Mangelware. Das Dankschreiben des Sprechers der „Spanier“ gehört noch heute zu meinen wohlgehüteten Dokumenten.

Dann begann unser Alltag. Für mich sollte er noch fast vier Monate währen.

Das Lager 76 unterschied sich von unzähligen anderen Lagern jener Jahre. Erstens befand es sich auf dem „höchsten Berg der Welt“, wie wir Schwaben die seit langem als Gefängnis dienende Festung nennen, „weil man mindestens drei Jahre braucht, ehe man wieder herunterkommt“. Wir Gefangenen gaben der Festung, was nahelag, den liebevollen Namen Hohenarschberg, woraus wir auf gut Schanghaiisch Gao Piko Schan machten, was vornehmer klang aber dasselbe bedeutete. (Später in der Freiheit, waren wir die „Ritter vom Gao Piko Schan“.)

Zweitens war das Lager 76 ausschließlich von Auslandsdeutschen bevölkert, die zum großen Teil seit Jahren nicht mehr im „Reich“ gewesen waren (wie man damals noch selbstverständlich sagte). Und ständig trafen neue „Ausländer“ ein. Schließlich hatten wir das halbe diplomatische Korps bei uns.

Mein Sprecher-Amt hielt mich in Trab. Ständig gab es irgendwelche Probleme. Da der Leutnant sich wie ein Halbgott hoch erhaben fühlte, hatte ich am meisten mit seinem Sergeanten und seinem Korporal zu tun. Ihre richtigen Namen habe ich vergessen. Den Sergeanten nannten wir Ice Cream, weil er jedem erzählte, er wolle möglichst bald wieder nach New York zurück, wo er eine Frau und eine Ice-Cream-Diele habe; er war rauh, aber anständig, der Korporal hingegen ein wenig erfreulicher Typ. Bei uns hieß er einfach „das Ekel".

Einmal fehlte ein Gefangener beim Appell. Der Korporal tobte und befahl die gesamte Mannschaft in den Keller des Kommandanten-Baues (in dessen zweitem Stock 105 Jahre zuvor die Großmutter Kapff geboren worden war). Dort standen wir Kopf an Kopf, um die Strafpredigt zu hören, während die Polen mit ihren Gewehren in Stellung gingen. Von der obersten Stufe der Treppe, die in den Keller führte, brüllte der Korporal: „Where is Mehnert?" Ich meldete mich, er winkte mich zu sich nach oben und befahl: „Übersetzen!" Dann stellte er sich in Positur und schrie, wobei er sich eines besonders beliebten Schmäh-Adjektivs bediente: „Tell these fuckin' Germans I am mad as a hell!" Ich übersetzte: „Der Herr Korporal hat mich beauftragt, allen den Beischlaf ausübenden Deutschen zu sagen . . ." Weiter kam ich nicht, weil der ganze Keller von befreitem Lachen dröhnte.

Der Korporal schaute verdutzt drein und wollte wissen, warum „these fuckin' Germans" lachten. Ich sagte, das wisse ich auch nicht, ich hätte seine Worte gewissenhaft und wörtlich übersetzt. Jetzt dämmerte ihm etwas. Er brüllte: „Wenn das noch einmal passiert . . ." und entschwand aus dem Keller.

Wer aber war es, der beim Appell gefehlt hatte? Ice Cream und ich überlegten. Wir sprachen die verschiedenen Möglichkeiten durch. Schließlich sagte ich: „Ice Cream, haben Sie vielleicht einen ins Loch gesteckt?" Ice Creams Züge verklärten sich. „Mann, klar, da sitzt ja noch einer im Bunker!"

Zum ersten Mal kam ich ins Festungsverlies. Es lag zwei Stockwerke unter der Erde und sah genau so aus, wie man sich das Verlies einer alten Burg vorstellt. Ein schmaler Gang führte an vergitterten Zellen vorbei. In einer saß ein Mann auf einer Pritsche. Durch einen schmalen Schacht, der durch die dicken Mauern nach oben führte, sickerte ein wenig Licht in das Gewölbe. Ice Cream schloß auf. „Menschenskind", sagte ich, „Sie haben Glück gehabt, daß Sie beim Appell vermißt wurden. Man hätte Sie sonst glatt vergessen. Wie heißen Sie?" (Er war kein „Chinese", darum kannte ich ihn nicht.)

Der Arrestant schaute mich betrübt an und sagte: „Mein Name ist Schauinsland."

Und plötzlich mußten wir beide lachen – da sitzt einer im tiefsten Verlies und heißt Schauinsland! Als ich den erstaunten Ice Cream über den Grund unserer Heiterkeit informierte, grinste auch er. Was immer das Vergehen des Herrn Schauinsland gewesen sein mag, Ice Cream vergab ihm. Gemeinsam stiegen wir ans Tageslicht.
Inzwischen hatte es die ersten Entlassungen in die Freiheit gegeben. Sie erfolgten wie in einer Lotterie. Wir jedenfalls konnten keinerlei System entdecken – weder ging es nach dem Alphabet noch nach dem Alter noch nach der „Kragenweite des Vaters", wie der Lagerhumor konstatierte. Morgens beim Appell wurden die Namen der Glücklichen verlesen. Eilig packten sie ihre Sachen und brachten sie den amerikanischen Wachen zur Durchsuchung – zum Filzen. Das war eine gefürchtete Prozedur, weil die Filzenden der Meinung waren, sie hätten ein verbrieftes Recht auf „Souvenirs".
Sobald wir das mit den Souvenirs spitz hatten, legte jeder vor der Filzung ein Souvenir in seinen Koffer obenauf; der Filzer steckte es in seine Tasche, je zufriedener, desto gnädiger war er beim Rest des Gepäcks. Einem von uns, natürlich war es ein Schanghaier, kam seine Vorliebe für pornografische Fotos zugute. Aus dem mit dieser Ware wohl versehenen Schanghai hatte er einen ganzen Stoß mitgebracht. Eines davon legte er oben in seinen Koffer. Die Wirkung war phänomenal. Das Foto erregte das höchste Entzücken des Filzers, der Rest des Koffers interessierte ihn nicht mehr. Das sprach sich bei uns rasch herum. Jeder wollte auch ein solches Foto für seinen Filzer haben. So ergab sich ein schwungvoller Schwarzhandel in Sex-Bildern.
Dem wichtigsten Zeitvertreib widmete sich – ganz im geheimen – eine kleine Gruppe von Bastlern: Aus allen möglichen Teilen und Teilchen, die sie da und dort aufgelesen hatten, bauten sie einen primitiven Rundfunkempfänger, für den wir auch ein sicheres Versteck fanden. Trotz gewaltigen Nebengeräuschen konnte man einigermaßen hören. Auf diese Weise erfuhren wir endlich, was in der Welt los war.
Die für uns wichtigste Sendung war die Rede des US-Außenministers J. Byrnes im Stuttgarter Staatstheater am 6. September 1946. Wir wußten, daß die West-Alliierten den Russen auf Verlangen Gefangene auslieferten. Die Byrnes-Rede befreite uns von diesen Sorgen; sie war das erste Anzeichen eines Risses zwischen Amerika und der Sowjetunion.
Am meisten quälte mich der Gedanke an Enid in ihrem Lager 77. Wir hatten inzwischen erfahren, daß dies ein Lager speziell für SS-Frauen war, in dem sich auch Ilse Koch befand. (Sie ist in die Horror-Geschichte eingegangen, weil sie sich als Frau eines KZ-Kommandanten angeblich

Lampenschirme aus der Haut tätowierter Gefangener hatte anfertigen lassen.) Ich war unglücklich, daß meine Enid aus Treue zu mir in diese Lage – in dieses Lager – gekommen war. (Wie es ihre Art war, hat sie mir später nur Lustiges darüber berichtet. Als sie ins Lager einzog, sprach es sich rasch herum, die „Frau mit dem Besen" sei Amerikanerin. Daß die Amis nun auch ihre eigenen Landsleute einzusperren begannen, rief tiefe Befriedigung unter den Lager-Frauen hervor.)

Inzwischen aber war die Familie in Aktion getreten. Onkel Bernhard setzte alle Hebel bei den in Ludwigsburg tätigen Amerikanern in Bewegung. Sicher sei es nur ein Versehen, verkündete er überall, daß man eine Amerikanerin ins Lager der SS-Frauen gesteckt habe; man möge sie schleunigst herauslassen. Nach drei Wochen war Enid auf freiem Fuß; sie erhielt ein Zimmer in der Wohnung meines Schulkameraden Wolfgang v. Dorrer, der dort mit Frau und vier Töchtern lebte. Das also wenigstens war geschafft.

Wer die Zeit nicht erlebt hat, kann sich kaum vorstellen, wie selbstverständlich die Deutschen in jenen verzweifelten Jahren zusammenstanden. Die Verwandten, von denen manche (ebenso wie die Dorrers) Enid nie zuvor gesehen hatten, umsorgten sie wie eine Tochter oder Schwester. Das Wenige, das es damals zu essen gab (auf Karten oder nach ausgedehnten Hamsterfahrten vom Land heimgebracht), wurde mit ihr geteilt.

Der meiste Ärger auf dem Hohenasperg rührte daher, daß wir es nicht mehr mit einem gereiften Oberst Lattimore zu tun hatten, sondern mit jungen Burschen. (Der Leutnant war 21, Ice Cream 22, der Korporal 20.) Die ihnen plötzlich zugefallene fast absolute Macht war ihnen zu Kopf gestiegen, erst recht, da sie jede ungezogene Entscheidung für moralisch berechtigt hielten. Denn was sie in ihren Zeitungen und Schulungskursen über die grauenvollen Verbrechen im Dritten Reich erfahren hatten, mußte ihnen das Gefühl geben, daß sie sich gegenüber den angeblich von Natur aus bösen und hartgesottenen Nazi-Monstern alles herausnehmen konnten. Im Falle des jüdischen Leutnants war das besonders verständlich.

Es fanden sich Amerikaner, die gegen diese Haltung protestierten. In einer der amerikanischen Soldatenzeitungen, die mir Ice Cream gelegentlich zusteckte (sie hieß „Occupation Chronicle" = Besatzungschronik), fand ich einen „Brief an die Redaktion", der die in der Besatzungsmacht geübte Haßpropaganda gegen die Deutschen scharf angriff. Die Verfasserin erinnerte an die Eroberungskriege der Römer und Spanier, der Russen, Briten und Amerikaner. „Das bedeutet, daß der Mensch schlechthin, also nicht nur der Deutsche, kampflustig, habgierig und gewalttätig ist. Wir Frauen haben diese Gewalttätigkeit satt [...] Wenn wir die Ruinen rund um uns sehen, sollten wir uns daran erinnern, daß die B17- und B29-Bomber [die deutsche Städte in Trümmer gelegt hatten] keineswegs deutsche Bomber waren, und auch daran, daß wir es sind, denen die Atombombe gehört." Gezeichnet war der Brief mit „Mrs. Ethel R. McDonald, Ehefrau eines US-Besatzungsoffiziers".

An der University of Hawaii hatte ich einst eine Schülerin dieses Namens gehabt, die junge Frau eines US-Offiziers. Konnte dies dieselbe sein? Ich schmuggelte einen Brief an sie hinaus. Einige Tage später kam die Antwort. Es war meine ehemalige Studentin. Sie sei froh, schrieb sie, uns am Leben zu wissen. Meine Vorlesungen in Hawaii über deutsche Geschichte hätten dazu beigetragen, daß sie Deutschland anders sähe als viele ihrer Landsleute.

Der offene Brief der Frau McDonald veranlaßte das „Occupation Chronicle" zu einem Leitartikel, der die Worte enthielt: „Wenn ich ein Deutscher wäre, dem die [amerikanischen] Demokraten während einer langen Besatzungszeit täglich zeigen, daß sie 80 Millionen Menschen, von denen sie die meisten nie gesehen haben, kollektiv hassen, dann ließe ich mich kaum davon überzeugen, daß Demokratie einen idealen Einfluß auf die Menschen hat, die sich in ihrem Schein sonnen." Man solle die deutschen Kriegsverbrechen also nicht jedem Deutschen anlasten. Diesen Leitartikel schlug ich ans Schwarze Brett des Lagers.

Die Entlassungen gingen zügig voran; nach drei Monaten waren nur noch 26 „Chinesen" auf dem Asperg. Wie mir der Leutnant am ersten Tag prophezeit hatte, befand ich mich unter ihnen. Mitsamt meiner „weißen Weste" saß ich also noch auf dem Gao Piko Schan, während die große Mehrheit der Schanghaier PGs und SA-Männer längst daheim war. Aber auch meine Tage waren gezählt – jedenfalls auf dem Asperg. Ende Oktober wurde unser Lager 76 geräumt; wer noch übrig war, auch ich, kam ins Lager 74 nach Oßweil, auf der anderen Seite von Ludwigsburg.

(Im Herbst 1980, also 34 Jahre später, habe ich den Hohenasperg wieder besucht. Er ist jetzt ein „Vollzugskrankenhaus", in dem die in den Gefängnissen des Landes erkrankten Gefangenen behandelt werden. Der Tunnel unter den Kasematten jagte mir noch einmal ein leichtes Frösteln ein. Als erstes besuchte ich die Dachkammer im Bau I, groß genug für Tisch und Pritsche, die mir als Sprecher der Chinesen eingeräumt worden war. Von dort führte – und führt noch immer – eine Hühnerstiege auf jenen Dachboden, wo wir unseren Empfänger heimlich installiert hatten. Der Blick von oben in den Hof zeigte ein kaum verändertes Bild, nur daß er damals von Menschen wimmelte, während jetzt kaum einer der nur 250 Insassen zu sehen war. Der Keller des Kommandanten-Baus, wo ich mit meinen Übersetzungskünsten geglänzt hatte, ist noch da, doch enthält er die Heizung, und im Schauinsland-Verlies lagern heute Kartoffeln.)

52. Letzte Station im Dritten Reich

Die ehemalige Flak-Kaserne in Ludwigsburg-Oßweil beherbergte damals tausend oder mehr deutsche Gefangene. Unter der Nummer 74 war sie in ganz Deutschland als eines der großen „Nazi-Lager" bekannt. Als wir dort mit Sack und Pack eintrafen, wurden wir freudig-ironisch begrüßt. „Die Ausländer kommen!" hieß es, „China-Deutsche sind auch darunter!"

Ich kam nach Bau I. Sein Sprecher, ein vorzüglicher Kamerad aus Hessen, trug, wie viele andere, als Abzeichen stolz ein Stückchen Stacheldraht an seiner Feldmütze.

Mit meiner baldigen Entlassung rechnete ich nun nicht mehr. Ich lebte immer noch in der naiven Vorstellung, man würde mir eines Tages Gelegenheit geben, mich gegen irgendwelche Anschuldigungen zu verteidigen. Aber weit und breit war noch immer kein Ankläger zu sehen. (Es ist, ich sagte es schon, auch nie einer erschienen.) Also richtete ich mich auf längere Zeit ein.

Enid tat mir entsetzlich leid. Wieder Trennung – von unbekannter Dauer. Daß ich in ein anderes Lager verlegt wurde, entmutigte sie sehr. Der einzige Trost: Während ich auch aus Oßweil nur einmal alle zwei Wochen schreiben durfte, konnte sie mir täglich einen Brief schicken und das tat sie auch. Mit der Tapferkeit tiefer Enttäuschung plauderte sie in ihnen über ihren Alltag in Ludwigsburg:

Bald nach der Entlassung aus dem Lager 77 hatte sie eine Anstellung als Sekretärin bei der US-Militärregierung in Ludwigsburg erhalten. Ihre guten Engel waren Major Morgan und seine Frau. Von Haus aus Versicherungskaufmann, bei Kriegsende Major, war Morgan sozusagen Bürgermeister von Ludwigsburg, nur mit weit größeren Vollmachten ausgerüstet. Das Wichtigste: Er hatte das Herz auf dem rechten Fleck, seine Frau auch. Enids Schicksal war ihm zu Ohren gekommen. Eine Amerikanerin im Lager der SS-Frauen – das war immerhin ein interessanter Fall. Rasch holte er sie heraus und stellte sie in seiner Dienststelle an. Sie erhielt ein Gehalt und Militärrationen (aus denen sie mir das meiste nach Oßweil schickte) und fand nun einige Freunde unter ihren eigenen Landsleuten; mit den Morgans blieb sie bis zu ihrem Tode in Verbindung, auch nachdem diese längst an die US-Westküste zurückgekehrt waren.

Zwischen dem Postamt und dem Bahnhof von Ludwigsburg wurden die Freigelassenen mit ihren Klamotten gewöhnlich gegen elf Uhr vormittags ausgeladen. Dort also versammelten sich die Frauen auf gut Glück, die auf die noch eingesperrten Familienmitglieder warteten, was dem Platz den Namen Wartburg verlieh. Anfangs war auch Enid täglich dort; als sie ihre Arbeit bei der Militärregierung aufnahm, war das nicht mehr möglich. Sie traf sich dann mit ihren Schicksalsgenossinnen zum Mittagessen in einer Gaststätte in der Wilhelmstraße, wo die neuesten Lager-Informationen ausgetauscht wurden.

Einmal kündete Enid mir ihren Fern-Besuch an. In drei Tagen würde sie nachmittags um vier Uhr über die Felder nördlich des Lagers gehen; ich solle ihr aus einem der oberen Fenster von Bau I winken. Auf den Feldern standen in einer Reihe, etwa 150 Meter vom Lager entfernt, Wachtürme mit Polen und Maschinengewehren. Lange vor der angegebenen Zeit bezog ich meinen Posten, mit meinem größten Taschentuch in der Hand. Kurz vor vier tauchte Enid auf. Mit langsamen tapferen Schritten, ein weißes Tuch in der Hand, ging sie durch den unfreundlichen Novembertag über den Acker. Ich hörte Schreie von einem der Wachtürme, sah wildes Gestikulieren. Enid lief einige Dutzend Schritte von den Türmen zurück und setzte ihren Weg fort. Manchmal blieb sie stehen und winkte, dann winkte ich wie verrückt zurück. Schließlich verschwand sie. Noch am gleichen Tag schrieb sie mir, in ihrer humorvollen Art, die Tränen unterdrückend. „Ich bin froh, daß ich gekommen bin, aber gesehen habe ich Dich nicht. Als ich zu winken anfing, winkten Hunderte zurück. Du warst sicher einer davon, aber welcher? Das ganze Lager schien zu winken. Daß es bei Euch so viele Taschentücher gibt! Es sah wirklich sehr lustig aus."

Ich hatte inzwischen beschlossen, das Beste aus einer schlechten Sache zu machen. Oßweil bot mir sehr viel mehr als der Hohenasperg; das merkte ich schon am ersten Tag, als mich mein Hesse auf den „Korso" nahm, die breite Straße mitten durchs Lager. Ständig stieß er mich in die Rippen: „Dort, der Kerl mit der hohen Pelzmütze, das ist Schwarz van Berk, der frühere Chefredakteur des Wochenblatts ‚Das Reich' [des anspruchsvollsten Organs der Kriegsjahre]; der große Blonde ist Darré, Hitlers Landwirtschaftsminister; der mit dem Hut ist Graf Schwerin-

Krosigk, vormals Reichsfinanzminister; der mit viel zu großer Mütze, deren Schlappohren ihm bis auf die Schultern baumeln, das ist der bedeutendste NS-Philosoph, Professor Alfred Baeumler." Den kannte ich von früher und wir begrüßten uns gleich. Die andern und viele dazu lernte ich bald kennen. Viele Prominente des Dritten Reiches saßen in Oßweil. Sie waren glücklich, wenn sie einen neuen Zuhörer fanden, der sie nach den Ereignissen der letzten Jahre und ihrer eigenen Rolle dabei befragte. Wenn das Wetter nicht zu abscheulich war, drehte ich mit ihnen Runde um Runde über unseren Korso und fragte und fragte. Umgekehrt war es auch für sie nach jahrelanger Abgeschiedenheit in der schrumpfenden „Festung Europa" interessant, von einem „Chinesen" Informationen über Amerika, Japan und China zu erhalten.

Bald merkte ich, was ich mir auch schon vorher hätte ausrechnen können: Diese Männer haderten mit ihrem Geschick sehr viel mehr als ich. Obgleich ich wußte, daß gegen mich nichts vorlag, trug ich meine Einsperrung mit Geduld (die sonst nicht meine Stärke ist). Meine Überlegung war einfach: Ich hatte mich immer, auch in Amerika, zu Deutschland bekannt. Dieses Deutschland hatte den Krieg verloren, militärisch und noch mehr moralisch. Die von Hitlers Schergen verübten Verbrechen waren so grauenvoll, daß niemand erwarten konnte, das deutsche Volk würde mit einem blauen Auge davonkommen. Es war selbstverständlich, daß ich meinen Teil dieses Schicksals trug.

Die binnendeutschen Lagergenossen sahen es anders. Sie fühlten sich persönlich ungerecht behandelt (was für viele sicher zutraf, denn es gab „automatischen Arrest" für bestimmte Dienstränge), sie neigten daher zu Trotzreaktionen, erklärten: Demokratie ist Mist, wenn man in ihrem Namen so mit uns umspringt, und sahen nicht, daß ein ganzes Volk, Gerechte und Ungerechte, sühnen mußte, was in seinem Namen geschehen war.

Ich sagte mir: Millionen der Besten liegen auf den Schlachtfeldern Europas und Nordafrikas oder sitzen in sibirischen Lagern. Da können wir es uns nicht leisten, auf tüchtige Leute, weil sie Nazis gewesen waren, zu verzichten. Verbrecher, die mochte man individuell und nach richterlichem Urteil bestrafen. Die anderen sollten schleunigst die Möglichkeit erhalten, am Aufbau mitzuwirken. Aber zu diesem Zweck mußten sie erst über ihren eigenen Schatten springen. Dazu wollte ich einen kleinen Beitrag leisten.

Wir hatten einen Lagerausschuß, der sich um die „Lagerhochschule" und kulturelle Veranstaltungen kümmerte. Dort bot ich an, einen Vortrag zu halten. Titel? „Die Deutschen und der Kompromiß. Gedanken zur Politik". Man war ein wenig überrascht, stimmte aber zu. Die Turnhalle war an dem Abend gut gefüllt. Viel Abwechslung gab es im Lager nicht, und man wollte hören, was der komische Vogel zu sagen hatte, der sich in Rußland, Hawaii und China herumgetrieben hatte.

Meine Argumentation: Ich bin für ein demokratisches Deutschland. Im Unterschied zu einer absoluten Monarchie oder einem totalitären Führerstaat setzt eine Demokratie die Fähigkeit zum Kompromiß voraus. Die haben wir Deutschen bisher nicht entwickelt. „Auf den Höhe- und Knotenpunkten unserer Geschichte erschallte oft der Ruf ALLES ODER NICHTS, SIEG ODER TOD, und durch die Jahrhunderte hören wir sein düsteres Echo: ... NICHTS, ... TOD." Vom grimmen Hagen, der König Etzels Kind erschlug, um jeden Kompromiß mit den Hunnen auszuschließen, womit er die Burgunden dem Untergang weihte, zog ich die Linie bis Stalingrad und zur Katastrophe des Deutschen Reiches – lauter Akte der deutschen Neigung zur Kompromißlosigkeit von apokalyptischem Ausmaß. Dem Häuflein der Burgunden brachte die Lösung ALLES ODER NICHTS raschen Tod und Unsterblichkeit. Wer aber 80 Millionen Deutschen diese Parole aufzwingt, der übersieht, daß es außer ALLES ODER NICHTS noch ein Drittes gibt – die Niederlage mit allen ihren jahre- und jahrzehntelangen Folgen, wie wir sie jetzt und noch in weiteren Generationen erleben.

„Der Zeitpunkt wird kommen", schloß ich, „wo wir gemeinsam mit andern Völkern und nur durch Kompromisse mit ihnen die Zukunft unseres Volkes gestalten müssen. Von vier Mächten besetzt, müssen wir die in ihnen zum Ausgleich bereiten Kräfte unterstützen und nicht einen Konflikt verschärfen; sollte er zum Ausbruch kommen, müßte vielleicht die eine Hälfte des deutschen Volkes gegen die andere kämpfen."

Einige Male spürte ich, während ich sprach, Unruhe im Saal, und der Schlußbeifall war gedämpft. Aber es war auch niemand wütend aufs Podium gestürmt. Einige kamen und drückten mir die Hand. Die anderen gingen still – und wie ich hoffte, nachdenklich – in ihre Schlafräume.

In der Lagerhochschule gab ich dreimal die Woche „Englische Konversation". Alle Englisch-Kurse waren überfüllt, auch der meine, denn jedem war klar, daß jetzt Englisch die Weltsprache war. In dem stickigen Raum halb unter der Erde (die Fenster waren wegen der Kälte geschlossen) saßen und standen die Männer Kopf an Kopf in den sonderbarsten Aufzügen – in alten Wehrmachtsuniformen, ehemaligen amerikanischen Rot-Kreuz-Jacken, braunen Khaki-Mänteln; diese waren bunt gefärbt (Deutsche durften kein Khaki tragen) und dadurch zum Teil auf Knabengröße geschrumpft.

„Gentlemen", sagte ich (auch das weitere vollzog sich in Englisch). „Wir machen heute Konversationsübungen. Ich bitte die ersten beiden vor die Klasse."

Zwei kamen nach vorn. Den Jüngeren forderte ich auf, seinen Partner, einen Graukopf mit listigen Augen, um die Hand der Tochter zu bitten. Dies geschah unter dem verständnisvollen Gelächter im Raum.

„Die beiden nächsten", sagte ich. Zwei hoben die Hand. „Ihre Namen?"

„Schober."

„Bergmann."

„Schön. Sie, Herr Schober, sind Vorsitzender eines Sportvereins und besuchen Herrn Bergmann, um ihn zum Eintritt in den Verein zu bewegen. Bitte kommen Sie nach vorne und fangen Sie an."

Die Männer, beide in den Zwanzigern, ehemalige Offiziere nach ihrer Uniform zu urteilen, erhoben sich, um vor die Klasse zu treten. Und jetzt erst sah ich zu meinem Schrecken, daß mir ein böser Fehler unterlaufen war. Bergmann bewegte sich mit Mühe an Krücken, er hatte nur ein Bein. Wie dumm von mir, nicht an eine solche Möglichkeit zu denken! Sollte ich den beiden eine andere Aufgabe stellen, um die Grausamkeit des Spiels abzuwenden? Aber ehe ich Zeit hatte, etwas zu sagen, waren die beiden vorne angelangt, und schüttelten sich die Hände.

„Good morning, Kamerad Bergmann", sagte Schober und sprach englisch weiter. „Wir haben uns lange nicht gesehen, das letzte Mal, wo war es – in den Ardennen?"

„Richtig, dort war's. Wie geht's bei dir?"

„Na, so-so. Aber ich will dir sagen, warum ich kam. Wir leben in schweren Zeiten. Man muß sich gesunderhalten, wenn man durchkommen soll. Nichts Besseres dafür als Sport. Stimmt's?"

„Ja, du hast recht. Sport ist eine ausgezeichnete Sache."

Bergmann sprach ruhig und ungezwungen, ohne jede Bitterkeit in der Stimme. Offenbar war er entschlossen, die ihm von mir zugewiesene Rolle zu spielen. Ich atmete auf. Spannung bemächtigte sich der Zuhörer.

„Das ist schön", sagte Schober, „darum bin ich hier. Ich möchte dich bitten, unserem Verein beizutreten, einem Segelverein, dessen Vorsitzender ich bin. Wie sind nämlich dabei, für unser neues Boot eine neue Mannschaft zusammenzustellen. Was wir dringend brauchen, ist ein Steuermann. Du warst ein tadelloser Luftwaffen-Pilot. Eine Yacht zu steuern, wird dir ein Kinderspiel sein, trotz fehlendem Bein, und dir sicher Freude machen. Wir müssen jemand wie dich haben, wenn wir die nächsten Rennen gewinnen sollen. Tust du uns den Gefallen?"

Schober sprach fast liebevoll. Nichts wies darauf hin, daß es ihn Mühe gekostet hatte, diesen taktvollen Ausweg zu finden.
„Sehr freundlich von dir, Kamerad Schober, daß du an mich gedacht hast", sagte Bergmann mit einem fast kindlichen Lächeln, während er sich auf seine Krücken stützte und zu dem einen Kopf größeren Kameraden aufblickte. „Ich hatte nie daran gedacht, auf Yachten zu segeln. Vielleicht hast du recht. Ich will's mir überlegen. Besuch mich nächste Woche, dann besprechen wir es noch einmal. Auf Wiedersehen."
„Auf Wiedersehen, Kamerad Bergmann."
Wieder ein Händedruck. Dann humpelte Bergmann, von Schobers fester Hand gestützt, auf seinen Sitz zurück.
Das war mein schönstes Erlebnis im Lager 74.

Früh am nächsten Morgen wurde ich zum stellvertretenden US-Lagerkommandanten, Major A. P. Dahl, gerufen. Er drückte mir mein Entlassungspapier in die Hand. Auf dem stand in der unnachahmlichen Kürze der englischen Sprache: „Screened and cleared", zu deutsch: Überprüft und als unbelastet befunden. (Das damals so wichtige „Nicht betroffen" der Spruchkammer Ludwigsburg folgte am 24. Januar 1947.)
Die zurückbleibenden 18 „Chinesen" kamen, mir die Hand zu drücken; sie gönnten mir, denke ich, daß es endlich soweit war. Ich packte meine „Klamotten" zusammen (schon hatte ich mir die Landsersprache angewöhnt), und ab ging's zur Wartburg. Kurz informierte ich dort die wartenden Frauen über den neuesten Stand. Dann rannte ich über die Geleise zum Haus Franck, obgleich ich wußte, daß Enid um diese Zeit in der Militärregierung arbeitete.
Aber sie war daheim. Zufällig hatte sie einen freien Vormittag. Es war der 21. November 1946, der glücklichste Tag unseres Lebens. Fortan würden wir ihn, beschlossen wir, vor allen Feiertagen begehen.

53. Kein Jahr Null

Schon am Tage nach der Freilassung fuhr ich von Ludwigsburg nach Stuttgart. Der Blick aus dem Fenster der Vorortbahn zeigte schreckliche Wunden im vertrauten Stadtbild. Aber der Stuttgarter Bahnhof, im Ersten Weltkrieg gebaut und noch immer der schönste Deutschlands, hatte sich gut gehalten; der steinerne schwäbische Ritter mit dem Stauferschild grüßte mich in der Halle. Der Marsch durch die vom Trümmerschutt umsäumten Straßen war quälend. Jedes Gebäude kannte ich von früher Jugend; kaum eines war heil geblieben.

Doch für Tränen war jetzt nicht die Zeit. In diesem von fremden Mächten besetzten Land mit einer weithin verzweifelten und verbitterten, um Millionen Tote und Gefangene trauernden Bevölkerung, muß es tausend Dinge geben, dachte ich, die getan werden müssen, und nur wenige können so unversehrt wie ich ans Werk gehen. Meinen eigenen kleinen Beitrag sah ich in der doppelten Aufgabe, die Außenwelt in das jämmerlich geschrumpfte, jahrelang von der übrigen Welt abgeschnittene Vaterland hereinzubringen und Informationen über Deutschland nach draußen zu tragen. Erst aber mußte ich unter meinen im Feuerofen der Hitler-Zeit und des Krieges veränderten Landsleuten wieder heimisch werden. Dreizehn Monate gab ich mir dafür, um mich nach dreizehn Jahren wieder in der Heimat zurechtzufinden.

Ich ging durch das zertrümmerte Stadtzentrum, über den Schloßplatz zum Eberhard-Ludwigs-Gymnasium, dessen Stümpfe in der Steinwüste kaum auszumachen waren, über den Steinbruch, der einst der Marktplatz gewesen war, durch unseren früheren Einkaufsbezirk an der Olga-Ecke. Dann machte ich hintereinander drei Besuche, die sich während der folgenden Jahre für mich als wichtig erweisen sollten.

Erst stieg ich auf den „Staffeln", den für Stuttgart so charakteristischen Treppen, die überall aus dem Talkessel auf die Höhen führen, zur Stafflenbergstraße empor. In einem Haus, das von den Bomben verschont geblieben war und einst der studentischen Verbindung mit dem fröhlichen Namen „Hilaria" gehört hatte, befand sich das Hauptquartier des „Hilfswerks der Evangelischen Kirchen in Deutschland".

Eines Tages hatte ich – noch auf dem Asperg – einen Brief aus diesem Hause bekommen. Ich möge, hieß es da, sobald ich wieder frei sei, zu einer Unterredung ins Hilfswerk kommen. Unterschrift: Eugen Gerstenmaier. Diesen Namen hatte ich nie zuvor gehört. Aber „Hilfswerk" – das klang gut und zeitgemäß.

Gerstenmaier empfing mich in seinem Arbeitszimmer im ersten Stock. Er sah so aus, wie einer aussehen mußte, der, wie ich bald erfuhr, von der Rauhen Alb stammt. Von stämmiger Statur mit kräftigem Händedruck, das Auge drängend und prüfend. Er sagte:

„Willkommen im zerstörten und verfemten Vaterland. Sie kennen mich nicht, obgleich wir beide das Abitur im Eberhard-Ludwigs-Gymnasium gemacht haben und dem Jahrgang 1906 angehören; aber nach der Realschule machte ich eine kaufmännische Lehre durch und mußte dann die verlorenen Schuljahre nachholen. Als ich ins ELG kam, waren Sie schon über alle Berge, doch hörte ich über Sie und saß einmal in München in einem Hörsaal der Universität, als Sie einen Vortrag über Ihre Zeit im Bergwerk hielten. Zuletzt stieß ich auf Ihren Namen, als mir mein Freund Adam von Trott über seinen Besuch bei Ihnen und Ihrer Frau auf Hawaii erzählte, und noch einmal, als er Ihnen 1941 das Telegramm schicken ließ, auf Grund dessen Sie von Hawaii nach Schanghai übersiedelten. Über die Toten sprechen wir ein anderes Mal. Heute geht es um die Zukunft. Wollen Sie bei uns mitarbeiten?"

Gerstenmaier winkte mich ans Fenster, wies mit der Hand auf das zerstörte Stuttgart zu unseren Füßen. Dann entwarf er mir in raschen Strichen das Bild seiner Organisation. „Das Hilfswerk", so schloß er, „ist eine der größten internationalen Hilfsorganisationen, die es je gegeben hat, und es ist – heute schon nicht mehr ganz selbstverständlich – gesamtdeutsch, zudem mit engen Verbindungen zum Ausland, nicht zuletzt nach Amerika." Ich sagte zu.

Die Glocke für das Mittagessen ertönte, und er nahm mich mit. Der Eintopf wurde von allen Mitarbeitern des Hilfswerks gemeinsam eingenommen. An der Wand ein Plakat: DEIN Reich komme. Ein kurzes Tischgebet. Dann sprach man wieder über die Arbeit. Einmal kam jemand eilig mit einem Zettel zu Gerstenmaier. Dieser las ihn durch und verkündete dem ganzen Raum befriedigt: „Die Baumwoll-Ladung aus Manila ist abgegangen. In vier Wochen wird sie in Bremerhaven eintreffen."

Erst später verstand ich, was diese Worte und was die Gespräche bedeuteten. Aber von Anfang an gefielen mir die Leute, die dort an den Tischen saßen. Sie kamen, wie ich bald merkte, von überallher: junge Truppenoffiziere, die der Gefangenschaft entkommen waren, Insassen deutscher KZs, Pfarrer, Kaufleute, Diplomaten – eine „gemischte Kompanie", eine „männlich kämpfende, brüderliche Gemeinschaft", wie Gerstenmaier sagte. Unter den ehemaligen Diplomaten saß da auch mein alter Schulkamerad Georg Federer, dessen Chorführer ich gewesen war bei einer Schüleraufführung der „Braut von Messina".

Schon im August 1945, auf der ersten evangelischen Kirchenversammlung nach Kriegsende, hatte Gerstenmaier den Plan eines Hilfswerkes vorgetragen, den er sich ausgedacht hatte, als er im Zuchthaus saß – wegen Beteiligung an der Verschwörung vom 20. Juli 1944 gegen Hitler. Für die Hilfsaktionen in großen Ausmaßen, sagte er dort, die von seiten der westlichen Kirchen, vor allem Amerikas, zu erwarten seien, müsse eine deutsche Organisation bereitstehen. Die Kirchenversammlung stimmte zu und beauftragte ihn, sie zu errichten und zu leiten.

Gerstenmaiers Richtlinie: Hilfe wird ohne Ansehen der Person gewährt und zwar ausschließlich nach der Dringlichkeit der Not, unabhängig davon, ob einer ein „guter Protestant" oder ein „böser Nazi" gewesen war. Allgemeine Nothilfe (wie Kinderspeisung) und kirchlicher Wiederaufbau (etwa der Bau von dreißig Notkirchen in zerstörten Städten) werden gleichermaßen in Angriff genommen. Hilfe von draußen und Selbsthilfe sind zu kombinieren; Gerstenmaier erbat bei den ausländischen Spendern z. B. nicht Decken, sondern Wolle und Baumwolle, aus denen deutsche Arbeiter Decken fabrizierten, nicht fertige Gesangbücher, sondern Papier, noch besser Zellulose, um erst das Papier, dann die Gesangbücher in Deutschland herzustellen. Gerstenmaier sprudelte von Ideen.

An Vorwürfen aus konservativen Kirchenkreisen hat es nicht gefehlt: Das Haus in der Stafflenbergstraße, hieß es, sei keine kirchliche Institution, sondern ein Handelshaus. Aber Gerstenmaier ließ sich nicht beirren. Mit stupender Energie und kräftigen Ellenbogen setzte er sich durch. Millionen in Deutschland verdanken ihm ihre Aufrichtung aus tiefer Mutlosigkeit, ihre Gesundheit, wenn nicht ihr Leben. Vier Jahre ehe es eine Bundesregierung gab, war Gerstenmaier ein Sprecher Deutschlands, als solcher wurde er auch vom US-Präsidenten Truman empfangen.

Mein zweiter Weg führte mich in die Reinsburgstraße, in die Redaktion der Monatsschrift „Stuttgarter Rundschau". Im Lager 74 hatte ich ein Exemplar in die Hand bekommen und heißhungrig verschlungen, um zu erfahren, was man in Deutschland, in diesem Fall in Stuttgart, dachte und schrieb. (Druckerzeugnisse waren damals rar hierzulande, nicht nur im Lager.) Der Name eines Redakteurs, Konsul Henry Bernhard, war mir vage bekannt; den des anderen, Fritz Eberhard, hatte ich nie zuvor gehört.

Beide Herren teilten sich ein kleines Zimmer. Bei ihnen stieß ich auf Interesse an meinen Auslandserfahrungen. Sie waren weltpolitisch versiert: Bernhard war viele Jahre Privatsekretär Stresemanns in Berlin gewesen, hatte bis 1933 dem Auswärtigen Dienst angehört und danach u. a. im Pressebüro bei Daimler gearbeitet. Eberhard hatte als Sozialdemokrat die Hitler-Jahre in England verbracht. Wie Gerstenmaier sprachen auch die beiden Herren in der „Stuttgarter Rundschau" mehr von der Zukunft als von der Vergangenheit.

Drittens marschierte ich in die Dillmannstraße, wo sich damals das Kultusministerium Württembergs befand. Hier besuchte ich Theodor Bäuerle; er hatte mir in den zwanziger Jahren manchmal aus der von ihm verwalteten Markelstiftung etwas zukommen lassen und auch danach meinen Weg freundschaftlich verfolgt. Als überzeugter schwäbischer Demokrat hatte er in den Hitler-Zeiten Schwierigkeiten durchzumachen; jetzt war er Ministerialdirektor. (Noch im gleichen Jahr sollte er Kultusminister werden.) Er erzählte mir, daß er dringend Menschen mit pädagogischen Interessen und ohne politische Belastungen suche; viele Lehrer seien im Laufe der Jahre der Partei beigetreten, andere gefallen oder noch in Gefangenschaft. Bald wolle er mir konkrete Vorschläge machen. Und er hielt Wort.

Zu Enids und meiner allergrößten Überraschung hatten wir schon wenige Tage nach dem Eintreffen auf deutschem Boden erfahren, daß – jedenfalls zunächst – die Frage, die uns auf der „Marine Robin" solches Kopfzerbrechen bereitet hatte, gar nicht bestand, die Frage: „Wovon sollen wir leben?" Wir waren nämlich reich, weil wohlversehen mit Deutschlands neuer Nachkriegswährung.

Aus Freude, es nicht mit Werwölfen zu tun zu haben, und in der Hoffnung, uns durch ein gewisses Maß an Zufriedenheit auch weiterhin brav zu halten, hatte uns Oberst Lattimore erlaubt, im amerikanischen Schiffsladen, PX genannt, einzukaufen. Zum Vergnügen des PX-Marketenders hatten wir seinen Laden vor Bremerhaven bis auf den letzten Zwirnsfaden geleert. Obgleich keine Raucher, hatten Enid und ich – wie alle anderen – zu den niedrigen PX-Preisen auch amerikanische Zigaretten gekauft, in „Stangen" zu je 10 Päckchen. Die 19 „Stangen", mit denen wir an Land gingen, enthielten also 3800 Zigaretten. Rasch lernten wir, daß wir in ein Land mit einer höchst ungewöhnlichen Währung gekommen waren: Die Zigarette hatte die Rolle des Geldes übernommen! Einen elektrischen Herd zum Beispiel, den jemand in seiner Privatwerkstatt zusammengebastelt hatte und der uns jahrelang gute Dienste leisten sollte, erwarben wir für ein einziges Päckchen. Für eine einzige „Stange" lebten wir fast einen Monat, bescheiden aber keineswegs im Elend.

Da aber unsere Zigaretten eines Tages zur Neige gehen mußten, hörte ich mich nach einer anderen Einnahmequelle um und gelangte an die Morrison School. Die englische Sprache war damals (vor allem in der US- und der britischen Besatzungszone) große Mode, und zu den vielen Institutionen, die alle auf dieser Welle ritten, gehörte eine kurz zuvor ins Leben getretene Sprachschule mit dem wohlklingend angelsächsischen Namen Morrison School. Einen Mr. Morrison gab es zwar nicht, aber Curt Zischkau, ihr tüchtiger und einfallsreicher Gründer, eröffnete im Raum Stuttgart eine Zweigstelle nach der anderen und beschäftigte schließlich drei Dutzend Lehrerinnen und Lehrer. Meine Aufgabe bestand darin, die Lehrbriefe der Morrison School zu überarbeiten, ehe sie vervielfältigt und im Unterricht verwendet wurden. Durch einen Vertrag vom 14. Februar 1947 wurde ich zum 1. März als „Wissenschaftlicher Berater" mit einem Monatsgehalt von 300 Reichsmark angestellt; außerdem erhielt ich für jeden Lehrbrief, der verkauft wurde, einen Pfennig. Da bald über 50000 Lehrbriefe monatlich abgesetzt wurden, machte das noch einmal 500 Reichsmark aus. Ich kam mir so reich vor, daß ich zum 1. April 1947 eine Privatsekretärin einstellte. (Diesen sehr nützlichen Luxus habe ich mir bis heute geleistet.)

Wie so vielen Nachkriegsblüten war auch der Morrison School keine lange Lebensdauer beschieden, sie starb an der Währungsreform. Solange es in den Läden nichts zu kaufen gab, lernte man Englisch. Jetzt gab es wieder etwas zu kaufen. Aber inzwischen hatte ich, wie noch zu berichten ist, auch ein Einkommen aus Tätigkeiten, die mich mehr befriedigten.

Wie kommt es, daß viele Deutsche mit solcher Genugtuung (für mich würde ich sagen: mit soviel Freude) an jene ersten Nachkriegsjahre zurückdenken – trotz dem Anstehen vor leeren Läden, dem Frieren in vollgestopften Wohnungen, dem lebensgefährlichen Fahren mit klammen Händen auf den Trittbrettern überfüllter Züge, der Jagd nach unzähligen Bescheinigungen aller Art, die man zum Leben brauchte?

Ich glaube, ich weiß die Antwort. Jeder kannte damals den „Sinn des Lebens". Frau und Kinder durchzubringen, mit eigenen Händen die Trümmer zu beseitigen, einen Beruf aufzubauen, Verwandten und Freunden zu helfen, wie diese einem selbst halfen. Überall sprießte die Eigeninitiative. Das Erfolgserlebnis, das, wie uns die Psychologen lehren, zum menschlichen Glück so wichtig ist, hatte man ständig: Ein wieder aufgetauchter Freund, ein paar Scheite Holz aus dem Wald, ein Säckchen Kartoffeln von einem Bauern, bei dem man vor Jahren in der Sommerfrische gewesen war, ein Buch, auf grauem Papier gedruckt aber doch lesbar, ein Döschen Nescafé aus dem Ausland, der erste Kugelschreiber (meiner erreichte mich aus Kalifornien) – jeden Tag kam etwas dazu und, wenn nicht, dann kam es sicher morgen. Und es war kein Krieg. Das Leben war schwierig und zugleich sehr einfach und klar. So blieb es noch bis in die fünfziger Jahre.

54. Die ersten sieben Schritte

Am Abend jenes ersten Tages in der Freiheit, an dem ich Gerstenmaier, Eberhard und Bäuerle kennengelernt hatte, waren Enid und ich, mit dem Hohenasperg und dem Frauenlager 77 in Sicht, noch lange durch die autoleeren Straßen Ludwigsburgs gegangen, um über die weitere Zukunft zu beraten. In unserem Zimmer überarbeitete ich dann noch einmal meine schon auf der „Marine Robin" aufgestellte Dringlichkeitsliste; ich strich einige Punkte, fügte andere hinzu. Es blieben sieben Aufgaben, die ich mir selbst stellte und in den kommenden Jahren abhaken zu können hoffte.

1. *Wen gibt es noch?* Während der ersten Wochen im Franck-Hause schrieb ich viele Briefe und Postkarten an Verwandte, Freunde und Bekannte, deren Adressen ich ausfindig machen konnte. Typisch war die Antwort, die ich von meinem ehemaligen Moskauer Kollegen Arthur W. Just von der Ostsee erhielt, wohin das Schicksal ihn und seine Frau verschlagen hatte. In dem engzeilig und fast ohne Rand geschriebenen Brief (selbst schlechtes Papier war Mangelware) erteilte er mir Auskunft über sechzehn Personen, nach denen ich gefragt hatte. Manche waren gefallen, manche noch in Gefangenschaft. Über andere berichtete er: „Otto ist ein großer Mann geworden, eine Art Staatssekretär. Dirksen [vormals Botschafter in Moskau] hat *alles* in Schlesien eingebüßt. Herrnstadt [der eine Weile das ‚Berliner Tagblatt' in Moskau vertreten hatte] ist Chefredakteur der kommunistischen ‚Berliner Zeitung'. Unser lieber Baum [von dem schon die Rede war] hat in Krakau seinem Leben ein Ende gemacht, weil er unsere Greuel in Polen nicht mitansehen konnte."

Meine neu angelegte „Anthropothek", wie ich seit der Schulzeit meine Namenskarteien vornehm nannte, schwoll mit den Namen und Adressen der noch lebenden Freunde aus den Tagen der Schule, der Jugendbewegung, des Austauschdienstes, der ersten Berufe. Im August 1947 fand der erste Nachkriegs-Familientag der Heuss-Sippe im Hause eines nicht-ausgebombten Onkels statt (in Niefern bei Pforzheim), bald darauf ein Gedenktag für die Mutter, zu dem sich die Verwandtschaft bei Enid und mir versammelte.

2. *Wie kommt man wieder zusammen?* Meine private Suchaktion zeigte mir die geographische Zerstreuung der Deutschen. Die zerbombten Städte hatten sich entvölkert, Millionen waren evakuiert und oft an Orte verschlagen worden, von denen ich noch nie etwas gehört hatte. Zunächst suchte ich einige selbst auf, so den ehemaligen Staatssekretär im

Auswärtigen Amt, Ernst von Weizsäcker, in Rentin bei Lindau. Aber die Bahnfahrten waren so langwierig und mühsam, daß ich auf den Gedanken kam, auf mehrtägigen Treffen politisch lebendigen oder weit voneinander lebenden Menschen Gelegenheit zu bieten, Lage und Zukunft der Nation gemeinsam durchzudenken.

Gerstenmaier griff meinen Vorschlag auf. Wir wandten uns an Persönlichkeiten der verschiedensten politischen Richtungen (außer den Kommunisten, in denen wir Funktionäre der Sowjetunion sahen), die sich nicht dem Ressentiment oder der Resignation hingaben, sondern der Zukunft zugewandt waren. 1948 wurde das Jahr der Tagungen. Manche der Teilnehmer kamen zuerst nach Stuttgart. Dann fuhren wir, auf offenen Lastwagen stehend, zum Tagungsort. Einen solchen zu finden, war im zerstörten und übervölkerten Deutschland nicht leicht. Zwischen Anfang Juli und Ende November 1948 trafen wir uns im Schloß des Fürsten Fugger in Kirchheim/Schwaben; auf der Karlshöhe bei Ludwigsburg; auf Burg Rheinfels am Rhein; im Weinheimer Schloß (an der Bergstraße). Die Kernmannschaft bildeten jeweils die Mitarbeiter des „Hilfswerks", unter den übrigen Teilnehmern waren Männer wie Peter van Aubel, Geschäftsführer des Deutschen Städtetages; Paul Binder, südwürttembergischer Staatssekretär; Heinrich von Brentano, der spätere Außenminister; Thomas Dehler, der spätere Justizminister; Gerhard Fürst, Direktor des Statistischen Amtes in Wiesbaden; Günter Harkort, später Leiter der Wirtschaftsabteilung im Auswärtigen Amt; Theodor Heuss, der spätere Bundespräsident; Walter Jänicke, Bayrischer Staatsminister für das Flüchtlingswesen; Karl Mommer, vom Wirtschaftsrat in Frankfurt; Gerhard Weisser, Generalsekretär des Zonenbeirats der Britischen Zone und Dutzende andere. Zur Diskussion standen die meisten Großthemen Nachkriegs-Deutschlands: Deutsche Teilung, staatliche Entwicklung in den drei Westzonen, Währungsreform, Lastenausgleich, Außenpolitik. Die Diskussionen im Plenum und in kleineren Gruppen dauerten von frühmorgens bis tief in die Nacht.

Nachdem die schlimmste Not dank der Währungsreform von Juni 1948 überwunden war, regte sich allenthalben der Wille, ein Dach zu finden für die eigene Familie und für das Volk. Bis zu einem gewissen Grade übernahmen diese Tagungen, unsere und ähnliche, die von anderen einberufen wurden (im Schwäbischen noch vom Laupheimer und Aulendorfer Kreis), die Aufgabe des noch nicht bestehenden deutschen Parlaments. An der Tagung auf Burg Rheinfels beteiligten sich auch einige Mitglieder des drei Wochen zuvor zur Ausarbeitung des Grundgesetzes in Bonn eröffneten Parlamentarischen Rates. Zu den Anregungen, die wir ihnen für ihre Bonner Beratungen mit auf den Weg gaben, gehörte auch die Unterstützung der damals in der Luft liegenden Idee des „konstruktiven Mißtrauensvotums", das dann ins Grundgesetz aufgenommen wurde und wesentlich zur Stabilität der Bundesrepublik beigetragen hat.

Mit dem Zusammentritt des Parlamentarischen Rates, der Verkündung des Grundgesetzes im Mai 1949, und der Vorbereitung für die erste Bundestagswahl im August 1949 verlagerte sich die politische Diskussion von den Schlössern und Burgen in das Universitätsstädtchen am Rhein.

3. *Die Vorbereitung eines Friedensvertrages.* In meiner Naivität nahm ich damals an, es würde – ähnlich wie 1919 in Versailles – zu einem Friedensschluß mit richtigem Friedensvertrag kommen. Es traf sich günstig, daß ein „Deutsches Büro für Friedensfragen" ausgerechnet in Stuttgart gegründet (15.4.47) und ausgerechnet jenem Fritz Eberhard unterstellt wurde, den ich an meinem ersten Tag in Stuttgart in der Redaktion der „Stuttgarter Rundschau" kennengelernt hatte. Dort habe ich – neben der Arbeit im „Hilfswerk" – vom Sommer 1947 bis zum Sommer 1949 als Referent, insbesondere für Ostfragen, gearbeitet.

Ziel des Friedensbüros war die zügige Sammlung von Material, das zur Verteidigung deutscher Interessen auf einer Friedenskonferenz verwendet werden könnte. Ich sichtete, was zu diesen Fragen im Ausland, vor allem in der Sowjetpresse, zu finden war, und verfaßte kommentierende Denkschriften (u. a.: Das Außenministerium der UdSSR – Friedensvertrag und Räumung [Deutschlands durch die Besatzungsmächte] – Die Sowjetunion zur Ruhrfrage [Moskau verlangte ein Mitspracherecht im Ruhrgebiet] – USA, UdSSR und Präventivkrieg).

Manche Berichte wurden vervielfältigt und an interessierte Stellen verteilt, manche gedruckt. Die erste Ausgabe der „Mitteilungen" des Friedensbüros (20.10.47) bestand aus meinem Aufsatz „Lippmann contra Mr. X., inneramerikanische Diskussion über die US-Außenpolitik". Lippmann war jahrelang der bekannteste amerikanische Kolumnist und „Mr. X" das Pseudonym meines alten Freundes, des Ex-Botschafters in Moskau, George Kennan, der kurz zuvor einen der wichtigsten Aufsätze jener Jahre veröffentlicht hatte mit dem Kernsatz: „Die USA müssen den Russen mit unabänderlichem Gegendruck überall begegnen, wo sie Anstalten treffen, die Interessen einer friedlichen und stabilen Welt zu verletzen." Das war die berühmte „Containment"-Theorie.

4. *Kontakte zur Außenwelt.* Friedenskonferenz oder nicht – diese Kontakte waren auf alle Fälle erforderlich, vor allem natürlich zu den Be-

satzungsmächten, die über unser Schicksal entschieden. Das war nicht ganz einfach, weil diese voller Ressentiments gegen das „Volk von Nazis" steckten und die Amerikaner auf dem „Fraternisierungsverbot" beharrten (Amerikaner sollten sich mit den Deutschen nicht anfreunden, die „Fräuleins" natürlich ausgenommen). Mich erinnerte diese Haltung immer an die von Missionaren gegenüber Heiden.

Als erste durchbrachen die Perser diese Blockade. Eines Tages werden die Deutschen wieder obenauf sein, sagte man sich in Teheran, warum sollen *wir* sie als arme Sünder behandeln, wie es die Sieger tun? Sie schickten eine Handelsvertretung nach Deutschland, und zwar nach Stuttgart. (Irgendwo mußte sich diese ja niederlassen, und von Bonn war damals noch keine Rede.) Sie bestand aus einem erfahrenen Diplomaten namens Abdullah Entezam und zwei jüngeren Herren, Mansur und Hoveida. Man mietete eine unzerstörte Villa an der Weinsteige und lud erst Amerikaner, dann auch Deutsche ein. Wenn Deutsche kämen, ließen die Amerikaner melden, könnten sie selbst die Einladung nicht annehmen. „Das ist schade", sagten die Perser und luden uns ein. (Die Amerikaner kamen dann doch.)

Ich hielt mit den drei Persern aus Dankbarkeit weiterhin Fühlung, auch als sie Stuttgart längst verlassen hatten. Eines Tages wurde Entezam Außenminister, Mansur Ministerpräsident des Iran, Hoveida zunächst Finanzminister und, nach der Ermordung Mansurs durch radikale Studenten, selbst Ministerpräsident. Ich traf ihn noch oft im Iran und bei uns. Als sich über dem Schah drohende Wolken zusammenzogen, ließ er Hoveida fallen und schließlich als Sündenbock einsperren. So konnte Hoveida, als der Schah floh, das Land nicht verlassen. Als einer der ersten wurde er vor das „islamische Revolutionsgericht" gestellt. Ich sah im Fernsehen noch eine kurze Aufzeichnung von ihm vor einem Gericht, das ihn gar nicht zu Worte kommen ließ. Wenige Stunden später wurde er erschossen. Ihm, wie auch Entezam und Mansur, werde ich ihr deutschfreundliches Verhalten in den schweren Jahren nach Kriegsende nie vergessen.

5. *Neuschaffung einer deutschen Ostforschung.* Gerade jetzt, da wir das Land genau kennen mußten, dessen Divisionen vor den Toren von Lübeck, Kassel und Hof standen, gab es keine deutsche Ostforschung mehr. Die Ostforscher der zwanziger und frühen dreißiger Jahre waren, soweit Juden, emigriert oder ermordet (unter den letzteren zwei meiner persönlichen Freunde), soweit Deutsche, Russen oder Ukrainer zum Teil gefallen, zum Teil durch Verwicklung in Hitlers Ostpolitik in Verruf geraten. Die Zentren der alten deutschen Ostforschung waren, da sie im

Osten Deutschlands gelegen hatten, in sowjetische Hand gefallen. Als ich einen Überlebenden, der in Mainz eine neugeschaffene Professur erhalten hatte, in seiner Wohnkammer besuchte und nach der Materiallage fragte, lächelte er betrübt und wies auf sein Fensterbrett: „Die Bücher, die Sie hier sehen, sind alles, was ich für meine Arbeit in osteuropäischer Geschichte habe."

Eine neue deutsche Ostforschung mußte also schleunigst aufgebaut werden. Der Zufall wollte es, daß zwei der vier Generalsekretäre der früheren „Gesellschaft zum Studium Osteuropas" in Stuttgart lebten, dazu einige andere alte „Osteuropäer", darunter der um einige Jahre jüngere Hans Schumann, dem ich einst eine Hauslehrerstelle im Hause des Deutschen Generalkonsuls in Kiew, Andor von Hencke, vermittelt hatte, damit er an seiner Dissertation über die Kosaken arbeiten konnte. Nun war er Stadtdirektor für Schul- und Kulturangelegenheiten der Stadt Stuttgart. Unserer gemeinsamen Initiative glückte die Gründung einer Nachfolgegesellschaft, die von uns den nur wenig abgeänderten Namen „Deutsche Gesellschaft für Osteuropakunde" erhielt, ab 1950 die Zeitschrift „Osteuropa" herausgab und in allen Hochschulverwaltungen die Errichtung von Lehrstühlen für osteuropäische und russische bzw. sowjetische Forschung anregte. Vergleicht man den Stand von damals, den ich in einer Denkschrift darlegte (sie wurde 1950 in Deutschland in einem „Wissenschaftlichen Beitrag" des Marburger Herder-Instituts und in den USA in der „American Slavic and East European Review" veröffentlicht), mit der späteren Entwicklung, so wird man mit Befriedigung feststellen können, daß sich die deutsche Ostforschung wieder sehen lassen kann; qualitativ ist ihr heute nur die amerikanische überlegen.

6. *Bestandsaufnahme.* Was war uns überhaupt noch geblieben? Und was war hinzugekommen (an Menschen aus den Ostgebieten z. B. oder an Sozialproblemen)? In einer hessischen Außenstelle des Hilfswerks in Assenheim (wieder einem Schloß, weil diese infolge ihrer Abgelegenheit am ehesten unversehrt geblieben waren), stellte Gerstenmaier einige Räume für eine kleine Forschungsgruppe zur Verfügung, und bald lag eine 80seitige (auf schlechtem Papier vervielfältigte, aber lesbare) Schrift in DIN A4-Format vor. Auf deren erster Seite stand gemäß den damaligen Vorschriften: „Veröffentlichung auf deutsch, englisch, französisch unter der Zulassung Nr. US-W-1006 der Nachrichtenkontrolle der Militärregierung. Stuttgart im Juni 1947." 2500 Exemplare wurden rasch verteilt, die englischen gingen vor allem nach Amerika, als Hilfe für die dort besonders erfolgreiche Werbearbeit des Hilfswerks.

Diese Schrift, die wir „Die Lebensverhältnisse in Deutschland 1947" nannten, schilderte ohne Wehleidigkeit und mit nüchternen Zahlen die Lage bei uns. Sie sollte zu der Einsicht beitragen und tat es wohl auch: Deutschland, das Land in der Mitte Europas, ist ein Notstandsgebiet. Wenn es das nicht bleiben soll, muß man den Deutschen die Möglichkeit geben, ihre Initiative und Tatkraft zu entfalten, muß man also die Fesseln lockern, die ihre Bewegungsfreiheit hemmen. Diese These vertrat ich nach allen Seiten, auch in einem langen Brief an George Kennan vom 2. Mai 1948, mit dem ich nach seinem Mr. X-Artikel wieder in Kontakt getreten war; er war jetzt Chefplaner der US-Außenpolitik.

Als ein erster Versuch, die Lage in Deutschland darzustellen, war die Schrift viel begehrt. Auch ein Nachtrag mit neuen Zahlen war Anfang 1948 sofort vergriffen. Jetzt trauten wir uns mehr zu. Die „Assenheimer", wie wir uns nannten, die sich um der Sache, nicht um des täglichen Eintopfs willen zusammengefunden hatten, waren vorzüglich eingearbeitet. Von mir abgesehen, der ich zwischen Stuttgart und Assenheim pendelte (das Schloß lag zu Fuß eine Stunde vom Bahnhof Friedberg entfernt), bestand die Kernmannschaft im wesentlichen aus Hans Gerber, Ulrich Scheuner, Gerd Rinck (später allesamt Universitätsprofessoren, Scheuner auch Berater der Bundesregierung in Bonn) und Manfred Fauser (später Ministerialdirigent im Bundesfinanzministerium). Und über ganz Deutschland verteilt hatten wir erstklassige, damals noch stellenlose Mitarbeiter, die für gelegentlich übersandte Lebensmittelpakete ihren Sachverstand und ihre Arbeitsfreude einsetzten, um – oft in beschwerlichen Reisen – ihre Daten für Assenheim zu sammeln. Schreibpapier und Büroklammern mußten wir liefern.

Unser nächstes Ziel: ein „Deutschland-Jahrbuch". In Heinrich Schulte, dem Leiter des „Westverlags" in Essen, fanden wir einen großzügigen und verständnisvollen Verleger. Das „Deutschland-Jahrbuch 1949" erschien mit 502 Seiten im Lexikon-Format. Herausgeber: Klaus Mehnert und Heinrich Schulte. In insgesamt 53 Kapiteln und zwei Anhängen (Behörden; Persönlichkeiten) behandelten 88 Autoren die verschiedensten Aspekte von Politik, Wirtschaft und Kultur. Es war ein Produkt hingebungsvoller Zusammenarbeit von Menschen, die überzeugt waren, daß eine solche Bestandsaufnahme vordringlich war. Uns alle beflügelte überdies der Wille, in einer Zeit ständiger Vertiefung der deutschen Spaltung ein Werk zustande zu bringen, in dem das Wort Deutschland noch das ganze Deutschland umfaßte. Schon damals bedeutete es für viele West-Deutsche, wenn sie es überhaupt noch in den Mund nahmen, allein die Bundesrepublik.

Ein zweiter Band folgte als „Deutschland-Jahrbuch 1953", mit denselben Herausgebern im selben Verlag und in derselben Gliederung, nun schon 680 Seiten stark. Ein dritter Band ist nicht erschienen. Denn inzwischen gab es Bundesbehörden mit Pressereferaten und eine Fülle amtlicher Literatur. Ich war – und bin – der Meinung, daß ein Handbuch aus privater Initiative weniger dem Verdacht der Propaganda für die jeweilige Regierung unterliegt als entsprechende amtliche Publikationen. Aber gegen die mit Steuergeldern arbeitende staatliche Konkurrenz kamen wir nicht an. Unser „Assenheim" mußte aufgelöst werden.
7. *Das deutsche Fenster in die Welt.* Im Lager 74 hatte ich mit Schrecken gesehen, wie wenig selbst Leute in einst hohen Ämtern über die Lage draußen wußten. Aus diesem Grunde hatte ich Bäuerle bei meinem Besuch an jenem ersten Tag in der Freiheit gesagt, ich wolle in der Heimat zur Information über die Welt beitragen. Am liebsten täte ich es an einem Gymnasium, als Lehrer für Geschichte und Weltpolitik, aber in Anbetracht der Dringlichkeit unseres Anschlusses an den Gang der Welt wäre es wohl vernünftiger, die Lehrer zu unterrichten, um auf diese Weise eine raschere und breitere Wirkung bei der Jugend zu erreichen. Eine Institution dieser Art war damals im Planungsstadium. Daraus wurde die Lehrerfortbildungsakademie auf der schönen Comburg und dort hielt ich regelmäßig Vorlesungen über „meine" Themen.

Daß ich nach dreizehnjähriger Abwesenheit (freilich nicht als Emigrant, sondern als ein vorübergehend Abwesender in ständiger Verbindung mit der Heimat) innerhalb weniger Monate so viele Aufgaben übernehmen konnte, zeigt, wie arm das Land der Toten, Verwundeten und Gefangenen, der Internierten und Noch-nicht-Entnazifizierten damals war. Wer am Leben war, gesund und „screened and cleared", für den galt, was Eugen Gerstenmaier mir am ersten Tag in der Freiheit gesagt hatte: „Es ist alles kaputt. Was immer Sie machen, ist nützlich."

55. Die goldenen Jahre im Funk . . .

Enid versorgte unseren kleinen Haushalt in Stuttgart selbst. Aber jede Woche kam eine Putzfrau (so sagte man damals noch). Einmal hörte ich, wie diese jemanden, der an der Tür geklingelt und sie gefragt hatte: „Kann ich Herrn Mehnert sehen oder schafft er gerade?", mit den Worten beschied: „Der? Der schafft nia. Entweder reist er en dr Welt omanander oder er hockt drhoim ond liest Zeitong."

Mit dem zweiten Satz hatte sie den Nagel auf den Kopf getroffen: Ich war sehr viel auf Reisen und ich las sehr viele, auch ausländische Zeitungen. Aber zu „schaffen" hatte ich trotzdem, unter anderem für den Rundfunk. Merkwürdigerweise zuerst für den Bayrischen. Das war so gekommen: Unter den ehemaligen Angehörigen der Jugendbewegung, die sich nach dem Kriege in Stuttgart und anderwärts in Freideutschen Kreisen sammelten, traf ich einen Redakteur der 1946 in Stuttgart gegründeten „Wirtschaftszeitung". Im Juli 1949 bestellte er bei mir einen Aufsatz über die Sowjet-Wirtschaft. Rudolf Mühlfenzl, damals Wirtschaftsredakteur des Bayrischen Rundfunks, las ihn und telegrafierte: „Erbitte Ihre Mitarbeit für gelegentliche Kommentare des Wirtschaftsfunks." Die Bayern waren auf Draht: Schon elf Tage später sprach ich in München meinen ersten Wirtschaftskommentar, eine Woche später erhielt ich ein hochwillkommenes Honorar von DM 200 und vier Wochen danach wurde das im ersten Telegramm enthaltene Wort „gelegentlich" durch „regelmäßig" ersetzt. Danach sprach ich mehrere Jahre lang jeden zweiten Dienstag-Abend, unmittelbar vor den Nachrichten.

Anfangs fuhr ich zur Aufnahme nach München. Dann wurde der Süddeutsche Rundfunk gebeten, meine Kommentare zu überspielen. Der in Stuttgart dafür zuständige Spielleiter, Richard Bode, war ein passionierter junger Rundfunkmann, der sich in ungewöhnlich kollegialer Weise des um vieles älteren Neulings annahm. In einem Brief vom 4. November 1949 empfahl Bode dem zwei Monate zuvor zum Intendanten des Süddeutschen Rundfunks gewählten Dr. Fritz Eberhard, mich zur Mitarbeit zu gewinnen; er kenne mich, erklärte Bode, aus meinen Rußland-Aufsätzen in den frühen dreißiger Jahren.

Der Süddeutsche Rundfunk handelte ebenfalls rasch. Eberhard, derselbe, der im Friedensbüro mein Chef gewesen war, informierte den damaligen Chefredakteur Hanns Küffner und ab 1. Januar 1950 sprach ich jeden zweiten Samstagabend um 19.30 Uhr (für ein Honorar von je DM 250) einen 15 Minuten langen Kommentar „Zur Politik der Woche", im Wechsel mit der Leiterin der Auslandsabteilung des Senders, Valentine Miller. So rasch und unbürokratisch wurden damals in den noch kleinen und übersichtlichen Funkhäusern Entschlüsse gefaßt und in die Tat umgesetzt.

Mit Valentine Miller entwickelte sich rasch eine gute Zusammenarbeit. So blieb es, bis Frau Millers Arbeit in Stuttgart abrupt ein Ende fand – als Folge eines Ereignisses, das als Affäre des roten Lämpchens in die Funkgeschichte eingegangen ist. Im Rahmen einer recht populären Sendereihe „Vom Hundertsten ins Tausendste" wurde am 15. Februar 1953

ein Gespräch mit Professor Carlo Schmid im Studio 3 des Süddeutschen Rundfunks aufgezeichnet, das einige Tage danach gesendet werden sollte. Um den prominenten Politiker zu möglichst zwanglosen Äußerungen anzuregen, wurde auch Wein ausgeschenkt. Zur Gesprächsrunde gehörten Friedrich Sieburg und zwei Herren des Süddeutschen Rundfunks; als Moderatorin (so würde man das heute nennen) wirkte Frau Miller.
Während des ersten Teiles des Gespräches, das knapp zwei Stunden dauerte, brannte das berühmte rote Lämpchen, welches in jedem Studio dasselbe bedeutet: Achtung Aufnahme! Nach einer kurzen Abwesenheit Schmids wurde das weinbeschwingte Gespräch für die Dauer von zwei weiteren Stunden fortgesetzt. Das rote Lämpchen flammte wieder auf. In diesem zweiten Teil kam Carlo Schmid in Fahrt und machte recht ungewöhnliche Bemerkungen über SPD-Parteifreunde. Es fielen Ausdrücke wie „schon gar kein Mensch mehr", „olle Tunte", „letzter Dreck", „Steigbügelhalter".
Diese Äußerungen waren unbestritten, da sie sich auf dem Tonband befanden. Mehr noch: Die Worte Schmids waren über die sogenannte Ringschaltung auch in anderen Teilen des Funkhauses zu hören. Intendant Eberhard kündigte Frau Miller, die das Weiterlaufen des Tonbandes zwar nicht veranlaßt aber auch nicht verhindert hatte, wegen Beteiligung an schweren Beleidigungen, und diese klagte auf Rücknahme der Kündigung. Das Verfahren vor dem Arbeitsgericht zog sich monatelang hin. Besondere Bedeutung erlangte die Frage, ob Frau Miller nach einem bestimmten Kraftwort Schmids „höhnisch gelacht" habe, was diese verneinte und sich aus dem Tonband auch nicht eindeutig feststellen ließ, da an dieser Stelle mehrere gelacht hatten. Zum Schluß gab es eine gütliche Einigung: Frau Miller erhielt eine Abfindung und schied am 31. Dezember 1953 aus den Diensten aus. Einen Nachfolger erhielt sie nicht. Im Jahre 1976 ist sie gestorben.
Küffner hatte während der Affäre des roten Lämpchens den Süddeutschen Rundfunk verlassen. Sein Nachfolger wurde Fritz Malburg, ein umgänglicher und sachlicher, ruhiger Mann; die angenehme und problemlose Zusammenarbeit mit ihm sollte 23 Jahre, bis zu seiner Pensionierung, dauern. Für mich hatte sich durch diesen personellen Wechsel nichts geändert. Meine Kommentare alle zwei Wochen (seit den sechziger Jahren alle vier Wochen, immer am ersten Sonntag des Monats) waren eine feste Einrichtung, auch unter Malburgs Nachfolger Roderich Klett. Mehr als 500 habe ich inzwischen im Süddeutschen Rundfunk gesprochen.

Das Funkhaus war in der Anfangszeit ein kleiner Betrieb, in dem jeder jeden kannte – der Pförtner, der einen mit Namen begrüßte, die Frauen in der Kantine, die Spielleiter und Techniker, die Cutterinnen und natürlich die Sekretärinnen. (Als eine von ihnen den Mann durch einen Unfall verlor, nahm das ganze Haus Anteil und das halbe weinte.)
Wenn ich jene Nachkriegsjahre als die goldenen des Rundfunks bezeichne, so geschieht das aus einem ganz einfachen Grunde: Das Fernsehen existierte noch nicht. Die Beziehung der Menschen zu „ihrem" Rundfunk war so eng wie später nie wieder. Im Sendebereich des Südfunks liefen damals rund eine Million Geräte, in vielen Fällen von morgens bis abends. Das kam auch mir zugute. Noch heute wird mir manchmal erzählt: „Schon als Kind habe ich Sie alle vierzehn Tage gehört. Wenn Sie drankamen hieß es: ‚Klappe halten, Mehnert-Kommentar.'" Eine Frau hatte sogar, wie sie mir vor ein paar Jahren gestand, „Haue bekommen", weil sie die Klappe nicht hielt.
Zu der von mir angestrebten leichten Verständlichkeit trug bei, daß die Kommentare während der ersten Jahre keine Monologe waren, sondern – freilich erfundene – Gespräche mit einer Partnerin, die Rita Plum hieß und die ich in der Sendung „Frau Berger" nannte. Sie machte ihre Sache so gut, daß viele Hörer die „Gespräche" als echt empfanden. In Hörerbriefen konnte es manchmal heißen: „Zu der Frage, die Ihnen Frau Berger am Samstag stellte, möchte ich bemerken . . .". Durch ihre feinfühlige und professionell gekonnte Art hat Rita Plum zur Volkstümlichkeit der Sendung beigetragen. Vor einigen Jahren ist sie gestorben.
Ohne falsche Scham gestehe ich, daß mich die Arbeit an den Kommentaren sehr befriedigte. Sicher auch aus Eitelkeit, vor allem aber aus dem Gefühl heraus, genau das tun zu können, was ich mir für die Jahre nach der Heimkehr sehnlich gewünscht hatte: meine Landsleute über die Entwicklung der Weltpolitik und unseren Standort in ihr, so gut ich konnte, zu informieren. Und daß ich nicht irgendwo sprach, sondern im Sender meiner alten schwäbischen Heimat, erhöhte noch mein Vergnügen. Nicht ein einziges Mal hat mir der Süddeutsche Rundfunk dreingeredet, nie hat er das Manuskript vorher zu sehen gewünscht. Lediglich zwei Weisungen hatte mir Küffner zu Beginn auf den Weg gegeben: Keine Schleichwerbung und keine Flüche. Diese Schranken einzuhalten fiel mir nicht sehr schwer.
Unter den Publizisten war ich einer der ersten, die es nach draußen zog – über die Grenzen Europas hinaus. Geld hatte ich wenig und Zuschüsse für die weiten Reisen habe ich nicht erbeten und nicht erhalten. Die für mich damals unschätzbare Hilfe des Süddeutschen Rundfunks be-

stand darin, daß er alle Bänder, die ich von unterwegs schickte, ausnahmslos sendete und honorierte.

Die früheste große Nachkriegsreise führte mich schon Anfang 1951 rund 5000 Kilometer nach Algerien und Marokko. Nach der Rückkehr berichtete ich über Land und Leute, über Wirtschaft und Politik, über Gespräche mit deutschen Fremdenlegionären, die Spannungen zwischen Paris und dem Sultan von Marokko, über die Rolle der bis dahin wenig wahrgenommenen Berber, über ihre Burgen im Atlas-Gebirge.

Damals und auch später bemühte ich mich, das Interesse der Hörer durch ungewöhnliche Einfälle zu wecken (die mir manchmal das Stirnrunzeln der Kritiker eintrugen). In der ersten 45minütigen Afrika-Sendung zum Beispiel unternahm ich dies durch ein Interview mit einem Kamel, indem ich den auf Tonband aufgenommenen ausdrucksvollen Schreien dieses Tieres Aussagen zur Lage in Marokko unterlegte. Die Eindrücke mancher Auslandsreisen verarbeitete ich zu kleinen Hörspielen mit Schauspielern des Württembergischen Staatstheaters.

Auf meine Reisen gab mir der Süddeutsche Rundfunk ein Aufnahmegerät mit. Anfangs war es der „große Maihak", ein Ungetüm, das 16 Kilo wog und wegen seiner flüssigen Batterie wie ein rohes Ei gehandhabt werden mußte; sein jüngerer Bruder wog später noch ebensoviel, ließ sich aber wenigstens mit einer Trockenbatterie bedienen. Ich nahm alles auf, was mir vor das Mikrofon kam – Musik, Straßengeräusche, buddhistische Gebete, Politiker (darunter Staatschefs von Burma, Thailand und den Philippinen), und schickte ständig Bänder nach Stuttgart, die Dr. Malburg in allen nur denkbaren Sendungen, von Politik bis Kultur, unterbrachte.

An vielen internationalen Konferenzen nahm ich für den Rundfunk teil, so an der Berliner Deutschlandkonferenz (der Außenminister Amerikas, der UdSSR, Englands und Frankreichs) im Januar/Februar 1954, an der Genfer Korea- und Indochina-Konferenz, April bis Juli 1954, und am Genfer Gipfel über Deutschland im Juli 1955.

Das Größte, was der Süddeutsche Rundfunk für mich tat: daß ich ihn im Herbst 1955 während der Adenauer-Reise nach Moskau vertreten und wenige Monate später für ein halbes Jahr als erster – und zunächst einziger – deutscher Nachkriegskorrespondent in die Sowjetunion gehen konnte. Dr. Malburg leitete meine Sendungen an die anderen Anstalten weiter, so daß ich auf allen deutschen Wellenlängen zu hören war.

Da sich die Russen gegenüber der ersten deutschen Schwalbe höchst zuvorkommend verhielten, benützte ich meinen Aufenthalt zu Reisen bis nach Sowjet-Zentralasien und weiter bis zur chinesischen Grenze.

Im Sommer 1958 war Dr. Hans Bausch, ein junger schwäbischer Journalist und CDU-Landtagsabgeordneter, zum Intendanten gewählt worden. Der 62jährige Eberhard zog als Professor für Publizistik an die Freie Universität nach Berlin. Meine Mitarbeit war nun so eingespielt, daß für mich keine Änderung eintrat. Als ich 1961 nach Aachen übersiedelte, richtete mir der Südfunk in meinem neuen Institut für Politische Wissenschaft ein kleines Studio ein, aus dem ich während meiner elf Aachener Jahre die Kommentare sprach.

In jene Zeit fiel ein erster Kummer mit dem Funk. In den vorausgegangenen zwölf Jahren hatte ich eines gelernt: Infolge der zahlreichen Geschmacks- und Interessenrichtungen unter den Hörern, findet jede Sendung ihre Anhänger, ihre „Gemeinde", wie man beim Funk sagt – vorausgesetzt, daß sie über einen längeren Zeitraum regelmäßig ausgestrahlt wird. Meine Sendung kam jeden zweiten Samstagabend. Wer sie hören wollte, brauchte nicht ins Programm zu schauen, und viele Hörer richteten ihr samstägliches Abendessen so ein, daß es mit der Sendung und den anschließenden Nachrichten zusammenfiel. Die Regelmäßigkeit der Rundfunksendungen, nicht nur meiner, wurde um so wichtiger, je mehr sich infolge des Vordringens des Fernsehens die Bindung des Publikums an den Hörfunk lockerte. Die Funkhaus-Programmgestalter sahen das anders. Als ich im Oktober 1962 von einer Asienreise zurückkehrte, fand ich auf meinem Schreibtisch einen Stoß Briefe von verstörten Hörern und zahlreiche Zettel über Telefonanrufe. Alle protestierten gegen eine inzwischen erfolgte Änderung des Programms: Der Samstag-Kommentar war zugunsten einer Sportsendung vom Abend auf den Mittag verlegt worden.

Weltpolitik durch Sport ersetzen – das entspreche der Tendenz zur Volksverdummung, hieß es in den Briefen. Eine Lehrerin mobilisierte den Philologenverband zum Protest; am Samstag zur Mittagszeit seien ihre Schüler noch auf dem Weg nach Hause und könnten den gewohnten Kommentar nun nicht mehr hören. Eine Hausfrau schrieb: „Um die Zeit sind wir beim Mittagessen; unsere kleinen Kinder erschweren es uns, den Kommentar mit Aufmerksamkeit zu verfolgen." Dr. Bausch sprang mir bei. Die Sendung kam wieder auf den Samstagabend, allerdings nicht mehr auf die ideale Zeit um 19.45 Uhr, sondern um 18.05 Uhr.

Inzwischen hatte mir der neu errichtete Deutschlandfunk eine Chance gegeben, Hörer in anderen Teilen Deutschlands, vor allem in der DDR, aber auch im Ausland anzusprechen. Von Anfang an (seit dem Januar 1962) war ich auch dort weltpolitischer Kommentator, auch dort zu-

nächst vierzehntägig, dann alle vier Wochen am ersten Sonntag des Monats, natürlich jeweils mit einem anderen Thema als im Südfunk. Im Laufe der Jahre habe ich bei allen deutschen Sendern gelegentlich mitgearbeitet, auch bei den deutschsprachigen Sendern außerhalb der Bundesrepublik (in Österreich, der Schweiz, Belgien), und überdies auf Auslandsreisen häufig Rundfunk-Interviews oder -Kommentare, meist auf englisch, gegeben. Infolge der Bedeutung, die ich der Regelmäßigkeit zumaß, waren mir freilich die Kommentar-Reihen im Süd- und im Deutschlandfunk am wichtigsten.
Und doch – meine goldenen Rundfunkjahre gingen zu Ende. Eine mächtige Konkurrenz für den Funk trat auf den Plan.

56. ... und im Fernsehen

Das erste Wölkchen an meinem Rundfunk-Himmel hatte ich fünf Jahre nach meinem ersten Kommentar wahrgenommen. Nicht ohne Stolz hatte der Süddeutsche Rundfunk Anfang 1955 bekanntgegeben, in seinem Sendebereich gebe es bereits 5000 Fernsehteilnehmer. Damals galt Fernsehen noch als ein fast exotischer Luxus für einige wenige, aber es war klar: Es würde sich ausbreiten und dem Rundfunk eine ernste Konkurrenz bieten. Drei Jahre später, im Sommer 1958, verzeichnete der Südfunk schon 100 000 Fernsehteilnehmer.
Zu meiner Freude lud mich Werner Höfer zu etwa zwei Dutzend „Frühschoppen" ein. Diese Sendungen bereiteten mir großes Vergnügen. Aber meine wirklich goldenen Fernsehjahre kamen erst, als mich das ZDF zum regelmäßigen Kommentieren aufforderte. Beginnend mit der ersten Woche seines Bestehens setzte das ZDF für den Kommentar eine feste und zwar überaus günstige Zeit an: Samstag um 21.30 Uhr, zwischen Nachrichten und Sport, zudem mit einer lange Zeit unveränderten Besetzung von vier Kommentatoren, von denen jeder genau jede vierte Woche an die Reihe kam.
Für das ZDF begannen die Sendungen am 1. April 1963 (für mich am 6. April) in einer Baracke in Frankfurt-Eschborn; nach ein paar Monaten zog man in die Studios einer Filmgesellschaft nach Wiesbaden. Die Arbeitsbedingungen empfand ich als geradezu ideal. Zuständig für uns war der großzügige und sympathische Volker von Hagen. Aber jeder von uns vieren war Herr seiner Sendung und wählte das jeweilige Thema selbst aus, man brauchte es nicht einmal im voraus anzukündigen. Jeden vierten Samstag kam ich am frühen Nachmittag nach Wiesbaden,

überlegte mir meinen Kommentar nochmals auf einem Marsch durch den Taunus, fuhr ins Studio, wurde eingeleuchtet, hörte noch die im gleichen Raum gesprochenen Nachrichten, auf die ich dann Bezug nehmen konnte, und war dran. Während ich in die Kamera sprach, half mir die neben ihr aufgestellte große Uhr, nach 9 Minuten und 40 Sekunden zu enden. Am nächsten Morgen fuhr ich zurück nach Aachen.

Die sechziger Jahre – das war bei uns die erste große Fernsehzeit. Die Zahl der Geräte ging bald hoch in die Millionen, für die meisten ihrer Besitzer strahlte das Wunderwerk der Technik die Faszination eines neuen Spielzeuges aus, und in den Fernsehanstalten hatte noch keine Routine eingesetzt, kein selbstquälerischer Zweifel. Für uns vier aber führte der günstige Zeitpunkt und die eiserne Regelmäßigkeit zu jenem Erfolgserlebnis, das ich schon im Funk gekannt hatte.

Aber auch beim Fernsehen müssen sich die Herren in den oberen Etagen immer wieder etwas Neues einfallen lassen. Eines Tages war Schluß mit unseren Kommentaren. Einen gewissen Ersatz sollte die dann eingeführte, von Hans-Erich Koertgen geleitete Sendung „Fragen zur Zeit, Wissenschaftler kommentieren" bieten. So angenehm die Zusammenarbeit mit dem kultivierten, gleichmäßig freundlichen und nachdenklichen Koertgen war (er ist von dem begabten und rührigen Guido Knopp abgelöst worden), die neue Sendereihe hatte in meinen Augen zwei große Nachteile: Die einzelnen Beiträge wurden Monate vor ihrer Ausstrahlung festgelegt, Wochen vorher mit Angabe des Themas den Programmzeitschriften mitgeteilt und dann auch noch Tage vor der Sendung aufgezeichnet. Damit fehlte ihnen die Spontaneität der früheren Kommentare; von ihrer ganzen Anlage her mußten sie auf Aktualität verzichten, und gerade den aktuellen Kommentar hatte ich immer bevorzugt. Vor allem aber, und das war der entscheidende Nachteil: Es gab für die Mitarbeiter keinen festen Rhythmus mehr.

Das überzeugendste Beispiel für die Bedeutung der Regelmäßigkeit politischer Fernsehsendungen bietet der „Frühschoppen" Sonntag mittags. Auch wenn jedesmal „fünf Journalisten aus vier Ländern" auftreten, lebt er seit 1952 (bis weit hinein in die DDR und die Nachbarländer) von Werner Höfer und von der Gewißheit, daß diese Sendung jeden Sonntag pünktlich um zwölf Uhr beginnt. Der Frühschoppen, dieser Bestandteil des Sonntagsablaufs in Millionen Haushalten, ist von unschätzbarer Bedeutung für die außenpolitische Bildung der Deutschen. Er wäre es nicht, würde er ohne dieses eiserne Gleichmaß gesendet.

Das Stichwort „regelmäßig" war es auch, das mich zur prompten Zusage veranlaßte, als mir „Sonntag aktuell" (die gemeinsame Sonntagsausgabe

zahlreicher Zeitungen in Südwestdeutschland, Auflage Anfang 1981 fast eine Million) das Angebot machte, mit Beginn ihres Erscheinens im Mai 1979 alle vierzehn Tage eine Kolumne zu schreiben.
Mancher mag in meiner Vorliebe für publizistische Regelmäßigkeit nichts als einen Spleen sehen. Ich aber bin und bleibe allen denen dankbar, die Verständnis für sie gezeigt haben.

Mit einer Ausnahme sind meine Funk- und Fernsehkommentare rechtzeitig zu den Sendungen eingetroffen – aus Moskau, Peking, aus Vietnam und von den Fidschi-Inseln, kurzum aus allen Teilen der Welt und über alle Entfernungen hinweg. Das war nicht einfach, und mehr als einmal bin ich gefragt worden, warum ich mir seit über dreißig Jahren diese Mühe mache, da ich nun doch auch ohne das Funk- und Fernsehhonorar leben und reisen könnte. Die Antwort ist ganz einfach: Die Hörer und Zuschauer sind meine Familie. Die wenigsten kenne ich persönlich, viele freilich aus ihren Briefen. Unter diesen Briefen gibt es freundliche und streitsüchtige, schwärmerische und kritische, erschütternde und erhebende, anspornende und deprimierende.
Besonders glücklich war ich, als sich der „Erster Sonntag im Monat"-Rhythmus der Funkkommentare auch in der DDR einbürgerte. Das begann in den fünfziger Jahren, als ich jeden Herbst eindringlich zum Versand vom Päckchen „nach drüben" aufforderte und Hunderte von Päckchenwünschen aus der DDR erhielt, die ich an Westdeutsche weitergab, die mir ihre Bereitschaft zum Päckchenversand mitteilten. Manche der damals vermittelten Päckchen-Freundschaften haben Jahrzehnte gehalten. Ich bekomme auch Briefe aus der DDR von Menschen, die mir danken, daß ich oft Themen wähle, die sie drüben besonders beschäftigen. In ihrer Gesamtheit sind die Briefe aus dem Publikum mein Privatschatz. Ich zitiere nur einen, der mir besonders Spaß machte. Geschrieben wurde er von einer Frau aus dem anderen Deutschland während ihres Besuches im Westen:
„Ihre politischen Kommentare sind für mich und für viele hier die aufschlußreichste Sendung. Daß Sie im Westen existieren und sich zielsicher mit der Politik der Sowjetunion auseinandersetzen, erfuhr ich zum ersten Mal von dem russischen Politoberstleutnant Píssarew, der Ihre Sendungen verfolgte, sich ärgerte und doch gerne hörte. Viereinhalb Jahre habe ich als Dolmetscherin für ihn gearbeitet. Weil Sie heute abend so scherzhaft die Meinung Ihrer Putzfrau erzählten, bin ich so frei und erzähle Ihnen die Meinung des Oberstleutnants Pissarew. Er sagte: ‚Dieser Mehnert, er weiß viel und spricht ausgezeichnet Rus-

sisch', und nachbrummend fügte er respektvoll hinzu: ,Der Hundesohn'."

57. „Schmissiges Christentum"

An einem grauen Freitag im Februar 1949 besuchten mich drei Herren mit bekümmerten Gesichtern – drei Redakteure der im Vorjahr gegründeten Wochenzeitung „Christ und Welt": Wolfgang Höpker, Helmut Link und Paul Gerhardt. Die beiden ersten kannte ich seit 1934, als sie in der Redaktion der „Münchner Neuesten Nachrichten" arbeiteten, für die ich nach Moskau ging. Gerhardt war mir unbekannt. Er war der Wortführer.

Ihre besorgten Mienen, erklärte er, seien die Folge der kritischen Lage bei „Christ und Welt", und für diese nannte er drei Ursachen: den Ärger der amerikanischen Besatzungsmacht, weil das Blatt mehr politisch als kirchlich sei; Konflikte mit dem Verlag, der mit Blättern dieser Art keine Erfahrung habe; Spannungen in den Reihen der Redakteure.

In groben Zügen war mir die Geschichte des Blattes bekannt: Als Eugen Gerstenmaier erfahren hatte, daß eine der vielen Evangelischen Kirchen Amerikas eine namhafte Summe Dollars gestiftet hatte, um den Deutschen – wie schon geschildert – über das Hilfswerk 50 000 Gesangbücher zu schenken, bat er, für diesen Betrag lieber Zellulose nach Deutschland zu schicken. So geschah es. Deutsche Arbeiter machten Papier daraus und druckten die Gesangbücher – und dann war immer noch genug Papier übrig, um den Start einer Wochenzeitung ins Auge zu fassen.

Unter der Lizenznummer US-W-1138 erschien die erste Ausgabe (16 Seiten) am 6. Juni 1948. Die Währungsreform hätte dem Blatt ein paar Tage später fast wieder den Garaus gemacht. Aber die Krise wurde überwunden. Der Durchbruch war den Serien des hochbegabten Heinz Bongartz zu verdanken, der eine riesige, damals noch völlig offene Lücke im Informationsbedürfnis der Deutschen entdeckt und unter dem Pseudonym Jürgen Thorwald ausgefüllt hatte: Was war eigentlich im Dritten Reich geschehen? Thorwald schilderte, was bislang nur den unmittelbar Beteiligten bekannt war: so den von Hitler erzwungenen Selbstmord des Generalfeldmarschalls Rommel, die ersten Monate des Feldzugs gegen Moskau, die Katastrophen der Schiffe, die untergingen, während sie bei Kriegsende Tausende von Ostpreußen und Pommern zu retten versuchten. Diese Reportagen ließen im Spätsommer 1948 die

Zahl der wöchentlich verkauften Exemplare binnen weniger Wochen von 17 000 auf 68 000 steigen. Freilich, dann sank sie wieder auf 40 000, aber „Christ und Welt" hatte sich einen Namen erobert.
Das aber war es nicht, was sich die Amerikaner unter dem von ihnen lizenzierten Kirchenblatt vorgestellt hatten. Verärgert sahen sie, daß „Christ und Welt" auch sonst wider den Stachel löckte – etwa durch Kritik an den Nürnberger Prozessen. Immer häufiger bekam die Redaktion den Unmut der Amerikaner zu spüren. Höpker erzählte, wie eines Tages die ganze Redaktion zu einem US-Presseoffizier befohlen und abgekanzelt wurde. Als dieser die Möglichkeit eines Blattverbotes erwähnte, erklärten die Redakteure, das Verbot würde dem Blatt zur Ehre gereichen, und verließen ohne Gruß den Raum. So könne es nicht mehr weitergehen, meinten alle drei, als sie mich besuchten. Der langen Rede kurzer Sinn: Ich sollte die Leitung der Redaktion übernehmen.
Die Herren waren in einem Augenblick zu mir gekommen, als ich für einen Vorschlag dieser Art durchaus aufnahmebereit war. Wenige Wochen zuvor hatte ich eine schwere berufliche Enttäuschung. Am 6. November 1948 war unter der Chefredaktion von Dr. H. Zachaeus die erste Nummer der „Neuen Woche" in Frankfurt erschienen. Auf Einladung ihrer beiden Verleger, Helmut Kindler und Heinz Ullstein, war ich ihr als politischer Leitartikler beigetreten. Beflügelt von hohen Erwartungen hatte ich im ersten Heft eine programmatische Erklärung abgegeben: Die zunehmende Bereitschaft der Siegermächte, im vierten Jahr nach dem Ende der Feindseligkeiten zu fragen, was denn die Deutschen selbst über die politische Entwicklung denken, sei für uns von Belang, „wenn wir tatsächlich denken und uns nicht lediglich von der Strömung unklarer Gefühle hierher und dorthin treiben lassen. Soll die öffentliche Meinung nicht diktiert sein, so muß sie sich aus einem Laut-Denken des Volkes bilden. Solchem Laut-Denken wird diese Spalte dienen."
Einige Wochen lang hatte ich die erwünschte Gelegenheit zum Laut-Denken. Am 11. Dezember erschien die sechste Nummer. Gleichzeitig teilten die beiden Verleger sämtlichen Mitarbeitern mit, daß „Die Neue Woche" ihr Erscheinen einstellte. Ich empfand diese Pleite als eine Blamage ersten Ranges. In den Monaten vor dem Erscheinen hatte ich Dutzende von Freunden zur Mitarbeit gewonnen, manche hatten schon ihre Beiträge geliefert. Nun stand ich als Hochstapler vor ihnen, und im deutschen Blätterwald lächelte man spöttisch über das klägliche Ende der so selbstbewußt ins Leben getretenen Konkurrenz, die sich auf den großen Namen Ullstein gestützt hatte. In diese Zornesstimmung fiel der Besuch der drei Herren. Sie boten mir nicht nur wie „Die Neue Wo-

che“ den Posten eines Leitartiklers an, sondern den eines Chefredakteurs. Ich stellte eine Antwort bis zum nächsten Tag in Aussicht. Enid, mit der ich diesen Vorschlag besprach, hatte ein wenig Bedenken, ob das in Anbetracht meiner vielen Verpflichtungen nicht zuviel würde. Aber schließlich meinte sie mit ihrem bezaubernden Lächeln: „Du bist doch nicht zu bremsen. Außerdem scheint es dir zu bekommen.“ Also sagte ich zu.

Eine meiner ersten Aufgaben sah ich darin, den Ärger mit den Amerikanern auszuräumen. Zum Glück arbeitete in der Militärregierung des damaligen Landes Nordwürttemberg-Nordbaden der einstige amerikanische Austauschstudent Cecil Headrick, den ich bei meiner Suche nach „Ehemaligen“ gefunden hatte. Im Unterschied zu vielen anderen Angestellten der Militärregierung hatte er Deutschland vor dem Kriege als gebürtiger Amerikaner kennengelernt; daher war er mit keinen Komplexen behaftet. In einem mehrstündigen Gespräch unter vier Augen zählte er mir die schon bekannten Vorwürfe der amerikanischen Seite auf; die Militärregierung, sagte er, stehe dem Blatt mit größter Reserve gegenüber.

Meine Argumentation: „Die Beschäftigung des Blattes mit der NS-Vergangenheit dient nicht ihrer Verherrlichung (das gab Headrick durchaus zu), sondern der Aufklärung über sie. Der enorme, auch für die Redaktion völlig überraschende Erfolg der Thorwald-Serien hat gezeigt, daß die Bevölkerung über die letzten Jahre Authentisches erfahren will, und daß dieses durchaus verständliche und auch legitime Bedürfnis bislang in der von den Besatzungsmächten lizenzierten Presse nicht befriedigt wurde. Ständige Hervorhebungen der Greuel in den KZs und Vernichtungslagern ruft eher Verhärtung und Unbußfertigkeit hervor. Hingegen haben Thorwalds Serien zu Besinnung und Gesinnungswandel beigetragen – etwa seine dramatische Schilderung, wie Hitler Deutschlands populärsten Heerführer, den legendären Feldmarschall Rommel, erst schamlos zum Selbstmord zwang und dann heuchlerisch als großen ‚Feldherrn‘ feierte, oder sein Bericht über die ungeheuerlichen Fehler Hitlers während des Ostfeldzuges, die unzähligen deutschen Soldaten das Leben kosteten.“

Headrick sah dies ein. Da er gut Deutsch sprach und keine „missionarische Natur“ war, verstand er, daß die Deutschen in einer Wandlung begriffen waren, die freilich erst nach Kriegsende sichtbar wurde (sichtbar werden konnte), als der eiserne Zwang fortgefallen war, den Vormarsch der Russen ins Herz Deutschlands aufzuhalten.

Für die Zukunft stellte ich ihm in Aussicht: Die Enthüllungen über die

NS-Zeit würden bei uns an Bedeutung verlieren; sie waren nach dem Erfolg von „Christ und Welt" bereits Mode geworden, vor allem in den Illustrierten. – Der Nachdruck im Blatt würde auf dem Konstruktiven liegen; Themen gäbe es genug. – Unvermeidliche Konflikte mit den Besatzungsmächten, vor allem in Fragen der Demontage und der Besatzungskosten würden ruhig und anständig ausgetragen. – „Christ und Welt" solle das weltoffenste Blatt in Deutschland werden. „Wenn aber die zuständigen US-Stellen mich als Chefredakteur ablehnen", schloß ich, „so mögen sie mir dies schriftlich mitteilen. Ich würde dann zurücktreten; denn das Blatt gegen die Besatzungsmacht herauszugeben, wäre sinnlos."

Ein Protest gegen meine Übernahme der Redaktion erfolgte nicht.

Mein nächster Weg führte mich zu Paul Collmer, dem Leiter des Evangelischen Verlagswerkes, dem Verleger also auch von „Christ und Welt". Collmer, Jahrgang 1907, war ein Glücksfall für das Hilfswerk. Einst Mitglied der Jugendbewegung, hatte er sich aus bescheidenen Verhältnissen hochgearbeitet – ein Mann der studentischen Selbstverwaltung (in Tübingen) und des religiösen Widerstandes. KZ-Insasse in Dachau, von dort kurz vor Kriegsende in eine Strafkompanie an die Ostfront geschickt und in russische Kriegsgefangenschaft geraten, war Collmer seit seiner Jugend mit Gerstenmaier befreundet. Als unermüdlicher Arbeiter habe ich ihn bei vielen Sitzungen im Hilfswerk erlebt, immer mit dicken Aktenbündeln, in denen er las und im entscheidenden Augenblick immer das richtige Dokument fand, ruhig, aber stets wach (auch wenn er zu schlafen schien) und mit einem überlegten Urteil.

Zu Collmers vielen Aufgaben gehörte der Aufbau des von ihm 1947 mitgegründeten Verlages. Spannungen zwischen Verleger und Redaktion sind normal. Im Falle Collmers waren sie völlig überflüssig und ließen sich rasch beseitigen. (Da die zahlreichen wirtschaftlichen und politischen Betätigungen des Hilfswerks, die über das rein Karitative weit hinausreichten, der Kirche manchmal unbequem, ja unheimlich erschienen, wurden sie in den folgenden Jahren aus dem Hilfswerk ausgegliedert. 1951 entstand die – private – „Verlagsgesellschaft Christ und Welt" mit vier Gesellschaftern; der Stuttgarter Verleger Georg von Holtzbrinck beteiligte sich an ihr mit 50 Prozent der Anteile, Gerstenmaier übernahm 30, Federer 10 und ich borgte mir das Geld, um die restlichen 10 Prozent zu erwerben.)

Auch das dritte Problem, das mir von den drei Herren genannt worden war, erwies sich als lösbar: die Spannungen innerhalb der Redaktion. Sie verschwanden bald, vor allem wohl, weil die Redakteure selbst ihrer längst überdrüssig waren und den Wechsel in der Chefredaktion zum Anlaß nahmen, sie zu vergessen. Uns allen machte die Arbeit so viel Freude, daß wir sie für Gehälter verrichteten, die selbst für damalige Verhältnisse niedrig waren: Die Redakteure bezogen 550 DM brutto im Monat.

Der bedeutendste Kopf unter den Mitarbeitern war Dr. Giselher Wirsing. Ich hatte ihn Anfang der dreißiger Jahre auf Tagungen kennengelernt, als der Mittzwanziger mit Hans Zehrer und Ferdinand Fried das Dreigestirn der „Tat" bildete, die ich zwischen 1930 und 1933 für die interessanteste deutsche Monatsschrift hielt, und arbeitete dann aus Moskau für seine „Münchner Neuesten Nachrichten", deren Chefredakteur er geworden war. Lange wanderte er durch die Internierungslager der Britischen und Amerikanischen Zone. Sobald ihm das Briefeschreiben bewilligt wurde, trat er mit mir und mit „Christ und Welt" in Verbindung. Nach seiner Freilassung gab er zahlreiche wertvolle Anregungen, aus denen dann – zum Teil von ihm bearbeitete – große Serien wie „Forschung schafft Arbeit und Brot" erwuchsen. Auch seine Frau, Dr. Gisela Bonn, heute bekannt durch ihre Bücher und Fernsehfilme über Afrika und Asien, trat in den Kreis der Autoren. In intensiver Zusammenarbeit mit der Redaktion entwickelte der Verlagsleiter Erwin Haupt, ein einfallsreicher und überaus tüchtiger Schwabe, seine Ideen für Vertrieb und Anzeigenwerbung.

Von Eugen Gerstenmaier hat die Redaktion mehr gehabt (vor allem, wenn er sich bei Angriffen mit seinem breiten Rücken vor sie stellte) als er von ihr; wer am Blatt etwas auszusetzen hatte (auch unter seinen Parteifreunden in der CDU), schimpfte auf ihn, obgleich auch er die Beiträge nicht eher zu sehen bekam als der Normalabonnent.

In jenen Jahren erschienen in West-Deutschland vier Wochenzeitungen von Belang: Außer „Christ und Welt" (verkaufte Auflage zur Zeit meines Ausscheidens 1954: 61 000 Exemplare), als zweites Blatt im protestantischen Raum das Hamburger „Sonntagsblatt", ferner der katholische „Rheinische Merkur" in Koblenz (beide damals mit einer Auflage von 55 000) und die liberale Hamburger „Zeit" (49 000). Über eine Fusion von „Christ und Welt" und „Sonntagsblatt" wurde mehrmals verhandelt, jedesmal ohne Ergebnis. In den folgenden Jahren rückte die „Zeit" weit an die Spitze, gefolgt von „Christ und Welt", „Sonntagsblatt" und „Rheinischer Merkur". Der „Zeit" kam zugute, daß ihr Verleger Gerd Bucerius aus den Erträgen des Schwesterorgans „Stern" viel in sie investieren konnte, während „Christ und Welt" bis Ende der sechziger Jahre ohne jeden Zuschuß auskommen mußte. Holtzbrinck, inzwischen einer der führenden Verleger der Bundesrepublik, wäre durchaus bereit gewesen, größere Mittel in das Blatt zu stecken, aber Gerstenmaier, Federer und ich waren dazu nicht in der Lage. Erst als Holtzbrinck die Mehrheit der Anteile erwarb, konnte er nach eigenem Gutdünken investieren. Dies tat er auch. Zum 31. Dezember 1979 aber verkaufte er die „Deutsche Zeitung / Christ und Welt", wie das Blatt inzwischen hieß, an den (katholischen) „Rheinischen Merkur" (seitheriger Titel: „Christ und Welt / Rheinischer Merkur").

Wurde ich in den frühen Jahren der Zeitung nach ihrem Charakter gefragt, so hatte ich keines der gängigen Etikette parat. Am meisten fühlte ich mich, fühlten sich auch viele der anderen Redakteure dem Geist des 20. Juli 1944 verpflichtet. Dies rührte nicht nur daher, daß einer der wenigen Überlebenden jener Verschwörung das Blatt gegründet hatte, sondern beruhte vor allem darauf, daß jene Gesinnung – die von konservativen, liberalen und sozialen (auch sozialistischen) Kräften unter deutschen und europäischen Vorzeichen bestimmt war – meinem eigenen Bild von der Zukunft des Vaterlandes am meisten entsprach. Umgeben von einer ungeheuren (und anfeuernden) Fülle von Aufgaben, fand ich, daß die Bewältigung der Zukunft weit mehr drängte als die der Vergangenheit.

Für die damals weit verbreitete moralische Entrüstung über das Verhalten der Sieger uns gegenüber hatte ich wenig Verständnis. Man kann nicht das sowjetische Weltreich mitten im Frieden überfallen, ein paar Monate später der Weltmacht Amerika den Krieg erklären, ganz Europa besetzen – und Empörung äußern, wenn man nach der Niederlage die eigene Suppe auslöffeln muß. Die Aufgabe der Überlebenden hieß: Retten, was noch zu retten war, und die Menschen mit Nahrung und Hoffnung versehen, wie dies das Hilfswerk vorbildlich tat.

In den Anfangsjahren befaßte sich „Christ und Welt" sehr intensiv mit weltpolitischen Fragen, das entsprach meinen Interessen und war auch ein Niederschlag meiner jüngsten Reisen; mit großem Nachdruck setzten wir uns für die Einigung Europas ein. (Ich will einer inhalts- und wirkungsanalytischen Studie über die deutschen Wochenblätter nach 1945, die sicher eines Tages geschrieben wird, nicht vorgreifen. Aber ich könnte mir vorstellen, daß sie zu dem Ergebnis kommen wird, „Christ und Welt" habe in den fünfziger Jahren die Meinungsbildung in weltpolitischen Fragen stärker beeinflußt als die Konkurrenz.) An zweiter Stelle stand die innere Entwicklung in – ganz – Deutschland, an dritter die Sozial- und Wirtschaftspolitik (am schwächsten waren wir auf den Feldern Kultur und Feuilleton). Der Nachdruck auf Innen- und Sozial-

politik ergab sich aus der engen Zusammenarbeit mit Gerstenmaier. Aber „Christ und Welt" war nie ein CDU-Blatt und ich nie ein CDU-Mann. Ich wurde es auch nicht, als Adenauer mich im Januar 1957 im Beisein Gerstenmaiers für eine Bundestagskandidatur in Württemberg gewinnen wollte. Gerstenmaier sprang mir bei:
„Herr Bundeskanzler, drängen Sie Mehnert nicht, ich kenne ihn, er würde unglücklich werden."
Adenauer antwortete in seinem Rheinisch: „Aber Herr Jerstenmaier, warum soll denn Herr Mehnert jlücklich sein? Sind wir es?"
Darauf Gerstenmaier lachend: „Sie, Herr Bundeskanzler, sind in der Politik glücklich!" Adenauer leugnete es nicht.
Meine Begründung für die Ablehnung: „Es wäre schön, wenn sich politisches Schreiben und politisches Handeln vereinigen ließen. Aber die Glaubwürdigkeit des Publizisten beruht auf seiner Unabhängigkeit."
Manchmal habe ich mich gefragt, ob diese Entscheidung zugunsten der politischen Enthaltsamkeit richtig war. Aber in meinem Wesen fehlen die besonderen Voraussetzungen des Politikers; überdies kann der Lehrer und Autor, der Publizist und Kommentator, wenn er seinen Beruf ein Leben lang gewissenhaft und mit Hingabe ausübt, auf das politische Geschehen auch, wenngleich nur indirekt, einen bescheidenen Einfluß ausüben. Politiker und Kommentatoren sind beide notwendig, und mir liegt, bei allem Respekt vor den Politikern, das Kommentieren mehr.
Ähnlich empfanden es auch meine Kollegen bei „Christ und Welt". Wir nahmen unsere Arbeit ernst. Strittige Fragen wurden erst ausgiebig in der Redaktion durchdiskutiert, oft auf mehrtägigen Redaktionskonferenzen in diesem oder jenem Gasthof in Stuttgarts Umgebung, und danach die meist einstimmig beschlossene Richtung mit Nachdruck vertreten, ob sie im Land populär war oder nicht. Um ein Beispiel zu nennen: Beim Lastenausgleich, der in jede Familie hineinwirkte und gewaltige Summen bewegte (bis heute rund 150 Milliarden D-Mark) bezogen wir eindeutig Stellung:
Durch den Lastenausgleich sollten alle, die im Krieg nicht oder wenig geschädigt worden waren, den Geschädigten (Vertriebenen, Ausgebombten, usw.) helfen – und zwar so: Der Lastenausgleich darf nicht auf die Vergangenheit ausgerichtet sein, darf also nicht jedem Geschädigten den gleichen Prozentsatz des Verlorenen erstatten, sondern hat der Zukunft zu dienen, also in erster Linie dem Aufbau, das heißt, er muß vorrangig demjenigen Geschädigten zugute kommen, der mit diesen Mitteln etwas zu leisten in der Lage ist. Wenn erst die Produktion läuft, sagten wir, kommt der Aufschwung auch allen anderen zugute.

Solch unsentimentale Thesen, die manchem hart und herzlos erschienen (gar in einem Blatt mit dem Namen „Christ und Welt"), waren charakteristisch für unsere Haltung: Karitas war eine Sache, Aufbau eine andere. Bundespräsident Theodor Heuss fand für das Blatt das spöttisch-anerkennende Wort: „Schmissiges Christentum".
Manchmal waren wir allzu schmissig: durch die an sich richtige Proklamierung des deutschen „Bildungsnotstandes", zum Beispiel, trugen wir – mit Georg Picht – zur Hochschulinflation bei, wie auch zu der Vorstellung, jeder müsse einen „akademischen Beruf" haben, was zur akademischen Arbeitslosigkeit und Unruhe führte, zugleich zum Nachwuchsmangel in anderen – gut bezahlten – Berufen. Die Lehre für mich: Schon beim ersten Schachzug an den zweiten und dritten denken.

58. Viele Bücher – ein Verlag

Enid litt darunter, daß ich mir zu viele Verpflichtungen aufgeladen hatte. Neben der Chefredaktion von „Christ und Welt", der Mitarbeit am Rundfunk und an verschiedenen Zeitungen („Die Welt" allein brachte zwei Aufsatzreihen mit insgesamt 59 Beiträgen), forderten auch die Reisen viel Zeit. Ich begann, einige Tätigkeiten abzubauen. Im Herbst 1954 überließ ich Giselher Wirsing den Stuhl des Chefs, der nun in einem neuen Haus auf einer der Stuttgarter Höhen stand. Auch unter seinem Nachfolger, Ulrich Frank-Planitz, schrieb ich noch regelmäßig für das Blatt; dessen Verlegung nach Bonn lockerte die Beziehung.
Ende 1954 war ich wieder, was ich zwanzig Jahre zuvor aufgegeben hatte: Generalsekretär der Osteuropa-Gesellschaft und Chefredakteur der Zeitschrift „Osteuropa", die bald mit ihren 1800 Seiten im Jahr die umfang- und materialreichste Ost-Zeitschrift im Westen wurde.
Jetzt hatte ich Muße für umfangreichere Arbeiten. Noch kurz zuvor hatte ich ein kleines Buch, auch auf englisch, veröffentlicht, das sich unter dem Titel „Weltrevolution durch Weltgeschichte" mit der Geschichtslehre des Stalinismus befaßte, ihrem Umschlagen nämlich von einer internationalistischen zu einer nationalistischen Darstellung des Weltgeschehens. Als erstes größeres Buch nach dem Kriege und als Ergebnis dreier Asienreisen (1952 bis 1955) erschien 1956 „Asien, Moskau und wir" in einer Auflage von 5000 Exemplaren. Im Vorwort bezeichnete ich es als mein Ziel, „neben dem Gewesenen und dem Seienden vor allem das Werdende [zu] zeigen – durch eine aus eigener Anschauung und Erwägung geborene, gegenständliche Darstellung der Männer und

Kräfte, der Sehnsüchte, Parolen und Schwächen, welche die Aktionen und Reaktionen der asiatischen Völker bestimmen". Es sei in der Hoffnung geschrieben, „daß es auch in der jüngeren Generation Leser findet, daß es ihr hilft, sich in unserer Gegenwart zurechtzufinden und auf die Bewältigung der vor ihr liegenden Aufgaben vorzubereiten". Der Eros paidagogos war, wie man sieht, immer nahe zur Hand.
Die erste Auflage war rasch vergriffen, die zweite, dritte, vierte gleichfalls. Die fünfte, im Frühjahr 1958, hatte ich gründlich überarbeitet. Insgesamt wurden 110 000 Exemplare verkauft. Hinterher ließ sich der unerwartete Erfolg leicht erklären: mit dem Bedürfnis der Deutschen, mehr über die Welt draußen zu erfahren, aber auch mit meinen Hunderten von regelmäßigen Kommentaren im Rundfunk, Hunderten von Aufsätzen, und über hundert öffentlichen Vorträgen über weltpolitische Themen. (Der Erfolg des Buches erwuchs aus der speziell deutschen Lage; kein einziger Auslandsverlag zeigte an ihm Interesse.)
Die fünfziger Jahre, in denen das Fernsehen noch am Anfang seiner Verbreitung stand, waren eine Zeit der öffentlichen Vorträge. Wollte man einen oft gehörten Kommentator, einen oft gelesenen Publizisten sprechen *sehen,* mußte man in seinen Vortrag gehen. Es gab ausverkaufte Säle. Zweimal füllte ich die Karlsruher Schwarzwaldhalle mit ihren 4200 Sitzen. Von der riesigen Bühne, auf der ich allein mit einem Mikrofon stand, sah die Menschenmenge mit den mir zugewandten Gesichtern wie ein Hektar Chrysanthemen aus.
Nach dem Gesetz der Serie, das auch für Bestseller-Listen gilt, zog der Erfolg von „Asien, Moskau und wir" fünf weitere Bücher in die Gruppe der Hunderttausender, nun aber auch mit zahlreichen Auslandsausgaben. Dies waren: „Der Sowjetmensch" (1958), „Peking und Moskau" (1962), „Der deutsche Standort" (1967), „China nach dem Sturm" (1971), „Jugend im Zeitbruch" (1976). Alle diese Bücher wurden häufig – dann auch in anderen Verlagen – neu aufgelegt, „Der Sowjetmensch" noch 1981, also 23 Jahre nach dem ersten Erscheinen, bei Ullstein.
Außerdem schrieb ich fünf Bücher, die sich an kleinere Kreise von Interessenten wandten: „Maos zweite Revolution" (1966), „Peking und die Neue Linke" (1969), „Moskau und die Neue Linke" (1973), „Kampf um Maos Erbe" (1977) und „Maos Erben machen's anders" (1979); sie wurden in mehreren deutschen und elf Auslandsausgaben veröffentlicht, in einer Gesamtauflage von rund 300 000 Exemplaren.
Mit zwei Ausnahmen vertraute ich seit 1929 alle meine Bücher der Deutschen Verlags-Anstalt in Stuttgart an. Es war – und ist – ein Vergnügen, mit ihr zusammenzuarbeiten. Stets übertraf sie sich aufs neue

in der Geschwindigkeit der Herstellung meiner Bücher; von der Anlieferung des Manuskripts bis zum Ausliegen im Schaufenster verging, wenn es brannte, weniger Zeit als für die Produktion mancher Zeitschriften-Nummer. Die beiden Ausnahmen: „Jugend in Sowjetrußland" (bei S. Fischer, 1932, inzwischen von der Deutschen Verlags-Anstalt erworben und 1971 wieder aufgelegt) und „The Russians in Hawaii. 1804 – 1819", jene schon erwähnte, von der University of Hawaii veröffentlichte Monographie.

An manchen Büchern saß ich viele Jahre. „Der Sowjetmensch" ist das Ergebnis von Jahrzehnten der Beschäftigung mit den Menschen Rußlands und der Sowjetunion; für „Jugend im Zeitbruch" (über die Jugendunruhe der sechziger und siebziger Jahre in der Welt) sammelte ich Material seit 1960; es erschien 1976. Andere Bücher schrieb ich rasch, vor allem die Bücher über China, weil sich seit der Kulturrevolution von 1966 die Ereignisse dort überstürzten. Schon wenige Monate nach Beginn der Kulturrevolution erschien „Maos zweite Revolution", das, denke ich, das damals rätselhafte Anrennen Maos gegen seine eigene Partei im ganzen zutreffend deutete. Als ich nach einer längeren Pause, in der das volkreichste Land der Erde für den Beobachter fast völlig verschlossen war, im Jahre 1971, also „nach dem Sturm" der Kulturrevolution nach China kam, fand ich die Lage so aufregend, daß ich noch in China mit der Niederschrift eines neuen Buches begann, das zwei Monate nach der Rückkehr in den Buchhandlungen lag. Im „Kampf um Maos Erbe", das im Spätherbst 1977 erschien, beschrieb ich noch den Parteitag vom August 1977. „Maos Erben machen's anders" schließlich führte bis in den Vietnam-Krieg Chinas vom Februar 1979 und wurde zwei Monate später ausgeliefert.

Natürlich tauchte das Wort „Schnellschuß" auf. Nun kann man über jeden Vorgang bald, nachdem er sich ereignete, schreiben oder ein Jahrzehnt später, wenn sich der Staub gelegt hat, und natürlich weiß man dann mehr als unmittelbar nach dem Ereignis. Aber soll man die Schilderung der Gegenwart ganz den Historikern von morgen überlassen? Ich halte es für legitim, bedeutende Ereignisse auch in Buchform rasch zu beschreiben und zu kommentieren und dabei in Kauf zu nehmen, daß – aus der Distanz der Jahre gesehen – manches verzeichnet worden ist.

Daß verhältnismäßig selten Pannen vorkamen, verdanke ich nicht zuletzt der zügigen Unterstützung durch viele befreundete Fachleute und Forschungsinstitute im In- und Ausland, die mir ihre Zeit, ihre Bibliotheken und Unterlagen zur Verfügung stellten. Daß die meisten der elf

in den letzten 25 Jahren veröffentlichten Bücher zu einem Zeitpunkt erschienen, in dem das Publikum – auch außerhalb des deutschen Sprachraums – an dem behandelten Thema besonders interessiert war, hat entscheidend zu ihrer Verbreitung beigetragen, vielleicht auch mein Bestreben, alles möglichst übersichtlich, klar und lesbar darzustellen. Geholfen haben ferner die Rezensenten, selbst dann, wenn sie unfreundliche Urteile abgaben. Ihnen allen habe ich zu danken, ganz besonders auch meinen zahlreichen Mitarbeitern, die ich in den Vorworten der einzelnen Bücher namentlich aufführte.
Völlig unerwartet für mich kam die Aufnahme in die Literatur-Klasse der „Akademie der Wissenschaften und der Literatur" (Mainz) – unerwartet, weil ich mich nie für einen Literaten gehalten habe. Empfohlen hatte mich der damalige Präsident der Klasse, Frank Thiess, der mich, wie berichtet, schon als Gymnasiast durch seine Romane und Erzählungen begeistert hatte. (Nach seinem Tode sprach ich für ihn 1980 in Mainz die Gedenkworte.) Die Rede anläßlich meiner Aufnahme in die Akademie, die der greise Dichter Werner Bergengruen hielt, war eine seiner letzten Amtshandlungen; bald darauf starb er.
Der Weg jener Jahre war trotz allen Schwierigkeiten schön. Er führte aus den Trümmern zu Toren, die sich zu neuen Berufen und in andere Kontinente öffneten. Nur eines lag als tiefer Schatten auf meiner Freude. Enid, die 1946 so vergnügt und zukunftsfroh mit geschultertem Besen in Bremerhaven an Land gegangen war, hat nur die schweren deutschen Jahre erlebt, nicht mehr die leichten. Sie starb im Herbst 1955. Das erste Asienbuch entstand nicht zuletzt in der Hoffnung, den Schmerz durch Arbeit zu lindern. Ich widmete es „Dem Andenken meiner geliebten Frau Enid. Von unserer ersten Bekanntschaft 1928 in Kalifornien bis zu ihrem frühen Tod 1955 in Stuttgart war sie bei diesen Reisen immer dabei, begleitend oder wartend." So ist es geblieben.

59. Professor in Aachen

Daß ich als Professor und Institutsdirektor für elf Jahre nach Aachen ging, entschied sich in einem indischen Höhlentempel.
Begonnen hatte die Sache im Sommer 1959 mit einem Telefonanruf bei mir in Stuttgart. „Hier Professor Burkard Röper, ich rufe aus der Rheinisch-Westfälischen Technischen Hochschule Aachen an. Wollen Sie nicht Professor bei uns werden, Professor für politische Wissenschaft,

und ein Institut für politische Wissenschaft aufbauen? Hochschule und Land Nordrhein-Westfalen sind interessiert." Ich erklärte, daß ich für die nächsten zwei Jahre „ausgebucht" sei – durch eine Weltreise von rund zehn Monaten und die Arbeit an einem neuen Buch. (Es handelte sich um „Peking und Moskau".)

„Überlegen Sie es sich noch einmal", sagte Röper zum Schluß. Zum Überlegen gab es für mich nicht viel. Schon einmal hatte eine Universität (Marburg) mit mir über eine Professur korrespondiert; damals hatte sich das Ministerium in Wiesbaden gegen mich und für Wolfgang Abendroth entschieden. Ich war nicht traurig gewesen. Denn in der Vielfalt meiner Tätigkeiten und in Schwaben fühlte ich mich so wohl, daß mich Berufs- und Wohnortswechsel nicht lockten. Doch die RWTH, wie sie sich abgekürzt nennt, blieb hartnäckig.

Ein Zufall brachte die Entscheidung. Anfang 1960 besuchte ich von Bombay aus die aus dem 7. Jahrhundert stammenden Höhlentempel von Aurangabad. Dort stieß ich auf einen sympathischen Herren, der sich als Edgar Schultze, Professor für Verkehrswasserbau und Bodenmechanik an der RWTH Aachen vorstellte. Wir wohnten im gleichen Hotel, fuhren im gleichen Auto zu den Tempeln und hatten zwei Tage lang Gelegenheit zu vielen Gesprächen. Schultze erzählte mir von der Hochschule und gab mir gleich allerlei Tips für die Berufungsverhandlungen mit dem Ministerium in Düsseldorf. Zum ersten Mal gewann für mich die RWTH etwas deutlichere Konturen. „Schauen Sie sich doch einmal die Hochschule an", sagte er, „ganz unverbindlich."

Ich war von Schultzes Erzählung so angetan, daß ich am 6. Februar 1960, noch aus dem Hotel in Aurangabad, Röper schrieb, ich sei bereit, in Berufungsverhandlungen einzutreten, komme aber gerne erst einmal zu einem Besuch. Es wurde vereinbart, ich sollte an einem Sonntag in Aachen eintreffen, dort abends mit einigen Professoren essen und am Montag vormittag Studenten treffen.

Das Abendessen im „Quellenhof" war vorzüglich. Die Anwesenden schilderten mir die Aachener Professorenherrlichkeit in den schönsten Farben. Am folgenden Vormittag sah ich etwa zwanzig Studenten (durchweg männlichen Geschlechts, Studentinnen fanden damals nur selten den Weg an eine Technische Hochschule), Vertreter des Studentenparlaments, der katholischen und evangelischen Studentengemeinde, auch einiger Korporationen. Ich sagte:

„Ihre Professoren reden mir zu, an die RWTH Aachen zu kommen. Mich interessiert aber auch die Meinung der Studenten, denn mit denen werde ich ja mehr zu tun haben. Ich möchte Sie also bitten, mir der

Reihe nach offen zu sagen, wieweit Sie persönlich und, soweit Ihnen bekannt, auch Ihre Kommilitonen an der Errichtung eines Lehrstuhls für Politische Wissenschaft an der RWTH interessiert sind."

Das Votum fiel eindeutig aus. Ich sei falsch unterrichtet, hieß es, wenn ich glaubte, das Ganze sei eine Professoren-Idee. Im Gegenteil, die Studenten hätten seit langem die Hochschule bedrängt, einen Lehrstuhl für Politik einzurichten. Vermutlich würde kein einziger der jetzt an der RWTH Studierenden später einmal Politiker, sie wollten ja Ingenieure, Architekten, Chemiker usw. werden; aber in einer Zeit wie der unseren müßten auch die Techniker über Politik Bescheid wissen. Einer erklärte: „Ich werde Ihre Vorlesungen mit mindestens zwanzig Kameraden besuchen." Auch die anderen drängten. Ich sagte zu.

Bei den Berufungsverhandlungen mit dem Sachbearbeiter für die Hochschulen des Landes Nordrhein-Westfalen, Graf Stenbock-Fermor (dem späteren Kanzler der RWTH), meldete ich einen Wunsch an: „Wenn Sie mich wollen, müssen Sie mir die Möglichkeit geben, wie bisher viel zu reisen. Dazu brauche ich nicht Ihr Geld, da ich die Reisen selbst bezahle. Aber ich brauche Zeit. Daher bitte ich um Ihre Zustimmung zu einer ungewöhnlichen Regelung: Die RWTH Aachen gibt mir jedes vierte Semester für Reisen und Forschung frei. Dafür stelle ich für diese Semester auf eigene Kosten einen Ersatzmann, möglichst einen, der die Fächer wahrnimmt, die ich vernachlässige. So könnten alle zufrieden sein: Sie, weil dem Land Nordrhein-Westfalen keine zusätzlichen Kosten erwachsen; die Studenten, weil sie jedes vierte Semester einen Professor erhalten, der über andere Fragen arbeitet als ich, und ich, weil ich mehr Zeit für eigene Pläne habe." Stenbock-Fermor war einverstanden.

Zum Wintersemester 1961/62 nahm ich meine Tätigkeit in Aachen auf. Die ersten sechs Jahre an der RWTH waren meine „goldenen Aachener Jahre". Bei den Mitarbeitern im Institut herrschte frohe Aufbaustimmung; die Assistenten, die ich selbst ausgesucht hatte, waren vorzüglich und packten zu; die Sekretärin warf sich mit Schwung in die Arbeit; das Institut wurde rasch ein fester Bestandteil der Hochschule und – das war für mich am wichtigsten – die Studenten kamen, erst als Hörer, dann auch als Nebenfächler. Überraschend viele wollten Gewerbelehrer werden, junge Männer, die ein technisches Fach studiert hatten oder noch studierten, aber nicht in die Industrie wollten, sondern den Wunsch hatten, an einer Gewerbeschule ihr technisches Fach plus Staatsbürgerkunde zu unterrichten, gestandene Leute, die zum Teil schon im Berufsleben gewesen waren und die wußten, was sie wollten.

Auf Grund jener allerersten Vorbesprechung mit den studentischen

Vertretern führte ich ein Kolloquium über aktuelle, meist weltpolitische Themen ein: jeden Dienstag am frühen Nachmittag, ehe die meisten Vorlesungen anfingen, im Hörsaal I, offen für jedermann. In den ersten fünf bis acht Minuten gab ein Student, der sich vorbereitet hatte, oder gab ich selbst eine Einführung in das Thema. Dann wurde diskutiert. Ein sehr belebendes Element in den Kolloquien waren die ausländischen Studenten, die in großer Zahl zur RWTH kamen, unter ihnen besonders viele islamische Studenten, vor allem Iraner, Libanesen, Palästinenser, ferner Lateinamerikaner. Die Zahl der Teilnehmer schwankte je nach Thema (oder Examensnähe) zwischen 50 und 300.

Meine eigene Erfindung war der „Mittagskaffee". Jeden Montagmittag gab es Kaffee im Seminarraum. Wer wollte, kam, brachte sein Butterbrot mit und zahlte zehn Pfennig für die Tasse Kaffee. Außer mir erschienen gewöhnlich auch die Assistenten. Manchmal waren es Gespräche, an denen alle teilnahmen, manchmal solche in kleineren Gruppen. Persönliche Probleme wurden ebenso besprochen wie Pläne für das nächste Semester. Auch konnte Dampf abgelassen werden.

Golden waren jene ersten sechs Jahre vor allem, weil die so oft beschworene „Gemeinschaft von Lehrenden und Lernenden" tatsächlich bestand, alle waren wir „Kommilitonen", auch wenn viele zu bestimmten Gruppen gehörten – die Ausländer zu landsmannschaftlichen, während sich die Deutschen nach Fakultäten oder in Korporationen oder auch nach politischen Parteien vereinigten.

Ein Höhepunkt des Zusammengehörigkeitsgefühls war immer wieder der 17. Juni. Einmal zog ich an diesem „Tag der Deutschen Einheit" mit den Assistenten und Hunderten von Studenten in die Aachener Wälder. Förster gaben Schaufeln und Hacken aus und wiesen uns Arbeit an: – Gräben ziehen, Wege reparieren, Waldboden reinigen. Mittags wurde Suppe angefahren und abends wurde der Taglohn zusammengerechnet. Der wurde dafür verwendet, 40 Berliner Kindern Sommerferien in der Aachener Jugendherberge auf dem Collynshof zu schenken. Studenten opferten einen Teil ihrer eigenen Ferien, um sich der Kinder anzunehmen.

Die RWTH war damals die größte und wohl auch die bedeutendste Technische Hochschule in Deutschland, als einzige in Nordrhein-Westfalen auch die Ausbildungs- und Forschungsstätte für das Industriegebiet an Rhein und Ruhr. Sie sagte mir zu. Zum ersten Mal lebte ich in der angenehm sachlichen Welt der Techniker und Naturwissenschaftler. Obgleich ich für die Kollegen ein Außenseiter war, nahmen sie mich freundlich auf. Daß ich mich an ihrer Geselligkeit nicht beteiligte, wurde mir, denke ich, nicht übelgenommen; man akzeptierte: Der Mehnert hat keine Hausfrau, eine kleine Wohnung, reist viel und schreibt Bücher.

Der Typ der Studenten gefiel mir. Sie waren, wie ich, vorrangig an verwertbaren Erkenntnissen interessiert, nicht an Theorien. Der Politik standen sie wie einem komplizierten, aber dem Verstand zugänglichen Mechanismus gegenüber. Man mußte wissen, wie dieser funktioniert, und wenn er nicht befriedigend funktioniert, muß man wissen, wie man ihn verbessert. Sie verstanden, daß in der Politik, anders als bei einer Maschine, auch immaterielle Faktoren mitwirken – Traditionen und Gefühle der Völker, Charakterzüge der führenden Männer, auch Ideologien, und daß man diese alle in das Studium der Politik einbeziehen muß. Entscheidend war, von Tatsachen auszugehen (zu denen natürlich auch Ideen gehörten), nicht von Theorien über Tatsachen.

Der Charakter einer Technischen Hochschule brachte es mit sich, daß ich viele Studenten hatte, aber verhältnismäßig wenig Kandidaten für die Promotion (wie auch zur später eingerichteten Magister-Prüfung). Daher hatte ich keine Promotionsfabrik und konnte für meine Doktoranden das sein, was einst Otto Hoetzsch für mich gewesen war: ein Doktor-Vater. Sie gehörten alle zu meiner „Familie", in der neue Familien entstanden, so durch die Heirat einer Doktorandin mit einem Assistenten. Gern sprach ich mit den Doktoranden alle offenen Fragen auf einem Marsch durch den Aachener Wald durch, noch lieber durch den Schwarzwald. Da wohnten sie in einem meiner Gästezimmer und, wenn sie wollten, konnten sie die Freundin mitbringen (in einem Fall wurde eine Ehe daraus). Wer bei Mehnert promovieren will, hieß es in Aachen, muß gut zu Fuß sein und kräftige Schuhe anziehen.

Einen Schwerpunkt der Forschungen meiner älteren Studenten bildete das Problem der eingeborenen, westlich erzogenen Intelligenzia in der Politik der Dritten Welt. In vielen Völkern stellte sie die Führer der Freiheitsbewegungen: Männer wie Nehru in Indien, Sukarno in Indonesien, U Nhu in Burma, Sihanouk in Kambodscha, Mao und Tschou Enlai in China, Syngman Rhee in Korea, Leopold Senghor in Senegal und viele andere. Alle mußten sie den Zwiespalt überwinden, der darin bestand, daß sie mit ihrer europäischen – in Oxford und Heidelberg, in Utrecht oder an der Sorbonne genossenen – Erziehung Menschenmassen zu führen hatten, die keinerlei Voraussetzungen für die Modernisierung ihrer Länder mitbrachten. Die Entwicklung dieser Männer wies Ähnlichkeiten auf; sie führte von einer lernbegierigen Verehrung des Abendlandes zum erbitterten Kampf gegen die Kolonialmacht. So entstand in meinem Institut eine Reihe von Studien (manche als Dissertationen) über „Intelligenzia und Politik im Sudan" (oder in Kerala, in Chile, in Afghanistan, im Senegal usw.) jeweils nach einem Aufenthalt der Bearbeiter in dem betreffenden Land.

In der Stadt Aachen fühlte ich mich sehr wohl. Ich hatte eine Zweizimmer-Wohnung am Fuße des bewaldeten Lousbergs, keine zehn Fußminuten vom Institut und den Hörsälen. Die gegen Kriegsende schwer beschädigte Stadt war wieder aufgebaut; der Dom mit seinem marmornen Kaiserthron hat mein romantisches Herz stets aufs neue bewegt. Die Lage der Stadt an der Dreiländer-Ecke, wenige Kilometer von Belgien und Holland (wohin manche Aachener Hausfrauen zum Einkaufen fuhren), gab ihr – mehr als jeder anderen deutschen Stadt – einen europäischen Charakter. Eine besondere Attraktion für meine Wander-Leidenschaft waren die prächtigen Wälder am Rande der Stadt, in Richtung Eifel.

Während dieser ersten und goldenen Aachener Jahre war ich mit Leib und Seele Professor. Die Zusammenarbeit mit den Assistenten, der Andrang der Studenten zu den Vorlesungen und Seminaren bereitete mir Befriedigung und Vergnügen, die gemeinsamen Unternehmungen schufen persönliche Beziehungen – Besuche zeitproblematischer Bühnenstücke (auch außerhalb Aachens), Fahrten nach Brüssel zum Europarat und nach Bonn. Und doch blieb genug Zeit für eigene Reisen und Arbeiten.

Die Redaktion von „Osteuropa" hatte ich nach Aachen mitgenommen. Um auch durch diese Arbeit nicht ständig gebunden zu sein, bat ich Dr. Alexander Steininger, München, das Lektorat für Russisch an der RWTH zu übernehmen und zugleich bei „Osteuropa" mitzuarbeiten. Er erhielt den Raum für sein Lektorat gleich neben meinem Institut. Als Sohn deutscher Eltern sowjetischer Staatsangehörigkeit in Leningrad geboren, während der Blockade der Stadt 1942 über das Eis des Ladoga-Sees mit anderen Kindern nach Südrußland evakuiert, war er dort von der Wehrmacht eingeholt worden und schließlich nach Deutschland gekommen. Steininger war ein idealer Mitarbeiter – von einer Zuverlässigkeit, die sprichwörtlich wurde, und einem bewundernswerten Fleiß. Er heiratete eine Aachenerin. Infolge meiner häufigen Abwesenheiten trug er oft die Hauptlast der Arbeit. (Es war selbstverständlich, daß er, als ich 1975 die Chefredaktion der Zeitschrift aufgab, mein Nachfolger wurde.)

Das Verhältnis zwischen den Studenten (einschließlich der ausländischen), den Professoren und der Aachener Bevölkerung war damals ungetrübt. Die Aachener waren stolz auf ihre weltberühmte Hochschule, und die Studenten genossen die gastfreie Stadt. Einmal im Jahr trafen sich alle drei Gruppen zum „Frühschoppen bei Kaiser Karl" auf dem großartigen Marktplatz; mit den dicht aufgestellten Tischen und Bänken wurde er zur Kulisse eines heiteren Zusammenseins mit Musik und ein paar kurzen Reden – des Oberbürgermeisters (viele Jahre lang war das der populäre Hermann Heusch), des Rektors und eines Studentenvertreters. (Nach einer Pause in den unruhigen Jahren wird der Frühschoppen wieder begangen.)

Von mir aus hätte alles so weitergehen können. Aber einmal, als ich wieder von einer Reise zurückkehrte, bat mich der Rektor, damals Professor Volker Aschoff, zu sich. „Ich habe gute Nachrichten, Herr Kollege!" begrüßte er mich. „Wir werden eine Philosophische Fakultät an unsere Hochschule bekommen." Ich gratulierte ihm höflich, war aber keineswegs sicher, daß dies wirklich eine gute Nachricht war. Eine Philosophische Fakultät mußte ein Fremdkörper in einer TH sein und ich Teil dieses Fremdkörpers. Mit ihren bald 6000 Studenten wurde die 1965 gegründete Philosophische Fakultät in der Tat die weitaus größte der RWTH. Noch uneinheitlicher wurde die Hochschule, als 1966 eine Medizinische Fakultät hinzukam (später auch noch die vormals selbständige Pädagogische Hochschule als Pädagogische Fakultät).

Der Aufstand an den Hochschulen, der in manchen Ländern, vor allem Amerika und Japan, schon früher einsetzte und in Deutschland Juni 1967 (mit dem Tod des Studenten Ohnesorg beim Schah-Besuch in Berlin) ausbrach, hätte sicher ohnehin Aachen erreicht, wurde dort zunächst auch vorwiegend von Architekten und Naturwissenschaftlern getragen. Zeitlich traf er mit der durch die organisatorischen Veränderungen hervorgerufenen Unruhe an der RWTH zusammen. (Was sich damals an den Hohen Schulen Deutschlands und weiter Teile der übrigen Welt abspielte, habe ich 1976 in „Jugend im Zeitbruch" zu beschreiben und zu deuten versucht.)

Persönlich hatte ich nicht zu klagen. Ich galt, was immer man sonst über mich sagte, nicht als „reaktionär"; meine Veranstaltungen wurden nicht gestört. Schon in Amerika und China hatte ich die Vorlesungen durch Diskussionen unterbrochen, um die Studenten aus der Passivität des Zuhörers und Mitschreibers heraustreten zu lassen; und Diskussionen erwiesen sich jetzt als ein Grundbedürfnis der Jugend. Das Kolloquium wurde zum Schauplatz von Redeschlachten – dazu war es ja da; es verlief nun stürmischer als zuvor, aber ohne Ärger.

Daß ich ohne Schrammen blieb, hatte mehrere Gründe. Ich war nicht der typische Vertreter der „autoritären Ordinarien-Hochschule", gegen die die Studenten damals in aller Welt zu Felde zogen, stand eher außerhalb des üblichen Wissenschaftsbetriebes, war unbürokratisch, fast ein Exote – in Rußland geboren, anderthalb Jahrzehnte in der Sowjetunion, in China und Amerika wohnhaft, jährlich viele Monate in fernen Weltteilen unterwegs, mit häufigen Auftritten in den Medien. Auch kontroverse Themen (die Sowjetunion, das maoistische China, den Vietnam-Krieg) behandelte ich in einer Weise, die weniger zu polemischen Protesten als zum Nachdenken anregte. Vielleicht bremste es die Streitlust mancher Aktivisten, wenn sie den Weltreisenden alle Jahre mit seiner Schreibmaschine, seinem Tonbandgerät und seinem roten Koffer voll neuer Fakten aus fernen Ländern zurückkehren sahen.

Auch war ich stets bereit zu sachlichen Auseinandersetzungen. Ein Beispiel: Auf dem Höhepunkt des Kampfes gegen die Notstandsgesetze im Frühjahr 1968 wurde für zwei Tage ein Proteststreik ausgerufen und in der Nacht davor u. a. das Portal des Hauptgebäudes zugenagelt; weder die Studenten noch ich konnten zu dem an jenem Nachmittag fälligen Dienstag-Kolloquium in den Hörsaal I gelangen. Um 13 Uhr kam eine Studentenabordnung zu mir ins Institut. Man wünsche, sagten sie, trotz Streik die Abhaltung des Kolloquiums über das angekündigte Thema der Notstandsgesetzgebung und zwar auf den Stufen des Hauptgebäudes und dem Platz davor; Lautsprecher würden rechtzeitig aufgebaut.

Die Zuhörer, die zum Teil auf der Straße saßen, zerfielen in die prinzipiellen Gegner der neuen Gesetze und in die Gruppe derer, die den Sinn von Notstandsgesetzen einsahen, aber den bislang bekanntgewordenen Entwurf verbessern wollten. Zu diesen letzteren gehörte auch ich. Die meist realistische Diskussion erbrachte eine Reihe durchaus vernünftiger Verbesserungsvorschläge, die ich am folgenden Tage im Bundestag übergab. Solche Korrektur-Vorschläge wurden auch von anderen Gruppen eingebracht und blieben nicht ohne Einfluß auf den endgültigen Gesetzestext.

Und schließlich hatte ich Böttcher. Winfried Böttcher, Doktorand und Assistent meines Instituts, war ein Linker, aber ein konstruktiver Linker (bald darauf kam er über die SPD-Liste in den Aachener Stadtrat). Er hatte ein ausgesprochenes Talent in Geschäftsordnungsfragen, war einer der führenden Leute in der Assistentenvertretung, die zwischen Studenten und Professoren stand; er war auch bei den Studenten angesehen, war radikal genug, um von ihnen akzeptiert zu werden, und reif genug, um ihnen Dummheiten auszureden.

Als sich der Staub der akademischen Explosion gelegt hatte, sah ich einen veränderten Studententyp vor mir. Die seit 1870 organisch gewachsene RWTH, als *Technische* Hochschule weltberühmt geworden, hatte ihr klares Profil verloren. Ihren traditionellen Studenten, mit denen ich es früher zu tun gehabt hatte, ließen die neu eingeführten Studienpläne und Prüfungsordnungen keine Zeit mehr zur intensiven Teilnahme an Veranstaltungen außerhalb ihres Faches, und die neu hereinströmenden waren so bunt gemischt wie die Philosophische Fakultät, die nach der deutschen Tradition ein Sammelbecken der allerverschiedensten Wissensgebiete bildet.

Außer der Zusammensetzung der Studenten hatte sich auch deren Einstellung verändert. Der Student, der in den frühen sechziger Jahren zu mir kam, hatte die politischen Ordnungen und Entwicklungen verstehen und verbessern wollen. Gegen Ende des Jahrzehnts aber erschallte der Ruf, diese müßten von Grund auf verändert werden. Gewiß, an den meisten Hochschulen waren es nur kleine Minderheiten, die das verlangten, aber überall gaben sie den Ton an, während die Mehrheiten sich entweder vom neuen Wind mittreiben ließen oder – schweigend – ihren Studien nachgingen.

Auf meine Arbeit wirkte es sich aus, daß die Aktivisten gegenüber allen politischen Fakten argwöhnisch waren, weil diese, so argumentierten sie, einen „Sachzwang" auf sie ausüben und sie zur „Anpassung" zwingen könnten, und statt dessen nach Theorien suchten, die sie von den Fakten unabhängig, ja zu Beherrschern der Fakten machen würden. Was als meine Stärke gegolten hatte – erst die Fakten zu sehen, zu sammeln, zu interpretieren und zuletzt, wenn möglich, zu allgemein verwertbaren Schlußfolgerungen zu gelangen – wurde in ihren Augen zu einem Nachteil, weil sie nicht mehr von den Fakten zur Theorie fortschreiten, sondern umgekehrt von der Theorie ausgehen wollten.

Da das traditionelle Bildungsideal zunehmend verblaßte und schließlich als schädlich empfunden wurde, galt das Wissen, das die Hochschule bot, bei den so gestimmten Studenten als irrelevant, als „alter Hut", der Vorlesungsbetrieb als sinnlos, die Passivität des „Hörers" geradezu als entwürdigend. Das Sprüchlein: „Unter den Talaren/Muff von tausend Jahren" paßte zwar kaum auf mich, aber von der Irritation über die Professoren konnte auch ich nicht ganz verschont bleiben.

Ich bin ein leidenschaftlicher Erklärer der bestehenden Welt; die Aktivisten unter den Studenten aber verlangten leidenschaftliche Bekenner und Propheten einer neuen, einer ganz anderen Welt. Ihre Lieblingswörter – Verweigerung, Repression, Frustration, antiautoritär, gehörten sowenig zu meinem Vokabular wie der vertrackte Jargon der „kritischen Theorie". Visionen wie die eines Herbert Marcuse oder Wilhelm Reich

waren nicht meine Welt. Elitenbildung habe ich immer für unerläßlich und die Verteufelung der Leistung (u. a. unter dem Schmähwort „Streß") für falsch gehalten – auch an der Hochschule.
Ohne daß ein offener Konflikt, eine „Konfrontation", ausgebrochen wäre, wurde eines immer deutlicher: Was die Studenten in den für mich goldenen Jahren 1961 – 1967 mit Interesse, ja mit Spannung von mir angenommen hatten, empfanden diejenigen, die nach Theorien als Schlüssel zur Veränderung der Wirklichkeit hungerten, eher als störend. Ich war zwar sicher, daß das Pendel eines Tages auch wieder in meine Richtung ausschlagen werde (das ist in der Tat gegen Ende der siebziger Jahre geschehen), aber ich war zu ungeduldig, um in Aachen darauf zu warten.

Nach dem 65. Geburtstag kann in Deutschland ein Professor emeritiert werden. (So lautet die vornehmere, bei Professoren übliche Version von Pensionierung, von der sich die Emeritierung jedoch in mancher Hinsicht unterscheidet – auch ein emeritierter Professor kann Vorlesungen halten; wenn er will, kann er sogar sein Arbeitszimmer benützen.) Am 10. Oktober 1971 wurde ich 65. Ich bat Hochschule und Ministerium, mich zum Ende des Wintersemesters 1971/1972 zu emeritieren.
Der Wunsch wurde erfüllt. Mein Nachfolger wurde der vorwiegend theoretisch und ideologiegeschichtlich interessierte Kurt Lenk.
Rasch zog ich in den nördlichen Schwarzwald um, wo ich mir von meinen Buch-Einnahmen ein Haus mit Blick ins Tal der Kinzig gebaut hatte. Seither verläuft mein Leben zwischen häufigen, oft weiten Reisen, die ich nun ohne Bindung an berufliche Termine jederzeit antreten kann, und ihrer Verarbeitung in der Stille, die ich in dem Dorf Schömberg (unweit von Freudenstadt) finde und dankbar annehme.
Gleichzeitig nach jenem Umzug von 1972 griff ich mir meinen stets reisefertigen roten Koffer und flog nach Asien, um sämtliche dreizehn Nachbarstaaten Chinas zu besuchen, von Korea bis Afghanistan und Sowjet-Zentralasien. Der Ertrag wurde in eine Neuauflage von „China nach dem Sturm" eingearbeitet.

Der rote Koffer
ab 1951

Die erste größere Auslandsreise nach dem Zweiten Weltkrieg (nach Algerien und Marokko) trat ich im Januar 1951 an. In den drei Jahrzehnten seither besuchte ich auf jährlichen Reisen rund hundert Staaten. Wie den Schüler der zwanziger Jahre trieb auch den Erwachsenen der doppelte Drang, möglichst viel aus eigenem Erleben zu verstehen und das Erkannte anderen weiterzugeben. Im Laufe der Jahre ist die Reiseschilderung im engeren Sinne immer mehr in den Hintergrund getreten, weil nur der jeweils erste Eindruck am stärksten zur Beschreibung reizt – des traumhaft schönen Tadsch Mahal unter dem indischen Vollmond oder Angkors und seiner Tempelruinen im Dschungel Kambodschas, des Grand Canyon oder der Sahara –, weil überdies die immer stärker werdende D-Mark einem Strom deutscher Touristen bald die Möglichkeit gab, alle Winkel der Erde selbst zu sehen.
Am häufigsten und längsten halte ich mich in den Staaten auf, die ich das Große Dreieck nenne – USA, UdSSR und China (darüber mehr im übernächsten Teil). An zweiter Stelle stehen die Staaten des übrigen Asien, an dritter – mit ziemlichem Abstand – Afrika, der Nahe Osten und Ozeanien (mit Australien und Neuseeland, den Fidschi- und Marshall-Inseln, den Karolinen, Marianen und – natürlich – Hawaii); in Lateinamerika war ich nur kurz – zwölf Wochen in zwölf Ländern. Nach Asien zog es mich so oft, daß ich den – an Cicero angelehnten, aber nicht ganz so klassischen – Wahlspruch „Nullus annus sine Asia" erfand. In der Tat habe ich die Parole „Kein Jahr ohne Asien" seit 1952 mit Ausnahme eines einzigen Jahres durchgehalten. Alle Länder Asiens habe ich besucht, manche fünf- oder sechsmal, und ich hoffe, sie noch einmal zu sehen. Nur in Tibet, Bhutan und Sikkim bin ich nicht gewesen.
Stets bestand mein Gepäck aus einer Schreibmaschine, einem Tonbandgerät (die Modelle wurden immer kleiner und handlicher) und einem roten Koffer, der auf Flugplätzen und in Hotelhallen leicht zu erspähen ist. Sechs Generationen dieser roten Mädler-Koffer habe ich in den dreißig Jahren „verreist".

60. Anfang in Afrika

In den ersten Jahren der Besatzungszeit waren Auslandsreisen für Deutsche fast unmöglich. Für mich ergab sich zunächst lediglich die Gelegenheit zu einer einzigen und kurzen Reise nach England – auch das nur, weil der christliche Flügel der Labour Party Gerstenmaier zu seiner Tagung in London einlud und ich ihn begleitete. Damals hatte ich zu den lässigeren Franzosen, die sich nur als Diplomaten in Stuttgart aufhielten, bessere Beziehungen als zu den noch immer recht missionarisch auftretenden Amerikanern. Besonders freundete ich mich mit dem etwa gleichaltrigen Coup de Fréjac an, der als eine Art Botschafter Frankreichs bei der US-Militärregierung wirkte. Mit ihm unterhielt ich mich manchen Abend lang über das für uns beide zukunftswichtigste Thema, die deutsch-französische Zusammenarbeit, konkret gesprochen: über den Plan des damaligen französischen Außenministers Robert Schuman, der im Mai 1950 ein enges Zusammenwirken der Kohle- und Stahlindustrien Frankreichs und Deutschlands (sowie anderer westeuropäischer Staaten) angeregt hatte, als ersten Schritt auf dem Wege zu den Vereinigten Staaten von Europa.

Diese an sich schon faszinierende Perspektive fand ich noch erregender, als mir Coup den Gedanken darlegte, auch Teile des französischen Kolonialreichs, vor allem das Generalgouvernement Algerien und das Protektorat Marokko, in die entstehende Union einzubringen. In diesen Gesprächen erwachte mein Interesse für eine Nordafrika-Reise. Coup bestärkte mich darin, besorgte mir ein Visum für Frankreich und die Einreisegenehmigung für Nordafrika, half mir beim Eintausch von Franken und schrieb Empfehlungsbriefe an die französischen Behörden in Algerien und Marokko.

Am 12. Januar 1951 mittags stach ich mit einem französischen Passagierdampfer von Marseille aus in Richtung Nordafrika in See.

Überall erlebte ich (als erster deutscher Journalist nach dem Kriege, wie man mir versicherte) eine unerwartet herzliche Aufnahme. Von dieser „Kettenreaktion von Freundlichkeiten", wie ich damals schrieb, werde ich hier nur ein Beispiel geben.

In Rabat, der Hauptstadt Marokkos, besuchte ich gleich nach Eintreffen den Kabinettschef des Generalgouverneurs, der mich seinem Mitarbeiter Collin anvertraute. Dieser, 32 Jahre alt, war 1940 in deutsche Gefangenschaft geraten, zeigte aber keinerlei Bitterkeit, vielleicht weil ihm die Flucht gelang. Später hatte er in der UNO-Flüchtlingsorganisation in China gearbeitet und dort seine (französische) Frau kennengelernt. Die

beiden waren so ausgehungert nach Gesprächen, die nicht Marokko betrafen, daß sie mich dreimal zu sich einluden. Als sich herausstellte, daß Frau Collin in Schanghai eine Weile in unserem Apartment-Haus „Gascogne" gewohnt und dort von dem mit einer „Californienne" verheirateten „Allemand" gehört hatte, wurde es erst recht gemütlich.
Collin arrangierte alle von mir gewünschten Gespräche, auch schon, woran mir besonders lag, für Süd-Marokko, das, von den Franzosen erst 17 Jahre zuvor erobert, als „Zone d'Insécurité" bezeichnet wurde und nur mit Sondergenehmigung bereist werden durfte. Der für mich dort (in Marrakesch) zuständige Oberst war in der frühen Nachkriegszeit Stadtkommandant von Reutlingen gewesen; erst wollte er alles über den Wiederaufbau der Stadt und über deren populären Oberbürgermeister Kalbfell wissen, dann stellte er mir im Handumdrehen die nötigen Papiere aus und avisierte mich bei seinen Offizieren im Gebiet südlich des Hohen Atlas.
Ohne diese Hilfestellung hätte ich damals das großartige Land der Kasbahs (Burgen) nicht kennengelernt. Die Kommandanten der dortigen Militärregierungen und ihre Offiziere samt Damen waren von einer überwältigenden Gastfreundschaft – in Taroudant und Ouarzazate, in Kelaa, Boumalne und Tinerhir. Wenn ich – meist als einziger Europäer – staubverkrustet an diesen Orten dem klapprigen Wüstenbus entstieg, stand schon ein Adjutant des Kommandanten, wenn nicht dieser selbst, an der Haltestelle. Am liebsten hätte mich jeder für ein paar Tage bei sich aufgenommen, aber mehr als 24 Stunden konnte ich bei keinem bleiben. (Damals hatte ich noch kein tragbares Aufnahmegerät und mußte daher zu einem bestimmten Termin wieder im Stuttgarter Funkstudio sein.) Sicher hat die herzliche Aufnahme, die mir, dem Feind von gestern, gewährt wurde, zu dem vorzüglichen Eindruck beigetragen, den mir diese Kolonialoffiziere machten; sie waren eine Blüte der – im Zweiten Weltkrieg von schweren Blutopfern verschonten – französischen Armee.
Bei Major de Sèze in Tinerhir zum Beispiel ging das so vor sich: Von ihm auf meine Wünsche angesprochen, nannte ich deren drei – die Todra-Schlucht besuchen, in einer Kasbah zu Gast sein, seine Tagesarbeit miterleben. Er erledigte alles. Sein Jeep brachte mich zu der Hunderte von Metern tief in den Atlas eingefressenen gewaltigen Schlucht; in der größten, von dem örtlichen Häuptling bewohnten Kasbah sagte er sich mit mir zum Tee an; und mehrere Stunden nahm er mich zu seinen Amtsgeschäften mit. Prinzipiell wurde zwar in der „Zone der Unsicherheit" fast alles von den Eingeborenen selbst geregelt (es ging an jenem

Tag um ein neues Schlachthaus, um den Bau einer Brücke, um die Preise auf dem Markt, um zwei Gerichtsverfahren), aber immer waren de Sèze oder einer seiner Leute in der Nähe. Der Respekt, der ihm allenthalben entgegengebracht wurde, beruhte nicht sosehr auf seiner Macht (für seinen Bezirk von 2000 Quadratkilometern mit 35 000 Menschen hatte er nur zwei Offiziere und 35 Beamte, keine Soldaten), vielmehr auf seiner persönlichen Autorität – und natürlich auf dem Ansehen der Kolonialmacht Frankreich, die hinter ihm stand.

(Als ich dreißig Jahre später das Land der Burgen wieder besuchte, fuhr ich auf geteerten Straßen in modernen, von Klimaanlagen gekühlten Reisebussen, in denen, vom Fahrer und Reiseführer abgesehen, nur europäische Touristen saßen; an der Stelle der kleinen Rasthäuser, in denen ich seinerzeit gewohnt hatte, standen große Hotels mit Schwimmbecken, und durch die Kasbah des damals bedeutendsten Berberfürsten El Glaoui, die ich nur in Begleitung des Kommandanten hatte besuchen dürfen, wälzte sich jetzt der Strom der – großenteils deutschen – Touristen.)

Häufig stieß ich während der ersten Reise auf Deutsche, ehemalige Kriegsgefangene, die sich durch ihre Tüchtigkeit so unentbehrlich gemacht und in dem schönen Land so eingelebt hatten, daß sie geblieben waren und sogar ihre Frauen aus Deutschland geholt hatten, so jener Arthur L. aus Dortmund im Mangan-Bergwerk von Imini. Als er mir sagte, im nächsten Jahr wolle er wieder einmal zum Urlaub nach Dortmund, rief der danebenstehende Bergwerksführer entsetzt: „Aber ich hoffe, Sie kommen wieder, Monsieur!" Arthur L. beruhigte ihn.

Und immer wieder deutsche Fremdenlegionäre. Das Hauptquartier der Legion befand sich in der algerischen Stadt Sidi-Bel-Abbès. Mein Eindruck dort: Etwa die Hälfte der Männer mit dem weißen Käppi waren Deutsche. In den Gesprächen mit ihnen immer dieselbe Frage an mich: „Sollen wir nach Deutschland zurückkehren?" Für viele von ihnen lief damals gerade die fünfjährige Verpflichtungsfrist bei der Legion ab. Wie würde man sie, die ehemaligen Fremdenlegionäre, viele von ihnen einst in der SS oder Waffen-SS, daheim empfangen?

Mein Rat war immer derselbe: „Wir freuen uns, wenn ihr kommt. Wer nicht direkt an Verbrechen teilgenommen hat, möge ohne Sorgen heimfahren. Die Jahre bei der Legion trägt euch niemand nach, und die Entnazifizierung ist ein ärgerlicher Vorgang, geht aber vorbei." Denen, die heimwollten, gab ich meine Adresse; von manchen hörte ich später. Bei ihnen allen ist es gut gegangen.

Es gab auch andere, die sich schon fürs Bleiben entschieden hatten. Ein-

mal fuhr ich mit der Bahn, im Gang stehend und den Anblick der schneebedeckten Drei- und Viertausender des Hohen Atlas genießend. Da fiel mir auf, daß jemand neben mir ein deutsches Soldatenlied summte – „Annemarie". Ich summte mit, aber der Mann merkte es gar nicht. Munter summte er weiter; dann pfiff er es. Also pfiff ich auch. Immer noch nichts. Da fragte ich auf deutsch: „Schon lange in Afrika?"
„Ja, schon lange", sagte er, auch auf deutsch. Erst jetzt drehte er sich um und schaute mich an. So kamen wir ins Gespräch. Seine Geschichte: „1945 kam ich aus einem Gefangenenlager in Frankreich zur Fremdenlegion – die einzige Chance, von der Hungerei fortzukommen. Und was sollte ich daheim? Das Haus war zerbombt, und überall saß der Russe. Es folgten fünf harte Jahre bei der Legion, davon dreieinhalb in Indochina. Einmal verwundet. Malaria und was so dazugehört. Jetzt bin ich bei einer regulären französischen Einheit. Eben sind wir auf dem Wege in unseren Standort Marrakesch. Meine Jungens haben sich die marokkanische Meisterschaft in Basketball geholt. Jetzt geht's um die Meisterschaft für Nordafrika. Ich hoffe, das werden wir auch noch schaffen."
Ebenso wie der gute Ruf, dessen sich diese jahrelang verlorenen Söhne Deutschlands in Nordafrika erfreuten, half mir das lebhafte Interesse der Franzosen an mir als einem Mann aus dem wiederauferstehenden Deutschland, der ihnen zudem von den merkwürdigen Plänen für ein deutsch-französisches Zusammengehen erzählte, die sie selbst bislang nur mit halbem Ohr wahrgenommen hatten.
Bei den „Muselmanen", wie die Franzosen alle Nichtweißen Nordafrikas nannten (damals etwa 20 Millionen der insgesamt 21,5 Millionen Einwohner Algeriens und Marokkos), garantierte mir schon die bloße Erklärung „Je suis Allemand" freudige Aufnahme. Besondere Ehren wurden mir erwiesen, wenn man hörte, ich sei von Radio Stuttgart – man unterstellte, dies sei immer noch der Sender, der während des Krieges die Eingeborenen in Nordafrika gegen die Kolonialherren mobilisierte. („Wir haben also bei der Entfachung des arabischen Nationalismus", notierte ich unterwegs, „etwa dieselbe Rolle gespielt wie heute Moskau, das sich der nationalistischen Parolen bedient, um seine Interessen zu fördern.")
Was ich von antifranzösischer Haltung bei den Einheimischen zu hören bekam, freute mich nicht, ihre prodeutsche hingegen kam mir auf der Reise zugute. Viele „Muselmanen" waren nach dem Zweiten Weltkrieg (manche Grauköpfe schon nach dem Ersten) mit der französischen Besatzungsmacht in Deutschland gewesen. In einem Kaffeehaus in Bou Saada sprach mich einer an, der noch drei Jahre zuvor bei einem in

Württemberg stationierten Truppenteil gedient hatte und mir zum Beweis ein Dutzend schwäbischer Ortsnamen herunterrasselte. Besonders der Schwarzwald hatte es dem Sohn der Wüste angetan. In M-Sila, einem kleinen Nest in der Wüste, wo mein Autobus eine Viertelstunde Pause machte, tauchte einer auf, der – zum ehrfürchtigen Staunen seiner umstehenden Freunde – mit deutschen Brocken um sich warf. „M-Sila nicht gut", rief er auf deutsch, „M-Sila kleine Stadt! Baden-Baden besser!" Ich konnte ihm nur zustimmen, M-Sila war nicht gerade eine Perle Algeriens.

Diese Reise aus dem großen Umerziehungslager, das ganz Deutschland immer noch war, in die Weite Nordafrikas hatte mir gut getan. Schon an einem der ersten Tage nach der Rückkehr berichtete ich Coup über meine Eindrücke. Ich hatte im Januar meine Reise in der Hoffnung angetreten, Marokko, klimatisch Kalifornien ähnlich, und Algerien könnten ein „Kalifornien der Vereinigten Staaten von Europa" werden. Aber die erstaunliche zivilisatorische Leistung der Franzosen hatte aus den „Muselmanen" keineswegs „Kalifornier" gemacht, im Gegenteil; sie hatte ihren Nationalismus sogar verstärkt und unter den Muselmanen wiederum das Selbstbewußtsein der einheimischen Berber gegenüber den vor 13 Jahrhunderten eingewanderten Arabern.

Als Coup mich nach der wirtschaftlichen Entwicklung fragte, faßte ich meine Ansicht in den Worten zusammen: „Die Möglichkeiten sind groß, die Aussichten gering." Um das zu ändern, seien gewaltige Investitionen aus Europa erforderlich. War das so sehr mit sich selbst beschäftigte Europa dazu fähig? Die Entscheidung, sagte ich, müßte nicht primär wirtschaftlich, sie müßte politisch sein – wie die Entscheidung für den Bau einer Autobahn oder eines Flugzeugträgers, von der man sich auch keine Zinsen erhoffe. Ohne solche Investitionen freilich seien die Tage der Europäer in Nordafrika gezählt. Ich wiederholte ihm die Bemerkung eines französischen Grundbesitzers in Algerien: „Wir leben hier auf einem Vulkan und wissen nicht, wann er ausbrechen wird." (Drei Jahre später war es soweit.)

Im folgenden Jahr – 1952 – unternahm ich eine zweite Afrikareise, durch Frankreichs westafrikanisches Kolonialreich von Dakar bis Niamey; diesmal nicht allein, sondern mit Eugen Gerstenmaier. Die gemeinsamen Abenteuer auf nur wenig betretenen Pfaden haben meine Freundschaft mit ihm fester geknüpft, aber die Reise hat den skeptischen Eindruck von der Position Frankreichs in Afrika bestätigt, den ich im Vorjahr gewonnen hatte. Schon zehn Jahre später waren aus sämtlichen, 1951 und 1952 von mir besuchten französischen Gebieten selbständige Staaten geworden. Die politische Karte Afrikas, die noch bei Kriegsende aus nur wenigen Farben bestanden hatte, war sehr bunt geworden.

61. Hinter meinen Kulissen

Ein Kommentator verbringt weit weniger Zeit auf der Bühne, auf der man ihn und seine Produktionen betrachten kann, als hinter den Kulissen, wo er sich vorbereitet. Wie also sieht es bei mir hinter den Kulissen aus, wenn ich unterwegs bin?

Zum Reisen braucht man erstens Zeit und zweitens Geld. Gute Stellvertreter und Mitarbeiter, funktionierende Postverbindungen und vor allem zuverlässige Sekretärinnen ermöglichten es mir, monatelang abwesend zu sein, oft in anderen Erdteilen. Meist wußte ich ein oder zwei Wochen im voraus, wo ich mich während der kommenden Wochen aufhalten würde und war dann dort über das in Aussicht genommene Hotel oder die Deutsche Botschaft zu erreichen. Der Versand von Briefen, Tagebuchblättern, Manuskripten, Rundfunk-Tonbändern nach Deutschland klappte vorzüglich.

Die Finanzierung: Seit meiner Jugend war ich auf meine Unabhängigkeit so versessen, daß ich auch meine Reisen selbst finanzierte. Nie habe ich Reisekostenzuschüsse erbeten, weder von Redaktionen, noch von deutschen oder fremden staatlichen oder halbstaatlichen Stellen. Der Sinn dieses Grundsatzes: Man sollte mir nie nachsagen können, ich sei durch Reisekostenzuschüsse – gar von ausländischer Seite – zu einer bestimmten Berichterstattung verleitet worden.

Es gab einige Ausnahmen: In den ersten Jahren nahm ich – mit anderen deutschen Chefredakteuren – eine Einladung Washingtons zu einer Reise durch die USA an; aber das schlechte Gefühl, das ich die ganze Zeit hatte, trug dazu bei, daß ich künftig solche Einladungen ablehnte. Nur als mich Prinz Sihanouk von Kambodscha 1957 das erste Mal einlud, ein paar Tage lang sein Gast in Phnom Penh zu sein, nahm ich das an, weil ich eine persönlich gemeinte Freundlichkeit nicht zurückstoßen wollte. Danach aber sagte ich ihm, künftig wolle ich meinen Aufenthalt in seinem Land selbst bezahlen. Den Preis für den Flugschein nach Tokio und zurück, den mir die japanische Regierung schickte, als sie mich zur Veranstaltung einiger Seminare für ihre Diplomaten einlud, ersetzte ich. (Der Betrag wurde zur Errichtung einer Sonderabteilung für Bücher und Dokumente über das russisch-asiatische Verhältnis in der Bi-

bliothek des Außenministeriums verwendet. Später schickte mir das Ministerium ein Foto, das den Schrank mit den für jene Summe angeschafften Büchern samt der Aufschrift „Mehnert Library" zeigt.)
Ich bezahlte für meine Reisen mit den Honoraren für die unterwegs angefertigten Aufsätze und Rundfunkberichte, später auch mit den Einkünften aus Büchern. Auch die Einnahmen aus Vorträgen, die ich in Deutschland nach der Rückkehr von jeder Reise hielt, füllten die Reisekasse. In manchen Jahren hielt ich fünfzig Vorträge und mehr. Für Vorträge während meiner Reisen vor ausländischen Instituten (Universitäten usw.) bekam ich fast nie ein Honorar; vermutlich – und irrtümlich – dachte man, ich machte meine Reisen auf deutsche Staatskosten. Bei diesen Vorträgen flocht ich häufig den Hinweis ein, daß ich auf eigene Kosten unterwegs war, um im voraus der Vermutung entgegenzutreten, ich reiste – und spräche – im Bonner Auftrag.
In Japan lebte während meiner ersten Reisen noch ein Rest der alten Samurai-Tradition: Geld stinkt. Deswegen galt es geradezu als Kränkung, einem Mann, den man schätzte, einem ausländischen Professor zum Beispiel, ein Honorar anzubieten – zwischen Samurais gehörte sich so etwas nicht. Ich gestehe, daß ich mit Vergnügen wenigstens für einige meiner Japan-Vorträge Geld angenommen hätte (Japan war schon damals sehr teuer), aber daraus wurde anfangs überhaupt nichts und später nur selten.
Einmal wurde ich richtig böse (ohne es zeigen zu dürfen): Ich war für mein Geld nach Hokkaido, der großen Nord-Insel Japans geflogen und hatte dort einen öffentlichen Vortrag gehalten. Der Veranstalter erkundigte sich flüsternd bei mir, als handle es sich um eine peinliche Sache, ob man mir zum Schluß als Anerkennung etwas geben dürfe. Ich sagte ja und hoffte auf ein paar Geldscheine. Aber es kam anders: Nach dem Vortrag wurde mir feierlich und unter dem Klatschen des Publikums ein geschnitzter Bär überreicht – ein Riesentier, das mir bis zum Gürtel reichte. Ich strahlte dankbar, hielt den Bären in die Höhe, als sei es ein Fußball-Pokal, und schleppte ihn zähneknirschend in mein Hotelzimmer. Am liebsten hätte ich ihn irgendwie verschwinden lassen, aber ich mußte beim feierlichen Abschied auf dem Flugplatz den Bären natürlich bei mir haben und dort fortwährend ein glückliches Gesicht machen und immer wieder das sinnige Geschenk loben, diese schöne Erinnerung an Japans rauhen Norden. (Daß ich für ihn auch noch Übergepäck zahlen mußte, erboste mich erst recht.)
Was Komfort betraf, so bin ich zeit meines Lebens ein sparsamer Schwabe gewesen. Ich habe mich daher lange, außer wenn Enid dabei

war, mit billigen Unterkünften begnügt, auch im Orient, wo diese gewöhnlich weder bequem noch hygienisch waren, dafür aber näheren Kontakt zum Volk brachten. Dann jedoch machte ich die Erfahrung, daß es nicht ganz zwecklos ist, in einem guten Hotel abzusteigen: Bei meinem ersten Besuch im pakistanischen Karatschi fand ich – es war später Abend – keine Unterkunft außer im ersten Hotel am Platze, dem Luxury Beach. Ich biß die Zähne zusammen, als man mir den für meine Begriffe ungeheuerlichen Preis nannte. Während ich einzog, hörte ich die Klänge der „Lustigen Witwe", und als ich diesen nachging, fand ich auf dem Rasen hinter dem Hotel gedeckte Tische und anrückende Gäste. Ein Zeitungsfotograf, der die Prominenz für sein Blatt zu knipsen hatte, erklärte mir in dem leise gurrenden Englisch des Subkontinents Namen und Stellung der Anwesenden, und ehe ich es mich versah, stellte er mich dem Gastgeber vor, einem Bankier mit rotem Fez auf dem Kopf, flankiert von seinen beiden Söhnen. Man setzte mich an einen der Tische; dort erfuhr ich, daß der Empfang dem eben erst ernannten Ministerpräsidenten von Pakistan galt. Alsbald wurde „the German editor" von Gruppe zu Gruppe gereicht und so lernte ich, kaum angekommen, führende Leute aus Wirtschaft, Politik und Diplomatie kennen, darunter auch den Sowjetbotschafter Dorofejew, und schließlich den neuen Ministerpräsidenten des Landes, der mich auf die gemeinsamen Flüchtlingsprobleme ansprach; in Pakistan gab es damals fast so viele Flüchtlinge wie bei uns – acht Millionen. Viele Gäste gaben mir ihre Visitenkarten und sagten „Come and see me", nicht ahnend, daß ich sie beim Wort nehmen würde. Von da an bin ich trotz magerem Geldbeutel im jeweils besten Hotel abgestiegen und in der Tat habe ich dort – am Frühstückstisch oder im Swimming-pool – einige meiner wichtigsten Diskussionspartner kennengelernt und manch aufschlußreiches Gespräch geführt.

Auch für Hilfskräfte scheute ich die Ausgaben nicht, da auf meinen Reisen der Faktor Zeit immer noch rarer war als der Faktor Geld. So wie man Materie in Energie verwandeln kann, suchte ich mit Hilfe von Geld Zeit zu gewinnen, indem ich Assistenten einstellte, die mir manche Arbeit abnahmen. Als ich in Hongkong zwei Monate lang an „Peking und Moskau" arbeitete, entdeckte ich einen ausgezeichneten Helfer – einen jungen Chinesen, der, in Hongkong englischsprachig aufgewachsen, vom Fieber des Patriotismus gepackt ins China Maos gefahren und nach ein paar Jahren enttäuscht wieder nach Hongkong zurückgekehrt war. Er sprach also Englisch und Chinesisch und verstand rasch, worauf es mir ankam. Ganze Zeitungsjahrgänge sah er für mich durch.

Bei Auslandsaufenthalten während der Arbeit an „Jugend im Zeitbruch" stellte ich in manchen Ländern Studenten an, die mir Material brachten.
Da die Bundesrepublik in vielen Hauptstädten diplomatisch noch nicht vertreten war, engagierte ich mir einmal sogar einen eigenen Botschafter, genauer: eine Botschafterin. Es war die Witwe eines deutschen Diplomaten, den ich im Kriege in Schanghai kennengelernt hatte. Eines Tages, noch in Deutschland, hatte ich von ihr einen Brief aus Saigon erhalten, wo sie nun lebte; ob sie mir Material über das neue Indochina schicken solle? Als ich meine Reise nach Vietnam vorbereitete, bat ich sie, mir dort gegen ein Honorar behilflich zu sein. Das war sie in hohem Maße; sie kannte alle, die Rang und Namen hatten.
Die große Mehrheit der Fernreisenden wird von irgend jemandem betreut. Schon im Hafen oder auf dem Flugplatz wird er abgeholt – von einheimischen Geschäftsfreunden, wenn er für eine Firma reist, von Angehörigen einer Botschaft, wenn er Diplomat ist, vom Vertreter des Reisebüros, das ihn und seine Reisegesellschaft wahrnimmt. Für mich gab es das in den ersten Jahren nicht. In Ländern, in die ich zum ersten Mal kam, stand ich allein auf weiter Flur. Später hatte ich überall einheimische und deutsche Freunde, die sich um mich kümmerten.
Seit ich in den fünfziger Jahren als Beobachter an internationalen Konferenzen oder bei deutschen Staatsbesuchen im Ausland teilzunehmen begann, habe ich ganze Generationen deutscher Redakteure erlebt, mit denen Gedanken auszutauschen stets anregend war, darunter den verstorbenen Harry Hamm (FAZ), den ernsten Günther Scholz (Deutsche Welle), den quicklebendigen „Immer dabei-" Hans Ulrich Kempski (Süddeutsche Zeitung), den bedächtigen Chrysostomus Zodel (Schwäbische Zeitung, Leutkirch), den Gentleman Georg Schröder (Die Welt) und Dutzende anderer.
Viele Aufschlüsse, Ratschläge, Kontakte verdanke ich journalistischen Kollegen, die als ständige Auslands-Korrespondenten draußen Jahre verbrachten, Leuten wie Hans Walter Berg in Indien, Carl Weiss in Indonesien, Lily Abegg in Japan. Manche wechselten vom Pressemann zum Presseattaché, so der unübertreffliche Hermann Ziock, mit dem ich in Kairo, dann in Neu-Delhi und schließlich wieder in Kairo oft zu tun hatte. Glänzend unterstützt von seiner Frau, besaß er in Ägypten und Indien hervorragende Beziehungen praktisch zu allen, die für Leute wie mich von Interesse sein konnten, und war so beliebt, daß jeder ihm gern seine Wünsche erfüllte. Traf ich bei ihm ein, so hatte er den Kopf voller Ideen, griff zum Telefon und vereinbarte bereits während des er-

sten Gesprächs ein halbes Dutzend Verabredungen. Ohne selbst etwas für sich davon zu haben – außer dem Bewußtsein, seine Tätigkeit vorzüglich auszuüben –, war er zu jeder Tages- und Nachtstunde zum Einsatz für einen deutschen Publizisten bereit. Bei einem einzigen Besuch in Neu-Delhi organisierte er für mich sechs Vorträge vor Zuhörern mit Breitenwirkung, etwa vor dem Indischen Presseclub, und Interviews mit einer Reihe von Zeitungen, deren Vertreter sich alle halbe Stunde auf dem Rasen vor meinem Hotel ablösten. Auch wo ich nicht über deutsche Themen sprach, sondern – was oft verlangt wurde – über die Beziehungen zwischen Peking und Moskau, empfand er es als Vorteil für die deutsche Sache, daß es ein Deutscher war, der zu Vorträgen über heikle Themen eingeladen wurde.

Am meisten Dank schulde ich vielen deutschen Diplomaten. Ich fürchte, daß ich ihnen mit meinen Fragen und Kontaktwünschen oft auf die Nerven gefallen bin. Manche mögen gestöhnt haben, wenn ich mich anmeldete. („Mehnert kommt so regelmäßig wie der Monsun", hieß es.) Aber sie haben es mich nie merken lassen. Soweit es möglich war, erfüllten sie meine Wünsche. Oft gaben sie mir ein Essen oder einen Empfang; dazu luden sie Leute ein, die für mich von Interesse waren und mit denen ich bei dieser Gelegenheit weitere Verabredungen treffen konnte. In einigen Botschaften und Generalkonsulaten ist es fast zur Regel geworden, daß ich während des Essens zehn oder fünfzehn Minuten spreche, etwa über gerade besuchte Nachbarländer oder über längerfristige Probleme (das chinesische zum Beispiel) und daß man dann, noch am Tisch und mit dem Botschafter als Gesprächsleiter, das aufgeworfene Problem oder auch andere Fragen diskutiert, wobei ich mehr lerne als gebe.

Oft war ich Hausgast bei einem Botschafter oder einem seiner Herren. Im Grunde bin ich mehr ein Hotel-Mensch, der sich wenig Zeit nimmt für häusliche Geselligkeiten und entweder herumrennt oder an der Schreibmaschine hockt. Aber Gastaufenthalte in den Häusern deutscher Diplomaten hatten – von der Freude des Zusammenseins mit ihnen abgesehen – einen großen Vorteil: Die Gastgeber fühlten sich für den Gast verantwortlich, bezogen ihn in ihr gesellschaftliches Leben ein, nahmen ihn zu Empfängen mit („Dürfen wir Ihnen unseren Hausgast vorstellen?") und luden für ihn ausgewählte Menschen zu sich ins Haus.

Diplomaten gegenüber besteht ein ganz dummes Vorurteil: „Cocktail-Schwenker" sagt man von ihnen und spielt darauf an, daß sie jeden Tag zu „Drinks" und Festmählern gehen. Aber diese Veranstaltungen sind oft eher strapaziös als vergnüglich. In manchen südlichen Ländern wird man auf 20 Uhr eingeladen, steht und sitzt dann mit einem Glas in der Hand anderthalb Stunden herum, geht gegen 22 Uhr zu einem – meist viel zu schweren – Essen und nach Mitternacht mit vollem Magen ins Bett. Dann und wann ein gutes Essen unter Freunden – sehr schön. Aber nicht unter Zwang, und Abend für Abend, und im Anschluß an ein oder zwei vorausgegangene Cocktail-Empfänge.

In einer Hauptstadt, in der hundert Länder diplomatisch vertreten sind, müssen hundert nationale Feiertage begangen werden, dazu kommen zahlreiche weitere Einladungen: Tritt ein neuer Botschafter seinen Dienst an, so wird er in zwei oder drei Dutzend Botschaften zum Essen eingeladen; bei jeder muß er sich revanchieren und schließlich, beim Verlassen seines Postens, mit mindestens ebensovielen Essen verabschieden. Kommt ein Staatspräsident oder Außenminister aus irgendeinem Land in die betreffende Hauptstadt zu Besuch, so gibt die Regierung für ihn Empfänge und Essen, wozu sie das diplomatische Corps einlädt, und der Botschafter des Landes, aus dem der hohe Gast kommt, tut das natürlich auch.

Das alles sind berufliche Tätigkeiten, die sich außerhalb der Dienststunden abspielen. Dazu kommt dann der eigentliche Dienst – von Wirtschaftsverhandlungen mit der Regierung des Gastlandes bis zur Heimschaffung (auf Staats- und das heißt auf Steuerkosten) gestrandeter, oft rauschgiftsüchtiger Landsleute.

Noch einen Dank habe ich abzustatten, und diesen besonders gern: den Diplomatenfrauen. Die meisten sind von früh bis spät, manchmal bis zu 16 Stunden, im Dienst, nicht nur wenn sie Hausgäste haben. Es gibt kaum einen durchreisenden Prominenten, der es nicht als Selbstverständlichkeit ansieht, daß eine der Botschaftsdamen ihm (oder seiner Frau) beim „Shopping" hilft. Meist ist das nicht mit einem Ladenbummel abgetan, sondern es müssen ganze Listen von Angehörigen und Bekannten abgehakt werden, denen Geschenke nach Hause mitzubringen sind. Manche Reisende lassen sich Anzüge (oder Kleider) maßschneidern, was jeweils mehrere Anproben beim Schneider (bei der Schneiderin) erfordert oder besuchen zehn Juweliere, ehe sie sich für ein Schmuckstück entscheiden, und immer erwarten sie die Begleitung einer Botschaftsdame („Sie kennen sich doch hier so gut aus . . ."). Die Bereitschaft zur Hilfe ist fast grenzenlos – und stets mit freundlicher Miene, als sei es ein wahres Vergnügen, mit dem Gast durch die Läden zu ziehen.

Den Höhepunkt der Gastlichkeit erlebte ich in einer tropischen Hauptstadt, wo die Frau des Hauses aus Rücksicht auf den Gast mit der Niederkunft wartete, bis ich auf dem Weg zum Flugplatz war. (Der Junge, den sie dann zur Welt brachte, wurde mein Patensohn. Die Zeit vergeht so rasch: Jetzt ist er „beim Bund".)

62. Viele Quellen

Als unerträglich ungeduldiger Mensch lese ich ungern Interviews. Wenn der Journalist A den Politiker B interviewt hat, ist es mir viel lieber, wenn Herr A (sofern ich Vertrauen zu ihm habe) den Inhalt des Interviews in seinen Worten mit hundert Zeilen wiedergibt, als wenn ich mühsam tausend Zeilen lang den verschlungenen Wegen eines meist unsystematisch verlaufenen Interviews folgen muß. Daher veröffentliche ich auch selbst nur selten Interviews. Die Medien schätzen sie hingegen, vor allem Rundfunk und Fernsehen. Daher habe ich dann und wann einem Opfer ein Mikrofon vor den Mund gehalten. Ungern freilich, denn das Gespräch ist, finde ich, meist ungleich ergiebiger, wenn ich von Anfang an sagen kann: „Dies ist ein Hintergrundgespräch, kein Interview; zitieren werde ich Sie nur, wenn Sie das selbst wünschen." (Manche möchten gern zitiert werden.)

Wie jeder Schachspieler habe ich mehrere Lieblingszüge, mit denen ich ein solches Gespräch eröffne. Einer heißt: „Ich komme eben aus Ihrem Nachbarland; dort habe ich die und die Leute gesprochen und die und die Eindrücke gewonnen." Erst selbst Informationen anzubieten, ehe man solche für sich erbittet, hat sich meist bewährt.

Andere Eröffnungszüge wende ich an, wenn ich auf ängstliche Abwehr stoße. Einmal unterhielt ich mich in Thailand mit einem begabten und kenntnisreichen Journalisten, der gerade erst wegen eines Leitartikels über Innenpolitik ziemlichen Ärger erlebt hatte und mir, als ich ihn besuchte, gleich erklärte: „Nehmen Sie es mir nicht übel, wenn ich mich zu den jüngsten Ereignissen bei uns nicht äußere."

„Das kann ich verstehen", sagte ich. „Aber ich mache Ihnen einen Vorschlag: Ich werde Ihnen diese Ereignisse so schildern, wie sie sich mir darstellen, und dabei auf Ihr Gesicht achten." Lachend ging er darauf ein. Ich kam gar nicht weit in meiner Darlegung, denn er hielt es nicht aus, kommentarlos dabeizusitzen; er griff ein, und bald führten wir ein richtiges Gespräch.

Selten, und nur mit ausdrücklicher Genehmigung des Gesprächspartners, berichte ich in Aufsätzen und Sendungen, wer was gesagt hatte. Soweit ich weiß, hat niemand, der mir seine Gedanken über Politik an-

vertraute, dadurch jemals Unannehmlichkeiten gehabt. Das ist mir wichtig, nicht zuletzt, weil ich ihn bei der nächsten Gelegenheit wieder sprechen will.
Mancher Vortrag hat sich als günstiger Einstieg zu aufschlußreichem Gedankenaustausch bewährt, daher nehme ich im Ausland gern Einladungen an – von Universitäten, Vereinigungen für Außenpolitik, Journalistenclubs, in Japan auch von den in der Öffentlichkeitsarbeit sehr regen Zeitungen mit ihren Millionenauflagen. Meist führen die Vorträge zu Diskussionen, zu anschließenden Aussprachen in kleinerem Kreis in einem nahegelegenen Lokal und schließlich zu Verabredungen zwecks Fortsetzung des Gesprächs am folgenden Tag.
Während der fünfziger Jahre war ein einsamer Deutscher mit einem roten Koffer, einem unförmigen Tonbandgerät und einer Schreibmaschine noch so etwas wie eine Sensation, was allenthalben den Zutritt erleichterte. Denn bei Kriegsende war Asien durch die Sieger von Deutschen leergefegt worden; die deutsche Konkurrenz sollte noch radikaler als nach dem Ersten Weltkrieg aus dem Wege geräumt werden. Außer als politisch verfolgte Emigranten waren Deutsche fast nur noch in dem am Kriege unbeteiligten Thailand zu finden. Wenn ich irgendwo auftauchte, war daher meist die erste Frage: „Kommen Sie wirklich aus dem heutigen Deutschland?"
In Staaten, in denen wir zur Zeit meiner ersten Nachkriegsreisen diplomatisch noch nicht vertreten waren, ging ich stets schnurstracks in die US-Botschaft, ließ mich beim jeweiligen Chef melden und sagte ihm: „Deutschland hat hier noch keinen Botschafter. Da ich aus der US-Zone Deutschlands komme, bitte ich Sie, mein Botschafter zu sein." Gewöhnlich lachte der also Angesprochene und half mir nach Kräften. Besonders dankbar denke ich an zwei Herren in Rangun, ohne die ich in dem liebenswert-indolenten Burma nicht weit gekommen wäre.
So wie ich in Französisch-Afrika Beamte und Offiziere traf, die in Deutschland nach Kriegsende Dienst getan hatten, fand ich in Asien in den amerikanischen Botschaften und anderen US-Dienststellen für Entwicklungs- oder Militärhilfe überraschend oft Amerikaner, die bei uns einige Jahre für die US-Besatzungsmacht tätig gewesen waren. Scherzhaft nannte ich sie die „Amis der Deutschen", da sie nun – mit Ausnahmen – in ganz Asien nostalgische Loblieder auf die Deutschen sangen. Solange sie als „Missionare" bei uns waren, hatten sie viel herumkritisiert. Aber aus der asiatischen Ferne erschien ihnen bei uns alles wie eitel Sonnenschein. In Algerien hatte ich „Baden-Baden besser!" gehört, in Laos sagten sie: „Heidelberg besser!" Wo immer ich sie traf, war es

dasselbe: Jedes Detail der deutschen Politik wollten sie von mir hören, was Reinhold Maier und was Gebhard Müller machten und wie es Adenauer ging.
Alle beteuerten, wieviel einfacher und angenehmer doch mit den Deutschen zu arbeiten gewesen sei als mit den Burmanen, Vietnamern, Indonesiern, Japanern, oder mit wem immer sie jetzt zu tun hatten. An der US-Botschaft in Djakarta waren es zwei vormals deutsche Juden, die im voraus von meinem Kommen gehört hatten und immer wieder bei der Deutschen Botschaft nachfragten, wann ich denn endlich einträfe. Kaum war ich da, meldeten sie sich und luden mich in ihre Familien ein. Es war reizend, wenn ich auch am ersten Abend nicht allzuviel über Indonesien erfuhr, da sie mich 4 : 1 über Deutschland ausfragten. Aber danach waren sie sehr behilflich.
Wichtiger als die „Amis der Deutschen" waren mir natürlich die Deutschen selbst. Tausende habe ich während eines halben Jahrhunderts auf meinen Reisen auf allen Breiten- und Längengraden getroffen. Fast alle hatten sie eine Geschichte: Jener China-Deutsche zum Beispiel, der nach Kriegsende mit einem Freund ein außer Dienst gestelltes amerikanisches Militärflugzeug für 5000 Dollar erstand und für eine amerikanisch-lutherische Kirchenorganisation Tausende von Missionaren und chinesischen Christen aus dem Inneren an die Küste flog, um sie vor den vorrückenden Kommunisten zu retten.
Oder jener Erwin (den Nachnamen habe ich vergessen), der mir als deutscher Firmenvertreter in Bangkok die Geschichte seiner Eheschließung erzählte: Um eine Frau zu finden, hatte er sich vor zwei Jahren Heimaturlaub genommen und war zur Brautschau nach Deutschland gefahren. Unter Zeitdruck stehend, arbeitete er mit allen Schikanen – Zeitungsanzeigen, Heiratsbüros, Freunden, Tanten – mit dem Ergebnis, daß er schließlich viel zu viele Bräute hatte. Mit einer war er schon bis zum Standesamt vorgedrungen, doch fehlte noch irgendein Papier, und er überlegte es sich anders. Dann kam endlich die Richtige. Eilig baute er die anderen Bräute ab, fuhr mit der neuen in eine andere Stadt, um dem Standesbeamten nicht noch einmal unter die Augen zu treten – und schaffte es. Die junge Frau hatte der Erzählung ein wenig melancholisch gelauscht und sagte zum Schluß: „Erwin hat auf die ersten Bräute so viel Geld verwandt, daß es für unsere Hochzeitsreise nur noch 3. Klasse reichte."
Oder jener junge Deutsche, den ich kennenlernte, als ich nach Rourkela kam, wo deutsche Firmen für Indien ein Stahlwerk bauten. Ich hatte mich aus Kalkutta bei der Werksleitung angesagt und wurde nach einer

staubig-heißen Nachtfahrt am Bahnhof von einem frischen, schlanken Mann abgeholt. „Bodo Sperling", stellte er sich vor. Er sei von den beteiligten deutschen Firmen vor einem Jahr engagiert worden, um sich der menschlichen Probleme ihrer Leute anzunehmen; zu seinen Pflichten gehöre aber auch die Betreuung von Gästen; er lade mich ein, bei ihm und seiner Frau zu wohnen. Das tat ich und verbrachte eine unruhige Nacht. Denn alle paar Stunden klingelte das Telefon in dem neben dem meinen gelegenen Schlafgemach des Ehepaares. Durch die dünne Wand hörte ich, wie sich Sperling hastig ankleidete, das Haus verließ und mit dem Wagen davonbrauste.

Als ich mich beim Frühstück nach seinen nächtlichen Abenteuern erkundigte, erfuhr ich: Er hatte für Ordnung unter den Deutschen zu sorgen. In der vorausgegangenen Nacht war er zweimal geholt worden, zuerst weil es um ein Mädchen aus einem der nahebei lebenden Stämme eine Schlägerei gegeben hatte, dann als einige angeheiterte Monteure eine Bar demolierten. Seine Schwierigkeit bestand darin, daß er keinerlei polizeiliche Befugnisse hatte und daher in all diesen täglich und nächtlich auftretenden Fällen auf seine rein persönliche Autorität angewiesen war – ein Sheriff ohne Amtsstern und Colt. Sperling gefiel mir so gut, daß ich ihn später als Assistenten an mein Institut nach Aachen holte, wo er eine ausgezeichnete, unter dem Titel „Die Rourkela-Deutschen" als Buch erschienene Dissertation über die Problematik schrieb, die sich ergibt, wenn 34 Einzelfirmen fast tausend robuste Männer mit guten Einkommen, aber ohne Frauen, für längere Zeit in eine heiße Hölle schicken, ohne daß irgend jemand Disziplinargewalt über sie hat.

Und schließlich: Charlotte. Sie hatte in Stuttgart als Sekretärin bei den Amerikanern gearbeitet, einen Sergeanten aus Texas geheiratet und war mit ihm nach Taiwan versetzt worden. Dort wurde sie, obgleich erst 28 Jahre alt, rasch Mittelpunkt der kleinen deutschen Gemeinde. Nach einem meiner Vorträge lud sie mich so impulsiv zu sich und ihren Freunden ein, daß ich gern annahm. Sie und zwei gleichfalls mit US-Sergeanten verheiratete deutsche Frauen plagten sich redlich ab, ein möglichst „deutsches" Abendessen zustande zu bringen. Zwischendurch gab sie den beiden Freundinnen für deren Eheprobleme Trost und seelisches Gleichgewicht. Ihr baumlanger unbeholfener Texaner, der mangels deutscher Sprachkenntnisse von der allgemeinen Unterhaltung wenig hatte, schenkte ununterbrochen Bier aus und flocht gelegentlich weise Bemerkungen ein: „Stuttgart certainly is a mighty nice place", oder „I wish my German were better". Zwischen ihm und seiner Charlotte schien gottlob alles zum Besten zu stehen – mit ihr ging es wohl

auch gar nicht anders. Gegenseitig nannten sie sich Schätzle. Und das alles in einem amerikanischen Haus im japanischen Stil auf einer chinesischen Insel im Stillen Ozean.
Begegnungen wie die mit Erwin, Sperling und Charlotte brachten Farbe in die Bilder, die ich heimbrachte.

Zum Schluß erging es mir etwa wie dem Asien-Vertreter einer deutschen Import-Firma, der nach einigen Jahrzehnten so ziemlich alle Leute seiner Branche in vielen Ländern kennt. Nur, daß ich nicht Seide oder tropische Hölzer für mein Sortiment suchte, sondern politische Informationen für meinen roten Koffer.

63. Glück gehabt

Außer Zeit und Geld – über beides sprach ich schon – braucht man beim Reisen auch Glück, oder wenigstens günstige Zufälle. Einige dieser glücklichen Fügungen sind mir unvergeßlich:
Einmal in Saigon, im Hotel „Continental", fuhr ich mit einem Offizier in mir unbekannter Uniform im selben Lift ins Restaurant. Ich fragte nach seiner Nationalität: Er war ein Oberst aus den Philippinen. Noch ehe wir oben angelangt waren, überreichte er mir seine Visitenkarte, aus der hervorging, daß er Napoleon Valeriano hieß und Adjutant des Staatspräsidenten der Philippinen war. Wir setzten uns zum Abendessen an denselben Tisch. Beim Kaffee sagte er, ich sollte mich bei ihm melden, wenn ich nach Manila komme; vielleicht könne er es arrangieren, daß ich vom Präsidenten empfangen werde.
Möglicherweise hätte Napoleon das auch allein geschafft, aber noch ein weiterer Zufall kam mir zu Hilfe. Während des Jahres hinter dem Stacheldraht von Kiangwan hatte ich mich mit einem Pater der Steyler Mission angefreundet, der die katholischen Gefangenen betreute. Auch in Deutschland war ich mit ihm in gelegentlichem Kontakt geblieben, und nun hatte er mich beim Pater Provinzial Kondring von der Steyler Mission in Manila angemeldet. Bei der Landung in Manila sah ich schon von weitem eine hohe Gestalt in weißer Robe – das konnte nur ein Pater im Tropenkleid sein; es war der Pater Prokurator der Steyler, Burgmer mit Namen. Bei der Begrüßung bot er mir ein Zimmer in der Mission an, allerdings sei es ganz einfach und das Bett sehr hart. Ich nahm dankbar an – in den Tropen sind harte Betten (wegen des Schwitzens) ohnehin die besten.

Die Mission heißt im Volksmund „The German Castle", und genau so sieht sie aus: ein Gebäudekomplex wie eine Burg, mit Türmchen und Schießscharten. Für heutige Begriffe mutet er ein wenig komisch an – noch dazu in der tropischen Landschaft und für diesen heiligen Zweck. Aber der Empfang war sehr herzlich. Beim Essen stellte sich heraus, daß einer der Patres der Beichtvater des Präsidenten war. Gemeinsam mit Napoleon erreichte er, daß ich vom Präsidenten empfangen wurde.
Ramon Magsaysay war kein schöner Mann – wuchtig von Gestalt (im Unterschied zu seinen zierlichen Landsleuten), mit großem Kopf, breiter Nase und harten, fast brutalen Zügen. Erst wenige Monate zuvor war er Präsident geworden, ausschließlich auf Grund seiner ungewöhnlichen Vitalität im Kampf erst gegen die japanische Besatzungsmacht, dann gegen die von Kommunisten angeführten Huk-Guerillas, die nach dem japanischen Abzug einen Teil des Inselstaates unter ihre Gewalt gebracht hatten. Nun hatte er die Wahlen gegen den bisherigen Präsidenten überwältigend gewonnen und sich bald als einer der großen Volkstribunen Nachkriegs-Asiens erwiesen. Mir imponierte an ihm die gesammelte Kraft und Konzentration.
Erst war er brummig. Auf meine Frage, ob er nicht ein paar Worte an das deutsche Volk auf mein Tonband sprechen wollte, antwortete er mit einem barschen: „Nein!" Gleichzeitig erwachte sein Interesse für mein Tonbandgerät – ein Monstrum, aber damals ein Wunder der Technik, das ohne Netzanschluß arbeitete. Er ließ es sich erklären und grinste zustimmend, als ich mit dem Finger auf den Anlaßknopf wies. So erfuhren die Deutschen doch noch von seiner Hochachtung für ihren Wiederaufbau und seiner Sympathie für Mercedes-Wagen. Für den nächsten Abend lud er mich zu einem Gespräch ein, bei dem er seine Beurteilung der Lage auf den Philippinen und in Südostasien darlegte. (Als er zwei Jahre später bei einem Flugzeugunglück ums Leben kam, war dies ein schwarzer Tag für ganz Asien.)
Noch ein Beispiel für das Glücksspiel des Zufalls: Bei meinem Besuch in Iran 1953 meldete ich gleich an einem der ersten Tage in der Presseabteilung des Außenministeriums meinen Wunsch an, von Mossadegh empfangen zu werden. Man versprach, alles zu tun, machte mir aber wenig Hoffnung; alle Welt wisse ja, wie ungeheuer beschäftigt der Ministerpräsident sei, seit ihm vor einigen Monaten das Parlament mit 59:1 Stimmen weitreichende Sondervollmachten, insbesondere für seinen Kampf mit den von ihm zwei Jahre zuvor enteigneten internationalen Ölgesellschaften anvertraut hatte. Wenn immer ich in den nächsten Tagen nachhakte, erhielt ich freundlich verbrämte Absagen.

Zwei Tage vor meinem Abflug erwähnte ich meine Enttäuschung gesprächsweise gegenüber dem Manager des Park-Hotels, in dem ich wohnte, einem ungewöhnlich tüchtigen jungen Mann, der mich vom ersten Tag an ins Herz geschlossen hatte. „Ich liebe die Deutschen", hatte er gesagt, und, als ich ihn nach seinem Namen fragte, erwiderte er: „Nennen Sie mich Mark, mein Name ist zu kompliziert." Er sei Sohn eines Persers und einer Französin.

Jetzt rief er entsetzt: „Warum haben Sie mir Ihren Wunsch nicht gleich erzählt? Ich bin mit Mossadeghs Söhnen befreundet. Vielleicht kann ich etwas für Sie tun." Schnurstracks lief er zu einem der Söhne, einem Arzt in einem nahegelegenen Hospital. Bald hatte ich den Eindruck, als bemühe er sich nur noch für mich und kümmere sich sonst um überhaupt nichts mehr. Alle paar Stunden meldete er sich und hielt mich auf dem laufenden. Aber am Tage vor dem Abflug machte er nachmittags ein betrübtes Gesicht. „An diesem Abend klappt es nicht mehr. Vielleicht morgen." Morgen – da ging um 17 Uhr meine Maschine nach Deutschland. Zum letzten Frühstück hatte er wieder eine schlechte Nachricht. Und schon fragte ich mich, ob er nicht nur ein liebenswürdiger Gschaftlhuber sei. Aber als ich nach Erledigung einiger letzter Besorgungen mittags ins Hotel kam, war Mark ganz aus dem Häuschen: „Um 12.15 Uhr sollen wir in der Wohnung des Premiers sein."

So kam es zu dem für mich denkwürdigen Besuch bei diesem eigenwilligen und in den ersten Nachkriegsjahren bedeutendsten persischen Politiker, zu dessen merkwürdigen Gewohnheiten es gehörte, daß er Gäste im Pyjama in seinem auf einer überdachten Veranda seines Hauses stehenden Bett empfing.

Später stellte sich heraus, daß ich der letzte westliche Publizist war, der ihn noch antraf. Denn bald darauf brach ein Aufstand gegen ihn los, angezettelt von den Ölgesellschaften, dem amerikanischen Geheimdienst und dem ins Ausland geflohenen Schah. Mossadegh wurde gestürzt und verbrachte als angeblicher Hochverräter Jahre im Gefängnis.

Die Bekanntschaft mit dem führenden Staatsmann von Süd-Vietnam, Ngo Dinh Diem, kam zustande, als sich herausstellte, daß sein Kabinettschef während des Krieges ein treuer Leser meiner Schanghaier Zeitschrift „The XXth Century" gewesen war; kaum eine Viertelstunde nach dieser Entdeckung saß ich beim Präsidenten. Durch ihn traf ich auch den zweiten Mann im Staate, Ngo Din Nhu, den Bruder des Präsidenten, und schließlich Nhus Frau, die stolze und ungewöhnlich schöne, von den Amerikanern gehaßte, aber respektvoll „Drachen-Lady" genannte Madame Nhu. Durch diese Beziehungen habe ich einige Einblicke in die Vorgänge gewonnen, die zu der – von den Amerikanern nicht verhinderten – Ermordung der beiden Brüder und zum Niedergang des Landes bis zur Katastrophe von 1975 führten. Die rechtzeitig ins Ausland gelangte Madame Nhu, die sich trotz allem heute noch als die legitime und unbeugsame Vertreterin des nichtkommunistischen Vietnam sieht, habe ich in ihrem Exil in Frankreich und Italien mehrfach besucht.

Einmal kam das Glück auch per Post, in Gestalt eines handgeschriebenen Briefes mit einer Briefmarke des Königreichs Kambodscha, unterzeichnet: Norodom Sihanouk. Der Prinz (zu Zeiten auch König, Regierungs- und Staatschef) hatte eine französische Übersetzung meines Kambodscha-Kapitels in „Asien, Moskau und wir" gelesen und lud mich zu jenem schon erwähnten Besuch ein. Daraus erwuchs eine langjährige, bis heute anhaltende Freundschaft mit ihm und seiner Frau, Prinzessin Monique. In den verschiedensten Ländern haben wir uns getroffen, 1980 verbrachte der unverwüstliche, niemals klagende Prinz ohne Land mit seiner Gemahlin einige Tage in meinem Haus im Schwarzwald. Auch im Exil – praktisch seit 1970 – ist er in meinen Augen einer der interessantesten und begabtesten Politiker unserer Zeit. (Ich werde ihn noch einmal erwähnen.)

Es gab auch Fälle, in denen mir das Glück hold war, indem es rechtzeitig ein Unglück verhütete. Als ich das erste Mal nach Afghanistan wollte, legte ich den Weg von Peshawar über den Khyber-Paß teils zu Fuß, teils in einem zufällig des Weges kommenden Jeep der Britischen Botschaft in Kabul zurück (der Fahrer hatte aus Pakistan Blumen und Champagner für die Hochzeit der Botschafter-Tochter geholt). Nach ein paar Tagen spürte ich Fieber in den Knochen; es stieg rasch auf 41 Grad – ohne irgendwelche Symptome; Magen, Kopf, Rachen, alles in Ordnung. Und das ausgerechnet in Kabul dem abgelegensten Ort meiner ganzen Reise, ohne eine einzige Bahn- oder Flugverbindung zur Außenwelt.

Hatte mich, wie es manchmal vorkommen soll, trotz Impfung der Typhus erwischt? Die Britische Botschaft besaß ein kleines Hospital, aber ich wollte nicht hin, nicht nur wegen der Hochzeit: Die Engländer sind korrekte Leute, und ich fürchtete, daß sie mich gleich in Quarantäne stecken würden; und nach der Genesung stand mir noch der anstrengendste Teil der Reise bevor; fast eine Woche in Lastwagen und überfüllten Autobussen auf miserablen Straßen nach dem Wallfahrtsort Mesched in Persien.

In meinen Fieberphantasien in dem kleinen Zimmer eines inzwischen längst abgerissenen Hotels glaubte ich plötzlich ein Flugzeuggeräusch zu hören. Quatsch, sagte ich mir, es gibt hier keinen Flugverkehr. Aber auf alle Fälle wankte ich zum Portier, der mir bestätigte, eben sei eine Maschine der amerikanischen Gesellschaft „Transocean" eingetroffen. Er wußte sogar warum: Es war ein Probeflug, auf dem die Lande- und Startmöglichkeiten auf einem Feld nördlich von Kabul ausgekundschaftet werden sollten; Transocean hatte die Idee, wenn alles gut ging, zur nächsten Saison afghanische Pilger per Flugzeug nach Mekka und zurück zu transportieren. Der Portier nannte mir die Firma, die für Transocean arbeitete. Dorthin schleppte ich mich und traf den Piloten der Maschine, dessen Namen John H. Russel ich nie vergessen habe, einen strahlend freundlichen, tadellos aussehenden Mann. „Klar, nehmen wir Sie raus. Ich muß nur auf alle Fälle noch meinen Boss fragen." Dieser, der Typ eines erfolgreichen US-Geschäftsmannes, hatte auf seiner Visitenkarte die Worte stehen: Orvis M. Nelson, President Transocean Airlines, Oakland, California. „Okay", sagte er. „Seien Sie morgen früh 6 Uhr 15 am Flugzeug."

Am nächsten Morgen konnte ich vor Fieber kaum noch auf den Beinen stehen. Aber eine Droschke brachte mich zum provisorischen Flugfeld. Die Maschine hatte 40 Sitzplätze, alle für mich allein, da Russel, Nelson und zwei Monteure zusammen im Führerstand hockten. Um sieben Uhr hoben wir ab. Um seinen künftigen Kunden in Kabul zu imponieren, riß Russel noch einige kesse und dröhnende Kurven, die mir Hören und Sehen vergehen ließen. Von meinem Fieber hatte ich nichts gesagt.

Es war wirklich Glück im Unglück: Zum ersten Mal seit drei Jahren war eine Zivilmaschine nach Kabul gekommen – auf den Tag genau, um mich abzutransportieren. Um 22 Uhr landeten wir auf dem wohlbeleuchteten Flugplatz von Abadan, einem der größten Ölzentren der Welt, im äußersten Südwesten Persiens gelegen, von der Anglo-Iranian Gesellschaft gebaut. In ihrem modernen Hotel (mit Klimaanlage, damals noch keineswegs selbstverständlich) schlief ich sofort ein.

Früh am nächsten Morgen besuchte mich der Arzt der Gesellschaft, ein noch junger Österreicher, und stellte durch Blutproben fest, daß ich keine der gefürchteten Tropenkrankheiten hatte; vielleicht war es eine Reaktion des Körpers auf den raschen und scharfen Klimawechsel – aus der glühenden Tiefebene Indiens in die Kühle des Vorhimalaya, wieder hinunter in die Hitze Pakistans und dann in das 2000 Meter hohe afghanische Bergland.

Allein schon diese gute Nachricht senkte die Fieberkurve. Und die Glückssträhne hielt an. Obgleich in dieser Jahreszeit aus der Hölle Abadan alles in den höher gelegenen Norden floh, und die kleinen Flugzeuge nach Teheran (Kapazität: 21 Passagiere) auf Wochen ausverkauft waren, veranlaßte der Pilot der nächsten Maschine mit Namen Baumgardt (damals der einzige Deutsche im iranischen Flugdienst), daß ich mit ihm nach Teheran mitkam. Dort fand ich nach einigem Suchen das Haus meines überraschten Vetters Albrecht Heuss, der in der Teheraner Flugsicherung arbeitete. Nachdem mich seine persische Frau mit einer Hühnerbrühe gestärkt hatte, schlief ich gleich ein, fiebrig noch, aber höchst befriedigt, es doch noch bis hierher geschafft zu haben.

Der andere Fall, der mein Reiseleben fast jäh beendet hätte, trug sich ein paar Jahre später in Laos zu. Schon lange war es mein Wunsch gewesen, in das laotisch-chinesische Grenzgebiet zu gelangen, da von dort häufig Nachrichten über Zwischenfälle kamen. Die Amerikaner, damals stark in Laos engagiert, hatten fünf Kilometer diesseits der Grenze beim Dorf Ou Neua eine Flugpiste gebaut, und eines Tages – ich war in Vientiane – hörte ich von einem amerikanischen Bekannten, am nächsten Morgen fliege eine Maschine mit Benzinkanistern dorthin; vor Dunkelheit komme sie wieder zurück. Ich bat mitfliegen zu dürfen.

Die drei anderen in dem einmotorigen Flugzeug waren Amerikaner, der Pilot, der Funker und ein junger Offizier. Erst flogen wir über Flachland. Hinter der Königstadt Luang Prabang, wo wir den Mekong überquerten, begannen die sich höher türmenden Berge.

Eine knappe halbe Stunde vor der geplanten Landung änderte sich das Motorengeräusch; irgend etwas war nicht in Ordnung. Die Piloten beratschlagten. Bald war klar, daß wir es nicht mehr bis Ou Neua schaffen würden, und zu einem anderen Flugplatz wäre es noch weiter gewesen. Alle vier starrten wir hinunter. Aber wir sahen nichts als Berge, überwuchert vom Dschungel, aus dem Felsen ragten, dazwischen ganz vereinzelt Dörfchen mit ein paar winzigen Reisäckern an steilen Hängen. Als ein Fluß auftauchte, schrie der Pilot: „Lieber im Wasser landen als im Dschungel!" Aber der Flußlauf war sehr gewunden und bald so schmal, daß wir ihn verließen und nach etwas Besserem Ausschau hielten, während unsere Maschine mit stotterndem Motor ständig an Höhe verlor.

Auf einmal sahen wir einen Haufen Hütten und dahinter an einem Hang eine Rodung. Unsere letzte Chance. Der Motor setzte nun völlig aus. Mit einem raschen Entschluß drückte der Pilot die Nase des nur noch gleitenden Flugzeuges nach unten. Es gab einen mächtigen Stoß,

ein gewaltiges Krachen. „Aus ist's", dachte ich – eher mit Bedauern, als mit Schrecken –, während eine unwiderstehliche Kraft mich packte.
Als ich wieder zu mir kam, hing ich mit dem Kopf nach unten in meinen Gurten. „Get out, quick!" hörte ich eine Stimme. Irgendwie bekam ich den Gurt auf. Pilot und Funker waren schon draußen, in zerrissenen blutigen Uniformen; der Offizier und ich kletterten zusammen heraus. Von allen Seiten kamen jetzt die Leute des Dorfes gelaufen. Die Maschine hatte sich überschlagen, der Rumpf war gebrochen, unsere Kanisterfracht lag rundherum verstreut.
Erst jetzt wandte ich meine Aufmerksamkeit mir selbst zu. Ich stand auf meinen Beinen, konnte meine Arme bewegen, das Blut auf meinem Hemd stammte nur von einigen Schrammen. Lediglich der Brustkasten schmerzte (ich hatte mir, wie sich später herausstellte, einige Rippen gebrochen), und das Atmen war unangenehm.
Ich empfand ein nicht wiederzugebendes Glücksgefühl. Und da passierte etwas völlig Idiotisches: Aus meinen durcheinandergerüttelten Gehirnwindungen drang ein Schlager an die Oberfläche, den ich bei einem Operettenbesuch mit Enid vor mehr als einem Vierteljahrhundert in Berlin gehört und seither nicht wieder vernommen hatte. Und so sang ich in die laotische Landschaft:

> Leutnant warst du einst bei den Husaren
> Als wir jung und glücklich waren . . .

Wie es weiterging, hatte ich vergessen.
Als die Explosionsgefahr vorüber war, kletterten wir in die Trümmer. Nach einigem Suchen fand ich alle meine Besitztümer. Nur eine Nagelfeile fehlte.
Als der Funker unser primitives Funkgerät repariert hatte, erhielten wir aus Vientiane den Befehl, uns von Pong Saly (so hieß unser Dorf) zu Fuß nach Ou Neua durchzuschlagen, was uns auch in zwei Tagesmärschen gelang (der junge Funker mußte in einer Tragbahre transportiert werden). Dort holte uns eine andere Maschine ab – eine zweimotorige, wie ich zu meiner Beruhigung feststellte.
Übrigens hatte ich bis kurz vor dem Aufprall keine besonderen Ängste empfunden – vielleicht weil mir ein paar Jahre zuvor ein indischer Wahrsager in Neu-Delhi, ein Sikh, eine Lebensdauer von 84 Jahren in Aussicht gestellt hatte. Ich hätte dem keine Beachtung geschenkt, wenn er nicht zuvor eine verblüffende Probe seiner Kunst gegeben hätte, indem er, ehe ich mich's versah, den doch wahrlich seltenen Vornamen meiner Frau (an die ich in seinem Auftrag eine Viertelminute hatte denken müssen) mit lateinischen Druckbuchstaben auf einen Papier-

block gemalt hatte. Für fünf Rupien erzählte er mir dann eine Menge über mich, was alles (bis auf einen Herrn mit Glatze und Schnurrbart, der mein Partner würde) einigermaßen stimmte, und kam dann zum abschließenden Knalleffekt: Ich würde 84 Jahre alt werden und dann eines Abends einschlafen und nicht mehr aufwachen.

Das hörte ich natürlich gerne, denn so hatte ich immerhin noch 37 Jahre vor mir. Später freilich fiel mir auch einer meiner Onkel ein, dem sein (schwäbischer) Wahrsager ein Leben bis zum 79. Jahr in Aussicht gestellt hatte und der so fest daran glaubte, daß er, als er mit 72 schwer erkrankte, keinerlei Befürchtungen hegte und friedlich verschied.

Volk in der Mitte

Von altersher nennt sich China das Reich der Mitte, obgleich es am Rande eines Kontinents liegt. Weit mehr als die Chinesen sind wir Deutschen ein Volk in der Mitte. Diese Mittellage hat unser Schicksal bestimmt – politisch und wirtschaftlich, kulturell und militärisch, und nie sosehr wie heute, wo wir zwischen den beiden großen Weltlagern aufgeteilt sind.
So klar war dieses Schicksal mir noch nicht, als ich im Herbst 1946 von den Basteien des Hohenaspergs auf das schwäbische, das deutsche Land hinunterblickte. Was ich von dort sah (mit dem geistigen Auge mehr als mit dem leiblichen, denn die Festung liegt nur knapp hundert Meter über dem umliegenden Land) – die Ruinen der Städte, die Allmacht der Besatzung, die Armut der Bevölkerung, der Verlust unseres guten Namens, die für Reparationen kahlgeschlagenen Wälder und ausgeräumten Fabriken, das Fehlen einer deutschen Presse, die Teilung eines Landes in vier Besatzungszonen – das alles hielt ich, so schlimm es war, für vorübergehend. Endgültig war nur der Verlust der Millionen Toten und, so fürchtete ich, der Ostgebiete jenseits der Oder und Neiße.
In der Tat verschwand bald ein Provisorium nach dem anderen. Im Juni 1948 machte die Währungsreform den Weg zum Aufbau frei; im April 1949 schlossen sich die drei westlichen Besatzungszonen zur Dreierzone, zur Trizone zusammen, und wir sangen schon wieder, ein wenig trotzig, das kecke Eigenspott-Lied „Wir sind die Eingeborenen von Trizonesien ...", im Mai entstand die „Bundesrepublik Deutschland", deren Bevölkerung im August ihren ersten Bundestag wählte, und im September – alles noch 1949 – einen Bundespräsidenten Heuss und eine Regierung Adenauer erhielt.
Nur ein Provisorium war geblieben, das schlimmste von allen, die Trennungslinie zwischen der Tri- und der Sowjetzone, die sich (ebenfalls 1949) „Deutsche Demokratische Republik" genannt hatte.
Nun, da wir wieder eine feste D-Mark in der Hand und ein Dach über dem Kopf hatten, war es die Frage der Spaltung Deutschlands, die viele vorrangig beschäftigte. Das meiste von dem, was unsereiner damals schrieb oder sagte, hatte irgendeinen Bezug zur „deutschen Frage". Oft war ich in ihrem Zeichen unterwegs, nach Genf zu internationalen Konferenzen, nach Moskau mit Bundeskanzler Adenauer, zu unzähligen Tagun-

gen und Vorträgen mit dem besonders häufig angesetzten Dauerthema „Deutschland zwischen West und Ost", in dem über die deutsche Wiedervereinigung diskutiert wurde. Schon bald freilich kam ich mir vor, als säße ich auf einem Bob-Schlitten, den man zwar langsamer oder schneller fahren kann, der sich aber in einer vorgegebenen Rinne bewegt, aus der es – ohne Katastrophe – bis zur Ziellinie kein Entkommen gibt. In dieser, inzwischen breiter gewordenen, Rinne fahren wir noch immer.

64. Westwärts – mit Bedenken

Tausend Gründe sprachen für den Zusammenschluß der jungen Bundesrepublik mit dem Westen – für ihre „Integration" in die westliche Welt, wie man damals zu sagen anfing. Die wichtigsten waren: Die Westdeutschen wollten heraus aus der wirtschaftlichen Not, heraus aus der moralischen Isolierung und auf keinen Fall hinein in Stalins rotes Imperium. Für Konrad Adenauer war dieser Kurs eine Selbstverständlichkeit, er verfolgte ihn von Anfang an ohne Schwanken und mit staunenswerten Erfolgen. Ich gehörte zu denen, die dieser Erfolge nicht recht froh wurden, weil ich an die „drüben" dachte, die wir damals noch ganz unbefangen als unsere „Brüder und Schwestern" bezeichneten; sie durften nicht das Gefühl bekommen, von uns „abgeschrieben" zu sein (auch dies ein Stichwort der Zeit).

Wenigstens im symbolischen Bereich wollten wir einer Verfestigung der Trennungslinie entgegenwirken – nicht von einer „Verfassung" der Bundesrepublik sprechen, um dieses gewichtige Wort für eine später von allen Deutschen erlassene Ordnung zu reservieren (dieser Einwand siegte; die Bundesrepublik hat nur ein „Grundgesetz"), keinen „Deutschland-Vertrag", da er ja nur einen Teil Deutschlands betraf (hier setzte sich Adenauer mit „Deutschland-Vertrag" durch).

Heftig und ablehnend reagierte ich, als die ersten Gerüchte über die Einbeziehung Deutscher in westliche Truppenteile auftauchten. „Schließt sich Westdeutschland einer westlichen Militärallianz an", schrieb ich im April 1950 in „Christ und Welt", „so zerstören wir die letzten Brücken, die noch über den sich ständig verbreiternden Graben nach der Sowjetzone führen. Dann wird sich unwiderruflich dieselbe düstere Nacht über die Deutschen jenseits der Zonengrenze senken, die bereits die anderen Völker Osteuropas dem Blick entzieht. Unser Beitritt zum Atlantikpakt würde allem Bemühen um die deutsche Einheit einen entscheidenden Stoß versetzen. Er würde uns in den Augen der

Sowjets mit dem ganzen Odium einer gegen sie gerichteten Militärallianz belasten, ohne an unserer totalen Wehrlosigkeit das geringste zu ändern."

Mich irritierte auch das Hauptstadt-Spielen der Bundestagsabgeordneten im Rheinstädtchen Bonn, das doch nicht mehr sein sollte als eine provisorische Verwaltungszentrale in einem provisorischen deutschen Teilstaat. Schon 1949, bald nach der Etablierung von Bundestag und Bundesregierung, warnte ich in „Christ und Welt" vor dem Entstehen einer selbstgenügsamen Provinzidylle in unserer sogenannten Hauptstadt:

„Hat man erst die Türhüter des Bundeshauses passiert, so spürt man eine andere Welt, nicht unähnlich der eines Ozeandampfers, eine Welt mit ihren eigenen Interessen und Sorgen. Es gibt die Gegensätze der Parteien (wie auf dem Schiff die der verschiedenen Klassen), aber jeden Tag, den die Reise länger dauert, wächst die Kameraderie – das gemeinsame Interesse an den Preisen in der Kantine, an der Arbeit in den Ausschüssen, an der Vergütung für die Fahrer, an den Gruppen-Reisen nach Berlin oder England. Gewiß, es ist erfreulich zu sehen, wie die wortgewaltigen Recken, die sich eben noch in homerischer Redeschlacht im Plenarsaal gegenüberstanden, friedlich nebeneinander im Restaurant ihr deutsches Beefsteak verzehren. Bedenklich wird es aber, wenn erst einem, dann mehreren das Leben im Bundeshaus wirklicher erscheint als die Wirklichkeit draußen."

Die Bundesregierung war gerade zehn Monate alt und noch ganz mit den dringendsten Aufgaben im eigenen Land beschäftigt, als die Welt von einem Vorfall überrascht wurde, der – so meine ich – die deutsche Frage stärker beeinflußte als irgendein anderer in jenen Jahren, obwohl er sich nicht in Deutschland ereignete, nicht einmal in Europa, sondern am anderen Ende der Welt, in Korea.

Am 25. Juni 1950 überfiel das mit seinen roten Riesennachbarn UdSSR und China eng verbündete kommunistische Nord-Korea in einem wahren Blitzkrieg das nicht-kommunistische Süd-Korea. Die Eroberung der süd-koreanischen Hauptstadt Soul vier Tage nach Beginn des Überfalls wirkte bis in meinen eigenen kleinen Kreis hinein. Gerstenmaier schickte einen Laufzettel durch die Büros des Hilfswerkes: Alle Abteilungsleiter sollten sich abends bei ihm in der Wohnung treffen; mir trug er auf, vor Beginn der allgemeinen Aussprache einen kurzen Überblick über die weltpolitische Lage zu geben.

Ans Ende meiner damaligen Einleitung stellte ich zwei uns unmittelbar betreffende Überlegungen. Erstens: Wenn das kommunistische Nord-

Korea von einem Tag zum anderen in das prowestliche Süd-Korea einmarschiert und, ohne auf nennenswerten Widerstand zu stoßen, tief in das Land eindringt, ist ein Überfall der im kommunistischen Ost-Deutschland stehenden 25–30 Sowjetdivisionen auf das nichtkommunistische West-Deutschland nicht mehr undenkbar. Da der Westen in der Euphorie des Sieges über die Achsenmächte weitgehend abgerüstet hat und die auf west-deutschem Boden stehenden US-Verbände mehr Besatzungssoldaten als Kampftruppen gleichen, muß man sich fragen, ob eine rote Armee in West-Deutschland mehr Widerstand fände als in Süd-Korea.

Zweitens: Der Westen muß schleunigst seine Kampfkraft erhöhen. Damit stellt sich eine Frage, die nach dem schmählichen Kriegsende und der Diffamierung der deutschen Soldaten – gerade in den Ländern des Westens – kaum ein Deutscher für möglich und erst recht keiner für erwünscht gehalten hatte, die Frage nach einer deutschen Beteiligung an der bevorstehenden Rüstungsanstrengung des Westens – sicher das brisanteste Thema seit Kriegsende.

Dieser Gedankengang war uns, den an jenem Abend Versammelten, durchweg äußerst unangenehm, manche bezweifelten auch seine Richtigkeit, nur zu verständlich, da sie aus der kirchlichen Arbeit kamen. Allen war klar, daß im Falle einer solchen Entwicklung die Bindung zur Ostzone noch lockerer würde, die Arbeit des Hilfswerks dort noch schwieriger, das deutsche Dilemma zwischen Ost und West noch drükkender, die Aussicht auf Wiedervereinigung noch geringer. Schweren Herzens gingen wir auseinander. (Wir wußten noch nicht, daß in den folgenden Tagen die rote Flut fast ganz Süd-Korea überschwemmen würde; die Wende durch den US-General MacArthur und die von ihm befehligten UNO-Truppen erfolgte erst sechs Wochen später.)

Am übernächsten Tag, einem Montag, klingelte bei mir das Telefon. Am Apparat war ein Herr der US-Militärregierung, der für Publizistik zuständig war und mit dem ich schon manchen Ärger gehabt hatte, weil er unserem Blatt Nazismus vorwarf, unter anderem wegen des Eintretens für die ehemaligen Soldaten und Offiziere der Wehrmacht – darunter General Hans Speidel, dessen Buch „Invasion" ich sehr positiv besprochen hatte. Ob er mich in der Redaktion sprechen könne? fragte der Amerikaner. Bislang war ich immer zu ihm zitiert worden.

Als er bei mir Platz genommen hatte, kam er gleich zur Sache: „Der Krieg in Korea hat die ganze Weltlage verändert", begann er. „Präsident Truman hat den vollen Einsatz der amerikanischen Streitkräfte befohlen, der koreanische Vormarsch wird in den nächsten Tagen zurückge-

worfen werden. Aber nichts wird mehr so sein wie zuvor, auch die deutsche Frage nicht. Der Westen wird aufrüsten. Wir in Stuttgart haben noch keine entsprechenden Weisungen aus Washington erhalten, aber wir vermuten, daß dort zur Zeit ernste Überlegungen angestellt werden, ob wir nicht auch die Deutschen zur gemeinsamen westlichen Verteidigungsanstrengung heranziehen müssen. Bis jetzt haben wir – auch Ihrem Blatt gegenüber – mit aller Konsequenz die Linie der Entmilitarisierung vertreten und Ihnen häufig Vorwürfe gemacht, zum Beispiel wegen der viel zu positiven Darstellung von Leuten wie Rommel und Speidel. Das alles gilt nun nicht mehr. Schreiben Sie über Ihre Kriegshelden soviel Sie wollen. Erinnern Sie Ihre Leser an die wahren Tugenden der deutschen Soldaten, die ja schließlich nur in ihrer Minderheit Nazis waren. Appellieren Sie an den Wehrwillen der deutschen Nation angesichts der Gefahr aus dem Osten. Wir sitzen jetzt im gleichen Boot. Von mir und meiner Dienststelle werden Sie volle Unterstützung bekommen."
So schnell geht das also, dachte ich und sagte: „Vor dreieinhalb Jahren, als ich als Gast der Amerikaner im Lager Oßweil saß, traf ich dort viele deutsche Offiziere. Als ich sie fragte, wie sie einen ganz und gar verlorenen Krieg bis zur Zerstörung und totalen Besetzung Deutschlands durch den Feind weiterführen konnten, sagten sie: ‚Wir haben gekämpft, weil wir sicher waren, der Amerikaner würde angesichts des ständigen Vormarschs des Russen bald zur Einsicht gelangen, daß es so nicht weitergehen darf, und darum den Feldzug im Westen einstellen und mit uns zusammen gegen die Rote Armee marschieren.' Ich habe sie damals für komplette Spinner gehalten, weil Haß und Erbitterung der Amerikaner gegen Deutschland dies ausschlossen. Nun sehe ich, daß die Offiziere gar nicht so falsch lagen – nur um fünf Jahre haben sie sich verschätzt. Aber diese fünf Jahre lassen sich nicht auslöschen. Die Soldaten von Oßweil und Millionen ihrer Kameraden sind seit 1945 von Ihnen auf jede Weise gedemütigt, geschmäht und als Kriegsverbrecher bezeichnet worden; ihnen und dem ganzen Volk, vor allem der Jugend, wurde von den Besatzungsmächten unablässig eingebleut, nie wieder dürfte man einem Deutschen ein Gewehr in die Hand geben. Sicher, man kann an das Vaterlandsgefühl dieser Männer appellieren, und viele werden herhören. Aber gerade den Vaterlandsbewußten unter ihnen ist die Bundesrepublik kein Vaterland. Für sie – und auch für mich – umfaßt das Vaterland ganz Deutschland, auch die Ostzone. Und darum werden sie sagen: Wenn wir eine westliche Uniform anziehen, ist es aus mit der deutschen Wiedervereinigung."

Ich weiß nicht, was mein Gast von mir erwartet hatte – einen Freudentanz, das Absingen von Lili Marleen, die Einberufung einer Festsitzung der Redaktion mit Freischnaps? Jedenfalls machte er ein betroffenes Gesicht. Wir sprachen noch eine Weile, dann empfahl er sich.

65. Steiniger Weg nach Europa

Der Korea-Krieg hatte die Welt verändert. Schon wenige Wochen nach seinem Ausbruch forderte Churchill vor der Europa-Versammlung in Straßburg die Aufstellung einer europäischen Armee, einschließlich deutscher Verbände, unter einem vereinigten Kommando. Ich fuhr mit Gerstenmaier nach Straßburg, der dort am 9. August 1950 als Delegierter der Bundesrepublik seine erste international beachtete Rede hielt. Das deutsche Volk, insbesondere die Jugend, sagte er, hasse den Krieg, aber es erwarte nicht, von anderen verteidigt zu werden, und werde daher auf der Grundlage der Gleichberechtigung seinen vollen Beitrag zur Bewahrung des Friedens leisten.

Demoskopische Untersuchungen über die Reaktion der deutschen Bevölkerung gab es damals nicht. Mir schienen ungläubige Verblüffung und, vor allem bei der Jugend, das „Ohne mich" vorzuherrschen. „Ohne mich," sagte auch der Mann unserer Redaktion, den wir für den „strammsten" unter uns gehalten hatten. Er argumentierte etwa so, wie ich es dem Amerikaner vorausgesagt hatte: „Die wollen mich wohl verarschen! Erst haben sie uns wie Verbrecher behandelt, monatelang unter offenem Himmel – nachdem der Krieg längst zu Ende war – im Schlamm von Gefangenenlagern liegen lassen, und jetzt soll ich mir die von ihnen bespuckte Uniform wieder anziehen? Die können mich . . ."

Wochenlang diskutierten wir innerhalb und außerhalb der Redaktion über diese Schicksalsfrage. Dann – zwei Monate nach Beginn des Korea-Krieges trat ich in „Christ und Welt" in einem langen Aufsatz für eine europäische Wehrmacht ein, die auch deutsche Einheiten enthalten müsse. Diese aber ließen sich nur finden, wenn die westlichen Sieger den deutschen Soldaten, die keine Kriegsverbrechen begangen hatten, volle Gleichberechtigung zugestünden. Als Soldat zweiter Klasse, für eine Strafkompanie im Heere des Westens, werde sich kein ordentlicher Deutscher melden. Gleichberechtigung bedeute ferner, daß nur vollwertige deutsche Einheiten aufgestellt würden, versehen auch mit schweren Waffen, einer eigenen taktischen Luftwaffe, unter deutschem Oberbefehl bis zu der Stufe, auf der die Einheiten der anderen zur europäischen Wehrmacht gehörenden Nationen eigenen Führern unterstehen und bei gleichberechtigter Beteiligung deutscher Offiziere in allen europäischen Stäben.

„Ein Volk wird nicht mit voller Überzeugung und Kraft für die Freiheit kämpfen", argumentierte ich, „wenn es selbst in einem halbfreien Zustand gehalten wird. Daher ist das Besatzungsregime mit seinen hundert Eingriffen in innerdeutsche Angelegenheiten so umzuwandeln, daß zwar die westlichen Divisionen zum Schutze Europas auf deutschem Boden bleiben, ja verstärkt werden, daß aber sämtliche Beschränkungen der deutschen Souveränität verschwinden, soweit sie nicht auch in demselben Maße von den übrigen westeuropäischen Völkern im Rahmen des Europarates und Schuman-Plans für sich selbst akzeptiert werden. Wir stellen aber mit allem Nachdruck fest, daß uns die Rückgewinnung der deutschen Souveränität nicht an sich interessiert, sondern nur als Bestandteil der deutschen Gleichberechtigung. Niemand weiß besser als die Deutschen, daß die Zeit der Nationalstaaten vorbei ist. Wir wollen unsere Souveränität nur, um sie mit allen anderen europäischen Staaten sobald wie möglich an eine übergeordnete europäische Souveränität abzutreten."

Adenauer taktierte geschickt. Er wollte die West-Integration der Bundesrepublik, und gradlinig ging er auf sie zu. Aber zugleich kämpfte er bei jedem Schritt um zusätzliche Vorteile für sein Land. Obwohl alles andere als ein Militarist, bejahte er aus politischen Gründen die Aufstellung deutscher Streitkräfte für eine westeuropäische Armee; aber als der Westen diese nach Ausbruch des Korea-Krieges plötzlich von ihm verlangte, marschierte er keineswegs mit Militärmusik in die Europäische Verteidigungsgemeinschaft (EVG; im Unterschied zur EWG, der Europäischen Wirtschaftsgemeinschaft), vielmehr ließ er sich den deutschen Wehrbeitrag honorieren. Auch die Franzosen mußten nachgeben; sie hatten uns zunächst nur Einheiten bis Bataillonsstärke zugestehen wollen, die dann nichtdeutschen Verbänden beigegeben werden sollten. Der „alte Fuchs", wie man Adenauer oft nannte, war in seinen Grundentscheidungen (die wichtigste: für die West-Integration) sehr einfach, in seinen Methoden hingegen – trotz Unschuldsmiene – überaus schlau.

In Verteidigungsfragen wurde Adenauer sachkundig von einigen Generalen der alten Wehrmacht beraten. Mit einem von ihnen, Hans Speidel, Rommels einstigem Stabschef, verband mich persönliche Freundschaft (er hatte einige Jahre vor mir das Stuttgarter Eberhard-Ludwigs-Gymnasium absolviert). Schon wenige Wochen nach Beginn des Korea-

Krieges hatte er für Bonn eine Denkschrift ausgearbeitet: „Gedanken über die Frage der äußeren Sicherheit der deutschen Bundesrepublik" und mich zu einer Besprechung über deren außenpolitische Aspekte nach Freudenstadt eingeladen, wo er damals wohnte. Als er ein Jahr darauf als Chef der ersten deutschen Militärdelegation nach Paris, später als Oberbefehlshaber der NATO-Landstreitkräfte Europa-Mitte nach Fontainebleau ging, habe ich ihn mehrfach besucht. Ihm verdanke ich auch die Einladung als Redner zu einer Großveranstaltung der NATO, die unter dem Kennwort SHAPEX bei Paris stattfand; die anderen Redner waren George Kennan, USA, und Raymond Aron, Frankreich. (Noch fünfmal wurde ich in späteren Jahren zu SHAPEX herangezogen, zuletzt – als Gast des NATO-Oberkommandierenden Haig – im Jahr 1978.)

Im Mai 1952 fuhr ich zum Abschluß des Vertrages über die Gründung der EVG nach Paris. Die EVG entsprach nun weitgehend den deutschen Vorstellungen; eine gemeinsame westeuropäische Armee mit gleichberechtigten deutschen Einheiten – das mußte ein kräftiger Schritt auf dem Wege zu den Vereinigten Staaten von Europa sein. Zusammen mit dem tags zuvor abgeschlossenen Deutschland-Vertrag sollte der EVG-Vertrag nach der Annahme durch die beteiligten Parlamente in Kraft treten. Paris aber zögerte die Ratifizierung mit immer neuen Änderungswünschen von Monat zu Monat hinaus. Die Gründe dafür hat mit dankenswerter Offenheit der französische Publizist Gascuel am 1. Dezember 1953 ausgesprochen.

Jacques Gascuel, Herausgeber des in französischen Wirtschaftskreisen geachteten Wochenblatts „Perspectives" und Redaktionsmitglied von „Le Monde", betrachtete ich als meinen Freund, seit ich ihn als einen ideenreichen und wortgewaltigen Vorkämpfer der europäischen Einigungsbewegung kennengelernt hatte. Um so überraschter war ich, als sich herausstellte, daß er ein vehementer Gegner der militärischen Einigung, eben der EVG, war. Um zur Information der deutschen Öffentlichkeit über diese von vielen, wohl den meisten Franzosen geteilten Einstellung beizutragen, lud ich Gascuel, dessen Mut und Offenheit ich kannte, zu einem öffentlichen Disput über die Frage „Warum will Frankreich nicht?" nach Stuttgart ein.

Der Saal war überfüllt, als wir zum Kampf antraten. Auf dem Podium saßen wir uns (Profil zum Publikum) an einem Tisch gegenüber, dazwischen die Dolmetscherin. Gascuel sprach zwar recht gut Deutsch, aber wie jeder Franzose bediente er sich mit Vorliebe der eigenen Sprache. Er hatte sich einen scherzhaften Anfang für das ernste Thema ausgedacht. „Als meine französischen Freunde und ich uns mit viel Begeisterung für den Zusammenschluß Europas einsetzten, da schlugen wir den Deutschen vor, gemeinsam eine Flasche Champagner zu trinken; heute, da sie serviert wird, ist in der Flasche mit dem Champagner-Etikett kein Champagner mehr, sondern Danziger Wasser." (Unter Champagner verstand er, wie sich herausstellte, eine westeuropäische Armee, in der zahlreiche winzige und zersplitterte deutsche Einheiten enthalten waren, unter Danziger Wasser eine EVG mit großen, weithin autonomen deutschen Verbänden.)

Auf meinen Einwand, ein solcher Taschenspielertrick habe nicht stattgefunden; die Flasche enthalte nur, was in einem langen Prozeß die beteiligten Regierungen, darunter die französische, hineingeschüttet hatten, ging er nicht ein, sondern sagte (ich zitiere aus einem ausführlichen Zeitungsbericht, da ich keine Aufzeichnungen gemacht habe):

„Frankreich mißtraut der deutschen Seele, dem ‚ewigen deutschen Traum von Macht und Größe', dem deutschen ‚Wagnerschen Delirium', den ‚deutschen Erinnerungen an das Heilige Römische Reich germanischer Nation' [immer wieder sagte Gascuel „germanisch" – ein Begriff, der im heutigen deutschen Wortschatz kaum zu finden ist – statt deutsch], das ‚die Individualität und Souveränität der Nationen auslöschen' wollte und darum eine ewige Lebensbedrohung des individualistischen, nationalistisch denkenden Frankreich gewesen sei. Gascuel erkannte den an dieser Diskussion beteiligten Deutschen, ja sogar der heutigen deutschen Generation insgesamt zu, daß sie von dem Virus der ‚deutschen Dynamik' nicht mehr befallen seien, aber wer gebe Frankreich eine Garantie, daß das deutsche Volk nicht morgen oder übermorgen wiederum für ganz Europa bedrohlich würde? Gascuel schürzte dieses Denkschema von der ständigen deutschen Gefahr gleich zu einem dicken Knoten: Stets in der Geschichte, wenn Frankreich durch das ‚Germanische Reich' erdrückt zu werden drohte, habe es sich zwangsläufig mit dem Osten gegen Deutschland verbünden müssen – mit den Türken, mit dem zaristischen Rußland, mit der bolschewistischen Sowjetunion."

Die Antwort, die ich Gascuel im Vortragssaal gab, brauche ich hier nicht wiederzugeben, sie lag auf der Hand. Anschließend saßen Enid und ich noch lange mit ihm zusammen, ohne Publikum. „Sie irren sich", sagte ich, „wenn Sie meinen, nur die Franzosen könnten eine Allianz mit der Sowjetunion als Drohung benützen. Wir können das auch. Und eine Allianz mit den Deutschen ist für die Russen unvergleichlich attraktiver als eine mit Euch. Einem Deutschland, das sich eindeutig auf Ihre Seite stellte, würden sie sogar die Wiedervereinigung geben, die Ihr uns nie bieten könnt (und auch nicht wollt), eine ‚germanische Nation' nicht im Heiligen Römischen Reich, aber im Imperium Sovieticum, das dann vom Stillen Ozean bis an den Rhein reichte. Was würde in einem solchen Fall aus Frankreich, aus Europa? Für Sie ist es ein Glück, daß Adenauer und die Mehrheit der Deutschen ein Zusammenwachsen mit dem Westen bei weitem vorziehen. Welch größere Sicherheit können Sie sich denken als die Einbindung Westdeutschlands – mit seinen 60 Millionen fleißiger, disziplinierter Menschen und seinen unweigerlich kommenden Divisionen – in eine europäische Gemeinschaft? Zudem – die Amerikaner und die Engländer bestehen auf deutschen Soldaten, und die wird es nur unter unseren Bedingungen geben."

Doch Gascuel war in erster Linie Franzose. Trotz der Niederlage der französischen Armee 1940 an der Maginot-Linie und der sich an jenem Abend schon abzeichnenden Niederlage in Indochina wünschte er mit allen Fasern die Bewahrung einer unabhängigen französischen Armee, während die künftigen deutschen Verbände durch völlige Einschmelzung in eine europäische Armee möglichst spurlos verschwinden sollten. „Keine deutsche Regierung wird sich darauf einlassen", sagte ich.

Während der folgenden Monate benahm sich Frankreich wie einst die schöne Scheherezade, die 1001 Nacht lang dem Sultan Märchen erzählte. Auch Frankreich erfand immer neue Ausflüchte, um die drohende Annahme des EVG-Vertrages hinauszuschieben und schließlich zu verhindern.

Die Entscheidung fiel neun Monate nach dem Abend mit Gascuel, am 30. August 1954. Vorausgegangen war die Katastrophe der französischen Armee in Dien Bien Phu (7. Mai) und die Genfer Konferenz über Indochina, auf der Frankreich verzweifelt versuchte, sein – wie man damals sagte – Stalingrad zu überstehen. Während ich die Konferenz an Ort und Stelle beobachtete, verdichtete sich in mir der Verdacht, daß der höchst einfallsreiche französische Premier Mendès-France mit dem sowjetischen Außenminister Molotow hinter den Kulissen ein Geschäft abschloß: „Wenn du deine kommunistischen Genossen in Hanoi zügelst und Frankreich mit einem blauen Auge davonkommt, erfülle ich deinen Herzenswunsch und lasse die EVG platzen." Die weitere Entwicklung entsprach dieser Vermutung: Frankreich kam mit einem blauen Auge davon, und die EVG platzte am Nein des französischen Parlaments.

Geborsten war damit die stärkste Klammer für den Zusammenhalt der sechs (Bundesrepublik, Frankreich, Italien und die drei Benelux-Staaten). Freilich, was die Franzosen hatten verhindern wollen, die deutsche Wiederaufrüstung kam doch, unter Umständen, die für sie viel unangenehmer waren. Denn Frankreichs Partner waren über das Ende der jahrelang vorbereiteten EVG so erbittert, daß sie innerhalb von zwei Monaten eine Ersatzlösung fanden. In ihr war von europäischer Integration nicht mehr die Rede. Die Bundesrepublik wurde ersucht, eine Nationalarmee von 500 000 Mann aufzustellen, und wurde gleichberechtigtes Mitglied der NATO.

Für viele deutsche „Europäer" war das Nein der französischen Kammer ein schwarzer Tag. Kaum einem von uns hatte an der deutschen Wiederaufrüstung als solcher gelegen. Wir sahen den eigentlichen Sinn der EVG – abgesehen vom Sicherheitszweck – in ihrer Integrationskraft. Die europäische Einigungsbewegung hat sich von jenem 30. August 1954 nicht mehr erholt. Daß de Gaulle, ein großer Franzose, aber alles andere als ein großer Europäer, neun Jahre später sein Land aus dem militärischen Verband der NATO herausnahm, war nur die logische Konsequenz.

Es ist in jenen Jahren bei uns viel von Europa als einer weltpolitischen „Dritten Kraft" gesprochen worden. Eine solche war Europa damals gewiß nicht. Aber als Fernziel war der Gedanke nicht utopisch. An Intelligenz und Leistungskraft ist das westliche Europa den beiden Supermächten ebenbürtig, der Sowjetunion sogar überlegen. Was ihm fehlt, auch heute noch, das ist die gemeinsame Regierung und die gemeinsame Armee. Wie anders hätten die Europäer in den Weltkonflikten des letzten Vierteljahrhunderts sprechen können, hätten sie es mit *einer* Stimme getan.

Mit vielen anderen hatte ich noch einen zweiten Grund zur Trauer: Nur ein Europa, das auf Grund seiner Einigung von Amerika weniger abhängig wurde und schließlich auf eigenen Beinen stehen konnte, hatte Aussicht, eines Tages die DDR und vielleicht auch die anderen osteuropäischen Staaten in seinen Verband aufzunehmen. Kraftvolle, von den USA unabhängige „Vereinigte Staaten von Europa" konnte der Kreml vielleicht sogar als einen Puffer zwischen sich und den USA willkommen heißen.

Meine Niedergeschlagenheit über den Zusammenbruch der europäischen Hoffnungen, meine Abneigung gegen unseren Beitritt zur NATO, der die Aussichten für eine Wiedervereinigung weiter verminderte, waren so stark, daß ich es nur noch wenige Wochen in Europa aushielt. Am Schluß des dann fälligen Kommentars im Süddeutschen Rundfunk sagte ich den Hörern:

„In diesem Mendès-France-Europa ist es mir zu eng und zu stickig geworden. Wir Deutschen und unsere Nachbarn sitzen nun wieder jeder auf seinen paar nationalistischen Quadratkilometern. Der weite Horizont, der Schwung, die Freudigkeit, die sich beim Zusammenschluß Gleichgesinnter ergibt, sind verschwunden. Ich möchte mir jenen weiten Horizont nun außerhalb Europas holen, Abstand gewinnen und dann wieder mit neuer Kraft heimkommen. Vielleicht ist es auch Ihnen ganz recht, durch meine Berichte mit mir zusammen für eine Weile aus dem engen europäischen Kreislauf herauszukommen."
Es wurde eine Reise rund um die Erde.

66. Als die Politik nur bis zur Elbe reichte

Bei meiner Heimkehr 1955 fand ich, daß die sechs Staaten wieder Tritt gefaßt, den Bau Europas wieder angepackt hatten. Aber gerade in dem Augenblick, da das neugezimmerte westdeutsche Staatsschiff unter seinem Kapitän Konrad Adenauer den Kurs nach Westen beschleunigte, erhielt es einen Schuß vor den Bug. Der Richtkanonier hieß Josef Stalin, das Geschoß war seine Note vom 10. März 1952. Sie war offiziell an Washington, Paris und London gerichtet, im Grunde aber galt sie den Deutschen.
Stalin bot uns einen Friedensvertrag; den Abzug der Besatzungsmächte binnen Jahresfrist; freie Betätigung von Parteien; volle Bürgerrechte für alle ehemaligen Soldaten und Offiziere (außer denen, die für Verbrechen Strafen verbüßen); Aufnahme in die UNO und – das war der eigentliche Schlager – eigene nationale Land-, Luft- und Seestreitkräfte samt einer entsprechenden Eigenproduktion von Kriegsmaterial.
Kein Wunder, daß dies die Passagiere des westdeutschen Staatsschiffs in Aufregung versetzte. Was Stalin ihnen zu offerieren schien, war nichts anderes als die Wiedervereinigung, wenn auch um einen Preis: Anerkennung der Oder-Neiße-Linie und Verzicht auf Bündnisse.
Auch in der übrigen Welt wurde die Note als Sensation empfunden. Der führende Kolumnist Amerikas, Walter Lippmann, stets von Argwohn gegen die Deutschen geplagt, sah schon voll Sorge „die Erneuerung des historischen Bündnisses zwischen Deutschland und Rußland", und der Londoner „Economist" meinte in seiner ironischen Art: „Die Auktion um Deutschland hat begonnen. Die Angebote steigen."
Was Stalin zu dieser Note veranlaßt hatte, war klar: Mit wachsendem Unbehagen hatte der Herr über das ostelbische Deutschland verfolgt,

wie sich das westelbische rasch nach Westen bewegte; seine Bewohner hatten sich während der Berliner Blockade (Sommer 1948–Sommer 1949) überwältigend zu Amerika bekannt, dann die Erhardschen Wirtschaftsmaßnahmen und das „Wirtschaftswunder" zu verwirklichen begonnen und fast schon den EVG-Vertrag abgeschlossen, also eine Militärallianz mit den Westmächten. Die Note vom 10. März 1952 war der Versuch, die Deutschen von diesem Kurs abzubringen.

Ebenso klar war, daß die drei westlichen Adressaten der Note wenig Gefallen an ihr fanden, sie wollten die Wiedervereinigung der Deutschen verhindern (vor allem wollten das die Franzosen, den Amerikanern war das weniger wichtig) und zu diesem Zweck die Bundesrepublik so fest wie möglich in den Westen einbinden. Dieses letztere war auch Adenauers Ziel. Mit seinem Einverständnis wechselten die Westmächte mehrere laue und ergebnislose Noten mit dem Kreml (ingesamt je vier bis zum 24. September, denen nach zehnmonatiger Pause noch einige folgten). Während der ganzen Zeit steuerte Adenauer sein Schiff unbeirrt nach Westen. Nach einer Weile beruhigte sich die Mehrheit seiner Passagiere.

Andere, ich unter ihnen, fragten sich damals – und später –, ob der Kapitän richtig gehandelt hatte. Für uns war der Notenwechsel mehr als nur eine politische Schau; wir nahmen ihn unter die Lupe, drehten ihn hin und her, analysierten und kommentierten ihn. In vielen Aufsätzen und Rundfunkbeiträgen ging ich auf ihn ein, allein in der Zeitschrift „Osteuropa" im Laufe der Zeit auf insgesamt 45 Seiten.

Das zentrale Problem, wie sich bald herausstellte, war das der Reihenfolge. Der Westen und mit ihm die meisten Deutschen wünschten: 1. Freie gesamtdeutsche Wahlen, 2. Bildung einer gesamtdeutschen Regierung, 3. Ausarbeitung und Abschluß eines Friedensvertrages unter Beteiligung dieser Regierung. Die Sowjetunion umgekehrt: 1. Friedensvertrag, 2. gesamtdeutsche Regierung, 3. Wahlen. Natürlich war der westliche Vorschlag der logische – für den Friedensschluß bedurfte es einer deutschen Regierung und diese mußte auf Grund freier Wahlen zustande kommen. Aber der Kreml wollte nur freie Wahlen gestatten, nachdem ein von den Siegern ausgearbeiteter Friedensvertrag jenen Moskau genehmen Rahmen für das künftige Gesamtdeutschland geschaffen hatte, in dem dann wirklich freie Wahlen gar nicht mehr möglich gewesen wären; auf keinen Fall sollte das in der DDR herrschende Regime in Frage gestellt werden.

Da keine Seite die andere zwingen konnte und Logik in der Politik ohnehin nur eine begrenzte Bedeutung hat, präsentierte ich wenige Tage nach der zweiten Westnote in einem Leitartikel in „Christ und Welt" einen Ausweg: Zur Beruhigung der UdSSR sollte in der DDR das Regime Ulbricht zunächst im Amt bleiben, wie auch in der Bundesrepublik die Bundesregierung; eine aus freien Wahlen zustandekommende dritte, gesamtdeutsche Regierung sollte nur die Aufgabe haben, an den Friedensverhandlungen teilzunehmen und einen Friedensvertrag abzuschließen, der dann alles Weitere festlegen würde. (In einer späteren Note griff Moskau tatsächlich diesen Vorschlag auf, indem es von der Bildung einer „provisorischen gesamtdeutschen Regierung" als „Vertretung Deutschlands bei der Vorbereitung des Friedensvertrages ... bei zeitweiligem Weiterbestehen der Regierungen" in Ost-Berlin und Bonn sprach.) Die gesamtdeutsche Regierung sollte natürlich – eine Folge der Angst Moskaus vor jeder unkontrollierten Willensäußerung – nicht aus freien Wahlen hervorgehen. Immerhin, der Kreml hatte diese Dritte Regierung grundsätzlich zugestanden, und die Bundesrepublik als solche wäre den sowjetischen Manipulationen entzogen geblieben. Aber der Westen und Adenauer hakten auch hier nicht ein.

Beim erneuten Lesen der Deutschland-Noten von 1952 und 1953 vermag ich weder der einen noch der anderen Seite eindeutig die Schuld am Fortbestehen der deutschen Spaltung zuzumessen. Doch eines muß festgehalten werden. Zu keinem Zeitpunkt, auch später nicht, hat der Kreml den Deutschen gesagt: Ihr bekommt freie gesamtdeutsche Wahlen und ein wiedervereinigtes Deutschland, wenn ihr auf die West-Integration verzichtet. Hätte Stalin das in seiner Note vom 10. März 1952 geschrieben, so hätte er vielleicht sogar einen Adenauer an die Wand gespielt, denn Wiedervereinigung und Neutralität zwischen den großen Blöcken waren in jener Zeit die beiden unter den Deutschen populärsten Parolen.

Aber der Kreml hatte nicht den Mut zu einem solchen Angebot. Adenauer hatte den Mut, aufs Ganze zu gehen („West-Integration, wenn auch zunächst unter Verzicht auf Wiedervereinigung"), und darum setzte er sich durch.

Vieles in der Welt wäre anders gelaufen, hätte Stalin mehr Mut gezeigt; ob es besser oder schlechter gelaufen wäre, kann niemand sagen. Vielleicht wäre das vereinigte Deutschland ein dem sowjetischen Druck ausgesetztes „Finnland" geworden und sicher hätte es nicht den Wohlstand erreicht, den West-Deutschland heute genießt (und den ein großer Teil der Jugend verachtet – oder zu verachten vorgibt). Aber eines wäre uns erspart geblieben: das quälende Gefühl, damals aus Eigeninteresse die „drüben" ihrem Schicksal überlassen zu haben.

Fast genau ein Jahr nach seiner Deutschland-Note starb Stalin, am 5. März 1953. Uns alle bewegte nun die Frage: Wird sich unter seinen Nachfolgern in der deutschen Frage etwas ändern? Zunächst schienen mildere Lüfte zu wehen. Die Hauptstütze des Mannes, der über die DDR herrschte, des „Spitzbarts" Walter Ulbricht, war tot. Aber als wenige Monate später, am 17. Juni, in Ost-Berlin und anderen Städten der Aufstand losbrach (den ich nicht miterlebte, ich war an dem Tag an Mossadeghs Bett in Teheran), sahen die neuen Kreml-Herren, was sie vielleicht zuvor mit solcher Klarheit nicht gewußt hatten: In dem Augenblick, da ihre Truppen fortgehen, wird Ulbricht samt seinem SED-System weggefegt. An einen Truppen-Abzug war bis auf weiteres nicht mehr zu denken.

Die folgenden Jahre brachten noch manchen Notenwechsel zwischen Ost und West über die Deutschlandfrage, noch manche ihr gewidmete Konferenz; doch im Grunde war das alles nur noch ein Rühren in einem längst erkalteten Brei.

Ich fuhr zu diesen Konferenzen nicht nur, um von dort über Funk und Presse zu berichten, sondern auch um Gesprächspartner aus aller Welt zu treffen, nicht zuletzt Russen. So lernte ich einmal auch einen Mann kennen, der sich als Botschaftsrat Wadim Kutschin vorstellte und sich in deutschen Fragen hervorragend auskannte. Endlich war da ein wohlinformierter Sowjetdiplomat, der mehr als nur „Prawda"-Zitate von sich gab. Daher war ich auch erfreut, als Kutschin mich einige Monate später besuchte. Er wußte recht gut über mich Bescheid: Ich sei ihm als einstiger Rapallo-Mann bekannt; wie nach dem Ersten Weltkrieg müßten Deutsche und Russen den Weg wieder zueinander finden; nur dann sei eine Wiedervereinigung Deutschlands möglich, an der mir so liege.

Er sagte mir manches Schmeichelhafte, verwies darauf, daß ich viele Leute in Bonn kenne, Männer wie Eugen Gerstenmaier (der in jenem Jahr Präsident des Deutschen Bundestages wurde), Pfleiderer und General Speidel, und appellierte erneut an den Geist von Rapallo. Fast klang es, als sollte ich Verbindungsmann zwischen Moskau und Bonn werden. Bei aller Verantwortungsfreude – das ging mir zu weit. Ich zog die Bremse und sprach von den offenkundigen Unterschieden zwischen den zwanziger und den fünfziger Jahren (vor allem: damals waren Deutschland und Rußland etwa gleich starke, aus der Völkerfamilie ausgestoßene Parias, heute ist die Sowjetunion der machtvolle Sieger, liegt Deutschland am Boden; damals ein deutsches Reich, heute zwei Halbstaaten, die verschiedenen Blöcken angehören). Danach sah ich ihn nicht wieder.

Bald nach seinem Besuch erfuhr die erstaunte Welt, daß Otto John, Präsident des Bundesamtes für Verfassungsschutz, nach Ost-Berlin übergewechselt war, ausgerechnet am 20. Juli 1954, dem 10. Gedenktag des mißglückten Aufstandes gegen Hitler, an dem er – als Randfigur – beteiligt gewesen war. (Er war danach nach England geflohen und hatte dort bis Kriegsende bei einem britischen Sender gearbeitet.)
Drei Wochen später gab John in Ost-Berlin vor der Presse eine lange Erklärung ab, voll Gift und Galle gegen die Bundesrepublik (später behauptete er, zu ihr gezwungen worden zu sein), die in dem Vorwurf gipfelte, die Bundesrepublik sei drauf und dran, das Erbe Hitlers anzutreten, weswegen er sie verlassen habe. Unter den zahlreichen Männern, die er für diese Entwicklung verantwortlich machte, nannte er auch mich. Das war Kutschins Werk. Denn er war, wie später bekannt wurde, für Otto John und dessen Rede vor der Presse verantwortlich. In Wirklichkeit war er Wladimir Karpow, Oberst im Geheimdienst der UdSSR. Ein Gespräch mit ihm würde mich auch heute wieder reizen.

67. Ostpolitik – kein Honiglecken

Am 8. September 1955 flog Bundeskanzler Adenauer nach Moskau. Damit begann, so schien es, eine Phase aktiver deutscher Ostpolitik. Ich war mit der Bahn vorausgefahren, zur Berichterstattung für deutsche Blätter und Sender. Zum ersten Mal seit fast zwanzig Jahren kam ich wieder in meine Geburtsstadt. Am liebsten wäre ich nur die ganze Zeit herumgerannt, um vertraute Stätten aufzusuchen. Doch tat ich meine Chronisten-Pflicht, die erste Sendung aus dem Moskauer Funkstudio mit den Worten beginnend: „Heute spreche ich zu Ihnen aus der Höhle des Bären."
Der Ablauf des Adenauer-Besuches ist oft beschrieben worden, auch von Adenauer selbst. Heute erinnert man sich mehr an die farbigen Details jener Reise, an Adenauers demonstrativen Händedruck mit Bulganin in der Zaren-Loge des Bolschoj-Theaters nach Schluß der Festaufführung von „Romeo und Julia" oder an seine Späße, als er entdeckte, daß beim Bankett ihm Wodka, den Russen Wasser eingeschenkt wurde. Aber dies waren nur Arabesken.
Adenauer hatte die Einladung der Sowjetregierung in der doppelten Hoffnung angenommen, in der Frage der Wiedervereinigung einen Schritt weiterzukommen und die 9628 Deutschen, die noch in Sowjetlagern und -gefängnissen saßen, zu befreien. Die Russen aber hatten ihn

eingeladen, weil sie volle diplomatische Beziehungen zu Bonn wünschten, um durch die Existenz zweier deutscher Botschaften, einer aus Ost-Berlin (die es schon gab) und einer aus Bonn, ihre These von den zwei deutschen Staaten zu erhärten. Sie forderten also die sofortige Aufnahme diplomatischer Beziehungen; über alles Weitere könne man danach verhandeln. Adenauer beharrte auf Schritten zur deutschen Einheit und auf der Freigabe der Gefangenen. Am Montag, dem 12. September, war man am toten Punkt, und Adenauer bestellte auf den 13. morgens, einen Tag früher als vorgesehen, die Flugzeuge für die Heimreise.

Die Wende erfolgte abends beim Kreml-Bankett im St. Georgs-Saal. Wie die Apostel in dem berühmten Abendmahlsgemälde Leonardo da Vincis saßen die Führer der beiden Staaten auf einer Seite einer langen, reich gedeckten Tafel, mit dem Gesicht zu den Gästen, diese, etwa ein halbes Tausend, darunter die deutschen Journalisten, standen an Tischen mit Delikatessen und Getränken.

Natürlich hatten die Russen vom Abruf der Flugzeuge Kenntnis. Sie wollten keinen Eklat und spielten sehr geschickt. Ihr Vorschlag während des Essens „Ihr gebt uns den Botschafter und wir geben euch – auf Ehrenwort – die 9628 Gefangenen“ brachte Adenauer in Verlegenheit: Konnte er die rund 10 000 Mann ihrem Schicksal in Sowjetlagern überlassen, wo doch die Russen von ihm formell nur einen einzigen Mann, den Botschafter, als Gegenleistung verlangten?

Adenauer machte das Beste aus einer schwierigen Lage. Er stimmte zu – unter zwei Bedingungen: Er wollte die Freilassung der 10 000 schriftlich haben und zweitens vor aller Welt klarstellen, daß der Botschafteraustausch weder die Anerkennung der DDR noch die der bestehenden Grenzen bedeute. Als sich die Russen grundsätzlich einverstanden zeigten, bestellte Adenauer den Rückflug für den nächsten Morgen ab.

Am 13. September ging es um die Ausarbeitung der Einzelheiten. In der deutschen Frage einigte man sich auf dieses Verfahren: Adenauer würde in einem Brief an die Russen seine Vorbehalte festlegen (keine Anerkennung der DDR und der Grenzen), und die Russen würden den Brief annehmen, wenn auch ohne seinen Inhalt gutzuheißen.

Aber über den Tausch Botschafter gegen Gefangene geriet man sich in die Haare, weil die Russen erklärten, ihre ehrenwörtliche Versicherung, daß die Gefangenen heimkehren, sei genug: Schriftliches von ihnen zu verlangen, komme einer Beleidigung gleich. Der eigentliche Streit entbrannte in den deutschen Reihen: Adenauer war bereit, das Ehrenwort zu akzeptieren, ein Teil der Delegation war entschieden dagegen, darunter seine Hauptberater von Brentano und Hallstein.

Mit einigen deutschen Pressekollegen stand ich an jenem Tag viele Stunden auf Posten vor dem Spiridónow-Palais, in dem die Verhandlungen stattfanden. Von Zeit zu Zeit kam der eine oder andere der deutschen Herren heraus, um frische Luft zu schöpfen, einmal auch Adenauer in heftigem Wortwechsel mit zweien seiner Begleiter. Einer, den ich seit Jahren kannte, trat mit hochrotem Kopf zu mir und sagte mit der Miene des Entsetzens: „Der Alte gibt nach!"
„Der Alte" setzte sich durch und behielt recht: Schon nach drei Wochen trafen die ersten Heimkehrer im Lager Friedland ein, bis Jahresende waren alle 9628 daheim. Für die Familien eine ungeheure Freude. Zugleich eine Unterstreichung der deutschen Spaltung (trotz Adenauers Brief mit den beiden Vorbehalten) und insofern eine bittere Enttäuschung vor allem für die Deutschen in der DDR. Die Russen hielten ihr Wort, nachdem sie sich – eine Nation von Schachspielern – ihre Züge im voraus genau überlegt hatten. Der eine Botschafter aus Bonn war ihnen ungleich wichtiger als die ausgemergelten 9628 Gefangenen. In meinen Augen war damit eine Weiche gestellt, die – trotz tapferen Rückzugsgefechten – fünfzehn Jahre später zur vollen Anerkennung der DDR führen sollte.
Auf deutscher Seite waren die Nutznießer der Reise erstens die 9628 Spätheimkehrer und zweitens ich. Denn bald nach Adenauers Rückkehr brach ich wieder nach Moskau auf – als erster und zunächst einziger Korrespondent aus der Bundesrepublik. Ich blieb bis zum Sommer 1956. Von meinen Beobachtungen während dieses und einiger späterer Aufenthalte (der jüngste: im Februar 1981) berichte ich in einem späteren Kapitel, an dieser Stelle nur über ein Erlebnis, das noch in den Zusammenhang der deutschen Ostpolitik gehört.
Trotz der vom Kreml immer wieder betonten Ablehnung der deutschen Wiedervereinigung, die auch Adenauer 1955 zu spüren bekommen hatte, hielten die Sozialdemokraten, einst als „vaterlandslose Gesellen" beschimpft, an ihrer Linie fest: Wiedervereinigung muß in der Außenpolitik der Bundesrepublik Vorrang haben. Vielleicht sollte sie, die Oppositionspartei gegen Adenauer, selbst einmal einen Versuch im Kreml unternehmen? So kam es 1959 zu der Mission Carlo Schmids und Fritz Erlers, zweier der angesehensten SPD-Parlamentarier, nach Moskau. Ich war damals auch wieder einmal in der Sowjethauptstadt.
Als die beiden Herren in einer schwarzen Limousine in den Kreml abgeholt wurden, drückten ihre Mienen erwartungsvolle Spannung aus, als sie nach drei Stunden wiederkamen, tiefe Niedergeschlagenheit. Zu dritt setzten wir uns in die Hotelhalle, und sie erzählten, wie nieder-

schmetternd für sie das Gespräch verlaufen war. Alle Argumente zugunsten einer Wiedervereinigung in Freiheit hatte Chruschtschow laut und deutlich zerschlagen; von ihrer Erwartung, sie könnten als Vertreter der Opposition gegen Adenauer wenigstens einen Hoffnungsschimmer für die Zukunft mitnehmen, war nichts geblieben; und als sie mögliche innere Wandlungen in der DDR andeuteten, drohte Chruschtschow mit dem Warschauer Pakt, also militärischem Eingreifen.

Für den Abend hatte ich drei Karten für eine neue Sowjetoperette gekauft. Ich setzte mich zwischen die beiden Landsleute und übersetzte, aber ihre Gedanken waren nicht auf der Bühne. Nach Deutschland zurückgekehrt, kämpften sie unter dem Eindruck der Worte Chruschtschows für die Zustimmung ihrer Partei zur West-Integration mit dem Argument, Moskau lasse die Wiedervereinigung doch nicht zu. Das war nicht leicht, weil ihre Genossen ihnen Abkehr vom langjährigen Parteikurs vorwarfen. Aber sie setzten sich durch. Was Herbert Wehner ein Jahr später, am 30. Juni 1960, namens seiner Partei vor dem Bundestag erklärte, war ein Einschwenken auf die Politik Adenauers, war ein klarer Sieg der West- über die Ostpolitik.

Deutschland endete an der Elbe. Daran änderte sich zunächst auch nichts. Ich überspringe daher die Ereignisse der folgenden Jahre und behandle auch nicht die am 13. August 1961 begonnene Errichtung des widerwärtigsten Bauwerks der Nachkriegszeit, der Berliner Mauer, aus der bald eine DDR-Mauer quer durch Deutschland mit allen nur denkbaren Tötungsanlagen wurde.

Erst im Jahre 1969 leiteten zwei Ereignisse eine neue Phase der Ostpolitik ein. Anfang März hatte sich Moskau so wild gegen Bonn gebärdet, wie schon lange nicht mehr, weil die für die Wahl eines neuen Bundespräsidenten zuständige Bundesversammlung nach Berlin einberufen worden war. Die heftigen Warnungen (unterstützt u. a. durch sowjetisch-ostdeutsche Militärübungen) gipfelten am 2. März in der Erklärung des sowjetischen Vertreters bei der Berliner Luftsicherheitszentrale, er lehne jede Verantwortung für die Sicherheit von Flugzeugen ab, in denen Mitglieder der Bundesversammlung aus West-Deutschland nach West-Berlin reisten. Aber am 3. März flogen Hunderte der Teilnehmer unbehelligt nach Berlin, und am 5. März wurde Gustav Heinemann ohne Zwischenfälle gewählt. Die Hetze gegen Bonn ging schlagartig zurück, und Gromýko erklärte sich bereit, mit Bonn zu verhandeln.

Was hatte diesen Wandel herbeigeführt? Ich denke, das Gefecht zwischen Russen und Chinesen am Grenzfluß Ussuri am 2. März. Plötzlich war sich der Kreml bewußt geworden, daß er zwei Fronten hatte. Moskau gab dies auch zu, indem es die Chinesen beschuldigte, am Ussuri den westdeutschen Politikern Schützenhilfe für Berlin gegeben zu haben.

Das zweite Ereignis: Am 22. Oktober wurde die Regierung Brandt/Scheel gebildet, die wenige Tage darauf in ihrer Regierungserklärung die Verständigung mit dem Osten als eines ihrer Ziele bezeichnete. Bereits im Dezember nahm Botschafter Helmut Allardt in Moskau die Vorgespräche auf. Die eigentlichen Verhandlungen begann Brandts enger Vertrauter, Staatssekretär Egon Bahr, am 30. Januar 1970. Sie wurden Anfang August von Außenminister Walter Scheel abgeschlossen. Bundeskanzler Brandt unterzeichnete den Vertrag am 12. August in Moskau. Die Verhandlungen mit Polen, die von Staatssekretär Ferdinand Duckwitz geführt wurden, nahmen fast das ganze Jahr 1970 in Anspruch. Sie begannen am 5. Februar, also nur wenige Tage nach denen in Moskau; zur Unterzeichnung des Vertrages mit Warschau – ebenfalls durch Bundeskanzler Brandt – kam es am 7. Dezember.

In jenem „Jahr der deutschen Ostpolitik" hielt ich mich mehrfach in Moskau und Warschau auf. Es war ein bitteres Jahr: Ein Vierteljahrhundert nach dem Ende des Krieges hatte das deutsche Volk die Rechnung für Hitlers Wahnwitz zu bezahlen. Ich war der Meinung, dies sollte nun nicht länger hinausgeschoben werden. Unsere Integration in den Westen hatte uns viele Vorteile gebracht, aber um keinen Schritt der Wiedervereinigung genähert. Wenn aber die Aussicht auf baldige Wiedervereinigung bis auf weiteres in die Ferne rückte, verlor der Verzicht auf Ostpolitik, der ja ein Druckmittel gegenüber dem Kreml sein sollte, seinen Sinn. In unserer Außenpolitik glichen wir nun einem Mann, der sich ohne Grund eine Hand, die östliche, selbst gefesselt hat.

Eine aktive Ostpolitik setzte eine sehr bittere Entscheidung voraus: Wir mußten uns mit dem Verlust der Gebiete im Osten abfinden. Doch diese waren ohnehin verloren. Es ging nicht darum, den östlichen Nachbarn etwas zu geben, das wir besaßen. Und doch, die offizielle Zustimmung zu diesem Verlust, zudem unter dem Siegel eines feierlichen Vertrages, schmerzte gleichsam wie ein zweiter, diesmal endgültiger Verlust eines Viertels des deutschen Bodens. Anfangs hatte ich noch die Hoffnung gehegt, in den Verhandlungen ließe sich wenigstens der eine oder andere Gebietsstreifen retten, den Polen erhalten hatte. Das erwies sich bald als Illusion. Die Frage lautete: Sollten wir uns auch weiterhin weigern, die tatsächlichen, von aller Welt als rechtens angesehenen Gebietsverluste anzuerkennen, oder sollten wir durch einen vertraglich festgelegten Verzicht auf diese Gebiete zu der bereits weit fortgeschrittenen Westpolitik eine neue Ostpolitik hinzufügen, um auf diese Weise in die Weltpolitik zurückzukehren?

Nachdem ich mich im Laufe der Zeit für das letztere entschieden hatte (was mich in Konflikt zu den meisten meiner Freunde brachte), trat ich in den mir zur Verfügung stehenden Medien dafür ein, daß wenigstens „Vier Unverzichtbarkeiten" in den Verträgen keinesfalls preisgegeben werden durften. Diese sind dann auch in der einen oder anderen Weise in den Verträgen (und in der Bundestagsresolution vom 1. Mai 1972) berücksichtigt worden. Zwei haben später ihre Bedeutung verloren, entscheidend waren die beiden anderen.

Da war einmal die Sicherung der Lebensfähigkeit West-Berlins. Da diese nicht zwischen uns und den Russen ausgehandelt werden konnte (Berlin fiel in die Zuständigkeit der vier Siegermächte), mußte in Moskau und Warschau klargestellt werden, daß die Bundesregierung die beiden Verträge erst nach einer „befriedigenden Regelung" der Berlin-Frage dem Bundestag zur Annahme (Ratifizierung) vorlegen würde; auf diese Weise wurden die Russen (und mit ihnen die Polen) daran interessiert, bald zu einer Regelung für Berlin zu kommen, die in unseren und der drei Westmächte Augen als „befriedigend" gelten konnte. Das Ergebnis war das Berlin-Abkommen.

Eine weitere „Unverzichtbarkeit" sah ich darin, daß unter allen Umständen die Frage der deutschen Wiedervereinigung offenbleiben mußte, daß also in dem Vertrag mit Moskau die Grenzlinie zwischen den beiden deutschen Staaten nicht als „unveränderbar" bezeichnet werden durfte. Daß wir diese Linie nicht mit Gewalt ändern würden, konnten wir ohne Bedenken vertraglich zusagen, da ohnehin kein Deutscher dies beabsichtigte, aber die Möglichkeit einer Wiedervereinigung durch Übereinkunft und mit friedlichen Mitteln mußte erhalten bleiben. Meine Kurzformel: Vergewaltigung der DDR kommt nicht in Frage, Heirat nicht ausgeschlossen.

Über diesen Punkt wurde lange gekämpft. Die Russen forderten für die deutsch-deutsche Grenze das Wort „unveränderbar" (neisménnyj oder nesýblemyj), wir das Wort „unverletzlich" (neruschýmyj), denn wir wollten die Grenze eines Tages *ändern*, aber nicht (mit Gewalt) *verletzen*. Dieser Streit blieb fast bis zuletzt offen. Noch wenige Tage vor dem Schluß der Verhandlungen war ich mit einigen deutschen Publizisten zu einer Aussprache mit sowjetischen Kollegen in die Redaktion der „Prawda" eingeladen, und diese behaupteten selbstsicher, die Grenze werde im Vertrag „unveränderbar" heißen. Wir erwiderten, daß wir

dann mit allen Kräften gegen die Annahme des Vertrages durch den Bundestag kämpfen würden. Tatsächlich steht unser Wort, also „unverletzlich", im Vertrag.
Beim Polen-Vertrag ging es mir, da ich mich mit der Anerkennung der Oder-Neiße-Grenze innerlich abgefunden hatte, vor allem um die Sicherung der Ausreisemöglichkeiten für Volksdeutsche. Diese wurde nicht im Vertrag selbst, nur in einer „Information der Volksrepublik Polen" garantiert, funktioniert aber einigermaßen befriedigend.
Da Außenminister Scheel in beiden Fällen erst gegen Ende in Erscheinung trat, ruhte die Hauptlast der Verhandlungen in Moskau auf Bahr, in Warschau auf Duckwitz. Bahr hatte es schwer, weil er es in Moskau mit dem dienstältesten außenpolitischen Profi der Weltpolitik, Andrej Gromyko, zu tun hatte. In der deutschen Öffentlichkeit stand er recht allein, denn als totaler Außenseiter (früher Journalist) konnte Bahr kaum auf Abschirmung durch das Auswärtige Amt rechnen, das Eindringlinge in seine Domäne nie gern gesehen hat. Es sind ihm auch Fehler unterlaufen. Der Hauptvorwurf gegen ihn lautet: Er habe zu schnell verhandelt. Nachträglich ist nicht mehr einwandfrei festzustellen, ob ein langsameres, von Berufsdiplomaten betriebenes Vorgehen mehr Erfolg gebracht hätte. Schnelligkeit und Qualität sind nicht automatisch Gegensätze.
Die Moskauer hatten sich seit dem sensationellen Adenauer-Besuch fünfzehn Jahre zuvor an Staatsbesuche gewöhnt. Aber einen – wie sie meist sagten – „Friedensvertrag" mit der Bundesrepublik wollten alle, mit denen ich bei jeder sich bietenden Gelegenheit sprach – in der U-Bahn, vor dem Zeitungskiosk, im Restaurant. Als ich nach der Unterzeichnung, die im Fernsehen gezeigt worden war, ins Hotel kam, wurde ich von dem Schwarm der für uns eingesetzten Telefonistinnen umringt; alle strahlten, weil man endlich mit uns Deutschen einen Friedensvertrag hatte (ohne viel zu wissen, was in ihm stand; der Vertrag als solcher war die Hauptsache). Ein Mädchen, das meine Ferngespräche vermittelt hatte (und deren Vater, wie sie mir später sagte, im Krieg verschollen war), fiel mir, Tränen in den Augen, um den Hals und rief: Sláwa Bógu! (Gelobt sei Gott). Als ich dann, spät in der Nacht, Kolja, meinen ältesten russischen Freund, aufsuchte, um mit ihm über die Ereignisse des Tages zu sprechen, umarmte er mich. Und auch er, Parteimitglied seit früher Jugend, sagte: „Slawa Bogu."
Willy Brandts größte Stunde kam in Warschau. Sein Verhalten war ernst und würdig. Vor dem Gedenkmal im ehemaligen Getto stand ich keine zwei Schritte von ihm entfernt, als er plötzlich in die Knie sank.

Erschrocken vermutete ich einen Schwächeanfall. Dann sah ich mit tiefer Ergriffenheit, daß er kniete, den Kopf gesenkt. Über den Kniefall ist viel gestritten worden. Ich rechne Brandt diese Geste sehr hoch an.
Am Abend nach der Unterzeichnung waren wir alle Gäste des Kanzlers im Schloß Wilanow, wo er wohnte. Nach dem Essen, beim „gemütlichen Teil", bugsierte mich der deutsche Protokollchef, Ulrich von Rhamm (ein Bekannter aus Studententagen) an den Tisch, wo Brandt mit den beiden Spitzenleuten Polens saß, dem Parteichef Gomulka und dem Ministerpräsidenten Cyrankiewicz. Beiden war eine Last von den Schultern gefallen. Cyrankiewicz, der deutsch sprach, und Brandt kamen gut miteinander aus und unterhielten sich lebhaft – nicht über Politik, denn alle Reden waren schon gehalten. Gomulka wurde von einem Dolmetscher auf dem laufenden gehalten. Er hatte rote Bäckchen und schaute sehr zufrieden drein. Sein Lebensziel war erreicht: Die Oder-Neiße-Grenze war nun sicher. Keiner von uns ahnte, daß gleich nach unserer Abreise ein Aufstand der polnischen Arbeiter in Danzig und Stettin eine schwere Krise auslösen sollte, als deren Folge Gomulka wenige Tage nach jenem Abend in Wilanow von der Bildfläche verschwand, um durch Gierek ersetzt zu werden.
Am 23. September 1971 unterzeichneten die vier Siegermächte nach 17monatigen Verhandlungen das Berlin-Abkommen. Da die Bundesregierung es als befriedigend bezeichnete, war nun der Weg frei für die Behandlung des Moskauer und des Warschauer Vertrages in Bundestag und Bundesrat. Das gab einen erbitterten Kampf – innerhalb der CDU/CSU.
Meinen eigenen Standpunkt hatte ich in einem langen Aufsatz mit dem Titel „Optimum minus zehn" dargelegt, den „Christ und Welt" fairerweise druckte, obgleich die Mehrheit der Redaktion die Verträge ablehnte. Das *Maximum* der deutschen Wünsche (Wiedervereinigung; Rückgewinnung der verlorenen Ostgebiete) hätten die Verträge nicht erreicht, schrieb ich; dafür habe leider auch keine Aussicht bestanden. Hatten die Verträge wenigstens das *Optimum*, also das unter den gegebenen Umständen Beste, erbracht? Etwa neunzig Prozent davon, fand ich, daher: „Optimum minus zehn".
Barzel, der Fraktionsführer der CDU, nahm die für seine Partei durch die Verträge entstandene Frage sehr ernst und studierte sie eingehend. So kam es, daß er eines Tages auch mich zu einem Gespräch ins Nebenzimmer eines Godesberger Gasthofs einlud. Meine Ansicht, die ich ihm dort darlegte, war einfach: Seine Moskau-Reise im Dezember 1971 habe gezeigt, daß die Russen nicht bereit waren, gegenüber einer anderen

Bundesregierung über den Vertrag mit Brandt hinauszugehen. Bis auf weiteres gab es also nur die Wahl: diese Verträge oder keine. Unter den gegebenen Umständen sei ich für die Verträge. Die Regierungskoalition werde wohl die Verträge auch allein durchs Parlament bekommen, aber es sei schlecht, wenn dies nur mit ihrer damals winzigen Mehrheit geschehe. Wenn wir schon blutenden Herzens auf riesige, vormals deutsche Gebiete im Osten verzichteten, müßte dabei wenigstens eine Verbesserung der Beziehungen zwischen uns und den Russen, zwischen uns und den Polen herauskommen. Käme aber die Ratifizierung nur mit Ach und Krach und 51 Prozent zustande, so würden die Russen und Polen sagen: „Jeder zweite Deutsche ist gegen die Verträge, eine Versöhnung ist also unmöglich." Auf die Ostgebiete zu verzichten, ohne dadurch die Versöhnung mit den Nachbarvölkern zu gewinnen, hielte ich für einen unverzeihlichen Fehler. Die CDU/CSU täte sich auch selbst im Wahlkampf keinen Gefallen, wenn sie gegen die Verträge stimme.

Barzel hatte ohne Einwände zugehört. Doch hatte er sich und seine Partei inzwischen auf ein „So nicht!" festgelegt. Er sprach von der Möglichkeit, in einer vom ganzen Bundestag zu verabschiedenden Resolution die beiden Verträge im deutschen Sinne zu interpretieren (insbesondere hinsichtlich der Wiedervereinigung); dann wäre ein Ja seiner Partei denkbar.

In der Tat kam eine solche von der CDU/CSU gewünschte Resolution zustande; sie wurde am 17. Mai 1972 vom gesamten Bundestag, bei nur fünf Enthaltungen, gebilligt (und später vereinbarungsgemäß in Moskau ohne Protest zur Kenntnis genommen). Aber obgleich auf diese Weise die Verträge von Moskau und Warschau erträglicher geworden waren, stimmte die CDU/CSU am gleichen Tag nicht für sie. Barzel wußte, daß dies ein Fehler war. In seinem Buch „Auf dem Drahtseil" schrieb er später: „Es wäre richtiger gewesen, nun ja zu sagen und mit dem durch uns verbesserten Vertragswerk in die bevorstehenden Neuwahlen zu gehen." Richtiger wäre es vor allem für die deutsche Sache gewesen: 248 Abgeordnete der Koalition hatten ihre Stimme für die Verträge abgegeben, die anderen 248 hatten sich enthalten oder gegen die Verträge gestimmt. Also 248 : 248. Wir hatten die Verträge mit einem so sauren Gesicht angenommen, daß der Versöhnungseffekt, den unser großer Verzicht hätte haben sollen, zum Teil verpuffte. Bei den Bundestagswahlen ein halbes Jahr später erhielt die CDU/CSU die Quittung. Sie verlor 48 Sitze.

Die Verträge von Moskau und Warschau haben zur weltpolitischen Beruhigung der siebziger Jahre in Europa entscheidend beigetragen. Das

Berlin-Abkommen brachte im deutsch-deutschen Verhältnis manche – teuer bezahlte – menschliche Erleichterungen (leider nicht mehr). Die Bevölkerung war daher im ganzen mit der Ostpolitik einverstanden. Daß die CDU/CSU die Verträge nur grollend hinnahm, hat zu ihren Wahlniederlagen 1972, 1976 und 1980 beigetragen.

Zufrieden aber ist weder Moskau noch Bonn mit dem Resultat des Vierteljahrhunderts seit der Adenauer-Reise. In den entscheidenden Punkten hat sich wenig verändert. Die Kreml-Herren müssen feststellen, daß sie in Westeuropa keine neuen Sympathien hinzugewonnen, eher alte verloren haben und daß ihre Herrschaft, wie vor 25 Jahren, nur bis zur Elbe reicht (und dort noch unpopulärer ist als zuvor), wir aber sehen, daß die Wiedervereinigung nicht nähergerückt ist und daß der Kreml nach wie vor siebzehn Millionen Deutsche und dazu noch West-Berlin gleichsam als Geiseln in seiner Hand hält. Den Hauptvorteil der Verträge für uns erblicke ich darin, daß die Bundesrepublik, weil sie nun mit allen Staaten der Welt Politik machen kann, in ihrer Außenpolitik freier und daher einflußreicher geworden ist.

Ich schließe dieses bedrückende Kapitel über die noch nicht zustande gekommene deutsche Einheit mit einem unverzagten Dennoch. Denn eines habe ich auf meinen Reisen gelernt: Es gibt zwar nicht viele Menschen draußen in der Welt, die die deutsche Wiedervereinigung wünschen (wenn auch wenige sie so fürchten wie die Franzosen), aber es gibt sehr viele, die es, ohne viel nachzudenken, für ziemlich selbstverständlich halten, daß sie eines Tages zustande kommt, am ehesten wohl so, wie auch ich sie mir wünsche: Alle Deutschen unter einem Dach – einem europäischen.

Der Streit, ob wir noch eine Nation sind, ist müßig. Natürlich sind wir es, heute wohl noch mehr als bei Kriegsende, als jeder nur an sein und seiner Familie Überleben dachte. Spätestens seit Lessing und Bach, seit Goethe und Schiller, sind wir eine Kulturnation, seit Bismarck eine politische Nation, seit zwanzig Jahren auch noch eine Fernsehnation. Man mag die westdeutschen Fernsehprogramme für gut oder für schlecht halten – Abend für Abend werden sie von der Mehrzahl der Deutschen in Ost und in West gleichzeitig gesehen.

Erst recht glaubt draußen niemand an zwei deutsche Nationen. Unlängst, auf einer Reise ins Innere der Sowjetunion, erfuhr ich, in meinem Hotel seien auch Deutsche aus Leipzig abgestiegen. Wo die denn in dem überfüllten Speisesaal säßen, erkundigte ich mich beim russischen Ober und fügte erklärend hinzu: „Es sind DDR-Deutsche." Während er mir den Weg wies, lachte er gutmütig und sagte: „Für mich sind alle Deutschen Deutsche."

„Danke", rief ich, „für mich auch!" und ging zu meinen Landsleuten.

In einem kurzen Leben habe ich viele und erstaunliche weltpolitische Veränderungen erlebt. Wenn ich mir in Erinnerung rufe, daß der Kreml zu Beginn der fünfziger Jahre eine Beteiligung seines damals engen Bundesgenossen China an einer Regelung der deutschen Frage forderte und dies damals die Abneigung des Westens gegen die sowjetischen Vorschläge verstärkte, und wenn ich nun sehe, daß umgekehrt China heute der bitterste Feind des Kreml und zugleich der lauteste Verfechter der deutschen Wiedervereinigung ist, dann fällt es mir schwer zu glauben, daß ausgerechnet die deutsche Frage zu ewigem Stillstand verurteilt ist.

Im großen Dreieck

Im weltpolitischen Dreieck hat sich ein beträchtlicher Teil meines Lebens abgespielt. In Rußland *wurde ich 1906 geboren;* China *geriet 1926 in mein Blickfeld, als ich meine Doktorarbeit über die Auswirkungen des Russisch-Japanischen Krieges begann, der sich auf chinesischem Boden abgespielt hatte, und* Amerika *lernte ich ab 1928 kennen. Nach einer durch die Kriegsfolgen erzwungenen Pause kam ich seit Mitte der fünfziger Jahre zu oft längeren Aufenthalten 18mal nach Amerika, 14mal in die Sowjetunion, 7mal nach China.*

Über die drei Staaten und ihre Beziehungen zueinander habe ich so viel publiziert, so oft gesprochen, daß meine Schüler und Freunde für die Festgabe zu meinem 65. Geburtstag den Titel „Das große Dreieck Washington-Moskau-Peking" wählten. Wenn ich mich – im Durchschnitt wöchentlich einmal – in Funk und Presse zu weltpolitischen Fragen äußere, kommen die „drei Ecken" wegen ihrer Bedeutung besonders häufig vor. Um mich nicht zu sehr zu wiederholen, beschreibe ich in den anschließenden drei Kapiteln vorwiegend private Beobachtungen und Begegnungen.

68. Amerika

Auch nach Enids Tod ist Kalifornien und damit Amerika eine zweite Heimat für mich geblieben. Viele Fäden persönlicher Verbundenheit laufen dorthin: zu Enids Geschwistern samt deren Kindern und Enkeln, und zu den Universitäten in Berkeley und Stanford, an denen ich viele Semester in Forschung und Lehre verbrachte. An der Ostküste kenne ich vor allem New York (drei Semester an der Columbia-Universität), die Harvard-Universität bei Boston (ein Semester in Kissingers Institut) und die Hauptstadt Washington, diese vor allem als Mitglied eines Forschungsbeirates der Georgetown-Universität und als Europa-Redakteur von „The Washington Quarterly", einer Vierteljahresschrift für Außenpolitik.

Am Lebensstil der Amerikaner gefällt mir, was mir fehlt und sie selbst als „easy going" bezeichnen; wir können es nur mit „leger", also auch wieder einem Fremdwort, übersetzen. Ich habe in der ungeheuren Weite des Landes, seiner Großzügigkeit und Unbekümmertheit mehr Gastfreundschaft genossen als irgendwo sonst. Während der Deutsche, um ein einziges Beispiel zu nennen, gewaltige Hemmungen überwinden muß, ehe er einem anderen, und sei es dem besten Freund, sein Auto anvertraut, sagt ein Amerikaner leichten Herzens: „Hier ist der Schlüssel."

Ideal sind die Arbeitsbedingungen an den amerikanischen Hochschulen, und als Welt für sich empfinde ich den Campus, also den Park, in dem die Hochschulgebäude, oft auch die Wohnheime der Studenten und Villen der Professoren liegen. Abgesehen von den wilden und schwierigen Jahren der studentischen Unruhe, auf deren Höhepunkt 1968/69 ich zwei Semester in Berkeley Gastprofessor war, ist der Campus fast eine heile Welt, jedenfalls eine überaus angenehme, wohl die angenehmste, die es gibt, und zwar für die Professoren wie auch – trotz periodischen Examensnöten – für die Studenten. Er bietet hervorragende Bibliotheksverhältnisse vor allem an den großen Universitäten. Berkeley und Stanford, Harvard und Columbia sind vier der fünf bedeutendsten des Landes; dort stehen mir auch die Spezialbüchereien der Institute für Rußland- und China-Forschung zur Verfügung, in Stanford zudem das vom ehemaligen US-Präsidenten Hoover gegründete und nach ihm benannte Institut mit dem größten Privatarchiv der Welt, reich vor allem an Material über die Sowjetunion. In Berkeley wohne ich gewöhnlich in dem – fünf Fußminuten vom Campus gelegenen – Haus eines verstorbenen Freundes; in Stanford gab mir die Universität einen Professoren-Bungalow und sogar eine flinke (und niedliche) Susan als Sekretärin.

Eine Besonderheit Amerikas ist die enge Verbindung zwischen der akademischen und der politischen Welt. Ob dies der Politik wirklich hilft, mag man bezweifeln; sicher macht es das Leben des Professors interessanter, wenn er im Vorfeld politischer Entscheidungen immer wieder als Berater herangezogen oder gar in ein Regierungsamt berufen wird. Bei politischen Konferenzen, zu denen ich manchmal eingeladen werde, treffe ich viele amerikanische Kollegen. Es macht ihnen nichts aus, morgens einige tausend Kilometer von der West- zur Ostküste (oder umgekehrt) zu einer Sitzung zu fliegen. Von den zwei oder drei Dutzend, die mir fachlich und persönlich am nächsten stehen, sind drei zu hohen politischen Stellungen und Ehren aufgestiegen – Zbigniew Brzezinski, der drei Semester lang mein Gastgeber an der Columbia-Universität war und Sicherheitsberater des Präsidenten Jimmy Carter wurde; Marshall Shulman, einer der führenden amerikanischen Sowjetologen, erst in Harvard, dann an der Columbia Universität und schließlich ostpolitischer Berater des Carter-Außenministers Cyrus Vance; und Henry Kissinger. Nur über einen der drei werde ich hier schreiben.

Zu Beginn der fünfziger Jahre besuchte mich ein junger Dozent aus Amerika in der „Christ und Welt"-Baracke zu Stuttgart. Er habe, sagte er, Sommerkurse für ältere Studenten aus aller Welt eingerichtet und das Geld für Reise-Stipendien beschafft. Nun sei er auch nach Deutschland gekommen, um tüchtige Kandidaten zu finden; ob ich jemand wüßte? Ich nannte ihm einen jungen Hochschulabsolventen, der dann auch nach Harvard eingeladen und später in Deutschland Autor mehrerer Schriften über Ost- und Südosteuropa wurde. Dann sprachen wir über die Lage in Europa. Daß mein Besucher besonders über die deutschen Verhältnisse glänzend informiert war, erklärte er mit seiner Abstammung aus Deutschland, welches er 1938 als Fünfzehnjähriger mit seinen Eltern – in Richtung Amerika – verlassen hatte. Sein Name war Henry A. Kissinger.

Zehn Jahre nach unserer Stuttgarter Begegnung war ich Gast seines Instituts für Internationale Beziehungen an der Harvard-Universität. Er hatte inzwischen seine in Fachkreisen beachteten ersten Bücher über Außenpolitik veröffentlicht. Was ihn leidenschaftlich bewegte, was er in seinen Büchern abhandelte, in seinen brillanten Seminaren mit den Studenten durchnahm, waren die Probleme von Krieg und Frieden. Schon als Student hatte er sich mit der Frage beschäftigt, wie die langen Friedensperioden zu erklären waren, deren sich Europa nach den Napoleonischen Kriegen und nach dem Deutsch-Französischen Krieg von 1870/71 erfreut hatte.

Kissinger kam zu zwei Schlüssen, die er in seiner Dissertation an Metternich und in einem Aufsatz an Bismarck entwickelte: Die Welt bedurfte zur Erhaltung des Friedens erstens überragender Staatsmänner (daß er selbst ein solcher werden würde, ahnte er damals wohl noch nicht) und zweitens einer übersichtlichen Zahl von Mitspielern. Im 19. Jahrhundert waren dies die fünf „großen Mächte" – Rußland, Österreich-Ungarn, Preußen, Frankreich, England –, über die Leopold von Ranke einen Essay geschrieben hatte, den ich als Student immer wieder las. Auch für unsere Zeit rechnete Kissinger anfänglich mit fünf Mächten (außer den USA und der UdSSR meinte er Japan, China und das Vereinigte Europa), reduzierte sie dann aber auf die beiden Supermächte, zu denen später – nicht zuletzt durch ihn – China hinzukam. Daß es auf die Hauptspieler ankomme, nicht auf die Nebenfiguren, ist auch weiterhin seine Überzeugung geblieben, daher die große Sorgfalt, mit

der er die amerikanisch-sowjetischen, später amerikanisch-chinesischen Beziehungen behandelte.
Kissinger gehört zu den jüdischen Emigranten, die ihre Herkunft, auch ihre geistige Abstammung aus Deutschland, offen zur Schau tragen. In einer Diskussion, in der er aus der Frage eines Teilnehmers ersah, daß er mißverstanden war, hörte ich ihn guten Mutes (wenn auch vielleicht ein wenig übertreibend) sagen: „Es ist schwer, sich auf englisch auszudrücken, wenn man auf deutsch denkt." Haushofers in Amerika lange verpöntes Wort „Geopolitik" gehört zu Kissingers Lieblingsausdrücken. Nie habe ich in seiner Politik, in seinen Schriften oder Gesprächen ein antideutsches Ressentiment gefunden; in Wort, Tat und Auftreten ist er ein amerikanischer Staatsmann, und weil er als ein solcher in Erscheinung trat, also nicht als Jude, errang er einen seiner größten Erfolge, die Beilegung des israelisch-arabischen Krieges von 1973.
Als Nelson Rockefeller 1968 die Nominierung zum Präsidentschaftskandidaten anstrebte, stellte er einen Beraterstab zusammen, in den er Kissinger einbezog. Der spätere Sieger Nixon übernahm den Harvard-Professor, machte ihn Anfang 1969 zum Chef des Rates für nationale Sicherheit, später zum Außenminister, der er auch unter dem Nachfolger Nixons, Gerald Ford, bis zum Ende von dessen Präsidentschaft blieb, also bis Anfang 1977.
Kissinger besitzt eine für Berühmtheiten ungewöhnliche Anhänglichkeit an alte Freunde. Wer ihm einmal als Kollege oder Schüler persönlich verbunden war, dem steht seine Türe offen. „Besuchen Sie mich, wenn Sie in die Nähe kommen", heißt es bei ihm, und er meint es. Während seiner Jahre im Weißen Haus und im Außenministerium, und auch noch danach lud er mich meist ein, wenn ich nach Washington kam: in sein Dienstzimmer, nach Hause, in ein Restaurant – wenn er unterwegs war, auch in sein Hotel (so jüngst, als er für einen halben Tag nach Stuttgart kam); sicher nicht, weil ich ihm etwas hätte sagen können, das er nicht schon längst wußte, sondern aus alter Verbundenheit.
Seine Frau Nancy hatte Kissinger getroffen, als auch sie für Nelson Rockefeller arbeitete. Schon als Frau Kissinger organisierte sie in Rockefellers Auftrag eine Forschungsgruppe für Weltpolitik, die „Committee for Critical Choices" hieß (Komitee für lebenswichtige Entscheidungen, könnte man das übersetzen) und zu der sie mich hinzuzog. So lernte ich auch sie kennen.
Rockefeller, Sohn des berühmt-berüchtigten Öl-Magnaten John D., einer der sympathischsten US-Politiker, besaß eine herzliche, großzügige

Art, war als Gouverneur des Staates New York sehr beliebt gewesen, weil er es mit hoch und niedrig verstand, zudem ein Mann von ungewöhnlicher Aufgeschlossenheit gegenüber Deutschland. Die Sitzungen der Forschungsgruppe wurden von Rockefeller (mit viel Sachverstand) und von Nancy Kissinger (mit Charme und Kompetenz) geleitet.
Durch ihre Arbeit bei Rockefeller und ihre Ehe mit Kissinger ist Frau Nancy in weltpolitischen Fragen doppelt gut beschlagen, eine anregende Gesprächspartnerin, mit eigenen und begründeten Ansichten. Als Tochter einer alten und vermögenden Neuengland-Familie verfügt sie von Hause aus über eine Selbstsicherheit und gesellschaftliche Gewandtheit, die sich der junge Einwanderer Kissinger erst erwerben mußte. Wenn sie ihn begleitet, hält sie sich im Hintergrund, was nicht ganz einfach ist, da sie ihn um einen halben Kopf überragt.
Einmal – Kissinger war inzwischen wieder Privatmann – begleitete ich das Ehepaar zu einem Konzert in Washingtons „Kennedy Center". Kissinger zog mehr Aufmerksamkeit auf sich als das ganze Orchester. Anschließend fuhren wir (begleitet von einem Auto mit Leibwächtern, die Kissinger aus eigener Tasche bezahlt) in ein französisches Restaurant. Als wir auftauchten, trat Totenstille ein, den Gästen blieb geradezu der Bissen im Munde stecken. Zwar taten alle aus Höflichkeit, als hätten sie Kissinger nicht bemerkt. Doch jeder schielte nur auf ihn, und es dauerte ein Weilchen, ehe das in Restaurants übliche Stimmengewirr wieder einsetzte. Er ist, denke ich, Amerikas populärster Staatsmann. Als einziger Staatsmann kann er Tausende von Seiten über seine Amtszeit publizieren, die Hunderttausende von Lesern in aller Welt finden.
Natürlich gibt es Leute, die Kissinger nicht mögen – aus Neid auf seine Erfolge, aus entgegengesetzten politischen Überzeugungen, als ehemalige Untergebene im Außenministerium, die unter seinem Temperament, seinen Anforderungen litten. Aber auch sie können seinem Humor nicht entgehen, seiner stets die großen Zusammenhänge suchenden Intelligenz den – grollenden – Respekt nicht versagen.
Eines Abends, in einem Gartenlokal bei München, gab Außenminister Genscher (nach Abschluß der Fußball-Weltmeisterschaft, deren Endspiel sich der Fußball-Fan Kissinger angesehen hatte) ein ländliches Essen. An einem Tisch saßen neun oder zehn jener vierzehn US-Korrespondenten, die den Außenminister Kissinger ständig begleiteten. Ich kam eine Weile an ihren Tisch. Den Vertreter des NBC-Fernsehens Richard Valeriani, der besonders verdrossen dreinblickte, suchte ich ein wenig aufzuheitern, indem ich mich nach seinen jüngsten Abenteuern im Kissinger-Pulk erkundigte. Er machte klar, daß er verbittert war

über die anstrengende Reiserei von Land zu Land, vor allem über die nie endende und meist erfolglose Mühe, aus dem Außenminister Informationen herauszulocken, die sich verwerten ließen. „Der Bursche ist schlüpfrig wie ein Aal; kaum glaubt man, ihn gepackt zu haben, ist er schon wieder entwischt." Böse schaute er an den Tisch, an dem sein Peiniger saß.

Aber das Buch, das Valeriani einige Jahre später über seine „Reisen mit Henry" veröffentlichte, liest sich, als sei es von einem Kissinger-Fan geschrieben; es könnte geradezu „Kleine Liebe zu Henry" heißen. Es schildert Kissinger als einen bedeutenden, wenn auch zuzeiten für die begleitenden Journalisten höchst unbequemen Politiker, einen Staatsmann mit Gedankentiefe, Charme und Witz, und ist gespickt mit Anekdoten. „Die Nachricht, ein von ihm gefertigtes Dokument sei von einem anderen überarbeitet worden, kommentierte Kissinger: ‚Wer ein Gemälde von Picasso kauft, beauftragt keinen Anstreicher, es zu verbessern.'" Und als er, nicht lange vor seinem Ausscheiden aus dem Amt auf einer Pressekonferenz im Scherz gefragt wurde, ob er nun vielleicht einen Posten in Deutschland annähme, bejahte er und auf die Zusatzfrage: „In Bayern?" erwiderte er prompt: „Warum diese Begrenzung auf *ein* Bundesland?"

Sein Licht hat Kissinger nie unter den Scheffel gestellt. Er weiß, daß man ihm Eitelkeit vorwirft und amüsiert sich darüber, wobei ihm seine große Schlagfertigkeit hilft. Einmal hörte ich, wie ein Tagungsleiter den Redner Kissinger mit der schmeichelhaften Bemerkung einführte, er fühlte sich seiner Aufgabe so wenig gewachsen, wie ein kleiner Dorfpriester, der den Papst vorstellen soll. Kaum hatte er ausgesprochen, war Kissinger auf den Beinen: „Zu Ihrem ehrenvollen Vergleich mit dem Heiligen Vater muß ich etwas hinzufügen. Der Papst ist unfehlbar, aber nicht jeder, der [wie ich, sollte das heißen] unfehlbar ist, ist ein Papst."

Natürlich verdankt er seiner scharfen Zunge nicht nur Bewunderer. Einmal erlebte ich, wie ein europäischer Außenminister, der Kissinger mit den üblichen Routinefloskeln auf französisch begrüßte, diesen gleichzeitig um Nachsicht bat, weil er es nicht in der ihm geläufigeren englischen Sprache getan habe. In seinen Dankworten sagte Kissinger: „Ich habe Ihr Französisch durchaus verstanden, Herr Minister, und bedanke mich. Ich hätte Sie auch verstanden, wenn Sie Suaheli gesprochen hätten." Und nach einer kleinen Kunstpause: „Und sogar, wenn Sie überhaupt nicht gesprochen hätten."

Kissingers Erinnerungen haben ihm nicht nur Anerkennung, sondern auch Tadel eingebracht. Die Vorwürfe entzündeten sich an seiner Kambodscha-Politik, über die auch ich mit ihm mehr als einmal gestritten habe. Da ich das Land durch zahlreiche Aufenthalte zu kennen glaubte und zudem mit dem Prinzen Sihanouk seit den fünfziger Jahren befreundet bin, ärgerte es mich immer, wenn ich bei den meisten Amerikanern nur Spott über ihn zu hören bekam. Gewiß, er hat die Amerikaner oft verstimmt, weil er schon früh auf die chinesische Karte setzte. („Eines Tages verschwinden die Amerikaner aus Asien, die Chinesen aber werden noch in tausend Jahren hier sein", war seine durchaus richtige These.) Er zeigte den Amerikanern, daß er es für dumm hielt, wenn sie die simpelste Sache von der Welt nicht verstehen wollten, nämlich daß die Chinesen – genau wie die Amerikaner und wie Sihanouk selbst – *kein* vereinigtes starkes Vietnam wollten, ihre Interessen also im Grunde dieselben waren.

Auch Kissinger schaute jahrelang auf Sihanouk hinab. Statt sich mit diesem klugen Politiker zu verbünden und ihn als Mittelsmann zu Peking einzusetzen, entschloß er sich mit Nixon zu einem Schritt, den ich vom ersten Augenblick an für einen schlimmen Fehler hielt, zur Ausweitung des Vietnam-Krieges (am 1. Mai 1970) auf das bis dahin im Frieden lebende Kambodscha. Das Ergebnis war, daß zum Schluß nicht nur das ohnehin auf die Dauer nicht zu haltende Süd-Vietnam an die Kommunisten verlorenging, sondern auch Kambodscha, das nach der US-Niederlage in Südostasien den mörderischsten aller Kommunisten in die Hände fiel, den Roten Khmer unter Pol Pot. (Aus seiner Sicht erklärt Kissinger diese Vorgänge mit großer Ausführlichkeit in seinen Erinnerungen.)

Als es 1978 in Peking zur ersten Begegnung zwischen Kissinger und Sihanouk kam, war Kambodscha ein Trümmerhaufen. Sihanouk zeigte seine Seelengröße, als er Kissinger ohne sichtbare Bitterkeit begegnete. Und als ich den Prinzen einige Monate später, ebenfalls in Peking, auf Kissinger ansprach, sagte er: „Kissinger ist jetzt mein Freund, was vorbei ist, ist vorbei. Ich will darüber nicht sprechen."

Blicke ich abschließend auf die 52 Jahre meiner Bekanntschaft mit den USA zurück, so meine ich, daß die Amerikaner nie wieder ganz so glücklich waren wie in meinem ersten Amerika-Jahr, 1928/29. Damals war das amerikanische Volk in seinem Wesen etwa so alt wie ich, und ich war 22. Seine Stimmung entsprach der meinen: zukunftsfroh, unbeschwert, selbstsicher, die übermütige Frage „Was kostet die Welt?" auf den Lippen.

An Optimismus übertrafen mich die Amerikaner sogar. Sie hatten den

Krieg – spielend – gewonnen, ihr Land war aus einem Randgebiet der Weltpolitik zu deren Zentrum geworden. Es besaß mehr Macht, mehr Reichtum als alle anderen Völker und es hatte – so jedenfalls glaubte es – den Schlüssel zu einer immer schöneren Zukunft, den American Way of Life, die amerikanische Art also, die Dinge anzupacken. Amerika war schon, was andere Völker morgen oder übermorgen sein würden. Wollten diese dem amerikanischen Vorbild nicht folgen, weil sie zu dumm, zu träge, zu alt, zu dekadent waren – um so schlimmer für sie. Amerika, „Gottes eigenes Land", konnte auch ohne sie leben.

Es ist anders gekommen. Die Wirtschaftskrise, die 1929 über das Land hereinbrach und es jahrelang beutelte, zerstörte die naive Zuversicht der zwanziger Jahre; der Aufstieg Stalins und Hitlers zeigte, daß es auch ganz andere Modelle gab. Der Sieg im Zweiten Weltkrieg, der nur unter großen Opfern zu erringen war, ist von Atomwolken überschattet. Im Korea-Krieg gab es keinen Sieg, nur einen Waffenstillstand (der bis heute andauert), und im Indochina-Krieg trotz gewaltiger Blutopfer eine schreckliche Niederlage, nachdem sich die Blüte Amerikas, seine akademische Jugend, gegen das eigene Land aufgebäumt und den Abzug aus Vietnam erzwungen hatte. Schließlich reichte Washingtons Macht nicht einmal, um im wild gewordenen Iran 52 als Geiseln festgehaltene Amerikaner aus der eigenen Botschaft zu befreien, der Versuch es gewaltsam zu tun, endete in der Wüste mit einem kläglichen militärischen Fiasko, und die Heimkehr der Gefangenen nach bitteren 444 Tagen war, wenngleich als Sieg gefeiert, alles andere als ein Ruhmesblatt für die Vereinigten Staaten. Über Ronald Reagan läßt sich wenige Monate nach seinem Einzug ins Weiße Haus noch wenig sagen.

Und doch sind die Amerikaner dank ihrer großartigen Vitalität bisher mit ihren Schwierigkeiten immer wieder fertiggeworden. Ihre Gesellschaft ist so offen (die offenste, die es je gab), daß sich die Probleme schließlich in ihr auflösen, zum Teil, weil sie von neuen verdrängt werden. So könnte es auch weitergehen. Aber Amerika ist heute nicht mehr ein unbestrittenes Vorbild, nicht mehr die Hoffnung der Menschheit, das „Land der unbegrenzten Möglichkeiten". Es ist auch heute ungleich stärker als Frankreich oder England, aber in mancher Hinsicht ein Staat wie andere auch, auf einigen Gebieten sogar von den vor einem Menschenalter besiegten und verachteten Japanern überflügelt.

Meine Sympathien für Amerika haben durch all dies nicht gelitten, wohl aber mein Vertrauen in seine Modellhaftigkeit und Führungskraft. Wir müssen uns jetzt wieder mehr auf uns selbst besinnen.

69. Die Sowjetunion

In den ersten Märztagen des Jahres 1956, wenige Wochen nachdem ich mich als Korrespondent deutscher Rundfunkanstalten und Zeitungen im Moskauer „Hotel Savoy" einquartiert hatte, wurde ich vom damaligen US-Botschafter Charles Bohlen zum Skilaufen auf seine Datsche eingeladen. Dort zog ich nach dem Mittagessen, als das Botschafter-Ehepaar ruhte, allein auf meinen Brettern los. In einem Dorf kam ich mit einem Bauern ins Gespräch, der vor seinem Haus Holz spaltete: „Wie heißt euer Kolchos?" fragte ich ihn, um etwas zu sagen.

Der Bauer, ein Mann in den Fünfzigern, mit hundert Fältchen im pfiffigen Gesicht, sah mich prüfend an und sagte dann mit ruhiger Stimme, aber mit einem kleinen Schalk in den Augenwinkeln: „Bis jetzt noch Stalin-Kolchos."

Sonderbare Antwort, dachte ich.

Am 10. März war ich auf einem Empfang in der Französischen Botschaft zu Ehren von Frankreichs Ex-Präsidenten Auriol, der in Moskau weilte. Im Gewühl begrüßte ich den langjährigen schwedischen Botschafter Solman, der als einer der bestinformierten Männer in der Sowjetmetropole galt. Er zog mich in eine Ecke und sagte mit bedeutungsvollem Gesicht und mit der Bitte um absolute Diskretion: „Ich habe eben erfahren, daß Nikíta Chruschtschów [damals Erster Sekretär des Zentralkomitees der Partei] vor einigen Tagen, beim Abschluß des XX. Parteitags, eine geheime Rede mit schwersten Angriffen gegen Stalin gehalten hat."

Geflüstert, aber unaufhaltsam verbreitete sich die Nachricht unter den Gästen. Ein Korrespondent nach dem anderen verdrückte sich, um andere Quellen anzuzapfen und dann Pressetelegramme zu schicken. Letztere wurden von der Zensur unterbunden, aber per Post konnte man über die Geheimrede berichten, nachdem es in überraschend kurzer Zeit gelungen war, das Gerippe der Rede zu rekonstruieren. (Ihr voller Text wurde vom US-Außenministerium am 4. Juni 1956 veröffentlicht.)

Wie will man einen solchen Kurswechsel – von Stalins Vergöttlichung zu seiner Verdammung – der Bevölkerung plausibel machen? fragte ich mich. Die ersten Gerüchte über die Rede riefen ungläubige Gesichter hervor. Aber schon nach wenigen Tagen wußte ganz Moskau Bescheid, da die Rede inzwischen in zahlreichen geschlossenen Parteiversammlungen verlesen worden war. In jenen Wochen habe ich jeden Menschen angesprochen, mit dem ich zusammenkam – im Autobus oder im

Restaurant, in einer wartenden Menschenschlange oder im Kino. Stalin – der „Vater der Völker", die „Sonne der Menschheit" (und wie die sich überschlagenden Lobpreisungen geheißen hatten) – ein übler Mörder, der unter anderem 5000 Offiziere der Roten Armee umgebracht und damit die katastrophalen Niederlagen der ersten Kriegszeit verschuldet, der die besten Mitkämpfer Lenins hingeschlachtet hatte?

Die einen waren glücklich, daß endlich jemand die Wahrheit über den Wüterich gesagt hatte; die anderen trauten dem Frieden nicht und hielten sich zurück; wieder andere waren entsetzt, ihnen war eine Welt zusammengebrochen. „Wie soll ich das meinen Kindern erklären?" sagte mir ein Moskauer mit gequältem Gesicht. „Ich bin erwachsen und kann manches vertragen. Aber den Kleinen, die im Kindergarten und in der Schule nur vom lieben Stalin hörten und Lieder über ihn sangen, ihnen sagen zu müssen, daß der liebe Stalin ein Tyrann und Menschenschinder war? Ich traue mich noch gar nicht, daran zu denken." Für manche war der Sturz des toten Stalin eine persönliche Katastrophe, so für den führenden Literatur-Kommissar Stalins, Alexander Fadéjew, der von 1936 bis 1954 (mit einer kurzen Unterbrechung) Generalsekretär des Schriftstellerverbandes gewesen war und sich wenige Wochen nach der Entstalinisierungs-Erklärung Chruschtschows eine Kugel durch den Kopf jagte.

Die Geschwindigkeit, mit der Stalin verschwand, war atemberaubend (wenn man weiß, wie langsam sonst alles in der Sowjetunion geht). Ich besuchte in den folgenden Tagen viele Stätten, wo Stalin-Memorabilia ausgestellt gewesen waren. In der Tretjakow-Gemäldegalerie – kein Stalin-Bild mehr („Es ist immer dasselbe", sagte mir dort ein Russe mittleren Alters, der auch diese Beobachtung machte. „Der neue Hausherr verrückt die Möbel des Vorgängers, um an ihn nicht erinnert zu werden.") Im Revolutionsmuseum, wo eben noch die Geschenke für Stalins 70. Geburtstag ausgestellt waren, standen ein paar Gegenstände, die jetzt kurz und bündig „Jubiläumsgeschenke" hießen.

Ein besonders charakteristisches Beispiel für die Unverfrorenheit, mit der Stalin zur „Unperson" (um mit Orwell zu sprechen) gemacht wurde, erlebte ich bei zwei Theaterbesuchen Anfang 1956:

Den Kampf an den Garderoben hat man an vielen Moskauer Theatern schon seit Jahren dadurch gemildert, daß man die Besucher nach Schluß der Vorstellung nur in Gruppen herantreten läßt. So hielt man es auch in dem prunkvollen Theater, das sich im „Zentralhaus der Sowjetarmee" befindet. Als ich mir dort Mitte Februar 1956 ein Stück ansah, ergab es sich, daß die Theaterdienerin unmittelbar vor mir den Strom zu der ei-

nen Stock tiefer gelegenen Garderobe stoppte. Ich stand also mit vielen anderen etwa fünf Minuten auf dem oberen Treppenabsatz mit dem Blick auf das neobarocke Treppenhaus. Unmittelbar vor Augen hatte ich ein etwa zehn Quadratmeter großes Gemälde, eine Kopie jenes bekannten Bildes von A. M. Gerássimow, das Stalin und Woroschílow im Kreml einherschreitend darstellt; ein effektvolles Bild, die beiden Marschälle in wehenden Uniformmänteln, durchaus geeignet für ein Prachttreppenhaus im Hause der Armee. Dann zog die Angestellte das als Sperre dienende Seil beiseite.
Etwa drei Wochen später war ich wieder im gleichen Theater zur Premiere eines zeitgenössischen Stückes. Der Zufall wollte es, daß die Theaterfrau wieder gerade vor mir das Seil vorzog und ich mich zum zweitenmal am oberen Absatz des Treppenhauses angehalten fand. Plötzlich wurde mir, während ich wartete, bewußt, daß ich das große Gemälde nicht mehr sah. Litt ich an Halluzinationen? Ich drehte mich um. Nein, sonst war alles ganz wie damals – bis auf das Bild. An der Stelle, wo ich es gesehen hatte, stand auf einem Holzsockel ein riesiger, wohl dreiviertel Meter hoher Lenin-Kopf vor dem Hintergrund eines dunkelroten, in Falten drapierten Samtvorhangs. Die weiße Büste gegen den roten Samt – auch das sehr wirkungsvoll. Aber wo war das Bild? Um ganz sicherzugehen, fragte ich die Frau: „Wo ist das Gemälde mit Stalin und Woroschilow geblieben?“ Sie verzog keine Miene: „Hinter dem roten Samt“, sagte sie. Dann gab sie uns den Weg frei zu den Garderoben.
Der Sowjetkommunismus hat sich von Chruschtschows Enthüllungen über Stalins Mordregime nie wieder erholt; bei vielen Kommunisten in der ganzen Welt haben sie den Glauben an die Sowjetunion und ihre Führungsrolle zerstört, Spaltungen in einer Reihe von Kommunistischen Parteien hervorgerufen, zu den vielfachen Unruhen in Polen und zum Aufstand in Ungarn beigetragen und Mao zur bitteren Kritik an der Sowjetführung, vor allem an Chruschtschow selbst, veranlaßt.
Ich habe Chruschtschow in jenen Jahren häufig gesehen. Der impulsive, rundliche Mann tauchte bei allen möglichen Empfängen auf, hielt sich eine Weile im Allerheiligsten mit der in- und ausländischen Prominenz auf, mischte sich dann aber auch unter die übrigen Gäste und ließ sich leicht ansprechen, vor allem wenn es keines Dolmetschers bedurfte. Staatsgeheimnisse habe ich von ihm nicht erfahren, aber seine spontane Art sagte mir zu. Ich habe ihm auch das Hämmern mit seinem Schuh auf dem geheiligten UNO-Tisch im September 1959 nicht übelgenommen. Bei Gesprächen in der Sowjetunion gewann ich den Eindruck, daß

dort das bäurisch-grobe Verhalten Chruschtschows mehr auf Ablehnung stieß als im Westen. „Man muß sich schämen . . ." hieß es.
(Als sich 1964 die Gerüchte über einen Besuch Chruschtschows in der Bundesrepublik verdichteten, trat ich in der Technischen Hochschule Aachen, wo ich damals lehrte, dafür ein, dem Sowjetführer die Ehrendoktorwürde zu verleihen. Meine Argumentation: Chruschtschow lebt immer noch in der Vorstellung, die Deutschen, einschließlich der jungen, seien im Grunde Nazis geblieben. Der unmittelbare Kontakt mit Studenten einer deutschen Hochschule müßte den emotional ansprechbaren Mann vom Gegenteil überzeugen. Aber würde er kommen, fragten meine Kollegen. Ich war davon überzeugt. Angesichts des großen Respekts der Russen, Chruschtschows im besonderen, vor der deutschen Technik, würde er es als eine nicht auszuschlagende Auszeichnung betrachten und die Ehrung annehmen. Wofür sollte sie ihm erteilt werden? Für Leistungen im Kosmos, meinte ich, genauer für seine Bemühungen um den Start des ersten Erdsatelliten, des Sputnik, im Oktober 1957. Sicher würde er mit Behagen eine Festrede über den Sputnik halten und beim Festakt allerlei Späße machen und dann mit einem veränderten und freundlicheren Deutschland-Bild in den Kreml zurückkehren. Aber ehe die Reise zustande kam, wurde Chruschtschow gestürzt.)
Daß ich fast auf den Tag zwanzig Jahre nach Beendigung meiner ersten Korrespondenten-Zeit in Moskau in der gleichen Eigenschaft wieder nach Moskau gekommen war, verdanke ich Adenauer. Der von ihm im September 1955 mit dem Kreml vereinbarte Austausch von Botschaftern öffnete auch den Weg zum Austausch von Korrespondenten. Die Russen waren scharf darauf, ihre Journalisten nach Bonn zu schicken, und da solches immer Zug um Zug geschieht, wollten sie möglichst rasch einen Korrespondenten aus der Bundesrepublik in Moskau sehen. Damals war bei uns noch kein Journalist an einem Posten in Moskau interessiert, außer Gerd Ruge, der aber konnte nicht vor dem Sommer. Also bewarb ich mich, und – wie schon berichtet – es klappte. Fast alle deutschen Funkhäuser brachten damals meine Sendungen. Da sie mich von der täglichen Berichterstattung entbanden, war ich frei in der Wahl meiner Themen, frei auch zum Reisen.
Wie zwanzig Jahre zuvor hatte ich eine Vorliebe für ausgefallene Reiseziele. So stellte ich auch einen Antrag zum Besuch im sibirischen Altái-Gau, an der Grenze zu China gelegen. Nach einigem Hin und Her kam die Erlaubnis. Auf dem Wege dorthin sah ich viel, vor allem das Kusbáss-Industriegebiet. Doch das interessanteste Erlebnis begann in der Provinz-Hauptstadt Barnaúl.

Die wichtigste Zeitung des Altai-Gaus heißt „Altaískaja Prawda". Auf der Suche nach interessanten Gesprächspartnern ließ ich mich durch den Sekretär der Stadtverwaltung in der Redaktion anmelden. Als ich in der mir genannten Straße die „Altaiskaja Prawda" suchte, fiel mein Auge auf eine Tafel über einer Türe. Auf ihr stand auf deutsch: ARBEIT. DEUTSCHE ZEITUNG DES ALTAI-GAUS. Erst ging ich zur „Altaiskaja Prawda" in dem Haus gegenüber. Kaum aber war mein Gespräch dort zu Ende, eilte ich über die Straße. In der Redaktion der „Arbeit" sah ich zwei Männer. Ich sprach sie auf deutsch an: „Grüß Gott, ich bin ein deutscher Journalist und komme aus Stuttgart." Die beiden schauten sich verblüfft an, dann begrüßten sie mich – auf deutsch.

Die „Arbeit", erzählten sie, zur Zeit noch das einzige Blatt der Sowjetunion in deutscher Sprache, bestehe erst seit wenigen Monaten, genauer: seit Dezember 1955.

„Auflage?" fragte ich.

„6400", berichteten sie mit Stolz.

„Wo sitzen die Leser?"

„Die meisten in der Kulundá-Steppe."

Im Eilschritt ging ich in die Stadtverwaltung und ließ mich bei ihrem Sekretär anmelden, der mich bei der „Altaiskaja Prawda" eingeführt hatte.

„Pjotr Románowitsch," sagte ich. „Ich habe eben durch puren Zufall erfahren, daß in der Kulunda-Steppe viele Deutsche leben. Ich bitte Sie, mir zu helfen, dorthin zu gelangen."

Pjotr Romanowitsch war nicht sehr erbaut, aber er versprach, sein Bestes zu tun. Ich möge im Vorzimmer warten. Ich hörte, wie er jemandem telefonisch erklärte, durch einen „unglücklichen Zufall" habe der deutsche Korrespondent die Redaktion der „Arbeit" gefunden und wolle das Gebiet von Kulunda besuchen.

Als ich ihn am folgenden Morgen erneut aufsuchte, sagte er: „Sie können fahren, heute nacht, mit dem Zug. Einen Platz im Schlafwagen habe ich auch schon für Sie." Ich dankte ihm stürmisch.

Dann kam ein Dämpfer: „Zu Ihrem Schutz", fügte er hinzu, „wird ein sowjetischer Genosse Sie begleiten, ein Kollege von Ihnen, er war jahrelang einer der Redakteure der Berliner ‚Täglichen Rundschau'." (So hieß die deutschsprachige sowjetamtliche Zeitung der DDR.)

Lieber wäre ich allein gefahren, denn ich konnte mir denken, daß ich mit einem Mann, der die Welt jahrelang durch die Brille der sowjetischen Besatzungsmacht in Ost-Berlin gesehen hatte, ununterbrochen streiten, daß er mich überdies nicht einen Augenblick lang allein lassen

und damit mögliche Gesprächspartner verscheuchen würde. (So kam es auch, er schlief sogar mit mir im gleichen Zimmer; nur auf die Toilette durfte ich allein.)
Er war von einer nervösen Streitlust, attackierte die Bundesrepublik unaufhörlich, ärgerte sich über meine Repliken und rauchte vor lauter Aufregung eine Zigarette nach der anderen. Einmal gegen Morgen, als sich im Aschenbecher und in zwei leeren Teegläsern die Stummel schon zu Hügeln häuften, sagte ich: „Es ist halb drei Uhr morgens. Ich werde jetzt auf keine Ihrer Fragen mehr reagieren, nicht weil es mir an treffenden Antworten fehlt, ich bin Ihnen bis jetzt keine einzige schuldig geblieben, sondern weil ich ein paar Stunden schlafen will. Gute Nacht." Damit drehte ich mich zur Wand. Ein paarmal versuchte er sein Glück mit provozierenden Fragen; dann gab er auf. Die Arbeit in Ost-Berlin hatte ihn mit Gift geradezu angefüllt, und seit der Übersiedlung nach Barnaul war ich der erste Westdeutsche, dem gegenüber er es versprühen konnte.
Im übrigen hatte ich keinen Grund zur Klage. Er mischte sich nicht ein, wenn ich mich mit Deutschen unterhielt, und die Kulunda-Steppe wimmelte von Deutschen. Niemand nannte mir ihre Zahl, aber auf Grund der einen oder anderen Bemerkung schätze ich sie auf 200 000, und keiner protestierte, wenn ich diese Schätzung nannte.
Was ich sah, bedrückte mich tief. Die ersten Vorfahren der Kulunda-Deutschen waren in den Tagen der Großen Katharina und Anfang des 19. Jahrhunderts aus der Enge der deutschen Heimat in die Weite Rußlands gezogen. In den fruchtbaren Ebenen der Ukraine sowie der mittleren Wolga und in den prächtigen kaukasischen Bergen hatten sie vorbildliche Dörfer errichtet; ihre fernsten Vorposten waren, als es manchen auch im europäischen Rußland zu eng wurde, bis hierher nach Russisch-Asien gezogen. Als Hitler über die Sowjetunion herfiel, wurde eine Million Volksdeutscher aus Südrußland nach Sibirien verfrachtet, viele in die Steppe von Kulunda.
Unter allen Rußland-Deutschen, die ich auf meinen Reisen traf, waren diese am stärksten verkümmert. Ihr Deutsch konnte ich nur mit Mühe verstehen; sie sprächen Mennonitisch, sagten sie, wenn ich fragte, was denn das für eine sonderbare Sprache sei. Das waren kaum noch Deutsche, eher Flugsand in der asiatischen Steppe. Auch wenn ich sagte, ich käme aus Schwaben, aus Württemberg, rief das kein Interesse, kein Wiedererkennen hervor, obgleich ich sicher war, daß vieler Vorfahren aus dem Schwäbischen stammten.
Der Mangel an Interesse, die Stumpfheit, das war das Schlimmste.

Während der ganzen Zeit – nicht eine einzige Frage nach Deutschland. Mit einem Trupp Schulmädchen, die im Viehstall des Kolchos gearbeitet hatten, wechselte ich mühsam einige Worte. Eines der Mädchen, auf das die begleitende russische Lehrerin eingeredet hatte, sagte schließlich zu mir, von jener durch Schubsen gedrängt: „Sagen Sie großen Gruß an deutsche Kinder." Ohne die russische Lehrerin wäre es nicht einmal dazu gekommen. „Deutsche – vom Sturme verweht" nannte ich, der erste deutsche Besucher hier seit der von Hitler ausgelösten Katastrophe des volksdeutschen Bauerntums in Rußland, meinen mit schwerem Herzen geschriebenen Bericht.

Nicht überall war es so. Ich fand in der asiatischen Sowjetunion, vor allem in Kasachstan, so viele Deutsche, daß ich nicht mehr fragte: „Gibt es hier Deutsche?" sondern gleich: „Wo wohnen hier die Deutschen?" Fast immer wies man zur Antwort auf ein paar Häuser oder Hütten, und fast immer fielen diese schon von weitem durch ihre Sauberkeit auf. Manche, die ich traf, waren wie elektrisiert, wenn sie hörten, daß ich aus Deutschland war, und wollten es nicht wahrhaben. „Zeig mal dein Dokument," sagten sie und betrachteten dann staunend meinen Paß, ehe sie mir glaubten. Dann aber ging es ans Ausfragen.

Am lebendigsten fand ich die, die Schlimmstes mitgemacht, aber durchgehalten hatten, die in den von deutschen Truppen überrollten Gebieten zur Waffen-SS gekommen, später von den Russen gefangen und als Deserteure zu Zwangsarbeit verurteilt worden waren. Einige hatten ihre zehn Jahre in den Eiswüsten des Nordostsibirischen Kolymá-Gebietes schon hinter sich und lebten nun als Zwangsansiedler in bestimmten Gegenden Sibiriens. Manche waren wieder aus dem Gröbsten heraus. „Wir schlagen uns schon durch!" sagte einer; seine Frau, einen Säugling an der Brust, nickte zustimmend: „Das deutsche Blut ist halt doch gut."

Meine eigentlichen journalistischen Jagdgründe lagen freilich nicht in Sibirien, sondern in Moskau. Das Getto der Ausländer nahm ich nur am Rande wahr, ich ließ mich hineinziehen in das pulsierende Leben der Stadt, einer der Metropolen unserer Zeit. Jede Woche war ich mehrmals im Theater und im Kino, besuchte Dichter-Lesungen, gelegentlich auch die Universität, las politische und literarische Zeitschriften (deren es in der UdSSR wohl mehr gibt als irgendwo sonst), kaufte an Büchern zusammen, was ich finden konnte (die damals erworbenen füllen noch heute mehrere Regale in meiner Bibliothek), ging zu allen Empfängen, um russische Kollegen zu treffen (die dort am aufgeschlossensten sind), lud Schauspieler zum Essen ein (ich schwärmte damals für die hervorragende, nicht mehr junge, aber mit Erfolg auf jugendliche Rollen versessene Alla Tarássowa vom Künstlertheater und hörte mir die Klagen ihrer jungen Kolleginnen an, weil die Tarassowa sie nicht hochkommen ließ. Viele Abende verbrachte ich mit Kolja.

Meinen Namensvetter Kolja (dessen Name wie der meine von Nikolaus stammte) hatte ich, wie berichtet, 1929 kennengelernt, als er mit anderen Studenten der Moskauer Eisenbahner-Hochschule von einem Einsatz in den Lokomotiv-Werkstätten von Wladiwostók mit mir in einem Sechser-Abteil „harter Klasse" durch Sibirien und Rußland nach Moskau schaukelte. Mit allen hatte ich mich damals auf der – wegen des sowjetisch-mandschurischen Krieges drei Wochen dauernden – Fahrt angefreundet, am meisten aber gefiel mir Kolja und er blieb bis zu seinem Tode vor ein paar Jahren mein bester russischer Freund.

1930 hatte ich in seiner ohnehin überbelegten Stube im Studentenheim gewohnt (in einem ehemaligen Kloster, in dem meine Mutter als Mädchen bei den Nonnen das Sticken gelernt hatte); mit ihm war ich damals in sein heimatliches Dorf im Schwarzerdegebiet gefahren, wo er seine Mutter besuchte und wir bei der Ernte mithalfen, wobei ich durch einen einmaligen Beitrag vorübergehendes Mitglied des Kolchos wurde. Dann hatte ich Sima kennengelernt, erst als seine Freundin, dann als seine Frau, schließlich als Mutter seiner Tochter Bia (damals waren „wissenschaftliche" Namen beliebt an Stelle der früher gebräuchlichen biblischen, also Bia – vom griechischen Bios, das Leben), erlebte sie Ende der fünfziger Jahre als schwer Nierenkranke, der die Sowjetmedizin nicht helfen konnte, und stand mit Kolja an ihrem Grab, im vormals deutschen Friedhof, nicht weit von der Stelle, wo der inzwischen beseitigte schwarze Marmor-Grabstein des Großvaters Heuss gestanden hatte. Kolja war inzwischen Professor an einer Moskauer Technischen Hochschule geworden, angesehen und geehrt.

Als ich Kolja 1955 beim Adenauer-Besuch am ersten Tag anrief, war er nicht allzu erstaunt; daß sein deutscher Kolja, falls der überhaupt noch lebte, eine solche Reisemöglichkeit nicht auslassen würde, konnte ihn nicht überraschen. In drei Tagen solle ich ihn wieder anrufen. Ich habe ihn nie gefragt, wozu er die drei Tage brauchte, weil das ohnehin klar war: Er mußte die Zustimmung seiner Partei-Zelle für die Fortsetzung unserer Beziehung einholen. Vermutlich hat er auch in späteren Jahren berichtet, wenn ich aufkreuzte. Geheimnisse haben wir uns gegenseitig nicht anvertraut, es gab auch so genug, worüber wir uns nach Jahrzehnten der Trennung unterhalten konnten. Ein paarmal war er mit mir im Theater, einmal in Tschaikowskijs „Eugen Onegin". (Sein urrussischer

Stolz war gekränkt, daß eine kleingewachsene, schwarzhaarige Armenierin die Rolle der Idealrussin Tatjana sang.) Mich lockte gerade der unpolitische Charakter unserer Gespräche – politische führte ich ohnehin von früh bis spät.

Bis 1975 habe ich Kolja mit seiner zweiten Frau häufig besucht und Kolja junior, den Sohn der beiden, heranwachsen sehen. In den letzten Jahren klagte er über Herzbeschwerden. Als er das letzte Mal in Moskau in mein Hotel kam, war er erschöpft, bat um Wasser, nahm irgendein Mittel, lebte ein wenig auf und war froh, als ich ihm unter landesüblichen Schwierigkeiten ein Taxi besorgte. Einige Wochen später starb er. Auch an seinem Grab – neben dem von Sima – bin ich gewesen; mit seiner Witwe und seinem inzwischen verheirateten Sohn, auch einem Kolja, stehe ich noch immer in Verbindung.

Unsere Freundschaft hatte auch nicht gelitten, als sich einige sowjetische Kritiker über mein Buch „Der Sowjetmensch“ (1958) hermachten, törichterweise, wie ich immer noch finde. Das Buch war im Westen auf Interesse gestoßen, nicht zuletzt weil es einen durchaus sympathischen Sowjetmenschen porträtierte. Der Grund für die Gereiztheit mancher Sowjetkritiker ist indes leicht zu verstehen. Hätte ich geschrieben: Der Sowjetmensch ist ein Kommunist geworden und darum hasse ich ihn, so hätten sie das vielleicht getadelt, im übrigen aber befriedigt zur Kenntnis genommen. Ich aber erklärte: Der Sowjetmensch ist kein Kommunist geworden, darum mag ich ihn, und das empfand man als Schlag gegen die heilige These vom „neuen Sowjetmenschen“.

Es gab auch vergnügliche Kontroversen. Mikojan, der Spaßvogel im Politbüro, sagte mir einmal: „Ich war es, Herr Mehnert, der als der dafür Zuständige seinerzeit Ihrer Familie die Schokoladenfabrik fortnahm.“ Ich dankte ihm dafür, weil es mir besser gefalle, Schokolade zu essen als sie zu fabrizieren, und der danebenstehende große Clown Popow, der es seinem Ruf schuldig war, etwas Komisches beizutragen, fügte zu Mikojan gewandt, hinzu: „Daher, Anastas Iwanowitsch, hatten Sie seither auch ein so süßes Leben.“

Natürlich behauptete ich nicht, „Der Sowjetmensch“ sei derselbe Russe, den ich als Kind kannte. Im Gegenteil, eindringlich berichtete ich von den gewaltigen Veränderungen, die sich seit damals in Rußland vollzogen hatten und die sich als Industrialisierung, Verstädterung, Alphabetisierung usw. bezeichnen ließen. Meine Schlußfolgerung: der verändernde Faktor „war also weniger der Parteifunktionär [und die von ihm propagierte Ideologie] als die Maschine, der Traktor, der Melkapparat, das Fließband, die Automation“. Einem Rezensenten, der mich mit ei-

nem Schwein verglich, das im Dreck wühlt und daher nur die schmutzigen Dinge zu schildern weiß, antwortete ich im Vorwort zu einer neuen Auflage, dies könne mich nicht kränken, da ich mich in guter Gesellschaft wisse: „Auch Borís Pasternák ist in der Sowjetpresse im Jahr zuvor als Schwein bezeichnet worden."
Pasternak hatte für seinen „Doktor Schiwago" 1958 den Nobel-Preis für Literatur zugesprochen bekommen. Dafür war er in der amtlichen sowjetischen Öffentlichkeit so üblen Verleumdungen ausgesetzt worden, daß er den Preis verschreckt zurückwies (wodurch das Ganze für den Kreml eher noch unangenehmer wurde). Ich sammelte damals alle Rezensionen des Romans, die ich in der westlichen Presse fand, und nahm sie, meine eigene sehr ausführliche eingeschlossen, bei der nächsten Reise nach Moskau mit. Mit einem Taxi fuhr ich in die Künstlerkolonie Paredélkino, wo Pasternak damals lebte, und ging durch einen Wiesenweg zu seinem Haus. Lesend saß er auf der erhöhten Veranda.
Als er einen Unbekannten mit einem dicken Umschlag näherkommen sah, malte sich Erschrecken auf seinen Zügen. Er stand auf und hob abwehrend, fast beschwörend die Hand. Ich sagte ihm, wer ich sei und was mich hergeführt habe. „Ich bin Ihnen unendlich dankbar," sagte er mit einem Gesicht voll Trauer und Peinlichkeit. „Aber bitte kommen Sie nicht herauf. Legen Sie den Umschlag auf die unterste Stufe; später werde ich ihn heraufholen und seinen Inhalt mit größter Spannung lesen. Wir können uns ein paar Minuten so unterhalten."
Ich empfand tiefes Mitgefühl mit dem Mann; immer wieder entschuldigte er sich für seine „Unhöflichkeit". Viel ist aus unserem Gespräch nicht geworden. Ich sagte ihm noch, ich hätte ihn beim Ersten Kongreß Sowjetischer Schriftsteller 1935 in Moskau kennengelernt (natürlich erinnerte er sich nicht mehr daran); er könne mir schreiben, wenn er etwas brauche; meine Adresse sei in dem Umschlag. Nach einiger Zeit erhielt ich in Stuttgart einen Brief aus Moskau, ohne Absender und ohne Unterschrift, in schönem, fast goethischem Deutsch und einer Handschrift aus einer früheren Zeit: einen Brief von Pasternak. Pasternak starb im Mai 1960. Inzwischen ist sein dichterisches Werk – „Doktor Schiwago" ausgenommen – zum größten Teil veröffentlicht worden.
Über einen anderen von russischer Hand geschriebenen Brief habe ich Lustiges zu berichten. Er kam eines Tages aus Paris; die unverkennbar weiblichen Schriftzüge waren mir unbekannt. Die Absenderin war Assistentin an einer Moskauer Sprachenhochschule, auf einer Dienstreise im Westen. Zwar sei Französisch ihr Hauptfach, schrieb sie, doch studiere sie auch Deutsch. Der Grund für ihren Brief: Ihr Moskauer Profes-

22 December 1958

Lieber, verehrter Herr Mehnert,

ich danke Ihnen von allem Herzen für den Brief und den tief durchdachten, inhaltreichen, gewichtvollen, glänzend geschriebenen Aufsatz. Ich habe mich über die Verwandtschaft Ihres weitblickenden Verständnisses lebhaft gefreut. Alle Ihre Erwägungen sind mir äusserst nahe, den Wünschen Ihrer letzten Zeilen stimme ich völlig bei.

Ich bin Reinhold v. Walter durch seine Leistung innig verpflichtet und sehe für mich selbst keinen Grund ein, an seiner edlen Hilfe etwas auseinandersetzen zu wollen. Das hindert mich aber nicht Ihre Textvergleiche und alles, was Sie höher im vorletzten Kapitel über Stilistik und Sprache sagen, für einen seltenen Luxus der Kritik anzusehen.

Meine Weihnachts- und Neujahrswünsche kommen viel zu spät auf als dass sie Sie zur richtigen Zeit träfen, doch empfangen Sie bitte die verfristeten Gratulationen sowohl wie die Ausdrücke meiner wahrhaftesten Ergebenheit.

sor für Deutsch habe ihr vor einiger Zeit geraten, das Buch „Der Sowjetmensch" eines deutschen Verfassers namens Mehnert zu lesen; es befinde sich, ins Russische übersetzt, in der für gewöhnliche Sterbliche geschlossenen Abteilung der Institutsbibliothek (aus der keine Bücher ausgeliehen werden durften). Sie habe sich dort das Buch geben lassen und sich darin alsbald so festgelesen, daß sie es, als die Bibliothek für die Nacht geschlossen wurde, unter ihrem Rock herausgeschmuggelt, daheim zu Ende gelesen und am nächsten Tag auf dieselbe Weise wieder zurückgebracht habe. Das von mir gezeichnete Bild der Sowjetmenschen treffe den Nagel auf den Kopf. Das habe sie mir mitteilen wollen, vielleicht freue es mich. Das tat es.

Auch danach habe ich die Sowjetunion noch häufig besucht. Manchmal mußte ich lange auf ein Visum warten. Zweimal erhielt ich es, nachdem mich der damalige deutsche Botschafter, Dr. Ulrich Sahm, und seine Gattin – jeweils für ein paar Wochen – als Hausgast eingeladen hatten. Eine Reihe deutscher Politiker habe ich in die Sowjetunion begleitet: die Kanzler Brandt (einmal) und Schmidt (dreimal, zuletzt 1980), Scheel (erst als Außenminister, dann als Bundespräsident, bis Zentralasien), auch den damaligen Verkehrsminister Leber mit Frau (zwei Wochen lang, bis nach Leningrad und in den Kaukasus). Bei der jüngsten Reise, im Februar 1981, hielt ich mich – insgesamt mehrere Wochen – in Moskau (samt näherer Umgebung) und in Ost-Sibirien auf.

In den Aufsätzen, die ich seit 1955 aus der Sowjetunion schrieb, habe ich oft über Bühne und Belletristik berichtet, die, wie ich meine, aufschlußreiche Einblicke in die Stimmung der Bevölkerung ergeben. In Moskau besuche ich das Theater manchmal allabendlich, fast ausschließlich zeitgenössische Dramen oder Komödien, wobei mich die Vorgänge auf der Bühne ebenso interessieren wie die Reaktionen im Publikum.

Im Theater wird an den Zuständen – nicht am System als solchem – viel kritisiert. In „Energische Leute" (von Wassílij Schukschín) sah ich jüngst außer dem Milizionär (= Polizisten), der in den letzten drei Minuten eine Mini-Rolle hat, nur Gauner auf der Bühne, die sich dank Schwarzmarkt-Spekulation mit Waren des ihnen unterstehenden Ladens ein süßes Leben machen.

Dann und wann wird auf der Bühne sogar Stalin-Bewältigung unternommen, recht eindrucksvoll etwa in „Das Haus" von Fjódor Abrámow, dessen Premiere ich 1981 sah; der bekannte Autor zeigt hier das düstere Schicksal eines alten, unter Stalin ohne Grund zu jahrzehntelanger Zwangsarbeit verurteilten Kommunisten (dieser hatte in den Jahren der großen Säuberung, wie er es ausdrückt, einmal „falsch abgestimmt") wie auch das qualvolle Leben seiner Frau, die ihn über ganz Sibirien suchte, bis er schließlich freikam (doch wohl aufgrund der Amnestie Chruschtschows, dessen Name aber nicht erwähnt wird).

Aus einem Roman von Valentín Raspútin (unter dem Titel „In den Wäldern die Zuflucht" auch auf deutsch erschienen) hat die kleine Bühne des Moskauer Künstlertheaters ein erschütterndes Drama gemacht. Es zeichnet einen Soldaten, der – von schwerer Verwundung kaum genesen – heimlich in seine sibirischen Wälder flieht; seine junge Frau, zerrieben zwischen der Liebe zu ihrem Mann und dem Pflichtbewußtsein gegenüber dem bedrohten Vaterland, geht ins Wasser. Bühnenbild, Regie, schauspielerische Leistung, vor allem des jungen Paares, haben mir eines der stärksten Theatererlebnisse seit Jahren vermittelt. Rasputin verzichtet auf alle Propaganda, auch gegen die Deutschen: auch ist der junge Soldat kein Landesverräter, sondern ein in seinen Motiven verständlicher, gehetzter Mensch.

Der Roman, über den das intellektuelle Moskau im Winter 1980/81 am meisten sprach, entstammt der Feder von Dschingís Aitmátow; ins Deutsche übersetzt heißt der Titel etwa: „Ein Tag währt länger als ein Leben." Obgleich Kirgise, wird Aitmatow stärker als seine meisten russischen Kollegen von der unbewältigten Stalin-Vergangenheit bedrängt. In seinem großartigen neuen Werk, das von uralten asiatischen Mythen und von religiösen Traditionen bis zu einem Raumfahrt-Flughafen führt, zeigt der Autor unter anderem an zwei Schicksalen, wie das Stalinsche Geschwür weiterwuchert, in einem Fall bis in die Gegenwart.

Das Theater, die Literatur überhaupt, ist bei allem Konservatismus von Bühnenbild und Erzählweise das Modernste, was ich in der Sowjetunion zu sehen vermag. Trotz freiwilliger oder erzwungener Auswanderung bedeutender Schriftsteller steht die russische Literatur auch heute auf einem hohen Niveau. Jedenfalls finde ich es; aber ich bin so altmodisch, Hamlet in Jeans und unverständliche Texte nicht mit Modernität gleichzusetzen.

Die Kunst hat in der heutigen Sowjetunion auch eine nichtkünstlerische Funktion – als Ventil für Stimmungen und Wünsche, vor allem in der Intelligenzia. In der Kunstausstellung zum 26. Parteitag (im Riesenbau der Moskauer Manege, wo sich 1904 meine Eltern im Deutschen Reitverein kennengelernt hatten) hängt – ein Zugeständnis an die wachsende Religiosität im russischen Volk? – ein großes Ölgemälde mit dem Gekreuzigten vor einer Kirche.

Schwieriger als der Kunstgenuß – oder das private Gespräch – ist für

mich in der Sowjetunion die politische Diskussion. In vielen Fragen liegen die Standpunkte weit auseinander. Ob Afghanistan oder Polen, ob Nachrüstung oder Freizügigkeit – was bei uns ein Minuszeichen hat, ist drüben mit einem Plus versehen und umgekehrt.
Im Gedanken an uns befindet sich die russische Bevölkerung in einem Dilemma, in dem sich das Dilemma der Sowjetpolitik uns gegenüber widerspiegelt. Man begrüßt in Moskau die deutsche Ostpolitik, ohne sie freilich in dem für uns wichtigen deutsch-deutschen Feld zu honorieren – man nimmt Rücksicht auf Ost-Berlin und will einen Hebel für Bonn in der Hand halten. Man bedauert unsere enge Bindung an den Westen, vor allem an Amerika, und versucht diese zu lockern, vor allem durch eine gegen den deutschen Bündnisbeitrag gerichtete Propaganda (so gegen die Stationierung von Mittelstreckenraketen auf dem Boden der Bundesrepublik); und doch will man nicht, daß Helmut Schmidt an seinen Linken scheitert, da sein Nachfolger, der dann wohl aus dem CDU/CSU-Lager käme, sicher nicht weniger fest im westlichen Lager stünde und zudem in der Ostpolitik zurückhaltender wäre. Daß Helmut Schmidt den Frieden erhalten will, glauben ihm die Russen, daß er dies mit einem starken deutschen Beitrag zum militärischen Gleichgewicht tut, beunruhigt sie.
Mit meinen Analysen der Sowjetpolitik ist man in Moskau nicht zufrieden. Ich sollte lieber den Friedenswillen des Kreml loben und die westlichen Rüstungsanstrengung als unnötig verurteilen. Nun, daß die russische (und übrige sowjetische) Bevölkerung keine Expansion, schon gar nicht einen Eroberungskrieg will, das kann ich als meine Überzeugung mit gutem Gewissen sagen. Wie aber soll ich mich – nach Afghanistan, das ja kein Land des Ost-Blocks war – für die Harmlosigkeit der Kremlführer verbürgen? Natürlich wollen auch sie keinen Krieg – wer, außer einem Wahnsinnigen, kann ihn wollen? Aber vielleicht streben sie zu Zielen, deren Verfolgung – entgegen ihrer Absicht – den Weltfrieden gefährden kann? Es wäre fahrlässig, diese Möglichkeit völlig auszuschließen.

In den anderthalb Jahrzehnten seit Ausbruch der chinesischen Kulturrevolution war die Entwicklung im China Maos – später Dengs – ungleich dramatischer als die im Reich Breshnews. Während dieser Zeit richtete ich also meine Aufmerksamkeit vornehmlich auf China. Da dieses Land inzwischen für die Russen zum Feind Nr. 1 geworden war, rief schon die bloße Beschäftigung mit ihm bei manchen meiner russischen Kritiker ungute Gefühle hervor. „Ihm stehen alle Türen offen“, in

China nämlich, schrieb ein Rezensent halb ärgerlich, halb neidisch nach einem meiner China-Bücher. Als ich einem sowjetischen Bekannten besänftigend sagte: „Wenn es bei euch wieder so spannend wird wie jüngst in China, kehre ich zu Sowjetthemen zurück“, hob er abwehrend die Hände und rief: „Möge es bei uns nie mehr so spannend werden wie heute in China!“

In den 75 Jahren meines Lebens hat mich kein Land so beschäftigt wie Rußland. Mein Verhältnis zum heutigen Rußland ist zwiespältig und läßt sich auf die einfache Formel bringen: Russen – ja, Sowjetregime – nein. Ich fühle mich mit Russen, auch mit kommunistischen Russen, nicht weniger wohl als mit deutschen Landsleuten. (Vorausgesetzt sie haben mehr als nur „Prawda“-Zitate zu bieten; die „Prawda“ lese ich selbst.) Ich wünsche mir daher ein freundschaftliches Verhältnis der Deutschen zum großen russischen Volk und friedliche Beziehungen zum Kreml.

Noch sind die Spannungen groß. Mit Peking haben wir zur Zeit keine ernsten Reibungen, mit Washington deren zehn, mit Moskau hundert. Vor allem: Wir fühlen uns durch die Sowjetrüstung bedroht, die uns über alles vernünftige defensive Maß hinauszugehen scheint, und der Sowjetstaat fühlt sich umgeben von einer ihm feindselig gesinnten weltweiten Machtgruppe, bestehend aus den USA, Westeuropa, dem Islam, China und Japan. Im Bewußtsein seiner vielfachen inneren Schwäche stellt er ihr aus alter russischer Tradition eine über alles verständliche Maß hinausgehende, riesenhafte Militärmaschine entgegen.

Würden die grünen Männer von einem anderen Stern über die Erde herfallen, so schlössen sich deren Bewohner rasch zur Abwehr zusammen. Aber die grünen Männer werden uns diesen Gefallen nicht tun. Also muß uns für das Ost-West-Verhältnis eine bessere Idee einfallen als die fatale Rüstungsspirale. Wüßte ich heute eine, die mehr ist als frommes Wunschdenken – ich würde sie von allen Hausdächern schreien. Noch heißt die Parole: Rüstungsgleichheit.

70. China

Um die Mittagszeit des 27. März 1971 führte ich in Peking ein Gespräch, aus dessen Inhalt ich später zwei Passagen erzählen werde, die eine, weil sie auf die chinesische Mentalität ein Licht wirft, die andere, weil sie mir in dem turbulenten Geschehen jener Jahre eine kleine Rolle – besser gesagt: ein Röllchen – zuwies.

Vorweg jedoch ein paar knappe Angaben über das gewaltige Drama, durch das China im zurückliegenden halben Jahrhundert hindurchgegangen ist. Ich habe China in allen vier Akten miterlebt: unter Tschiang Kai-schek, unter japanischer Besetzung, unter Mao, unter Deng, also unter vier total verschiedenen Systemen. Drei Akte waren „chinesisch", einer „maoistisch". Der Maoismus war, so scheint es mir im Rückblick, ein Sonderfall. Denn während die drei „chinesischen" Akte (wie der größte Teil der Geschichte Chinas) durch das Fehlen von Ideologien und durch nüchternen Pragmatismus gekennzeichnet sind, weist der „Maoismus" genannte Akt eine für China uncharakteristische Betonung des Utopischen und Ideologischen auf. Ein typischer Chinese steht mit beiden Beinen fest in der Gegenwart, und auch über das, was nach ihm kommt, denkt er recht praktisch – er hofft, einst von seinen Nachkommen ebenso verehrt zu werden, wie er seine Ahnen verehrt. Für ihn gilt: Das nicht Verstehbare nicht verstehen wollen, das ist Weisheit. Generationen christlicher Missionare sind in China zu ihrem Kummer auf diese Haltung gestoßen; mit Schulen und Krankenhäusern hatten sie mehr Erfolg als mit Kirchen und Klöstern.
Mao aber war ein Glaubender. Er glaubte an Dinge, die noch kein Auge gesehen hatte und deren Verwirklichung auch er erst in Jahrhunderten erwartete, an einen neuen Menschen in einer neuen Gesellschaft der Gleichen, in der es kein Oben und Unten mehr geben sollte. Wichtiger noch: Er vermochte seinen Glauben auf Hunderte von Millionen Chinesen zu übertragen. In immer neuen Kampagnen (von denen der Große Sprung, 1958, und die Kulturrevolution, 1966, die bekanntesten sind) versuchte Mao die Chinesen in Richtung auf seine Utopie mit sich fortzureißen und so festzulegen, daß sie auch nach seinem Tode auf der von ihm gewiesenen Straße weitergehen müßten.
In den ersten acht Jahren der Chinesischen Volksrepublik (Gründungsjahr: 1949) war dies noch nicht zu erkennen. Als ich das Land 1957 nach elfjähriger Abwesenheit wieder betrat, fand ich, daß es der mir wohlvertrauten Sowjetunion erstaunlich ähnelte. Was ich sah, war eine Art von Sowjet-China, das mich in mancher Hinsicht an die asiatischen Republiken der Sowjetunion erinnerte, etwa an Usbekistan.
Aber schon ein Jahr später löste sich China vom Sowjetmodell und jagte – fast möchte man sagen: blindlings – auf einem vom sowjetischen immer weiter fortführenden Weg dahin; auf ihm sollte China, die Sowjetunion überrundend und weit hinter sich lassend, im Eiltempo den Kommunismus erreichen. Statt dessen geriet das Land in eine schwere Krise. Mao, der Verantwortliche, wurde in den Hintergrund geschoben.

Grollend bereitete er den nächsten „Sprung" vor, den er 1966 auslöste und Große Proletarische Kulturrevolution nannte. In ihr sollten die sich rasch verhärtenden bürokratischen Strukturen (das heißt: der Partei-Apparat und alle übrigen Autoritäten) zerschlagen werden – außer der einen, der Autorität des Mannes, der hoch vom Tor des Himmlischen Friedens die Paraden der Millionen Rotgardisten abnahm. Die Kulturrevolution, bei der das Wort Kultur nicht im traditionellen Sinne zu verstehen war (Mao wandte sich ja gegen die alte chinesische Kultur), sondern als Aufruf zu einem neuen Menschen, diese Revolution, Maos Zweite, war ein unerhörtes Ereignis; sie fegte Hunderttausende von Funktionären der Partei wie auch anderer Institutionen von ihren Sesseln, wirbelte alles durcheinander, vor allem die Wirtschaft, und führte, wie Mao 1970 seinem amerikanischen Freunde Edgar Snow anvertraute, China an den Rand des Chaos.

Als Mao im September 1976 starb, stand die Ablösung bereit, großenteils Männer, die während der Kulturrevolution in der Versenkung verschwunden, aber – anders als in Stalins Rußland – nicht ermordet worden waren, allen voran der vormalige Generalsekretär der Partei, Deng Hsiao-ping, 1,53 Meter groß und von unbändiger Energie. Als er ein Jahr nach Maos Tod wieder in den Vordergrund der Bühne Chinas trat, war er 74 Jahre alt und daher in größter Eile, die Schäden des Maoismus auszumerzen.

An die Stelle von Maos Parole MEHR GLEICHHEIT trat Dengs MEHR LEISTUNG, also das genaue Gegenteil, denn wer Leistung forciert und belohnt, schafft Ungleichheit. Mehr Leistung mit geringeren Kosten. Mehr Leistung in der Wirtschaft, im Erziehungswesen, in der Wehrmacht, alles für weniger Geld, und zwar durch die Befolgung von Richtlinien, die sich von denen Maos radikal unterscheiden. Also: weniger Ideologie, weniger Diskussionen, weniger Plan-Sturheit, weniger Gleichheit auf niedrigem Lebensniveau – dafür mehr Fleiß, mehr Initiative, mehr Belohnung, mehr Rationalisierung, mehr Flexibilität, mehr wirtschaftliche Vernunft.

Ein solcher Parolenwandel ist leicht gesagt und sehr schwer verwirklicht, wie schwer, das kann am besten ein bildlicher Vergleich verdeutlichen. Als vor einiger Zeit ein Großtanker mit einem anderen Schiff zusammenstieß, wurde der Unfall so erklärt: Wolle man den Kurs eines solchen Ungetüms von einer halben Million Tonnen auch nur um 2 oder 3 Grad verändern, brauche man dazu eine Viertelstunde und eine lange Strecke. Wieviel mehr Zeit und Kraft ist erforderlich, füge ich nun hinzu, um einen Staat mit einer Milliarde Menschen in seinem Kurs nicht um 2 oder 3, sondern um 180 Grad zu drehen, und das gleich zweimal, erst mit Mao auf der Kommandobrücke, dann gegen Mao mit Deng?

Wie sich die Passagiere des Riesendampfers China auf dem neuen Kurs verhalten werden, läßt sich heute noch nicht sagen. Den Kurswechsel selbst haben sie erstaunlich gut überstanden. Nach meiner – subjektiven – Meinung fühlen sie sich unter der heutigen, ganz auf den praktischen Aufbau gerichteten Führung wohler als unter dem für Chinesen vorübergehend faszinierenden, aber ungewohnten und ungeheuer strapaziösen Maoismus. Ob es dabei bleibt, oder ob wir in absehbarer Zeit einen fünften Akt des zeitgenössischen China-Dramas schreiben müssen, hängt vom Erfolg oder Mißerfolg des neuen Kurses ab. Im Frühjahr 1981 ist die Enttäuschung der Bevölkerung über seine fühlbare Verlangsamung nicht zu verkennen.

Das kommunistische China habe ich bei insgesamt sieben Aufenthalten erlebt – zweimal allein, dreimal als Mitglied deutscher Regierungsdelegationen (mit Bundeskanzler Schmidt und den baden-württembergischen Ministerpräsidenten Filbinger und Späth), einmal mit dem Südwestfunk, einmal mit einer Gruppe deutscher Ostforscher. Aber lange Zeit war die Außenpolitik für China eine Randerscheinung, zu sehr war es mit sich selbst und seinen Umwälzungen beschäftigt. Die kurze und stürmische Teilnahme am Korea-Krieg gehörte, kann man sagen, noch zum Revolutionskrieg (der erst ein Jahr zuvor mit der Flucht Tschiang Kai-scheks nach Taiwan geendet hatte). Danach zog sich China aus der Weltpolitik fast völlig zurück, von einigen bedeutsamen Auftritten Tschou En-lais auf der internationalen Bühne abgesehen. Das Leitmotiv der damaligen Außenpolitik Chinas war der Gegensatz zu Amerika, das Maos Feinde in China und Korea unterstützt hatte. Zwischen Peking und Washington gab es keine offiziellen Beziehungen, nur gelegentliche Gespräche zwischen den beiden Botschaftern in Warschau, einer der wenigen Hauptstädte, in der damals beide Regierungen diplomatisch voll vertreten waren.

Der langjährige US-Botschafter in Warschau, Walter Stoessel (später auch Botschafter in Bonn), hat mir über die von ihm erlebten Treffen erzählt. Sie verliefen nach einem ermüdenden Ritual, steril und ohne Ergebnis. Zu wirklichen Gesprächen kam es nicht; man las sich gegenseitig Noten mit Vorwürfen vor und vertagte sich aufs nächste Mal. So ging es bis Anfang 1968. Dann trat eine Pause ein, verursacht wohl unter anderem durch die Folgen der chaotischen Kulturrevolution in China.

Ein Jahr später deutete sich eine Änderung an. In Washington betraten Nixon und Kissinger im Januar 1969 die Bühne, suchten nach neuen Möglichkeiten für die US-Außenpolitik, und bei den Chinesen riefen einige Wochen später die Grenzgefechte mit den Russen Sorgen vor der wachsenden Militärmacht an ihrer Nordgrenze hervor, damit auch den Wunsch nach besseren Beziehungen zu dem bisherigen Todfeind Amerika. Es folgt eine Reihe von kleineren „Signalen" (ein neues Wort in der Diplomatensprache) aus Peking nach Washington, die aber nichts bewirkten, weil die Chinesen – in Kissingers Worten – „unseren Scharfsinn und unsere Intelligenz überschätzten", und weil „unsere groben abendländischen Gehirne gar nicht verstanden, was vor sich ging".
Jetzt griffen die Chinesen zu schärferen Mitteln: Am 18. Dezember 1970 empfing Mao den einzigen ihm persönlich nahestehenden Amerikaner, Edgar Snow. Dieser, der Autor des ersten, heute noch lesenswerten Buches über die frühen chinesischen Kommunisten („Roter Stern über China", 1937), der als ausgesprochener Linker im selbstauferlegten Exil in der Schweiz lebte, hielt sich damals auf Einladung Maos in China auf. Mao sagte ihm, er würde sich freuen, mit Nixon zu sprechen, ob dieser nun als Tourist oder als Präsident käme.
Das wäre eine Sensation für die Welt gewesen – wenn die Welt davon erfahren hätte. Aber nicht einmal das Weiße Haus wurde unterrichtet. Edgar Snow wollte mit Washington, gar einem Nixon, nichts zu tun haben. Erst als er im Frühjahr 1971 sein Mao-Interview in der italienischen Zeitschrift „Epoca" veröffentlichte, dann auch in der amerikanischen „Life", erfuhr Washington, daß Mao vier Monate zuvor Nixon zu einem Besuch in Peking aufgefordert hatte. In meinen Augen hat der inzwischen verstorbene Snow nicht nur falsch, sondern auch schäbig gehandelt. Denn seine chinesischen Freunde warteten von einem Tag zum anderen vergeblich auf eine Reaktion aus Washington. Chinas Gott hatte den US-Präsidenten eingeladen – und dieser antwortete nicht einmal.
So erfanden die einfallsreichen und unermüdlichen Chinesen immer neue Signale für Washington, und in dieses Spiel, das dann in der Pingpong-Diplomatie seinen Höhepunkt finden sollte, wurde auch ich einbezogen, gleichsam als vorausgeschickter Pingpong-Ball.
An jenem 27. März 1971, einem Sonnabend, meinem letzten Tag in Peking vor der Abreise nach Südchina, hatte mich Prinz Sihanouk auf 13 Uhr in seine Residenz (eine ehemalige Botschaft) zu einem Abschiedsessen gebeten und einige kambodschanische und chinesische Freunde eingeladen. Dazu war es so gekommen: Auch nach Sihanouks Sturz im

März 1970 hatte ich meine Korrespondenz mit dem nun in Peking lebenden Prinzen fortgesetzt. Im Dezember 1970, kurz nachdem Edgar Snow bei Mao gewesen war, hatte Sihanouk, der ein sehr gutes Verhältnis zum Ministerpräsidenten Tschou En-lai unterhielt, diesen – ohne daß ich etwas davon wußte – um ein China-Visum für mich gebeten. In den ersten Januar-Tagen 1971 erhielt ich in Aachen ein Telegramm des Prinzen, in der Chinesischen Botschaft in Paris liege ein Visum für mich bereit. (Bonn hatte damals noch keine diplomatischen Beziehungen zu Peking.) Ich fuhr nach Paris, holte mein Visum und flog, sobald das Wintersemester vorüber war, für einen Monat nach China. Sihanouk ebnete mir alle Wege, zweimal nahm er mich zu Tschou En-lai mit und nun gab er mir jenes Abschiedsessen.

Am Vormittag hatte mir ein Bote des Prinzen einen Brief überbracht, in dem dieser mich bat, schon eine halbe Stunde früher zu kommen, da er mit mir noch zwei Dinge zu besprechen wünsche. Als wir allein in seinem kleinen Salon saßen, sagte Sihanouk:

„Mister Professor (seine übliche Anrede für mich), Sie haben bemerkt, daß ich gestern abend zurückblieb, als Sie nach unserem Abendessen bei Tschou En-lai in Ihr Hotel aufbrachen. Er wollte mit mir noch einiges besprechen. Unter anderem trug er mir auf, Sie um eine Gefälligkeit zu bitten." (Ich dachte: Jetzt kommt's, erst läßt mich Tschou En-lai ohne irgendeine Auflage im Land herumreisen, und jetzt muß ich etwas dafür tun, was mir vielleicht gegen den Strich geht.) Sihanouk fuhr fort: „Wenn Sie den Wunsch des Herrn Ministerpräsidenten erfüllen, tun Sie auch mir einen Gefallen." (Das machte die Sache noch schlimmer, denn wie konnte ich Sihanouk, dem ich das Visum für diese ungemein instruktive Reise zu verdanken hatte, eine Gefälligkeit verweigern?)

„Wenn ich kann, gerne", sagte ich. „Was ist es?"

Sihanouk erklärte: „Der Herr Ministerpräsident bittet Sie durch mich, nach Abschluß Ihres Besuches in China nicht, wie Sie planen, nach Japan und Amerika weiterzureisen, sondern direkt nach Deutschland zurückzukehren."

Ich war glücklich, daß Tschou nicht mehr als das von mir wollte; diesen Gefallen konnte ich ihm gerne tun. Also sagte ich: „Selbstverständlich werde ich dem Ministerpräsidenten diesen Wunsch erfüllen und über Hongkong gleich nach Deutschland fliegen. Aber sagen Sie mir, wie ist dieser Wunsch des Ministerpräsidenten zu erklären? Er wird doch nicht glauben, ich könnte in Japan und Amerika chinesische Staatsgeheimnisse ausplaudern?"

Sihanouk wurde ernst: „Das will ich Ihnen erklären. Mit Staatsgeheimnissen hat das nichts zu tun. Ich lebe nun bald ein Jahr in diesem Land; ständig habe ich mit Chinesen zu tun und mit dem Ministerpräsidenten verbindet mich eine aufrichtige Freundschaft. Ich habe eines festgestellt: Die Chinesen sind ein sehr stolzes und sehr sensibles Volk. Es würde den Ministerpräsidenten kränken, wenn Sie, Mister Professor, China im Zuge einer Reise um die Erde gleichsam nebenbei besuchten; er möchte, daß Sie ausschließlich um Chinas willen die Reise gemacht haben."

Das hatte ich nicht erwartet. Tschou En-lai, einer der großen Staatsmänner unserer Zeit, der damals etwa 850 Millionen Menschen regierte, empfand den Gedanken, ich hätte China „nebenbei" besucht, als so unangenehm, daß er sich die Mühe machte, den Prinzen von Kambodscha zu bitten, mir eine Änderung meines Reiseplanes vorzuschlagen! Hundert Jahre der Demütigung Chinas durch das Abendland hatten die Empfindlichkeit selbst eines so überlegenen Geistes offenbar weit mehr verletzt, als ich mir das vorgestellt hatte.

Der Prinz sprach weiter: „Das zweite, was mir der Ministerpräsident sagte: Sollte der US-Senator Mansfield an einem Visum nach China, das Peking ihm bisher verweigerte, interessiert sein, er würde es sofort bekommen."

Weiter kamen wir nicht, denn die Gäste begannen einzutreffen.

Als ich bald darauf nach Hongkong kam, suchte ich als erstes den mir aus seiner Bonner Zeit bekannten Stellvertretenden US-Generalkonsul auf und bat ihn, diese Information über David Abshire, damals Verbindungsmann zwischen US-Außenministerium und Kongreß, an Senator Mansfield weiterzuleiten – was auch geschah.

Der Sinn des mir anvertrauten „Mansfield-Signals" war klar: Der demokratische Senator Mike Mansfield, ein angesehenes Mitglied des US-Senats, war in außenpolitischen Fragen eine für Nixon oft recht unangenehme „Taube" (bei uns vor allem bekanntgeworden als Befürworter eines Abzugs der US-Streitkräfte aus Europa). Mehrfach hatte er Verständnis für die Argumente und Probleme Pekings gezeigt und im Sommer 1969 vergeblich ein Visum für China beantragt. Die durch mich übermittelte Nachricht bedeutete: Wenn Nixon nicht rascher spurt und nicht einmal auf die Snow gegenüber ausgesprochene Einladung nach Peking reagiert, dann laden wir eben einen führenden Vertreter der Opposition ein, vielleicht bringt das Nixon in Trab.

(Mansfield erzählte mir später, er habe Nixon über Tschou En-lais Mitteilung sofort informiert, sei aber von Nixon dringend gebeten worden, seine Reise nach China zu verschieben. „Als ich später, nach Nixons

Reise, Peking besuchte", fügte Mansfield hinzu, „begrüßte mich Tschou En-lai mit den Worten: ‚Warum haben Sie nicht schon vor einem Jahr das Ihnen angebotene Visum benützt?' Ich erklärte ihm, Nixon habe sich von mir den China-Donner nicht stehlen lassen wollen.")

Einige Tage später, bei der Ausreise aus China, erlebte ich einen kleinen Schock. Jeder China-Reisende, der mit dem Zug von Kanton nach Hongkong fährt, wird jenseits der berühmten Grenzbrücke von einem Aufgebot fixer Zeitungsjungen überfallen, die ihm die Presse Hongkongs in ihren vielen Schattierungen anbieten. Dort kaufe ich mir immer alle verfügbaren Blätter, um sie während der Weiterfahrt zu verschlingen.

Was mir an jenem 6. April 1971 auf der ersten Seite aller Zeitungen ins Gesicht sprang, war die Information: US-PINGPONG MANNSCHAFT NACH CHINA EINGELADEN. Mein damaliger Schrecken ist leicht zu verstehen: Ich schleppte einen ganzen Koffer voller Notizen und Informationen über China mit mir und hatte angenommen, Alleinbesitzer neuester Kenntnisse über das in den letzten Jahren kaum zugängliche China zu sein; diese wollte ich im Laufe der kommenden Wochen, auch in Amerika, publizistisch auswerten. Und nun las ich, daß eine amerikanische Sportmannschaft nach China unterwegs war, natürlich von einem Schwarm amerikanischer Journalisten begleitet; daß diese die Weltpresse alsbald mit kilometerlangen Berichten und Tausenden von Fotos über das China des Frühjahrs 1971 füllen würden, war vorauszusehen. So kam es auch.

Das „Pingpong-Signal" war ein Beweis für den Phantasiereichtum der Chinesen. Bei den Pingpong-Weltmeisterschaften, die im März 1971 in Japan ausgetragen wurden, hatten die Japaner und Chinesen am besten abgeschnitten, die Amerikaner hingegen keinerlei Lorbeeren geerntet. Daß eine Mannschaft, die erstens aus Amerikanern bestand und zweitens sportlich drittklassig war, zusammen mit einer halben Kompanie amerikanischer Journalisten nach China eingeladen wurde, war kein sportliches, sondern ein höchst politisches Ereignis und zugleich eine sehr erfolgreiche chinesische Werbemaßnahme.

Die amerikanischen Korrespondenten, die sich seit zwanzig Jahren vergeblich bemüht hatten, nach China hineinzukommen und während dieser langen Zeit in Hongkong, Taiwan und Japan gleichsam in den Startlöchern gelauert hatten, sausten nun, Sprintern gleich, durch China – nicht um über die Mißerfolge des amerikanischen Pingpong-Teams zu berichten (die chinesische Sportorganisation hatte Mühe, Spieler zu finden, die so schwach waren, daß Schau-Turniere mit den Amerikanern überhaupt zustande kamen), sondern um das China von 1971 zu beschreiben, das sie bislang nur aus der Ferne beobachtet hatten. Tag und Nacht berichteten sie – vorwiegend Positives – aus China. Die Chinesen sind ein liebenswertes Volk, über das man nur mit Mühe unfreundlich schreiben kann, und der Augenschein der Volkskommunen, Fabriken, Schulen usw. war für die materialhungrigen Journalisten so aufregend, daß sie in China bald nicht mehr den ideologischen Gegner sahen, sondern das damals interessanteste Land der Erde. Die Amerikaner daheim lasen diese Aufsätze mit derselben Spannung wie einige Jahre zuvor die ersten Berichte vom Mond, und da die Chinesen alles so geschickt an einem sportlichen Ereignis aufgehängt hatten, konnte sich in den USA auch niemand über die neue China-Welle ereifern.

Schon immer hatten die Amerikaner eine Schwäche für China. Tschiang Kai-schek und seine – an einem amerikanischen Frauen-College erzogene – Gattin waren bei ihnen höchst populär, nicht zuletzt, weil sie Christen, zudem im Kriege wichtige Bundesgenossen gegen die bösen Japaner geworden waren. Am meisten hatten die amerikanischen Missionare für das günstige Bild der Chinesen getan. Jede Kirche oder Sekte in Amerika, die etwas auf sich hielt, schickte Missionare nach China, und diese kehrten von Zeit zu Zeit in ihre Gemeinden zurück, um Geld für ihre Arbeit zu sammeln. Zweimal habe ich in Kalifornien Vorträge von China-Missionaren gehört. Immer liefen sie darauf hinaus: „Die Chinesen sind prächtige Menschen – nur leider Heiden. Liebe Gemeinde, gebt uns Geld für eine Kirche (ein Krankenhaus, eine Schule, eine Universität usw.), und wir werden aus ihnen ein christliches, tugendhaftes, uns eng verbundenes Volk machen." Missionare und ihre in China geborenen und aufgewachsenen Kinder waren (und sind) die besten Propagandisten Chinas – des „ewigen China" natürlich, nicht des kommunistischen, unter ihnen die Missionarstochter Pearl S. Buck, die nach ihrem China-Roman „Die gute Erde" 1938 den Nobel-Preis für Literatur erhielt. So konnte nach der Pingpong-Affäre in Amerika im Handumdrehen eine neue China-Schwärmerei entstehen. Auf ihrer Woge bereiste Nixon China mit großem journalistischen Gefolge im Februar 1972, nachdem Kissinger im Juli 1971 (mit Hilfe Pakistans) Peking heimlich besucht hatte.

Die politische Landschaft hatte sich gründlich verändert. Zu den beiden führenden Machtblöcken war China als eine Noch-nicht-aber-bald-Macht getreten. Während in seinem Inneren noch einige Jahre lang vieles drunter und drüber ging, war aus dem verfemten Außenseiter plötzlich ein Star auf der internationalen Bühne geworden, mit einem Sitz in der UNO (den Taiwan räumen mußte) und diplomatischen Beziehungen zu den meisten Staaten der Erde, von denen viele nicht gewagt hatten, Botschafter nach Peking zu entsenden, solange ihnen das von Washington übelgenommen wurde.

Fast über Nacht war eine neue und weltpolitisch interessante Konstellation entstanden: das Große Dreieck. Die nächste Folge: Wenn sich in einem Dreieck (auch einem privaten) zwei der Beteiligten streiten, hat der dritte die Wahl, auf welche Seite er sich schlagen will. Warum wählte Peking Amerika, dem es zwei Jahrzehnte lang alle Sünden der Welt in die Schuhe geschoben hatte? Warum nicht die Sowjetunion, deren revolutionäre Apostel – zwei mit wallenden Bärten, einer mit Spitz- und einer mit Schnurrbart – millionenfach von Chinas Mauern und Wänden herabblickten? Die Antwort ist einfach: Weil die chinesische Führung (und das galt besonders für Mao) das Weiße Haus weniger fürchtete und haßte als den Kreml.

Rein theoretisch hatte ich zwar schon im November 1948 (in der „Neuen Woche") auf die Möglichkeit verwiesen, Mao könnte „eines Tages den Weg [...] Titos gehen", also in Gegensatz zu Moskau geraten. Aber als ich 1957 bei meinem ersten Besuch im roten China Sprünge im Turm der chinesisch-sowjetischen Freundschaft zu entdecken glaubte, erwähnte ich diese nur unter Vorbehalt in einem Schreiben, das ich für einige Freunde verfaßte. So wenig traute ich meinem Eindruck.

Seither war die Spannung zwischen Peking und Moskau längst weltbekannt geworden, aber daß sie stärker war als die mit Amerika, das wurde nach den Grenzgefechten vom März nur allmählich sichtbar und erst nach der Nixon-Reise zu Mao ganz offenkundig.

In den genau zehn Jahren seit dieser Reise hat sich das Staatsschiff China, ich beschrieb dies zu Beginn dieses Kapitels, um 180 Grad gedreht. Nur in einem Punkt hat sich nichts geändert: in der Feindschaft zu Moskau. Zu den schwer einsichtigen ersten Konfliktstoffen der fünfziger Jahre sind neue, deutlich erkennbare hinzugetreten, von denen sich einige mit Ländernamen bezeichnen lassen: Vietnam, Kambodscha, Afghanistan. Schon seit Jahren stützt sich Chinas Aufbau auf den Westen. Nur alte sowjetische Maschinen, in den frühen fünfziger Jahren aufgestellt, sind noch in großer Zahl zu sehen. (Als Delegationsmitglied bei der Reise des Kanzlers fand ich in meinem Pekinger Zimmer eine Schale mit Süßigkeiten, darunter eine Anzahl der in der Moskauer Fabrik meines Großvaters um die Jahrhundertwende erfundenen und unter dem Namen „Krebshälschen" vertriebenen Karamels, die doch wohl mit einst aus der Sowjetunion importierten Maschinen hergestellt wor-

den waren; sogar das Einwickelpapier – mit einem roten Krebs – ähnelte dem in meines Vaters Lithographie gedruckten.) Auch Ersatzteile kommen noch aus sowjetischen Werken, aber die neuen Industrie- und Rüstungsgüter fast nur aus Japan, West-Deutschland, Amerika usw. Kein kommunistischer Staat (fast könnte man sagen: überhaupt kein Staat) unterhält zur Sowjetunion so schlechte Beziehungen wie China. Das muß nicht immer so bleiben. Aber heute ist es so. (In der zweiten Jahreshälfte 1979 gab es auf beiden Seiten Anzeichen eines Strebens nach Entspannung, die im afghanischen Sturm zerstoben.)
Am 28. Oktober 1963, am Vorabend einer neuen Reise um die Erde, schickte ich dem damaligen Bundeskanzler Ludwig Erhard ein Memorandum, das ich „Bonn und Peking" nannte. In ihm empfahl ich eine schrittweise Annäherung an China – durch Aufnahme diplomatischer Beziehungen, durch großzügige Wirtschaftshilfe, durch Bemühungen um einen gleichzeitigen UNO-Beitritt der Volksrepublik China und der Bundesrepublik Deutschland. Maos Erbitterung gegen den Kreml habe einen Grad erreicht, schrieb ich, „daß er bereit wäre, mit dem Teufel oder, was für ihn ebenso schlimm ist, mit Ludwig Erhard zu paktieren, wenn er nur damit Chruschtschow in Verlegenheit brächte. Daß sich Ost-Berlin im Streit der beiden roten Großmächte so eindeutig gegen Peking gestellt hat, wird Mao den Entschluß erleichtern, mit Bonn zu sprechen."
Das Memorandum endete mit einer Anregung, wie ein solches Vorgehen der Sowjet-Bevölkerung plausibel zu machen sei. Man müsse ihr sagen: Auch das Bewußtsein, daß der Überfall Hitlers Euch furchtbare Leiden zugefügt hat, kann uns nicht davon abhalten, die Wiedervereinigung Deutschlands mit friedlichen Mitteln zu betreiben. „Seit Kriegsende aber stemmt sich eure Führung gegen dieses Lebensinteresse des deutschen Volkes. Damit zwingt sie uns, sie an einer Stelle unter Druck zu setzen, wo dies für sie nicht angenehm ist. Unser Ziel bleibt trotzdem die volle Aussöhnung zwischen euch und dem ganzen, frei über sein Geschick bestimmenden deutschen Volk."
Aber die Bundesregierung war, wie man mir in Bonn andeutete, von den USA viel zu abhängig, als daß sie Schritte in dieser Richtung unternehmen könne, solange sich Amerika und China mit einer durch den Vietnam-Krieg aufs äußerste gesteigerten Feindschaft gegenüberstünden. Ich blieb bei meiner Parole, „Mit Moskau *und* mit Peking reden" (so der Titel meines Aufsatzes in „Christ und Welt" im Februar 1964). Sie gilt für mich auch heute. Nur ist sie keine Forderung mehr, sondern eine längst – auch von den Russen – akzeptierte Tatsache.

Manchmal wird mir die Frage gestellt, welche der drei Ecken des Großen Dreiecks mir die liebste sei. Aber mit welchem Maßstab sollte ich meine Gefühle beurteilen? In meiner Kindheit ist neben der deutschen Sprache die russische als erste an mein Ohr gedrungen, habe ich neben den Gesichtern der Eltern die guten Züge meiner Njanja Dunja erblickt; Amerika hat mir meine Enid und viele glückliche Jahre geschenkt; China in schwerster Zeit fünf Jahre lang freundliche Aufnahme gewährt und nie einen Kummer bereitet (auch das Lager von Kiangwan war keine chinesische Erfindung). Vom System her liegt mir Amerika am meisten, für den politischen Beobachter ist China zur Zeit am faszinierendsten, und für den Deutschen die Sowjetunion geographisch am nächsten, zudem Herr über mehr als ein Viertel seiner Landsleute.
Das Große Dreieck, in das mich Geburt und Lebensweg gestellt haben, wird auch weiterhin das Schicksal der Deutschen bestimmen und für mich während des Restes meiner Tage das eigentliche Thema bleiben.

Nachwort

Nun habe ich die Geschichte meiner 75 Jahre auf dieser Erde noch einmal durchgelesen.

Rund ein Drittel meines Lebens habe ich also in fremden Ländern verbracht, auf zahllosen Reisen meinen roten Koffer so ziemlich durch die ganze Welt getragen, auf Bahnhöfen und in Luxushotels geschlafen, Wanzen und Flöhe gejagt, im Norden gefroren und in den Tropen viele Liter Schweiß vergossen; habe Menschen aller Farben in allen Kontinenten zu Freunden gewonnen und mit neugierigen Fragen bedrängt, mich gegen allerlei mir aufgeklebte Etiketts zur Wehr gesetzt, nur selten eine Pause eingelegt und zu allem hin gewaltige Stürme lebend überstanden, die für Hunderte von Millionen meiner Generation zum Schicksal wurden – zwei Weltkriege und viele ideologische Erdbeben.

Aus welchen Gründen habe ich mir die in dem Buch durchweg spürbare, und manchen Leser sicher irritierende, positive Einstellung zum Leben erhalten – in einer Zeit, die dazu neigt, die Welt, insbesondere die deutsche, nur noch mies und verächtlich zu finden und in düsteren Farben zu malen?

Vermutlich weil mir mein Leben lang eines fremd geblieben ist: das Gefühl, einsam und überflüssig zu sein, das bei so vielen Menschen die tiefste Quelle ihres Unbehagens und Mißvergnügens, ihrer Neurosen und Darmgeschwüre ist. Die Sicherheit, nicht allein zu sein, verdanke ich den engen Beziehungen zu Menschen, die mir Zuneigung und Freundschaft schenkten, insbesondere der Liebe jener zwei Frauen, denen dieses Buch gewidmet ist; über ihren Tod hinaus haben sie verhindert, daß ich mich einsam fühlte.

Ähnliches bewirkte auch meine Bindung an die Großgemeinschaften, denen ich mich zuordne: Schwaben, Deutschland, Europa – Deutschland vor allem. Wer kein Vaterland hat oder keines haben will, weiß nicht, daß es ebenso kostbar und wichtig ist, eine Mutter wie auch ein Vaterland zu haben. Für mich ist kein Land schöner als Deutschland. Obgleich ich mich in manchen Ländern zu Hause fühle und an vielen hochgelobten Plätzen ein Dach und mein Brot fände, empfinde ich Deutschland, und innerhalb Deutschlands Schwaben, als den mir am meisten gemäßen Raum.

Sich im tiefsten Innern mit einer Gemeinschaft verbunden zu fühlen, und zwar für immer, also nicht heute zu dieser und morgen zu jener, das ist in meiner Erfahrung eine Grundvoraussetzung zum Glücklichsein. Wer solcher Verbundenheit teilhaftig ist, der wird trauern, wenn geliebte Menschen sterben oder wenn sein Vaterland verstümmelt und von tiefen Krisen bedrängt ist, aber dem niederdrückenden Schicksal der aus Bindungslosigkeit erwachsenden Einsamkeit wird er entrinnen.
In Zeiten der deutschen Schande und der deutschen Not wurde oft die Frage an mich gerichtet, warum ich, der Kosmopolit, der ja längst amerikanischer oder sonst ein Staatsbürger hätte werden können, auf der Bindung gerade zu diesem schwierigen Volk bestehe. Nun, ich halte es mit der (angelsächsischen) Devise, von der fast immer nur der zweite Satzteil mit seinem „Right or wrong, my country" zitiert wird, wodurch sie ihren Sinn verliert, und die ungekürzt so lautet: „Möge mein Vaterland immer im Recht sein; aber ob im Recht oder nicht, es ist mein Vaterland."
Die Maxime „Nichts Menschliches sei mir fremd", die unser Stuttgarter Gymnasium in ihrer lateinischen Form als Motto führte – so großartig sie klang, ich lehnte sie ab. Bei allen wichtigen Loyalitäten dulde ich instinktiv kein Experimentieren und keine Unklarheit.
Ein äußerer Umstand hat mein Leben wesentlich erleichtert, der Umstand nämlich, daß ich mit Enid das Reich Hitlers im Frühjahr 1934 verließ. Daß dieser Entschluß damals weder aus höherer Einsicht noch aus moralischer Überzeugung zustande kam, habe ich in voller Offenheit dargelegt. Auf jeden Fall war er entscheidend. Denn, wäre ich geblieben, so hätte ich ein Anpasser oder ein innerer Emigrant oder ein Märtyrer werden müssen. Denke ich an die Daheimgebliebenen unter meinen Altersgenossen, so weiß ich, was mir erspart blieb: seelische und körperliche Not, vergebliches Hoffen und Bangen, tägliches „Mitmachen, um Schlimmeres zu verhüten" und die gleichfalls tägliche Erkenntnis, daß das Ergebnis noch viel, viel schlimmer wurde.
Freilich ist mir auch bewußt: Das Schicksal hat mir mit der Qual auch jene aus ihr strömende Läuterung vorenthalten, wie sie etwa aus den Sonetten Albrecht Haushofers klingt, die man blutbefleckt in der Tasche des – noch wenige Tage vor dem Fall Berlins – von der SS Ermordeten fand.
So glücklich ich bin, einer der Davongekommenen, einer der Überlebenden zu sein, ich muß mich fragen, und mancher Leser hat dies längst getan, ob ich mit dem, was als Summe der 75 Jahre herauskommt, zufrieden bin.

Erfolg oder Mißerfolg einer Unternehmung mißt man am besten, indem man deren Ergebnis mit den vorher gehegten Erwartungen vergleicht. Als ich in den Beruf eines Beobachters der Weltpolitik hineinwuchs, waren meine Erwartungen bescheiden, und das Ergebnis ist es auch. Hätte ich mir vorgenommen, die Welt zu verändern oder Werke von dauerndem Wert zu schaffen, müßte ich mit bitterer Enttäuschung auf Hunderttausende von Reisekilometern, auf mein langes Leben überhaupt zurückblicken. Aber solche Erwartungen habe ich nie gehegt. Ich wollte nicht die Welt verändern, sondern den Mitmenschen helfen, sie zu verstehen, sich in ihr zurechtzufinden; nicht für die Nachwelt wollte ich schreiben, sondern für meine Zeitgenossen.

Dichter, Künstler, Philosophen, Religionsstifter wirken durch die Jahrtausende. Der Lehrer aber wirkt auf die, die gerade vor ihm sitzen, und der Journalist hat seinen Namen vom französischen jour, also Tag. Selbst seine Bücher gelten nur für eine begrenzte Zeit; dann sind auch sie vergessen. Diese zeitliche Begrenzung hat mich nicht bedrückt, weil ich durch meine Natur von starker Gegenwarts-Neugier bin und daher, auch wenn ich nicht an der Schreibmaschine sitze, immer erst frage: Was ist? Und: Was bedeutet es? Vor dem großen Wort WAHRHEIT, das sich so leicht ausspricht, habe ich zeit meines Lebens Scheu gehabt. Was ich suche, ist viel bescheidener – die Wirklichkeit.

Aber selbst dieses Ziel habe ich oft verfehlt und bei manchen wichtigen Entwicklungen die Symptome falsch gedeutet. So habe ich das Tempo der Wandlung des Sowjetkommunismus durch Generationswechsel und die Stabilität des Maoismus überschätzt, die Dauer des Prozesses der Einigung Deutschlands und Europas unterschätzt. Ich mag mich daher auch in der Schicksalsfrage, Krieg oder Frieden, irren. Und doch liege ich des Nachts nicht schlaflos, denn ich bin guten Mutes, daß sich der Dritte Weltkrieg vermeiden läßt. Während des Waffenstillstandes, den uns – nun schon seit 36 Jahren – das Gleichgewicht der Kräfte gewährt, werden sich Spielregeln des internationalen Wettkampfs zwischen den beiden Weltlagern ergeben – sie werden sich ergeben müssen: weil die Völker die Last der in schwindelnde Höhen kletternden Rüstungskosten nicht mehr werden tragen können, auch weil die kriegstreibende Sprengkraft der Ideologien zurückgeht und die blitzschnell wachsende Wissenschaft und Technik (von Geburtenlawine über Umweltverschmutzung bis zu Weltraumwaffen), weil – mit einem Wort – die Gefahr der Menschheitsvernichtung eine Entscheidung gegen das Heraufbeschwören des Weltkriegs unvermeidlich macht.

Seit Sokrates und Christus sind die Menschen nicht besser geworden, aber sie haben, vor allem in unserem Jahrhundert, viele Erfahrungen gesammelt. Die schrecklichste und wirksamste heißt: Hiroschima. Daraus leite ich meine Hoffnung ab, daß unser einzigartiger und schöner Planet am Leben bleibt.

Doch sind es sicher nicht so sehr meine gelegentlich ja auch nachweisbaren größeren und kleineren Treffer, die mir im Laufe der Zeit ein gewisses Maß an Vertrauen unter Lesern und Hörern eingebracht haben; vielmehr verdanke ich dieses wohl dem jahrzehntelangen Bemühen, die Ereignisse und Zeichen der Zeit zu nennen und, so gut ich kann, zu deuten.

Vor wenigen Jahren, in Moskau, betrat ich ein an jenem Abend voll besetztes, vorwiegend für Ausländer bestimmtes Restaurant und setzte mich an einen Tisch, an dem ich noch einen leeren Stuhl entdeckt hatte.

„Guten Abend", sagte ich auf russisch.

„Guten Abend, Herr Mehnert", schallte es auf deutsch aus freundlichen Gesichtern zurück.

Ich freute mich natürlich, daß man wußte, wer ich war. Aber noch glücklicher wurde ich, als sich herausstellte, daß die neuen Tischnachbarn zu einer Reisegruppe aus Mecklenburg gehörten. Manche erkannten mich vom „Westfernsehen", anderen war die Stimme bekannt vorgekommen. Eine Frau zeigte auf den Mann neben sich und sagte: „Wir beide hören Sie seit Jahren jeden vierten Sonntag im Deutschlandfunk."

Also strenge ich mich doch nicht ganz umsonst an, dachte ich, und war zufrieden.

Daten

1828 Urgroßvater Mehnert zieht nach Rußland
1852 Großvater Heuss zieht nach Rußland
1880 Vater in Moskau geboren
1882 Mutter in Moskau geboren

1906 Klaus Mehnert in Moskau geboren
1914 Übersiedlung nach Deutschland; Heidehofschule, Stuttgart
1916 Eintritt ins Eberhard-Ludwigs-Gymnasium, Stuttgart
1917 Vater in Flandern gefallen
1920 Erste Rote-Kreuz-Reise nach Schweden
1924 Zweite Rote-Kreuz-Reise nach Schweden
1925 Abitur; 2 Monate Reichswehr; Erstes Semester, Tübingen; Nordlandreise (Finnland, Schweden, Norwegen)
1926 Zweites und Drittes Semester, München; Nordwest-Reise (Frankreich, Belgien, England, Schottland)
1927 Beginn des Studiums in Berlin; Balkan- und Kleinasienreise
1928 Promotion zum Dr. phil. an der Universität Berlin; Beginn des Studiums an der University of California, Berkeley
1929 Rückfahrt über Japan, China, UdSSR. Erster Beruf: Sekretär im Deutschen Akademischen Austauschdienst
1930 Sommer in der UdSSR; erstes Buch: „Ein deutscher Austauschstudent in Kalifornien"
1931 Arbeit im Bergwerk „Minister Stein", Dortmund; Zweiter Beruf: Generalsekretär der Deutschen Gesellschaft zum Studium Osteuropas und Schriftleiter der Zeitschrift „Osteuropa"; Sommer in der UdSSR
1932 Sommer in der UdSSR; zweites Buch: „Jugend in Sowjetrußland"
1933 Eheschließung mit Enid Cardinell Keyes; Hochzeitsreise auf die Åland-Inseln (Finnland); Spätsommer in der UdSSR
1934 Als Korrespondent deutscher Zeitungen nach Moskau (mit Frau und Auto durch Polen, Litauen, Lettland, Estland); im Herbst ein Monat bei der Gestapo in München

1935	Zahlreiche Reisen innerhalb der UdSSR
1936	Ende der Moskauer Tätigkeit; über Mandschurei, China, Japan, Hawaii als Gastdozent zur University of California, Berkeley; im Herbst zwei Monate Reichswehr in Lippe-Detmold; Verfahren vor dem Pressegericht in München
1937	Während des Sommersemesters Gastdozent an der University of California, Berkeley, dann Professor für Politische Wissenschaft und Neue Geschichte an der University of Hawaii bis 1941
1939	Drittes Buch: „The Russians in Hawaii, 1804 – 1819"
1941	Über Japan nach Schanghai; Chefredakteur der neuen Monatsschrift „The XXth Century"; bis 1944 zahlreiche Reisen durch Japan und China
1943	Soldatentod der beiden Brüder
1945	Internierter in dem für deutsche Zivilisten bestimmten Lager Kiangwan bei Schanghai
1946	Tod der Mutter in Holstein; Rückkehr mit Enid auf amerikanischem Repatriierungsschiff nach Deutschland; drei Monate Internierung in den Lagern Hohenasperg und Oßweil
1947	Referent im Hilfswerk der Evangelischen Kirchen in Deutschland und im Deutschen Büro für Friedensfragen, beides in Stuttgart
1949	Chefredakteur von „Christ und Welt"; Kommentator des Bayerischen Rundfunks, München; Herausgeber „Deutschland-Jahrbuch 1949"
1950	Kommentator des Süddeutschen Rundfunks, Stuttgart
1951	Erste größere Nachkriegs-Auslandreise: Frankreich, Algerien, Marokko; Chefredakteur „Osteuropa"
1952	Zweite Afrika-Reise: Senegal, Mali, Obervolta, Niger
1953	Erste Nachkriegs-Asienreise: Pakistan, Indien, Afghanistan, Iran
1953	Viertes Buch: „Weltrevolution durch Weltgeschichte. Die Geschichtslehre des Stalinismus"; Herausgeber „Deutschland-Jahrbuch 1953"
1954	Ausscheiden bei „Christ und Welt"; Generalsekretär der Deutschen Gesellschaft für Osteuropakunde, Stuttgart; Antritt erster Nachkriegsreise um die Erde: Asien, Antipoden, Ozeanien, USA
1955	Erste Nachkriegsreise in die Sowjetunion (mit Adenauer); Moskau, Taschkent; Enids Tod

1956 Mehrere Monate Moskau-Korrespondent deutscher Zeitungen und Rundfunkanstalten; Reise nach Sibirien; Zufallsentdeckung: die Deutschen an der sowjetisch-chinesischen Grenze; fünftes Buch: „Asien Moskau und Wir"

(Von hier an werden die Bücher nicht mehr gezählt und die Auslandsreisen nicht mehr einzeln aufgeführt. Seit 1953 hielt sich Mehnert – mit Ausnahme eines Jahres – jährlich in Asien auf, seit 1955 fast jährlich in den USA, zwischen 1955 und 1981 vierzehnmal in der UdSSR, zwischen 1957 und 1979 sechsmal in der Volksrepublik China; in Afrika war er seit 1951 siebenmal, in Lateinamerika 1964 auf einer Reise durch 12 Länder. Insgesamt hat er in seinem Leben rund hundert der heute in der UNO vertretenen Staaten besucht, ist er sechzehnmal um die Erde gereist.)

1958 „Der Sowjetmensch"

1961 Ordentlicher Professor für Politische Wissenschaft und Direktor des gleichnamigen Instituts an der RWTH Aachen

1962 Ordentliches Mitglied der Akademie der Wissenschaften und der Literatur, Mainz; „Peking und Moskau"

1963 Gast der Harvard Universität (Institut des Prof. Henry Kissinger)

1966 „Maos Zweite Revolution"

1967 „Der deutsche Standort"

1968 Gastprofessor an der University of California, Berkeley (zwei Semester)

1969 „Peking und die Neue Linke"

1971 „China nach dem Sturm"

1972 Emeritierung in Aachen; Übersiedlung nach Schömberg im nördlichen Schwarzwald; Gastprofessor an der Columbia-Universität, New York (Institut Prof. Brzezinski), zwei Semester

1973 „Moskau und die Neue Linke"

1975 Gastprofessor an der Columbia University, New York (Institut Prof. Brzezinski), ein Semester; Ausscheiden bei „Osteuropa"

1976 „Jugend im Zeitbruch", Gast der Stanford University, Kalifornien, ein Semester

1977 „Kampf um Maos Erbe"

1979 „Maos Erben machen's anders"

1981 „Ein Deutscher in der Welt.
Erinnerungen 1906–1981"

Archiv-Material zu diesem Buch

Das jahrzehntelange Sammeln von authentischen Unterlagen für dieses Buch förderte weit mehr zutage als hier verwendet werden konnte. Ein Teil des Materials, vor allem Briefe und Manuskripte wird, soweit es als Hintergrund für dieses Buch oder als Stoff für die Zeitgeschichte von Interesse sein kann, im Laufe der kommenden Monate im Dissertationsdruck-Verfahren vervielfältigt und vom Autor zahlreichen führenden Bibliotheken der Bundesrepublik Deutschland, Österreichs und der Deutsch-Schweiz sowie einiger weiterer Staaten zur Verfügung gestellt. Dort können diese Bände wie jedes andere Buch eingesehen werden.
Die – vermutlich – vier deutschsprachigen Bände von je 300 bis 400 Seiten werden ungefähr das folgende Material enthalten:

Archiv-Band I
Aufsätze des Autors aus der Sowjetunion, 1925–1936

Die meisten dieser rund 90 Aufsätze sind in einer Vielzahl verschiedener Zeitungen und Zeitschriften veröffentlicht worden und daher heute schwer zugänglich. Soweit sie nicht veröffentlicht wurden, sind ihre Kopien in einer von der Mutter des Autors angelegten Sammlung erhalten geblieben. Im Archiv-Band I erscheinen sie ohne Kürzungen oder sonstige Veränderungen.

Archiv-Band II
Das Jahrzehnt in Hawaii und Schanghai, 1936–1946

Dieser Band enthält neben zahlreichen Briefen und Aufsätzen auch das Material, das sich auf die angebliche Rolle des Autors im Zusammenhang mit dem Angriff der Japaner auf den US-Kriegshafen Pearl Harbor bezieht, einschließlich des Aufsatzes „Problem XIX", der diesen Anschuldigungen zugrunde lag, ferner Dokumente über „The XXth Century", die einzige deutsche Zeitschrift, die, vom Autor in Schanghai herausgegeben, während des Krieges (1941–1946) im asiatisch-pazifischen Raum erschien, ferner über Kiangwan, das Internierungslager für die Schanghai-Deutschen (1945/46), und über die Zwangsrepatriierung der China-Deutschen (1946) auf dem US-Truppentransportschiff „Marine Robin“ von China nach Deutschland (auf die Festung Hohenasperg bei Ludwigsburg), die das Ende des China-Deutschtums bedeutete.

Archiv-Band III
Stationen und Personen

Zu den vom Autor erlebten Stationen gehören seine Verfahren vor der Gestapo in München (1934) und vor dem Pressegericht in München (1936), ferner das von ihm beobachtete Schicksal der „Weißrussen“ in China; zu den Personen drei Frauen: die Sängerin Joan Baez, Stalins Tochter Swetlana; Madame Nhu, die „Drachenlady“ von Vietnam (samt ihren ermordeten Brüdern, Ngo Dinh-Diem und Ngo Dinh-Nhu, ferner Prinz Sihanouk von Kambodscha (mit dem Autor seit 1958 befreundet), der US-Diplomat und Historiker George F. Kennan; Fritz Kraemer, der „Entdecker Henry Kissingers“ und ein Kapitel „Der häßliche Amerikaner“; dieses handelt von der Titelfigur des Bestseller-Romans von William Lederer und Eugene Burdick.

Archiv-Band IV
Die Mutter

Hier stehen die Moskauer Jugenderinnerungen der Mutter aus den achtziger und neunziger Jahren des vorigen Jahrhunderts, und ihre Briefe aus den Jahren 1914–1945, ferner Briefe des Autors, vornehmlich an seine Mutter, 1920–1944, sowie Verschiedenes, darunter eine Novelle des Autors, im Lager von Kiangwan 1945 geschrieben.

In englischer Sprache erscheint für US-Bibliotheken:

Enid Mehnert
A German's Wife. Letters and Notes 1933–1955

Dieser Band enthält Auszüge aus den Briefen, die die Frau des Autors, Enid Mehnert, in den Jahren 1933 bis zu ihrem Tod 1955 an ihre Eltern und Geschwister schrieb – aus Hitlers Deutschland und aus Stalins Sowjetunion, aus Hawaii und Asien wie auch aus dem Nachkriegs-Deutschland, mit wachen Augen beobachtet und humorvoll erzählt.

Mehnert-Bibliographie

Eine Zusammenstellung der Aufsätze, Schriften und Bücher des Autors, soweit sie sich mit russischen, sowjetischen und kommunistischen Themen befassen, findet sich

für die Jahre 1926–1971 in: Winfried Böttcher u. a. (Hrsg.), Das große Dreieck, Stuttgart 1971, 208 S., S. 190–208;

für die Jahre 1971–1976 in: „Osteuropa", 1976/10;

für die Jahre 1977–1981 in: „Osteuropa", 1981/10.

Namen- und Sachregister

Bei einzelnen Namen von Personen und Orten, die das ganze Buch durchziehen, wird im Register lediglich auf die Textstellen verwiesen, an denen sie nicht nur beiläufig auftauchen. Zu ihnen gehören die Eltern, Hermann und Luise Mehnert, und die Ehefrau Enid, ferner die Namen der Städte Berkeley, Berlin, Honolulu, Schanghai, Stuttgart sowie der Staaten Deutschland, China, Rußland, Sowjetunion, USA, samt deren Adjektivformen. „Kiangwan 279–288 passim" bedeutet, daß im Rahmen dieser Seiten, aber nicht auf jeder einzelnen, vom Internierungslager Kiangwan die Rede ist.
Die kursiven Ziffern verweisen auf den Bildteil.

Werbeblatt der Heuss'schen Firma „Einem" 1902, gedruckt in Firma Mehnert. Links: Wohnhaus und alte Fabrik. Rechts: Neue Fabrik; Plantage auf der